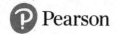

/ 教育治理与领导力丛书 /　　王定华 总主编

［美］

**乔迪·L·菲茨帕特里克**
*Jody L. Fitzpatrick*

**詹姆斯·R·桑德斯**
*James R. Sanders*

**布莱恩·R·沃森**
*Blaine R. Worthen*

著

黄艳

译

# 改变未来的方案和评价标准

## *Program Evaluation:*
### *Alternative Approaches and*
### *Practical Guidelines*

### *(Fourth Edition)*

 **华东师范大学出版社**

ECNUP

全国百佳图书出版单位

第4版

上

上海市版权局著作权合同登记 图字：09-2018- 034 号

**图书在版编目（CIP）数据**

改变未来的方案和评价标准 /（美）乔迪・L.菲茨帕特里克，
（美）詹姆斯・R.桑德斯,（美）布莱恩・R.沃森 著；黄艳译 .
-- 上海 : 华东师范大学出版社 , 2018
（教育治理与领导力丛书）
ISBN 978-7-5675-8179-1
Ⅰ.①改… Ⅱ.①乔… ②詹… ③布… ④黄… Ⅲ
①公共管理 Ⅳ.① D035
中国版本图书馆 CIP 数据核字 (2019) 第 097211 号

**改变未来的方案和评价标准（第 4 版）**

| | |
|---|---|
| 总 主 编 | 王定华 |
| 著 者 | 乔迪・L.菲茨帕特里克 |
| | 詹姆斯・R.桑德斯 |
| | 布莱恩・R.沃森 |
| 译 者 | 黄 艳 |
| 校 译 | 陈明芳 徐素华 |
| 策划编辑 | 王 焰 |
| 责任编辑 | 曾 睿 |
| 特约审读 | 翁晓玲 |
| 装帧设计 | 膏泽文化 |

| | |
|---|---|
| 出版发行 | 华东师范大学出版社 |
| 社 址 | 上海市中山北路 3663 号 邮编 200062 |
| 网 址 | www.ecnupress.com.cn |
| 电 话 | 021-60821666 行政传真 021-62572105 |
| 客服电话 | 021-62865537 |
| 邮购电话 | 021-62869887 |
| 地 址 | 上海市中山北路 3663 号华东师范大学校内先锋路口 |
| 网 店 | http://hdsdcbs.tmall.com |

| | |
|---|---|
| 印 刷 者 | 青岛双星华信印刷有限公司 |
| 开 本 | 170 mm × 240 mm 16 开 |
| 印 张 | 45 |
| 字 数 | 708 千字 |
| 版 次 | 2020 年 9 月第 1 版 |
| 印 次 | 2020 年 9 月第 1 次 |
| 书 号 | ISBN 978-7-5675-8179-1 |
| 定 价 | 168.00 元 |
| 出 版 人 | 王 焰 |

（如发现本版图书有印订质量问题，请寄回本社客服中心调换或电话 021-62865537 联系）

# 总　序

人类社会进入 21 世纪第三个 10 年后，国际政治巨变不已，科技革命加深加广，人工智能扑面而来，工业 4.0 时代渐成现实，各种思想思潮交流交融交锋，人们的学习方式、工作方式和生活方式发生很大变化。中国正在日益走进世界舞台中央、华夏儿女应该放眼世界，胸怀全局，不忘本来，吸收外来，继往开来，创造未来。只是，2020 年在全球蔓延的新冠肺炎疫情，波及范围之广、影响领域之深，历史罕见，给人类生命安全和身体健康带来巨大威胁，给我国和各国的经济社会发展带来巨大挑战，对世界经济与全球治理造成重大干扰。教育作为其中的重要领域，也受到剧烈冲击。这是一次危机，也是一次大考。教育部门、各类学校、出版行业必须化危为机，抓住机遇，迎接挑战，与各国同行、国际组织良性互动，把教育治理及各项工作做得更好。

一切生命都需要新陈代谢，否则必然灭亡；任何文明都应当交流互鉴，否则就会僵化。一种文明只有同其他文明取长补短，才能保持旺盛活力。[①]习近平总书记深刻指出："改革开放已走过千山万水，但仍需跋山涉水，摆在全党全国各族人民面前的使命更光荣、任务更艰巨、挑战更严峻、工作更伟大。……必须坚持扩大开放，不断推动共建人类命运共同体。……我们必须高举和平、发展、合作、共赢的旗帜，……维护国际公平正义。"[②]这些重要指示为新时代各行各业改革发展、砥砺前行、建功立业指明方向、提供遵循。

在我国深化教育改革和改进学校治理过程中，必须立足中国、自力更

---

[①] 习近平：《深化文明交流借鉴 共建亚洲命运共同体——在亚洲文明对话开幕式上的主旨演讲》，光明日报，2019 年 5 月 16 日。

[②] 习近平：《在庆祝改革开放 40 周年大会上的讲话》，新华网，2018 年 12 月 18 日。

生、锐意进取、创新实践，同时也应当放眼世界、知己知彼、相互学习、实现超越。我国教育治理的优势和不足有哪些？我国中小学校长如何提升办学治校能力、打造高品质学校？[①]美国等西方国家的教育是如何治理的？其管理部门、督导机构、各类学校的权利与义务情况如何？西方国家的中小学校长、社区、家长是如何相互配合的？其教师、教材、教法、学生、学习是怎样协调统一的？诸如此类的问题，值得以广阔的国际视野，全面观察、逐步聚焦、深入研究；值得用中华民族的情怀，去粗取精、厚德载物、悦己达人；值得用现代法治精神，正视剖析、见微知著、发现规律。

现代法治精神与传统法治精神、西方法治精神既有相通之处，又有不同之点。现代法治精神是传统法治精神的现代化，同时也是西方法治精神的中国化。在新时代，现代法治精神包括丰富内涵：第一，全面依法治国。就是各行各业都要树立法治精神，严格依法办事；就是无论官民都要守法，官要带头，民要自觉，人人敬畏法律、了解法律、遵守法律，全体人民都成为法治的忠实崇尚者、自觉遵守者、坚定捍卫者，人民权益靠法律保障，法律权威靠人民维护；就要做到有法可依、有法必依、违法必究、执法必严，自觉守法，遇事找法，解决问题靠法。第二，彰显宪法价值。宪法是全国人民共同意志的体现，也是执政党治国理政的基本制度依托和最高行为准则，具有至高法律效力。严格遵循宪法是建设社会主义法治国家的首要任务和基础性工作。第三，体现人文品质。法律是治国之重器，良法是善治之前提。法治依据的法律应是良法，维护大多数人利益，照顾弱势群体权益，符合社会发展方向；执法的行为应当连贯，注重依法行政的全局性、整体性和系统性；法律、法规、政策的关系应当妥处，既严格依法办事，又适当顾及基本国情。第四，具有中国特色。坚定不移地走中国特色社会主义法治道路，坚持党的领导、人民当家作主、依法治国有机统一，不断促进国家治理体系和治理能力现代化，为实现"两个一百年"奋斗目标、实现

---

①2018年1月《中共中央国务院关于全面深化新时代教师队伍建设改革的意见》提出"提升校长办学治校能力，打造高品质学校"。

中华民族伟大复兴的中国梦提供有力法治保障。第五，做到与时俱进。顺应时代潮流，根据现代化建设需要，总结我国历史上和新中国成立后法治的经验教训，参照其他国家法治的有益做法，及时提出立、改、废、释的意见建议，促进物质、精神、政治、社会、生态等五个文明建设，调整公共权力与公民权利的关系结构，约束、规范公共权力，维护、保障公民权利。

树立现代法治精神，必须切实用法治精神推进社会治理创新。过去人们强调管理（Management），现在更提倡治理（Governance）。强调管理时，一般体现为自上而下用权，发指示，提要求；而强调治理，则主要期冀调动方方面面积极性，讲协同，重引领。治理是各种公共的或私人的机构，或者个人管理其共同事务的许多方式的总和，是使相互冲突的或不同的利益得以调和并且采取联合行动的持续过程。[①] 治理的实质是建立在市场原则、公共利益和认同之上的合作。它所拥有的管理机制不单是依靠政府的权威，还依赖合作网络的权威，其权力是多元的、相互的，而非单一或自上而下。[②] 治理是公共利益最大化的社会管理过程，其最终目的是实现善治，本质是政府和公民对社会公共生活的合作管理，体现政府、社会组织与公民的新型关系。

政府部门改作风、转职能，实质上都是完善治理体系、提高治理能力。在完善治理体系中，应优先完善公共服务的治理体系；在提高治理能力时，须着力提升公共事务的治理能力。教育是重要的公共事物，基础教育又是其重中之重。基础教育作为法定的基本国民教育，面向全体适龄儿童少年，关乎国民素质提升，关乎中华民族伟大复兴，是国家亟须以现代法治精神引领的最重要的公共服务，是政府亟待致力于治理创新的最基本的公共事务。

创新社会治理的体系方式、实现基础教育的科学治理，就是要实行基

---

① 李阳春：《治理创新视阈下政府与社会的新型关系》，中共中央党校学报，2014年第5期。

②Anthony R. T. et al. *Governance as a trialogue*: *government- society- science in transition.* Berlin:The Springer Press, 2007:29.

础教育的善治，其特点是合法性、透明性、责任性、适切性和稳定性，实现基础教育治理体系和治理能力现代化。实行善治有一些基本要求，每项要求均可对改善基础教育治理以一定启迪。一是形成正确社会治理理念，解决治理为了谁的问题。基础教育为的是全体适龄儿童少年的现在和未来，让他们享受到公平而有质量的教育，实现全面发展和健康成长。二是强化政府主导服务功能，解决过与不及的问题。基础教育阶段要处理好政府、教育部门、学校之间的关系，各级政府依法提供充分保障，教育部门依法制定有效政策，学校依法开展自主办学，各方履职应恰如其分、相得益彰，过与不及都会欲速不达、事倍功半。三是建好社区公共服务平台，解决部分时段或部分群体无人照料的问题。可依托城乡社区构建课后教育与看护机制，关心进城随迁子女，照顾农村留守儿童。还可运用信息技术、人工智能，助力少年儿童安全保护。四是培育相关社会支撑组织，解决社会治理缺乏资源的问题。根据情况采取政府委托、购买、补贴方式，发挥社会组织对中小学校的支撑作用或辅助配合和拾遗补阙作用，也可让其参与民办学校发展，为家长和学生提供一定教育选择。五是吸纳各方相关人士参加，解决不能形成合力的问题。中小学校在外部应普遍建立家长委员会，发挥其参谋、监督、助手作用；在内部应调动教师、学生的参加，听其意见，为其服务。总之，要加快实现从等级制管理向网络化治理的转变，从把人当作资源和工具向把人作为参与者的转变，从命令式信号发布向协商合作转变，在加快推进教育现代化进程中形成我国基础教育治理的可喜局面。

2019年初，中共中央、国务院印发了《中国教育现代化2035》。作为亲身参与这个重要文献起草的教育工作者，我十分欣慰，深受鼓舞。《中国教育现代化2035》提出推进教育现代化的指导思想：以习近平新时代中国特色社会主义思想为指导，全面贯彻党的十九大和十九届二中、三中全会精神，坚定实施科教兴国战略、人才强国战略，紧紧围绕统筹推进"五位一体"总体布局和协调推进"四个全面"战略布局，坚定"四个自信"，在党的坚强领导下，全面贯彻党的教育方针，坚持马克思主义指导地位，坚持中国特色社会主义教育发展道路，坚持社会主义办学方向，立足基本国情，遵循教育规律，坚持改革创新，以凝聚人心、完善人格、开发人力、培育人才、造福人民为工作目标，培养德、智、体、美、劳全面发展的社会主义建设者和接班人，加快推进教育现代化、建设教育强国、办好人民满意的教育。将服务中华民族伟大复兴作为教育的重要使命，坚持教育为人民服务、为中国共产党治国理政服务、为巩固和发展中国特色社会主义制度服务、为改革开放和社会主义现代化建设服务，优先发展教育，大力推进教育理念、体系、制度、内容、方法、治理现代化，着力提高教育质量，促进教育公平，优化教育结构，为决胜全面建成小康社会、实现新时代中国特色社会主义发展的奋斗目标提供有力支撑。

《中国教育现代化2035》提出了推进教育现代化的八大基本理念：更加注重以德为先，更加注重全面发展，更加注重面向人人，更加注重终身学习，更加注重因材施教，更加注重知行合一，更加注重融合发展，更加注重共建共享。明确了推进教育现代化的基本原则：坚持党的领导、坚持中国特色、坚持优先发展、坚持服务人民、坚持改革创新、坚持依法治教、坚持统筹推进。

《中国教育现代化2035》提出，到2035年，我国将总体实现教育现代化，迈入教育强国，推动我国成为学习大国、人力资源强国和人才强国，为到本世纪中叶建成富强、民主、文明、和谐、美丽的社会主义现代化强国奠定坚实基础。建成服务全民终身学习的现代教育体系、普及有质量的学前教育、实现优质均衡的义务教育、全面普及高中阶段教育、职业教育服务能力显著提升、高等教育竞争力明显提升、残疾儿童少年享有适合的教育、形成全社会共同参与的教育治理新格局。

立足新时代、推进教育治理体系和治理能力现代化，应当积极推进教育治理方式变革，加快形成现代化的教育管理与监测体系，推进管理精准化和决策科学化。提高教育法治化水平，构建完备的教育法律法规体系，健全学校办学法律支持体系。健全教育法律实施和监管机制。提升政府综合运用法律、标准、信息服务等现代治理手段的能力和水平。健全教育督导体制机制，提高教育督导的权威性和实效性。提高学校自主管理能力，完善学校治理结构。鼓励民办学校按照非营利性和营利性两种组织属性开展现代学校制度改革创新。推动社会参与教育治理常态化，建立健全社会参与学校管理和教育评价监管机制。要开创教育对外开放新格局。全面提升国际交流合作水平，推动我国同其他国家学历学位互认、标准互通、经验互鉴。扎实推进"一带一路"教育行动，加强与联合国教科文组织等国际组织和多边组织的合作，提升中外合作办学质量。完善教育质量标准体系，制定覆盖全学段、体现世界先进水平、符合不同层次类型教育特点的教育质量标准，明确学生发展核心素养要求。优化出国留学服务。实施留学中国计划，建立并完善来华留学教育质量保障机制，全面提升来华留学质量。推进中外高级别人文交流机制建设，拓展人文交流领域，促进中外民心相通和文明交流互鉴，鼓励大胆探索、积极改革创新，形成充满活力、富有效率、更加开放、有利于高质量发展的教育体制机制。

立足新时代、推进教育治理体系和治理能力现代化，应当全面落实立德树人根本任务。广泛开展理想信念教育，厚植爱国主义情怀，加强品德修养，增长知识见识，培养奋斗精神，不断提高学生思想水平、政治觉悟、道德品质、文化素养。树立健康第一理念，防范新冠病毒和各种传染病；强化学校体育，增强学生体质；加强学校美育，提高审美素养；确立劳动教育地位，凝练劳动教育方略，强化学生劳动精神陶冶和动手实践能力培养。①建立健全中小学各学科学业质量标准和体质健康标准。加强课程教材体系建设，科学规划大中小学课程，分类制定课程标准，充分利用现代信息技术，丰富创新课程形式。创新人才培养方式，推行启发式、探究式、参与式、合作式等教学方式，培养学生创新精神与实践能力。建设新型智

---

① 王定华：《试论新时代劳动教育的意蕴与方略》，课程·教材·教法，2020年第5期。

能校园，提炼网络教学经验，统筹建设一体化智能化教学、管理与服务平台。利用现代技术加快推动人才培养模式改革，实现规模化教育与个性化培养的有机结合。创新教育服务业态，建立数字教育资源共建共享机制，完善利益分配机制、知识产权保护制度和新型教育服务监管制度。

立足新时代、推进教育治理体系和治理能力现代化，应当特别关注广大教师的成长诉求。百年大计，教育为本；教育大计，教师为本。教师是人类灵魂的工程师，是时代进步的先行者，承担着传播知识、传播思想、传播真理的历史使命，肩负着塑造灵魂、塑造生命、塑造新人的时代重任，是教育改革发展的第一资源，是实现中华民族伟大复兴的重要基石。当前，工业化、信息化、新型城镇化、农业现代化迅速发展，国际竞争日趋激烈，国家经济社会发展对高素质人才的渴求愈发迫切，人民群众对"上好学"的需求更加旺盛，教育发展、国家繁荣、民族振兴，亟须一批又一批的好教师。所以，必须从战略高度充分认识教师工作的极端重要性，优先规划、优先投入、优先保障，创新教师治理体系，解决编制、职称、待遇的制约，真正加强教师队伍建设，造就师德高尚、业务精湛、结构合理、充满活力的高素质专业化创新型教师队伍。广大教师和教育工作者需要学习了解西方教育发达国家的新的教育理念和教育思想，并应当在此基础上敢于超越、善于创新。校长是教师中的关键少数。各方应加强统筹，加强中小学校长队伍建设，努力造就一支政治过硬、品德高尚、业务精湛、治校有方的校长队伍。

"教育治理与领导力丛书"是华东师范大学出版社为适应中国教育改革和创新的要求、推动中国教育现代化进程，而重点打造的旨在提高教师必备职业素养的精品图书。为了做好丛书的引进、翻译、编辑、付梓，华东师大出版社相关同志做了大量扎实有效的工作。首先，精心论证选题。会同培生教育出版集团（Pearson Education）共同邀约中外专家，精心论证选题。所精选的教育学、心理学原著均为培生教育出版集团和国内外学术机构推荐图书，享有较高学术声誉，被200多所国际知名大学广泛采用，曾被译为十多种语言。丛书每一本皆为权威著作，引进都是原作最新版次。其次，认真组织翻译。好的版权书，加上好的翻译，方可珠联璧合。参加丛书翻译的同志主要来自北京大学、北京外国语大学、北京师范大学、华东师范大学、浙江大学、南京大学等"双一流"高校，他们均对教育理论或实践有一定研究，具备深厚学术造诣，这为图书翻译质量提供了切实保障。再次，诚聘核稿专家。聘请国内相关专业的专家学者组建丛书审定委员会，囊括了部分学术界名家、出版界编审、一线教研员，以保证这套丛书的学术水准和编校质量。"教育治理与领导力丛书"起始于翻译，又不止于翻译，这套丛书是开放式的。西方优秀教育译作诚然助力我国教育治理改进，而本国优秀教育创作亦将推动我国学校领导力增强。

华东师范大学出版社王焰社长、曾睿编辑邀请我担任丛书主编，而我因学识有限、工作又忙，故而一度犹豫，最终好意难却、接受邀约。在丛书翻译、统校过程中，我和相关同志主观上尽心尽力、不辱使命，客观上可能仍未避免书稿瑕疵。如读者发现错误，请不吝赐教，我们当虚心接受，仔细订正。同时，我们深信，这套丛书力求以其现代化教育思维、前瞻性学术理念、创新性研究视角和多样化表述方式，展示教育治理和领导力的理论和实践，是教育现代化进程中广大教师、校长和教育工作者所需要的，值得大家参阅。

王定华

2020 年夏于北京

（王定华，北京外国语大学党委书记，国际教育学院教授、博士生导师，国家督学、国家教师教育专家咨询委员会副主任委员，曾任教育部基础教育一司司长、教育部教师工作司司长、中国驻纽约总领事馆教育领事。）

# 前　言

　　评价在 21 世纪的发展是令人瞩目的。学校、组织、决策者和公众对方案究竟是如何运作的越来越感兴趣，如这些方案的运转为什么会成功又或者是失败。还有许多人在历经了 21 世纪第二个十年的扰攘之后，热衷于对企业、政府、学校和非营利性组织的问责。本书就是用以帮助读者了解评价是如何实现这些目标的。

## 本书的创新之处

　　本书用了一个章节来描述政治在评价和伦理考量中的作用；

　　本书的第二部分陈述了评价最新的方法和原理；

　　本书整合了方案设计、数据收集与综合分析的方法；

　　本书访谈了从事方案评价的专家，通过他们面对具体评价的选择和挑战的讨论来回顾与解析本书提到的概念性观点；

　　本书讨论了关于当前聚焦的绩效评价、产出、影响力和标准对评价产生的影响；

　　本书描述了评价与组织发展的趋势，即组织化学习、评价能力构建、主流化评价和文化能力的养成。

　　今天的评价正在通过多种方式发生改变。决策者、管理者、老百姓和消费者都希望能够更全面地了解方案的运作和产出。更重要的是，许多人希望能够更好地理解社会问题并且通过方案运作和政策实施减少这些问题的发生。各种形式的评价，包括绩效评价、产出或者是影响评价正在全球展开。组织也致力于通过评价提高自身的学习力，他们也想知道自己到底做得怎么样，怎么处理那些棘手的问题，怎么提高绩效，更好地服务客户和社区。许多不同的评价方法被开发出来并得到运用，比如运用于方案设计和数据收集的混合评价法，增加新的和不同的利益相关者在方案评价过程中的参与度，开发评价结果潜在的利用率和影响度，利用各种更加有效的途径来交流评价结果等。随着方案评价面向全球化发展的趋势，评价领域也因为需要不断适应不同的环境与文化得以丰富。

本书致力于成为增强读者参与方案评价的推动力和创造力之源。著者拥有多年在不同背景下，如学校、公共福利机构、心理健康组织、环境规划、非营利组织和企业从事方案评价的经验。著者同时拥有多年的教学经验，向学生讲授如何评价他们自己的组织和社区。著者的目标一直是向读者陈述"学以致用"的评价信息，使他们能够运用这些信息改变他们的工作场所、客户和社区。

## 本书的组织架构

本书由四个部分组成。第一部分向读者介绍了评价的核心概念，它的历史渊源和发展趋势以及道德伦理因素、政治因素与人际因素对评价领域各个阶段的发展产生的深刻影响。评价不是学术研究，它是非研究者在真实世界里推动决策、治理和社会发展的工具。因此，评价者得与评价的使用人和利益相关者建立沟通并且还得充分权衡决策者有关政治利益的考量，才能使自己的评价结果得到采纳。此外，评价者还需要面对伦理道德的挑战等等，这些都表明评价不同于学术研究，它具有挑战性和趣味性。本书的第一部分就是向读者介绍这些不同和公共政治背景下评价者的行为规范。

本书的第二部分陈述了不同的评价路径，也谓之评价模型或者评价原理。评价路径将对评价者如何选择学习内容以及如何运用所学进行评价产生重要的影响。本书探讨了评价路径的理论性、决策导向性和参与度的问题，并描述了评价者是如何使用逻辑模型和策划原理来进行方案运作的。参与性高和不断变革的评价方法得到描述和比照。评价者必须了解评价的方法论和不同的具体方法，才能够有意识地和明智地选择并灵活运用那些对方案、客户、利害关系人和评价环境最恰当的评价方法。

本书的第三和第四部分是本书的核心，它陈述了如何规划和实施一项具体的评价研究。第三部分主要介绍了方案规划的阶段：了解方案；通过与利益相关者交流来了解评价的目的和研究结论在未来的利用；通过识别和最终确定评价的问题来导引研究的方向。这一部分也向读者介绍了如何开发一项评价规划和管理规划，包括开展方案研究的时间表和预算安排。第四部分陈述了评价者的选择和决策，包括设计的选择和开发；抽样；数据收集，战略分析；对评价结论的阐释以及与他人的沟通。这一部分的各章节是按照评价研究的决策制定和具体实施的顺序来安排的，并配以图形、列表和实例向读者进行解析。

## 本书的修订

本书每一个章节的修订都采用了最新的工具书、文章和报告，增加了大量新的参考文献和案例，向读者介绍了当前有关随机对照组以及结果评价的最优设计的争论；有关政治影响评价政策与实践的讨论；有关参与式评价方法的研究；有关组织的文化能力建构的讨论以及评价新模型的使用和评价结果的解释和传播。

本书博采众长，介绍了许多评价的方法和工具，并鼓励读者在研究中加以运用。读者在本书的第二部分可以学习评价的原理和方法，在第三和第四部分可以学习数据收集的方法。

为了便于读者的学习，本书采用了与以前的版本相同的教学结构。每一个章节都采用了易于理解的方式来讲解最新和最基础性的问题，并大量地使用表格和图形来总结和阐释关键内容。每一个章节都会在开篇就本章节的一些内容向读者提出具有导向性的问题以供思考，在结尾以列表的形式回顾重要的概念和原理，以及问题讨论、案例分析和建议阅读书目。

本书致力于向读者阐明什么是真正意义上的评价。著者布莱恩·沃尔森是《美国评价杂志》期刊的编辑，另一位著者乔迪·菲茨帕特里克撰写了一篇专栏，访谈了某一个评价方案中的多位参与者，这些访谈现在被广泛地运用在评价教学过程中。本书在新的版本中吸收了这些案例来辅助阐释每章的主题。读者和教师可以通过参考《行动中的评价》（菲茨帕特里克，克里斯蒂，马克，2009）一书，或者《美国评价杂志》中的访谈案例来加深理解。本书在每章的最后亦引用了上述来源的一到三个相关的访谈。

本书希望启发读者用勇于质疑的态度，去寻求探索与评价方案、政策和组织变革等问题的新路径。对于资深的评价者而言，本书可以作为开拓视野的实践指南。对于刚刚从事评价工作的人们而言，本书则可以指导人们如何更好地与客户沟通，如何参与评价研究以及从事具体的评价实践。

# 目　录

## 上

## 第一部分　评价概要

## 第二部分　方案评价的路径选择

1

## 第三部分　规划评价的实践指南

下

## 第四部分　实施和使用评价的实践指南

### 评价概要

本书的开篇提供了便于初学者理解整本教材的重要的背景知识。开篇分为三个部分：揭示了评价的概念及多种内涵；回顾了方案评价的历史和学科的发展；介绍了影响评价实践的一些因素。本书也帮助读者了解一些目前在评价领域存在的争议和未来的趋势。

本书第一章讨论了评价的基本目的及评价者扮演的多重角色。本书明确地定义了评价，并向读者介绍了许多不同的概念和差异。本书第二章归纳了当前的评价规则的起源、实践以及历史演变。作为一支正在成长的力量，它推动了社会中具有公共性的、非营利性的合作方案的发展。本书第三章讨论了政治、伦理与人际关系等因素在评价中的基础性地位，并着重强调了其与研究的区别。

本书第一部分向读者提供的基本信息，不仅仅有利于读者理解后面章节的内容，也包括理解现有的方案评价丰富的文献资料。虽然本书后面章节的内容主要适用于对具体方案的评价，但也包括政策评价、结果评价和过程评价等等。本书第二部分介绍了不同的评价路径，帮助读者更好地理解为什么评价者和利害关系人在从事评价过程中会作出差异化的选择。

# 第一章 评价的基本目的、使用和概念的差异

**思考问题：**

**1.** 什么是评价以及评价的重要性？

**2.** 正式评价与非正式评价的区别是什么？

**3.** 评价的目的是什么？评价者在评价中扮演了怎样的角色？

**4.** 形成性评价与总结性评价的主要区别是什么？

**5.** 在一项需求评价、过程评价和结果评价中，评价者需要解决的分别是什么问题？

**6.** 内部评价者和外部评价者面对的利弊分别是什么？

21 世纪，我们的社会正面临着巨大的挑战，这是全新的挑战。美国和许多其他国家的公共部门和非营利性组织正把目光聚焦在一些纷繁复杂的问题上：比如新世纪儿童的教育问题、减少功能性文盲（Functional Illiteracy）的问题、家庭教育的强化问题、劳动力的培训问题、组织内部雇员的再培训问题、对抗生理和精神疾病的问题、与歧视作斗争的问题、降低犯罪率、吸毒率与虐待子女和配偶等问题。当前寻求环境保护与实现经济发展的目标相协调的问题以及确保发展中国家和平崛起的问题越来越凸显。在本书出版之前，美国与全世界许多国家都正在面对由经济问题引发的方方面面的社会问题的挑战。而那些用于解决这些问题的政策与策略本身也需要评价，以确定它们的可行性。每一个 10 年之后，伴随着

社会问题复杂程度的不断增长，评价面临的挑战也与日俱增。

当这些不断蔓延又令人困惑的问题愈来愈凸显之时，社会就不得不尽力加以解决。于是，地方、区域、国家和国际机构开始共同着手制定规划以解决这些问题并去除隐患。在一些案例中，那些被判定为低效的方案被彻底摒弃，取而代之的是那些能够解决实际问题的更高效的新方案。

目前，资源稀缺和预算赤字仍然是行政官员和方案管理者需要面对的首要问题。为了确保那些最有希望的方案得以实施，决策者和管理者不得不面对艰难的抉择，或者取消一些方案及其子方案为新方案提供充足的资金，或者控制好当前的预算。

决策者需要关于方案的有效信息以作出正确的选择。比如，哪些方案进展顺利？哪些方案出现问题？方案的成本与收益如何？与此相适应的是，每一个方案管理者需要知道方案的不同部分是否均进展顺利？那些搁置的部分是否也能如预期一样得以顺利推进？方案的各个环节是否经过了详细规划，还是仍需要进一步设计？方案绩效的理论或者逻辑模型是什么？需要进行哪些创新才能提升方案绩效？

方案评价的主要任务就是回答上述的问题。本书的主要目的就是向读者介绍评价和它在现代社会各个部门中扮演的重要角色。但是只有当读者了解了以下每个领域中的基本概念以后，才能确信好的评价是一个好的方案的核心要件。

◎如何定义评价；

◎正式评价与非正式评价的差异；

◎正式评价的基本目的和多元化使用；

◎评价基本类型之间的差异；

◎内部评价者与外部评价者之间的差异；

◎评价者的重要性与局限性。

本书对上述问题的回答不是仅局限在概要部分，而是贯穿于整本书之中。本章仅对上述问题涉及的一些概念及其差异进行了简要的叙述，以便读者更好地理解后面章节的内容。

# 非正式评价与正式评价

　　评价并非一个新概念。事实上，从人类历史有迹可循之时，人类就有了对事物的评价、检验与判断。就好像尼安德特人在决定哪一种树苗更适于制造矛杆，波斯族长为他们的女儿选择适宜的服饰，英格兰自耕农弃用自己的十字弓使用威尔士长弓时一样，他们都会进行反复尝试。英格兰人通过观察发现长弓发射的箭能够穿透最结实的盔甲，且能够三箭同时发射，而十字弓一次只能发射一支。尽管在英格兰的历史档案中没有发现有关弓弩比较的正式评价报告，但是很明显英格兰人评价了长弓的价值，并把它们应用于与法国人的较量之中，也正是因为英格兰军队弃用了自己的十字弓，并改良了威尔士长弓，使得他们在百年战争中几乎战无不胜，攻无不克。

　　与此相反，法国的弓箭手匆匆试用了一下长弓，又回过头使用十字弓，以至于在战争中不断失利。不当评价实在是非常危险。不幸的是，这种导致法国人坚持使用劣势武器的错误判断正是一种历史上反复重演的非正式评价模式。

　　人类每天都在评价，比如教师、管理者和决策者都会评判他们的学生、客户、方案和政策。这些判断会左右人们的选择和决策，也自然而然地成为人们生命中的一个部分。校长会通过教师在课堂上的表现来形成有关他的工作绩效的判断，方案管理者会通过对资产滥用方案的考察来形成有关方案执行的质量和绩效的判断，决策者会通过听取一个关于如何给没有医疗保险的儿童提供健康保险的报告来决定报告所提出的办法能否在他的州施行。尽管我们每天都会作出类似这样的判断，但是这些判断只属于非正式和不系统的评价范畴。

　　非正式评价可以产生错误的或者正确的评价。然而，由于评价的步骤不系统和证据来源不规范，使得非正式评价的结论缺乏广度和深度。作为普通人，我们很少有机会从各种不同的角度观察环境、客户或者学生，还有我们过去的经验等都会影响甚至扭曲我们的判断，因此我们作出的判断是有局限性的。非正式评价不会发生在真空里。经验、直觉、归纳和推理都会影响非正式评价的结论，而这一切都有可能成为我们作出可靠的或者错误的判断的根据。我们看到了那位教师在不同时间里的表现了吗？面对同样的学生、课程内容和教学方法，过去的经验究竟是怎样影响我们的判断的呢？当我们进行非正式评价时，我们对这些局限性的认知是不足的。然而，当正式评价没有被使用时，非正式评价完全能够由那些受过教育、有经验和追求公平的人们很好地加以利用。任何个人、集团或者组织都能够就每一个方案实施正式评价是不现实的，通常非正式评价是唯一可行的方法。比如当服务生只需要在正餐菜单上推荐出一道主菜时，只有极度的强迫症患者才会选择先离职并收集完数据后再向顾客提供建议。

然而，非正式评价与正式评价是一个连续的统一体。万特（Schwandt，2001）认可了判断的价值与重要性，并指出评价不是简单的方法和规则的使用。他把评价者视为帮助执行者"培育核心理解力"的人。他还指出评价位于一个中间地带，一边是人们在日常生活中过度依赖和过度利用方法、原理与规则，另一边又推崇个人的灵感和纯粹的直觉。马克、亨利和朱尔尼斯（Mark，Henry，& Julnes，2000）回应了这个概念，他们认为评价是辅助判断的一种模式，它有助于提高人们的观察力和理解力，以更好地对政策、方案和评价目标进行判断。

评价是人类行为的基本模式，它通常是缜密的、结构化的和正式的，而更多的时候它又是印象化的和不规范的。我们的目标则只聚焦于更加规范的、结构化的和公开的评价，并指导读者开拓视野以及收集信息的各种途径与方法。特别是对于那些有志于成为职业评价者的读者，我们将介绍那些运用于正式评价中的途径与方法。对于一般的执业者和评价者而言，我们将致力于通过培育核心理解力来提高影响你的非正式判断和决策的认知。

# 评价的基本定义与关键术语

在前面的部分，读者可能已经敏锐地察觉到"评价"这个术语被广泛使用却未尝被给予明确的定义，如果我们仍不精确地定义这个概念，那么以后章节的学习将充满困惑。定义"评价"在直觉上并不困难，比如常用词典上对"评价"的定义是：通过检验和判断，决定和校准方案的价值。这个定义看上去很直接，然而在专业评价领域也没有对"评价"这一术语的精确的和一致的定义。评价专家麦克·斯克里文（Michael Scriven）曾在一篇文章中指出，即使在同一语境下有近60种不同的评价术语，包括：校正（adjudge）、评价（appraise）、分析（analyze）、评定（assess）、批判（critique）、审查（examine）、分级（grade）、检验（inspect）、评判（judge）、等级（rate）、排名（rank）、评论（review）、评分（score）、研判（study）、测评（test）等等（引用Patton，2000）。斯克里文（Scriven）认为：评价术语的多元化使用"不仅反映了现实的生活中评价过程的重要性，也是对一个新的研究领域的有益探索"（引用Patton，2000，p.7）。我们在这一章节将向读者介绍评价术语应用的变化矩阵，并归纳出一个综合定义。

评价领域发展的早期，斯克里文曾将评价定义为对事物价值的评判。这个最早期的定义衍生出了许多新的定义（马克，亨利，朱尔尼斯；史瓦兹；斯克里文；思特克；斯塔弗尔比姆，Mark，Henry，&Julnes，2000；Schwandt，2008；Scriven，1991a；Stake，2000a；Stufflebeam，2001b）。我们认同将评价定义为对评价对象价值的评判。在广义上，我们把评价定义为评定一个评价对象价值的合理的标准，并对这个合理的标准进行证实、厘清和应用。事实上，通常我们对于评价对象的判断有所不同，这是因为我们无法证实与厘清我们判断评价对象的方法一定是正确的。一个评价者可能会因为享受润物无声的阅读过程而高度评价一门阅读课程；另一个评价者却可能会因为这门课程没有像其他课程一样快速帮助学生识字和提高理解力而给予差评。正是因为评价标准的差异致使这两个评价者对同一门课程给予了不同的评价。评价者需要扮演的一个重要角色就是帮助利害关系人界定他们的评价标准并加强他们之间的对话。那么，我们对评价的定义强调的就是利用这些标准来判断评价对象的价值。

评价使用的判断方法包括：（1）确定评判对象质量的标准，并明确这些标准是相对的标准还是绝对的标准；（2）收集相关信息；（3）运用标准来评判评价对象的价值、质量、效用和重要性。这些步骤有利于评价方案达到预期目标，也有利于利害关系人决定评价方案是否值得采纳、沿用和推广。

## 方案、政策与产出（Program，Policies，and Products）

在美国，我们通常使用"方案评价（Program Evaluation）"这一术语，然而在欧洲和其他国家，评价者通常会使用"政策评价（Policy Evaluation）"。本书的内容则涉及方案、政策与产出的评价，但不包括人事部门评价与个人或者雇员的绩效评价，这是一个不同的研究领域，因为它更多地涉及管理和人事（参见评价标准联合委员会，the Joint Committee on Standards for Evaluation，1988）[①]。尽管如此，对这一问题简单的讨论仍然有助于我们理解方案、政策与产出的涵义。"方案"是一个能够用多种表述定义的术语，最常用的定义是指"为提供某项服务设置的固定安排"（参见克龙巴赫等人，1980）。教育评价标准联合委员会定义方案的概念是"一系列具有一个可持续的基础的活动"。在他们关于《标准（2010）》一书的新版本中又指出方案不仅仅是一系列的活动。他们这样描述：

方案完整的定义是：

★ 一系列有计划的和系统的活动；

★ 利用托管资源；

★ 实现预期目标；

★ 与具体需求相关；

★ 有具体的和确定的参与者或组织；

★ 有具体的背景；

★ 有可以证实的产出、结果和影响力；

★ 遵循假设的（清晰的或者是隐晦的）信任体系（有关方案如何运行的干预与实施的原理）；

★ 有确定的和可供审计的成本与利润核算（联合委员会出版，2010）。

联合委员会关于方案的最新定义强调了方案达成的目标得与具体的需求有关且根植于一定的原理或者假设。我们在讨论方案原理时将重点论述这个问题。总之，方案是一系列正在实施的有计划的干预活动，以实现某些具体的目标，应对当前某些教育、社会或者商业问题。它涵盖了从事干预活动或者提供服务的一系列的人、组织、管理行为和资源。

相比较而言："政策"通常指一个公共组织或者政府单位从事的一系列更加广泛的活动。组织制定的政策主要涉及招募和雇用人员、员工薪酬、与媒体的

---

① 教育评价标准联合委员会开发了部分人事评价的标准，以评价教师或者其他雇员在教育情境下的绩效。参见 http；//www.eval.org/evaluationdocuments/perseval.html。

互动关系以及如何服务客户或消费者。但是政府机构包括立法机构、管理部门、执行机构等也需要通过或者制定政策。它可能是一项法律或者法规。评价者通常会通过研究来判断这些政策的绩效，就好像他们通过研究来评价方案一样。方案和政策两者的边界有时是含混的。政策与方案一样被界定为得实现某个目标或进行某项革新，但是政策又与方案不一样，它不提供某项具体的服务或从事具体的活动。然而政策提供了方向、规则和进行革新的可能性。那些从事公共政策研究的学者赋予了政策更加宽泛的定义：公共政策是政府活动的总和。这些活动不论是直接的还是通过代理机构进行的，它们都影响着人们的生活（彼得，Pater，1999）。政策分析专家研究公共政策的绩效与评价专家研究政府方案的绩效类似，他们的工作往往会存在交叉，因此，也有人将之称为政策研究或者方案研究。事实上，在美国，政策分析专家受到的是政治科学与经济学的训练，评价专家受到的则是心理学、社会学、教育学和公共管理学的训练。随着评价领域的不断拓宽以及客户对政府方案的信息需求不断增长，评价者开展方案与政策的有效性研究变得越来越重要。

综上所述："产出"是比政策或者方案更加具体的东西。它可能是一本书，比如你现在正在阅读的这本教材，也可能是某个软件。斯克里文（Scriven）认为广义上的产出是指某种事物的输出。于是，产出也可能是一个学生或者接受过专门训练的某个人，或者某个学生从事的某项工作，或者某一门讲授"研发成果"的课程（1991a，p.280）。

## 利害关系人（Stakeholder）

评价过程中常常使用的另一个术语是"利害关系人"。利害关系人是那些与方案有利益关联的及有可能受到正在进行的方案或者方案的评价结论影响的个人或者集团。格林（Greene，2005）出版的《评价综述》（*Encyclopedia of Evaluation*）一书中将利害关系人分为四种类型：

1. 方案管理方，包括方案投资人、决策人、方案咨询委员会；

2. 方案的直接责任方，包括方案开发者、高级管理者、管理者和方案执行人；

3. 方案的受益方，以及他们的家人和社区等；

4.方案的受损方（因为方案导致财产遭受损失或者丧失了应得的利益）。

在格林（Greene）观点的基础之上，斯克里文（Scriven，2007）提出了利害关系人的分类应当根据他们受到方案影响的不同方式。这种分类主要基于不同的政治利益集团。也就是包括所谓"上游影响势力"：纳税人、政治支持者、投资人以及那些制定方案政策的人；"中游影响势力"也被阿尔金（Alkin，1991）称之为主要的利害关系人，他们是方案管理者与员工；"下游影响势力"是得到方案提供的服务或产出的人。

所有这些利益集团都持有预期盈亏的"股票"，尽管他们常常并不了解自己所持有的这些"股票"。评价者至少在规划和从事评价时是方案的利害关系人，这有利于评价者更好地理解方案和其他利害关系人的需求信息。

# 评价与研究的差异

区分评价与研究之间差异是很重要的，这有利于理解评价的特质。尽管一些评价方法源自传统的社会科学研究，但两者之间差异显著。差异之一是从事研究与评价的目的不同，各自寻求着不同的效果。研究的主要目标是增加某个领域的知识，尤其是理论知识。一个好的研究是使知识不断更新。一项评价的目的有可能是开发新的知识（马克，亨利，朱尔尼斯，Mark，Henry，&Julnes，2000），然而这是其次的。评价的主要目的是为方案的利害关系人，也包括评价对象提供有价值的信息，帮助他们下判断或作决策。

研究的目的是下结论，评价的目的是作判断。价值判断是评价的必要条件。检验评价者和研究者之间区别的标准是如果他们从事的调查工作没有得到实实在在的数据结论是否会被视为失败。一个研究者对此的回答可能是否定的。

从事研究与评价目的的不同也影响到了两者采取的研究方法。研究是对规范的遵行与理论的拓展，它陈述了两个或以上变量之间的关系。因此，研究的意义在于开发和建立某种因果关系。然而，评价意义在于检验和描述一个特定的东西，并最终确定它的价值。有时，描述某个东西会涉及因果关系的检验，但通常情况下不是。评价是否需要聚焦于检验某种因果关系取决于与利害关系人的需求有关的信息。

评价与研究之间另一个显著的区别是——工作的进程由什么来决定。在研究工作中，对于某种假设进行的调查取决于研究者对下一个步骤的适当性的评判，有利于某个学科领域或者理论知识的开发。在评价工作中，需要回答的问题与其说来自评价者，不如说来自包括那些重要的利害关系人在内的方方面面的因素。评价者可能会提出建议性的问题，但决不会抛开利害关系人擅自决定调查的重点，因为这些行为将违背评价者的职业操守。与研究不同，一项好的评价通常得考虑到利害关系人，而且是诸多利害关系人的需求。因此，在规划和从事评价工作中得兼顾利害关系人的需求，并提升评价结果的有效性和使用。

评价与研究的另一个差异是结论的普适性问题。评价的目的是对某一项特定事务进行判断，一项好的评价是基于评价对象情境下的具体的评价。利害关系人作判断只针对某个特定的评价对象，某个具体的方案或者政策，他们不会像研究者那样关心这个结论在别的情境下是否同样适用。事实上，评价者只关注某个情境下的细节，或者说只关注那个情境下与方案的成败有关的因素。（值得注意的是，这些情境可能是由许多小的情境组合成的面向国家的方案，也可能只是某一个学校的一个小方案。）与此相反，研究的目的是拓展普适的知识，并使研究结论尽可能多地适用于不同的情境之中。

研究与评价之间的另一项差异，上文也提到过，就是关于调查结论的预期使用。在本书的后续部分，我们将进一步讨论评价过程中可能出现的对结论的不同种使用，但最终这些结论都将对评价产生一些相对直接的影响。这些结论可能影响当前的决策或者不久之后的决策，或者影响利害关系人或集团对评价对象或评价本身的观点。无论评价结论会对评价产生怎样的影响，它之所以产生是因为人们需要使用它。一项好的研究则可能会也可能不会被人们即刻使用。事实上，那些对理论产生重要影响的研究可能不会被人们即刻意识到，还有的研究结论甚至要在许多年以后才会形成理论架构[1]。然而，一项好的研究应当符合其所属学科

---

① 一个典型的例子就是达尔文的进化论。他的著作《物种的起源》（*The Origin of the Species*）一书中的理论在许多年前被科学界否定，直到今天才得以作为新的观点被重新认识，其中的一些理论才得到肯定。这是因为新的科技和发现推动了科学家去重新考量这个 100 多年前就已经存在的有价值的结论。

或者领域的研究范式。如果某项研究结论拓展了某个领域的知识，那么这个结论将具有普适的意义。

因此，研究与评价在适用标准上的差异常用于对两者进行区分（马西森，Mathison，2007）。判断研究有两个重要的标准：内部效度——研究有效地建立了某种因果关系；外部效度——研究的普适性，即研究是否同样适用于其他的时间和情境之中。然而，如果仅用这些标准来衡量一项评价的好坏是既不充分也不适当的。正如前面提到的，结论的普适性或者外部效度对一项评价而言是不重要的，重要的是某个正在被评价的具体方案或政策本身。判断评价与此不同，需要考量其准确性（信息获得的精准程度，这在实际中是一一对应的）、实用性（提供的信息服务对目标用户的实用程度）、可行性（评价具备现实、审慎、策略、低成本等特性的程度）与适当性（评价合理、合法及保护参与者权益的程度）。评价标准联合委员会通过制定这些标准及有关评价问责的新标准来帮助评价使用人和评价者理解什么才是评价应该做的。（联合委员会，Joint Committee，2010）（有关评价更多的标准参见第 3 章。）

研究者与评价者完成各自的工作所需要掌握的知识和技能也是不同的。研究者需要深入地探究某一个学科领域，这是因为一个研究者从事的多数工作都局限于某个学科领域之中，所以这种方式是适当的。对比评价者使用的方法而言，研究者个人所使用的研究方法是相对固定的，这是因为每一位研究者所关注的问题往往具有相似性。比较而言，评价者的评价对象是不同类型的方案或者政策，他们还需要满足客户和利害关系人对大量不同信息的需求。因此，评价者的评价方法只能是宽泛的，并可能涉及多个学科。当他们参与了有价值的方案或者政策时，他们必须敏感地去面对各种情况。评价者必须熟知各种方法和技术，才能根据特定的方案和利害关系人的需求作出最合适的选择。此外，评价也开发了一些具体的方法，比如运用逻辑模型来解释方案原理和元评价（Meta Evaluation）。正如马西森（Mathison）所说，评价是一个"不知羞耻地"借鉴所有学科和它们的思维模式来获取事实和价值的过程（2007，p.20）。她的评论说明评价者所使用的方法和得出的结论必须有价值，或者有利于价值构建及事实构建。

最后，评价者不同于研究者在于他们必须与客户建立密切的工作关系。因此，人际交往与沟通技巧通常是评价者胜任工作必备的能力（菲茨帕特里克，金，斯蒂文尼，积姬和米尼玛；斯塔弗尔比姆和文盖特，Fitzpatrick，1994；King，Stevahn，Ghere，&Minnema，2001；Stufflebeam&Wingate，2005）。

综上所述，研究与评价的不同在于它们需要达成的目的、获取的结论、评价者和研究者在他们各自工作中需要扮演的角色、他们需要具备的素质与技能和评判他们工作优劣的标准（两者差异的概述见表1.1）。这些差异形成了研究者与评价者工作方式的诸多不同。

当然，评价与研究有时也会发生重叠。一项评价调查也可能拓展某一个学科领域内的规则或原理；一项具体研究也可能指导我们对某个方案或政策下判断作决策。然而，两者的基本差异仍然明显。上述讨论的目的主要是帮助那些评价的初学者了解评价者与研究者的行为方式究竟有哪些不同。评价可能有助于拓展某一领域的知识和原理，建立某种因果关系，解释现象之间发生的关系，但是这不是评价的首要目的。评价的首要目的是帮助利害关系人对正在进行评价的方案作出有价值的判断和决策。

### 表 1.1　研究与评价的差异

| 考量因素 | 研究 | 评价 |
|---|---|---|
| 目的 | 拓展某一领域的知识、规则与原理 | 作判断，并为决策提供信息 |
| 谁决定工作内容 | 研究者 | 利害关系人和评价者共同决定 |
| 结论的普适性 | 重要，有助于理论拓展 | 不重要，聚焦于方案或政策的具体情境 |
| 结论的预期使用 | 不重要 | 重要的标准 |
| 判断标准 | 侧重内部效度与外部效度 | 侧重准确性、实用性、可行性、适当性与评价问责 |
| 人员的胜任准备 | 侧重学科深度，研究工具和方法的类型较少 | 侧重学科交叉和人际沟通技巧，调查工具与方法较多 |

### 行为研究（Action Research）

研究的另一项特殊的类型是行为研究。这一概念最初由库尔特·勒温（Kurt Lewin，1946）提出，不久之后埃米莉·卡尔霍恩（Emily Calhoun，1994，2002）拓展了这一概念，它指的是推动专业人员实践操作能力的协作研究。这些专业人员可能是正在利用各种研究方法来推动实践的社会工作者、教师或者会计师。正如艾略特（Elliott，2005）提出的，行为研究通常包含一个具有启发意义的目的。卡尔霍恩（Calhoun）列举了评价情境下行为研究的案例，教师通过协同工作来实现他们的目标；通过收集、分析和解释数据来处理问题；教师作出优化课程方案的决策来提升实践教学。这些数据收集的过程可能会与方案评价活动重叠，但是两者之间有显著不同：从事行为研究的专业人员的工作内容中包含推动实践的目的。从事行为研究也被认为是一项革新组织文化的战略，通过专业人员的协同工作来加强学习、检验和实践。因此，行为研究产出的信息类似于形成性评价，用于推动方案。研究者除了通过研究推动理论的发展，也进行方案的实施，他们的主要目标是驱动专业的发展和组织的革新。

# 评价的目的

根据以上对评价的定义，我们认为评价的首要目的即对评价对象作判断。这一观点与斯克里文（Scriven，1967）的观点类似，他是最早提出正式评价的目的的学者之一。他在自己撰写的创新性论文《评价方法论》（"The Methodology of Evaluation"）中提出，评价只有一个目的就是去判断评价对象的价值。斯克里文（1996）后来的文章中重申了这一观点。

然而，随着评价的不断发展，评价具备的其他目的出现了。当前，关于这些目的的一些讨论为评价实践指明了方向。作为初涉评价的读者而言，这些目的阐释了评价及其作用的许多方面。尽管我们认同斯克里文有关评价的目的：判断方案、政策、生产过程或者结果的价值，但是我们也认同评价具有其他目的。

多年以前，塔马格（Talmage，1982）提出了一个重要的评价目的就是"帮助决策者对制定的政策负责"。事实上，方案评价的一个重要目的就是为决策者提供有助于提升其决策质量的信息。今天，通过学校、各个州和地方政府、联邦政府及非营利性组织收集大量的评价数据正是在帮助这些组织的决策者决定是否需要继续推进方案，或开发新的方案，或改变方案的投资或者结构。评价除了帮助政策制定者作决策之外，也适用于其他的决策人。这些人包括方案管理者（如校长、系主任）、方案员工（如教师、咨询顾问、医疗服务人员、提供服务的其他人员）和方案客户（如用户、父母、老百姓）。教师可以通过对学生成绩的评价来决定教学科目或教学内容；父母可以根据学校的实力来决定把孩子送到哪个学校；学生可以根据评价信息来选择高等教育机构。这些评价信息或者数据可能会也可能不会对具体决策产生重要的价值，但是，评价服务于这一目标。

许多年来，评价被用于方案的优化。尽管迈克尔·斯克里文（Michael Scriven）认可评价的首要目标是价值判断，但他在很多年以前就把方案的优化视为评价的作用之一。这个问题我们会在本章进行讨论。今天，许多人已经认可了评价具有的一项重要的和直接的目标就是对组织和方案的推动（马克，亨利和朱尔尼斯；帕顿；裴士基和托雷斯，Mark，Henry，Julnes，2000；Patton，2008a；Preskill& Torres，1998）。

方案管理者或者实施者能够根据评价的阶段性结论进行调整以优化方案。事实上，这是评价被最频繁使用的方式之一。比如：教师使用学生的成绩来调整他们的课程设置或者教学方法；医生通过患者的药物治疗评价报告来调整与建议患者的药物使用及其剂量；教练通过受训者的反馈来改变训练方式并提高训练效果。所有的案例均体现了评价服务于方案优化的目的。

今天，许多评价者认为评价是推动方案和组织优化的一种新途径。迈克尔·帕顿（Michael Patton）在他最新的著作中常会提到"发展性评价"（developmental evaluation）的概念，目的是帮助那些没有具体的可量化的发展目标的组织，但是与其为他们评价，不如帮助他们不断进步、适应与学习（帕顿,Patton, 1994, 2005b）。我们将在后续的章节中描述这个问题。哈利·裴士基（Hallie Preskill）（裴士基，Preskill,2008；裴士基和托雷斯，Preskill&Torres,2000）与另外几个学者（金，King,2002； 贝克和布鲁纳，Baker&Bruner,2006）认为：评价的作用在于通过逐步注入新的思维模式来推动组织的全面发展。组织的雇员参与评价过程可以影响到他们解决问题的模式。例如，如果雇员参与了一项评价方案的逻辑模型的优化或数据检验，并得出了一些推进方案进程的结论，就有助于他们在将来更好地利用这些解决问题的方法来引领组织的发展。

当然，方案优化或者组织发展的目标可能相互重叠。当一项评价是旨在推动方案优化时，评价者必须认识到评价的结论将作为推动这一方案的管理和完成的决策依据，也就是说，评价的目的是为了提供决策和方案优化的依据。我们不必斤斤计较地区分这两个目标之间的差异，但我们得承认评价必须同时兼顾这两个目的。我们希望帮助你了解评价的多种目的以及你的立场或组织的目标。

在近期相关的讨论中，评价的目的已经不仅仅局限于评价对社会产生的影响。一些评价者指出评价一个重要目标是向那些不了解决策过程或方案规划的群体传递信息。正如豪斯和豪（House&Howe，1999）认为的那样，评价的目的是培育协商式民主。他们鼓励评价者帮助那些草根派利害关系人获得表达的权利，并努力构建一个民主的模式来激发利害关系人之间的对话。评价者在这里扮演了重要的推动社会公平与正义的角色。例如，格林（Greene）指出的价值取向不可避免地影响到了评价实践，因此，评价者永远无法保持中立。尽管如此，他们还是承认了评价过程中会出现价值取向的差异性，只有通过努力才能获取维护社会公平与正义所需要的价值（Greene，2006）。

卡罗尔·韦斯（Carol Weiss， 1998b）和加里·亨利（Gary Henry）曾指出评价的目的是推进社会进步。马克、亨利和朱尔尼斯（Mark， Henry，&Julnes）则明确指出社会进步是"社会问题的镇痛剂，它符合人们的利益需求"（p. 190）。事实上，正如美国评价协会（American Evaluation Association）采纳的观点，把推动社会进步作为评价目的之一，至少部分反映了评价指导原则（Guiding Principle）或伦理守则，即评价者有责任推进公共福利。第 E5 条原则具体描述如下：

评价者有责任推进公共利益。因为公共利益与其他利益集团（包括重要客户或者投资人）的利益不同。评价者必须超越特殊利害关系人的利益，更多地考虑社会作为一个整体的利益（美国评价协会，2004）。

评价者对以上这项原则的讨论理所当然超过了对其他方面的讨论。尽管如此，它阐明了评价的一个重要目的。评价应当考虑推动社会发展的方案与政策。这些评价结论能够为决策者的选择、方案管理和与方案有关的其他方面提供信息。因此，评价者必须考虑这些结论在推动社会进步方面的作用。赫利姆斯基和沙迪什（Chelimsky&Shadish）在他们的《即将到来的 21 世纪（The Coming Twenty-first Century）》一书中强调了通过评价来推动社会进步的全球化的观点，以及面对新世纪世界范围的挑战不断拓宽评价背景。这些挑战包括新技术问题、人口结构失衡问题、恐怖主义问题、人权问题和超出某个方案或一个国家以外的其他问题（Chelimsky&Shadish，1997）。

直至目前，许多评价者仍然坚持认为评价具有拓宽知识的目的（唐纳森、马克、亨利和朱尔尼斯，Donaldson，2007；Mark，Henry，&Julnes，2000）。尽管拓展知识是研究的首要目的，但是开展评价研究也能够增长我们对社会科学的原理与规律的认知。它们提供给我们一个机会，通过检验这些原理是否适用于新的环境及不同的群体，进而证实这些原理在真实世界或者新群体中的适用性。方案或政策常常需要一些原理或者社会科学原则作为依据。[1]评价提供了检验这些原理的机会。评价需要收集许多能够增长我们的知识的信息：描述客户或者问题的信息；有关问题产生的原因和结果的信息；有关检验理论的影响力的信息。例如，黛布拉·高格（Debra Gog）在 20 世纪 90 年代开展了一项评价，通过大规模的干预计划来帮助那些无家可归的人（罗格，胡鲁普卡，麦库姆斯·松顿，布里托，汉布里克；Rog,1994；Rog, Holupka, McCombs-Thornton, Brito, &Hambrick, 1997）。在那个时候，没有多少人知道无家可归的人是怎么生活的，社会一开始对这个群体的生存状态的估计也是不正确的。罗格通过她的评价计划了解了许多情况。她的调查结论不仅有助于这项计划的实施，也增加了我们对无家可归的群体的了解，比如，他们的健康需求以及他们的生活情况。我们关于研究与评价之间区别的讨论强调增长某一领域里的知识是研究的首要目的，而不是评价的首要

---

① 术语"循证实践"（evidence-based practice）观点认为：当基础性研究、应用研究或者评价研究发现一个给定方案的实践或行动将形成预期的结果时，方案的设计将围绕社会科学的研究结论开展。

目的。这一差异仍然存在。然而，一些评价结论也能够增长我们关于社会科学的原理与规律的认知，即使它不是评价的首要目的，也至少是其目的之一。

最后，我们认为评价有许多不同的目的。它的首要目的是价值判断，除此之外，它也有许多别的目的。这些目的包括辅助决策；推动方案、组织和社会的进步；通过帮助草根阶层表达利益诉求来加强民主以及增长我们的基础知识。

# 专业评价者的角色与行为

作为实践者，评价者在评价过程中扮演了很多角色，也从事了大量活动。正如之前讨论评价的目的有助于我们更好地理解价值判断一样，开展评价者从事的角色和活动的简单讨论将有助于读者全面地了解这个领域的专业人士从事的活动。

在诸多的讨论中，评价者的主要作用是激励评价结论的使用（帕顿，沙迪什；Patton，2008a；Shadish，1994）。而当激励使用的方式和预期使用的情况可能不一致时，评价者的主要作用是考虑评价结论的使用。在第17章中，我们将讨论已经确定的评价使用的不同类型和多种方式。然而，亨利（Henry，2000）认识到如果只强调评价的使用，将导致评价仅仅聚焦于方案和组织的发展，而忽略价值评判。他的观点是合理的；然而，如果评价的受众是方案价值的评判者时，问题是可以避免的（参见本章中的形成性评价与总结性评价。）当然，评价的使用是评价的中心，它在专业标准和评价准则方面起到了重要的作用（参见第3章）。

还有其他的观点认为：评价者与利害关系人及评价结论的使用者之间可能会相互影响。瑞利斯和罗斯曼（Rallis&Rossman，2000）认为评价者扮演了一个重要朋友角色。他们认为，当人们学习和争论评价的首要目的之前，应当意识到评价者必须首先是一个值得的信任的人，好比是"帝王的股肱大臣，他比判断者更加圆滑，尽管他并不害怕提供判断（p.83）"。史瓦兹（Schwandt，2001a）认为评价者的角色更像一位教师帮助学生作出关键的判断。帕顿（Patton，2008a）认为评价者具有许多不同的角色，比如引导者、合作者、教师、管理顾问、组织发展（Organizational Development，OD）专家和社会革新者。这一系列的角色反映了评价者的作用主要是帮助组织实现发展与创新。裴士基和托雷斯

（Preskill&Torres，1998）提出评价者的作用是提升组织的学习力和构建一个学习的环境。默滕斯、赫利姆斯基和格林（Mertens，1999；Chelimsky，1998；Greene，1997）则强调了利害关系人的重要性，他们往往是评价过程中容易被忽视的人。豪斯和豪（House & Howe，1999）提出评价者有一个关键的角色，就是激发不同利益群体之间的对话。评价者的作用不仅仅是向那些特定的最有可能利用信息的关键的利害关系人提供信息，也包括激发不同阶层的人们之间的对话，并通过帮助草根阶层表达自身的权益来激励民主决策。

评价者还有一个角色就是进行方案的规划。比克曼（Bickman，2002）、陈（Chen，1990）和唐纳森（Donaldson，2007）强调评价者有助于构建方案的理论或逻辑模型。沃利（Wholey，1996）提出，评价者的一个关键作用是制定措施，帮助决策者和经理确定不同的方案，并利用工具去权衡这些方案。

当然，评价者也扮演了科学专家的角色。正如利普西（Lipsey，2000）所说，实践者希望也需要评价者"作为专家诚信而客观地追踪事情，系统地观察和测量事情，比较、分析和解释事情"（p.222）。评价发轫于社会科学研究。当我们描述新出现的和发展中的方法和范例时，利害关系人会要求评价者作为技术或"科学"方面的专家提供外部的"客观的"观点，评价者这时承担了教授使用者的角色。评价者也扮演另一个重要的角色，帮助利害关系人了解其他相似方案的研制计划。有时，人们管理、运作方案或立法或作政策决策，繁忙地履行他们的责任，以至于他们并不知道还有其他的方案或机构正在做着类似的事情，从事着同样的研究。作为评价者，他们通过探究已经存在的类似研究来确定潜在的方案和措施，扮演了科学专家的角色，使利害关系人了解这些研究（参见案例，菲茨帕特里克和布莱索，Fitzpatrick&Bledsoe，2007，一个有关"布莱索角色Bledsoe's role"的讨论，告知利害关系人其他已经存在的方案研究）。

评价者扮演了多重角色。在理论层面，韦斯（Weiss，1998b）介于支持者与中立者之间，他认为评价者扮演的角色取决于评价的背景。评价者可能在一个旨在推动早期阅读的方案评价中扮演一位教师或重要朋友的角色，也可能由社区任命扮演解决区域失业问题的推动者或合作者的角色。在操作层面，评价者也可能在一项评价某个国家的新移民群体的就业能力时，扮演激发移民、决策者和那些与外来移民竞争就业岗位的非移民群体之间对话的角色。评价者也可能在一项国会推行的旨在提升学生学习效率的年度试验中扮演一位外部专家的角色。

评价者为扮演好这些角色开展了大量的活动。这些活动包括与利益相关群体协商确定评价的目的；合同开发；员工的雇用和监管；预算的管理；弱势群体的确认；与顾问团的合作；从信息的数量和质量切入收集、分析和解释信息；与利害关系人反复沟通来寻求方案的介入和报告方案的结论；撰写方案的报告；寻求信息传播的有效渠道；向媒体和其他代表报告方案的进展及其结论；招募新成员参与评价（元评价）。上述活动构成了评价者主要的工作内容。在今天的许多组织中，那些通过接受培训或教育成为评价者的人们，他们从事的工作包括参加专业会议、拓宽阅读面、确认他们作为评价者的职业角色。还有许多承担其他责任的员工，他们中有的人从事一些管理工作，有的工作则需要直接与学生或者客户接触，但这些工作或多或少都会融入一些评价的内容。这些工作中的每一个评价者都将扮演以上描述中的一些角色，并承担大量的工作。

# 评价的使用与目标

对于这个问题展开描述旨在阐释评价能够通过哪些途径被使用到。在本书后面的部分将非常详尽地列出。这里我们通过一些有代表性的案例来介绍一些社会领域中使用的评价。

### 教育领域中评价案例的使用

1. 赋权给教师更多地参与学校预算的分配；

2. 判断学校具体的课程内容的质量；

3. 赋权给学校来确定它们自身需要达到或者超过的最低认可标准；

4. 确认中学的"长班教学计划（Block Scheduling）"的价值；

5. 满足外部资助机构的要求，报告这些机构支持的学校对方案的执行情况；

6. 帮助父母和学生在一个可选学区内选择就读的学校；

7. 帮助教师提升他们的阅读课程来鼓励更多的自发阅读。

### 其他公共部门和非营利部门中评价案例的使用

1. 确定一个城市的公共交通方案是否需要延伸以及延伸的地域；

2. 确定一项职业培训方案的价值；

3. 确定是否修改一项有关廉租房租赁政策的方案；

4. 推动一个献血者的招募计划；

5. 评价一所监狱对累犯适用提前释放条例可能产生的影响；

6. 评价社区通过限制物品燃烧提高空气质量带来的反馈；

7. 评价一项提高婴儿和儿童免疫力的拓展计划的影响力。

### 工商业评价案例的使用

1. 商业产品的推广计划；

2. 评判一项企业团队培训计划的效率；

3. 评价一项新的弹性上班制在生产力提升、人员招募和防止人才流失等方面的效果；

4. 评价某一个具体方案对企业利润的贡献情况；

5. 评价一个企业环境形象（Environmental Image）的公共认知；

6. 向企业推荐留住年轻雇员的方法；

7. 评价反馈的绩效研究。

还有一项有关工商业使用评价的附加说明。那些不熟悉私营企业的评价者通常不知道在工商业评价中并不使用人才评价。这可能是因为"评价"这一术语已经从许多企业的活动与方案中被删除了，他们需要的是经过仔细审查的"绝对评价"，这些活动被贴上了标签，诸如，质量保证、质量控制、研发、全面质量管理（Total Quality Management，TQM）或者持续质量改进（Continuous Quality Improvement，CQI）等等，实际上体现的是方案评价的特点。

## 评价使用的普适性

通过仔细地观察不难发现评价方法能够非常轻易地从"一个舞台转换到另

一个舞台"。虽然评价方法的使用具有连续性，但它能够非常广泛地应用于各种评价对象。因此，评价可以应用于推动一个商业产品，一个社区的培训方案，或者某个学区的学生评价体系。它可以应用于各类组织的能力构建，诸如施乐公司（Xerox Corporation）或者 E.F.Lilly 基金或者明尼苏达州教育部（the Minnesota Department of Education），或犹他州家庭服务部（the Utah Division of Family Service）等。评价也可以应用于个人，诸如圣胡安县农民教育计划（the San Juan County Migrant Education Program）中的父母；美国邮政服务公司（U.S. Postal Service）的工人；英国巴克莱银行（Barclays Bank of England）的雇员；洛杉矶东部的居民等。评价还能应用于为各类方案提供信息，诸如职业教育中心方案；社区心理健康诊所方案；大学医学院的方案或者县合作推广局的方案。案例举不胜举，但上述案例已经足以说明问题了。

此外，当大量的评价应用于相同类型的评价对象时，人们发现一些评价技术特别适用于某些特定类型的评价对象。运用于实施评价的柯克帕特里克（Kirkpatrick，1977；1983；2006）模型是一个典型的案例。许多地区关注于如何有效地对评价对象进行分类评价，从而推动了评价领域各种次级评价的发展，比如，成果评价、人员评价、方案评价、政策评价和绩效评价。

## 评价的基本类型
### 形成性评价与总结性评价

斯克里文（Scriven，1967）首次提出了"形成性评价"和"总结性评价"两者的区别。也正是从那时起，这两个术语在评价领域被广为接受。在实践中，这两种不同类型的评价的差异往往较易混淆，但是它们具有一个重要的功能就是突出了评价中的决策类型。实际上，这两个术语也对应着利害关系人就评价结论可能采取的两种不同类型的行为。

形成性评价的主要目的是为方案开发提供信息。通常，形成性评价提供信息是用以判断某个方案中次级部分的价值。以下有三个案例：

1. 经过学校董事会提议，帕瑞毛特（Perrymount）学区中心办公室的人事规划部门正在为本地高中规划一个新的教学日（School Day），推迟学生早晨到校的时间。这是因为研究发现，青少年的生理钟显示他们在早晨的情绪更加不稳定，并且家长们不希望孩子们在下午 2:30 就放学了。于是，一项正式评价开始了。评价通过问卷、访谈和组织讨论的形式，从父母、教师、学校职工和学生那里了解他们对学校日程设置的看法和建议，收集大量的信息。校方的工作人员也参考了其他启用了不同日程的学校的做法，观察这些日程的设置，与他们的员工进行访谈并了解他们的感受。最后，工作人员再把这些信息提供给日程后置顾问组（the Later Schedule Advisory Group），并由他们作出日程调整的最后决定。

2. 克伦县人力资源部（the Akron County Human Resources Department）启用了一个新的培训方案，旨在帮助监管者更好地从事绩效评价。实施这一培训方案的目的之一是提高评价面谈的效果，以使雇员能够受到激励，提高工作绩效。方案实施者想知道他们提供的面谈信息是否被那些完成方案的监管者采纳。他们也计划使用这些结论来修正方案中的某些部分。这一项形成性评价包括观察从事实际面试或模拟面试中的监管者，也包括对由已接受培训的监管者和已接受反馈的雇员构成的核心小组进行访谈和交流。方案的实施者有机会进行面谈时，形成性评价的反馈可以通过问卷的形式从参与者中收集。这些问卷会即时或者在培训结束后的几个星期反馈培训的结论。

3. 一项旨在帮助新教师站好讲台的方案已经开始实施。新教师被分配了一位高级教师作为指导者，为他们提供个性化的帮助，并回答他们从课堂训练到时间管理等各方面的问题。实施这一方案的关键在于帮助指导者更多地了解新教师面对的问题，并帮助他们找到解决之道。因为方案的实施具有个性化的特征，所以负责方案监管的校长助理最关注的问题主要是了解该方案是否在按原计划进行。那么，指导者是否需要和新教师之间建立一种相互信任的关系，并了解他们面对的问题呢？什么又是他们面对的最具代表性的问题呢？问题是如何排序的呢？指导者对哪些类型的问题可能无法提供有效的帮助呢？通过新教师和指导者之间的访谈、记录和会议中的观察，可以收集到一些解决上述问题的数据和信息。校长助理可以利用这些结论去思考如何更好地培训和引导新教师的指导者。

形成性评价注重方案的开发，而总结性评价更注重为作决策或下判断提供有关方案的采纳、延续或拓展的信息。总结性评价有助于对一个方案作出全面的涉及核心标准的价值判断。斯克里文（Scriven，1991a）将总结性评价定义为"那些因为方案开发以外的任何原因需要获取价值性结论的观察者或决策者（相比开发者而言）所做的评价"（p.20）。罗伯特·思特克（Robert Stake）用一种令人记忆深刻的方式描述了两者之间的差异："当厨师品尝汤的味道时，这属于形成性评价；当顾客品尝这汤的味道时，这就属于总结性评价。"（斯克里文引用于1991a，p.19）下面的案例阐述了早期的形成性评价发展为总结性评价的历程。

1. 当一项新的教学日程被开发和实施后，就可以利用总结性评价来决定该日程是否可以运用于这一学区内其他的高中。学校董事会是这项评价最重要的利益关注者，因为只有它拥有该方案是继续推行还是即刻终止的决策权。但还有其他人——学校办公室的管理人员、校长、父母、学生和广大公众，他们也是对此方案感兴趣的利害关系人。评价研究的开展还需要收集一些有关到课率、分数和参加放学后的活动等方面的信息，并考虑到一些意外的不利因素，比如新日程的安排可能对青少年犯罪、学生放学后的工作机会和下午的其他活动产生影响。

2. 当一个绩效考核方案需要被确认是否值得继续运作时，人力资源部的负责人和他的员工要先进行一项新的有关工作满意度和工作表现的绩效考核影响的评价。雇员的调查问卷和现有的记录可以作为收集数据的核心资料。

3. 既然为新教师开发的指导方案已经磕磕绊绊地走过了许多年，校长想知道的是这个方案是否还能继续推行，这需要使用形成性评价得出结论。总结性评价关注的则是新教师将发生怎样的变化，他们的满意度和表现如何。

值得注意的是，形成性评价和总结性评价的利益关注者是十分不同的。就形成性评价而言，利益受众是那些操作方案的人。在我们的案例中，他们是那些对学校新日程的开发、培训方案的运转或者指导方案的实施负有责任的人。因为形成性评价的目的在于提高方案的价值，关键是它的主要利益受众是那些能够改进方案和让方案日复一日运转的人。总结性评价的利益受众是潜在的顾客（学生、教师、雇员、经理或者能够使方案得到批准的政府机构）、资金来源方，监管者和其他政府官员以及方案的参与人员。他们通常是政策制定者或政府官员，但也可能是任何一个有能力决定"方案继续进行或者即刻停止（go-no go）"的人。教师依据课程设置作决定。消费者（顾客、父母和学生）根据有关方案的价值的总结性信息或者他们自己的判断作出是否参与这个方案的决定。

### 形成性评价与总结性评价之间的平衡关系

很明显，形成性与总结性评价都非常重要，这是因为作决策的需要，当一个方案在发育阶段，它需要得到不断改进和强化；而当它到了稳定阶段，就需要判断它的最终价值或决定它未来的发展方向。遗憾的是，一些组织把注意力过多地放在对工作进行总结性评价上。今天的许多投资者在方案或政策的初始阶段就只关注它的影响力评价或者结果评价。过分地强调总结性评价是不正确的，一个方案的发展过程中缺少形成性评价，是不完整和不充分的。例如，在一项新式飞机设计过程中，如果在提交总结性飞行测试之前没有首先进行风洞测试，那无疑是愚蠢的。毕竟飞行测试是昂贵的，特别是如果我们没有获得一些有可能成功的线索。

形成性数据的收集有助于在方案运行的早期发现诸如方案的模型或理论方面的问题，使方案尽早得以调整或校正。方案的管理者可能需要更多的培训或资源才能有效地实施方案模型。而且，因为接受服务的学生或者客户的行为不会完全如方案开发者预期的那样，所以方案模型需要及时调整。他们可能有不同的学习策略或者比预期缺乏知识、技能或学习动机，因此，培训计划或课程设置需要拓展或改变。在其他的案例中，参与方案的学生或客户也可能掌握比方案规划者预期中更多的技能。方案就必须通过调整来适应这些变化。因此，形成性评价在方案的初始阶段非常有用，它有助于方案取得成功或者达到预期的效果。

与此相反，一些组织又在回避总结性评价。开展方案改进评价固然重要，但是，归根到底，对大多数产品和方案的评判取决于它们的总体价值。亨利（Henry，2000）指出，如果把评价的重点放在鼓励评价结论的使用上，就有可能使我们听从于"增量决策"（incremental decision），通常是形成性评价的结论，并可能导致我们远离评价的首要目标——价值决定。

尽管形成性评价常发生在方案开发的早期阶段，总结性评价常发生于后一阶段，但是如果认为它们仅局限于这些时间范围内就错了。信誉良好的方案能够从形成性评价中获益，但如果一些新开发的方案出现了问题，也可以因为总结性评价的决策而终止。然而，贯穿于方案全过程的形成性评价与总结性评价的相对重要性发生着变化，如图1.1，尽管这个概括性的表述显然无法精确地涵盖所有特定方案的演变过程。

形成性评价与总结性评价之间的差异见表1.2。形成性评价与总结性评价存在的这些概念性的差异是理论上的，在现实中，它们的差异却并不那么容易区分。斯克里文（Sciven，1999a）承认两者通常复杂地纠结在一起。例如，如果一个方案超出了总结性评价研究的范畴，那么它的研究结论就可能被同时运用于总结性评价和形成性评价目的。在实践中，形成性评价与总结性评价之间的界限常常非常模糊。

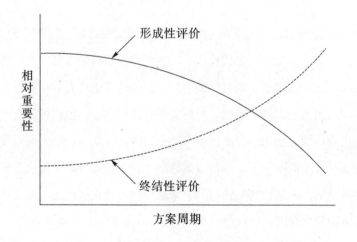

**图1.1　形成性评价和总结性评价之间的关系**

### 表1.2 形成性评价与总结性评价的差异

| | 形成性评价 | 总结性评价 |
|---|---|---|
| 方案的使用 | 方案的改进与推动 | 决定方案的未来发展与采用 |
| 方案的利益受众 | 方案管理者与员工 | 行政官员、决策者以及潜在的客户或投资机构 |
| 方案的评价者 | 通常是受外部评价者支持的内部评价者 | 通常是受内部评价者支持的外部评价者 |
| 关键的特征 | 提供反馈使方案的执行人能够改进方案 | 提供信息来帮助决策人决定是否继续运行方案或者帮助客户决定是否采纳方案 |
| 约束条件的设置 | 需要哪些信息？什么时间需要？ | 作决策需要哪些标准？ |
| 数据收集的目的 | 诊视方案的发展情况做预测式判断 | 根据方案的实际情况作结论式判断 |
| 数据收集的频率 | 经常收集 | 不经常收集 |
| 样本规模 | 通常较小 | 通常较大 |
| 提出的问题 | 从事的方案内容是什么？需要改进什么？怎样改进？ | 方案的结论是什么？与谁相关？在什么条件下进行的？进行了哪些培训？成本如何？ |

**形成性评价与总结性评价的超越**

我们关于评价目的的讨论反映了过去十多年来评价实践发生的改变和拓展。迈克尔·帕顿（Michael Patton，1996）描述了未列入形成性评价与总结性评价范围内的评价的三个目的，主要包括以下三个方面：

1. 评价对概念性思维的贡献，并不是直接或辅助决策或判断某一事物。当评价的研究与实践已经进入评价的使用阶段时，评价者发现评价结论常常没有被及时使用。但是，它仍然被逐步地用于——概念性地——改变利害关系人的想法，比如有关他们对所服务的客户或学生的态度，有关方案的逻辑模型或理论，或者有关能获取预期收益的渠道。

2. 评价有益于组织的长期学习和持续发展。帕顿（Patton）的《发展性评价

（developmental evaluation）》应纳入这一类型。这一类的评价结论并不直接使用于方案的发展（形成性评价的目的），但当新的研究结论出现或者方案背景发生改变时，它有助于组织更好地考虑未来的发展方向、组织的革新和调整。（参见裴士基，Preskill，2008；裴士基和托雷斯，Preskill & Torres，2000．）

3. 评价过程比评价结论的使用更加重要。我们将在第十七章中讨论这个问题，关于评价使用的研究发现不只是评价结论，参与评价过程本身也具有重要的影响。这种参与能够通过提供给人们开发方案的逻辑模型的技能或使人们用不同的方式参与方案的规划和开发等途径，改变人们在未来规划方案的方式。我们讨论的过程中还发现评价的另一个目的是推动民主进程。有一些评价能够通过提供信息给公众或被剥夺权利的利益相关组织，或通过评价给他们一个能够让决策者了解他们的需求和情形的渠道等方式，帮助他们进一步参与决策。

形成性评价和总结性评价之间的差异仍然是我们在通过评价选择决策类型时得考虑的首要问题。然而，了解评价具备的其他目的也很重要。因为当我们规划一项评价时，只有认识并考虑到这些目的才能充分发挥评价潜在的作用。

## 需求评价、过程和结果评价

形成性评价与总结性评价的差异首先与评价结论得出的决策或判断的类型有关。而形成性评价与总结性评价之间的差异在研究一开始就是一个重点，因为它向评价者指明了研究的背景、意图、应用价值和对最直接相关的受众所产生的影响。然而，这些术语并没有直接表明研究要解决的问题的本质。陈（Chen，1996）提出利用类型学思考形成性评价与总结性评价的过程和结果。我们将在这里进一步讨论评价类型，以及其中的需求评价。

一些评价者使用"需求评价（needs assessment）"、"过程（process）"和"结果（outcome）"等术语，用以指出评价研究将要解决的问题的类型。这些术语也能帮助读者了解评价者调查的问题的详细情况。需求评价需要解决的问题主要是：（1）了解一个问题或者需求是否存在并描述那个问题；（2）寻求减少问题发生的途径，也就是发挥各种干预措施的潜在效能。过程或者监控研究主要描述方案是如何完成的。这类研究主要考察方案是否按照规划或模型完成，或者用更加开放、简洁的方式描述方案完成的性质、取得的成绩和遇到的问题。过程研究能探究各种不同的问题，包括客户或学生的特征、方案完成者的主体资格、方案完成的环境特点（如设备、印刷资料、物理装置以及其他的因素），或者这些活动本身的特点。结果或影响研究主要是描述、探索或决定方案的调整和改变，这些改变发生在方案的接受者或者次级接受者（如接受者的家庭、合作者等等）的身上或者社区中，而他们常常是某一个方案的结果。这些结果的范围从直接影响或者效益（例如，通过某项课程直接达到了学习目标）到长期目标、最终结果和意外的结果。

值得注意的是，这些术语并没有阐释信息将如何被使用。形成性评价与总结性评价的术语能够帮助我们区分被直接用以作决策的评价结论的方法之间的差异。需求评价、过程性和结果性评价涉及将要被检验的问题的本质。在过去，人们偶尔会错误地将使用形成性术语等同于过程性评价，总结性术语用于结果性评价。然而，斯克里文（Sciven，1996）认为"形成性评价不是过程性评价的一种。相反地，总结性评价的使用较过程性评价更加宽泛"（p.152）。

表 1.3 阐明了这些评价术语的应用，它们是由陈（Chen，1996）提出并构建的一个类型理论；我们在其中增加了需求评价。正如表 1.3 阐释的一样，一项评价能按照评价（形成性或总结性）从事的行动来描述其特征，也能按照它要解决的问题的性质来描述其特征。

这表明，一项需求评价研究能够具有总结性（如我们能否采纳这个新方案）或者形成性（如我们需要如何修改才能在我们学校或机构内完成这个方案）。一项过程研究常基于形成性的目的，它提供信息给方案管理者，指导他们如何通过改变行动方案，实现方案的预期目标，提高方案的完成质量，但它也可能基于总结性的目的。一项过程研究能发现方案是否因为太过复杂或昂贵无法完成，或者方案的接受者（如学生、受训对象、客户）没有如预期中那样积极地参与方案。在这类案例中，一项过程研究可能因为推进方案的需要在一开始是作为一项形成性评价，最后也可能作出终止方案进行的总结性决策。问责研究常常利用过程研究的数据作出总结性决策。

### 表1.3  评价研究的一个类型理论

| | | 判断 | |
|---|---|---|---|
| | | 如何修正/调整形成性 | 如何开始、继续与拓展总结性 |
| **焦点问题** | **需求评价** | 如何调整我们正在思考的模型？ | 我们需要开始一个方案吗？有充分的理由吗？ |
| | **过程** | 加强员工的培训是更好地完成方案所需要的吗？ | 该方案是否有充足的目标受众参与其中，从而有必要继续进行吗？ |
| | **结果** | 如何完善我们的课程内容才能更好地达成预期的目标？ | 这个方案能否达到预期目标取决于后续资金究竟有多少能够到位？ |

一项结果研究通常基于形成性或总结性的目的。基于形成性的目的能够更加及时地检验结果，因为方案完成者能够较好地控制引起这些结果的行动。例如，老师和教练常常根据学生的学习状况，直接采取措施改变他们的教学内容或教学方法。他们可以自己决定多花一些时间在常规教学上，或者拓展不同类型的练习，帮助学生更好地达成学习目标，而在学生已经掌握了的知识领域少花一些时间。然而，作出总结性决策的决策者通常更关注方案是否能够获得全面的成功，比如，毕业率或就业安置情况，因为他们的责任往往系于这些结果。他们有关资金问题的决策则考虑方案是否最终达成了这些目标。然而，事实是一项旨在检验方案结果或绩效的研究无法告诉我们该项研究是否基于形成性或总结性的目的。

### 内部评价与外部评价

形容词"内部的（internal）"与"外部的（external）"修饰的评价区别在于前者是由方案的员工实施的评价，后者是由外部人员实施的评价。一个在旧金山公立学校实施的年度实验教育方案可能由学区教师成员（内部的）进行评价，或者由加州教育委员会（California State Board of Education）任命的一个评价网站（外部的）进行评价。一个携带医疗器械的大型卫生组织分别在6个社区内服务，操作每台器械的每个员工都可以对他们的提高婴儿和儿童免疫率方案的效率进行评价（内部的），或者该卫生组织也可以雇用一个咨询公司或大学的研究组织对这6个方案进行评审（外部的）。

看起来十分简单，难道不是吗？情况通常是这样，但是如果这项学校年度方案的评价是由从一所特许学校中剥离出去的中心办公室下属的一个评价单位来实施，那么这一方案又如何进行内部评价呢？它属于内部评价还是外部评价呢？事实上，正确的回答是这既属于内部评价，也是外部评价。这项评价明显具有外部性，因为有来自特许学校的外部观点，然而，它也是内部评价，因为有来自州教育委员会或学区家长的观点。

内部评价与外部评价明显各有利弊。表1.4对此进行了总结。内部评价者可能比任何外部人员对方案的历史、参与的员工、客户和竞争对手了解得更多。他们也更了解组织以及它的文化和决策方式。他们熟知哪些信息和论据是有说服力的，也知道谁有可能采取行动，谁又有可能是那个有说服力的人。这些都是有利的方面，但也有不利的方面。他们可能因为距离方案太近，而无法把方案看得更透彻。（值得注意的是，尽管每一个内部的或者外部的评价者都会带着他或她自己的历史背景和倾向性进行评价，但是内部评价者的近距离可能妨碍他们看到方案的解决方案或改变，而外部人员却可能对形势看得更清楚。）成功的内部评价者需要克服带有主观立场的障碍，而这对他们而言更加困难。如果内部评价者不能享有充分的决策力、自主性和保护权，那他们的评价将会受到阻碍。

**表1.4　内部评价者与外部评价者的优势**

| 内部的 | 外部的 |
| --- | --- |
| 更熟悉组织和方案的历史背景 | 能带来更可靠的和更客观的认知 |
| 了解组织的决策模式 | 通常能为一项具体的评价带来更有广度和深度的技术专家 |
| 能够提醒他人现在和未来可能发生的结果 | 了解其他相似的组织或方案是如何运转的 |
| 能够更频繁、更清晰地进行技术沟通 | |

合格的外部评价者的衡量标准在于他们与方案的距离和他们的专业水准。公众和决策者常常认为外部评价者更加可靠。事实上，外部评价者的确享有行政独立权和财务独立权。然而，外部评价者的客观性往往被高估。[值得注意的是，2002年亚瑟·安徒生公司 (Arthur Andersen firm) 在安然公司 (Enron) 破产和舞弊案中扮演了外部评价者的角色。在大宗订单的诱惑下，外部集团扭曲了规则来维系订单。] 然而，当方案的透明度高或成本高或饱受争议时，一个外部评价者相反能拥有更多的自主权。如果寻求和雇用外部评价者的程序合适，他们也能提供具体方案所需的专业技能。但在所有大型组织内，内部评价者必须是一个万事通才能处理正在进行中的评价方案。然而，当需要一个外部评价者时，组织就得在有限的时间内精准地寻求到方案所需要的那个具备专业技能的人。

### 组织内部评价绩效的最大化

最近几年，受组织雇用从事问责评价的人呈指数式增长。这种增长部分因为专业评价者把实施评价的重点置于组织内部的能力构建。【2000年与2001年美国评价协会（American Evaluation Association， AEA）的会议主题分别是能力建构和主流评价，2001年的会议聚焦在了我们的合著者之一的研究领域：主流评价。参见莱维特 (Leviton，2001) 与桑德斯 (Sanders，2002) 有关这一主题的主席演讲 (Presidential Addresses) 的出版物。】我们将在第九章中讨论能力建构的问题，这一部分里我们将讨论通过构建内部评价来推动评价和组织绩效的途径。

首先是一个内部评价者的叙述。许多年以来，大型学区一直都有内部的评价单位。尽管因为经济对教育的约束致使大量拥有较强的内部评价部门的学区不断减少，然而仍有许多学区中的这些部门被保留了下来【参见克里斯蒂与埃里克·巴雷拉 ( Christie & Eric Barela ) 的访谈，洛杉矶联合学区中的一个内部评价部门，Christie & Barela，2008 】。最近几年，许多非营利组织的内部评价能力得到了迅速地增长。这种增长得到了一个旨在为非营利性的人性化的组织提供资金的机构——美国联合之路（United Way of America）的资助，这个机构鼓励这些组织通过计算效益实施它的评价策略。（亨德里克斯、普朗兹和普里查德，Hendricks，Plantz，& Pritchard，2008）。今天，大约19000个地方机构受到联合之路的资助开展内部评价，并由联合之路进行培训，计算它们的效益。与此类似，合作推广局（Cooperative

Extensions）和其他相关组织也积极地开展了内部评价（莱贝，Lambur，2008）。各州和地方政府也通过联邦绩效管理系统积极地开展了评价。所有的这些努力至少促进了公共的非营利组织开展了员工培训，指导他们如何上报方案绩效的统计数据以及如何评价与此相关的文件。

由于内部评价的不断增长，如何实现内部评价的最大化效益十分重要。多年以来，评价者已经论述了提高内部评价效用的方法（赫利姆斯基、拉弗、斯克里文、斯尼克森、斯塔弗尔比姆 Chelimsky，1994；Love，1983，1991；Scriven，1975；Sonnichsen，1987，1999；Stufflebeam，2002）。确认成功的内部评价两个最重要的条件是：(a) 组织内部的高级行政人员积极地支持评价；(b) 清晰地确定内部评价者的作用。强化内部评价者的作用有利于他们不断地为组织的决策作出贡献。没有组织内部领导者的积极支持，内部评价者是无法履行职责的。

评价者在一个大型组织中的定位是一个值得讨论问题。内部评价者必须能够了解组织的问题，能够通过启动或规划评价来解决这些问题，并不断地与那些使用这些评价结论的利害关系人沟通。因此，一些人认为内部评价者应该处于组织的中心地位，这样他们就能够更接近组织的最高决策层，发挥咨询功能，获取和传递评价研究需要的各种信息。许多内部评价部门位于组织的中心，就是因为它具有潜在的服务性功能。只有接近最高管理层，内部评价部门才能不断表现出组织评价的价值。

然而，其他人（莱贝，Lambur，2008）则认为内部评价者应该分散在方案的各个部门当中，这样他们才能够更直接地把关于方案发展的有用的和规范的评价提供给正在实施方案的人。内部评价者只有在这些位置上，才能与方案的实施者构建一个值得信任的关系，从而增加评价结论被使用的机会。莱贝（Lambur）在与合作推广局的内部评价者的访谈中还发现："与政府关系密切"是一个不利的因素（2008，p.49）。实施方案的员工，如教师、社会工作者、教练或其他人认为把评价置于中心地位是对方案问责和联邦政府需求的加强，而对推动方案本身发展的弱化。莱贝（Lambur）还发现在方案各部门工作的评价者更容易接近方案，因此，他们也知道如何开展更加有价值的评价。他们意识到尽管评价存在着潜在的不客观因素，但通过工作能够使他们的评价更加缜密。处在这样的位置中，内部评价者才能扮演好瑞利斯和罗斯曼（Rallis & Rossman，2000）所提到的"重要的朋友"的角色。

帕顿（Patton，2008b）曾访谈过内部评价者，发现他们面临许多挑战。他们常被排除在主要决策层以外，并且被要求多花些功夫在搞好公共关系而不是在真正的评价上。事实上，他们花了大量时间来收集数据以应对外部投资者的问责，往往占用了他们与政府官员和方案实施者建立关系的时间。内部评价者常常是专职的评价者。与组织里的专业人士一样，他们还肩负着其他与他们作为评价者的角色相冲突的职责。

帕顿（Patton，2008）和莱贝（Lambur，2008）认为内部评价者需要面对的考验主要是问责和方案发展。他们还认为内部评价者的工作重心应该放在方案的发展上。莱贝这样表述：

> 通过我个人的经历（作为一个内部评价者），我深知把推动评价作为促进方案发展的工具，比出于责任迎合组织的需求更高效。如果方案员工把他们自己当作评价结论的主要利害关系人，他们就更倾向于推动高质量的评价。这样的评价结论才能起到促进方案发展的作用，然后再考虑应对组织问责的目的。

实施内部评价的组织承认内部评价者面临的困境，也提供了许多有用的建议。然而，对一个组织而言，解决之道只有依靠它的任务和目的。一些组织把评价置于中心位置，这样就便于高层行政人员在重要的总结性评价中提供方案所需要的信任，并能通过帮助核心管理者了解评价的作用的办法，让评价者影响组织的学习和文化。还有一些组织把评价者置于某个方案内，以使他们能更专注于该方案的发展。无论哪种情况，内部评价者都需要来自组织的高层管理者、中层管理者和监管者的支持。内部评价者有助于一个真正的学习型组织的创建，这类组织充分认识到了评价对决策的重要价值。尽管如此，这样去做仍然需要详细的规划、持续的沟通并得到组织中其他人对评价的支持。

### 评价角色组合的可能性

由于组织的内部评价能力不断提高，如何实现内部评价与外部评价的组合十分重要。一种方法是从评价的目的出发来考虑。形成性评价与总结性评价的维度和内部评价与外部评价的维度的组合，形成两两矩阵，如图 1.2。评价中最常见的组合可能如矩阵中的第 1 部分和第 4 部分所示。形成性评价通常由内部评价者实施，这一组合的优点十分明显。他们了解方案的历史、员工和有价值的客户，他们在形成性评价中取得信任几乎不成问题。方案人员通常是主要的受众，在一个良好的学习型组织之中评价者与他们保持连续的关系能提高评价结论的使用。总结性评价则最好由外部评价者实施。比如，福特汽车公司的一项评价中，某一款型的福特汽车究竟比相同价格区间内的其他竞争对手好多少，是很难衡量的。一个内部总结性的方案评价（如第 3 部分所示）在学校或非营利组织内的受信任度也不会太高。

|  | 内部评价 | 外部评价 |
|---|---|---|
| 形成性评价 | 1. 内部的形成性评价 | 2. 外部的形成性评价 |
| 总结性评价 | 3. 内部的总结性评价 | 4. 外部的总结性评价 |

**图 1.2　评估角色的结合**

一些案例中仍然存在外部评价者的使用资金得不到保障或者能力不被认可的问题。许多在内部实施总结性评价的案例中，角色的组合有可能提高评价结论的可信度。帕顿（Patton，2008a）建议利用外部评价者的评判来考量内部评价的质量。此外，外部评价者能够提炼评价的核心要素，有助于圈定评价的问题，开发评价方案与实施办法，并参与内部评价团队的合作。这样一来，内部评价者就能执行评价，并找到与不同的利益相关群体沟通评价结论的有效途径。这种角色的组合能节约每年重要的资源，推动组织内部的能力建设并提升评价结论的可信度【参见菲茨帕特里克 (Fitzpatrick) 对黛布拉·罗格 (Debra Rog) 的访谈，内容关于在一个为了了解在若干个城市中踯躅徘徊的无家可归的人们的调研方案中，她作为一个外部评价者的作用。】她提到了在每一个组织内部员工的作用就是在她的指导下实施和规划评价（菲茨帕特里克和罗格，Fitzpatrick & Rog，1999）。无论如何，一项总结性评价在内部实施时，管理者需要听取组织中的评价者有关方案的评价意见，确保最大限度地独立开展工作，而不因为方案的老板或其他同事的缘故将评价者置于难以为继的境地。

索尼基森（Sonnichsen， 1999）认为：如果组织营造出促进内部评价者高效率完成工作的环境，内部评价就能够具有较高的影响力。他提出了一些要素，比如成立对组织有重要影响力的评价办公室，它的功能包括作为一个独立的实体运转，向组织的最高管理者报告工作，办公室的领导者享有较高的级别，有自行启动评价的权力并能够监控其实施以及评价结论向整个组织通告。他在展望内部评价的前景时这样描述："内部评价的实践能够引发争论和对组织行为的反思，促进组织的学习、自我检验和问题的解决，并形成自我完善的机制，找到那些老大难问题的解决方案。"（索尼基森 Sonnichsen， 1999， p.78）

# 评价的重要性与局限性

由于评价的多种用途，我们可以断言评价不只是有价值，而且对于任何一个有效率的系统或者社会都是非常重要的。人们利用评价来进行问责。政策的制定者和决策者利用评价来作重要的决策。方案的员工利用评价来设计和推动方案，以便更好地满足客户和社会的需求并决定如何平衡预算。消费者，例如父母、学生和自愿的客户，能利用评价为他们自己或他们的孩子们选择学校或者联系能为他们提供服务的医院、诊所或机构。评价者能够为这些正在实施的方案发挥作用，包括帮助他们开发好的方案；帮助他们在不断变化的环境中实施方案并改变客户；帮助他们找到成功实现目标的切入点。评价者能够通过开展文化的学习帮助组织形成合力，从而帮助那些在组织中带有疑问的人，考虑他们的目标和他们的方法、他们的客户和他们的需求，并向他们指明如何利用评价探究的途径满足他们的需求。一些评价者还认为：评价在民主的进程中一直扮演着重要的角色。它告诉人们，他们拥有影响他们的学校、他们的政府和非营利组织的权力，通过评价可以赋予那些已经在重要的决策中缺席的利害关系人以权力，并通过影响他们来影响决策。斯克里文（Scriven，1991b）说得很好：

> 严格的评价过程渗透到了思想和实践的各个领域……它蕴藏在学术书评中；蕴藏在工程质量监控的程序中；蕴藏在苏格拉底式的对话中；蕴藏在

严肃的社会的和道德的批判中；蕴藏在数学体系中；蕴藏在通过受理上诉的法院流传下来的经典判例里的观点中……它是一个过程，它的职责是进行系统的和客观的价值判断。缺少这种过程，就无法区别有价值的事物和没有价值的事物。（p.4）

斯克里文（Scriven）也指出了评价在不同背景下的重要性，如作为实用主义的术语（"坏的产品和服务增加了生活和健康的成本，降低了生活质量，浪费了不该浪费的资源"）；作为伦理术语（"评价在司法服务体系中是一个重要工具"）；作为社会与商业术语（"评价总是在最需要的地方指导人们工作，当'新的和更好的方式'比传统的方式更好时，支持新的方式；当传统方式比新的高科技的方式更好时，支持传统方式"），作为知识术语（"它完善了思想工具"），作为个人术语（"它赋予人们正义的自尊"）（p.43）。正是因为这些原因，评价也成为地方的、区域的、国家的和世界级的组织和机构追求自身发展目标的工具。

但是评价的重要性不只限于对评价方法的使用，利害关系人提供一些信息或者作出的价值判断。评价给予了我们一个提升我们的思考方式的渠道，一个我们开发、实施和改变方案与政策的方式。史瓦兹（Schwandt）曾认为评价者需要培育自己和其他人持有对评价理性的信念。他写道：

持有（和奉行）一个对评价理性的信念是评价者一项特殊的责任——他们声称已经准备好在科学和艺术领域作价值评判（2008，p.139）。他提醒我们评价不是我们使用的简单的方法或者工具，而是思考的方式。当面对我们今天所见的令人存疑的社会趋势，对科学和趋势的政治操控或者为必须以相同的方式在所有环境中使用的极端的解决问题的方案而争论不休时，史瓦兹（Schwandt）倡导评价者帮助人们和利害关系人使用更好的方法进行推理。好的推理方法来源于好的评价者所使用的思维类型。这类推理的特质包括对模糊性的宽容度、多角度的思维方式以及从不同的观点中学习的渴望、尝试的欲望或者如唐·坎贝尔（Don Campbell）所说的'实验型社会'。在描述这个社会和评价在其中的作用时，史瓦兹（Schwandt）写道：

对于这个社会，我们要提出严肃和重要的问题：我们应该拥有的是一个什么样的社会？我们前进的方向应该在哪里？这个社会不可磨灭地镌刻了不确定性、含糊性和可解释性的烙印。评价在这样一个社会环境里体现了一种社会道德心；它是涉及社会发展方向的严肃的问题；它是一项充满风险的事业，我们要努力知道的不仅是我们正在做的事情是否是正确的，而且我们正在做的事情中有什么是我们不了解的。这就需要我们不断地尝试——我们要明白我们能够从不同的认知方式中学习到什么。在评价中，我们一方面努力去按照政策制定者的指导开展工作，这是自上而下的方向；另一方面，我们也以大量的参与者为导向或者评价使用者介入的方式开展工作，这是自下而上的方向。所有这些表明了这样一种氛围：它是充满疑问的、面对那些好的能做的事情是可以有多重视角来看待的、我们的社会是否正在做正确的事情是有多重解释的。（2008，p.143）

正如其他人一样，史瓦兹（Schwandt）提醒我们评价应该是怎样的。作为评价者，我们知道如何利用多学科的研究方法获取信息并作出有关方案和政策的判断，但是推理的方法却是我们的研究方法和研究原理的基础。这种方法才是最重大的要素。

### 评价的局限性

除了潜在的影响力，评价也有许多局限性。尽管本书的目的是去帮助读者学习如何做好评价，但是如果我们没有认识到评价的这些局限性，那么我们将是草率的。评价的方法不都是没有缺陷的。没有哪一项单一的研究，甚至那些正在使用的多重的研究方法能提供完整而精准的事实真相，因为真相往往是由多角度的观点组合而成的。正式评价比非正式评价更有效，因为前者更缜密、更系统。正式评价是通过明确和清晰的问题与标准来进行的。它考虑了多角度的观点。它的研究方法形成了一个逻辑推理链，能够就评价结论进行更仔细、更精准、更有效的考量。但是评价往往受到现实的约束，包括方案的特质和它的运行环境、评价员工的能力与水平、预算、时间表和我们能够采取的措施的局限性。

然而，评价的一个更重要的局限不是它的方法论和财政因素，而是政治因素。我们生活在民主政治之中，这就意味着选举、任命还有官员必须面对各种问题。无论如何，评价结论都不是他们唯一的信息来源，也不应该是。公民的参与和期望在决策中明显扮演了重要的角色。许多利益集团、专家、立法者、决策者和议员的游说者都有重要的信息和经历。那么，最好的情况是评价结论仅是一条简单的信息，我们希望决策者在民主体制中利用的资源就像一个有大理石花纹的蛋糕重要的那一块。

最后，评价者和他们的客户可能都是有局限性的，因为有一种趋势认为评价是一系列相对独立的分立式研究，不是一个持续的系统性研究，而后者才代表了推理式的研究方法以及个人和组织的成长。质疑你正在做的事和你信任的行为是很困难的，但是探究式评价敦促我们必须这样去做，评价我们的评价（元评价）和评价方案。一些糟糕的计划、拙劣的实施或者被不当忽略的评价都不会让我们感到惊奇；这样的失败在人类付出过努力的每一个领域都曾发生过。本书试图帮助评价者、决策者、管理者和所有其他的利害关系人通过参与和使用评价来推动他们的推理式的评价方法和评价实践。

## 主要的概念和原理

1. 评价是鉴别、澄清和运用防御性标准来判断评价对象的价值。它的绩效或价值与那些标准相关。利用详细的说明和清晰的标准可以把正式评价与我们日常所运用的非正式评价区分开来。

2. 评价与研究的区别于评价的目的；评价者和研究者在确定研究的重点时发挥的作用；判断评价的质量时使用的标准；利害关系人的参与和那些实施评价的人所需要的能力。

3. 评价的根本目的是通过评价评判事物的价值。其他目的包括为方案和组织发展提供决策信息；为社会进步努力工作；继承和发扬民主的价值；鼓励不同利害关系人之间有意义的对话；增长我们关于如何应用好社会科学理论方面的知识；监督和保障方案的规范实施。

4. 评价者扮演了多重角色，包括促进者、规划者、支持者、科学专家、重要的朋友、合作者以及帮助决策人与其他利益相关集团的人。

5. 评价能够运用于形成性或者总结性决策以及其他目的。形成性评价用以促进方案的发展。它最典型的受众是那些与方案接近的利害关系人。总结性评价用以决定方案的采纳、继续实施或者拓展。其受众是那些在评价中有能力作出"方案继续进行或者即刻停止（go-no go）"的决策的人。

6. 评价能够解决需求评价、过程性评价或结果性评价的问题。这些类型的问题可以运用于形成性评价或总结性评价的目的。

7. 评价者既可以是组织内部的人，也可以是组织外部的人。内部评价者了解组织的环境，有利于促进沟通和评价结论的使用。外部评价者则能够提供更加可靠和立场鲜明的评价，并为组织带来新的观点和差异化的评价技术。

8. 评价不局限于使用特定的方法和工具，也包括思维方法。评价者有责任让利害关系人和公众了解评价本质上是一种思考和推理的方法。这种思考的方法包括承认、评价、使用和探索不同的观点以及了解、创建和鼓励社会试验——积极地提出问题、思考问题、创建策略、开发方案、介入方案并提出观点。

## 问题讨论

1. 思考一项你的组织内的方案。如果要对它进行评价，那么在这个时间点上评价的目的是什么？思考方案的阶段性和不同的利益相关集团需要的信息。评价者在实施评价的过程中的作用是什么？

2. 你认为什么类型的评价是最有价值的——形成性评价还是总结性评价？对你而言，在你的工作中什么类型的评价是最有价值的？对你的校委员会或者当选的官员来说呢？

3. 你更希望作为一名外部评价者还是内部评价者呢？为什么？

4. 描述一种境况，内部评价者比外部评价者更适合进行的评价。你作出这种选择的理由是什么呢？再描述一种境况，外部评价者比内部评价者更适合进行的评价。

## 应用练习

1. 列出在你熟悉的一所研究机构内已经被实施的评价研究的类型，每一种类型中都不考虑评价者是这个研究机构内部的人还是外部的人。判别每一项评价研究是属于形成性评价还是总结性评价，它是否关注了需求评价、过程性评价或者结果性评价等问题。评价解决了需要解决的问题吗？如果没有，它能解决其他什么类型的问题或达到什么样的目的？

2. 回顾你所见到的正式评价研究（如果你从未见到，你可以找一份评价报告）。确定它不同于非正式评价的三个方面。然后列出到目前为止你实施的十项非正式评价。（嗨，你做到了！）

3. 讨论方案评价潜在的局限性。在你的工作领域内找出方案进行过程中，评价能完成和不能完成的一件事情。

4. 在你的组织内（如果你是一个大学生，你可以选择希望就读的大学），确定若干个你认为适合于研究的评价对象。为每一项评价研究，确定：（1）利益相关集团和评价研究的目的；（2）评价可以解决的问题的类型。

## 案例研究

在本书中，我们启动了一个新的尝试，通过评价实践让读者更好地了解真实的评价。在许多章节的最后部分，我们将向读者推荐一个或更多的访谈方案，由乔迪·菲茨帕特里克（Jody Fitzpatrick）—— 我们的作者之一或者克里斯蒂娜·克里斯蒂（Christina Christie）与某一位知名的评价者讨论他或她完成的一项评价。每一个访谈从一个简要的评价概述开始。然后，菲茨帕特里克（Fitzpatrick）或者克里斯蒂（Christie）对评价者进行访谈，讨论他或者她所作的有关评价目的的选择，还包括利害关系人、方案的选择和数据的收集、评价结论的报告以及如何推动评价结论的使用。读者们可能对收集和分析这些访谈内容的书籍感兴趣：

作者：J·L·菲茨帕特里克，C·A·克里斯蒂和马克 M·M·（Fitzpatrick，J.L.，Christie，C.A.，&Mark，M.M.，2008）。

书目：*Evaluation in action: Interviews with expert evaluators*. Thousand Oaks，CA: Sage.

读者也可以阅读发表在《美国评价期刊》（*American Journal of Evaluation*）上的个人访谈。

本章我们面向读者展开了两个类型迥异的评价访谈，分别刊发在《评价行动（Evaluation in Action）》一书中第 1 章与第 7 章内，访谈对象分别是詹姆士·里乔（James Riccio）和加里·亨利（Gary Henry）。

在第1章中，詹姆士·里乔（James Riccio）描述了他在一项评价方案中作出的选择，判断一项加利福尼亚州刚刚启动的福利改革方案的绩效与价值。他的方案的主要利害关系人是加州的立法机构，研究使用了传统的、混合评价方法与主要的工具。期刊来源如下，作者：J·L·菲茨帕特里克和J·里乔（Fitzpatrick，J.L.，& Riccio，J，1997）；书目与出版社等：《一次有关收益的获奖评价的对话：一个福利工作方案（A dialogue about an award-winning evaluation of GAIN: A welfare-to-work program）》，《评价实践》（*Evaluation Practice*），18，PP·241-245.

在第7章中，加里·亨利（Gary Henry）描述了一所学校的"报告卡片（Report Card）"的发展过程，其主要作用是帮助佐治亚州在基础教育（k-12 Education）领域推行早期的绩效监控。这项评价为佐治亚州的父母、市民和政策制定者了解更多有关学校的绩效表现提供了大量描述性的信息。期刊来源如下，作者：J·L·菲茨帕特里克和G亨利（Fitzpatrick，J.L.，&Henry，G.，2000）。书目与出版社等：《佐治亚州委员会关于学校的绩效表现和它的成绩监控系统：一个与加里·亨利的对话（The Georgia Council for School Performance and its performance monitoring system:A dialogue with Gray Henry）》，《美国评价期刊》（*American Journal of Evaluation*），21，pp.105-117.

## 推荐阅读书目

Greene，J.C. (2006). Evaluation，democracy，and social change. In I. F. Shaw，J.C. Greene，&M.M.Mark (Eds.)，*The Sage handbook of evaluation*. London: Sage Publications.

Mark，M.M.，Henry，G.T.，&Julnes，G. (2000).Toward an integrative framework for evaluation practice. *American Journal of Evaluation*，20，177-198.

Patton，M.Q. (1996).A world larger than formative and summative. *Evaluation Practice*，17(2)，131-144.

Rallis，S.F.，&Rossman，G.B. (2000). Dialogue for learning: Evaluator as critical friend. In R. K. Hopson (Ed.)，*How and why language matters in evaluation*.

New Directions for Evaluation.No.86， 81-92.San Francisco: Jossey-Bass.

Schwandt， T.A. (2008).Educating for intelligent belief in evaluation. *American Journal of Evaluation*， 29(2)， 139-150.

Sonnichsen， R.C. (1999).*High impact internal evaluation.* Thousand Oaks，CA: Sage.

Stake， R.E. (2000).A modest commitment to the promotion of democracy. In K. E. Ryan&L.DeStefano (Eds.)， *Evaluation as a democratic process: Promoting inclusion， dialogue， and deliberation.* New Directions for Evaluation， No. 85， 97 -106.San Francisco: Jossey-Bass.

# 第二章 现代方案评价的起源与发展趋势

**思考问题：**

1. 早期的评价是如何影响今天的实践的？

2. 在 20 世纪 50 年代末到 60 年代初的这段时期，哪些重要的政治事件的发生极大地推动了评价思想的发展？

3. 什么重大事件最终促成了现代方案评价的产生？

4. 在 20 世纪 70 年代到 80 年代期间，评价作为一个专业是如何发展演进的？

5. 评价在过去的 20 年间发生了怎样的变化？哪些因素诱发了这些变化？

教育、社会和民间机构的方案的正式评价伴随着过去 40 年的快速发展已日臻成熟。然而，比较法律、教育与会计等专业或者类似社会学、政治科学和心理学等学科而言，评价仍然属于一个新的领域。在本章里，我们将回顾评价的历史以及它发展成为一个成熟的和跨学科的专业的过程。这段历史也包括评价当前的发展状态，以使读者更好地全方位地了解评价。

## 社会评价的历史和影响

### 正式评价的早期形态

一些幽默的评价者审慎地说，正式评价就像是决定哪一种逃生技能在《剑齿虎求生 101》栏目中是最有价值的一样。斯克里文（Scriven，1991c）却没有如此半开玩笑似的说辞，他严肃地提出正式评价技术最早可以追溯到对石器时代产品的评价或者对日本武士剑的评价。

在公共领域，有证据表明正式评价发轫于公元前 2000 年。中国的官员采取公务员考试的方法来衡量那些政府职位申请人的能力。在教育领域，苏格拉底把口头评价作为学习过程的一个部分。但是几个世纪过去了，在正式评价开始与宗教和政治信仰竞争之前，它一直是社会与教育决策背后的驱动力。

一些评论者认为：17 世纪自然科学占据社会的支配地位，并取代了直接观察法。一些偶然制作的反映死亡率、健康和人口状况的统计表格发展成为经验主义社会研究中的一个新兴的传统。直到"1797 年，大英百科全书在论及'统计（statistics—state-istics）'时，'把它作为一个词汇用以表达任何王国、县或郡的一个观点或书面调查'的涵义"（克龙巴赫等，Cronbach et al.， 1980， p. 24）。

但是，定量调查不是 18 世纪从事社会研究的唯一方法。罗西和弗里曼（Peter H. Rossi & Howard E. Freeman， 1985）举了一个例子，关于一位英国船长进行的一项实验。他把他的船员分成了两个组，一个"试验组"的船员被迫把酸橙（lime）作为唯一的食物，另一个"对照组"的船员则食用日常膳食。这个"英国水手被迫吃柑橘的实验不仅证明了多吃酸橙有益于预防坏血病，它还衍生出了一个新的标签'limey'，有时被用以指代'英国佬'"。

## 方案评价：1800 — 1940

19 世纪的英国，由于人们对教育与社会评价存在普遍不满催生了一个由政府任命的王室委员会，他们听取各种信息并使用一些非正式的方法来评价相关的机构。这种外部评价模式被英国和诸多的欧洲学校沿用至今。外部视察人员通过走访一些学校，对这些学校的质量进行评价并反馈，以促进学校的进一步发展。评价主要是针对学校的整体质量，包括教师、学科和课程体系。然而，时至今日这些体系已经使用了大量的现代评价理念，例如，决策过程中充分考虑到价值与标准以及环境的重要性。外部视察人员通过走访学校作出有关学校质量的决策，并提供反馈意见以推动学校的发展。这些决策可能是有关学校整体的质量或者教

师、学科与课程的质量。（参见 Standaert，2000）

这个时期美国的教育评价略有不同，它深受两个方面的影响。首先是教育改革家、第一任教育部长贺拉斯·曼（Horace Mann）。他在 19 世纪 40 年代每年定期发布有关马萨诸塞州的年度教育综合评价报告。其次是位于马萨诸塞州首府的波士顿学校委员会。该委员会分别于 1845 年和 1846 年在多个学科领域开展了大规模的学生书面测试，并率先将这些学生的考试成绩作为校际比较评价的依据。发生在马萨诸塞州的这两个事件，第一次采用客观地测量学生学业成绩的方式推动了大规模的学校系统的质量评价。今天看来，这个基于标准化的教育运动使用了学生的考试成绩作为判断学校绩效的重要方法。

19 世纪末，自由派教育改革家约瑟夫·莱斯（Joseph Rice）首次进行了一项教育领域内的比较研究，旨在为教学方法的改进提供一些信息。他研究的目的是试图证明学生在学校的时间是低效的。为此，他比较了大量的学校，这些学校花在帮助学生进行拼写练习的时间各有不同，他对学生们的拼写能力进行了测试。结果发现那些每周花 100 分钟进行拼写练习的学生的测试成绩与每周仅花 10 分钟的学生几乎没有差别。他的这些数据鞭策着教育者从经验主义的教学方法中摆脱出来。

同一时期，美国的大学和中学也为推动教育机构的评价开始了一些努力，尽管这些努力并没有真正意义上形成一股有效的力量。直至 20 世纪 30 年代，一些区域性的认证协会才得以成立。20 世纪初，亚伯拉罕·弗莱克斯纳（Abraham Flexner，1910）发起了另一项评价。他受到了美国医学协会（American Medical Association）和卡内基基金会（Carnegie Foundation）的支持，对美国和加拿大的 155 所医学院进行了评价。尽管他和他的另一位同事调研一所医学院仅用时一天，但是他声称这些医学院的教学训练之差显而易见："医学实验室缺少实验设备、医学标本和医学类的书籍，实验室里也几乎没有学生。一位知情者透露，人体解剖的教学就是在这样的情境下进行的。"（弗莱克斯纳，Flexner，1960，p.79）他没有畏惧来自这些医学院的法律起诉和死亡威胁，他们认为他"无情地揭发"了学校的教学训练过程。他最终提交了一份措辞严厉的评价报告。例如，他在评价报告中称芝加哥的 15 所医学院是"美国医学教育的瘟疫区"（p.84）。不久之后，这些医学院就毫无声息地倒闭了（p.87），然而没有人质疑弗莱克斯纳的评价报告本身是否也需要被评价。

20世纪早期，公共部门的其他领域也受到了评价的影响。李约瑟夫·克伦巴赫（Lee Joseph Cronbach）和他的同事们引用了贫民窟的生活条件、学校的管理和效率研究以及地方政府腐败问题的调查作为实例。彼得·H·罗西、马克·W·利普西和霍华德·E·弗里曼（Peter H. Rossi，Mark W Lipsey，Howard E. Freeman）认为评价发轫于公共健康领域，主要涉及城市里的传染性疾病；还有教育领域，主要涉及学生的读写能力和职业培训。

同一时期，教育考试运动作为测量技术（Measurement Technology）在李·爱德华·桑代克（Edward Lee Thorndike）和他的学生们的推动下得到了迅速发展。1918年，客观化测量技术已经空前兴盛，并广泛运用于军队、私营企业以及各级教育领域。1920年，常模参照测评（Norm-Referenced Testing）得到迅速发展后被用于测量个人绩效水平。30年代，美国一半以上的地区都在开展测评，涉及全国范围的测评、标准化测评和常模参照测评，包括成就测试（Achievement Tests）和人格与兴趣测试（Personality and Interest Profiles）等等，逐步形成了一个庞大的产业。

这一时期的教育者认为测量与评价这两个概念基本相同，后者通常被理解为总评学生的考试成绩并给出分数。如我们今天所知，尽管评价者的数量不断激增，但广义的评价的概念仍然停留在初期，只是作为有用的测量工具。少数有意义的、正式发布的有关学校方案或课程的评价直至20年之后才出现。最出人意料的是具有里程碑意义的"八年研究"（Eight Year Study）（史密斯和泰勒，Smith&Tyler，1942）。这项研究为教育评价设置了一个新的标准，它采用了成熟的研究方法，并在测量的结果与预期的学习成果之间建立了联系。泰勒的这项工作和后来的研究（例如，Tyler，1950）也种下了基于标准化测评的种子，成为替代常模参照测评的一个可行路径。（我们将在第6章中探讨泰勒和他的追随者们对于方案评价，特别是在教育领域评价产生的深刻影响。）

同时，基础评价的领域超出了教育的范畴，延伸到了公共事业领域和私营企业。20世纪的第一个10年里，弗雷德里克·温斯洛·泰勒（Frederick Winslow

Taylor）发起的科学管理运动影响极大。他的研究专注于系统与高效——即发现执行一项任务最有效的方法，然后培训所有的员工按照这种方法进行操作。不久之后："效率专家（Efficiency Experts）"不断出现并渗透到了企业界，如克伦巴赫等人（Cronbach et al., 1980）所说："企业高管们成天坐在社会服务管理委员会，想尽办法使那些服务部门更有效率。"（p.27）一些城市和社会机构开始培育内部的研究所，社会学家开始向政府服务部门渗透，在公共健康、住房保障与工作绩效等特定领域从事应用社会研究。但是，由于这些"评价先驱者（precursors to evaluation）"们从事的是小规模的独立研究，因此无论对老百姓的日常生活还是他们所服务的政府机构的决策产生的影响力都是很有限的。

接踵而至的是"大萧条"（Great Depression）和罗斯福总统推行的旨在拯救美国经济的新政计划（President Roosevelt's New Deal Programs），后者迅速提升了政府机构的作用。20 世纪初，联邦政府重要性的首次加强意义深远。这些联邦机构的设立旨在监督新开发的国家方案，涉及公共福利、公共工程、劳务管理、城市发展、公共健康、教育和其他公共事业领域，大量的社会学家也不断涌入了这些机构。随着从事应用社会研究的机会增多，不久之后，社会科学学者也开始加入了他们以机构意志为研究导向的同事的行列，研究那些与方案相关的各种问题。当一些科学家要求对这些新开发的社会方案进行明确的评价（例如，斯蒂芬，Stephan, 1935）时，大多数人则结合机构的需求与个人的兴趣从事应用研究。但是，社会学家感兴趣的问题是社会学学科本身，而机构感兴趣的问题常常来自社会学。从事联邦方案研究的经济学家、政治学家和其他学者面临同样的问题。他们从事的方案被认为是"现场调研（field research）"方案，他们在自己的学科领域内寻求解决重要问题的可能性。【参见本章最后的"推荐阅读书目"中的一个案例，与迈克尔巴·帕顿 (Michael Patton) 的访谈。在这个访谈中，他讨论了他的论文是如何从初步规划的社会学研究领域变更到评价领域的。】

## 方案评价：1940 — 1964

应用社会研究在第二次世界大战期间得到了进一步发展，研究者们从事的政府调查方案多涉及对军事人员的帮助，比如减少误导性宣传对他们的伤害、鼓舞士气、改进军事训练以及解决退伍军人的再就业问题。之后的 10 年里，研究直接聚焦在新开发的方案上，比如职业培训、家庭计划和社区发展。这些研究一如既往地聚焦在研究者碰巧最感兴趣的特定领域。然而，随着这些方案的研究领域和规模的扩大，研究者们开始了整体性研究，而不是只关注他们认为有趣的某些部分。

随着更广泛的关注，他们的工作常常被称为"评价研究（evaluation research）"（利用社会研究方法推动某一特定的方案）[①]。如果我们能够自由地延伸评价的定义，那么它主要涉及健康和公共服务方案中各类数据的收集，我们能确切地说，在 20 世纪 50—60 年代，评价在这些领域里得到了空前的繁荣与发展。正如罗西等人（Rossi et al., 1998）所说，在那个时期社会科学家"从事预防犯罪计划、重罪犯改造计划、心理和精神治疗、公共住房方案和社区组织活动等领域的评价"（p.23），司空见惯。这类工作也传播到了其他国家和大陆。许多中美洲和非洲的国家建立了评价网站，用来考量健康与营养、家庭计划和乡村社区的发展。这类研究大多利用了现有的社会学研究方法，评价在概念上和方法论上的边界都没有超出那些已有的行为学和社会学的研究框架。而事实上，这些努力来得要晚一些。

1940 年—1965 年教育方案评价的发展模式略显不同。20 世纪 40 年代是早期评价发展的巩固期。彼时学校的教职工热衷于推动标准化考试、准实验设计、学生鉴定和问卷调查。进入 20 世纪 50 年代和 60 年代早期，他们又花费了相当大的努力去改进泰勒教学法（Tylerian Approach）。一方面，通过培训指导教师如何使用清晰的和可量度的术语陈述教学目标；另一方面，利用教育目标分类法，将教育目标分解至认知领域（布勒姆，恩格尔哈特，弗斯特，希尔，克拉斯霍尔，Bloom, Engelhart, Furst, Hill, &Krathwohl, 1956）和情感领域（克拉斯霍尔，布勒姆，玛西亚，Krathwohl, Bloom, &Masia, 1964）。

1957 年，苏联成功地发射了人类第一颗人造地球卫星（Sputnik I）震颤了美国。美国迅速要求建构对美国学生更有效的数学和科学学科的教学体系。这一行动效

---

　　① 我们在本书的其余部分没有使用这个术语，因为我们认为它混淆了研究与评估之间那些有用的差异，对此我们在以前的章节中进行了论述。

果明显。1958 年，《国防教育法案》（National Defense Education Act，NDEA）斥资数百万美元开展大型新课程开发方案，重点在数学和科学领域。虽然只有少数方案获得了资金，但是它们的规模和重要性使决策者意识到有必要资助其中多数方案进行评价。

研究结论表明，在那个时代评价在概念上和方法论上存在的缺陷。不充分的规划方案和不相关的报告仅仅是问题的一部分。绝大多数的评价研究依托于行为和社会科学研究的概念和技术。这对于研究本身而言没有问题，但却不适合对学校方案进行评价。

评价直接相关的理论体系（相对于研究而言）尚未建构。显而易见的是从社会学和行为学研究借鉴的最好的理论与方法论的思想也无法为评价的许多方面提供指导。因此，教育科学家和实践者不得不从应用社会学、行为学和教育学研究中汲取养分。但他们所获甚微，于是克伦巴赫（Cronbach，1963）写下了一篇具有开创性的文章批评了过去的评价并提倡开发新的方向。尽管他的言论在当时并没有产生反响，却吸引了教育学者的注意，点亮了评价概念得以扩充的火花，这朵火花注定将在下一个 10 年里光芒绽放。

## 现代方案评价的出现：1964 — 1972

尽管彼时的学术争鸣不足以引发一次重大和持久的运动，但每一次对话都有助于培育一片催生这场运动的土壤。评价的概念和方法论发展的条件不断成熟，美国总统林登·约翰逊（Lyndon Johnson）政府的立法核心——"向贫困宣战和伟大社会（the War on Poverty and the Great Society）"建设成为发展的催化剂。他主政的政府施政目标是努力均衡和提高每一个社会阶层所有公民的机会。数以百万的美元被注入教育、健康、住房、刑事审判、失业、城区改造以及其他的公共方案之中。

在私营企业，会计人员、管理顾问和研发部门长期为企业方案的生产率和利润率提供反馈，而这些大型的新的社会投资却没有类似完善的机制进行方案的过程监管。只有政府雇员和一些具备专门技能的社会科学家和技术专家为联邦政府的各部门工作，其中值得一提的是审计总署（General Accounting Office，

GAO）[①]。但是他们的人数太少了，根本无法有效地组织起来应对这些大型政府创新方案的效率评价。面对复杂的问题，许多适用于小型方案的方法论和管理技术对于这些大规模的社会改革过程中开发的大型方案显得笨拙和低效。

不久之后，另一个通过开发与实践成功应用于商业与产业的概念似乎也可以成功地应用于这些联邦方案的评价，就是规划及预算系统（Planning, Programming and Budgeting System，PPBS）。规划及预算系统是应用于福特汽车公司系统方法中的一部分，后来被时任肯尼迪政府国防部长的罗伯特·麦克纳马拉（Robert McNamara）带入国防部（U.S. Department of Defense，DOD）。规划及预算系统是系统方法中经过变化后形成的一种模式，应用于众多大型的航空航天、通信和汽车行业，旨在通过定义组织的目标并把目标与系统的输出和预算相结合的方式，推动系统的效率、效益和预算分配决策。许多人认为规划及预算系统能够理想地应用于联邦机构承担的"向贫困宣战"的方案，只是在领导这些机构的官僚体系中很少有人这么认为。然而，在最近几年，随着政府绩效与结果法案（Government Performance Results Act，GPRA）和方案评估分级工具（Program and Assessment Rating Tool，PART）的施行与应用，规划及预算系统已经在联邦政府委托管理的评价体系内先行先试了。

规划及预算系统只注重监控、输出和结果，因此并不成功。事实上，现代评价源自美国、加拿大和德国为推动方案的发展从社会干预实验中受到的启发。国际行政科学学会（International Institute of Administrative Science，IIAS）支持瑞·瑞斯特（Ray Rist）创建了"政策工作组与方案评价（Working Group on Policy and Program Evaluation）"研究，探究了评价在不同国家之间的差异，把美国、加拿大、德国和瑞典作为他们所称的"第一次浪潮"的国家（瑞斯特，Rist，1999）。正是这些国家，早在20世纪60和70年代就开始了以推进社会方案和社会干预为目标的现代评价。评价通常是方案规划的一个部分，评价者对他们所评价的方案非常了解。21世纪早期的评价更类似于早期的规划及预算系统，而不同于"第一次浪潮"的初期，这个问题我们将在后面的章节予以讨论。

---

① 这是该机构最初使用的名称。2004年，它的名称变更为政府问责局（Government Accountability Office）。

美国重要的评价阶段由几个因素组成。联邦政府的行政官员和管理者刚刚开始管理这些大型方案，他们需要推动方案的运转。政府的管理者和决策者以及社会科学家感兴趣的是更多地了解工作的内容。他们希望利用拨付的评价资源与资金学习如何解决社会问题。国会关心的是确保国家和地方方案的受资助者对资金的使用符合规定。最初把一项评价要素增加到所有方案中的努力效果甚微，它们分别是 1962 年由国会授权的一项涉及青少年犯罪的联邦方案（韦斯，Weiss，1987）和同年通过的一项关于人力资源发展和培训的联邦方案（沃利，Wholey，1986）。究竟哪个方案更早一些无关紧要，因为这两个方案都没有对评价的发展产生任何持久的影响。直到 3 年后，罗伯特·肯尼迪（Robert F. Kennedy）通过美国教育系统引发了一个"冲击波"事件，唤醒了决策者和实践者对系统性评价重要性的认识。

### 初等和中等教育法案

如果说有一个事件促进了当代方案评价的产生，它就是 1965 年出台的《初等和中等教育法案（Elementary and Secondary Education Act，ESEA）》。这一法案极大地促进了联邦资金在教育领域的投入，数以万计的政府补助金流向了地方学校、州和区域性的机构以及大学。法案中最重要的一部分是第一款（Title I）【后来重新命名为第一章(Chapter 1)】，它注定成为美国历史上耗资最巨的联邦教育方案。沃利和怀特（Wholey&White）把第一款称为当时所有对评价产生影响的法律之"鼻祖（grand-daddy of them all）"。

当国会开始对《初等和中等教育法案》进行审议之时，参议院提出没有令人信服的证据表明联邦资金在教育领域的投入真正意义上促进了教育的发展。的确如此，国会的一些人相信在《初等和中等教育法案》出台之前政府投入到教育领域的资金，就像在教育方案的泥沼中投进一颗石子，它下沉时看不到一丝泛起的涟漪。罗伯特·肯尼迪（Robert F. Kennedy）在此时发出了最有说服力的声音，他坚持《初等和中等教育法案》中的每一个受资助者需要提交一份评价报告表明联邦经费支出的理由。这项由国会授权的评价最终因为第一款（补偿教育）和第三款（创新教育计划）得以批准。这些条款在今天看来"反映了当时方案评价的最高水准"（斯塔弗尔比姆，麦道斯，凯勒根，Stufflebeam，Madaus&Kellaghan，

2000，p.13）。这些条款，不仅反映了在国会层面上需要管理的方案数量惊人，也反映了国会对于方案问责的高度关切，包括使用标准化测试，结合预期的学习目标，考量学生的学习效果。

### 评价在其他领域的发展

随着《"伟大社会（the Great Society）"法案》的实施，相同的趋势出现在了诸如就业培训、城市建设、住房和其他的反贫困方案中。1950年到1979年，考虑通货膨胀的因素在内，联邦政府在反贫困和其他社会方案上的经费投入增加了6倍（贝尔，Bell，1983）。以教育领域为例，人们想更多地了解这些方案是如何运转的。管理者和决策者想知道如何推动方案的发展以及哪些才是实现他们雄心勃勃的目标最优的策略选择。国会想了解哪些类型的方案值得持续资助。越来越多的评价得到授权实施。1969年，联邦政府用于评价的补助金和合约达到170万。到1972年增长至1亿（沙迪什，库克，莱维特，Shadish，Cook，&Leviton，1991）。联邦政府大大拓展了对这些新的社会方案的监控，但是正如教育领域的情况，管理者、政治科学家、经济学家和社会学家从事的这些方案的管理和评价才刚刚起步。这显然需要新的评价途径、方法和策略，也需要一些经过特别训练和指导的专业人士来运用它们。【参见本章最后的推荐阅读书目，引用自洛伊丝·埃林·达塔和卡罗尔·韦斯 (Lois-Ellin Datta and Carol Weiss) 的访谈，可以了解更多关于他们早期和当时的联邦政府从事的评价研究。他们提出了令人兴奋的、激励式的快速学习曲线，开启了新的工作以适应政府方案的研究并推动这些方案的发展。】

与评价直接相关的理论与方法论尚未形成。评价者需要在同源学科中寻求理论线索或者收集更好的方法论，例如实验设计法、心理测验法、调查研究法和人种学方法论。为了满足对具体的评价文献的需求，一些重要的书籍和文章相继问世。萨奇曼（Suchman，1967）发表了一篇文章回顾了评价的不同方法。坎贝尔（Campbell，1969b）提出利用更多的社会实验来检验方案的效率。坎贝尔和斯坦利（Campbell& Stanley）出版了关于实验和准实验设计方面的著作，影响力极大。斯克里文、思特克和斯塔弗尔比姆（Scriven，Stake&Stufflebeam）撰写了有关评价的理论与实践的文章。城市研究所（the Urban Institute）的沃利和怀特（Wholey&White）认识到组织内部评价的政治影响。卡罗尔·韦斯（Carol Weiss，1972）发表了有影响力的文章并出版了评价读物（卡罗，沃森与桑德斯，Caro，1971；Worthen&Sanders，1973）。评价类的文章开始在专业期刊上大量地发表。与此同时，这些出版物催生了大量新的评价模式用以满足具体类型的评价的需要。比如，《初等和中等教育法案》第三款中关于评价或心理健康计划评价的部分。

彼时一些具有里程碑意义的评价研究产生了重要的影响。它们包括评价的第一款，以及评价的开篇部分（Head Start）和系列电视节目《芝麻街（Sesame Street）》。这些类似《芝麻街》的评价表明正式评价作为方案的一个部分，其首要作用是经过检验后向方案的开发者提供反馈意见以推动方案的发展。《伟大社会法案》和20世纪60年代后期到70年代初期其他方案的评价深受社会实验和《伟大社会法案》之宏伟目标的影响。唐纳德·坎贝尔（Donald Campbell）一位颇具影响力的方法论研究学者，培育了大批评价领域的学术先驱。他在自己的文章《实验性改革（Reforms as Experiments）》中提出了"实验社会（experimenting society）"的理念，主张管理者使用数据收集和"实验"的方法了解怎样才能开发出好的方案（坎贝尔，Campbell，1969b）。他认为管理者的目标不应该是鼓吹他们的方案，而应该是找到方案中出现的问题的解决之道。通过寻求问题的解决办法并予以检验，管理者才能够让决策者、老百姓和其他利害关系人更有耐心地面对方案发展过程中出现的困难，并有效地减少棘手的社会问题的发生，比如降低犯罪率、失业率和文盲率等。他在研究生学习阶段与堂·坎贝尔、汤姆·库克和威廉·沙迪什（Don Campbell，Tom Cook &William Shadish）进行过一次访谈，他们之间富于激情的对话在当时点燃了现代评价的火种。他们提到："我们对解决社会问题有着令人难以置信的热情和充沛的精力。我们想知道究竟发生了怎样的社会革新以及评价对此作出了怎样的贡献？"（沙迪什和米勒，Shadish &Miller，2003，p.266）。

### 评价领域研究生课程的出现

社会对从事应用评价的专业人才的需求突然快速增加，市场予以了回应。国会为大学的教育研究和评价领域提供资金用以开设新的研究生培训方案，包括向这些专业的研究生颁发奖学金。许多大学开设研究生方案致力于培养从事教育学或社会科学的评价者。在其他相关领域中，公共管理学院从政治科学中成长起来并培养负责管理和监控政府方案的行政人员。政策分析研究成长为一个新的领域。社会科学学科的研究生教育发展起来。1960年—1970年间，在经济学、教育学、政治科学、心理学和社会学获得博士学位的人数从2845人增加到9463人，增长了333%。他们中的许多人在公共部门和非营利机构从事方案评价工作。现代评价方案的发展由三个方面促成：二战后美国经济迅速发展；20世纪60年代联邦政府在教育领域和其他政策领域的作用显著提高；最后，从事评估和政策分析的社会科学的研究生数量增加（沙迪什，Shadish et al.，1991）。

### 评价发展成为一个专业：1973 — 1989

这个时期是评价作为一个独特领域的成长期。随着评估的研究方法和方案的不断发展，许多学生被培养成为评价者和专业协会的成员。与此同时，评价网站开始呈现多样化的发展趋势，联邦政府此间没有发挥主导作用。

评价领域许多杰出的学者提出了新的不同的模式。评价不应当仅用以测量目标是否达到，而应当开始考虑管理者的信息需求和预期之外的结果。评价的价值与标准得到强调，判断评价的绩效和价值的重要性也日益凸显。这些新的和富于争议的思想催生了大量的对话和争论，一些评价使用的词汇与文献也因此产生。斯克里文（Scriven，1972）倡导评价者摒弃对目标导向评价（objectives-based evaluation）的机械应用，提出了目标游离评价（goal-free evaluation），主张评价者通过检验评价的过程和方案的背景发现尚未预期的结果。斯塔弗尔比姆（Stufflebeam，1971）为了满足决策者通过评价获取更多信息的需求，开发了CIPP模式，即背景评价（Context Evaluation）、投入评价（Input Evaluation）、过程评价（Process Evaluation）和结果评价（Product Evaluation）。思特克（Stake，1975b）提出了回应式评价，倡导评价者突破实验性和社会科学范式的禁锢。古巴和林肯（E. G. Guba&Y. S. Lincoln）在思特克（Stake）定性研究的基础之上，提出了自然主义评价（Naturalistic Evaluation），引发了定性与定量的研究方法孰优孰劣无休止的争论。总体来说，这些在评价领域出现的新概念提供了考量评价的新角度，也极大地拓展了评价早期的观点，人们更清晰地认识到，好的方案评价涵盖了很多方面，绝不只是实证主义科学家们掌握的技巧的简单运用。

这些刚刚面世的评价文献凸显了著者们对哲学与方法论偏好的尖锐分歧。它也强调了一个不争的事实：评价如同一个由多维技术建构的政治型企业，它需要新的思维和洞察力，知道什么时间和怎么样从其他的领域适当地借鉴已有的方法论。沙迪什（Shadish，1991）和他的同事认为评价需要自己的理论："随着评价的逐渐成熟，它的理论具有了独特性，这种独特性来源于评价实践者发现的问题之间的相互影响和渗透；评价实践者尽力去寻找的解决问题的方法；每一个评价者的学术习惯和 20 年来他们对评价经验的悉心甄选"（p.31）。

20 世纪 70 年代到 80 年代，评价领域的出版物显著增加，包括：《评价与方案规划（Evaluation and Program Planning）》、《评价实践（Evaluation Practice）》、《评价评论（Evaluation Review）》、《评价季刊（Evaluation Quarterly）》、《教育评价与政策分析（Educational Evaluation and Policy Analysis）》、《教育评价研究（Studies in Educational Evaluation）》、《加拿大方案评价期刊（Canadian Journal of Program Evaluation）》、《方案评价新趋势（New Directions for Program Evaluation）》、《评价与医疗业（Evaluation and the Health Professions）》、《试验与评价期刊（International Test and Evaluation Association(ITEA) Journal of Tests and Evaluation）》、《绩效发展季刊（Performance Improvement Quarterly）》和《年度评价研究评论（the Evaluation Studies Review Annual）》等系列期刊。一些期刊的名称中虽然略去了"评价"这两个字，但是评价却是它们的主题，包括：《绩效发展季刊（Performance Improvement Quarterly）》、《政策研究评论（Policy Studies Review）》和《政策分析与管理期刊（Journal of Policy Analysis and Management）》。20 世纪 70 年代中后期和整个 80 年代的评价类著作，包括教材、参考书，甚至评价类的纲要和百科全书都明显增加。为了满足人们对评价的需求和总结评价实践中取得的经验，一个独立架构的评价体系建立并成长起来。

与此同时，专业协会和相关组织也纷纷成立。美国教育研究学会（American Educational Research Association）H 分会最早开始关注评价领域的专业活动。此时，另外两个专业协会也致力于评价领域的研究，它们是评价研究协会（Evaluation

Research Society，ERS）和评价网络（Evaluation Network）。1985 年，这些组织合并成为美国评价协会（American Evaluation Association）。1975 年，12 家专业协会合并为教育评价标准联合委员会（Joint Committee on Standards for Educational Evaluation），从事教育和心理评价，旨在开发评价者和消费者都能使用的判断评价质量的标准。1981 年，他们出版了《教育方案、计划与教材的评价标准（Standards for Evaluations of Educational Programs，Projects，and Materials）》一书。1982 年，评价研究协会开发了一套评价者在评价实践中使用的标准和职业道德指南（评价研究协会标准委员会，1982）。（这些标准和 1995 年颁布的指导原则是一系列道德规范，由美国评价协会在早期的评价研究协会制订的标准基础之上修订完成，我们将在第三章中进行评论。）这些举措极大地推动了规范化评价，把评价作为一个专业，用标准化的方式来判断评价结论，用道德规范来指导评价实践，用专业协会来加强评价者的培训、学习和思想交流。

　　评价的专业架构形成时，评价市场却发生了急剧的变化。1980 年，罗纳德·里根（Ronald Reagan）当选总统后各州政府用于评价的固定拨款遭到锐减，评价决策的经费由各个州自行负担。而正是评价在联邦政府层面的减少促成了评价设置与评价方法需求的多样化（沙迪什，Shadish et al.，1991）。许多州和地方政府开始了自己的评价。基金会和其他非营利组织也开始强调评价。当评价的投资主体呈现多元化时，评价的性质与方法也随之发生了变化。形成性评价的重要性突显出来，通过方案检验来提供反馈以调整和推动方案并找到实施方案的行为与结果之间的关联。迈克尔·帕顿（Michael Patton）的效用聚焦评价（Utilization-Focused Evaluation）强调识别潜在的评价用户，通过解决问题和调整方法来适应他们的需求，形成一个评价者都能重视评价使用的模式（帕顿，Patton，1975，1986）。古巴和林肯（Guba & Lincoln，1981）主张评价者利用定性的方法进行方案的"深描（thick description）"，以提供更多方案在运行过程中的情况。大卫·费特曼（David Fetterman）也开始在他的书中描述民族学研究方法作为一种替代方法在教育评价中的使用（费特曼，Fetterman，1984）。评价者最初只把决策者（例如，国会、内阁和立法机构）作为他们主要的受众，而当评价的投资主体更多元以及出现了更多不同的利益主张时，他们开始考虑复杂的利害关系人和更多地利用定性的研究方法。参与式方法更适用于众多有着不同主张的利害关系人，包括那些常常无法参与决策的人，他们变得重要起来了。这样一来，联邦政府投入资金的减少并没有给评价带来灾难性的后果，反而找到了一条更加丰富和完整的路径更好地判断评价方案的绩效与价值。

# 1990年至今：历史和发展趋势

目前，评价正通过不同的途径和方法应用于各种不同的情境之中。正如拉韦尔和唐纳森（LaVelle&Donaldson）所说，评价作为一个专业在近几年里实现了较好的建构和"跨越式发展"。许多工作都需要进行评价。在美国，尽管许多评价者都是从其他学科转入评价专业的，但是大学评价培训课程的数量仍从38个增长到了2008年的48个（拉韦尔和唐纳森，LaVelle&Donaldson）。美国评价协会（American Evaluation Association，AEA）大约有6000人，加拿大评价协会（Canadian Evaluation Society，CES）有1800人。2005年，加拿大评价协会和美国评价协会在多伦多共同发起了一次会议，这次会议吸引了2300位评价者，他们包括协会会员和其他国家的与会者。政府和非营利机构的决策者和管理者根据自身需求提出希望更多地了解评价。对他们而言，资助评价、管理评价和从事评价已经成为他们的职责之一。这样一来，至少在美国和加拿大，评价者不必为评价学科的建构而纠结了。但是自1990年之后，评价发生了许多重要的变化，这些变化影响到了实践领域。

## 评价在其他国家的传播

近几年，评价在其他国家也得到了快速的发展。评价的国际化影响了评价实践，评价者学会了适应他们所处的国家的环境和迎合利害关系人的利益需求。目前，全世界区域性的和国家的评价协会有75个（裴士基，Preskill，2008），主要包括欧洲评价协会（European Evaluation Society）、澳大利亚评价协会（Australasian Evaluation Society）、英国评价协会（United Kingdom Evaluation Society）和非洲评价协会（African Evaluation Association）。2003年，国际合作评价组织（International Organization for Cooperation in Evaluation， IOCE）创建，由 24 个成员国和区域性的评价协会组成，他们的共同目标是"帮助和支持评价协会和评价网络取得合法地位，使他们能够更好地为政府服务，提供有效的决策以及使公民社会的作用得到加强。"（国际合作评价组织，2003，para 3）

正如前面章节所述，瑞·瑞斯特（Ray Rist）和他的同事认为始于 20 世纪60 年代后期和 70 年代早期，即社会实验时期，现代评价领域中的"第一次浪潮"国家是美国、加拿大、德国和瑞典。"第一次浪潮"国家评价的主要目标是进行社会实验和方案推进（瑞斯特，Rist，1990）。他们认为欧洲国家掀起了"第二次浪潮"，此时的评价处于一个完全不同的情境之中。[1] "第二次浪潮"的国家包括英国、荷兰、丹麦和法国，评价开始成为一个控制联邦预算和减少政府开支的工具。评价的作用不再仅仅是社会实验和方案推动，它涉及问责和确认那些没有效益的方案。出于这种考量，评价在"第二次浪潮"国家中常常被用于对预算和其他优先事项进行决策。瑞斯特（Rist）和他的同事发现一个国家产生评价最初的动因常常对评价后继的实施和评价的目标产生重大的影响。在欧洲，欧盟（European Union）和欧委会（European Commission）一直最具有评价影响力。在许多东欧国家，对评价方案作出回应却是他们的"首次探险"。

在不同的文化和不同的国家，评价真可谓"一次激动人心的冒险"，这不仅由于评价有助于解决这些国家的政策问题，也因为北美的评价者能够从其他国家付出的努力中了解评价的新方法和新路径（默滕斯，Mertens1，1999）。正如许多旅行者所知，看到或者经历一种与自己完全不同的文化，就好像打开眼界去面对那些形形色色的事物，它们能够提升或者限制自己的文化。当我们观察不同文化背景下的人们或机构时，很多以前没有注意的问题需要我们留意。人们对他们的政府怀揣不同的期望和信念，他们想了解他们政府的行为。[2] 在跨文化和国家的

---

① 瑞斯特和他的同事的研究仅局限于欧洲、加拿大和美国。

② 例如，菲茨帕特里克访谈了一位法国评估者，他提出正是因为美国人对他们政府的不信任才为评估培育了一片沃土，因为市民们想知道政府正在做什么，它犯了什么错。他认为法国市民缺少对政府行为的质疑，因此也就缺少对评估的兴趣。在本章最后部分引用的帕顿的访谈中，提到日本和美国之间的文化差异对评估产生的影响。他在日本工作时发现人们尽量不去指责或者提醒政府注意错误，这样一来，评估的结论就会与美国有明显的不同。

情境下，判断方案、给予反馈或者参与方案的方式都会有所不同。当然，这些差异对评价者而言很有意义，他们必须留意评价的政治和文化背景，因为只有这样规划和实施的研究才能得到人们的信任和使用。我们相信西方世界里的 21 世纪将是一个评价者的时代，因为我们有机会了解其他国家的同行们付出的努力，从而推动我们的工作和评价文化的传播——实现在全世界范围内收集数据并进行方案研判和形式决策。

## 非评价者承担的内部评价责任

最近几年评价发生的另一个变化与从事评价相关工作的人的数量和类别有关。随着评价的不断拓展，许多人——管理者、监督者和其他参与方案的专业人士开始把评价作为他们工作的一个部分。从历史上来看，评价常常由那些缺乏专业的评价训练的人实施。20 世纪 60 年代早期，社会科学研究者开始从事评价研究以满足需求，而评价也不得不由这些没有接受过评价的专门训练的人来开展研究。早些年，这些社会科学家只接受过方法论和研究的训练，却并不熟悉评价理论和有关评价的背景与使用的细节。直到今天社会科学研究者仍然在从事评价。然而，当评价学科不断发展更加为众人所知时，他们中的许多人需要了解评价学科，并通过阅读、训练和参加评价会议增长有关方法论的专门技能。今天面临的新问题是管理者和方案执行者的数量不断增加，他们缺乏评价方法论和社会科学研究方法的专门训练，却常常需要从事内部评价（达塔，Datta，2006）。

非营利部门的评价为内部评价者的情况提供了一个很好的例证。方案的管理者和员工需要对组织内部的数据收集和评价的等关键部分负责。在美国，900，000 多个非营利的和宗教组织从事了大多数的社会公共服务方案（卡曼，弗雷德里克斯，英特罗卡索；Carman，Fredericks，& Introcaso，2008）。这些组织的大多数经费来自 1300 个名为"联合之路（the United Way）"的地方机构，这个机构要求这些组织对他们的方案进行评价。"联合之路"的评价方法中值得称道的主要是培训。但是，尽管受到"联合之路"的资助，大多数从事评价的现有员工只接受了外部评价者零碎的指导（亨德里克斯，普兰茨，普里查德；Hendricks，Plantz，& Pritchard，2008）。亨德里克斯等人（Hendricks et al.，

2008）并不认可"联合之路"提供的多种评价培训，他们关心的是过度地依靠缺乏评价技术的现有雇员可能会在短期内改变组织对结论的有效利用。评价者的调研问卷提供了进一步的证据，组织内部的和组织内负有其他责任的评价者的数量都在增加。克丽斯蒂（Christie，2003）发现，她在加州调研过的许多评价者都是组织内部的和负有其他管理职责的人。许多人只接受过很少或者根本没有接受过评价培训，他们并不熟悉评价的理论和方法。

在教育领域，各个学区都面临着严重的预算约束，很多学区面对这些财政紧缩只能采取削减中心办公室员工的措施，其中包括评价部门的员工。面对学校标准化评价背景下日益增长的评价需求，他们却不得不在专业评价人士减少的情况下设法满足这些需求。因此，教师和管理者常常需要承担本职之外的评价责任。然而，评价需求的增长引发的意料之外的结果是提升了组织的教育与培训的能力。

许多从事机构内部评价的人只是进行基本的专业鉴定，这不同于一般意义上的评价。他们常常对成为全职的评价者并不感兴趣，这样一来大学的系统教育就不是为这些人提供培训的最优选择。【参见达塔（Datta，2006）的讨论，她了解到更多有关评价实践者的问题，如何解决他们对培训的需求。】通过在评价领域中不断拓宽培训机会和创造性思维，有助于帮助他们提升评价技能。评价工具比比皆是，但是这些工具往往只应用于一些基本的方法论的问题，比如设计一个问卷，却忽略了关键性的问题，比如审慎地明确目标、参与的利害关系人和考虑评价的使用。

尽管组织内部从事评价的雇员激增对于评价的培训、评价的准确性和可靠性的提升以及评价研究的使用都具有重要意义，但是学校和组织的其他雇员也参与评价仍然具有积极的意义。2000 年和 2001 年两任美国评价协会主席以不同的方式提出了当年的会议主题，它们都涉及如何与组织内部的其他雇员协同合作提高评价质量和使用。值得注意的是，尽管评价的需求不断增加，评价者仍然在通过不断努力来影响方案和政策。2000 年，美国评价协会主席劳拉·莱维特（Laura Leviton）使用了"评价能力建构"作为主题讨论了构建评价者集体合作能力的多种途径以更好地进行评价。她的建议包括承认和利用方案实践者在方案的逻辑和实施、组织行为和评价技能方面的优势帮助那些组织内部的人理解和使用评价（莱维特，Leviton， 2001）。而不是像有些评价者做的那样，拉开了管理者与评价方案中其他人之间的距离。莱维特（Leviton）鼓励评价者向组织中那些有经验的人学习。我们的合著者之一詹姆士·桑德斯（James Sanders）是 2001 年美国评价协会主席，他选择的主题是"主流评价"。他在开场白中提到，1973 年，当他和布莱恩·沃森（Blaine Worthen）出版本书的第一版时，他们开始发现"评价虽然是讨论得最广泛的话题之一，却很少应用于今天的体系之中"（2002，p.253）。他指出评价已经得到了发展，但是它仍然不具备组织的第二种特质。桑德斯（Sanders）在解释他的主流评价的概念时说："主流是指开展评价的过程是一个组织日常运转必不可缺的一个部分。如果它是主流，它就不应该被搁置在工作的角落，而应该成为一个组织工作的常规部分。在组织的各个层面上，它都应该是组织的文化和工作职责的一个组成部分。"（2002，p.254）今天，越来越多的注意力置于评价和问责上，越来越多的管理者和其他雇员参与到评价之中，我们有了更多机会。正如以前提到的，尽管拓宽评价职责有风险，但是它对评价和组织也有潜在的益处。我们在第一章中讨论过，我们能够通过加大培训力度和加强内部与外部评价者的合作来应对风险。与此同时，许多组织、学校和其他机构中不认为自己是评价者的雇员不断地参与到评价中来，表明评价正在成为组织文化的一个部分。当然，只有我们谨慎地从事评价才能取得成功。正如 20 世纪 60 年代从事评价的社会科学家，他们经常犯错误是因为他们只是简单地应用一些相关领域的研究方法进行评价。今天，忙碌的管理者或者专业人士在评价时往往会权衡组织的评价与组织中的其他职责孰轻孰重，他们认为评价就是简单地收集一些数据然后向别人报告。而桑德斯（Sanders）所说的主流评价的概念包括为了组织的学习和使用审慎细致地设计评价目标。

### 聚焦于测量结果与影响力

20 世纪 90 年代发生在评价领域的另一个重要的趋势是衡量评价结果和以问责为目的的评价使用。在瑞·瑞斯特（Ray Rist）和他的同事所称的"第一次浪潮"的时期，美国开始把评价的重点置于通过创新性实验与数据收集推动方案和测试新的干预措施。然而，美国又通过多种途径推动了"第二次浪潮"的国家的转变，他们专注于问责式评价，至少声称如此，利用评价结果去作总结以及有关持续和拓展方案的预算决策。结果导向的评价发轫于 20 世纪 90 年代并延续至今。

1983 年，教育领域始建了标准化结果为导向的体制，《国家风险（A Nation at Risk）》【国家卓越教育委员会（National Commission on Excellence in Education）1983】报告随之出版。报告特别关注美国的国家教育和如何为教育革新提供动力。从今天来看，美国的教育发生了改变，联邦政府也更多地参与到了其中。这些革新的性质并不明确，但是问责逐步成为联邦政府的一项重要职能。从历史上看，在美国地方学区和各州为学校负担一定的责任。而历史上联邦政府作用的加强一直需要根据地方社区的需求，于是在这个问题上产生了一些争议。然而，在 1989 年，时任美国总统的老乔治·布什（George H. W. Bush）和各州州长出席了全国州长协会（National Governors Association）举办的总统教育峰会（President's Educational Summit），他们支持国家的教育目标，提出教育仍然由州和地方予以控制。不久之后，那位在 1989 年的峰会上代表全国州长协会与布什（Bush）总统会面的克林顿（Clinton），极大地增强了联邦政府在教育领域的作用，克林顿当选总统后于 1994 年签署了六项关键的立法强化了教育的标准。新闻发布指出："20 世纪 60 年代以来几乎没有通过如此之多的重要的教育立法。"这六项法案"必然会以重要且持久的方式改变美国教育的蓝图"（http://www.ed.gov//PressReleases/10-1994/ legla.html）。立法包括：《美国法案》（Improving America's Schools Act， IASA），这项法案记录于现代评价之初，它是一项针对旧的 1965 年通过的《初等和中等教育法案》（Elementary and Secondary School Act）的修正案；另一项是 2000 年目标：《美国教育法案》（Goals 2000: Educate America Act）。 这些法案为各州提供了财政支持，激励他们用高标准来指导学习，取得学术成绩，并为了达到这些标准不断努力。1994 年末，有 40 个州申请了规划资金并开始制定标准。争议产生了，地方政府仍然继续由自己来制定标准，联邦政府的作用只是提出标准并提供财政资金激励他们这样做。2001 年，在乔治·布什（George W. Bush）总统的倡导下，国会通过了教育改革立法，自此《有教无类法案》（No Child Left Behind， NCLB Act）产生了。这一法案极大地增强了联邦政府的作用，更多有关学生的成绩、考试和教师培训的标准得以建立，还增加了财政的审计，以及一旦目标没有达到需要进行的行为矫正。① 当然，标准和评价方法在50个州都非常不同，但是每一个州制定的标准和他们的评估方法都是为了教育改革和教育评估服务的。劳伦·雷斯尼克（Lauren Resnick）写道："考试驱动的问责在教育领域已经既成事实"（2006，p.33）；"考试和问责的形式占了极大的分量（2006，p.37）"②。

这些政策极大地改变了评价在美国公立学校中的作用。在很多州，标准和评价得到了公众的广泛关注，这对于教育政策、教育实践和评价都是十分重要的驱动力。今天的美国基础教育（K-12）评价关注了许多问题：制订合适的方法评价学生的成绩；确认哪些学校办得成功，哪些学校办得失败；确认怎样才能帮助学生提高成绩以达到标准。当一所学校没有达到标准时，是关闭它还是更换教师和管理人员？评价的重点既包括总结性的（这所学校还能继续运转吗？要重新进行人员调配还是关闭？），也包括形成性的（一所学校里的哪一类学生没有达到标准？他们的学习经历是什么？成功的学生有哪些相似的经历？什么样的干预措施可能最适用于帮助那些没有达到标准的学生？）。当然，这些评价工作能够推动学校的发展，但是只专注于标准和评价也有风险。在一段时间里，教育领域的评价重点放在了标准和问责上，这种情况需要改变，特别是当资源匮乏时，许多学校把评价的重点放在了其他方面。

### 回应与政策声明

近几年，美国评价协会（AEA）把核心政策定位于测验和教育问责。2000年，时任美国评价协会主席詹姆士·桑德斯（James Sanders）——我们的合著者，授权成立了基础教育高风险测验专门工作组（Task Force on High Stakes Testing in K-12 Education），开展了回顾研究和组织定位的工作。2002年，美国评价协会理事会通过了《美国评价协会关于基础教育高风险测验的声明（AEA Position Statement on High Stake Testing in PreK-12 Education）》，这项声明可以在美国评

---

① 奥巴马（Obama）总统现在正在提议修改有教无类法案，但是就这个问题还没有具体的立法通过。

② 雷斯尼克在《教育测量：问题与实践（*Educational Measurement: Issues and Practice*）》期刊中提出的特殊问题关注了4个州的案例研究，涉及评价标准和措施如何付诸实践与应用的问题。

价协会网站上查询，地址是 www.eval.org/hst3.htm. 该声明对高风险测验的风险和收益研究进行了总结，认为"高风险测验影响的有关证据表明，它在评价实践的应用中弊大于利"（2002，p.1）。

## 专门工作组这样描述：

尽管国家推行高风险测验已有 20 多年，但它并没有提高学校的办学质量；也没有缩小学术成果在性别、种族和阶层之间的差距；也没有推动国家在道德、社会或者经济层面的进步。美国评价协会（AEA）是一个坚定的评价问责制的支持者，却不是利用测验驱动问责。美国评价协会（AEA）加入了许多其他的专业协会，共同反对不当使用测验作出高风险的决策。（2002，p.1）

专门工作组提出了推动评价实践的途径，包括进一步明确目前利用测验要达到的目标，使用多种措施，不断拓宽视野以及让那些专业的教师去评价学生的成绩。2006 年，美国评估协会理事会批准了有关教育问责事项的第二项政策声明（参见 http://www.eval.org.edac.statement.asp.），这项声明提出了三个方面的主要问题：

过度依赖标准化测验成绩无法准确地考量学生的学习状况，特别是因为过于年轻或者过去表现不佳的学生，他们可能没有掌握复杂的教育过程或者知识；成功的定义是测验的成绩比过去取得的有效成绩提升得更高或更快；以及"一视同仁"的方法可能不适合应对地方形势的变化或者应对地方教育工作。（美国评价协会，http://www.eval. org.edac.statement.asp，2006，p.1）

这项美国评价协会的声明鼓励随着时间的推移，根据学生个体发展实施不同的措施；提出结合实际背景情况的报告；使用数据考量资源对教师和学校的配置；启用可申诉程序，开放公众参与通道。

### 教育选择

今天影响评价的另一个因素是教育领域中的学校选择。全国各地对学校的选择方式各有不同。一些城市（比如华盛顿特区和威斯康星州的密尔沃基即著名的案例）早已经有了学费券和选择体系，并对这些体系进行了很多研究（巴克利和施耐德，戈德林和夏皮罗，霍比；Buckley&Schneider，2006；

Goldring&Shapira， 1993； Hoxby，2000）。现在许多学区的父母能够把他们的孩子送到本学区甚至本学区以外的另一所公立学校。美国的学区有许多不同的选择方案，从传统的邻里学校（neighborhood school）到特色学校（magnet school）、特许学校（charter school），还有一些地区中有学费券的私立学校（private school）。这些从基础教育（K-12 education）即开始的选择，显然影响了评价实践。选择理论是基于竞争推动绩效的市场理论；因为父母对学校的选择将激励学校变得更有竞争力，这必然会推动学校的发展，提高学生的成绩（丘博和莫伊；Chubb&Moe，1990）。

在一些学区无论是个别（individual school）还是组群（groups of school）学校里的教育行政人员和教师，评价有助于他们对如何推销自己的学校招募更多的学生进行考量。新的方案出现，旧的方案被搁置。学校还在预测他们的招生人数和聘用足够的师资之间纠结。此外，学校的行政人员和教师通过制定和实施新的方案来加强学习，吸引更多更好的学生。这些选择对公立学校的行政人员而言是新生事物，也提出了具有挑战性的需求决策。什么样的方案、课程或干预措施能够提高学校的成绩标准？什么样的方案、课程或干预措施能吸引更多的学生来到学校？过去，传统的评价方法能够帮助教师和行政人员处理类似的决策并为新的用途提供评价机会。例如，菲茨帕特里克（Fitzpatrick）参与的一项研究，那些最有可能在选择教育环境问题上犯错的低收入的父母是如何选择学校并为他们的孩子作决定的。（特斯克，菲茨帕特里克和卡普兰；Teske， Fitzpatrick，&Kaplan,2006）。这些研究能够帮助学区更好地指导父母进行选择。在这种环境里，有很多评价者能够帮助教师和行政人员适应变化和加强学习。【参见罗德斯基和穆尼奥斯(Rodosky & Munoz，2009）的一个案例，有关某一个城市的学区是如何承担它的评价责任以应对问责的。】

### 其他政府部门的绩效监控

20世纪90年代末和20世纪初,正如教育领域专注标准、评价和问责评价一样,其他的政府机构和非营利组织也开始关注绩效监控和评价结果。[①] 新公共管理运

---

① 尽管历史上这些其他的部门与教育领域存在一些差异，但是对于结果的专注，教育领域和其他部门在理论和方法上却是一样的。所以，了解衡量结果和每种影响力的类似问题对教育机构和提供其他服务的机构而言都是有帮助的。

动（New Public Management）最早影响了政府对结果的考量，这项公共行政和管理运动也称作"政府再造计划（Reinvent Government）"。1992年，大卫·奥斯本（David Osborne）和特德·盖布勒（Ted Gaebler）撰写了一本广受好评和有影响力的著作《政府再造（Reinvent Government）》，它主张公共政策制定者和管理者推动私营部门的成功，并尝试重建和推行全面质量管理计划（Total Quality Management，TQM）。奥斯本和盖布勒（Osborne &Gaebler）提倡建构一个企业化的、消费者驱动的政府，政府管理者把市民当作"消费者"，采取企业化的方式来制定和尝试实施方案、政策和干预措施。[1]政府再造计划不是没有批评的声音。【参见德利昂和登哈特（DeLeon & Denhardt，2000）提出，经济导向和市场模式的政府再造，并把市民作为消费者可能会忽视更广泛的公共利益。】然而，政府再造和它的原则在许多州和地方政府中广泛实施，也包括联邦政府。克林顿（Clinton）执政期间，副总统艾尔·戈尔（Al Gore）撰写了《国家绩效评价（National Performance Review）》报告，报告基于奥斯本和盖布勒（Osborne &Gaebler）的政府再造原则（国家绩效评价，1993）旨在指导革新。这份报告鼓励公共管理者以企业家精神处理预算约束以及提高效率，但与此同时还要满足市民的需求。

当然，政府再造的一项重要内容是问责或者收集数据了解政府做了什么工作，没有做什么工作。因此，克林顿政府提出了《政府绩效与结果法案（Government Performance Result Act，GPRA）》，对这些新的举措进行问责（雷丁，Radin，2006）。（参见组织行为管理监督，Organizational Behavior Management Watch，OBM Watch，http://www.ombwatch.org/node/326了解更多《政府绩效与结果法案》的内容。）20世纪90年代后期，《政府绩效与结果法案》中绩效监控的措施被许多国家提倡和实施，包括加拿大和澳大利亚（佩兰，Perrin，1998；温斯顿，Winston，1999）。约瑟夫·沃利（Joseph Wholey）是20世纪70年代美国政府

---

① 值得注意的是"政府再造"理论与"学校选择"理论的相似之处。它们都出自有关市场和私营部门"成功"的概念，以及公共机构能够通过变得更像私营部门或更商业化而取得成功的信念。管理者和学校校长是"企业家"，客户、父母和学生是能够作出服务选择或决策的"消费者"或"客户"。考虑到2008年和2009年，美国和世界范围内私营部门在经济上面临的困境，我们给成功打上引号，因为经济学家和市民并不能确定私营部门一定能够成功。不遵守规则的企业行为引发了住房危机以及银行和安保公司等诸多问题。

杰出的评价领导者，他参与了《政府绩效与结果法案》的制定并引领了绩效评价（沃利，Wholey，1996）。1994年通过，1997年实行的《政府绩效与结果法案》要求所有的联邦机构制定战略规划，并比照规划中绩效数据设定的目标衡量进度。于是，《政府绩效与结果法案》成为第一部重要的联邦政府用以考量方案或政策结果的政令。当各级政府需要确认和测量结果时，政府雇员都能够熟悉《政府绩效与结果法案》和它的要求。

布什政府同样重视绩效导向的管理和测量结果，并使用了自己的方式替代了《政府绩效与结果法案》，即项目评估定级工具（Program Assessment Rating Tool，PART）。项目评估定级工具设定了25项调查问卷以获取有关方案绩效的信息。根据机构的反馈计算每一项方案的分数，项目评估定级工具中一半的评分根据结果认定。每年管理与预算办公室（Office of Management and Budget，OMB）根据所有政府方案中的20%获取其项目评估定级工具的评分；方案要求在轮换的基础之上完成项目评估定级工具，这样一来所有的方案都能在5年之内得到评估。截至2008年，98%的联邦方案完成了项目评估定级工具的表格和评估。（参见http://www.whitehouse.gov/ omb/part/.）正如标准测试的分数能够影响到师资配备，甚至是个别学校的持续发展，项目评估定级工具所得的分数也用作预算决策。在教育领域，不当地利用项目评估定级工具大幅消减方案经费的情况很少，但人们对评估结果的兴趣已经形成了（吉尔摩与戴维斯；Gilmour&Davis，2006）。

### 非营利部门的结果测量

近年来，学校和其他公共组织不是唯一以结果为导向的机构。非营利组织也把他们的评价活动聚焦于结果的评价与报告。正如我们提到过的："联合之路"（United Way）影响了大多数非营利部门的评价。非营利性的基金会和其他慈善组织也通过他们对拨款的需求影响评价领域。这些资助机构鼓励非盈利组织测量他们的结果。"联合之路"的评价体系被称为结果测量系统（Outcomes Measurement System），名副其实地专注于结果。这一体系中的其他因素还包括开发逻辑模型联接输入、活动、输出和结果；鼓励结果的定量化和反复测量；以及为改进方案不断强化结果的使用。这些活动没有被"联合之路"定义为"评价

（evaluation）"，而是"为了跟踪结果采取的适度努力（a modest effort simply to track outcomes）"（亨德里克斯，Hendricks et al.，2008，p.16）。然而，这些活动普遍取替了传统的评价工作。"联合之路"的模式在非营利领域产生了广泛的影响。然而，"联合之路"的模式与教育领域和其他公共机构的结果聚焦模式之间仍然存在着显著的差异：（a）"联合之路"的模式中，问责在方案改进目标中被认为是第二位的;（b）对测量结果的预期通常比公共部门的要求更加实际。例如，管理与预算办公室（Office of Management and Budget）大力鼓励利用随机对照实验（Randomized Control Trials）或者 RCTs 进行结果的讨论（管理与预算办公室，OMB，2004）。[1] 联合之路认为许多非营利的服务性组织缺乏资源进行所有复杂结果的评价，所以更倾向于关注结果的绩效监控的进程而不必建构清晰的因果关系。非营利组织，比如许多公共组织会向投资者报告投入和活动。这种倾向于评价和监控方案结果的趋势走在了正确的轨道上，它为方案提供了更加完整的评价。

## 组织学习和评价的潜在影响力的考量

21 世纪早期开启了一场有关评价对组织学习的作用的讨论。在众多不同但相关的领域里——公共管理、成人教育、职场学习、组织管理和革新、教育管理、领导力与评价，人们撰写了有关组织学习和在不同的时期寻求建构组织学习与管理能力的方法的文章。1990 年，森奇（Senge）出版了一本关于学习型组织的著作，介绍了这一领域的理论和研究成果，促进管理者、决策者和其他人更多地思考如何推动组织的学习与革新。自评价者关注于让组织内部的利害关系人使用评价信息，组织学习的概念就变得非常重要。裴士基和托雷斯（Preskill & Torres）1998 年出版的《组织学习评价调查（Evaluative Inquiry for Learning in Organization）》一书最早让这些概念引起评价者的注意，并推动了评价调查。但是这个领域中其他的评价理论、方法和评价者的经验也促进评价者从更广泛的角度上思考有关组织评价的作用和评价者应当承担的职责。早在 1994 年，赖卡特（Reichardt）在一

---

[1] 管理与预算办公室倡导的随机对照实验将在第 15 章中进行讨论。随机试验无疑是一种建构因果关系的方式，但是和美国评价协会一样，我们相信有许多确定因果关系的建构方法，通过评价可以结合方案的背景以及判断与决策选择其一。

篇文章中对我们从评价实践中所学进行了反思，他建议评价者在方案的规划阶段就参与进来，因为相比方案完成以后，在早期阶段评价者技能的运用能够为方案带来更多的收益。评价者提高逻辑模型的使用率来确认一项评价的重点并把它置于一个适当的背景中，这不仅有助于方案的利害关系人了解逻辑模型本身，也利于他们对评价方式进行思考（罗杰斯和威廉姆斯；Rogers&Williams，2006）。帕顿（Patton，1996）创造了一个术语"过程使用（process use）"，指利害关系人，通常是参与方案的开发者和管理者发生的变化，这些变化的发生不是因为他们从评价结论中获取了具体信息，而是他们从参与的评价过程中了解到了信息。评价过程本身促使他们站在未来的角度上用新的方法进行思考。这种学习过程包括直接使用逻辑模型开发方案，或利用数据作出更加适当和自信的决策。

因此，借鉴于其他学科的学习型组织的概念，以及它们对组织的作用和潜在的影响引发的评价者的思考与观察，促使评价者超越传统，从专注于评价结果使用的工具到更广泛地思考评价与评价方法的使用并赢得更高的效率。

我们这里讨论的所有变化——标准化运动、结果聚焦以及政府和"联合之路"聚焦于雇员收集数据进行内部系统化——也是进行组织文化革新与推动组织学习和决策制定。这些变化常常是由外部评价人发起，比如决策人、公共行政人员和从事管理、预算编制或财务工作的人员。评价者参与建构绩效监管体系，比如《政府绩效与结果法案》（GPRA）或者"联合之路"（the United Way）关注的焦点常常来自不同学校的评价，而非那些通过授权评价或评价调查的方式倡导组织学习的人。然而，所有这些革新的目标是修正和推动组织学习和决策的方式。虽然一些方法看起来比其他方法有效，但是这一时期最重要的变化是评价者开始从更广泛的意义上考量评价。过去，评价者和他们的客户倾向于将评价看作用以解决某一个特定问题或政策的离散研究，而不是将评价看作一个持续学习的系统，事实上评价是众多为组织提供信息和学习机会的体系中的一个部分。

个别重要的评价研究不断涌现。但是，评价者已经从早些年停留在狭隘地专注于方法论的问题转变为今天从更开阔的视角思考评价在组织中的作用。评价者已经意识到他们需要了解更多组织的文化、学习和革新，从别的学科中汲取评价理论与实践之外的知识。他们需要创造一个了解评价信息和提高组织绩效的通道，而并非某一个方案或政策的绩效。当评价者考量组织革新和学习时，他们其实就开始参与到评价的相关活动中，比如规划、绩效监控，甚至是财政和预算决策。他们意识到跨部门或系统合作解决问题的必要性，虽然那些收集和提供的信息无法应用于不同的目标，但是能够从收集的信息和用以传播信息的方法中相互学习协作，并加以利用。裴士基和波义耳（Preskill&Boyle，2008）撰写了组织需要制定"一个完整的知识管理体系( an integrated knowledge-management system )"( p.455 )的文章，这与组织中其他信息系统相对应。这种系统之所以重要有许多原因，但主要考虑了跨系统规划的需求以及为未来的学习与决策进行信息维护。

面对面（vis-à-vis）学校、组织、政府机构的作用和资金来源正在发生改变，也将持续发生改变。21 世纪，世界正面临着重要的经济和社会革新，评价也在不断拓展，变得更加重要。目前，决策者、管理者和公众要求了解评价信息，尽管它可能被赋予了不同的称谓。越来越多的人参与到组织评价中，评价者的作用日益凸显，他们协助规划系统、建构内部能力、考量评价的使用方法，或者收集信息辅助决策，实现组织学习的目标。

表 2.1 总结了一些我们这里讨论过的历史趋势。

**表 2.1 评价的发展阶段**

| 阶段 | 研究 / 参考 | 特征 |
|---|---|---|
| 1800 年之前 | 吃酸橙的水手 | 多数判断基于宗教和政治信仰 |
| 1800 — 1940 | 委员会；<br>马萨诸塞州有关学校的报告；<br>教育领域的桑代克与泰勒（Thorndike &Tyler）；<br>泰勒（Taylor）与效率；<br>鉴定（弗莱克斯纳，Flexner） | 专家开始使用测量技术；<br>专注于公共健康和教育领域；<br>学校开始正式的测验；<br>社会科学家进入政府部门；<br>研究与探讨社会科学问题 |

| 阶段 | 研究 / 参考 | 特征 |
|---|---|---|
| 1940 — 1963 | 二战期间的军队研究；《国防教育法》（National Defense Ed. Act，NDEA）克龙巴赫（Cronbach，1963） | 社会科学研究方法增加；为了与苏联竞争，增加了学校评价；评价拓展到许多领域；社会科学研究方法的利用 |
| 1964— 1973 | 1965 年颁布《初等和中等教育法案》（ESEA）；评价序篇；《"伟大社会"法案》；坎贝尔和斯坦利（Campbell&Stanley）（1966）；斯塔弗尔比姆（Stufflebeam）与 CIPP 模式（1971）；斯塔克（Stake）与回响式评价（Responsive Evaluation）（1967） | 《"伟大社会"法案》是评价的第一任务；社会实验时期；评价教科书和文章问世；理论研究者首先开发出评价模型；评价专业的研究生课程出现 |
| 1974— 1989 | 评价标准联合委员会（1981）；集中利用评价（Utilization-Focused Evaluation）（帕顿，Patton，1978）；自然主义评价（Naturalistic Evaluation）（古巴和林肯，Guba&Lincoln，1981） | 专业评价协会、标准与伦理规章的制定；评价出现下滑，联邦政府给予支持；评价方法与具体情境的差异化 |
| 1990 年至今 | 赋权式评价（Empowerment Evaluation）（Fetterman，1994）；美国评价协会的指导原则（AEA Guiding Principle）（1995）；"联合之路"的结果测量系统（United Way Outcomes Measurement System）（1996）；参与模式（卡津斯和惠特莫尔；Cousins and Whitmore，1998）；第三版 — 评价标准联合委员会（2010） | 评价向全球拓展；参与式研究方法和研究方法的革新；理论为基础的评价；伦理问题；技术的先进性；新的人员从事评价；结果与绩效监控；组织学习 |

### 主要的概念和原理

1. 委员会针对特定问题的报告、客观题测验和合格鉴定是评价的早期形式。大萧条时期，社会科学家开始为联邦政府根除社会积弊提供建议并推动经济发展。

2. 俄国发射人造地球卫星（Sputnik I）引发了美国的不安。为了提高科技效率，美国加强了对美国学生数学和科学学科的教学。国会于 1958 年通过了《国防教育法案》（National Defense Education Act，NDEA），拉开了教育领域大规模评价的序幕。

3. 20 世纪 60 年代与 70 年代，随着约翰逊（Johnson）政府"《伟大社会（the Great Society）"法案》的出台，联邦政府开始在教育和许多社会领域实施评价。社会实验时期代表了评价在美国最重要的发展阶段。

4. 随着评价的迅速发展，第一次开始培训和教育特殊的专业人士从事评价。不同的评价理论、方法和概念塑造了评价的特征，指导了评价工作的开展。

5. 评价专业得到了更全面的发展，专业协会得以成立。比如美国评价协会（American Evaluation Association），形成了评价标准和行为规范。

6. 评价方法得到进一步拓展，涵盖了更多定性的研究方法，还讨论了评价者如何能确保评价可以应用于更多不同的群体。

7. 自 1990 年以来，评价受到了多重趋势的影响。评价拓展到许多不同的国家，更多的管理者和专业人士从事组织绩效评价。评价的焦点在于测量结果和思考影响组织学习的评价方法。评价也开始出现在其他领域，包括绩效监控和规划。

### 问题讨论

1. 1965 年以前的早期评价如何影响我们今天对评价与评价实践的认识？

2. 1965 年颁布的《初等和中等教育法案》（Elementary and Secondary Education Act，ESEA）以及《"伟大社会"（the Great Society）法案》中的许多条款都要求获得资金的机构提交评价报告记录方案的结论。讨论要求提交评价报告的影响、这项法令对现代方案评价的影响以及给评价与评价者带来的问题。这一时期的评价具有哪些重要的特征？

3. 自 20 世纪 90 年代以来，组织内的许多管理者和专业人士承担了绩效监控和评价的责任。那么究竟是什么强化和弱化了这一变化？比较一下20世纪60年代和70年代，那些赋予评价理论和技术的人们和那些从事了许多经过授权的评价活动的社会科学家们之间的不同。

4. 在我们描述过的近代评价的发展趋势中，你认为哪一种趋势对未来的评价具有最显著的影响力？为什么？

## 应用练习

1. 你认为评价发展的历史中有哪些关键的事件和主题？这些事件和主题怎样形成了你所在的那个领域中人们对评价的看法？你所在的那个领域中人们如何进行评价的学习？

2. 阅读一篇引用自"推荐阅读书目"中的访谈，讨论人们早期从事评价的经历如何影响今天的评价？这些影响又如何影响了你对评价的认识？

3. 绩效评价或者标准化教育对你所在的学校或者组织产生了怎样的影响？这些评价方法对你所在的组织有效吗？对消费者有效吗？为什么它们是有效的或者是无效的呢？

4. 你所在的组织的文化是如何支持组织学习的？它又是如何支持评价的呢？

5. 你的组织测量结果吗？组织测量的重点是放在任务驱动的结果上，还是组织选择的这个重点上呢？对结果的检验又如何影响你所在的组织和组织学习呢？

## 推荐阅读书目

Madaus，G.F.，&Stufflebeam，D.L. (2000).Program evaluation: A historical overview. In D.L. Stufflebeam，G.F.Madaus，&T.Kellaghan (Eds.)，*Evaluation models: Viewpoints on educational and human services evaluation*. Boston: Kluwer-Nijhoff.

Mark，M. (Ed.). (2002). American Journal of Evaluation，22 (3). This issue contains 23 articles by leaders in the evaluation field on the past，present，and future of evaluation. It is a follow-up to the 1994 issue of *Evaluation Practice*，15 (3)，edited by M. Smith，in which different contributors considered the past，present， and future of evaluation.

2003 年，由琼·金、梅尔文·马克和罗宾·米勒（Jean King，Melvin Mark &Robin Miller）组成的口述历史项目组（Oral History Project Team），开始了与早些年在美国从事这一领域活动的人们的访谈。这些访谈的目的是"捕捉专业的演变，它们促进了评价方法在今天的美国的理解和实践"（2006，p.475）。他们撰写了有趣，甚至是令人兴奋的读物来传播评价早期发展的特征以及它对今天评价实践的影响。这些访谈列在后面。我们鼓励你们去阅读其中的一部分并进行深入的了解。

Datta，L.E.，&Miller，R. (2004).The oral history of evaluation Part Ⅱ: The professional development of Lois-Ellin Datta. *American Journal of Evaluation*，25，243-253.

Patton，M.Q.，King，J.，&Greenseid，L. (2007).The oral history of evaluation Part V: An interview with Michael Quinn. *American Journal of Evaluation*，28，102-114.

Sanders，J.，&Miller，R. (2010).The oral history or evaluation. An interview with James R. Sanders. *American Journal of Evaluation*，31(1)，118-130.

Scriven，M.，Miller，R.，&Davidson，J. (2005). The oral history of evaluation Part Ⅲ: The professional evaluation of Michael Scriven. *American Journal of Evaluation*，26，378-388.

Shadish，W.，&Miller，R. (2003). The oral history of evaluation Part Ⅰ: Reflections on the chance to work with great people: An interview with William Shadish. *American Journal of Evaluation*，24(2)，261-272.

Stufflebeam，D.L.，Miller，R.，&Schroeter，D. (2008). The oral history of evaluation: The professional development of Daniel L. Stufflebeam. *American Journal of Evaluation*，29，555-571.

Weiss，C.H.，&Mark，M.M. (2006).The oral history of evaluation Part Ⅳ: The professional evolution of Carol Weiss. *American Journal of Evaluation*，27，475-483.

# 第三章 评价的政治、人际和伦理问题

思考问题：

1. 评价为什么具有政治性？考虑政治因素的情况下，评价者采取的哪些行动有利于提高工作效率？
2. 为什么评价中的沟通技巧很重要？
3. 判断一项好的评价的核心标准有哪些？
4. 评价负有哪些重要的伦理责任？
5. 哪些偏见可能影响评价？如何逐步地消弭这些偏见？

在我们开始向读者介绍评价实践的不同方法和技巧之前，有必要首先厘清一些影响评价实践的基本问题。评价不只是一项有关方法论和技术的活动。方法和技巧对一项好的评价而言固然重要，但这些技巧面对反映评价者工作的政治、人际关系和伦理问题时常常会失效。许多好的评价虽然在所有技术细节上都无可挑剔，却会因为人际关系的迟钝、沟通技巧的缺乏、违背伦理道德或者天真的政治态度而失败。客户对评价抱有期望，这些期望有时是准确的，有时不是。评价者需要细心地倾听和观察，了解那些观点，理解评价所处的政治情境。利害关系群体会有不同的观点、不同的利益需求和对方案与评价不同的考量。在一个不同群体争取不同利益的政治情境中，评价者必须具备与不同的群体协同工作的人际沟通技巧，帮助他们有效地沟通和选择，才能使评价满足不同利益群体的实际需求。

评价者不能满足于改善他们的技术工具用以收集、分析和报告数据。他们必须考虑如何解决因为提供即时数据或错误地使用结论产生的压力。他们还必须考虑使对评价的顾虑和误解降到最低的方法，参与不同群体的评价的方法和平衡他们的利益与需求的方法。评价者需要考虑怎样的评价报告才能被不同的利害关系人采纳；评价结论是否会被限制、误用或忽视；以及其他人际关系和政治问题。忽略这些问题会弄巧成拙，因为人际关系、伦理和政治因素已经渗透到了每项评价的各个方面。忽视这些问题也是愚蠢的，把他们简单定义为"麻烦"会贬损评价者对重要的方法的使用。政治、伦理和人际关系因素会出现在每个方案中，即使不考虑研究的技术优势，仅忽视这些因素就会导致较差的评价。回顾一下我们在第一章中有关评价与研究差异性的讨论。评价者在从事影响人们、组织和社会的工作。要做好这项工作，他们不仅需要收集有效数据，还得考虑使用对象会使用或者受到这些数据的影响。这才是最具有挑战性的任务！

这一章里我们将讨论三个重要且具有关联性的主题：（1）评价的政治情境；（2）评价者和其他参与研究或方案的人们之间的沟通；（3）评价中的伦理考量和偏见的潜在根源。

# 评价和评价的政治背景

过早地考虑社会和政治现实的复杂性导致了评价研究者最初的失败，这种想法很天真吗？评价研究者做好了心理准备，由牛顿范式主导的社会科学来大胆探索星际空间冰冷的深处。然而，他们发现自己进入了达尔文丛林中的热带噩梦而措手不及：一个热气腾腾的绿色地狱，那里的一切都是有生命的，都清楚地了解你，大多数东西都是有毒的或是危险的，没有什么在被动地等待外部力量的作用。

这个复杂的世界充满了激烈的竞争和无法预知的未来，信息是有力量的，这种力量赋予了竞争优势。达尔文的丛林操纵和欺骗了易于受骗的流浪者，引起了无数自相矛盾的结局。闷热的太空服不得不被脱掉。（塞赫雷斯特和菲格雷多，Sechrest&Figueredo，1993，p.648）

这是一个充满色彩的描述，评价者的首次冒险进入了复杂和不可预知的环境，被管理和评价的方案强调了一个关键点：评价者在一个政治环境中工作。评价本身是一个政治行为——职业评价者如果倾向于回避"政治"，只做技术上的考量，他将作出错误的职业选择。

自现代评价开始，评价者就提出了评价行为的政治特性。萨奇曼（Suchman，1967）、韦斯（Weiss，1973）、克龙巴赫（Cronbach，1980）和他的同事都强调了评价的政治特性。他们提出事实上公众支持的企业评价中的公共政治规范和所有参与其中的政治力量不可分离地缠结在了一起。然而，正如塞赫雷斯特和菲格雷多（Sechrest&Figueredo）在本章开始时的生动描述，美国20世纪70年代的成长时期，进入政治舞台从事评价的研究者并不了解在一个政治环境中运用他们的方法开展工作具有怎样的涵义。（参见达塔和米勒、韦斯和马克，Datta&Miller，2004；Weiss&Mark，2006，在早期评价中描述。）

今天，一部分因为评价领域有了发展成熟的时间，获取了更多的经验，可以对影响评价者成功的因素进行思考，他们更多地了解到自己在政治环境中工作。然而，也可能因为评价者的训练倾向于强调方法论，他们对在政治情境中工作仍然感到不自在，并不确定在这一情境中应该做些什么（赫利姆斯基，Chelimsky，2008；莱维特，Leviton 2001）。另一个解释则是因为美国的评价者天真地认为政治世界可能随着他们的学科静止了。美国评价协会成员的一项研究发现大多数美国评价者最常见的研究领域在教育学和心理学（美国评价协会，2008）。不像欧洲的评价者（图尔蒙德，Toulemonde，2009），美国只有极少数评价者受到政治科学或者经济学领域的训练，于是考量政治和政治情境对他们而言可能是相对新生的事物。沙迪什（Shadish）是一位评价理论和评价方法论的先驱者，受到心理学的训练。他提到了他逐步理解了政治在评价中扮演的重要角色（沙迪什和米勒，Shadish&Miller，2003）。几年前，他对人们不采用一个已经被证明非常成功的方案而感到惊奇。这促使他去阅读并撰写了一篇有关政策制定的文章，发表于重要的心理学期刊《美国心理学家（American Psychologist）》（沙迪什，Shadish，1984）。他说，在准备这篇文章时他阅读了查尔斯·林德布洛姆（Charles Lindblom）—— 一位令人尊敬的政治科学家撰写的《政治与市场（Politics and Markets）》一书，除此以外还有一些其他的经济和政治科学的重要著作："我突然意识到世界上没有什么工作是围绕着效率的，而完全在其他事务上——政治和经济。"（沙迪什和米勒，Shadish&Miller，2003，p.270）

在这个部分，我们将讨论评价具有政治性的原因和政治环境的特性。然后，我们将提供一些建议关于评价者怎样才能在政治世界中有效率地工作。

## 评价具备怎样的政治性?

"政治"这一术语在很多情境下被广泛地运用,以至于它丧失了本来的意义。它几乎代表了一切,从一所学校或组织内的权力与阴谋到政治竞选或者政府机构间的关系。《韦氏词典》(*Merriam-Webster Dictionary*)解释了这些不同的含义,从各个方面对"政治"进行了定义:

★ "有关政府的艺术或科学……";

★ "导引或者影响政府政策的艺术或科学";

★ "相互竞争的利益集团或个人之间围绕权力或领导权展开的竞争";

★ "社会生活中人与人之间的复杂关系的总和"(梅里亚姆·韦伯斯特,Merriam- Webster,2009)。

那么,评价的政治情境究竟是怎样的呢?正如每一个引用的定义所表达的含义一样,评价通常关于政府的方案,无论它们是受国际的、国家的、州的还是地方政府资助或操作的方案。[①] 在国际上,欧盟委员会(the European Commission)是欧洲联盟的统治体,它促进了欧洲的跨国评价,也因此把评价推介给了欧洲的许多国家,特别是那些欧洲东部的国家。在美国,正如我们在前面章节中提到的,现代评价是从 20 世纪 70 年代联邦政府的治理开始的,但是现在评价在各个层次的开展都很活跃。此外,评价也活跃在各个州的教育部门和地方学区。

评价固然与"导引或者影响政治政策"相关,正如第二条定义所述,但更重要的是,评价者与之工作的利害关系个人和群体,他们也导引和影响着政治政策。这些利害关系人希望影响政府政策出于很多原因,包括帮助他们的委托人和推动政府和社会的发展。然而,为了自身的利益影响政府政策的原因亦如第三条定义所述:这些利害关系人为了资源、权力和领导权而相互竞争。评价服务于政府和

---

① 在美国,许多评估发生在非营利组织,或者我们将它定义为非政府组织。然而,为了便于讨论,我们将考虑这些组织的政府性质或政治性,因为在最后的十多年间,当美国政府实施私有化之后,许多以前由政府机构从事的社会服务被外包给了非营利组织。这些政府契约促使大部分的非营利组织从事评估,正是它们与政府机构之间的相互影响,使它们也置身于一个近似的政治情境之中。

立法决策者，他们决定资助方案；是继续、拓展，抑或删减方案以及影响这些方案的政策。评价也为方案的管理者和其他利害关系群体服务，他们与其他群体争夺资金、稀缺资源和领导权，并为解决社会问题采取和实施干预措施。决策者、管理者和其他利害关系人为资源、权利和领导权不断竞争，评价是一个有力的工具，能够帮助他们为他们的群体或者方案争取资源。因此，评价是政治体系的一部分，它运行在政治情境之中。

最后，评价当然发生在组织之中，复杂的关系存在于组织中的许多群体之间——学校处于父母、教师、学生、校长和中心办公室之中；社会福利部门处于客户、社会工作者、管理者和决策者之中。评价具有政治性，因为大多数基础评价能搅乱或者改变这些关系。评价者包括评价决策中的不同群体，数据收集可能能够推动利害关系人反映他们没有考虑到或者没有表达的信念或者态度，结果常常以多种方式呈现了人们对方案的看法，当然包括它是成功的，抑或失败的。因此，评价工作本身具有政治性。

回忆一下评价的真正意义是作一项方案或政策的价值判断。所以，评价不同于研究。评价不仅仅是收集应用于社会科学研究的数据。相反，它是在判断一个正在被研究的事物的品质。因此，评价具有高度的政治性。研究者不作判断，他们下结论。然而，评价者作判断。判断可以是方案的一部分，常常发生在形成性评价中，方案或政策作为一个整体有助于总结性决策。但是脱离数据作判断也推动了评价者进入政治领域。此外，评价性的判断通常包括提出改变的建议，这些改变具有政治性。这些判断和建议对利害关系群体和个人之间为争取资源、领导权和权力而引发的竞争是有意义的。

## 政治情境下的评价：或利或弊？

对许多评价者而言，评价一个吸引人的地方是它让评价者得以影响真实世界的政策与实践。研究者则更多地从那个世界中脱离出来了。研究也可以影响政策或者实践，但是研究者没有责任建立两者的链接。而评价者有责任。判断评价是通过它们的效用来进行的，设计与实施一项可能被采用的评价是评价者的责任。

为了使评价得以采用，评价者必须考量他们正在研究的方案或政策的政治背景。许多评价者习惯于把政治当作不好的东西，但是我们提出了一个更加开明的观点。思维缜密的公共投资方案的评价者可以把政治作为一种制定法律和方案的规则的渠道，一种个人和群体影响政府行为的渠道，它在本质上是敦促政府能够回应这些个人和群体的需求。事实上，没有政治，政府方案对公共需求的敏感度会减少，而不是增加。正如卡罗尔·韦斯（Carol Weiss）所说："当一个国家需要解决分歧、达成共识和决定政策问题时，政治就成为我们拥有的一种方法。我们总是不喜欢它的存在，但它是我们的体系中一个至关重要的部分。"（韦斯和马克，Weiss&Mark，2006，p. 482）

此外，在我们的政治体系中评价服务于一个核心的目标：责任。责任意味着政府对人们负有责任，因为公众选举了他们的领导人。美国政府总会计署（General Accounting Organization，GAO）项目评价与方法部门（Program Evaluation and Methodology Division，PEMD）的前任负责人埃莉诺·赫利姆斯基（Eleanor Chelimsky）向国会提供了评价信息，她主张"我们的工作所面对的最终客户或者使用者是公众"（2008，p.403）。她认为评价以民主为核心能够使政府的工作更加透明，领导人可能会被追究责任。她指出，这是很少见的，因为非民主国家需要政府内的组织评价它的工作（赫利姆斯基，Chelimsky，2006）。

因此，评价者在一个政治情景中工作，评价的存在至少一定程度上能够促使政府负起责任。当然，这个体系的运行不会总是顺畅，但重要的是评价者认识到他们在这个体系中的潜在作用。那个潜在的作用就是向公众和利害关系群体提供信息，以及政策制定者、方案管理者或者反对某个事项的游说群体。然而，这么做需要评价者对体系和评价者与体系之间的相互作用的复杂性有一定的理解。

评价者有时不情愿参与到政治之中的原因之一是因为他们担心评价结论的优势有赖于那些结论是否被认为是独立的或者是客观的。换句话说，因为政策主体和公共价值评价认为评价者和他们的评价不应具有政治性，而应当是中立的，比如提供"无污点的"有关政治观点和信念的信息。（大多数评价者认为：事实上数据和评价不可避免地受到价值的影响，不可能完全利用数据收集来消弭偏见。我们将在后面的章节进一步讨论数据收集的问题。这里可以说，评价的价值通常由利害关系人评判，因为他们认为这就是目的。）因此，评价者可以合法地考量在政治情境中他们工作的客观性会受到怎样的影响。评价者怎样能够在政治环境的影响下确保他们的研究得以解决重要的问题，并使评价结论有利于合适的人或者群体，而不妨害他们工作的独立性或者客观性呢？这个问题并不容易回答，但是我们将描述几个有助于评价者在政治体系中工作的可能的方法。

### 与政治体系的相互影响

韦斯特曼和康纳斯（Vestman&Conners，2006）描述了三种评价者可能与政治体系产生相互影响的不同情形：

1. 作为价值中立的评价者。 在这种情形中，评价者尽量保护或者将评价从政治中分离开来，以保持评价的合法性和客观性。评价者是理性的方法论者，他们收集数据并提供给利害关系人。然后，由利害关系人作出有关质量的判断。评价者保持工作的独立性，以维护评价的客观性。

2. 作为价值敏感的评价者。在这种情形中，评价者的工作是维持评价的技术面和提供信息，而把政治剥离开来。然而，评价者认识到了评价的其他因素——尤其是提供判断、伦理问题的考量和倡导民主的价值，这就需要评价者去了解和参与政治环境。

3. 作为价值决定的评价者。无论把评价从政治中分离出去是有可能的，还是有必要的，坚持这一立场的评价者相信评价必然是政治的一部分，对评价者而言，积极地阐明参与政治的价值观十分重要。在第三种立场中，评价和政治被从一个更加广泛的观点中得到认识。韦斯特曼和康纳斯（Vestman&Conners）指出采取价值决定立场的评价者"把政治作为我们日常生活中不可或缺的部分"，并且认为"评价与政治不可分割，因此没有由评价者采纳的中立价值或可操作的立场"（2006，p.235）。评价者在考量什么是公共利益以及"作为一支合作和构建的力量加深我们对社会的理解"方面起到了积极的作用（2006，p.236）。（参见达勒·拉森，Dahler-Larsen，2003。）

今天大多数的评价者认识到第一种立场是不现实的。从事评价的应用型研究者常常持有这一立场，他们不熟悉评价的目的，尤其是缺乏对评价使用的重要性的认识。韦斯、达塔和帕顿（Weiss，1998a；1998b；Datta，1999；Patton，1998，2008a）都认为 20 世纪 70 年代的评价没能被使用的一个首要原因是评价者对政治背景的考量的缺失。今天的大多数评价者认识到了平衡研究的技术和了解更多政治背景的必要性，了解他们的评价至少对一些处于政治背景中的利害关系人是有用的，也有利于确保评价进一步推动具有参与性和公平性的民主价值观。我们认为第三种立场是正确的——政治和评价，至少非正式评价是日常生活的一部分，数据收集不是一个真正意义上的中立行为，评价者需要考量公共利益。然而，我们并不认为参与正式评价的评价者提供的不同类型的信息是重要的，解决了当前社会中人们关注的问责问题。评价研究的结论获取信任是很重要的，因此，评价者必须保持研究的有效性和结论的独立性。（在本章的后面部分你会阅读到更多有关评价伦理规范的问题。参见第8章实现这些目标的参与和革新的方法。）然而，这三种立场被韦斯特曼和康纳斯（Vestman&Conners）解读为存在于评价和政治之间的关系的类型，并考量这些关系。这有助于我们认真地思考它们在具体评价中起到的作用，可以根据评价的情境区分一项评价与另一项评价。

在这一部分中，我们尽量使你了解政治情境中的评价，为什么是这样，怎样才能在政治情境中帮助评价者实现评价的使用，并有助于政府和社会的发展。我们也阐释了评价者在不同的情境、风险和政治利益下起到的作用和采取的立场。下一个部分里，我们将对评价者在政治背景下采取行动，从而有效地开展工作作更深入的探讨。

## 政治环境下工作的建议

赫利姆斯基（Chelimsky，2008）曾经提出评价和政治之间存在的"文化冲突"。我们认为"冲突"的发生是因为我们的训练集中于方法论和方法论技巧方面，我们的研究课程更多地放在了有关独立性和中立性的假设。作为主要的研究者，我们担心在政治环境中会失去工作的独立性和中立性。此外，学生在评价中显然没有得到很多与利害关系人或者在政治环境中工作的训练。（杜威、蒙特罗斯、施罗德、萨林斯和马托克斯；Dewey，Montrosse，Schroter，Sullins，&Mattox，2008）。

然而，教育评价标准联合委员会（the Joint Committee on Standards for Educational Evaluation）一直认为评价者需要参与到政治环境之中。正如我们在第二章的讨论中提到的，目前教育评价标准联合委员会是一个由 18 个不同的专业组织构成的联合体，它们集中在对评价感兴趣的教育学和心理学领域。在 1981 年，教育评价标准联合委员会发表了评价标准，帮助评价者和评价消费者使用以判断评价的质量。1994 年，联合委员会制定了以下这些标准：

### 政治的有效性

评价应当在预期到各种利益群体的不同立场的前提下被规划和实施，这样一来他们的合作就有可能达成，并有可能通过各种群体去消减评价的操作或者避免或抵消评价结论存在的偏见或误用。（p.71）[1]

请注意，这一标准的措辞体现了两个方面的问题：（a）了解政治背景，就是各种利益群体的立场，只有这样研究才能切实和有效地进行；（b）避免可能出现的研究过程中的评价偏见和研究完成之后的不当使用。

这两个问题建议评价者了解更多的政治背景和不这么做可能产生的风险。一个好的评价者应当了解政治背景，包括不同利益群体对方案的立场。广义上说，评价者得花时间了解各种群体的身份，他们可能对方案感兴趣或者掌握一些权力或者意欲控制方案，或者可能因为种种原因反对方案。评价者得了解每一个群体的观点，既包括对方案本身的，也包括与方案相关的问题。他们的历史背景是怎样的？他们的价值观是什么？什么促使他们对方案感兴趣或提出反对？在评价中有什么可能是他们感兴趣的？他们在未来可能怎样使用评价和它的结论？这一探索的阶段有助于评价者以一种积极的方式熟悉方案的政治背景，并为未来打下重要的基础。他们需要知道评价和评价正在解决的问题究竟可能被各种利害关系人如何使用。只有这样他们才能考虑如何与那些利害关系人合作，比如，在评价过程中或传播阶段。

这一标准也体现了评价者因为评价发生在政治情境之下而可能面对的风险。也就是说，个人或者群体可能对评价产生偏见。为了资源、领导力或权力而相互竞争的个人或群体或将评价看作一个可能的威胁，或正好相反把它看作一个能够

---

①2010 年版本的标准（Standers）拓展了"情境有效性（Contextual Validity）"：评估就是认可、监控和权衡文化和政治利益以及个人和群体的需求（联合委员会，2010）。我们赞同新的标准和它对背景更宽泛的多重因素的理解，但是这里我们使用了 1994 年的版本来阐释政治背景的特定因素。

用以实现目标的工具，这一点也不奇怪。当然，如果决策者在一段时间里对实现理想结果的责任和示范就给予奖励，那么方案经理、学校校长、机构负责人都会期望评价看起来不错，以显示他们的方案是成功的。与此相反，有一些并不容易识别的其他人，他们可能希望通过评价使方案看起来很糟糕，或者在方案的实施阶段或完成以后会出现严重的问题。当然，评价者会受制于政治压力。这种压力表现为多种形式：了解评价需要解决的某一个人或者群体的利益诉求；建议特定的人接受访谈而其他人回避，或者用他们认为能够提供预期的结论的方式来收集数据；积极地或消极地为达到预期的结果操纵解释或者报告结论；最后，误用结论、不确切地引用结论、引用缺乏背景的"证据"或者有目的地歪曲结果。评价者可能受到来自利害关系人的种种压力，甚至更多。因此，评价者了解政治背景和利害关系群体，并勇敢地维护评价的有效性、研究的正确性和用准确的态度传播结论非常必要。这一章的后面部分，我们将在有关伦理标准和规范或者评价预期的伦理行为的讨论中解决这类问题。这里，我们将讨论有关评价者对政治背景的理解和避免因为政治环境而产生的偏见与误用的问题。

埃莉诺·赫利姆斯基（Eleanor Chelimsky）为减少"文化冲突"与"推动民主社会保持评价独立性和满足政治需求之间相'匹配'"提出了许多建议（2008，p.400）。她指出令人讨厌的政治影响可能发生在评价的任何阶段：开发阶段；从事研究的阶段和评价结论的解释、报告和传播阶段。她针对每个阶段提出了解决的建议。以下是她的建议，其中描述了评价者如何使用她的建议来改进评价。

1. 拓展评价的开发阶段。花时间了解以前描述过的政治背景。了解方案的历史、价值以及支持或者反对方案的利害关系人的利益诉求。考虑实施评价的原因、评价需要解决的问题以及评价如何弥补或者颠覆利害关系人的利益。

2. 当公共群体与评价相关时，就让他们参与进来。我们将在后面的章节中进行讨论，如今的评价是典型的，或至少是有一些参与性的，许多不同的利害关系群体参与其中。评价者可能包括一个为评价而创建的咨询或规划的专门工作组中的不同的群体；可能通过访谈或问卷调查从不同的群体收集数据；或者可能包括其他方面的每一个群体。获取不同利害关系人的投入对评价非常有利。它增加了评价的有效性和可信度，因为评价结论呈现的方案中有了许多不同的观点。寻求大量的群体或者个人的参与有助于赢得评价中不同群体的支持，或者至少是理解。最后，参与度增加了公众和利害关系群体了解评价和评价结论的可能性。这不仅有助于责任的履行，而且有助于实现评价的多种方式的使用。如果许多与方案有关的人都不了解评价，那么评价又怎么能够与众不同呢？

3. 重视谈判。赫利姆斯基（Chelimsky）对这个问题持有两种重要但又相互对照的观点：（1）交谈、交谈，与别人交谈。我们只要不断地与相关的群体或个人交谈以及寻找妥协和改变的空间，许多问题都是能够协商解决的。（想想国会。为什么要花费如此之长的时间才能通过一项充满争议的议案？因为立法者正在努力地表达他们所代表的选民的观点或者需求，而这些观点或者需求在跨地区之间存在着显著的不同。）（2）如果争执中的问题无法达成妥协或威胁到了评价的正当性，比如公开匿名信息的来源或者改变评价结论的数据，评价者应当表现得"不情愿接受恐吓，甚至当结论明显是不受欢迎的时候"（赫利姆斯基，Chelimsky，2008，p.411）。

4. 永远不要停止对可靠性的考量。评价者的重要性根植于研究的完整性、使用适当的方法、忠实和平衡对评价结论的解释并根据这些结论进行判断和提出建议。评价者和评价单位在一个组织或评价公司中通过履约进行评价赢得声誉。由于评价者是在一个政治环境中工作，因此相信他们从事的或者他们的组织或部门从事的评价的可靠性，对客户而言是很重要的，即使评价结论可能并不总是与一些利害关系人或关键客户的愿望相吻合。

5. 制定传播策略。赫利姆斯基（Chelimsky，2008）特别强调了评价作为一个民主社会的工具和作为一个敦促政府对人民负起责任的方法的重要性。因此，评价者应当通过一些能够被每一位受众所理解的方式交流评价结论，并使用适当的方法传播这些结论。在小范围的评价中，评价结论常常能够通过会议得以有效地传播——比如，家长教师联系会议（Parent-Teacher Associate，PAT）上的家长、员工会议上从事方案工作的员工。客户和公众可以通过时事通讯或网站中的短篇得知。（参见第16章有关报告评价结论中的建议。）

我们增加了一些其他的建议，以建构我们之前的讨论和赫利姆斯基（Chelimsky）的提议：

1. 在评价规划阶段预留一些时间了解政治情境。什么是你的主要客户希望完成的评价？谁资助了评价以及他们希望了解什么？或从评价中得到什么？其他的个人或群体在评价中有什么潜在的利益？（这当然包括方案服务的人和提供方案的人、资助或为方案制定政策的机构、竞争或潜在的竞争方案和服务于相同客户的其他方案或组织。）一开始就花费一些时间对个人或者群体的代表进行访谈，了解他们对方案的观点，他们在评价中的关切或者利益等等。【参见菲茨帕特里克 (Fitzpatrick，1989) 在一项评价中的描述，其中她分析了政治环境并甄别了不同利害关系群体的观点。】

2. 在评价规划阶段，确保你的客户了解大多数评价都会存在成绩与失误。许多客户认为他们的方案实现了所有的目标，而评价将证明这一点。在早期阶段，我们总是发现几乎没有什么方案能够实现它们所有的目标，而事实是它们在某些事情上做得非常好，但在其他方面做得并不好。考虑到我们大多数评价中的某些因素，我们应当也能够提供信息或者建议帮助他们更好地推动方案。

3. 你的数据收集的政治考量。是否有一些似乎想让你回避的群体、个体或者数据源？如果有，为什么？初步测试某一来源的数据收集感觉他们可能提供了他们的观点或者信息。如果初步测试表明他们的投入是有用的，那么就使用你的咨询团队和你自己的推理坚持从这一来源收集数据，以增加研究的有效性。仔细地思考各种关于数据收集或可能受到特定群体特殊的鼓励或阻挠的计划的方法或要素。为什么他们持有那样的观点？这一观点是否告诉了你一些他们的价值标准以及他们需要或者发现是可靠的信息呢？或者，有政治原因——成功或失败的希望——正在影响他们的意见？记住你已经选择从事评价，至少部分地因为你掌握一定的专业技能，最后使用那些专业技能支持并选择最适当的策略进行评价。

4. 在你的评价结论的解释中包括其他人、你的咨询团队和其他利害关系人。获取别人的观点是有好处的，但是要分析那些观点。一个人就某件事情的不同的解释是有用的见解吗？表达了一个真正不一样的观点吗？包括评价者在内每个人的观点都会受到他的价值观和经历的影响，但是需要考虑的是你所听到的观点多大程度上起因于政治上的关切以及需要审视这些关切的真正意义。

5. 寻求多种资源应用于终结报告和其他结果上，以传播评价结论。最后的书面报告对核心利害关系人而言不应该是一个意外。他们应该在获知最后的报告之前就已经看过或听过评价结论。为确保他们及时了解情况，你可以在数据分析阶段召集有他们参加的访谈和会议，得到他们的反馈并讨论你的理解和建议。这些会议的召开在获取理解和实施革新方面可能远比书面报告要有用得多。需要明确的是你的结论和提议有多少源自你的发现。一项评价不是要去发现某个人的失误，而是要确定方案和政策的价值、优势和缺陷。那么考虑一下你的措辞。在可能的情况下提出建设性的建议或者采取行动，但是小心行事，确保你能够捍卫你的结论、你的判断和你的提议。（有关更多的结果报告参见第 18 章。）

幸运的是，项目评价标准（Program Evaluation Standards）和由美国评价协会（American Evaluation Association）制定的指导原则（Guiding Principles）也向评价者提供了处理各种政治问题的方法。许多评价者发现，当他们一开始工作的时候就与他们的客户和其他利害关系人分享指导原则是十分有用的。

## 建构和保持好的沟通

当我们讨论在政治情境中开展工作时，意味着好的评价工作需要更多地了解如何收集并分析数据。我们的建议是在一个政治环境中工作常常需要考虑与利害关系人的沟通。但是，人际沟通技巧重要到足以在这里作为一个单独的部分。在这部分中，我们希望考量进行一项评价时如何开发和维系与客户和其他利害关系人的关系。在政治环境中与其他人开展评价工作会存在一些危险性——"隐性的议程、评价者的合作、破坏评价问题、扰乱设计或测量方案和结论的误用"——劳拉·莱维特（Laura Leviton）在向美国评价协会发表的总统演说（Presidential Address）时就评价者自身的问题提出了见解："通常评价会走进死胡同和取得较少的成果是因为我们缺乏在处理人和组织问题上的技巧。"（2001，p.3）请注意，研究表明，面对许多不同类型的信息，评价者的优势通常是分析技能，她补充道："我认为有时候评价者发现自己的措辞和行动对别人产生了负面的影响时，他们绝对会目瞪口呆。然而，有一点清楚，良好的沟通能力和与他人维系良好的关系是取得更好的和更有效的评价的基础，是减少阻力更好的方法以及能更有效地向客户传播评价结论。换句话说，我们缺乏人际信息和'人际交往能力（people skills）'会产生更糟糕的负面效应。同样糟糕的是，人际交往能力的缺乏阻碍了我们优化其他方面的才能和技巧实现高质量和有效的评价。"

目前，我们认为许多评价者确实具备了人际交往的技巧，但是可能并没有以有效的方式在评价中加以利用，因为他们过于关注方法论的问题和他们作为社会科学家的角色。正如我们讨论评价者在了解他们正在从事的评价方案的政治情境的责任时，我们想强调的是在评价中开展有效的沟通是评价成功的关键。正如，莱维特（Leviton）的建议，评价者必须思考他们的语言，了解其他人的观点以及在进行评价时让他们参与进来——了解他们。

这里有一些我们的建议，有助于在评价中建构和维系好的沟通：

1. 评价规划——撰写标书或准备合同——及时建立沟通。记住要通过会议、会议和更多的会议来进行沟通！首先与核心群体口头讨论评价规划和评价结论。允许对话。听取你会见的不同的人对评价规划和之后的评价结论的反馈。当然，不能总是在一组群体当中交流。评价者应当记住多花时间与那些在现场实施或者管理方案的人交谈。了解就评价和方案本身他们关注的是什么？他们担心的是什么？他们的压力是什么？使用临时报告或备忘录给你不经常碰到的个人或群体发布信息，但仍需要打后续的电话或亲自与他们交谈来得到他们的想法。评价者不应因为与这些群体沟通和听取他们的想法而轻易动摇。但是听取他们有关方案和评价的想法、观点和经验，却是评价者唯一能跨越藩篱开展评价以及为利害关系人接受评价结论并考量它们的可靠性和有用性作好准备的方法。

2. 为客户（那些评价的发起者）和评价的其他利害关系人作好准备。确定一种"评价理念（evaluation spirit）"，即与所有的参与者交流评价的目标与利益。对大多数不知道究竟发生了什么的人来说抵制评价是自然的事情，这会增加评价的阻力。如果利害关系人不了解评价，或者以前对评价有过糟糕的经历，那就多了解他们的关切和担心。询问他们之前评价的经历和他们的想法。让他们了解你对评价的观点和评价能做些什么。酌情考虑向利害关系人提供有关其他评价的信息、评价方法、组织的革新和学会阐释什么是评价以及自我反思对组织的利益。目前的文献对不断地了解和完善组织是有帮助的。（参见第九章的讨论，有关使用评价促进组织学习和如何使用有关通过学习完善评价实践的研究。）

3. 邀请和培育外部的参与。例如，在评价一所学校的方案中，记住父母、学校委员会成员和社区的市民都是潜在的利害关系人。他们的参与不仅能够加强评价，也意味着这是一个重要的项目。当评价健康和公共服务领域或企业的方案时，外部的利害关系人就可能有所不同（例如，公民团体、那些接受治疗的家庭、郡县委员、服务商、公司董事会成员、消费者权益团体）。要了解谁是方案的利害关系人。评价者在此扮演了重要的角色，是他们帮助了那些之前被剥夺了权益的群体得以获得权利，并通过他们的代表们加入讨论。（参见我们在第八章中有关参与和授权的方法的讨论。）

4. 从评价决策的关键个人或者群体中寻求支持。评价者不应单独作出重要的决策。评价者可能在数据收集的方法方面掌握了最好的技能，但客户和利害关系人却在被评价的方案上掌握技能，并拥有他们的经验。他们的需求和观点必须被考虑。打造一种具有团队合作、懂得协商和妥协的精神。在重要的节点上寻求支持和咨询别人，包括决定评价的目标和确定评价的问题，选择收集数据、制定措施、寻找现有的措施、分析和解释数据的来源和方法，当然还要考虑评价结果的影响。评价者在传播结论之时应当反复从别人那里寻求支持（不要等到一切事情都结束了）并知道怎样去做。还要知道当个人或者群体对评价结论感兴趣时，他们最想听到或者看到的是什么，哪些结论是他们最感兴趣的。然而，还得留意政治议程。不要假设人们想知道什么，而应该通过与他们交流去发现。

5. 鼓励对评价进行建设性的批评。邀请利害关系人挑战评价的假设或缺陷，鼓励不同的观点。有重要的反馈出现时，应当发扬一种公平和开放的精神。通过鼓励利害关系人提供建设性的重要的反馈，并秉持一种包容和开放的态度予以回复，评价者能证明他们希望看到的利害关系人身上的评价精神。（参见菲茨帕特里克和唐纳森；Fitzpatrick & Donaldson，2002 的一次讨论。唐纳森在一项评价中进行了全方位的反馈，并为方案的相关人发表对评价的看法提供了一种如同评价者评价方案一样的方法。）

下面这些建议能改善评价的响应力——因此，有利于它后继的使用——并能提高评价结果本身的质量。

## 坚持伦理标准：评价者的考量、问题和责任

考虑到评价是发生在真实世界的政治情境之中的。实施一项好的评价，评价者必须了解政治情境并与利害关系人进行良好的沟通，伦理问题的经常出现，对评价者而言就不奇怪了。在关于政治情境的讨论中，我们注意到政治压力的出现能够改变评价的目的或者评价的问题、数据源的选择或者更可能通过设计产生预期的结论，当然也包括以更加有利于或者更接近预期结论的方式解释或者报告结果。此外，当一个人致力于改善与客户和利害关系人的沟通时，就会发生更紧密的关系，这些关系可能引发伦理问题。因此，评价者必须十分敏感地面对在评价过程中可能发生的潜在的伦理问题，只有这样，当这些问题发生时才能够认识到，并知道如何解决。下面一步就是获取有关评价伦理行为的专业知识。

让我们从真实世界中评价一个不同类型的结果的伦理失败的案例着手，开始对评价的伦理行为这项重要内容进行讨论。2009 年，世界正在面临"金融危机（financial meltdown）"。住房价值和股票市场骤然暴跌。成千上万的人因为丧失了抵押品的赎回权，不得不离开他们的居所。失业增加，美国失业率预期将达到 10%。全世界的国家都受到了危机的影响。然而，引发金融危机的因素有很多，分析家和经由选举产生的官员毫不留情地批评了评级机构在危机中扮演的角色。评级机构，比如，穆迪投资服务公司（Moody's Investors Service）、惠誉（Fitch）标准普尔（Standard & Poor）分析股票和债券，并根据他们的研究进行信用评级。追溯到 20 世纪早期，这些机构开始从事研究以判断发行债券的公司的质量，并通过他们的评级向根据这些评级作决策的投资者提供信息，也就是确定投资一家公司是安全的还是不安全的。但是，这些年发生的改变影响了这些评级的质量。50 多年以来，投资者因为这些公司良好的评级向他们投资。当经济在 20 世纪 70 年代变得糟糕之后，发行债券的公司开始为了自己的评级向这些机构付费。建构了一个巨大却不太引人注意的利益冲突。评级机构正在对那些向他们支付费用的公司的债券评级。当然一些债券仍然会得到较低的评级，但许多债券得到了更高的评级。2007 年，37000 项"结构性金融产品（structured finance products）"正是引起今天大量金融混乱的根源的复杂的金融产品，它们得到了最高等级的评价（《评级机构简史（A Brief History of Rating Agencies）》2009）。今天，那些评

级中许多已经被降级，但是对正在向公司援助支付费用的投资者和市民而言太迟了。评级体系中的第一个问题出现在 2001 年安然公司（Enron Corporation）的失败，它早期被那些机构高度评价。2007 年，这些评级机构的负责人被美国国会传唤作证，因为他们错误地识别风险投资和误导投资者受到严厉的批评。

评价者，如穆迪投资服务公司（Moody's Investors Service）、惠誉（Fitch）标准普尔（Standard & Poor）的分析师，他们判断某种结果的质量并向那些根据这些判断作决策的客户和其他利害关系人提供信息。尽管我们的行为并不会威胁到世界经济领域的金融稳定，但是我们的工作与此有许多相似之处。客户和其他人——公众——期望评价者提供有关方案、结果或政策质量的客观和独立的判断。我们使用分析法判断结果并假定这些方法的透明度和有效性能够支持我们的结论。但是，正如评级机构中的员工必须与他们正在评判的公司中真实的人打交道，从而进行他们的分析，我们也一样，需要与客户和利害关系人打交道来了解我们正在判断的方案或者政策。在许多案例中，我们的客户是我们正在评价的方案中的首席执行官（Chief Executive Officer， CEO）或经理。我们的结论可能被我们的客户或经理用于寻求进一步的资金或作出资助一个方案的决策，正如债券评级的结论被投资者和公司经理用以作出资助一家公司的决策一样。潜在的伦理冲突——我们可能没有看到的冲突——是最巨大的。冲突不是简单地存在于对方法的选择，而是当研究方法在真实世界里被使用引起的关系的发展。在这一部分当中，我们将描述一些评价者会遇到的伦理问题，讨论伦理规范的发展以指导实践，并为帮助评价者了解如何在伦理的框架内行事提供一些我们的建议。

### 评价者会遇到哪些伦理问题？

评价实践者的研究揭示了评价者面对的伦理挑战的类型。莫里斯和科恩（Morris&Cohn，1993）向美国评价协会的成员发起了调研，他们发现近 2 / 3 的评价者在他们的评价工作中遇到过重要的伦理挑战。他们分析了调查对象遇到的有关违背伦理的问题，表现为以下几种类型：

1. 缔约阶段的挑战：

★ 利害关系人已经决定了结论"应该是什么"或者以一种伦理上存疑的方

式规划了结论的使用。

★ 利害关系人宣称评价过程中某些特定的研究问题不予讨论，尽管它们具有实质上的相关性。

★ 合法的利害关系人被从规划过程中排除。

2. 涉及保密或公开协议的伦理问题：

★ 关于最终报告、原始数据等的所有权或者分配权存有争议或不确定性。

★ 尽管没有来自利害关系人有关违反保密规定的压力，但评价者担心的是，报告特定的结论会引发这种情况的出现。

★ 评价者受到利害关系人有关违反保密规定的压力。

3. 结果中出现的挑战：

★ 评价者受到利害关系人的压力不得不改变结论的表述。

★ 评价者不愿意表述全部的结论却无法说明原因。

★ 评价者已经发现了行为中存在非法的、违背道德的或者危险的问题等。

★ 评价者不确定他（她）的能力足以客观地或者公平地表述结论。

4. 在报告完成之后出现的伦理问题，涉及报告的错误的解读或使用：

★ 结论被利害关系人禁止发表或不予理会。

★ 利害关系人不明原因地错误使用。

★ 结论被用来惩罚某个人（评价者或其他人）。

★ 结论在发布之前被利害关系人蓄意篡改。

★ 结论被利害关系人错误地解读（莫里斯和科恩，Morris&Cohn，1993，pp.630-632）

莫里斯和科恩（Morris&Cohn）的研究仍然是以实证方式检验评价者面对的工作中的伦理挑战的少数研究之一。问题最频繁地发生在结论的准备阶段：几乎有 2 / 3 的评价者迫于利害关系人的压力而报告改变结论。莫里斯和科恩（Morris&Cohn）通过他们的研究得出了许多有意思的结论。首先，他们分析了回复的内容表明，伦理问题"确实能够出现在评价的各个阶段"（1993，p.639）。尽管在每一个评价阶段都会出现问题，但是最常被引用的问题发生在评价的最后的阶段 —— 结果呈现阶段。这些伦理问题通常来自利害关系人的压力，尤其是客户，他们关注评价的结果。换句话说，利害关系人不太可能在研究正在进行之时施加压力，更多是在最终的结果、评价结论和报告上施压。事实上，客户可能会看重他们已经雇用评价者所从事的工作的科学性和客观性。但是他们更担心的是结果本身，尤其当结论令人惊奇或不快之时。当客户或其他利害关系人就结论的解释或者结果的表述与评价者发生争执时，评价者可能会感到惊讶，并理想化地认为他（她）扮演的是一个独立且客观的评价者的角色。因此，莫里斯和科恩（Morris &Cohn）指出，评价者认为源自利害关系人的压力"破坏了科学探究的任务，这是寻求真理和交流真理的渠道"，而评价者"会迫于压力而违背他们作为科学家的担当"（1993，p.639）。这些冲突揭示了埃莉诺·赫利姆斯基（Eleanor Chelimsky）所描述的"文化冲突"，正如本章一开始就讨论的那样，即利害关系人在政治环境中为资源、权力和领导权而竞争。他们视评价结论为一种他们能运用于竞争中并获得利益的工具。而评价的价值体现在它的客观性。但是在竞争的情境下，当评价结论与他们的需求发生冲突时，对利害关系人而言，政治情境显然变得比坚守评价结论的客观性或者独立性更为重要。

面对如此的伦理冲突，评价者必须立场明确地维护当前和今后评价的可靠性。这不是一件容易的事情。利害关系人要求评价者更改数据的情况相对较少。为实现使用的目的，好的评价者通常会在报告的草案阶段就寻求客户和其他利害关系人对结论的解释和结果的表述意见。这样一来，当客户给予反馈或者建议修改之时，评价者可以对这些"建议"作出不同的解释。（建议的性质是什么？在解释的过程中会引起重要的差别吗？客户对改变的请求甚或是强行要求究竟有多强烈？）因此变更的请求必须由评价者进行解释。当然，在一些案例中的伦理挑战十分清晰：客户要求评价者改变有关方案质量的重要结论。其他的案例中，客户可能在修改方案时被要求了解他们的想法是什么，但是评价者需要淡化所作出的判断的清晰度或强度。评价者如何来处理这种更加含混的伦理挑战呢？处理第一种情况，即对方案质量的主要结论的要求。很明显，这种伦理挑战需要评价者身上的勇气和正直来维护评价结论的有效性。处理第二种伦理挑战，当然需要勇气和正直，但可能首先需要的是仔细地思考有关客户修改建议的意图和报告的所有权归属，以及它的措辞和结论。最后，面对这两种情况时，评价者需要认识到一个伦理挑战已经发生了。

尽管莫里斯和科恩（Morris&Cohn）的研究揭示了多数评价者在现实中会遇到的种种伦理冲突，他们也关注到有 1 / 3 的样本报告他们的评价工作中没有遇到任何伦理挑战。他们担心的是，也应该是这样，不是因为这些评价者处于一个更加安全的评价环境，只不过当这些发生之时他们并没有意识到伦理冲突或挑战的存在。正如莫里斯和科恩（Morris&Cohn）总结的那样："许多没有受到挑战的群体成员（那些没有报告伦理挑战的人）持有伦理性的主观概念，这不同于那些受到挑战的群体成员持有的系统的方法。"（p.635）他们的研究描述了评价者遇到的伦理问题，却没有探究这些伦理行为具有不同概念的原因。然而，我们同意他们的提议，这些差异表明有必要教育和培训评价者讨论和探究他们可能遇到的伦理挑战——如何去认识和解释它们，最后如何去处理它们。

评价者中对有关伦理行为的其他研究采取了一种定性的方法，要求少数评价者讨论他们是如何处理工作中的伦理问题的（哈妮，Honea, 1992）。哈妮（Honea）发现这些评价者在他们的现实工作中很少讨论伦理问题和价值标准。她认为有四种因素抑制了这种讨论。她的受访者认为：尤其是：

1. 如果他们遵循"客观的科学家"模式，他们会被认为是具有伦理性的；如果他们失去了客观性，会被认为这不是方法性的问题，而是缺乏伦理性的问题；

2. 评价的参与者通常具有伦理性，因此讨论伦理问题是没有必要的；

3. 作为评价团队的一名成员，参与团队的研究阻止那些非伦理性行为；

4. 无论是评价者抑或参与评价的其他人都不应当花时间去面对或者讨论伦理问题。

这些研究表明，在教育和培训评价者方面，伦理问题受到了越来越多的关注。在接下来的部分，我们将讨论职业规范，这有助于评价者增加他们的伦理责任的意识，并对利害关系人负有的职业责任进行交流。

## 评价的伦理标准

自 20 世纪 70 年代中期以来，评价领域不同的伦理规范或者标准的发展已经很活跃。【参见菲茨帕特里克（Fitzpatrick, 1999）有关评价伦理规范的历史和一个与其他学科规范的比较的讨论。】目前，美国两个最杰出的评价规范分别是由教育评价标准联合委员会（Joint Committee on Standards for Educational Evaluation）制定的项目评价标准（Program Evaluation Standards）（1981，1994，2010）和由美国评价协会（American Evaluation Association）于1995年为评价者制定的指导原则（Guiding Principles），于2003年进行了修改。

这两项规范的目的不同。标准（Standards）的制定用以帮助评价者和消费者判断特定的评价的质量。指导原则（Guiding Principles）用以为评价者提供日常实践的伦理指导。标准关注的是评价的结果。指导原则关注的是评价者的行为。然而，这两个规范都告诉了我们实施评价的伦理和适当的方法。正如桑德斯（Sanders，1995）认为的两个文件之间没有冲突或者矛盾。

其他的国家也参与到了伦理规范的制定。加拿大评价协会（Canadian Evaluation Society，1992）和澳大利亚评价协会（Australasian Evaluation Society）（埃米，Amie，1995）分别为评价者制定了伦理规范。许多欧洲国家，包括瑞士、德国、法国和英国也已经采用了伦理规范或者标准。瑞士和德国的规范采用了联合委员会的标准，非洲评价准则也是如此（鲁日，Rouge，2004）。亚洲、南美和非洲的国家则或者以一个国家或者以国家群体的形式制定了规范（斯塔弗尔比姆，Stufflebeam，2004a）。这一系列行动反映了评价者在他们的工作中面临着许多不同的伦理挑战。亨德里克斯和康纳（Hendricks & Conner，1995）注意到美国评价协会（AEA）的指导原则首先发布后，人们主要关注的是评价的背景和伦理原则在不同的国家有所不同。例如，鲁日（Rouge，2004）讨论了非洲不同国家的评价规范的发展，尽管规范一开始把联合委员会的标准作为指导，但是这些规范不得不适应非洲不同的政治和政府的环境。尤其是考虑到非洲存在的许多专制政府，指南包括了评价者的保护，并特别考量了政治可行性和结论的公布。在这些国家，评价文化是新生事物，伦理准则有助于推动那些评价文化的形成。

什么是评价者的伦理责任？这里，我们将简要地回顾项目评价标准（Program Evaluation Standards）和指导原则（Guiding Principles）的伦理要件。这两个文件的完整版本在附录A中予以介绍。

### 方案评价标准

在进入标准（Standards）的讨论之前，我们先简要地描述一下标准是如何制定的。教育评价标准联合委员会（Joint Committee on Standards for Educational Evaluation）成立于1975年，其任务是为评价者和其他受众制定标准，用以判断一项评价的整体质量。今天，联合委员会下属有18个学术和专业协（学）会负责监督标准的修订和发布。[①] 由美国国家标准学会（American National Standards Institute，ANSI）通过的标准（Standards）不仅作为一个范例应用于美国和加拿大的教育评价，也适用于其他国家和教育学之外的学科，比如住房与社区发展（斯塔弗尔比姆，Stufflebeam，2004a）。标准首次发布于1981年，旨在解决美国公立学校的评价活动。1994年的修订版将视野拓展到了其他的教育领域，包括高等教育以及医疗、法律、政府、公司和其他研究机构的培训。

标准的制定者和它们的修订版使用了一种特殊的公共标准的制定过程，其中包括评价者、教育者、社会科学家和公民评论、实地试验、意见表述和验证标准（联合委员会，1994，p.xvii）。丹尼尔·斯塔弗尔比姆（Daniel Stufflebeam）引领了标准的发展，他注意到始于1975年早期的关键一步就是决定联合委员会不仅包括代表评价者和应用研究者的专业群体，也包括代表学校行政人员、教师、顾问和其他教育评价的委托人（斯塔弗尔比姆，Stufflebeam，2004a）。联合委员会引导这些群体进行一些类似"什么建构了一个好的评价"的富于争议的讨论。然而，这些讨论有助于标准的产生，它对指导设计评价的实践型评价者是有用的，也有助于客户和其他利害关系人了解可以从一项评价中期望什么。标准也在元评价或者对一项评价的最终成果的判断上扮演了重要的角色。（有关更多元评价的内容参见第13章。）

---

① 它们包括美国评估协会（American Evaluation Association，AEA）和加拿大评估协会（Canadian Evaluation Society，CES），以及美国教育研究学会（American Educational Research Association，AERA）、加拿大教育研究学会（Canadian Society for the Study of Education，CSSE）、美国心理学会（American Psychological Association，APA）、教育测量全国委员会（the National Council on Measurement Education，NCME）和许多关于学校行政和教育的协会，包括全国教育协会（the National Education Association，NEA）、美国学校行政协会（the American Association of School Administration，AASA）和首席州立学校干事委员会（the Council of Chief State School Officers，CCSSO）。

联合委员会定义了一项评价标准："[a] 从事专业评价实践的人共同认可的原则，如果使用可以提高评价的质量和公平性"（联合委员会，1994，p.3）。同样地，在我们进入如何实施评价的讨论之前，读者对标准（Standards）的思考是很重要的，因为标准清晰地揭示了在规划和实施评价中，什么才是评价者应该考虑的。它们既是评价者的指导，也是评价者的方法，反映了评价过程中涉及客户和其他利害关系人的关键性问题。[1]

联合委员会制定的 30 项标准在附录 A 中予以了全面地介绍。这里，我们的注意力将投入到由这 30 项标准建构起来的 5 项重要的特征上。这 5 项特征对评价而言十分重要，因为它意味着从事一项评价的关键属性。这四个属性是（1）效用性（utility）；（2）可行性（feasibility）；（3）适当性（propriety）和（4）准确性（accuracy）。2009 年的修订版增加了一项标准：（5）评价责任。请注意，在定义这些属性之前，通常假设评价应当会根据它们的有效性或者准确性进行判断，因为有效性是判断研究质量最重要的标准（斯塔弗尔比姆，Stufflebeam，2004a）。其他属性则提醒评价者和他们的客户评价还需要注意其他问题，因为它是在现场实施的，与研究有着不同的目的。

要清晰地表达这四个属性本质上的含义，让我们从联合委员会 1994 年发布的标准（Standards）中寻求答案。[2] 它们介绍了每一个属性的概念：

效用性标准指导评价应当是富于信息的、适时的和有影响的。它们要求评价者了解他们的受众，清晰地甄别他们的受众，弄清受众的需求信息，并通过评价规划回应这些需求，以及清晰和及时地向他们报告相关的信息……可行性标准认为评价通常是在一个真实的情境下实施，而并非在实验室里，而且消耗了宝贵的资源。因此，评价设计必须具备现场实施的可操作性，并且不能消耗过多不必要的资源、材料或时间来解决评价面对的问题。

---

① 联合委员会指出不是每一项标准都与各项评估相关。他们承认各项评估会因为背景的不同导致评估性质的不同。评估者和其他人应当考虑哪些标准与指导或者判断某项评估最相关。

② 联合委员会于 2009 年后期授权通过了新的标准，于 2010 年发布。我们预先出版了新标准的目录，但是对于这些标准的讨论和解释发布于 2010 年。因此，虽然我们发布了 2010 年的标准，但是仍然依据以前的版本对这四种类型和它们的含义进行讨论。

适当性标准反映了一个事实，即评价以种种方式影响了很多人。这些标准旨在保护这些受到评价影响的人们的权利。它们谨慎地警告了那些评价过程中实施的非法的、无耻的、不道德的和无能的行为。

准确性标准明确了评价是否产生了充分合理的信息。方案的评价必须是全面的，换句话说，评价应当从实用性的角度考量方案可识别的特征，收集那些反映特殊性质的、判断评价方案价值重要性的数据。此外，这些信息在技术上应当是充分的，并且这些判断必须与数据有逻辑上的关联。（联合委员会，1994，p. 5-6）

这四个属性的定义提醒我们，评价实施的目的是向其他人提供充分合理的信息。第一项属性强调了使用评价的重要性，明确了评价者有可能最大化地使用评价的一些步骤。作为另一个属性，可行性的定义反映了评价者必须进行特殊的思考，因为评价发生在一个真实的世界里、真实的客户和利害关系人。评价的过程必须是可实践的和成本收益高效的。此外，就评价的可行性而言，评价者还必须考量评价实施的背景、政治的和文化的利益。准确性标准反映了有关数据收集的研究和方法。我们将在后面的章节中对这三种属性予以进一步的讨论。效用性的标准和使用主要集中在第 17 章，我们讨论评价使用的理论研究，推荐提高评价使用率的方法。可行性在第 14 章中予以表述，我们讨论规划和管理研究。最后，准确性在第 15 章和第 16 章中进行检验，我们讨论方法论的问题。

这里我们主要讨论评价的适当性，因为在这一章中我们关注的主要问题是评价的伦理行为。评价适当性的具体标准在 2010 年标准（Standards）的新版本中列出如下：

★ "P1 回应性和包容性为导向（Responsive and Inclusive Orientation）。评价对利害关系人和他们的社区应当具有回应性。"这一标准在 2010 年的版本中多处提及，并强调评价者回应利害关系人的责任以及应当考虑与评价有利害关系的众多不同的群体。

★ "P2 正式协议（Formal Agreements）。评价协议应当通过协商以明确责任，并考虑客户和利害关系人的需求、期望和文化背景。"外部评价通常包括一个正式协议，内部评价则不需要。联合委员会鼓励评价者在每项评价的规划阶段签订正式协议，并将它作为一项指导原则加以利用。这一标准的指导原则提供了一个关于各种信息的有用的目录，其中包括了正式协议。

★ "P3 人权和尊重（Human Rights and Respect）。评价的制定和实施应当用以保护人类的合法权利，维护参与者和其他利害关系人的尊严。"作为受众的人类的权利应当包括类似知情同意、维护隐私权并确保那些收集到的数据得到保密。【参见本章后面有关机构审查委员会(Institutional Review Board，IRB)的部分。】

★ "P4 清晰度和公平性（Clarity and Fairness）。评价在实现利害关系人的需求和目标上应当是可以理解的和公平的。"2010 年版的新标准（Standards）中强调了清晰度的问题，指出许多不同的受众和利害关系群体在评价中享有利益，他们必须以可以理解的方式获得评价结论。

★ "P5 透明度和信息的披露（Transparency and Disclosure）。评价应当就其发现、局限性和结论向所有的利害关系人提供完整的描述，如果不这么做将侵害其合法性和规范性的责任。"21 世纪早期的政府强调了透明度，2010 版的标准（Standards）的措辞中对此予以了强调。之前的标准也强调了在合法的界限内向所有受到评价影响的或者有利害关系的人披露结果。

★ "P6 利益冲突（Conflicts of Interest）。评价应当公开和诚实地表述可能影响评价的真实的或者潜在的利益冲突。"利益冲突不可能总是被彻底排除，但是，如果评价者能够考虑到潜在的利益冲突，并将这些观念和偏见以一种可能的公开的和诚实的方式清楚地表述出来，本着一种"让买家知情（let the buyer beware）"的精神，客户至少可以提防那些偏见，因为它们会不知不觉地潜入哪怕是最诚实的评价者的工作之中。

★ "P7 财政责任（Fiscal Responsibility）。评价应当对所有消耗的资源负担责任，并遵从稳健的财政程序和流程。"所有的版本之中都包括了这一项标准，它反映了评价的财政责任的重要性，也强调了在尊重人权的同时，适当地处理这些财政责任是体现评价适当性的一个部分。

请注意，标准（Standards）强调了很多不同的问题，这说明伦理问题跨越了评价的许多方面，应当作为一个整体来研究。从传统社会科学的角度来说，伦理规范重视从其他渠道收集数据的方法；换句话说要确保知情同意、保密和匿名权，并酌情考虑从他人那里收集数据时，要处理好保护个人权利的问题。这些标准表明确保人们的权利显然是评价的一个非常重要的标准。但是，合理的标准也表达了评价者在其他方面的伦理问题，比如回应利害关系人；考虑文化的和政治的价值对评价的重要性；明晰评价中的协议与责任、利益冲突并报告评价的发现和结论；以及合理地管理财政资源。这些有关正式协议的标准证实了评价不像研究，常常包括了其他的群体，容易滋生误解。尤其是一项评价涉及评价者和客户之间的合作关系。签订书面协议并据此来执行，或者根据变化的需要进行正式的修改，向评价者和客户提供了澄清这些期望的渠道。协议过程一开始，评价者和客户可以通过交流沟通他们的理解和期望，并把它们记录下来。于是，这个协议就提供了一个文件来监控双方对这些评价的理解，并阻止双方对其他合理标准的违背。客户可能不了解合理性的问题，比如，知情同意或向其他人传播评价结论的责任。正式协议能够澄清这些问题。2010 年的标准强调了评价的清晰度和透明度问题，进一步明确评价发生在公共舞台，那里民主理念要求关注不同的利害关系人。

现在我们花 1 分钟在附录 A 中阅读标准的全部内容，以熟悉每一项标准的意义和内涵。

### 指导原则（*The Guiding Principles*）

美国评价协会（American Evaluation Association，AEA）的评价者指导原则中精心制定了五项基本的、普适性的原则（这里根据它们在原始文件中的列举顺序从 A 到 E 予以命名）：

A. 系统性探究（Systematic Inquiry）：评价者从事系统的、以数据为基础的探究。

B. 技能（Competence）：评价者向利害关系人提供充分的技能。

C. 正直与诚实（Integrity/Honesty）。评价者在他们的行动中要表现得诚实和正直，并努力确保整个评价过程的诚实与正直。

D. 尊重他人（Respect for People）。评价者应当尊重他人的安全、尊严和自我价值，

尊重方案的参与者、客户和其他利害关系人。

E. 对一般公共福利的责任（Responsibilities for the General and Public Welfare）。评价者应当明确考虑评价可能涉及的一般公共利益和价值的多样性（美国评价协会，2004，原则部分）。（参见附录 A 中对指导原则更完整的表述。）

系统性探究强调了正式方案评价和日常生活中进行的评价之间的差异。指导原则主张方案评价者应当使用具体的、技术性的方法完成他们的评价。因为没有什么方法是一贯正确的，指导原则鼓励评价者分享方法的优点和缺陷，并向客户和其他人就评价工作给予一个准确的解释。

能力原则要求评价者了解专业领域的实践需求，并"不断地维持和推动他们的能力，以提供最高水平的绩效"（美国评价协会，2004，B.4 部分）。保持专业知识是许多职业伦理规范中的共同原则，这提醒从业者他们的教育日新月异，他们有责任努力工作以维持职业标准和声誉（菲茨帕特里克 Fitzpatrick，1999）。2004 版的指导原则特别强调了评价者需要具备文化能力，以了解他们正在进行的评价方案的背景。B.2 原则陈述如下：

为了确保识别、准确解释和尊重差异，评价者应当确保评价团队的成员共同表现出文化能力。文化能力反映在评价者基于假设寻求对自己的文化的理解，他们对于评价中具有不同文化背景的参与者和利害关系人的世界观的理解，使用适当的评价战略和技巧与不同背景的文化群体协同工作。差异的产生源于种族、民族、性别、宗教信仰、社会经济或其他与评价背景相关的因素。（美国评价协会，2004，B.2 部分）

这项新原则反映了近期美国评价协会和职业评价者对文化能力问题的重视，他们意识到评价者常常要对正在评价的方案承担责任，而这些方案服务的是具有与评价者不同的文化经历和行为准则的客户和利害关系人。为准确适当地评价方案，评价者需要考虑方案的背景和方案服务的对象。2010 年版的标准也反映了这个问题，它强调了学习文化背景。【参见卡特里娜·布莱索 (Katrina Bledsoe) 的访谈，在本章最后的"推荐阅读书目"部分她描述了一项评价，不同的客户、志愿者、方案员工和管理者的文化准则是评价方案和提出改善建议的关键。】

标准清晰地指出正直抑或诚实的原则也存在诸多问题。它强调伦理问题涉及与客户和利害关系人之间的协商、利益冲突、金融支持的来源、评价结果的误传和评价方法的考量。这里我们重点关注两个方面的问题：指导原则 C.5.明确指出："评价者不应当误传他们的步骤、数据或者结果。他们应当在合理的范围内尽量阻止或修正别人对他们的工作的误用。"（美国评价协会，2004，C.5 部分）此外，原则 C.6 指出："如果评价者确定某些步骤或行为有可能对评价信息或结论产生误导，他们有责任与客户沟通，表达他们的担心并说明原因。"（美国评价协会，2004，C.6 部分）这两项原则把评价者置于一个独断的立场，正如莫里斯和科恩（Morris&Cohn）之前提到过的，评价者可以阻止研究中遇到的一些伦理挑战。

值得注意的是，标准和指导原则分别为评价者提供了向客户表达他们的职业责任的方法。客户雇用评价者是因为他（她）的自主性和专业技能。部分专业技能包括的职业特质源于知识和遵循职业的伦理标准。评价者具有告知客户这些标准和指导原则的责任，这样一来评价的可靠性得以增加，也符合客户自身的利益。

标准 P.3 "人权和尊重（Human Rights and Respect）"主要涉及对他人的尊重。这项标准及其相关的标准涉及期望从那些收集数据和建议参与者重视保密的范围和限制的人们那里获取知情同意。这项原则的核心是从伦理规范中得到结论，这些伦理规范涉及与从他人那里收集数据有关的许多社会科学领域——例如，美国心理学会（American Psychological Association）、美国人类学学会（American Anthropological Association）和美国教育研究学会（American Educational Research Association）。2004 年新版本中，此项原则强调了评价者应当承担理解评价背景的责任，包括方案和它的利害关系人的政治的、社会的和经济的形势。这源自评价者具备的文化能力。然而，对这项原则的重视也强调了理解评价背景和它的政治的、社会的和经济的要素是尊重他人的体现。原则 D 也表明评价者应当确保那些提供数据的人愿意这么去做，而不会感到他们是被迫参与进来的，并且担心如果他们拒绝参与评价可能会失去方案提供的服务。尊重他人也提醒评价者，他们有责任在评价的全部阶段，即从评价的规划阶段到报告评价结论的阶段，对参与者和利害关系人中存在的伦理的、文化的和其他的差异始终保持敏感。

指导原则体现了1982年评价研究协会（Evaluation Research Society），一个更早期的职业协会制定的标准中的一个变化，它加强了对非方法论问题的重视（菲茨帕特里克，Fitzpatrick，1999）。指导原则E对一般公共福利的责任（Responsibilities for the General and Public Welfare）的强调是再明显不过的了。这项原则强调的评价者的责任包括从"利害关系人全面的相关观点和利益"出发："不仅要考虑正在评价的全部的直接的操作和结果，也要考虑它的广泛的假设、影响和潜在的副作用"，以"保持客户的需求和其他人的需求之间的平衡"，而且"跳出分析利害关系人的特殊利益的局限，考虑社会的整体利益"（美国评价协会，1995，pp.25—26）。这项原则还包含了评价者对公众责任的重要对话。当然，没有评价者能够精确地把握究竟什么是公益，但是原则E提醒我们，我们对公益的责任比我们对客户的特定的责任更宽泛。实践型评价者也必须考虑社会的需求。我们的角色可能会刺激一些对话，涉及那些需求或者考虑方案的行动对参与其中的利害关系人的影响。这一原则也可能促使评价者关注对数据收集的需求，因为它可能会对一项政策或者方案中评价者直接服务的客户或者受到方案间接影响的其他人产生意想不到的副作用。无论采取怎么样的行动，原则E提醒评价者重视方案对社区和社会作为一个整体产生的影响。

事实上，原则E阐述了一个由史密斯（Smith，1983）提出的问题，这个问题比指导原则和1994年版的标准出现得更早。他批评了评价伦理中仅仅重视对方法论问题的描述。史密斯这样写道：

> 大多数评价伦理领域中的工作（比如，作为一个专业评价者在评价中实施的道德行为）已经过时了，因为它们只重视评价中类似数据保密、保护受试者、适当的专业行为等等这些道德行为。而一些其他方面的道德问题却几乎什么也没有做，类似精神病院过早地释放病患是否会将社区置于风险之中呢？护理之家虽然能满足居民身体上的需求，但是否增加了他们涉及隐私问题的人权、活动和个人表达的自由的成本呢？教育方案提高了优秀学生的认知能力，但是是否强化了他们对特殊的认知能力和特权的情感依赖呢？（1983，p.11）

原则 E 阐述了史密斯提出的问题，它指出了评价者有责任从一项方案本身可能产生的结果出发，考量评价的道德或伦理问题。

我们鼓励读者访问美国评价协会的网站（http://www.eval.org/ Publications/ GuidingPrinciples.asp），并下载指导原则的介绍手册，它可以帮助客户和利害关系人了解评价者的职业责任，还可以利用网站上提供的其他培训材料和读物。

## 对受试者的保护和机构审查委员会的作用

标准和指导原则都强调了伦理行为，评价者必须保护作为他们的数据来源的人们的权利。机构审查委员会（Institutional Review Boards，IRB）由 5 人或更多同行研究者组成，他们为已经提出的研究审查数据收集的规划或者草案，并监控正在进行的研究，以确保受试者的权利得到保护。[1] 机构审查委员会受人类研究保护办公室（Office of Human Research Protections，OHRP）的管控，它是美国卫生与公共服务部（U.S. Department of Health and Human Services）的分支。自 1991 年以来，联邦法规要求受联邦研究资助的组织成立机构审查委员会审查组织实施的所有研究。这套完整的法规能够通过网上查询获取（http://phrp.osophs.dhhs. gov.），人类研究保护办公室有权推迟联邦研究资助，如果他们认为研究机构不符合法规的要求。尽管这种延迟"极其少见且极富争议"，但这种威胁的存在促使研究机构审查并抓紧了许多机构审查委员会的程序（奥克斯，Oakes，2002，p.450）。

保护受试者的指导原则源自《贝尔蒙报告》（Belmont Report，1979），报告关注的领域在生物医学研究，但是《贝尔蒙报告》本身的形成受到臭名昭

---

[1] "受试者（human subjects）"一词在历史的研究中指的是为研究提供数据的人。我们在这里使用"受试者"这个词。然而："受试（subjects）"这个词指的是无助或被动，许多人发现这个词在今天的研究和评估尝试中并不合适。正如其他人做的那样，我们通常使用"参与者（participants）"这个词，它指通过完成调研、参与讨论组或者访谈以及允许观察等形式为评估提供数据的人。当其他使用这些词的人们为开展工作引用或者讨论它们时，我们使用"受试者"这个词以避免混淆。因此，类似机构审查委员会常被称为受试者审查委员会（Human Subjects Review Boards）。

著的国会与公众的暴行的驱动，即实施了 40 年的塔斯克吉梅毒研究（Tuskegee Syphilis Study）。[1] 在社会科学研究的伦理领域中，其他严重的侵害行为也时有发生（汉弗莱斯，Humphreys，1975；卡恩和马斯楚安尼，Kahn&Mastroianni，2001；米尔格拉姆，Milgram，1974）。机构审查委员会和他们制定的法规受到了《贝尔蒙报告》关于保护受试者的意见的推动和指导。

对评价研究而言，机构审查委员会常见的问题是确定参与者是否事实上已经获取了参与研究的知情同意。一些研究利用"弱势群体（vulnerable populations）"，尤其是儿童、怀孕的妇女或者可能怀孕的妇女、罪犯和限制行为能力的人，这些研究受到了机构审查委员会和法规的特别关注，因为这些人可能无法获得充分的知情同意。然而，许多评价研究可能根据法规得到机构审查委员会的审查豁免。特别是教育领域中关于传统教育实践的研究会得到机构审查委员会的审查豁免，也包括通过"教育测试（educational tests）"进行数据收集的情况。当个人无法识别和数据被保密之时，这些教育测试被定义为问卷调研、访谈和社会行为观察。然而，评价者个人不应当决定他（她）的研究能否被豁免。只有机构审查委员会才能够确定一项豁免情况是否适当。通过与机构审查委员会协商或一个快速审查程序常常相对容易操作。事实上，许多评价的审查都是通过一个制定了研究协议的快速审查程度，由机构审查委员会的某个成员来进行审查的。

然而最近几年，机构审查委员会因为他们在社会科学研究中进行的严格审查

---

[1] 塔斯克吉梅毒研究（Tuskegee Syphilis Study）或者塔斯克吉实验（Tuskegee Experiment）始于 1932 年，并一直持续到 1972 才宣告终止。这项研究最初招募了 399 名出身贫困的佃农和患有梅毒的非裔美国男性，研究的目的在于详细地描述这一疾病的自然的演变进程。在 20 世纪 40 年代，青霉素被发现后成为梅毒的治疗药物，也成为常见的治疗途径。但是这个信息被研究人员封锁，这些病患被留了下来并没有予以治疗，而研究继续维持了 40 年。这项研究通过公共卫生服务部（Public Health Service）的一名性病调查员彼得·巴克斯顿（Peter Buxton）的努力，于 1972 年被宣告终止。尽管他的努力阻止了这项始于 20 世纪 60 年代的研究，但他却无法阻止这项研究通过官方的渠道得以继续实施。他于 20 世纪 70 年代将此项研究诉诸报社，国会听证会才得以举行。许多人死于这项研究过程之中。他们的妻子中有 40 人被感染，他们的孩子中有 19 人患有先天性的梅毒病症。1997 年，克林顿总统代表美国政府提出了正式道歉，因为美国政府对此提供了资助，并通过公共卫生服务部予以了实施。这项研究敦促政府成立了一个为研究制定法规的委员会，并最终导致了《贝尔蒙报告》的形成。

而招致了批评，批评者指出机构审查委员会的一些要求已经危及了合法的研究。根据个人的经历，我们承认机构审查委员会中的个人无法一直提供合理的反馈，并因为缺乏研究知识和知情同意而超越他们的界限。定性数据收集，在数据收集过程中需要灵活性和适应性，易于造成特定的问题。当评价者需要灵活地适应问题，面对评价的目的和受访谈人之前的陈述时，机构审查委员会可能需要为审查设置标准化的面试问题。国家科学基金会（National Science Foundation）发挥了领导作用，尽量明晰定性研究的指导原则。他们的网站包括有关数据收集和伦理审查的常见问答（Frequently Asked Questions，FAQ），为读者提供了有关这些问题的重要信息。（参见 http://www.nsf.gov/bfa/dias/policy/hsfaqs.jsp#exempt.）奥克斯（Oakes）的《机构审查委员会的评价者指南（Evaluator's Guide to the IRB）》提供了机构审查委员会的历史和要求的更多细节（奥克斯，Oakes，2002）。

本章我们的问题是确保数据是通过保护参与人在评价研究中的权利的方式予以收集的。这不仅对评价者了解机构审查委员会监管他们的工作的政策和管辖他们的联邦法规而言是重要的，对自愿接受机构审查委员会的审查也是重要的。

我们赞同许多人研究周围的人进行数据收集的伦理问题，这对于研究者和评价者寻求其他人有关数据收集的观点很有帮助。通常情况下，研究者和评价者因为太近距离地看自己的研究，而无法看到一些可能的威胁。机构审查委员会能够利用其他研究者提供有用的帮助，他们对从其他地方收集数据的伦理问题颇有见地。

### 保密和知情同意

保密和知情同意是评价者在收集数据时都应当了解和考量的问题。保密和匿名常常令人困惑。匿名意味着没有人知道提供数据的人的身份。保密意味着研究者、评价者或者开发数据库的人可能在其他文件中有一个代码可以链接到一个姓名，但是提供数据的人的身份将不会向其他人透露。显然，访谈或者观察不是匿名的。从事访谈或者观察的人知道个人的身份。与此相类似，当调查代码用于追踪有谁回应了，并敦促那些没有回应的人回应时，一些人就能够在那些代码中制造一个链接，回应某项调查和某个人的姓名。然而，数据分析不会利用个人标识，因此，数据是保密的。进一步来说，还必须建构从数据中分离名字和代码以及保持名单和代码安全的具体步骤。任何数据收集活动应当以正确的方式告知个人，无论他们提供的数据是否被认为应当是匿名的或保密的。

知情同意是保护受试者权利的一个核心机制。正如奥克斯在他的《机构审查委员会的评价者指南》中描述的："知情同意在受试者的基础研究中是一项重要的伦理要求。"（2002，p.463）作为核心的伦理原则，知情同意出现于纳粹科学家从事的纽伦堡实验（Nuremberg trials）中，该研究实施于集中营的犯人身上。此项实验之后，纽伦堡规范得以制定，它建构了一项原则，即研究不应当从事先没有征得他们的同意的人那里收集数据，并且这种同意应当完全是自愿和知情的。"知情"意味着参与者应当被告知研究的目的、它的潜在风险和对他们的利益、信息的保密以及有关怎样处理和保护这些信息等其他相关的问题，以及对他们而言参与研究就意味着数据将被收集。他们自愿参与的性质也应当被明确。例如，实施评价通常要考虑方案的背景。参与者需要知道他们能够继续得到方案提供的服务，即便他们选择不去参与研究。如果收到服务的人们相信他们必须参与此项方案的研究，那么他们参与研究就不是真正的自愿。知情同意通常是指获得一份知情同意的表格，表格注明有关对研究的描述、它的目的、潜在的风险和利益、自愿参与的性质、如何处理数据和其他相关问题。但是这类表格对于目标受众而言应当是措辞清晰和易于理解的，这一点很重要。评价团队中受到有关知情同意的伦理问题培训的成员应当回答参与者可能提出的问题。【参见菲茨帕特里克（Fitzpatrick，2005）有关知情同意的内容。】机构审查委员会通常都非常重视知情同意的问题，他们可能有指导新的评价者在他们自己的研究中使用的同意书的样本。

### 文化能力和敏感性

最后，伦理数据的收集涉及被收集数据的个人或者群体的文化规范和信仰的敏感性问题。某个群体中可能被认为非常适于收集的信息，在另一个群体中却可能被认为是非常隐私的或者难于理解的。正如指导原则 B.2 和 D.6 项中阐释的，这样的敏感性是获得文化能力的一部分。例如一项学校评价，涉及最近移民的儿童。这些移民中可能有一些人在某个国家里是非法的；然而，在大多数案例中儿童的父母的移民身份与评价无关。评价者应当避免收集这类数据的压力，更重要的是应当考虑个别问题的措辞。如果问题出现在获取入境信息方面，这可能威胁到对其他问题进行回应的可靠性，并且可能流露出对那些参与评价的人的隐私的不尊重。评价者应当认识到评价和保密对那些正在完成调查的人而言可能是可疑的或者陌生的概念。提供有关他们和他们的家庭的信息可能是一个险恶的或者令人恐惧的经历。当然，调查应当被翻译成一种他们的父母可以阅读和理解的语言和措辞。访谈应当由某个语言流利，并非常了解特定移民群体的文化和规范的人来实施。

总的来说，我们强调评价者有伦理责任去考虑那些从他们那里收集数据的人的权利，并确保这些权利得到保护。寻求其他人的帮助——无论是源自机构审查委员会或者其他知情的研究者、某个咨询群体中的成员、客户或者个别作为数据来源的代表——应当成为这一过程的核心部分。提供数据的个人应当通过参与研究了解研究的目的和可能要发生的风险。此外，评价者应当只能收集那些对评价而言必不可少的数据。评价不会允许评价者收集不相关的数据或者不必要地侵犯个人的隐私。

### 伦理行为的学习与实践

在这一部分里，我们尝试让读者熟悉已经制定了的用以指导评价者的标准和规范。但是如何应用这些标准或规范进行个别评价却是一个非常不同的问题。正如联合委员会强调的那样，不是所有的标准在每项评价中都同等重要。我们必须进行选择。同样地，虽然指导原则（Guiding Principles）意在"积极地引导专业人员的日常行为实践"（美国评价协会，2004，序言 C），但是在一项具体的评价中如何运用它们，尤其是当冲突发生时，仍需仔细地考量和艰难地抉择。莫里斯和库克斯（Morris&Cooksy）通过《美国评价期刊》（*American Journal of Evaluation*）中一个正在进行的有关伦理困境的栏目帮助我们了解这些选择的复杂性。这个栏目由莫里斯（Morris）创始于 1998 年，库克斯于 2004 年承接，它提出一个伦理问题并邀请两个不同的、有经验的评价者描述他们对这个问题的回答。显著的差异于是出现了。例如，据报道，库克斯和诺特（Knott）之间在保密访谈中就一个涉及管理者性骚扰的伦理问题产生了分歧。（莫里斯，库克斯和诺特，Morris，Cooksy，&Knott，2000）。这些差异有助于教育评价者，使他们更加敏感地认识和分析遇到的伦理问题并考量他们所作出的选择。我们鼓励读者阅读这样一些伦理困境和回应，并思考他们在评价实践中是如何回应和提炼伦理论证方面的技巧的。

下一个部分里，我们将更多地关注发生在评价中的伦理问题——伦理偏见和众多伦理问题的根源。

# 反思偏见和利益冲突的根源

一些方案评价标准（Program Evaluation Standards）（U.1，U.4，P.6，A.8）和指导原则（C.3 and C.4）涉及评价的重要性问题：诚实和公正、避免利益冲突和评价实施的完整性。正如研究所发现的，许多评价者不相信他们遇到了伦理问题，他们这么认为是因为他们依据公认的社会科学的方法和"客观的科学家（objective scientist）"的模式实施评价，当然他们的行为符合伦理规范（哈尼，莫里斯和科恩；Honea，1992；Morris&Cohn，1993）。在这一部分里，我们准备讨论评价者必须仔细考量的潜在偏见和利益冲突问题。

首先，我们不得不承认人类提出完全没有偏见的判断的可能性是非常小的。事实上，具有讽刺意味的是，一些评价者面对偏见时更易于受到它的影响，仅仅是因为他们相信利用社会科学方法论得出的结论就是客观和无偏见的。但是，评价理论的奠基人之一，卡罗尔·韦斯（Carol Weiss）指出："你永远不会从零开始。我们会选择和我们的观点最相似的想法。因此，人们总是选择研究报告中那些与他们所了解的或者是他们想做的相吻合的思想或者叙述。"（2006，p.480）

评价者和那些参与评价的人应当仔细地反思他们的偏见。通过了解那些偏见，人们才能够思考并有可能抵消一部分它们在评价中产生的影响。遵循规范的评价者认识到评价实践是由作选择构成的——选择评价目的和问题、利害关系人如何参与及设计以及数据收集的策略如何使用、分析数据和解释评价结论的方法。请注意，例如穆迪或菲奇（Moody or Fitch）等机构中正在研究和配置债券评级的定价人也正在作决策——什么样的信息是重要的、什么样的是不重要的；什么类型的商业和投资策略在财务上是合理的。他们的评级涉及的远远不是简单地把一些数字加起来。他们的评级正在受到影响，涉及时代的进程、商务实践的变化、他们的评级公司的利益和那些向他们支付费用的人，这是不受欢迎的影响方式。本质上而言，选择是主观的。评价者逐渐认识到偏见——有意或无意——巧妙地融入了他们作出的几乎每一个选择，从选择一项评价方法到拟定一份评价报告。为了避免债券分析师得出错误的结果，评价者必须更加仔细地考量潜在的偏见和利益冲突的根源，它们会发生在他们正在从事的每一项评价之中。

值得注意的是，当评价者被要求描述他们遇到的伦理问题时，他们往往会描述利害关系人提出的问题（莫里斯和科恩，Morris&Cohn，1993）。正如莫里斯和科恩自己所说的，认识或者报告那些评价者自己面对的伦理问题，对于他们而言可能更加困难。他们发现唯一可能源自评价者自身的伦理问题与他们陈述评价结果时保持客观或公正的能力有关。然而，认识到这一特定的问题是重要的第一步。这表明，即使遇到由于客户或利害关系人的压力导致的许多伦理问题，一些评价者仍然能够清醒地认识到他们自己的偏见会阻碍评价结果的准确表达。当然，源于利害关系人的压力与客观公正地表达评价结果的问题会相互重叠。当面对客户的强大压力时，要摒弃偏见反对客户，在相反方向上变得缺乏公正性和客观性，这是很困难的。这可能导致报告或者强调了一些问题，或反击或表明你的目的，而不是保持一个平衡的观点。而从那些对你而言行为失当的人的角度来看待事务也是困难的，却又是评价者出于全面地考虑问题的需要必须去做好的。

### 伦理规范和标准的指南

评价标准联合委员会（the Joint Committee on Standards for Evaluation）和美国评价协会的指导原则常常能迈出好的第一步以增加对潜在问题的区域的了解和考量。那么，我们来回顾标准和原则中一些与偏见和利益冲突相关的问题。指导原则 C 涉及正直和诚实的原则。指导原则 C.2 和 C.4 直接阐述了对价值、利益和关系的预期：

C.2 在接受一项评价任务之前，作为评价者，应当公开他们掌握的可能引发利益冲突（或者是明显的利益冲突）的任何角色或者关系。如果他们继续从事评价，冲突应当清晰地陈述于评价结论的报告之中……

C.4 评价者应当明确他们自己的、他们的客户的和其他利害关系人的涉及评价的行为和结果的利益和价值（美国评价协会，2004，C区，正直/诚实）。

指导原则 C.7 阐述了关于金融公开的问题：

C.7 评价者应当公开评价的金融支持的全部来源和评价请求的来源（美国评价协会，2004，C区，正直/诚实）。

许多标准也揭示了评价本身的关键的预期、有关信息报告的本质、评价者的可靠性以及涉及阐释评价结果和作出最终判断的价值认同。前面描述的利益冲突中有一个类似的专有标准（Propriety Standard）P.6。联合委员会这样定义利益冲突："当评价者的个人或金融利益可能影响到评价或受到评价的影响时，利益冲突就存在于评价之中了。"（联合委员会，1994，p.115）他们指出这种冲突因"亲密的友谊和个人工作关系"引发，常见于内部评价和外部评价者渴望获得未来的合同的情形之下（联合委员会，1994，p.116）。后面我们将讨论人际和金融的利益冲突，但是首先我们将关注标准以及为评价者提供指导。

在描述评价要达到精度标准（Accuracy Standard）应当具有的重要因素时，1994年版本的标准（Standards）指明客观公正的报告是一项重要的标准：

★ A.11 客观公正的报告（Impartial Reporting）。评价报告的步骤应当防止因为评价中牵涉各个派系中的个人情感和偏见导致的歪曲，只有这样评价报告才能公正地反映评价的结果（联合委员会，1994，p.181）。

2010年版本的标准中继续强调了这个方面：

★ A.8 交流和报告（Communication and Reporting）。评价的交流应当涵盖充分的范围以及防范误区、偏见、歪曲和错误（联合委员会，2010）。

有趣的是，其他两项处理偏见的标准归入了实用性标准（Utility Standard）的类别，反映了透明度和可靠性于评价研究和结论的最终使用有多重要：

★ U.1 评价者的可靠性（Evaluator Credibility）。评价应当由合格的人实施，他们在评价背景之中建构和保持了可靠性。

★ U.4 明确的价值（Explicit Values）。评价应当厘清和明确指出个人和文化的价值，以强化目标、过程和判断（联合委员会，2010）。

### 价值观、见解和文化偏见

这些原则和标准有助于提醒评价者、客户和其他利害关系人的职业预期。尽管标准和原则是根据预期来措辞的，但是它们间接地证明了未确认的价值和关系——在人或者组织之间——对于评价研究的可靠性和真实性的危害。因此，评价者不仅应当考量利害关系人和客户的价值观，也要考量他们的价值观对评价行为和结果的影响。什么是评价者有关方案或其他类似它的客户、它所属的组织和它的使命的见解、价值观和经历？假设你受指派评价一所成功服务于低收入移民学生的学校是否达到了国家的学术标准。学校在过去的 3 年里没有达到公认的高标准，现在正在接受审核。它将在接下来的 1 年里被关闭，学生将被送到其他的学校。你对教育标准的理解是什么？对高风险测试的理解？对学校、教师和管理人员付出的努力呢？对学校所服务的孩子们呢？你的价值观将如何影响到你？你会如何实施评价呢？包括你在内的评价中的利害关系人呢？你阐释评价结论的方式呢？你的最终结论呢？你会秉公报告评价的结论吗？在美国通过基于标准的教育和教育政策来提高成绩是饱受争议的问题。涉及教育，几乎每一个人都有与标准相关的观点和经历。这些观点和经历至少在一定程度上会影响到你从事的研究和你得出的结论，这几乎是无法避免的。你会采取怎样的步骤尝试减少你的观念和经历对你的影响，让评价没有偏见，更可靠呢？或者你认为这只是偶然的，你已经被要求从事这项评价，可能因为过去国家或者地方对这个问题的研究已经主要由"另外一边的人（the other side）"实施了（不管另外一边可能是谁），那些不了解评价伦理规范的人们，他们的观念或者经历已经影响到了工作？透露你的观点可能会危及你所从事的研究和表达不同观点的机会。你应该怎么去做呢？

另外一个案例提出了一个人可能面临的难题，当我们考虑到偏见时一个人对自己价值观的陈述可能是有帮助的。你已经被要求从事一项评价，涉及支持单亲儿童的群体。你可能认为你在评价类似的方案时能够做得特别好，因为对于这个问题你曾经有过个人的经历。在你的孩子还较小的时候，你的配偶就意外去世了，他们参与了为了儿童和青少年组织的悲伤小组。你也阅读了相当多有关这方面的问题的书籍，知道什么能够帮助到你的孩子。在为孩子组织悲伤小组的问题上，你的理解和个人的经历是提高了你从事评价的能力呢，还是损害了你的能力呢？

你有责任告诉客户你个人的经历和观念吗？你在多大程度上有责任透露你个人的经历或你的孩子们的个人经历呢？

文化能力或者文化无能是另一个影响评价有效性和伦理性的个人因素。克尔克哈特（Kirkhart）谈论了我们面对"文化的局限性（cultural boundedness）"时的困境；然而，一个好的评价应当"准确、合理和适当地描述多元的文化观点"（1995，p.3）。正如2004年版的指导原则所提出的文化能力的重要性。我们将在第9章中更全面地讨论文化能力，但是它对于处理这里面对的问题也是重要的。文化能力作为评价领域的一个问题已经出现了，这是由于人们认识到了从事评价的过程中自己的价值观和经历的作用。胡德（Hood）认为："评价团队里充斥着这样一些人，他们除了自己的价值观，对于那些根植于种族和文化背景的群体的价值观的理解极其有限。"（2000，p.78）许多任职于公共或非营利方案中的人们是有需要的人。他们可能在许多方面与评价者不同：明显在收入方面；可能在种族方面；可能涉及他们对方案的目标、价值观、信仰和预期方面；更有可能在别人怎么对待和理解他们的方面。

### 减少偏见的策略

一个评价者怎么做才能把个人的观念和经历给评价带来的偏见降到最低限度呢？由定性研究者提出的一个策略性的建议（林肯和古巴，迈尔斯和休伯曼，施瓦兹和哈尔彭；Lincoln and Guba，1985，Miles&Huberman，1994；Schwandt&Halpern，1989）是保持一个"审计追踪（audit trail）"，史瓦兹（Schwandt）将它定义为"一个系统维护的文件体系"（2001b，p.9），它可以记录所有有关研究过程的细节。审计追踪包括评价者有关不断发展变化的认知笔记、日常工作程序、方法论的决策、日常的自我反省、不断地发展洞察力和想象力以帮助评价者探究评价如何进行新兴的设计以及在发展的进程中可能影响评价者的价值观和经历。（参见库克斯的一个杰出的案例，评价者使用这样的备忘录帮助 回忆在数据收集过程中遇到的伦理问题。）评价者可以选择性地使用笔记进行自我反思以及考虑价值和经历可能会引入的偏见。作为一种选择，评价者能决定是否与外部团体分享笔记中的一部分内容。这个人通常是另一个评价者，他能够核查审计追踪并探究评价决策的适当性以及偏见可能已经被引入的方式。

另一个最小化偏见的策略是通过元评价的过程或者此项评价是一项由外部人员审核其质量的评价。这个主题我们将在第 16 章中具体阐述。无论使用什么样的方法，对评价者和客户而言检验他们个人的价值观和信仰以及考量这些因素是如何影响到他们实施评价的方法和他们最终的评价和判断，都是重要的。认识到这个问题是防止偏见的第一步。

### 人际关系和偏见

一个人对他人的情感会给他们的判断染上颜色，这不仅会发生在两个人之间，而且几乎在其他任何相关的人之间都可能发生，即使是对于漫不经心的观察者而言也是很明显的。因此我们有了法律的约束，涉及一个人的配偶和反裙带关系的证言的政策，禁止处于某个职位的人对于他的家庭成员的工资、晋升或者工作安全作出决策。与此类似，评价者应当避免涉及亲密的朋友或者家庭成员的评价方案，无论他是一个决策者、管理者或者一个方案的提供者。明显过于强大的利益冲突是即使评价者也无法克服的人际关系引起的偏见。

除了超大型组织，内部评价者几乎都无法避免遇到评价方案是由他们认识的某个人制订的情况。因此，内部评价者需要仔细地考量在这种情境下如何为自己的角色定位。即使评价的目的是形成性的或者为了帮助组织的学习，评价者仍然需要准备给出负面反馈。为了获得改变，反馈可以用一种清晰但愉快的方式给出。然而，评价者应当小心检验他们与那些操纵或者管理方案的人的关系会怎样影响到作选择和决策。这种关系能影响到评价的许多因素，从评价涉及的问题到评价结论所阐释和表述的方式。作为一个评价者，你受雇用或者任命是为了提供一个独立的、公正的判断，涉及的个人关系不应当妨碍评价者的责任。

然而，正如我们在本章前面部分提到的，评价者有责任确定一些类型的关系，它涉及与评价相关的客户和利害关系人。评价者必须与他们进行有效沟通，以理解他们的需求并为他们提供信息以满足那些需求。对于完全不了解评价情境的评价者应当花时间去观察方案、会见客户及利害关系人并发展关系。这些关系有助于评价取得成功——可以减少信任的缺乏和加强理解等——但是这些关系也会引起偏见。当评价者与那些和他们自己的价值观和信仰更相似的人共事时，他们可能会感觉到更舒适，这些人支持评价，能开放地接受评价方法，也对评价结论感兴趣。与此同时，评价者知道有一些与评价相关的人是不易相处的。他们多疑、习惯于指责他人、苛刻、呆板，多数情况下的行为方式令评价者感到沮丧。这些或好或坏的关系影响着评价者的行为。评价者是否准备好了作出艰难的负面结论呢——评价者知道这个结论他们不会喜欢——而他们已经与评价者建立了融洽的关系。如何面对那些有助于评价继续开展的人呢？这些都是艰难的抉择，但是评价者必须作好准备处理它们，让受众作好准备面对令人感到困难的结论，自己也要作好准备交付结论。

我们发现在评价开始的规划阶段就去澄清和证实一个人的作用是很有用的。评价者不需要成为一个强硬的人，但是他们需要提出一些强硬的问题并面对困难的反馈。在后面的章节里，我们将讨论在评价的早期阶段使用逻辑模型作为帮助评价者理解方案的一个方法。询问具有探索性的或者强硬的问题常常很有帮助，比如："现在，为什么你认为这项活动会导致 X 的改变呢？我已经了解到的一些研究不能支持那个。"或"你的哪一个目标你认为可能是无法实现的呢？"你可以选择其他的问题，但我们的重点是在研究的一开始——不要等到最后——你应当把你的角色定位于一个对他们和他们的方案感兴趣的人，但同时也是好求知的、客观的和不断深究问题的人。这个角色或者态度将成为你与方案中的其他人之间的人际关系的一部分。

### 财务关系和偏见

不幸的是，财务因素是评价中存在偏见的根源，正如我们在本章的前面部分讨论过的有关穆迪（Moody）的债券评级。我们怀疑许多案例都涉及评价者受贿后对一项评价的结论摇摆不定，但是财务压力很少有那么明显和直接。为了说明这种情况有多棘手，我们来描述一个真实的案例。

我们熟悉的一位评价者——我们称她为黛安（Diane）——受雇于美国政府支持的研究中心，中心的任务是开发和测试学校的示范方案及其实践情况。黛安负责管理中心的评价单位，她及时完成了中心的一项评价方案，旨在提高中学生的数学成绩和对待数学的态度，AMP 方案。实施 AMP 方案非常昂贵。国会为了发展这项方案投入了 100 多万，尽管黛安发现学生们喜欢这个方案，但没有一点迹象表明这项方案的实施对提高他们的成绩有影响。黛安困扰于报告这类信息会产生的影响，因为国会已经通过资助机构启动了这项方案，她最终拟定了报告的草案，评价结论指责了 AMP 方案的失败，它没能够产生成功的证据。她的总结报告如下（楷体字部分是我们的报告）。①

**总结**

　　研究结果表明《数学提高方案》（*Accelerated Mathematics Program*，AMP）在推动学生以积极的态度对待数学方面稍微有一些效果，某种意义上来说，学生是喜爱 AMP 方案的。然而，研究中没有证据表明无论是学生的长期还是短期的反映数学能力方面的成绩被推断出有所改变。结论不一定表明 AMP 方案在提升学生的数学成绩方面是无效的，但是各种评价设计的缺陷和局限没有考虑到对于这些改变的识别和测量。

资助机构已经对这个方案付出了显著的努力，那么他们是如何回应以平复这个坏消息的呢？他们对报告草案的回复源自下面的信件，我们在这里转载。

亲爱的黛安：

　　感谢你有关 AMP 方案影响力研究的三份草案复本。我很期待最终的报告。

　　我们将进一步优化我们在未来的努力，那么将不会再出现类似"总结"中那样的陈述了。相反，我期望我们能在最终报告中表述一些积极的方面，比如重要的成绩方面的变化。我已经听闻许多有关 AMP 方案的好的方面，然而缺少证据表明它的短期效果，这令我很沮丧，也因此无法为它的潜在的长期的效用提出辩解。

　　这里的问题是很明确的。正如你的理由一样，无论在部门内部还是在国会，我能为资助中心作出的最好的辩解就是我们的成果产生了可测量得到的变化，它推动了美国的学校更好地发展。暂且不论我得到的有关 AMP 方案的积极的"感觉"，根据你的报告草案，它表明我们不能证明我们付出的所有的努力，这些努力是以成绩为衡量标准的。这是一个缺陷，但是这个缺陷我认为我们能够在未来加以克服，也希望它能出现在你的最终报告中。

　　真诚地，

　　劳伦斯·唐纳森 Lawrence T. Donaldson

　　首席负责人

---

　　① 总结报告中涉及的名字、组织和头衔和下面的信件已经被改变了，我们采取了匿名的方式，但是重要的内容没有改变，我们在这里逐字逐句地进行了再现。

这个信息表达得非常清楚。黛安（Diane）最好能找到一些积极的证据以证明 AMP 方案和它的系列方案是值得投资的，否则一旦资金被撤回，方案宣告失败，黛安自己也要找其他工作。在这种情况下是要多么强大的内心才不会感觉到伦理的压力，特别是当黛安的薪水直接来源于这个受到威胁的方案！幸运的是，尽管黛安在一开始就使用了模棱两可的陈述隐晦地表达了真相，但这个事件最终有了一个令人愉快的结果。最终报告陈述了事实的真相，而黛安作为该中心的另一个方案的开发人员承担起了一个评价者的角色（问心无愧）。

　　甚至当评价者评价的是外部机构的方案或者结果，财务依赖也可能成为偏见潜在的根源。例如，微妙的平衡必须由外部的评价顾问或者公司来维系，而他们都不可避免地要依赖重复业务。斯克里文（Scriven，1993）简要地指出这个潜在的偏见的根源："涉及评价方的一项核心的经济的直觉是这样的：从未有人能从一项评价合同中变得富有。"（p.84）未来的评价合约或咨询取决于客户对评价者最近的一次评价究竟有多认可。如果客户认可真相，甚至于它可能反映出了方案中负面的东西，就没有问题。但如果在第一次提出批评的暗示后，客户就表现出僵硬的表情呢？签定正式协议，如标准（Standards）中所表述的那样，或许可以提供一些保障，但是评价者应当仔细地考虑财务关系，认识到自己的长期声誉。成为一名独立的、公正的评价者对他们的职业的可持续性才是最关键的。

### 组织的关系和偏见

　　对评价者而言，建立与组织的关系比获取即时的财务利益更加重要。评价者与他们所评价的方案之间的关系不仅能确定他们目前的财务收益，也包括他们未来的就业。更进一步来说，一个组织可能更大程度上能控制评价者的额外收益：例如，办公空间，对资源、设备和交易记录系统等的获取，甚至是便捷可用的停车空间。组织利用这种控制方法能使评价者的生活更加便利或者更加困难，这能够引发偏见问题的产生。

　　要了解这一点，我们在表 3.1 中从 8 个方面列出了有关评价者和他们的评价方案之间可能存在的组织关系。总的来说，最典型存在的潜在偏见列于表 3.1 的第一排，非典型的潜在偏见列在最后一排。因此，当评价者受雇于方案被评价的组织内部时，他遇到的来自组织的潜在压力远大于他受雇于一个外部机构。此外，当内部评价者向评价方案的负责人报告时，要远比他们面对外部方案的负责人时出现偏见的可能性更大。宋尼申（Sonnichsen，1999）—— 联邦调查局内部评价单位的负责人指出内部评价者必须从方案中分离出来，独立设置才能确保其有效性。洛弗尔（Lovell，1995）在评论内部评价时指出，从长期来看，组织期望内部评价能够成功并为推动组织运转提供建议。偏见产生了对评价方案过于乐观的报告，这也导致评价无法履行它的承诺。

表 3.1　评价者对客户的组织的关系

| 评价者的受雇状态 | 实施一项评价或连续性的评价 | 评价者的报告 |
| --- | --- | --- |
| 1.　在负责评价方案的组织内部 | 1.　连续性的评价 | 1.　直接面向被评价方案的负责人 |
| 2.　在负责评价方案的组织内部 | 2.　一项评价 | 2.　直接面向被评价方案的负责人 |
| 3.　在负责评价方案的组织内部 | 3.　连续性的评价 | 3.　同一组织内被评价方案以外的人 |
| 4.　在负责评价方案的组织内部 | 4.　一项评价 | 4.　同一组织内被评价方案以外的人 |
| 5.　外部机构雇用 | 5.　连续性的评价 | 5.　作为顾问或签约人面向被评价方案的负责人 |
| 6.　外部机构雇用 | 6.　一项评价 | 6.　作为顾问或签约人面向被评价方案的负责人 |
| 7.　外部机构雇用 | 7.　连续性的评价 | 7.　直接面向支持方案的外部资助机构 |
| 8.　外部机构雇用 | 8.　一项评价 | 8.　直接面向支持方案的外部资助机构 |

作为一位内部评价者，同时也是外部评价者，马西森（Mathison，1999）在从事这方面的研究。她相信内部和外部评价者面临着相同的伦理挑战，但是他们隶属于不同的社区，这些社区影响了他们面对伦理挑战时的回应。她认为内部评价者较外部评价者而言，处在一个更小的社区内活动，他们主要的社区就是他们工作的组织。简而言之，典型的内部评价者花费大量的时间在组织内部，周而复始，年复一年。与此相反，外部评价者有许多社区，包括他们评价的组织、雇用他们的组织、评价的同行和他们的专业协会、资助机构和其他社区。马西森认为：这些社区通过许多复杂的方式影响着评价者的伦理选择。例如，当内部评价者面对组织和组织内部的关系时，她的近距离感会使她的行为更富于伦理性，尤其是

涉及在组织内创建一个具有连续性的评价文化或者通过一项评价发现需要就一个富于争议的问题开展一个对话——这个对话可能带来改变。相反地，外部评价者面对的社区的多元化，以及与被评价的组织社区更远的距离，使他更易于提出一些问题，尤其是涉及方案中或者组织内的非伦理性的问题。马西森（Mathison）有关社区的概念作为内部和外部评价者的参考是有用的，它有助于更有效率地处理不同类型的问题，有助于我们认识到一些复杂的影响，它们涉及评价者的伦理行为的个人的、人际间的、财务的和组织的因素。

最后一项重要的考量，涉及组织和财务关系对于偏见的影响是考量评价主要是形成性的还是总结性。如果从评价者对客户的财务和管理的依赖性或是独立性利弊两个方面进行考量，这样的依赖性在一项形成性评价中要求的可能不仅仅是还过得去，甚至是要令人满意的。内部评价者和组织之间的关系能促使他对方案和组织特定的信息需求给予更多的回应，这是因为他对组织更深地理解和忠诚。或者正如马西森（Mathison）所说，内部评价者与组织之间的近距离的关系能促使他在外部评价者离开很久以后还能就一个问题维系一个对话，并推动这个对话，这是因为他了解组织的价值观和信仰。然而，一个内部评价者却无法有效地从事总结性评价，尤其是如果评价涉及大型的、高成本的和高调的方案。这种情况下，内部评价者和组织及其雇员之间的关系，特别是如果内部评价者隶属于执行方案的单位时，是非常易于引入偏见的。一个外部的、独立的评价者通常是总结性评价类型的首选。正如我们前面部分提到的，独立性是由多种因素来定义的。

### 超越伦理规范的伦理

正如以前描述过的，在我们的判断中评价标准和指导在推动评价实践方面是非常有用的。我们主张任何致力于从事高质量评价的人都能够对那些标准和指导了如指掌并熟练运用。与此同时，仅是声称恪守伦理标准，却不能确保伦理行为的实施。正如彼得·达勒—拉森（Peter Dahler-Larsen）提出的涉及评价实践的编撰等更广泛的问题，这些规范"最好的情况是作为一项适当的评价的辅助，而不是取代它"（2006，p.154）。马布里（Mabry，1999）提醒我们伦理规范不能除却主体，主体是评价固有的，存在于每个人的努力之中。她主张伦理行为的标准和指导不能预知出现在任何评价中的广泛的特殊性。这样一来，评价者个人的标准和判断就不可避免地起到了作用，能够帮助他们运用这些行为规范实施他们的评价。

西贝尔（Sieber）可能陈述得最好：

> 一项与方案评价者有关的特定的伦理规范……是最低的标准；它只陈述了每一个评价者的职业预期是什么样的，它应当是有能力的、实诚的和正派的，并与那些目前已经明确定义了的伦理问题相关。

> 与此相反，人的伦理性是一个广泛的、不断发展的个人过程……评价方案中的伦理问题是跟未预料到的责任与利益的冲突以及意想不到的有害的评价的副作用有关的问题。伦理性就是要培育预知和避开这类问题的能力。这是一种通过后天的努力形成的能力……随着社会不断地发展变化，当一个人承担新的和不同类型的评价时，面对新的挑战他的伦理能力一定能够不断成长。因此，方案评价中的伦理能力是一个成长的过程，涉及理解、观念和创造性地解决问题的能力，也意味着对个人利益和社会利益的尊重。（1980，p.53）

## 主要的概念和原理

1. 好的评价实践涉及更多的方法论的技巧。在有时是高度政治化的情境中，评价者必须使用技巧才能开展好工作，必须能很好地与客户和利害关系人沟通，必须了解为了推动评价实践评价者将遇到的伦理问题和伦理预期。

2. 评价在本质上是一个政治活动，因为它们受到公共政策的指导和影响，他们对个人和利害关系群体的权利竞争有着重大的影响，以及他们涉及对人类、组织和方案的判断。

3. 评价者在政治环境中开展工作需要使用技巧。这样既可以增强评价使用的可能性，也可以阻止政治行动可能对评价结论造成的误导。这些技巧包括了解政治环境和其中的利害关系人的情况，酌情考量评价中包括其他利害关系人和公众在内的人们的利益，保持评价工作的可靠性。

4. 评价者应当与利害关系人保持良好的沟通，听取他们关心的评价的问题，了解他们的预期，帮助利害关系人了解评价能够达成的不同的目标，经常性地与客户和其他适当的利害关系人会面，并让他们参与到评价决策的制定中来。

5. 项目评价标准（Program Evaluation Standards）和美国评价协会（American Evaluation Association）的指导原则（Guiding Principles）为实施一项好的和符合伦理标准的评价提供了指导。作为一个职业的评价者，他们应当了解他们国家的评价标准和指导原则，并通过使用这些标准和原则来告知客户和其他利害关系人有关评价的预期。

6. 保护研究中数据提供者的权利对于实施一项好的和符合伦理标准的评价而言是很重要的。这样的权利包括在不受到可能失去服务的胁迫下，自由地选择参与或者不参与研究，理解评价和数据收集的性质以及它的潜在的风险和利益，了解研究的机密和研究的局限性以及受到尊重。评价者应当寻求机构审查委员会（Institutional Review Board）的帮助或者批准，或者以其他方式了解数据收集的伦理规范，并确保采取了适当的预防措施。

7. 评价会因为评价者个人的观点或者经历产生偏见；主要来源于他（她）的观点、与方案员工、管理人员和客户的关系以及财务的和组织的压力。评价者应当意识到这些偏见产生的根源，它不适当地威胁到了评价结论的中立性。评价者应当通过工作在评价情境中获得文化能力，并考虑其他的文化观念。

8. 伦理实践要求评价者不仅仅熟知标准（Standards）、指导原则（Guiding Principles）和客户的职业预期，还要根据潜在的伦理问题，在评价的过程中自始至终仔细地考量评价决策。职业规范能够成为解决伦理问题的源头，但是个人的成长、不断地阅读、反思和与其他人的讨论同样重要。

## 问题讨论

1. 在政治环境下，评价研究中好的要素是什么？坏的要素又是什么？政治是如何嵌入你所了解的评价之中的呢？

2. 对评价者而言，韦斯特曼和康纳斯（Vestman&Conners）所描述的哪三种在政治环境之中采用的情形你认为是最适当的？为什么？

3. 在评价过程中，为什么需要有一个清晰的伦理标准？从长期的角度考量，坚持这些标准对评价者和客户而言有什么样的利益？

4. 你认为在组织内部发生得最普遍的你所熟悉的伦理违背的类型有哪些？如何制止这些伦理违背？

## 应用练习

从练习1到练习3，请把自己作为一个参与者或评价者练习考量一项评价。

1. 政治是如何嵌入这项评价的？政治引入了偏见或问题了吗？评价者如何才能在政治情境中把握得当呢？

2. 评价者或者评价团队是如何与你和其他核心利害关系人沟通的？在哪些问题上他们会寻求你的介入？你认为评价者在评价中建构的与你以及其他利害关系人之间的关系会引发偏见还是会推进评价呢？

3. 参考项目评价标准（Program Evaluation Standards）和美国评价协会（American Evaluation Association, AEA）的指导原则（Guiding Principles），考量这项评价。这项评价的伦理优势和缺陷分别是什么呢？

4. 现在考量一项你熟悉的方案——可能是一个你所在的组织内部的方案。如果你必须评价那项方案，你可能引入哪些偏见？你认为你会是一个合适的评价人选吗？谁（个人或者组织）有可能是最佳的选择呢？为什么？

## 案例研究

在结束本章有关政治、人际关系和伦理的讨论之时，我们回到第一章一开始时有关访谈推介的练习，它通过对一项评价的描述阐释了这一章中讨论的问题。

我们为本章推介的访谈来源于《评价行动（Evaluation in Action）》，第4章（莱恩·别克曼，Len Bickman）和第12章（卡特里娜·布莱索，Katrina Bledsoe）。

在第4章中，美国评价协会前任主席莱恩·别克曼（Len Bickman）描述了一些他遇到的艰难的政治情境，涉及一项全国性关爱心理健康系统的认证评价。期刊来源于菲茨帕特里克和别克曼（Fitzpatrick, J.L., &Bickman, L., 2002），《布拉格和斯塔克县体系（Ft. Bragg and Stark County system）关爱儿童和青少年的评价：与莱恩·别克曼（Len Bickman）的对话》，《美国评价期刊》（*American Journal of Evaluation*），23，pp.67-80。

在第 12 章中，卡特里娜·布莱索（Katrina Bledsoe）描述了她参与过的一项方案评价，涉及鼓励父母培养学龄前儿童的阅读和预备读写技能。她展示了多方面的技能，强化了方案中的人际关系、在工作中获取的文化能力、对不同文化观念的理解以及在最后的报告中面对的来自客户的伦理挑战。期刊来源于菲茨帕特里克和布莱索（Fitzpatrick, J.L., &Bledsoe, K., 2007），《关于书籍中的方案的有趣的评价（Evaluation of the Fun with Books Program）：与卡特里娜·布莱索（Katrina Bledsoe）的对话》，《美国评价期刊》（*American Journal of Evaluation*），28，pp.522-535。

## 推荐阅读书目

Chelimsky.E. (2009). A clash of cultures: Improving the "fit" between evaluative independence and the political requirements of a democratic society. *American Journal of Evaluation*，29，400-415.

Joint Committee on Standards for Educational Evaluation. (2010). *The program evaluation standards*. Thousand Oaks，CA: Sage.

Morris，M. (Ed.). (2008). *Evaluation ethics for best practice: Cases and commentary*. New York: Guilford Press.

Shadish，W.R.，Newman，D.L.，Scheirer，M.A.，&Wye，C.(Eds.).(1995). *Guiding principle for evaluators*. New Directions for Program Evaluation，No.66. Francisco: Jossey-Bass.

Vestman. O.K.，&Conner，R.F. (2006).The relationship between evaluation and politics. In I.F.Shaw，J.C.Greene，&M.M.Mark (Eds.)，*The Sage handbook of evaluation*. Thousand Oaks，CA: Sage.

### 方案评价的路径选择

在第一部分，我们提到了评价研究在教育、政府、商业、非营利机构和许多相关的领域扮演的不同角色，也向读者介绍了评价的许多不同的目的。我们侧面地提及了一些不同的评价方法，但是我们并没有向读者介绍这些方法。我们将在第二部分予以阐述。

在第 4 章，我们对催生了一些不同观点的因素进行了考察。我们通过之前的努力将许多评价方法进行了分类，把它们分为了较少的类别，并对此展开了讨论。我们现在提出这些类别，它们将在本书的其余部分予以使用。

从第 5 章到第 8 章，我们描述了影响评价实践的四种类型的评价方法。这些常规的评价方法包括了我们认为在文学领域和日常使用中最普遍的方法。我们在每一章中都讨论了这种类型的方法在评价中是如何出现的以及它的主要特征和目前是如何使用的。在一些类型中有许多重要的方法。例如，参与式评价有许多模型或方法。我们描述了每一种方法，包括它的显著的特征和贡献及这种方法的使用途径、优势和缺陷。接下来的第 9 章中，我们跨越了个别模型和方法的局限，讨论了评价的其他主题或者运动，它们对于今天的评价实践有着重要的影响。

许多评价类的书籍常常是由我们讨论的某一种方法的构建者编写的，阿尔金（Alkin）称之为"规范性理论（prescriptive theories）"或者评价方法。事实上，这些书籍的目的是深入地描述评价方法，并建议评价者予以遵循。本书没有强调某一种特定的方法。我们反而认为评价者和正在学习评价的学生们应当熟悉不同的方法，这样一来他们才能够作出明智的选择，了解哪一种方法或者不同种方法的哪些部分可以运用于哪一项特定的评价当中。我们描述的每一种方法告诉我们有关评价的一些内容、我们可以采用的观点以及我们怎样才能完成评价。在美国和全世界的评价需求增长的时期——正如唐纳森和斯克里文（Donaldson and Scriven）提及的"评价的第二次浪潮（second boom in evaluation）"——了解完整的评价方法、选择他们正在评价的方案中最适当的要素、客户和其他利害关系人的需求以及评价的情境等，对评价者而言很重要。

# 第四章　评价的多元化观点

**思考问题：**

1. 为什么有如此之多不同的评价方法？

2. 为什么要重点学习反映不同评价方法的评价理论？

3. 哲学上的和方法论上的哪些差异影响了各种评价方法的发展？

4. 其他学者对评价方法是如何进行分类的？本书对评价方法又是如何进行分类的？哪一种分类更趋合理？

5. 哪些实践问题导致了评价方法的多元化？

在早些时候评价作为一个研究领域出现时，它就陷入了定义上和意识形态上的争论。有一些人论及什么是评价的观点时认为评价具有广泛的不同，也有一些从事评价研究的人提出有关一个人应该如何实施评价的多元化的概念。从1960年到1990年，接近有60种关于应当如何实施评价的不同的建议得到开发和传播。这些建议已经被记录下来，涉及早期的评价方法的思考（格普哈特，Gephart，1978）到当前更多的有关评价模式的发展观（斯塔弗尔比姆，Stufflebeam，2001b）。它们具有不同程度的真实性。而令人感到更加扑朔迷离的是，一些评价设计没有任何现有的概念框架作为有意识的参考，然而一旦成功也会引出另一种评价方法。

评价者提出了多种方法或理论来完善评价领域的内容。威廉·沙迪什（William Shadish）把他作为1997年美国评价协会主席的演说词命名为"评价理论是我们是谁（Evaluation Theory is Who We Are）"，他指出："[a] 评价者应当了解评价理论，因为对我们的职业身份而言，它就是核心。"（1998，p.1）正如他所说，评价理论"为我们相互之间谈论评价提供了一种语言"："它是一个知识库，对专业进行了定义"（沙迪什，Shadish，1998，pp.3，5）。斯塔弗尔比姆（Stufflebeam）强调了学习评价理论和评价方法的重要性。他指出："多种评价方法的研究对方案评价的专业化和评价的科学发展与实践非常重要。"（2001b，p.9）正如沙迪什（Shadish）和斯塔弗尔比姆（Stufflebeam）所阐述的，有一些评价者使用了评价的"理论"术语；另一些评价者使用了评价的"模式"或者"方法"术语。我们倾向于使用字的方法，因为它们很少与真正的理论一样宽泛，它们的目的是指导评价实践。[①]

今天虽然没有占主导优势的评价理论或方法，但是较过去形成了更多共识。尽管如此，熟悉不同的评价方法对读者而言仍然很重要，不仅要学习评价领域的知识库和职业评价者讨论的问题，还要帮助职业评价者就评价方法或他们打算在评价中使用的不同的评价方法的要素作出有意识的选择、今天许多的评价者使用了混合型方法，为他们正在评价的方案选择最适合的要素、方案的背景和涉及的利害关系人。有时一个投资者会选择一种使用方法，但如果因为投资者不熟悉其他评价方法，而他选择的方法并不适合于方案或方案的背景时，评价者就可以选择通过协商予以变更。但是如果评价者缺乏这些不同方法的知识，那么当面对他们在评价中应当解决的问题、利害关系人可能的参与方式、采取适当的方法来收集数据以及最大化地利用评价结论的途径时，他们就可能作出不明智的选择。【例如，参见克里斯蒂（Christie，2003）对评价实践者的研究。】

我们将在第 4 章以后的章节中描述最常用的或者公认的评价方法。这些方法为评价者设计适合特定情境下的评价提供了概念性工具。在本章中，我们将讨论影响评价方法差异性的要素、评价方法分类的一些途径和我们是如何概念化今天常用的评价方法的。

---

① 沙迪什（Shadish）在他的演说中把"理论（theory）"定义为"或多或少的评估的理论著作构成的一个完整的体系成为他们主要的焦点"（p.1）。比如"方法（approaches）"，这些著作讨论了评估应当如何实施以及影响评估实践的因素。

# 方案评价的差异化概念

自 1960 年以来，从综合模型到采取行动的清单已经出现了许多的评价方法。有些人选择了一种综合的方法来判断一项方案，而其他人把评价看作识别和收集信息的过程，用以帮助决策者。还有一些人把评价视同专业判断，根据专家意见来判断一项方案的质量。在一所学校里，评价被看作把成绩与清晰的目标相比较的过程，另一方面，它又被视同对方案进行谨慎控制的实验研究，并在方案与结果之间建构因果联系。一些人关心自然探究的重要性或主张对多元化的认可、接纳与保留。另一些人关心的则是社会公平，他们主张那些被评价的实体应当在明确评价研究采取的方向和如何实施评价中扮演重要的，甚至是第一位的角色。

许多评价模式建构于不同的——甚至常常是相互冲突的——概念和定义的基础之上。我们以教育领域为例着手分析。

如果完全把评价视同专业判断，那么一项教育方案的价值将由专家来评定（通常是对主题进行研究），他们在行动中观察方案，检验课程材料或利用一些办法收集充分的信息来记载他们经过深思熟虑后得出的判断。

如果评价被视为对学生的绩效指标与目标之间的一个比较，那么课程和学生掌握的相关知识或者技能将依据这一尺度来考量，标准的建构或者会利用标准化工具或者会利用评价者建构的工具。

如果一项评价被视为是为决策提供有价值的信息，作为与决策者密切协作的评价者要确保决策的制定，针对每项决策选择收集有关比较优势和劣势等充足的信息，以判断哪一种是最优选。或者说，如果决策选择较为模棱两可，评价者就需要收集信息来帮助决策者确定或者分析他所作的决策。

如果评价者强调的是参与决策的方法，他（她）要确定相关利害关系群体，寻求他们对于方案的看法，可能的话，还需要了解他们对信息的需求。数据收集主要利用定性的方法，例如访谈法、观察法和对文献的内容进行分析，提供方案设计的多重视角。利害关系人将参与到评价的每一个阶段，有助于构建评价能力并确保评价方法的使用、评价结论的阐释以及最后的结论能够反映出利害关系人的多方面的观点。

如果评价者把评价视为在方案的活动和结果之间建构因果关系的关键环节，他（她）可能在方案和方案的选择中随机分派学生、教师或者学校；就预期结果收集定性数据；作出结论来证实方案成功地实现了预期的结果。

这些例子说明，人们看待评价的方式对于评价的规划和评价方法的使用有着直接的影响。认真地回顾前面提到的每个例子，它们都可以算得上是卓越的评价。但是评价必须考虑它们实施和使用的背景。每一个情境——方案的性质与阶段、研究的主要受众和其他利害关系人的需求与预期以及方案实施的政治环境——只有把握好了这些线索的方法才是最适合于某个特定情境下的评价研究的方法。因此，缺少对情境的描述，我们就无法考量哪种例子能够产生最好的评价研究。我们也无法基于自己的价值观，判断哪种例子是最合适的。然而，我们必须了解每种方法的特征和关键要素，只有这样，当我们在具体的情境下实施一项评价时，才能够作出适当的选择。

# 评价的多元化观点的起源

评价方法的多样性源自它们的创始者的不同背景、经历和世界观，同时也催生了不同的哲学取向以及方法论的和实践的偏好。这些不同的倾向促使创始者——和他们的支持者——更加广泛地利用不同的方法来实施评价并收集和解释信息与数据。评价方法的差异能够直接追溯到他们的支持者的不同的观点，不仅有关评价的意义与性质，也有关现实（本体论）和理论（认识论）的性质。

要理解评价多元化的概念的起源，读者首先需要了解有关本体论和认识论的不同的哲学观点。

### 哲学和思想上的差异

*逻辑实证主义（Logical Positivism）*。早期的评价发轫于社会科学领域，尤其是教育学与心理学，在一段时间内主导它的范式是实证主义。逻辑实证主义者是更极端的实证主义的分支，他们主张知识完全是通过经验，特别是通过观察获取的，对于世界和数据收集他们持有严格的观点（戈弗雷—史密斯，Godfrey-

Smith，2003）。他们主张（a）我们正在研究的一个现实目标和研究者与评价者的目标是利用社会科学的研究方法和统计概率的理论来发现那个现实，并建构事务运转的规则和原理，以及（b）为了有效地获取现实中的知识，研究者需要树立"科学的目标（scientifically objective）"。评价方法的核心要素是研究者应当与研究方案保持一定的距离，这样就不会影响方案本身、参与者或者研究结论。用于实现客观性或者保持距离的方法通常都具有定量的性质。客观性和客观主义意味着研究者的观点和价值观不会影响评价结论的获取，这是实证主义的一项重要原则。

**后实证主义（Post-positivism）**。赖卡特和拉利斯（Reichardt&Rallis，1994）指出尽管实证主义的元素在一段时间内持续地影响了研究和评价，但逻辑实证主义在第二次世界大战时期已经开始衰弱。然而，直至1984年，作为一位使用定量方法的杰出的方法论研究者和评价者，唐纳德·坎贝尔（Donald Campbell）指出："20年之前，逻辑实证主义在哲学科学领域占有支配地位……但今天这股潮流在哲学、社会学和其他学科的科学理论界已经逆转了。逻辑实证主义几乎是遭到了普遍的拒绝。"（p.27）不幸的是，后实证主义的出现正是基于反逻辑实证主义和许多混淆了两者的理论之上的。古巴和林肯（Guba&Lincoln）认为后实证主义的观点与评价的其他方法是不兼容的。然而，分别从事定量和定性研究的评价者赖卡特和拉利斯（Reichardt&Rallis，1994）有力地驳斥了他们的观点，指出后实证主义者，比如，坎贝尔和斯坦利（Campbell&Stanley，1996）以及库克和坎贝尔（Cook&Campbell，1979）并不持有逻辑实证主义者的观点。相反，他们通过自身的工作经历认为：这些后实证主义者和其他人认识到研究中的事实和方法或询问选择受到了研究者价值观的影响；知识是容易出错的，也是不断变化着的；数据能够通过不同的理论进行解释；现实是由人们和他们的经历建构的。

然而，后实证主义的重点是通过检验因果关系来制定规则和理论，并用以描述外部世界，尽管这些暂时的规则和理论提供的知识并不可靠。正是反响和主体间性，而不是客观性成为确保一项好的研究的关键（法兰克福—纳区密尔斯和纳区密尔斯Frankfort-Nachmias&Nachmias，2008）。主体间性是一个人在作研究时具有的一种能力，就是其他人能够判断这一研究结论并通过复制研究路径来确认他们是否能够获得同样的研究结论。豪斯和豪（House&Howe，1999）指出，就评价而言，这种哲学方法的关键特征之一，他们称之为"接受的观点（the received view）"，认为事实与价值观非常不同，并相信评价者应当会关注事实。

**建构主义范式**（*A Constructivist Paradigm*）。随着评价的不断发展，评价者发现背景和价值观在评价中扮演了非常重要的角色。不像许多的科学定律易于从一种情境推衍到另一种情境，影响教育成功的因素、社会的和经济的方案从一种情境到另一种情境会发生显著的变化。同样，评价中客户和利害关系人通常会有对信息的需求，而这些信息需求与他们更好地理解方案并没有必然的因果关联。方案的制定者认识到许多不同的"现实"、条件或者人生经历，那些方案旨在发现它们对不同类型的客户会产生的不同影响。他们希望更多地了解这些问题来帮助他们推进方案。价值观是方案、政策和评价的一个组成部分。把价值观从评价中去除将使评价变得不完整。

建构主义范式于是出现了，它们与这些评价者和方案制定者的观点和经历更吻合。建构主义者对本体论（ontology）和认识论（epistemology）持有不同观点（古巴和林肯，Guba&Lincoln，1994）。尽管我们现在了解了这些差异并不如它们有时被描述的那样极端，古巴和林肯关注理解（understanding）我们建构的世界，尤其是，不同的利害关系人所看到或者经历的多元的现实世界。他们主张客观性是不可能的；我们每个人都是通过我们自己的镜头看世界，受我们自己的经历的影响。后来，豪斯和豪（House&Howe，1999）强调了事实与价值二分法或者客观"事实"与主观"价值"之间的严格差异，事实上（双关语）是一个连续的统一体。我们的价值观影响了我们的感知。因此，评价者应当把价值观融入到评价之中——帮助利害关系人厘清他们的价值观，考虑到价值观天然存在于评价之中，描述方案时关注不同的利害关系人对现实的看法。建构主义也延续了它的重点，如史瓦兹（Schwandt）所称的知识的"地方性（localness）"。评价旨在帮助理解特定的方案和它的背景，并不关注普适性和为其他的情境制定规则和开发理论。

**一个革新的范式**（*A Transformative Paradigm*）。最近，一个新的评价范式——革新范式出现了。尽管这一范式正在赢得美国和西方国家的支持者，它最初出现时在国际发展工作和发展中世界仍然是最强大的。正如建构主义和后实证主义，这一范式的出现回应了实证主义的狭窄，也回应了发展中国家的关切，就是研究和评价常常无法解决核心的政治的和社会的问题。又如建构主义范式，革新范式承认多元化的现实和需要评价去抓住现实。然而，革新范式强调的是形成那些现实的政治的、社会的和经济的因素。革新范式并不关注方法论的选择，而更加关注评价要解决的问题的性质和利害关系人如何参与评价。革新范式也关注赋予社会中缺乏权利的群体以应有的权利。这些人包括穷人、少数族裔、妇女和残障人士（默滕斯，Mertens，1999）。评价的重点是帮助这些群体建构他们自己的知识体系，并赋予他们在评价中发挥重要作用的权利（霍尔；弗雷尔；Hall，1992；Freire，1970，1982）。评价者作为推动利害关系人作出评价决策的促进者，其目的是改变权力结构和知识。一些人把革新范式作为一种新的范式。另一些人把它作为一种方法。我们将在第 8 章中把这种类型的评价作为一种更加广泛的方法进行阐述。

**评价实践的范式影响**（*The Influence of Paradigms on Evaluation Practice*）。从方法论选择的角度来说，哲学范式及其内涵影响到了不同的评价方法的发展。有一些人认为范式以及定量的和定性的方法不应当相互融合，因为后实证主义和建构主义的核心利益是不同的（邓金和林肯，Denzin&Lincoln，1994）。而赖卡特和拉利斯（Reichardt&Rallis，1994）则主张范式是可以兼容的。他们和其他持有不同方法论立场的实用主义者——定量的和定性的——对不兼容的论点进行了争论，并极力主张评价者和研究者超越本体论和认识论的争执考虑他们正在研究的是什么和用适当的方法研究关切的问题。换句话说，评价和方法论的选择不应基于范式或者哲学观点来确定，而应基于每一项具体评价的实用特征和特定研究中需要测量的概念来确定。今天，许多评价者忽略了范式的争论而更倾向于务实的态度，他们使用的方法将在后面的章节中予以讨论（帕顿；塔萨科里和特德利；Patton，1990；2001；Tashakkori&Teddlie，2003）。豪和离目前更近一些的塔萨科里和特德利（Howe，1988；Tashakkori&Teddlie，1998）提出，务实的态度本身就是一种范式。他们认为本体论和认识论的讨论既无益处，也没有意义，并且主张研究者和评价者对于方法的选择应当视评价者或研究者试图要回答的问题而定。他们这么写道："实用主义研究者认为研究问题比他们使用的方法或构建方法的范式更为重要。"（塔萨科里和特德利；Tashakkori&Teddlie，2003，p.21）

然而，对读者而言熟悉这些范式是有用的，因为它们建构的哲学假设深刻地影响了不同评价方法的发展，并将继续在众多的评价和方法中扮演重要的角色。

## 方法论的背景和偏好

正如前面提到的，许多年来，评价者一直对定性或者定量的研究方法的使用和价值持有异议。这些对方法论的偏好源于我们前面描述过的旧的范式。就是说，后实证主义范式聚焦于把定量的方法作为获取客观信息的更好的方法，这些信息涉及评价者和研究者所研究的现象之间的因果关系。更确切地说，定量的方法要依据数值资料。这些资料包括测试、问卷和某些可量化的构想形成的直接的措施，比如，用学生的高中毕业率来验证一所学校的成功；用血液中的酒精含量来评定醉驾司机的处罚办法；或者用失业人口的数量来评价经济发展方案。定量的方法也依据实验和准实验设计或者多元统计法来建构因果关系。

建构主义者更关注于描述不同的观点以及探索和发现新的原理。古巴和林肯（Guba&Lincoln）讨论了对所研究的现象进行"深度描述（thick description）"的问题。这类深度描述更易于使用定性观察、访谈和分析现有的文献。建构主义者也看到了研究因果关系的益处，但他们强调的是更多地理解因果关系，而不是在方案和结果之间建构一个明确的因果关联。鉴于这些重点，建构主义者更倾向于定性的方法。定性的方法不易于简化成数字，它包括资料收集方法，比如访谈、讨论小组、观察和分析现有文献的内容。

一些评价者指出定量的方法常常被用以对理论进行测试或者确认，而定性的方法常常被用以探索和发展理论（塞赫雷斯特和菲格雷多，塔萨科里和特德利；Sechrest&Figueredo，1993；Tashakkori&Teddlie，1998）。如果评价的方案是基于一个已建构的理论，评价的目的是确定理论是否能够运用于新的情境中，定量的方法可以用于确定理论假设的因果机制或者影响是否真实地发生了。例如，建立在某一个理论基础之上的阅读方案正在尝试着适用于更年轻的群体或一个新的学校。它的重点是确定理论在新的情境中实施是否比在其他情境中实施更能提升学生的阅读理解力。在几个月的时间里，学生被随机地分派到新的方案或旧的方案中，然后通过对他们的阅读理解的测试来收集数据。定性的方法也能够用来检验因果联系，但如果重点在确立因果关系，那么定量的方法可能是更适合的。与此相反，如果评价者正在评价一项实验方案或者政策，只需要制定粗略的理论——例如，一个特定的学区中的新的教师绩效工资方案——一个定性的方法通常将更适合描述和理解方案到底是怎么回事。尽管一些学区目前正在检验绩效工资的效果，但是没有人知道绩效工资在教育情境中到底运行得如何，从其他行业的结果来看是利弊参半的（佩里，康格斯和朱诺；斯普林格和温特斯；Perry，Engbers，&Jun，2009；Springer&Winters，2009）。在这个案例中，通过与教师、校长和其他教职工的访谈；在员工会议上的观察；政策文献的内容分析；利用其他方法了解更多学校环境中绩效工资的影响；教师的保持率、满意度和绩效；团队协作；教师与校长的关系和许多其他的问题等一系列途径收集大量的定性数据是非常重要的。

在早期的评价中大多数的评价者受到的是定量研究方法的训练。评价者主要来自心理学、教育学和社会学等学科。评价领域中，定性研究方法的出现为评价提供了新的方法论，它最初遭到了那些更加习惯于使用定量方法的人们的抵制。然而，直到今天大多数的评价者（和研究者）才承认这两种方法融合使用的价值，大多数研究生项目也认识到对他们的学生同时进行这两种方法的训练的必要性，尽管一些人更加关注其中的一种方法。对研究者而言，他们大多数的学术生涯中偏向于研究相同的或近似的主题，因此对适合类型构造的方法论和他们正在研究的情境进行强化训练是适当的。但是，评价者在他们的职业生涯之中研究的许多重要的方案和政策包含了许多不同的重要的构想。因此，评价者现在认识到同时具备定性的和定量的研究方法的技能是必要的，只有这样才能为他们正在评价的方案和背景选择最适合的方法。

这些年来，形成了一种有用的构架用以阐释评价者之间和方法之间的差异，它源于史蒂文森和托马斯（Stevenson&Thomas，2006），他们分析了所谓的评价的知识背景。他们确定了评价的三种传统，这三种传统与一个人最初受到的训练和从事的学科紧密关联：

（1）实验的传统主要由受到心理学和社会学训练的人组成，他们使用定量研究方法，重点关注因果关系的建构。唐纳德·坎贝尔（Donald Campbell）是这项传统的早期领袖，他推动社会心理学家从实际出发思考并从事有用的研究，而不仅仅是局限于实验室。

（2）案例／背景的传统，受拉尔夫·泰勒（Ralph Tyler）和他的学生李·克龙巴赫（Lee Cronbach）的主导，建构在教育学基础之上。这场运动源于测试和学生评价，但是后期转向描述教师的方案和工作以了解究竟发生了什么。

（3）受政策影响的传统由受到政治科学训练和常常在联邦政府中工作的人组成。其领袖包括卡罗尔·韦斯和约瑟夫·沃利（Carol Weiss&Joseph Wholey）。他们的工作重点在政策方面，略去除了个人的方案，但是尽力去帮助民选的和任命的政府官员就政府应当资助什么或者采取怎样的方向等问题作决策，它引起了对使用和设计的关注，这一点非常不同。

尽管今天评价者能够在专业协会等大型会议上聚会，比如美国评价协会有超过 2000 位评价者参加，但是这些传统仍然保留了下来。他们彼此都了解一些，但是常常会继续关注那些他们熟悉的环境中的问题，这与他们的工作和他们最初受到的训练有关。通过在本书中介绍不同的方法，我们希望帮助读者搭建这些学科和传统之间联系的桥梁，并从他们的工作背景中了解什么可能是有价值的。

**学科界限和评价方法论（*Disciplinary Boundaries and Evaluation Methodology*）。** 在一个有着如此丰富的可选择评价方法的领域里，一些评价者仍然陷入工具误置规则的困境之中[1]，而不是适应或者发展评价方法以迎合方案、利害关系人和识别评价问题的需要，实是具有讽刺意味。在许多案例中，评价的工具误置规则根植于评价者受到的早期学科方法的训练。然而，斯克里文（Scriven，1991c）有力地指出评价并不局限于单一学科而是跨学科的，它运用到了更广泛的学科范围，比如逻辑、设计和统计学。

---

① 卡普兰（Kaplan，1964）描述这种谬误时指出，如果你给一个男孩一把榔头，那么突然间他遇到的每一件事情就都会需要用到榔头。他认为同样的情形对科学家而言也是适用的，当他们能够得心应手地使用一种特定的方法或者技能时：突然所有的问题都能拧成一种形式，于是这些问题能够通过那种方法得到解决，而无论它是否是适合的。

# 评价原理或者方法的分类

## 现有的类别与评述

近几年，许多评价者出于不同的目的尝试着对评价原理进行分类。沙迪什、库克和莱维特（Shadish，Cook&Leviton，1995）的著作最具影响力，它回顾了重要的评价理论的创立者，部分阐述了这一领域的历史趋势和革新，更重要的是确定和描述了重要的评价理论。当评价在美国出现伊始，沙迪什等人（Shadish et al.）就确定了评价理论的三个阶段。第一个阶段在20世纪60年代，以重点关注使用科学缜密的评价方法解决社会问题或者研究政府方案的绩效以达到目的为特征。这一阶段的评价强调的是检验方案的因果关系，并判断每项方案的价值。沙迪什等人（Shadish et al.）重点关注了评价者个人对于在每一个阶段中处于主导地位的评价理论的阐释。在第一个阶段中，他们推崇的代表人物是麦克·斯克里文（Michael Scriven），他和唐纳德·坎贝尔（Donald Campbell）发展了他的评价理论——对方案或政策的价值形成判断的过程，他发展了准实验方法在实验室之外建构方案的因果关系，并讨论了管理者和评价者应当如何使用这些方法。第二阶段反映了评价者日益增长的对评价结论使用的关注。[①] 第二阶段评价者主要关注推进评价的发展和革新，比如，鼓励评价者构建与特定利害关系人的关系以促进评价的使用、拓展评价方法以适应不同利害关系人可能的信息需求和价值观。第二阶段中，他们推崇的代表人物是卡罗尔·韦斯（Carol Weiss）、约瑟夫·沃利（Joseph Wholey）和罗伯特·思特克（Robert Stake），他们以完全不同的方式关注提升评价的回应性和效用。第三个阶段中沙迪什等人（Shadish et al.）把如李·克龙巴赫（Lee Cronbach）和彼得·罗西（Peter Rossi）等视为将第一阶段强调事实或者科学性与第二阶段强调评价对利害关系人的效用两个方面整合起来的评价者。第三阶段中评价者为使评价既具有有效性，也具有有用性，他们引入了新的概念，比如发展一项社会方案的理论以辅助对此方案的评价并使它适用于其他

---

① 第一阶段中的理论者没有广泛地评述评估的使用，假设结论顺理成章地被消费者、管理者或者政策制定者使用。

的方案。

斯塔弗尔比姆（Stufflebeam，2001b）也分析了评价理论，和我们一样他称之为"方法（approaches）"。他的工作就是减少越来越多的评价理论，并找出它们中最具有潜力的理论。他尝试减少理论的数量，通过深入地研究他使用了最关键的描述对最有用的 20 种不同的评价方法中的每一种方法进行了总结。他利用了由联合委员会开发的标准（Standards）详细地评判了 9 种方法。他对于不同方法的评价也受到了每一种方法所解决问题的程度的影响，他认为："评价的基本要求是评价一项方案的优势或者价值。"（斯塔弗尔比姆，Stufflebeam，2001b，p.42）我们感兴趣的是他将这 20 种方法分成了三个类型：（1）问题和 / 或者方法导向法（Question and/or Methods-Oriented approaches）；（2）改进 / 责任法（Improvement /Accountability approaches）；（3）社会议程 / 宣传法（Social Agenda/Advocacy approaches）。他的第一个类型问题和 / 或者方法导向法是三个类型中最大的一类，包括了 20 种方法中的 13 种方法。斯塔弗尔比姆（Stufflebeam）指出，这些方法都是类似的，它们趋向于通过聚焦特定的问题或方法"缩小评价的范围"（2001b，p.16）。这个类型中的方法包括聚焦于具体的策略决定应当怎样评价（以目标为导向和以理论为基础的方法）；聚焦于具体的方法来收集资料（客观测试、绩效测试、实验研究、案例研究、成本—效益分析）或者组织资料（管理信息系统）或者聚焦于具体的方法以呈现和判断评价结论（澄清听证会）。[1] 斯塔弗尔比姆（Stufflebeam）的第二种类型，改进 / 责任法包括"强调了充分评价方案的优势或者价值的要求"（2001b，p.42）。斯塔弗尔比姆（Stufflebeam）认为他们的方案中这些方法更加全面，目的就是为了服务于他们对方案的优势或者价值的判断。典型案例包括鉴定 / 认证方法和斯克里文（Scriven）的消费者导向的方法，都是为潜在的消费者判断结果的质量。社会议程 / 宣传法是"通过方案评价影响社会"，而不是重点强调判断结果的综合质量或者依赖某种特定的方法（斯塔弗尔比姆，Stufflebeam，2001b，p.62）。在实施评价的过程中，这些方法涉及社会中权利缺失的群体的参与或是授予他们应有的权利。这些方法包括思特克（Stake）

---

① 这些日子类别是我们对这 13 种方法的阐释，而并非出自斯塔弗尔比姆（Stufflebeam）。

的客户至上或者回应性评价以及豪斯（House）的协商式民主评价。

1985 年，阿尔金和埃利特（Alkin&Ellett）提出了全面的评价理论必须能够解决三个方面的问题：方法论、如何评价或者判断资料以及评价的使用。阿尔金和豪斯（Alkin&House）把这些问题确定为三个连续统一的问题：（1）方法具有从定性到定量连续统一的特征；（2）价值观具有从单一（以一种价值观或者方法来判断资料和方案）到多元（多种价值观）的特征；（3）使用范围从工具需求或直接使用到有启发的或间接使用。2004 年，阿尔金和克里斯蒂（Alkin&Christie）使用了这些维度对评价理论者和他们的方法进行了分类，并建构了一个树形视觉模型。树形结构的根部体现了评价的双重基础：社会调查（使用"系统和合理的方法"）和责任与控制（体现了使用评价的目的与意图）。树形结构的枝叶体现了阿尔金和豪斯（Alkin&House, 1992）早期确定的方法、价值观和使用等三个维度。个别的理论者用这三个支流中的一支来反映他们的方法的关键维度。正如沙迪什等人（Shadish et al., 1995）一样，阿尔金（Alkin）和克里斯蒂（Christie）利用了个别的评价理论者来阐述评价的不同方法。

经过分门别类后的每一项评价方法或者原理为评价及其历史和实践提供了有益的见解。沙迪什、库克和莱维特（Shadish, Cook, & Leviton）阐述了早期评价用以对社会方案进行判断的事实，后来认识到需要有意识地考虑评价的使用，这两个问题在后期开始相互融合和适应。阿尔金和克里斯蒂（Alkin&Christie）的模型建构于这些基础之上，却与沙迪什等人（Shadish et al.）略有不同。它根植于社会调查、责任和控制，但它考虑了评价者的三个要点：方法、价值观和使用。斯塔弗尔比姆（Stufflebeam）的分类不同于前两者，他没有重点关注个别评价者和他们的著作以确定评价类型，而是关注了评价原理或者模型的内容。[1] 他实施的分类是通过考量用以关注评价的定向策略或原则。他最先聚焦评价体现于他的三种分类上：使用特定的评价问题或方法、采取综合方法对方案的质量作出判断

---

[1] 当然，检验支持者的著作也会让人考虑到它的理论部分，因为人们会撰写他或她的评估方法或理论。不同的是阿尔金和克里斯蒂（Alkin&Christie, 2004）以及沙迪什等人（Shadish et al., 1995）关注于个人对理论的阐述，而斯塔弗尔比姆（Stufflebeam）的著作很少涉及个人。尽管斯塔弗尔比姆（Stufflebeam）提及的一些理论被确认为只涉及某个人，其他人并非如此。

或通过考量社会公平性和权利缺失者的需要完善社会及其方案。与斯塔弗尔比姆（Stufflebeam）一样我们的目的是减少目前评价方法的数量。尽管斯塔弗尔比姆（Stufflebeam）关于减少评价方法的途径是判断每一种方法的质量，我们综合的方法是通过描述（describe）每一种方法帮助你——每位读者考量不同的方法及其在你的工作中的潜在用途。[①] 尽管评价用到的许多不同的方法看起来很混乱，但是它们的差异给予了评价者选择最适合于他们的评价方案的某种方法或者其要素的空间。我们的任务是用一种途径对这些方法进行分类来帮助你考量它们并就实施评价的可能的途径拓展你的观点。

## 评价方法的分类模式

根据我们有关引领或指导评价要素的定义，我们选择将众多不同的评价方法分为四种类型：

1. 面向综合判断方案或者产品质量的方法：这些方法包括专家意见导向和消费者导向的评价。它们是最陈旧的评价方法，在正式的评价方法出现以前使用很多。我们将讨论埃利奥特·艾斯纳（Elliot Eisner）在鉴定、校勘和确认等方面的著作、其他专家意见导向的评价类型以及麦克·斯克里文（Michael Scriven）的消费者导向的方法。专家意见和消费者导向的方法对谁从事了评价和方法论方面有着显著的不同，但是它们的共性都是引导评价者把重点放在对他们正在评价的东西的质量进行评价和判断上。

2. 面向方案特性的方法：这些方法包括目标导向、标准导向和理论导向的评价。在每一种评价方法中，评价者利用了方案的特性、它的目标、它被设计要达到的标准或者涉及确认哪些评价问题将成为评价重点的理论方案。

3. 面向就方案作出决策的方法：这些方法包括丹尼尔·斯塔弗尔比姆（Daniel Stufflebeam）的背景—投入—过程—结果（Contxet-Input-Process- Product, CIPP）的方法和迈克尔·帕顿（Michael Patton）效用聚焦评价（Utilization-Focused Evaluation）以及约瑟夫·沃利（Joseph Wholey）的有效评价和绩效监控。

---

① 尽管我们的目的不是判断每种方案的质量，但是向你介绍它们，我们没有包括在一项评估中不能实现某个有效目的的方法。

这些方法关注评价在提供信息以提升利害关系人或组织的决策质量方面的作用。

4. 面向利害关系人参与的方法：这些方法包括罗伯特·思特克（Robert Stake）的回应性评价（Responsive Evaluation）、实际参与评价（Practical Participatory Evaluation）、开发评价（Developmental Evaluation）、赋权式评价（Empowerment Evaluation）和民主导向的方法。

这些个人评价方法的类别的归属在某种程度上来说具有随意性。一些评价方法具有多样性，包含一些特质使它们可以归置到多种类别当中。为了表述清晰，我们把这些方法归入一个类别并只参考它们在章节中的其他特质。我们的分类主要基于我们所了解的评价背后的驱动力：影响到选择研究什么和从事研究的方法的因素。在每个类别当中，评价方法会随着形式和结构水平的变化而发生变化，一些方法从哲学上和程序上来说都发展得相对较好，一些则发展得不够好。一些方法得到频繁使用，而另一些方法则使用较少，但它们都影响到了评价者的思想。下面的章节里我们将拓展这些评价方法。

## 主要的概念和原理

1. 在评价相对较短的历史中出现了许多涉及如何实践评价的不同的方法或原理。

2. 评价者应当熟悉各种评价方法，目的是选择最适合他们正在评价的具体方案及其背景的方法或者方法的要素。

3. 不同的评价方法受本体论（世界和现实）和认识论（知识）等不同的观点以及为获得有效知识的途径的影响。这些观点通常与评价者受到的研究生学术训练和生活经历有关。

4. 今天，评价领域和社会科学领域典型的范式包括后实证主义范式、构成主义范式、革新主义范式和实用主义范式。

5. 一些人对评价原理或者方法进行了分类，他们主要根据事实、使用以及两者的相互结合；或者通过问题或方法、改进／责任和社会议程／宣传等途径进行分类；或者通过他们关注的方法、价值观或者使用等途径进行分类。

6. 我们根据指导评价行动的要素进行原理的分类。我们的分类包括就方案的质量、方案的特征、作出的决策和利害关系人的参与等作出全面判断的方法。

## 问题讨论

1. 影响评价的范式之间有哪些主要的差异？哪一种范式看起来最适合你？为什么？

2. 人们定义的方案评价方法是如何影响一项评价研究的？

3. "评价不是一项传统的学科，而是一项交叉学科"，就一位评价者在一项评价中可能使用的方法论或者方法而言，这段述评意味着什么？

## 应用练习

1. 考虑一下你会如何接近评价。描述你的实施步骤。然后，根据你的哲学和方法论的偏好分析一下你的方法。解释一下你的学术背景和你将评价的内容是如何影响到你的方法的。描述一下可能会影响到你的评价方法的其他方面。

2. 在你的领域内确定一项你想了解的评价方案。列出一些定性的能够使用的评价方法。现在列出一些你认为适当的定量的方法。这些不同的方法向你说明了什么？

3. 安德森公立学区（Anderson Public School District）最近为校长设立了一项新的培训方案。如果采取后实证主义的范式来实施这项培训方案的评价，你会询问什么样的问题？你会收集什么类型的资料？如果你采取了建构主义的视角实施这项评价会有什么不同？革新主义的视角呢？

## 推荐阅读书目

Alkin，M.C. (Ed.). (2004). *Evaluation roots*.Thousand Oaks，CA: Sage.

House，E.R.，&Howe，K.R. (1999). *Values in evaluation and social research*. Thousand Oaks，CA: Sage.

Reichardt，C.S.，&Rallis，S.F. (Eds.). (1994). *The qualitative-quantitative debate: New perspectives*. New Directions for Program Evaluation，No.61. San Francisco: Jossey-Bass.

Sechrest，L.，&Figueredo，A.J. (1993). Program evaluation，*Annual Review of Psychology*，44，645-674.

Shadish，W.R.，Cook，T.D.，&Leviton，L.C. (1995). *Foundations of program evaluation*. Newbury Park，CA: Sage.

Stufflebeam，D.L. (2001).*Evaluation models*. New Directions for Evaluation，No. 89. San Francisco: Jossey-Bass.

# 第五章 第一种方法：
# 专家意见导向和消费者导向的方法

**思考问题：**

1. 支持和反对利用专业判断作为评价方案的方法的观点有哪些？

2. 专家意见导向的评价方法有哪些不同的类型？它们有哪些相似之处，又有哪些不同？

3. 目前为什么存在对高等教育机构认可的争议？这些争议反映出了经常出现在许多评价中的哪些共性问题？

4. 消费者导向的评价方法与专家意见导向的评价方法有哪些相似？有哪些不同？

5. 这些方法是如何影响到今天的评价实践的？

每一个人都会接触到评价。我们在讨论第 1 章时提及，我们会对遇到的东西的质量形成观点或者作出决策。类似的评价包括了所有事情，从我们刚刚吃完的一顿饭或上周看过的一场电影或听过的一场音乐会，到更严肃的事情———项在我们的高中帮助学生摆脱退学风险的方案或者为我们学校新生的家长建立家长联系的方案。这里的重点不是我们个人对某件事情的判断，而是建立更加正式、结构化和公共的评价。尽管我们这里把个人的评价与更正式的评价联系起来了，但这是因为最早期的评价方法涉及的几乎完全是判断某件东西的质量。而这些判断源于一群经常走到一起考量他们的评判标准和方案或产品的人们。

最早的现代评价方法是专家意见导向和消费者导向的评价。尽管这些方法在专业评价领域没有得到广泛使用，但是仍然沿用至今。它们影响了我们思考评价及其目的和方法的角度。我们将对此进行简要地回顾，其重点是当前广泛使用的方法—认证—阐述其核心的原则以及这些方法是如何影响评价实践的。

# 专家意见导向的评价

专家意见导向的评价方法可能是最早的正式的和公共的评价类型，正如它的名称所述，它主要依靠专业技能来判断一所研究机构、一个方案、产品或活动的质量。例如，评价一项校长领导力的培训方案的绩效，它的评价方式可以通过来自包括领导力、教育管理和培训等不同领域的专家进行，他们能够观察行动方案、检验方案的材料和基本理论，也可能访谈一些培训教师和参与者或者用其他的方式，收集充分的信息并提出有关方案的价值的正确判断。

在另一个案例中，一所医院的质量能够通过考察医院的专用方案、运营设施、急诊手术、住院手术及其药房等方面和从事医疗、健康服务和医院管理等工作的专家进行评价。专家们会通过检验医疗设施和用品、理论上和实践中的操作程序、不同治疗方案的使用频数和疗效、医务人员的资格、病人的病历和其他方面确认医院是否达到了适当的专业标准。

尽管所有的评价方法都会涉及某种程度的专业判断，但是这种方法与其他方法显著不同的是因为它直接并完全依靠专业技能作为主要的评价策略。这种技能由评价者或者学科领域的专家提供，最终取决于他们谁能够提供最优的评价材料或者程序。通常一个人不可能掌握评价一项方案、一个研究所或者机构等所需的全部必要的知识。一个相互协作的专家团队更可能形成合理的评价。

许多具体的评价过程是由这种方法转化而成的，包括博士学位考试，它通过委员会、提案审查小组和实地走访的方式进行管理并由专业认证协会得出结论，通过国家授权机构审查机构或者个人；审查教师的绩效以决定教师的晋升或终身教职；同行审查提交给专业期刊的文章；在方案赞助方的要求下实施教育方案的实地考察，通过著名的蓝丝带调查组（blue-ribbon panel），甚至是起到监督作用的那些无处不在的专家提出的批评意见进行审查和推荐。

为了对多元化的专家意见导向的评价活动进行排序，经过归纳和讨论我们把这些形式分为了四种类别：（1）正式的专业审查体制；（2）非正式的专业审查体制；（3）专案小组审查；（4）特设个人审查。我们从以下几个方面对这些不同的类别进行了阐述，如表5.1中所示：

1. 从事审查工作有一个现存的结构吗？
2. 是否有一个公开或者清晰的标准可以作为审查的一部分？
3. 审查时间表有一个指定的时间间隔吗？
4. 审查包括了多位专家的观点吗？
5. 审查结论会影响评价对象的现状吗？

表5.1　四种不同类型的专家意见导向的评价方法的特性

| 专家意见导向的评价方法的类型 | 现存的结构 | 公开的标准 | 指定的时间表 | 多位专家的观点 | 结论对评价对象现状的影响 |
|---|---|---|---|---|---|
| 正式审查体制 | 是 | 是 | 是 | 是 | 经常 |
| 非正式审查体制 | 是 | 很少 | 有时 | 是 | 经常 |
| 专案小组审查 | 不是 | 不是 | 不是 | 是 | 有时 |
| 特设个人审查 | 不是 | 不是 | 不是 | 不是 | 有时 |

## 专家意见导向的评价方法的开发者和他们的贡献

很难精准定位这种方法的来源，因为它已经伴随了我们很长的时间。它正式被用于评价在19世纪，当时学校开始对大学的入学门槛进行标准化。它非正式使用是从第一次明确了一个人的专业技能是公开地对一些努力的尝试作出判断开始的——而当它发生之时历史却没有记载。许多运动和个人推动了不同类型的专家意见导向的评价的发展。

埃利奥特·艾斯纳（Elliot Eisner）—— 一位早期的评价者，我们将在本章中的后面部分讨论，他强调了鉴别、评判以及针对评价对象的专业技能在评价中的作用。詹姆士·麦迪逊（James Madison）和亚历山大·汉密尔顿（Alexander

Hamilton）承担了"专家评价者（expert evaluator）"的角色，他们对于新提出的宪法的意义与价值的讨论和详细说明都记录于《联邦党人文集》（*The Federalist Papers*）之中。（他们之所以是专家因为他们出席并活跃在起草文件的制宪会议上。依据他们的身份，他们也是内部评价者。）他们的著作在当时是有影响力的，还仍然被法理学家们运用于美国的法院来阐释宪法的意义，并说明一些重要的行动是源于专家作出的合理判断。高等教育机构认证是目前专家意见导向评价主要的应用形式。新英格兰院校协会（New England Association of School and Colleges）在新英格兰被授予了高等院校第一认证和持续认证机构。该协会创始于 1885 年，在当时的新英格兰一群预科中学校长开始与大学校长会面讨论为上大学作准备的毕业生应当知道什么。在 100 年以前，中学和大学的领导者们就已经开始讨论课程之间的衔接方法了。

## 正式的专业审查体制：认证

*历史缘起*。对很多人来说，大多数熟知的正式的专业审查体制是认证，这一过程类似一个组织认可了一所机构，比如学校、大学和医院。自 19 世纪末开始，美国的区域认证机构逐步取代了借鉴而来的西欧的学校监管体系。在 20 世纪 30 年代，这些高等教育认证机构发展成为一支强大的力量。教育领域制度化的认证过程不仅是用以确认和调控教育机构的。类似的努力也发生在其他的行业，包括医学和法律，人们对教育质量的关注引起了社会对那些教育领域专业人士的专业判断进行了大规模地采纳。最令人难忘的案例发生在 20 世纪早期，弗莱克斯纳（Flexner，1910）在美国和加拿大对医学院的检验，直接造成他调研的许多劣质医学院的关闭。但是富欧顿（Floden，1983）指出，弗莱克斯纳（Flexner）的研究从严格意义上来讲不是认证，因为医学院并非自发参与，但从广义上来说它无疑也是认证：这是一个基于个人的判断评价教育机构的经典案例。

弗莱克斯纳（Flexner）的方法与现代的认证方法的不同突出表现在两个方面：

首先，弗莱克斯纳（Flexner）不是作为专业人士的一员而是按照自己的推测作出判断。尽管作为一个没有任何医学的专业技能的评价者，弗莱克斯纳（Flexner）还是冒险去判断了两个国家医学培训的质量。他主张常识与专业技能最相关：

事实再一次表明，一个不受羁绊的外行人最适合承担一项综合性的调查。不可否认，专家有他的优势，但是如果我被问及最有希望推进法制教育研究的方法时，我会找一位门外汉，而不是一位法律教授；或设计一项教师培训调查的合理方案时，我无论如何也不会雇用一位教育学教授。（弗莱克斯纳，Flexner，1960，p.71）

应当指出的是弗莱克斯纳（Flexner）的观点仅是偏袒了他自己的研究。尽管他是一个医学门外汉，但是他是一个评价者，他的判断针对的是医学教育而不是医学实践。因此，即便在这种情况下也运用到了相应的专业技能。

其次，弗莱克斯纳（Flexner）没有尝试着为他采取的标准或者操作过程提出经验性的支持，因为他坚持认为他使用的标准是衡量学校质量的显性（obvious）指标，并不需要类似的支持。他收集信息和达成判断的方法很简单明了："随意地走过实验室就可以发现暴露出来的问题，或者缺少设备、博物馆标本以及藏书，没有学生；还有一点内情涉及这些学校培养学生解剖学的教学态度。"（p.79）

再次，弗莱克斯纳（Flexner）摒弃了专业的细节和礼貌的批评，这些会经常出现在今天的认证过程中一些负面的结果之中。他报告的摘录中提及一所学校时包括了严厉的控诉："它所谓的设备之脏之乱简直无法形容。它的全套解剖设施就是一小盒骨头和一具干枯的、污秽的尸体。冰冷和已经生锈了的孵化器，一台显微镜，……甚至没有达到县医院的标准。如果一个国家的法律还允许这所学校存在，那将是一个耻辱。"（弗莱克斯纳，Flexner，1910，p.190）

尽管作为一项很好的专家意见导向的评价案例（专业技能对教育工作者而言是一块试金石，不是对医生而言的），弗莱克斯纳（Flexner）的方法更像是现代的评价者，他们把判断视为评价中必不可少的部分，把众多的标准视为对逻辑和常识的重要拓展（例如，斯克里文，Scriven，1973）。

**目前高等教育的认证。**在今天的美国和许多其他的国家，认证作为专家意见导向的正式的审查体制符合我们的标准。这项体制利用了现有的结构（在美国，通常是一个独立的区域性的或者国家级的认证组织；或者在其他国家是一个政府机构），由对认证负责的组织制定标准；有一个指定的时间表（例如，每隔 2 年、5 年或 10 年进行机构审查）和采纳多位专家的观点；机构、部门、大学或学校的现状受到评价结论的影响。认证是一个很好的专家意见导向的评价案例，因为它在方案或机构中使用了掌握了专业技能的人，由他们形成对评价对象的质量的判断。一所机构或方案的认证提供给消费者和其他利害关系人一些有关这所机构的质量的线索，认证由这一领域的专家进行判断，有利于形成终结性决策。例如，许多学生使用一所机构或方案的认证结论来帮助他们决定是否申请或加入这所机构或此项方案。进一步而言，认证过程提供给机构的反馈能够用来改善方案和机构并作出决策。因此，认证过程同样服务于形成性目的。

美国最常见的认证是高等教育机构认证[①]我们花时间描述这个过程是因为最近它变得尤其政治化和富于争议，甚至于对那些没有参与认证的读者而言也是如此，争论表明在评价之中常常出现不同的政治问题和选择的类型。这些包括了不同的意见，涉及评价的目的（形成性或终结性的）；专家或者评价者的中立性和独立性；进行产品质量判断的标准和收集或者审查的资料以及过程的透明度（什么是可以对组织以外的公众或者利害关系人公开的）。通过向认证机构提供学生贷款而持有其股份的美国教育部开始就传统实践中由独立的区域认证机构对高等院校进行认证审查的问题提出了异议，争议在此时已经发酵了。

正如我们之前提到的，在许多国家包括德国、荷兰、印度和英国，高等教育机构是由法律进行认证的。政府机构通常通过教育部实施认证。而在另一些国家，比如加拿大就没有高等教育认证程序，部分因为绝大多数的高等教育机构由地方政府管理并得到了充分监督。在美国，认证的演变路径很大程度上反映了民众对政府的不信任。随着民众对政府职能最小化的期许，非盈利性的或者民间自发形成的协会完成了在其他国家常常由政府机构来实施的认证任务。

我们之前也提及了新英格兰院校协会，它是美国第一个认证组织。作为一个建立在这一地区的中学的管理者和大学的领导者之间最早的对话机制，它创立于1885年并最终发展成为服务于区域的大学和研究机构的认证协会（布里延厄姆，Brittingham，2009）。其他的区域协会随之产生，每个协会都承担起了区域内高

① 中等教育和学区偶尔也进行认证。例如，在一些州正在进行学区审查并提供认证。类似 AdvancED 等协会已经形成，在中北部和南部的认证协会之外推动了高等教育对基础教育认证的关注。此外，许多私立学校也得到认证。我们的重点是讨论高等教育认证，因为它经历了一个最长的建构期，并阐述了更多专家意见导向的评估和争议。

等教育认证机构的职责。今天，美国有6个区域认证组织，每一个组织在区域内都从事相似的活动。[①] 尽管这些协会也常常参与基础教育的认证，但是它们关注的主要还是高等教育认证。最后，许多认证协会只审查特定学科的方案而并不针对整个机构。例如，美国律师协会（American Bar Association）只审查法律学校；美国医学院校协会（the Association of American Medical Colleges）审查医学院校；国家教师教育认证委员会（the National Council for Accreditation of Teacher Education, NCATE）审查教师教育方案，而最近刚刚出现的教师教育认证委员会（Teacher Education Accreditation Council, TEAC）成为它的一个竞争者。

自20世纪50年代起，高等教育机构的认证通过6个区域性协会实施，它们遵循着类似的规划和任务导向的方法。随着任务导向法的发展，认证机构的重点放在尽可能地追求与实现它的使命上。尽管每个协会也都有运用于高等教育评价中的标准，但是任务导向的方法反映了协会的评价宗旨。芭芭拉·布里延厄姆（Barbara Brittingham）描述了美国的任务导向的方法和认证程序，它"常常关注未来"以帮助机构不断地发展（2009，p.18）。

**认证过程**。在认证的第一阶段，申报机构准备自查报告描述它的任务和针对任务的工作进展，也包括申报机构准备如何达到认证机构要求的标准。第二阶段是专家意见导向法实施的核心阶段：一支同行组成的团队、来自本地区其他机构的教师和管理人员收取报告并进行实地考察。这期间他们可以访谈教师、管理者、员工和学生；审查申报机构的任务记录、课程设置、学生的满意度和成绩；观察教学设施和教室等。根据他们的审查报告和进行实地考察的经历，通常由3到4位专家组成的团队来撰写报告陈述他们对申报机构的看法、对申报机构认证情况的意见和进一步改善的建议。实地考察报告由认证协会的常设委员会进行审查，

---

① 美国主要的区域认证协会是中部州高等院校协会（Middle States Association of Colleges and Schools）；新英格兰院校协会（the New England Association of Schools and Colleges）；中北部院校协会（the North Central Association of Colleges and Schools）；西北部学校认证协会（the Northwest Association of Accredited Schools）；南部高等院校协会（the Southern Association of Colleges and Schools）和西部院校协会（the Western Association of Schools and Colleges）。尽管也存在其他的认证组织（例如，宗教性质的机构），但是这些区域性的认证协会通常被认为是美国主要的认证机构。

而这可能导致最终结论的修改。该委员会的结论代表最终的结论。

专家意见导向的过程体现在以下几个方面：（1）协会拥有涉及高等教育标准、其他研究机构的情况、认证和审查实践等方面的专业技能；（2）组成现场调研团队的教师和管理者掌握专业技能，他们参与过管理自己的大学和他们受雇的其他大学，并接收过作为协会现场评审的训练。因此，掌握现场调研团队和协会要求的专业技能帮助他们使用协会的标准、在报告中陈述他们的观点并通过现场调研形成对研究机构质量的最终判断。这个过程比较常见，其次包括区域认证组织，也包括认证高等教育某个学科方案的组织和认证其他教育机构的组织，这些教育机构包括学区、私立学校、特许学校、中小学校、职业学校和宗教学校。

**认证的争议：认证的政治化。** 那么什么会在这里引发争议呢？一位认证体系的捍卫者指出："有人可能会提出疑问，如果对高等学校进行质量评价，那么有谁会比在这些领域工作的人更合适呢？"（奥勃良，O'Brien，2009，p.2）。奥勃良（O'Brien）认为认证组织与研究机构之间的评价关系不应当是对抗性的："评价者不是戴着白手套的检验员"（奥勃良，O'Brien，2009，p.2）。但历史上的争议可以追溯到国会在二次世界大战以后通过的 GI 法案，该法案向从战场上归来的军人提供财政资助，帮助他们进入高等学校。政府希望确保财政资助能够对中学后的教育提供有价值的帮助，但是又不希望直接介入对高等学校质量的检验。于是，政府依靠从事高等学校审查的独立的区域认证协会来决定哪些研究机构的学生能够获得财政资助。今天，随着高等教育办学成本的不断增加以及越来越多的学生进入高等学校，美国学生贷款的数额相当可观。政府继续依靠区域认证协会鉴别有资格获得资助的高等教育机构，但是学生贷款和其他资助上的巨额投入的风险越来越大。此外，高等教育机构本身也存在着巨大的风险，因为多数学生会考虑质量和资助等原因放弃进入一所没有经过认证的高等教育机构。

美国政府最早于 1965 年通过《高等教育法案》（Higher Education Act）从学生贷款着手在许多领域影响着高等教育。最近几年，美国教育部（U.S. Department of Education）逐步意识到要淘汰表现欠佳的学校仅仅依靠认证是不够严谨的。甚至这一体系的支持者也指出美国当前的区域认证体系较其他国家的高等教育政府评价体制而言实属"反常（light touch）"（布里延厄姆，

Brittingham，2009，p.18）。

2005 年，美国教育部成立了未来高等教育委员会（Commission on the Future of Higher Education）研究涉及高等教育发展的四个关键问题，其中之一是问责。罗伯特·迪克森（Robert Dickeson）在题为《认证改革的需求（The Need for Accreditation Reform）》这一报告中称当前美国的认证体系"是一个支离破碎的、晦涩难懂的、只是延续历史缺乏逻辑性和已经失效了的疯狂的行动、过程和机制。更重要的是它与未来发展的需求不相吻合"（2006，p.1）。他总结道："任何严肃的分析都是目前在明确无误的结论下实践的结果，它由制度的目的主导，而不是由公共目的主导。"（迪克森，Dickeson，2006，p.3）他建议国会创设国家认证基金会（National Accreditation Foundation）认证高等教育机构。该委员会的最终报告中以当时的教育部长的名字将拼写委员会（Spellings Commission）命名为玛格丽特拼写（Margaret Spellings），这在当时是十分关键的认证过程（美国教育部，U.S. Department of Education，2006，http://www2.ed.gov/about/bdscomm/list/hiedfuture/ reports/final-report.pdf）。该报告启发了高等教育领域诸多争议和讨论，类似美国大学优秀生组织斐陶斐荣誉学会（Phi Beta Kappa）和美国高等学校协会（Association of American Colleges and Universities）等组织都发表声明以支持和关注这份报告。2008 年，高等教育法案最后修正案选择忽略了其中的一些建议，但是委员会提出的问题予以保留（奥勃良，O'Brien，2009），对我们而言，它反映出了一些涉及当前评价的政治问题，尤其是有关专家意见导向的评价。

区域性的认证协会把他们评价高等教育机构的目的定位为形成性的，是为了帮助这些机构不断完善。他们认为这是服务研究机构、学生和公众最好的途径。认证协会相信通过帮助高等学校不断完善和更好地完成使命，他们能够帮助学生接受到更好的教育。与此相反，美国教育部强调的评价是终结性的，他们关注的是在全世界范围内如何保持美国高等教育的地位和为 21 世纪经济发展提供受过高等教育和具备专业技能的毕业生。教育部和其他一些批评者认为认证的目的是向父母、学生和其他消费者提供信息以帮助他们选择上哪一所大学以及应当在哪里花掉学费。换句话说，认证应当是帮助这些消费者对选择研究机构作出终结性的决策。此外，认证还应当帮助对哪些研究机构可以继续开办作出终结性的决策。

一位批评者指出自从 GI 法案通过的 60 年间："只有极少数的学校关闭了，而且主要是因为财务状况不佳……而与此同时，认证机构认为高等教育的质量正在不断地下滑"（尼尔，Neal，2008，p.26）。因此，尽管批评者认为评价的首要目的是终结性的，认证协会还是完善了对形成性评价最有效的评价过程。

***愈来愈强调结果。***另一方面的分歧主要涉及认证等因素。今天，在教育领域和大多数世界范围内评价的重点是结果和影响力。（参见第 2 章。）拼写委员会（Spellings Commission）的报告如下：

> 太多有关高等教育的决策——从那些由政策制定者作出的到那些由学生和家庭作出的——主要依靠声誉和排名，这些在很大程度上来源于类似财政资源等投入而不是结果。如果我们要满足国家的需求和提升研究机构的绩效，那么真实的绩效和终身学习的能力等更好的资料是绝对重要的。（美国教育部，2006，p.14）

正如基础教育（K-12 education）转向重点利用各州制订的标准来测量学生的学习，拼写委员会对高等教育机构的评价也主要依靠测量学生的绩效结果。[①]尽管区域认证协会为了专业方案的认证，已经开始要求研究机构提供涉及执照考试或工作安排等反映学生绩效的测量结果和证据，但是区域认证的过程也强调了投入和过程的价值的重要性。投入变量包括一些如教师素质、图书馆的藏书量、信息技术能力、教室空间和设施、学生的入学流程和学位授予以及其他营造研究机构学术氛围等因素。过程变量涉及标准、自我审查报告及现场考察团队的检验，包括总体课程、课程要求和教学质量；通过指导、建议以及其他机制帮助学生；教师——学生互动；实习；及其他学习过程中产生的因素。区域认证协会也考虑了多元的结果，包括毕业和退学率、毕业时间、毕业生的知识与技能和工作安排。认证协会主张他们必须检验高等教育的全部过程才能作出关于研究机构的质量的有效判断并提供改善的建议。仅仅考察学生的绩效结果不能给予认证过程中的专家充分的信息，就如何改进研究机构，包括它的投入和过程并实现更好的结果提出有用的建议（Murray，2009）。

***认证的中立性、透明度和目的。***目前其他方面的批评涉及审查者的中立性或

---

① 基础教育标准和高等教育标准不同在于高等教育的标准是国家标准，基础教育的标准则依据各州的水平。

客观性和过程的透明度。人们期望评价能够依据独立的判断。这种独立性会导致判断更加客观、有效和有质量。总体来说，专家意见导向的评价者不应当与研究机构或他们正在判断的产品有密切的联系。例如，当我们了解到这位专家与某个产品的生产商有财务关系，我们就会怀疑某位专家认可某个产品的可信度。又如，某一种药物的研究受到了开发这种药物的制药公司的资助，那么人们就会考量对这种药物疗效的讨论的客观性。但认证过程利用了同业审查者，他们是区域高等教育机构的教师和管理者。认证组织认为这些专家最合适于作出判断并提供研究机构需要的建议，因为他们知道在类似一所研究机构的环境里什么是可以实现的——以及如何去实现。他们自己就身处其中。然而，批评者关注的是专家与那些接受判断的研究机构的亲密度，以及因为研究机构或系之间可能的竞争关系引发的严重的利益冲突会导致带有偏见的判断。与弗莱克斯纳（Flexner）有关医学院的评价一样坦率的判断是没有用的，至少书面报告是这样。

因为认证过程缺乏透明度而进一步加剧了人们对认证的客观性的担忧。美国教育部倾向于更加开放资料和报告，这意味着这些材料对父母、学生和公众都是可以获取的，这些内容即使不是专家也能够轻而易举地理解。例如，拼写委员会支持用表格的形式传递涉及高等学校毕业生的知识和技能以及其他测量结果的资料。这些表格公众能够获取，用以判断研究机构的质量，其他大学也可以用作参考的基准（美国教育部，2006）。认证机构依靠的是大量包含自我研究报告和认证报告的描述。当前体制的捍卫者承认这一体制主要依靠它的保密性，但是他们认为这种保密性正是体制得以成功的原因之一。正因为如此："研究机构能够在他们的自我研究中保持坦率，团队能够在他们的评价中保持诚实。"（奥勃良，O'Brien，2009，p.2）如果这些书面的自我报告被公开，它将难以讨论真实的问题，认证团队也将因为公共消费而修改他们的措辞。无论哪个方面都不利于促进学习以解决问题和提出改进的建议。

因此，认证正在发生改变，也充满争议。正如最近几年里众多的评价一样，美国高等学校认证转向增加混合式方法的使用并更加重视结果。争议涉及这些专家意见导向的评价的目的、它们服务的利害关系人、应当采取的优先措施、质量判断的中立性和客观性、过程的透明度、结果面向不同利害关系人时的有效性。

区域认证协会许多年以来没有竞争，但现在正在面临严重的挑战，这种挑战不仅来自联邦政府，还来自高等学校的公共评级，比如《美国新闻与世界报道（U.S. News and World Report）》出版的评级。因此，认证协会正在调整和改变，但是，他们面临的问题仍然是需要一个有用的案例，关于使用专家意见导向的评价方法的正式审查体系。

**其他正式的审查体系。**有许多其他正式的审查体系的案例，特别是教育领域。许多年以来，国家教师教育认证委员会（National Council for Accreditation of Teacher Education，NCATE）已经成为认证教师教育方案的主要机构。2000 年，这个组织开始更加重视这些方案的结果，他们检验这些方案中毕业生掌握的知识和技能、执照考试的成绩、毕业生在课堂上表现出来的知识和技能。教师教育认证委员会（Teacher Education Accreditation Council）是国家教师教育认证委员会的竞争者，但是也同样重视结果（吉特默，Gitomar，2007；默里，Murray，2009）。

许多州开始开发审查和认证州内的学区的体系。例如，科罗拉多州教育部（Colorado Department of Education）于 1999 年开始认证学区，并于 2008 年全面修订了认证程序。但是它非常重视学生的绩效结果和成长，包括了涉及"安全和文明的学习环境"以及预算和财务管理的标准。评审者对这一过程进行了总结，它把某个学区的等级划归到 6 个不同的等级里，从差异化认证到试用和非认证。与其他正式的审查体系一样，科罗拉多州学区的认证过程包括了发布标准、指定审查时间表（低等级的学区实行年度认证、高等级的学区实行 2 — 3 年的认证）、外部专家团队的现场考察和认证结果对学区状况的影响（http://www.cde.state.co.us/index_accredit.htm）。

## 非正式审查体系

许多的专业审查体系都有一个结构和一系列实施指南并使用多名评审专家。然而，一些审查体系缺少正式审查体系中发布标准或指定审查时间表等环节。

毕业生论文监督委员会或者顶点项目（capstone projects）是由学生选择的专业领域内的专家组成的，同时也是专家意见导向评价的非正式体系的典型案例。

大学内的组织结构和（或者）教师政策主要用于对专业审查能力进行监管，但是委员会的成员通常决定了评判每一位学生成绩的标准。菲茨帕特里克和米勒·史蒂文斯（Fitzpatrick&Miller-Stevens，2009）描述了在顶点项目中开发和使用注释来评定学生成绩并完成公共管理学科的硕士方案。但是通常情况下，这一标准是不存在的。然而，委员会的多位专家作出学生成绩的判断常常并没有明确地讨论评判的标准。当然，这些评判结果会影响到学生的状况。

尽管不同期刊的评审程序会出现不同，但是对提交给专业期刊的论文进行同行评审的体系也可以认为是非正式审查体系中的案例。许多期刊根据需要评审的论文的专业内容聘用了多位评审专家。与认证中的现场考察团队或者论文委员会的成员不同，评审者们表现得并不像一支团队，讨论评审结果并尽可能达成共识。相反，选择评审专家的编辑或者副编辑会为他们的评审提供一个时间表，让他们根据个人的评审意见对论文作出最后的评判。尽管评审专家有一个指定的时间表从事评审，然而就像毕业生的论文答辩一样，这个时间表是基于论文的收稿时间来确定的。许多期刊，但不是全部期刊会提供给评审专家一些通用的标准。当然，论文的情况——不论发表、要求修改或者退回——都会受到评审过程的影响。

### 特设小组的审查

与我们之前讨论的正式和非正式的审查体系不同，许多专家小组进行的专业审查仅仅是在有需要的时候不规律地间断实施。总的来说，这些审查没有制度化的评价结构，也没有使用预设的标准。这些专业评审通常是因为某一个特定的、有时间限制的评价需求才实施的一次性的评价。当然，随着时间流逝，某个特定的机构可能授权给许多临时小组审查并执行类似的功能，而这些评审小组并不需要就某一个制度化的审查体系达成共识。

*小组制定标准。*常见的特设审查小组包括美国各州组织的小组，它们为某个州或学区制定或者修订教育标准，资助机构为资助活动提供判断和建议，蓝丝带调查组（blue-ribbon panel）指定解决特定的问题。这些特设小组的审查没有常规时间表，但是它们由某个机构或组织创立并从专家那里就特定的问题接收信息。因此，50 个州中的每一个州建构的标准都反映了各个州的预期，涉及学生在不

同的学科和不同的年级需要了解什么。[①] 各州的标准有相当大的不同，但每个州的标准最初都是由某个专家小组制定的。这些专家通常由教师、教育管理者、政策制定者和相关领域的专家组成。该委员会的组成包括了一些专家，他们为了设置标准而掌握某学科领域的知识和目标人群的信息。为实施专家委员会的相关任务，一些复杂的方法被开发出来用以划定分数线或根据考生的成绩把他们划分到不同的组别（凯恩，Kane，1995）。【参见吉拉德和艾帕诺（Girard&Impara，2005），有关一个专家小组在某个公立学区实施的划界设置过程中的一个案例研究。】

**资助机构审查小组**。在美国，大多数联邦政府机构利用资助小组——受资助的研究领域内的专家小组——研究建议、讨论建议和提出建议。总的来说，资助机构为审查者制定了标准，团队的成员常常在华盛顿特区或其他地点会晤来讨论他们的行动并尽可能达成共识。但是资助的标准从某个学科到另一个学科不同，并且也有特定的资助重点。然而，在专家意见导向的评价模式中，专家们正在就某个问题共同作出决策。一些资助组织创立的委员会的成员掌握不同领域的专业技能。因此，委员会在审查教育领域的建议时能够整合教育管理者或政策制定者、教师和研究者的意见。同样，审查社区发展或行动委员会也包括这一领域的研究专家和社区成员，他们也是这个特定社区的专家，了解社区的需求。

**蓝丝带调查组（Blue-Ribbon Panel）**。蓝丝带调查组通常是由高级别的政府官员予以任命，他们提供的咨询不是资助咨询，而是有关政府应当如何解决特定的问题。本章前面讨论过的未来高等教育委员会由美国教育部于2005年创立，彼时政府关注美国高等教育长期发展的态势，并且需要来自这方面专家的建议。这类小组成员受到任命是因为他们在某一领域的经历和专业技能。他们通常需要审查某个特定的情形，记录他们的观察并为其实施提出建议。考虑到这类小组的可行性，如果小组得出的结论要被公众认可，那么小组成员具备公认的专业技能尤其重要。从地方层面来看，特设审查小组经常作为一种从经济发展和环境政策到学校管理等需要付出各种努力的评价策略，即便审查者只享有地方或区域层面

---

① 这些活动某种程度上回应了联邦立法中众所周知的《不让一个孩子落后（No Child Left Behind）》的法案，但是许多州在这一立法之前就已经制定了自己的标准。

的声誉而并不享有国家层面的声誉，小组成员掌握的专业技能也是没有问题的。尽管特设小组的专家建议可能产生重要的影响，但它们也可能受到忽视，因为并没有一个正式的实体负责跟进他们的研究建议。

### 特设个人审查

另一种专家意见导向的评价形式是各类实体的个人和专业审查，通过基于他（她）的专业技能选择出来的人来判断该实体的价值并在某些情况下提出改进和完善的建议。通过雇用一位顾问来实施涉及教育的、社会的或者商业的某个项目或活动的个人审查在许多组织内部是很常见的。

### 教育鉴定与批判

我们在前面讨论了专家意见导向的方法的应用，专家并不一定都是评价者。他们只是在他们所判断的事物上是专家。此外，这些应用是专家意见导向的方法的案例，但是它们的形成和存在独立于专业的评价实体。换句话说，我们能够把这些流程作为专家意见导向的评价方法的案例进行研究，但是与我们将要讨论的使用其他方法的案例一样，它们在评价实体中通常并没有涉及这些活动的建构或者实施。总之，我们已经开始通过关注最早期的评价方法进行讨论，这种方法在正式的方案评价出现以前已经使用了几个世纪用以判断重要的问题。

但是专家意见导向的方法已经成为评价理论讨论的部分。在评价的早期，讨论"评价应当是什么"时，埃利奥特·艾斯纳（Elliot Eisner）成为一个关键的学者，他的著作为专家意见导向的方法和与此相关的评价文献奠定了理论基础（Eisner，1976，1985，1991a，1991b，2004）。在艾斯纳（Eisner）和迈克尔·斯克里文（Michael Scriven）之后，阿尔金和克里斯蒂（Alkin&Christie，2004）以价值分支作为依据在他们的树形评价构架中描述了评价的起源和理论，因为他们强调评价价值的作用——确定评价对象的价值或者业绩。艾斯纳（Eisner）从艺术的角度描述了他的评价方法。他的观点相对于20世纪70年代对于社会科学方法和方案目标的重视是一个有用的参照。我们将简要地讨论他的鉴定和批判的概念以及他的评价方法的基本原理。这些概念应列入专家意见导向的方法的范畴，因为确认和判断评价对象的关键要素需要专业技能。

在许多人眼里戏剧评论家、艺术评论家和文学评论家享有很高的知名度，也发挥着重要的作用。评论家也会犯错误。我们可以不同意他们的观点，但是他们的观点是直接地和有效地运用专业技能进行判断的很好的案例。即使我们不同意他们的判断，这些批判也能够促使我们从不同的角度来思考评价对象。书面审查或批判的目标是促使我们思考那些作为外行的我们可能没有考虑到的评价要素。艾斯纳（Eisner，1991a）提出专家就像艺术评论家一样，用他们的专业技能在他们熟悉的领域里承担着对方案质量的评价。艾斯纳（Eisner）没有提出一个科学的范式，而是视之为一种艺术形式，一种对传统探究方法的重要的、定性的、人文主义的、非科学化的补充。他主张我们需要从多重视角看待评价对象，强调定量的、还原论等方法会忽略掉许多重要的整体性的特质。他指出数字在教育评价中发挥了作用，这也是他感兴趣的领域，但同时也限制了我们的视野：

> 我们应当认识到我们选择使用的任何表现形式的局限性和一致性。正如看到了一种方式会忽略另一种方式，描述了一种方式也会忽略另一种描述方式。我们利用的工具是为了发现究竟我们意识到了什么受到了巨大的影响。如果我们需要一个教室、一位教师或者一名学生的充分的、全视角的和复杂的描述，我们需要观察这类现象的方法以及一种能够把那些特征形象地展现出来的途径。（艾斯纳，Eisner，2004，p.200）

艾斯纳（Eisner）的方法的关键要素是鉴定与批判（Eisner，1972，1991b）。鉴定是鉴赏的艺术——不需要喜欢或偏好观察对象，它只是一种注意力："认识到在一个特定的定性的情形下微妙却显著的差异"（Eisner，2004，p.200）。鉴定者已经发展了有关评价对象的重要特质、对评价对象较好的观察力与注意力并研究它们之间的关系等方面的知识。艾斯纳（Eisner）认为：鉴定者知道在真实世界的情境下观察某个事物的复杂性，并拥有能鉴别这种复杂性的精准的知觉能力。鉴定者敏锐的感知主要来源于他们过往丰富的经验、教育和对那些经验的反思，他们知道要追寻什么（早期的组织者和关键的控制指标）。

艾斯纳（Eisner）还使用了葡萄酒的品尝和类比来描述一个人必须掌握怎样的经验才能区分什么是高品质的葡萄酒以及使用一系列的技术用以辨别它的品

质，比如通过酒体、色泽、酒香、口感和余味充分判断它的品质。鉴定者对其他酒品的精良的口感和味觉记忆使他（她）较普通葡萄酒饮用者更能够区分细微的品质的差距，并给出判断而不仅仅是偏好。生活中的各个领域都有鉴定者，不仅仅是味觉或者艺术领域。艾斯纳（Eisner）描述了一位出色的教练，他也是一位体育赛事的鉴定者，观察别人参加体育比赛时他能辨别出细微的差距，判断缺乏比赛经验的选手将会失误："我们怀着强烈的荣誉感欣赏一位一流的篮球教练分析他（她）的对手和正在训练的球队的优势和弱点。"（2004，p.198）

　　然而，鉴定不需要就感知进行公开的描述或者判断。公开的描述是艾斯纳（Eisner）的方法的第二部分。艾斯纳（Eisner）认为："批判是表达所鉴赏的事物或对象的品质的艺术感知。"（1979a，p.197）正如葡萄酒鉴赏者要么退回葡萄酒，要么满意地收下并且表示它的品质是可以接受的或者更好。或者更像是公开的评价，批判是当葡萄酒评论者写下酒品的评论意见。评价者扮演了批判者的角色，他们的鉴定提出了一个公开的就评价对象的品质和重要性的陈述。批判不是一个负面的评价，而是一个教育过程，使个人意识到可能被忽略或不受赏识的品质和特征。完整来说，批判需要描述、阐释和评价所观察的对象。"评论家是用特殊的方式道出了他们的遭遇的人。在教育情境中，批判是鉴定的公共一方。"（艾斯纳，Eisner，1975，p.13）于是，方案评价成为方案批判。评价者是资料的收集、分析和判断的工具，这些大多数都隐匿在评价者的思维里，类似艺术批判或者葡萄酒的品尝。因此，评价者的专业技能——培训、经验和资历——成为关键，因为评价的有效性依赖于评价者的感知。然而，自从批判的目的成为拓展感知，而不是把所有的判断整合成一个明确的声明伊始，来自不同评论者的不同判断就是可以接受的，甚至是能够令人满意的了。

　　艾斯纳（Eisner）的教育批判描绘了批判的四个维度：叙述、主题的发展、阐释和评价。有时重点在专家以及有关判断产品或方案质量等要素的详细说明。显然，这种方法不能最直接地建构明确的因果关系，但它有利于我们理解形成了不同结果的干预和方式。如艾斯纳（Eisner）最近指出的："教育鉴定和教育批判代表了一种努力，就是随着社会科学推进了我们对教育过程和效果理解的同时，我们要采取怎样的与之相适应的艺术和人文的方法。在高风险测试的时期，这是

我们非常需要的理念。"（艾斯纳，Eisner，2004，p.202）

## 专家意见导向方法的影响：使用、优势和局限

今天，专家意见导向的方法在美国和其他国家得到广泛地使用，它也常常被冠以其他名称。认证工作正在发生改变并得到拓展。政府不断地任命专家委员会研究问题和提出建议。通常情况下当政府亟待解决一项富于争议的问题时，这类委员会有助于保护政府领导人免受公民愤怒的指责。例如，不论事实上美军基地已经太多了，关闭军事基地在美国仍是一个有争议的问题。国会和总统就会任命委员会的专家就美军基地关闭的事宜提供"客观的、无党派的和独立的审查"建议（http:www.brac.gov.homepage）。自1988年首次任命委员会以来这种方式使用了5次，最近的一次是在2005年。正如许多蓝丝带调查组一样，委员会里汇聚了不同领域中研究相关问题的专家。委员会进行现场调研，从公众和其他专家那里寻求资料，审核信息并向总统提出建议。如果国会在45天之内没有提出异议，这个建议就会生效。这些委员会已经能够为提升美军基地设置的效率和效用采取重要的行动了。

总体来看，专家意见导向的评价方法强调了评价过程中专家的判断、经验和人类智慧的重要作用，着重强调了这类重要问题的标准（和透明应保持到什么样的程度）应当运用于方案的判断之中。与此相反，批评者认为这种方法可能放任评价者作出的判断仅仅反映了个人的偏见。还有人认为：假定的专家技能是一个潜在的弱点。那些正在使用或者正在缔约的专家意见导向的评价应当仔细地考量专家评委小组所要求的不同领域的专业技能。通常小组只包含内容方面的专家，他们是那些了解评价对象的各种要素的人，但是可能缺乏评价过程本身的专家。标准的明晰度，无论是否通过缔约组织或者专家小组予以确定，对澄清用以作出所需判断的标准和方法也是重要的。当然，正如埃利奥特·艾斯纳（Elliot Eisner）指出的，专家应当超越标准并利用自己的鉴定来描述、解释和判断他们所了解的内容，这对于产品质量而言很重要。但是，明晰的标准有助于引入优于专家判断的连续性，并且当争议产生时也有利于在专家之间形成有益的探讨。

艾斯纳（Eisner）的著作影响了评价者去思考更多有关评价判断的性质以及

经验和鉴定的作用，这有助于他们留意评价的方案或者产品的要素。然而，艾斯纳（Eisner）没有持续活跃在评价领域，这些方法也一直频繁地由他目前的学生在使用。我们仍然继续研究他的著作，因为他已经对今天的评价实践产生了影响。唐莫耶（Donmoyer，2005）指出，艾斯纳（Eisner）的贡献促使评价者考虑不同的评价方法和每种方法的涵义。当定量的研究方法占主导地位之时，艾斯纳（Eisner）也为定性的研究方法提供了重要的理论基础。他的工作是有价值的，它促使我们思考那些我们注意到了的研究对象。鉴定者了解特定事物的要素并且知道如何就这些要素形成合理的观念。鉴定——批判法也有它的评判者。在早期艾斯纳（Eisner）的建议之后，豪斯（House，1980）提出了强烈的保留意见，他提醒说艺术批判的类比不适用于评价至少表现在一个方面：

> 对于一个艺术评判者来说，提出有争议的观点是不常见的——读者能够选择忽视它们。事实上，读者会选择仅仅阅读他认可的评论者。然而，一个公共方案的评价不可能很轻易地被驳回，一些辩解——无论是评判者、评判者的原则还是批判——都是必要的。公平和正义的需求在公共方案的评价中更加严格。（p.237）

但是最近思特克和史瓦兹（Stake&Schwandt）强调了评价的重要性，它不仅衡量品质，也传递品质。通过回忆艾斯纳（Eisner）有关鉴赏力的认知，他们观察发现："我们没有足够好的标准来识别一个评价者的实践知识，它来源于观察技术、观念的广度和控制偏差的组合。"（2006，p.409）。他们总结道："与鉴定者和最好的蓝丝带调查组一样，一些最好的案例涉及基于不同标准的整合价值正是依靠那些处事公正和了解情况的个人作出的切合实际的判断。"（2006，p.409）

# 消费者导向的评价方法

与专家意见导向的方法一样，消费者导向的评价已经存在了几个世纪，涉及个人的决策，比如在实践中购买什么或者交易什么。这种方法与其他方法相似：它们的主要目的是判断某事物的质量以建构某种产品、方案或者政策的价值或者业绩。尽管所有的评价都涉及确定业绩或者客观价值，但是主观价值仍是这两种方法的核心要素。[①]它们的主要受众是公众。与这一部分其他章节中我们要讨论的方法不同，使用这些方法的评价通常没有其他受众——一个基金会、管理者、决策者或者公民团体——雇用评价者为他们提供有用的信息以作决策或者判断。相反，消费者导向和专家意见导向法的受众是一个更加广泛的群体——有购买力或者享有权益的公众——他们并不直接了解评价者。因此，评价者是主要的，常常也是唯一的研究过程中的决策者，因为他（她）没有其他重要的和直接的服务受众。但消费者导向法和专家意见导向法在它们的方法论上存在着显著的不同，后者依靠专家判断和一种艺术模式。另一方面，消费者导向的评价依靠的是更加透明的和定量的方法，通常由评价者作出判断，评价者掌握了判断某事物的专业技能，但不是专家意见导向或鉴定者评价的特定内容的专业技能。

读者将要了解的常见的消费者导向的评价案例包括《消费者报告（Consumer Reports）》和《美国新闻与世界报道（U.S. News and World Report）》的高等院校评级，但是案例全世界都有。在英国哪一家杂志或者网站承担了类似消费者联盟的任务，在美国是《消费者报告（Consumer Reports）》和它的网站。消费者维权组织和产品测试都为消费者提供了有关不同产品的有效性的信息。

## 消费者导向的评价方法的开发者

消费者导向的评价最早在 20 世纪 60 年代中后期的教育评价领域变得越来越重要，彼时伴随着联邦政府为了发展产品不断地投入资金，新的教育产品充斥着市场。迈克尔·斯克里文（Michael Scriven）是最著名的评价者之一，他推动专业评价者更仔细地思考消费者导向的评价或者产品评价（1974b，1991c）。斯克里文（Scriven）因为评价领域里的许多方面而知名，消费者导向或产品导向的评价仅仅代表了他的贡献之一。他最重要的贡献包括使评价者了解了评价的意义和

---

[①] 其他的评价方法的重点在于使用不同的类型，比如利害关系人的参与或者组织的变化以及方法论，比如针对核心要素建构因果关系或者提供深度描述。这些评价最终也可能作出有关业绩或者客观价值的判断，但是方案或者产品的主观价值的判断对专家意见导向或者消费者导向的评价方法而言不是非常重要。（参见阿尔金，沙迪什等；Alkin，2004；Shadish et al.，1991.）

价值的重要性（沙迪什等，阿尔金；Shadish et al.1991； Alkin，2004）。他在著作中经常使用产品评价的案例来说明评价中价值的特性和获取价值的过程。许多年以来，他认为《消费者报告（Consumer Reports）》几乎是产品评价的"一个完美的范式"。然而，他也表达了对他们不愿意讨论和完善他们的方法论感到失望，并认识到《个人电脑杂志（PC Magazine）》和《程度设计文摘（Software Digest）》从方法论的角度开发了更合理的程序（斯克里文，Scriven，1991a，p.281）。

　　然而，斯克里文（Scriven）确定产品价值的方法与艾斯纳（Eisner）的鉴定方法非常不同。事实上，斯克里文（Scriven）对艾斯纳（Eisner）方法的批判也正说明了他自己的优势。他认为，利用鉴赏力模式的评价"可能产生有价值的观点，但是它摒弃了许多有效性需求。尤其是它易受到非相关专业技能的谬误的批判，因为鉴定者最多是为新手提供了糟糕的指导——也受到了时尚钟摆摆动的影响"（斯克里文，Scriven，1991a， p.92）。因此，艾斯纳（Eisner）模式依靠的是鉴定者的注意力，斯克里文（Scriven）的产品评价模式不涉及与产品内容相关的专业技能，但与评价者测试和评判产品核心要素的专业技能有关。此外，尽管艾斯纳（Eisner）强调了解释和评价产品，但是他相信他的方法的价值附加描述了——帮助他人的认知、经验和他们可能忽视的关键要素。但是斯克里文（Scriven）关注的是回答"这个产品究竟有多好？"的问题。他为此收集信息并利用明晰的和关键的标准判断产品和竞争对手的产品的绩效，摒弃了工作中方法的主体性。因此，他认为他所推崇的两种消费者导向的杂志使用的流程代表了"'纯测试'法，换句话说，就是在特定的案例中最小化主观判断的量级"（斯克里文，Scriven，1991a， p.281）。

　　思特克和史瓦兹（Stake&Schwandt，2006）讨论了在质量识别过程中评价者的重要性，阐释了艾斯纳（Eisner）和斯克里文（Scriven）方法的差异。他们明确了两种方法对于质量的概念化：测量质量和经验质量。经验质量来源于实践知识和个人的经验，因为他们认为显然这是许多人确定质量的方法。艾斯纳（Eisner）的鉴定模式阐述了通过鉴定者的眼睛和经验得到质量结论的评价案例。与此相反的是斯克里文（Scriven）在他的评价逻辑和产品评价方法之中阐释的测量质量。

这些包括确定进行产品评价的重要标准、标准的建构、比照标准检验或测量产品的性能和根据综合结论确定核心产品的质量。这两种质量观都有着各自的作用。我们已经讨论了艾斯纳（Eisner）的方法。现在我们更多地描述斯克里文（Scriven）判断产品质量的模式。

## 消费者导向的方法的应用

判断某个产品的关键是确定使用的标准。在消费者导向的模式中，这些标准是清晰的，可以由消费者评价。尽管斯克里文（Scriven）强调了实施需求评价以确定标准的可能性，但是他的需求评价并不是正式的消费者调查以确定他们究竟喜欢什么。相反，他的需求评价重点在他所写的"功能分析（functional analysis）"，它在产品评价案例中是一个需求评价的替代品（斯克里文，Scriven，1983，p. 235）。通过功能性的分析，斯克里文（Scriven）越来越熟悉产品并知道考量产品的哪些维度是重要的：

> 一旦一个人理解了评价的特质，……他将充分理解评价的类型中什么是更好和更糟糕的情况。了解了什么是手表就能自然而然地理解什么是价值的维度，它们是——守时、精确、清晰和牢靠等等。（1980，pp.90-91）

因此，他的标准是通过研究评价的产品来进行判定的，拓展了产品的体验。下一步发展标准的水平将用以测量和判断过程。标准常常是当需要比较评价对象与它的竞争对手时才得以创立或者认可。既然目标是区分一个产品与另一个产品以告知消费者有关产品质量的信息，那么当竞争对手的绩效在同一个标准上表现得比较相似时，标准也就可能比较接近。相反地当竞争对手完全不同时，标准又可能相差甚远。当然标准还可能受到除竞争对手以外的因素的影响，比如，作为通用基准的安全问题、监管要求和效率的因素。

斯克里文（Scriven）有关产品评价的工作重点放在描述这个过程和制定标准清单来帮助他人使用评价的产品，这部分因为判定标准是困难的。他于1974年发表的产品清单反映了标准潜在的广度，他建议应用于评价教育产品（斯克里文，Scriven，1974b）。这一产品清单是经联邦政府授权的审查结论，也是由联邦政府资助的研发中心和区域教育实验室开发的教育产品，时至今日仍然在使用。超过 90 种教育产品用它进行检验，其中大多数在审查期间历经多次修订。斯克里文（Scriven）强调清单中的条款是充要条件而不是必要条件。包含如下内容：

1. 需求：数量影响、社会意义、缺少替代品、乘法效应和证据需求。

2. 市场：宣传规划、规模和潜在市场的重要性。

3. 绩效——真实的现场试验：最终产品的有效证据，涉及典型性用户、典型性援助、典型性设置和典型性时间框架。

4. 绩效——真实的消费者：涉及所有相关的消费者的测试运行，比如学生、教师、校长、学区教职工、州政府和联邦政府的官员、国会和纳税人。

5. 绩效——关键的比较：提供重要竞争对手的比较数据，比如，未经处理的群体、现有的竞争对手、预期的竞争对手、创设的竞争对手和假定的竞争对手。

6. 绩效——长期的：受到相关报道时间影响的证据，比如使用产品后 1 周至 1 个月，1 个月至 1 年之后，1 年至几年之后和历经的关键的职业生涯阶段。

7. 绩效——副作用：在随即使用和长期使用产品期间，独立研究或搜寻意外结果的证据。

8. 绩效——过程：产品的使用证据，涉及提供产品证实的描述、因果关系的主张和产品使用的伦理问题。

9. 绩效——因果关系：通过随机实验研究或者站得住脚的准实验、追溯或者相关性研究提供产品效用的证据。

10. 绩效——统计显著性：产品效用的统计证据，涉及使用适当的分析技术、显著性水平和解释。

11. 绩效——教育的显著性：教育的显著性表明通过独立的判断、专家判断、基于项目分析和原始分数测试进行的判断、副作用、长期效应、比较收益和教育领域的合理使用。

12. 成本效用：实施综合成本分析，包括成本的专家判断、成本的独立判断和竞争对手的成本的比较分析。

13. 拓展支持：制定规划，涉及上市后数据的收集和改进，在职培训、援助更新以及新的用途和用户数据的研究。

这些标准非常全面，解决的领域从需求到过程到结果再到成本，无所不包。

斯克里文（Scriven）也开发了一个用以指导方案评价的清单，即关键评价清单（Key Evaluation Checklist，KEC）（斯克里文，Scriven，1991c，2007）。这些可以在这个网址找到 http://www.wmich.edu/evalctr/chechlists/kec_feb07.pdf.

### 消费者导向的方法的其他应用

在许多不同的阶段，产品评价也被组织和行业用来评价产品。成功的高科技公司，比如苹果公司观察和研究消费者对苹果电话和苹果店的体验反馈，并使用这些数据来改变他们的产品，这就是为了形成性的目的使用消费者导向的评价来改进他们的产品。亚马逊网站利用了它的电子书阅读器（Kindle）开展了类似的活动。乔纳森·莫雷尔（Jonathan Morrell）一位评价者，他从事的工作是进行各种产品的评价，近期他描述了行业中现今使用的产品评价。尽管斯克里文（Scriven）关注的是终结性的产品评价，由消费者作出的购买决策，但是莫雷尔（Morrell）指出大多数行业中的产品评价实质上是形成性的，如同苹果和亚马逊公司的案例一样。评价存在于产品的生命周期，从初始的设计和生产过程到市场和流通环节。评价的利害关系人不仅包括组织的管理者和消费者，还包括与产品工艺有关的其他人。莫雷尔（Morrell）举例说明飞行员是飞机的利害关系人。他们对于人的因素的观点是重要的，能够创造一种产品帮助飞行员以最佳的状态执行飞行任务（莫雷尔，Morrell，2005）。

### 消费者导向的方法的影响：使用、优势和局限

如前所述，消费者导向的评价方法已经被政府机构和独立的消费者广泛地用于制造数百种产品的信息。今天最知名的案例之一是教育领域的有效教学策略网（What Works Clearinghouse，WWC），它始于 2002 年美国教育部的教育科学研究所（Institute for Education Sciences，IES）。（参见 See http://ies.ed.gov/ncee/wwc.）有效教学策略网（WWC）是消费者导向的评价信息的一种资源，它涉及教育方案和产品的结果。像消费者导向方法的检验一样，它的目的是帮助消费者——教师、学校的心理学专家和教育管理者——就教育产品的使用作出选择。

然而，有效教学策略网（WWC）与斯克里文（Scriven）更全面的评价过程

显著地不同，因为它确定方案成功的标准受到方案结果的局限，它的标准涉及结果的研究信心。有效教学策略网（WWC）的使命是"就方案的有效性评价证据的优势"。① 利用随机对照实验（randomized control trials, RCTs）或断点回归方法（regression discontinuity designs）研究的产品，在产品或方案和结果之间建构了一种因果关联，因而作为经典案例受到教育科学研究所（IES）的注意并获得了最高评级。利用准实验方法的研究可能会获得有保留地支持。斯克里文（Scriven）的清单和著作主张使用多种不同的标准来反映产品或者方案的要素，这对成功的绩效来说非常关键。尽管斯克里文（Scriven）的许多标准涉及结果或绩效（参见以前列出的他的判断教育产品的标准），但他强调了产品的综合评价，包括需求、副作用、过程、用户支持、成本和许多涉及结果和绩效的标准。有效教学策略网（WWC）的标准涉及通过优选设计在方案或产品与预期结果之间建构因果效应的研究。尽管我们会因为标准的范围和评价那些标准的原则的缩小而感到遗憾，有效教学策略网（WWC）努力推动了潜在的用户考量方案的有效性，涉及实现结果和提供获取教育方案和产品的可比较的信息的一个平衡带。当前教育者有着提高成绩的巨大压力，产品会误导他们的市场。然而，根据有效教学策略网（WWC）的知名度和用户数，它告知消费者有关方案和产品成功的努力是今天消费者导向的方法在教育领域最成功的应用。消费者能搜索他们感兴趣的网站，内容包括早期儿童教育（Early Childhood Education）、开始阅读（Beginning Reading）、中学数学（Middle School Math）、辍学预防（Dropout Prevention）和英语语言学习者（English Language Learners）。许多产品被认为缺乏充足的研究证据证明产品和结果之间的因果关联。这些产品提供的唯一信息是指出了"没有研究与适当的标准吻合"。然而，就研究与适当的标准相吻合的产品，报告提供了有关方案或者产品的简要描述和达到预期结果的有效的最终判断。

　　另一个阐述了在消费者导向的方法中它与专家意见导向的方法的重叠部分的

---

① 具有讽刺意味的是消费者导向和专家意见导向的方法的组合，蓝丝带调查组（blue-ribbon panel）在2008年受召集确定有效教学策略网（WWC）的审核过程和报告是否"科学有效"以及是否"提供了对有关重要的教育成果产生了有意义的影响的有力证据的准确信息。"参见 http://ies.ed.gov/director/board/pdf/panelreport.pdf. 他们的审核没有完成使命，但是确定了信息是否有效的，调查组得出的结论认为提供的信息是有效的。

典型案例是比罗斯心理测量研究所（Buros Institute of Mental Measurement）。该研究所成立于1938年，从那时起它就开始从事受人尊敬的教育和心理学方面的检验。当前，它从事两个系列的任务：《心理测量年鉴（The Mental Measurement Yearbooks）》（现在已经编撰至第17版）和《在线测试检验（Test Reviews Online）》（参见 www.unl.edu/buros）。该研究所是消费者导向的，它"致力于商业出版物测试质量的监控……推动适当的测试的选择、使用和实践"（http://www.unl.edu/ buros/bimm/html/catalog.html，paragraph 1）。它被设计成为了向消费者提供教育和心理方面质量测试的信息。每项检验提供了一个简要的测试描述以及改进与技术特性的讨论，包括可靠性和有效性信息、述评、总结和参考。然而，检验包括了专家意见导向方法的要素，因为它们由心理测量学领域的专家来实施，尽管检验采用了规定的格式，但是检验每项测试和它的竞争对手的标准没有被确定，正如斯克里文（Scriven）的方法中所做的一样。研究所鼓励检验者使用《教育和心理测量标准（The Standards for Educational and Psychological Testing，1999）》，作为一个指导，它是由美国教育研究协会（American Educational Research Association，AERA）、美国心理协会（American Psychological Association，APA）、全国教育测量协会（National Council on Measurement in Education，NCME）联合开发形成的，但是研究所提供有关质量信息的主要标准是基于检验专家的选择。

尽管检验产品的杂志和网站还在继续使用消费者导向的评价方法，但是这种方法并没有一直在专业评价者的文献中得到广泛的讨论。然而，斯克里文（Scriven）在20世纪70年代中有关产品评价的著作以及艾斯纳（Eisner）有关鉴定和批判的著作是重要的，它们在早期阶段影响了评价，一方面考量了它们在方案、政策或产品评价中的作用，另一方面考量了传统的社会科学研究方法以外的方法。每一种方法都影响到了今天的评价实践。

## 主要的概念和原理

1. 专家意见导向评价方法的特征是直接依据评价方案领域内的专业判断。

2. 专家意见导向评价的变量包括正式的和非正式的审查体系以及特设小组或

者个人审查。这些评价的变化取决于它们是否被置于一个已有的结构或者组织之下，包括已经公布了的应用于评价方案或产品的标准，采用了一个预设的审查时间表，雇用了一位或多位专家以及直接影响了方案的状态。

3. 延伸至 K-12 学校的高等教育认证体系是美国专家意见导向的评价方法的典型案例。美国区域认证协会和联邦政府之间的不同涉及评价的目的、收集或者审查的数据的性质（结果、过程和投入），专业评价者的独立性或者中立性以及过程的透明度，这些阐释了许多争论和会触发专家意见导向的和其他形式的评价的政治问题。

4. 埃利奥特·艾斯纳（Elliot Eisner）的教育鉴定和批判模式使得评价者更加了解了专家技能或者鉴定者，注意到了产品或方案的关键维度以及使用传统的社会科学方法以外的方法，特别是观察和描述等定性的方法以提供方案或者产品完整的轮廓。

5. 消费者导向的评价方法与专家意见导向的方法不同，它并不是依据某个领域内的专家或产品鉴定，而是依靠评价中的专家。方法也更集中依据评价逻辑和定量的方法。

6. 迈克尔·斯克里文（Michael Scriven）撰写了大量这类评价文献，描述了关键的步骤以确定判断产品或方案的重要标准、开发判断这些标准的原则、收集信息或数据，综合这些信息作出最终判断以帮助消费者进行同类产品的比较。

7. 专家意见导向和消费者导向的方法使评价者了解到价值评价在他们工作中的重要性。它帮助他们认识到评价的中心任务是判断一项方案、产品或者政策的价值。这两种方法都是非常不同的判断方法上，因此，每种方法分别增加了定性方法中评价者的考量和作为收集数据潜在的方法的标准、原则和清单。

8. 这两种方法一直普遍地应用于公共的、非营利性的和私人的组织和行业，但在今天的专业评价领域没有很多相关文献。这方面评价文献的缺乏是不幸的。我们希望评价者将把他们的注意力转移到这些普遍使用的方法上，把对评价方法的思考带到今天对它们的应用中。

## 问题讨论

1. 专家意见导向和消费者导向的评价方法有怎样的不同与相似之处？

2. 你认为专家意见导向的方法有哪些优势？又有哪些缺陷？

3. 如果一个专家团队审查你所在的学校或组织，你希望团队中有哪些类型的专家？你希望他们采用什么样的标准来判断你所在的组织的质量？

4. 参考第 3 个问题，你信任谁能够作出更好的判断——是某个了解你所在组织的情况的专家，还是某个掌握评价理论和判断事物的方法的人？请验证一下你的答案。

5. 讨论鉴定者的概念。你是某个领域的鉴定者吗？哪个领域呢？你在这个领域的经历是如何帮助你注意到一些重要的因素并能让你比新手更好地对它们进行判断的呢？

6. 在消费者导向的评价中，标准和规范的区别是什么？

7. 一个人如何确定评价一件产品的标准？唯一的或者是主要的焦点应该是结果吗？什么应该是投入的质量（员工、设备与预算）、过程（方案的实施）和产出或者结果三者之间的平衡点？

## 应用练习

1. 什么是外部专家审查你的方案或者组织？

（1）如果你在某个接受认证的组织中工作，审查用于认证的标准。你能摸索出考察方案或组织真正的质量问题的标准吗？你会增加哪些其他的标准呢？

（2）什么是评价团队的专业技能？他们是内容方面的专家，管理方面的专家、财务方面的专家、评价专家或其他领域的专家吗？你如何判断复合型专业技能？你会增加其他人吗？在判断你的组织时，其他人有可能会如何判断他们的独立性或客观性呢？

（3）如果可能，采访一下那些参与认证的人，更多地了解认证的目的（重点是形成性的、终结性的或者其他方面）以及认证是如何使用的。

2. 你的高中将要接受一个外部认证团队的访问。你认为他们应当关注哪些问题？在短暂的访问期间，你认为他们有可能会忽略哪些问题？你认为他们应当收集哪些方面的信息？他们在访问期间应当做什么？你认为这样一支团队会让你的学校发生一些改变吗？为什么会或者为什么不会？

3. 阅读你去过或者看过的一家餐馆、一场电影或者一次比赛的评论。你的观点与批判者的观点有怎样的不同？批判者的观点是如何影响到你的观点的？他（她）对产品的经历（鉴定力）或者他对产品的扩散能力（评判）会促使你从不同的角度来考量产品吗？

4. 在有效教学策略网（What Works Clearinghouse）看一项你感兴趣的教育产品的评价（网址是 http://ies.ed.gov/ncee/wwc.）。利用专家意见导向的和消费者导向的方法对他们介绍的信息进行评判。哪些信息是有帮助的？其他的信息对你作决策有帮助吗？如果是这样，为什么？你掌握的信息是否涉及不同的标准或规范呢？在本章中，信息是如何融入审查方法中来的？

5. 你感兴趣的产品或方案未经有效教学策略网（What Works Clearinghouse）的审查，因此你需要联系这个产品的出版商或者开发商了解更多信息。哪些标准对你而言是重要的？你可能使用哪些规范来判断那些标准？你会向公司的代表征询哪些问题？

6. 考察在《消费者报告（Consumer Reports）》或类似的杂志或线上出版物上最近的一个有关审查产品和评判他们对某个特定产品进行审查的问题。你是否同意他们选择的判断产品的标准吗？你会排除任何标准吗？或包括其他标准吗？他们用来判断每一项产品的规范都是清晰的吗？适当的吗？你如何来判断他们收集数据的过程，或者说他们是如何确定每一项产品的执行标准的呢？作为专家或消费者导向评价的鉴定者，你如何判断他们的评价？如何改进他们的过程？

## 案例研究

本章中，我们推荐一个与加里·亨利（Gary Henry）进行的关于佐治亚学院（Georgia school）发展报告单的采访，在第7章《评价实战（Evaluation in Action）》中有所提及。尽管我们的采访没有包括很明确地使用专家意见导向的或者消费者导向的评价方法，但是这次采访阐述了佐治亚州的消费者、父母和公民使用学校发展报告单的情况。亨利博士（Dr. Henry）的一些著作中涉及通过研究和投入来自佐治亚州的公民和评价咨询委员会的调查问卷，确定和开发用于成绩报告单的多元化标准。采访中，他认为应当在一个易于获取的和能够广泛传播的情境下，以易于使用的方式为格式化信息确定标准过程和方法。期刊来源于菲茨帕特里克和加里·亨利（Fitzpatrick，J.L.，& Henry，G.，2000），《佐治亚州学校效能委员会和它的效能监控体系：与加里·亨利的对话（The Georgia Council for School Performance and its performance monitoring system: A dialogue with Gary Henry）》，《美国评价期刊》（*American Journal of Evaluation*），21，pp.105-117.

## 推荐阅读书目

Eisner，E.W. (1991a). Taking a second work: Educational connoisseurship revisited. In M.W. McLaughlin and D. C. Philips (Eds.). *Evaluation and education: At quarter century，Ninetieth Yearbook of the National Society for the Study of Education，Part II* . Chicago: University of Chicago Press.

Eisner，E.W. (1991b). *The enlightened eye: Qualitative inquiry the enhancement of educational practice*. New York: Macmillan.

Floden，R.E. (1980). Flexner，accreditation，and evaluation. *Educational Evaluation and Policy Analysis*，20，35-46.

O'Brien，P. M. (Ed.). *Accreditation: Assuring and enhancing quality*. New Directions in Higher Education，No.145，pp.1-6. San Francisco: Jossey-Bass.

Scriven. M. (1991). *Evaluation thesaurus* (4th ed.). Newbury Park，CA: Sage.

Scriven. M. (2007). *Key evaluation checklist*. http://www.wmich.edu/evalctr/checklists/kec_ feb07.pdf

U.S. Department of Education. (2006).*A test of leadership: Charting the future of U.S. higher education*. Washington，DC. http://www.ed.gov/about/bdscomm/list/

# 第六章　方案导向的评价方法

**思考问题：**

1. 目标导向（objectives-oriented）评价方法的核心概念是什么？这种方法是怎样影响到评价的？这种方法在今天是如何运用的？

2. 逻辑模型和方案原理在评价中是如何使用的？

3. 理论基础的评价与目标导向的评价有怎样的不同？理论基础的评价有哪些核心概念？

4. 重大方案导向的评价方法有哪些优势和局限？

5. 什么是"目标游离评价（goal-free evaluation）"？实施评价帮助我们学会了什么？

今天许多评价方法开始聚焦于了解更多有关评价方案的一些关键特征。这些特征帮助评价者确定哪些问题应当得以解决。最突出的方案导向法是目标导向法和采用逻辑模型或方案原理的方法。事实上，理论基础评价是评价中发展最迅速的领域之一（韦斯；唐纳森；Weiss，1995；Donaldson，2007）。许多政府资助机构和基金会需要逻辑模型或方案原理的变式来进行方案规划、评价和研究。逻辑模型和方案原理不断地演化帮助评价者更好地理解了方案预期影响背后的基本原理或推论；相对于更加传统的目标导向的评价，这意味着巨大的进步，后者仅仅只关注了方案结果的表述。

本章包括了最初的方案导向的评价方法——目标导向的评价——时至今日仍然被频繁地使用。我们将描述原理导向的方法和与它们相似的方法、逻辑模型以及它们在今天的运用来帮助评价者作出关键的评价选择。

# 目标导向的评价方法

目标导向的评价方法最突出的特征是一些活动的目的是指定的，因此评价的重点在于实现那些目的或者任务。许多案例中的方案已经指定了目标。其他的则由评价者与利害关系人共同确定方案的目标，有时也称为目的或者标准。在目标导向的评价中，评价人的核心作用是确定能否部分或全部达成方案的目标，如果可以达成，如何做得更好。教育领域中的目标可能是完成一节课或一项培训方案或学生通过一整年的学习应当获取的知识。公共健康方案中的目标可能涉及预防工作的效果、社区健康干预或者对患者的教育。环境方案中的目标可能包括一些定量的结果，例如空气中污染物的减少或者市民对能源使用的信念和行动，后者将更加难以测量。从一项目标导向的评价中获取的信息能够被用以确定是否继续资助某个项目或调整它的重要的部分或干脆放弃考虑其他途径。

自 20 世纪 30 年代目标导向的评价出现以后，许多人对它的发展和完善都作出了贡献，但是在教育领域最有助于把目标导向进行概念化和普及化的个人则是拉尔夫·泰勒（Ralph W. Tyler，1942，1950）。

## 泰勒评价法

泰勒对评价和教育都有着极其重要的影响。他的思想影响到了 1965 年的《初等和中等教育法案》（Elementary and Secondary Education Act，ESEA），这是第一部要求针对教育方案实施评价的联邦法案。在他职业生涯的后期，他主导了国家教育进步测评（National Assessment of Educational Progress），在今天的美国它仍然是全国 50 个州检验教育成绩的唯一的方法，因为每个州都有不同的标准。在 20 世纪 20—30 年代，泰勒的工作与教师和学校紧密相关，于是他开始建构他的教育和评价理论。他的著作预示了今天有关评价的持续发展和多种方法的概念。他把目标看作是一种用来帮助教师确定他们希望学生学习什么的方法。根据学生应当能够完成的内容来陈述目标，泰勒相信教师能够更有效地规划他们的教学大纲和课程从而实现这些目标。然而与后来的行为目标的情境不同，泰勒相信目标应当更加关注原则，而不是微不足道的行为。作为一位评价者，他在评价和教育事业上与教师进行了密切的合作（古德拉德、莫道斯、莫道斯和斯塔弗尔比姆；Goodlad，1979；Madaus，2004；Madaus&Stufflebeam，1989）。

泰勒认为评价是一个确定某个项目的目标在多大程度上能得以真正实现的过程。他的评价方法有以下的步骤：

1. 建构广泛的目标或者任务。

2. 把目标或者任务进行分类。

3. 在行为方面定义目标。

4. 找到某种情境得以证实目标能够实现。

5. 开发或者选择测量技术。

6. 收集性能数据。

7. 比较性能数据与行为的既定目标。

在绩效与目标之间的差异会限制修正失误的意图，评价周期会重复。

泰勒的理论是合乎逻辑的、科学的和可以接受的，也易于为评价者们所采纳（大多数评价者的方法训练与泰勒强调的预备考试——课程结束考核的测量行为非常吻合），这也极大地影响了后来的评价学者。泰勒推崇不同类别的多元化措施和考量一项评价中一个方案的诸多元素。然而，目标导向法经由泰勒在20世纪60年代 — 70年代的工作演化形成，一直使用于今天的一些设置之中，它聚焦于一个基本的公式：明确方案的目标；识别方法以及通过典型性试验测量这些方法；管理试验；参照之前陈述的目标进行数据分析并且确保方案成功。

这项基础的、目标导向法受到今天专业评价者的高度质疑。然而，大量的资金投入并没有催生更先进的评价方法，而是需要评价者使用这种传统的方法。这种方法的优势和局限将在本章的总结部分予以讨论。

## 普罗佛斯的差异性评价模型（Provus's Discrepancy Evaluation Model）

依循泰勒时期的传统，马尔科姆·普罗佛斯（Malcolm Provus）开发了另一种评价方法，他将自己的方法运用于匹兹堡公立学校的评价工作之中（Provus，1971，1973）。普罗佛斯将评价视为一种持续的信息管理过程，并用作"方案管理的监视器（the watch-dog of program management）"和"在通过合理决策实现方案开发的管理过程中的管理的女仆"（Provus，1973，p.186）。某种意义上来说，他的方法是管理导向的评价方法，他的提议的关键特质植根于泰勒时期的传统。普罗佛斯（Provus）将评价视为一个过程：（1）认可标准（用以替代目标的另一个术语），①（2）明确在一项方案的某些方面的绩效和为绩效设置的标准之间是否存在差异，以及（3）使用有关差异性的信息以决定是否需要改进、维持或者终结方案或者方案的某些方面。他将自己的方法称为差异性评价模型（Discrepancy Evaluation Model，DEM）一点也不奇怪。

普罗佛斯（Provus）认为：开发一项方案需要经过四个发展阶段，他还增加了第五个选择性的阶段：

1.定义；

2.执行；

3.过程（中间产品）；

4.产品；

5.成本效益分析（选择性的）。

在定义或者设计阶段，工作的重点是明确目标和过程或者行动、圈定必要的资源、参与行动的执行和实现目标。普罗佛斯（Provus）认为方案是动态的系统，包括投入（前置事件）、过程和输出（结果）。每个阶段都需要建构标准或者预期。这些标准就是目标，所有更深层的评价工作都以此为基础。评价者在设计阶段的工作是制定一套完整的设计规范和考量它们达到的某些标准：理论上和结构上的可靠性。

在执行阶段，方案设计或者定义用以作为判断方案运行的标准。评价者实施一系列一致性测试来确定方案或者行动中预期和实际执行之间的差异。目的是弄清楚方案是否按照设计的那样执行。这很重要，因为研究发现员工在执行一项单一方案时与他们实施几个不同的方案时有很大的不同。方案规范的程度取决于第

①尽管标准和目标的意义并不相似，但是普罗佛斯（Provus）交替地使用它们。斯塔克（Stake，1970）也认为"外部权威人士将标准视为目标的另一种形式，尽管他们对于具体评价方案知之甚少或根本就一无所知，但是他们的建议与方案的许多方面都相互关联"（p.185）。

一手观察。如果在这一阶段发现了差异性，普罗佛斯（Provus）建议可以考虑以下几种解决办法：（1）如果实际交付看起来更加适合，那么就改变方案的定义依循方案实际交付的方式；（2）调整方案交付以更好地依循方案的定义（通过提供更多的物力或培训）；（3）如果进一步的发展看起来对实现方案的预期目标毫无作用，那么就终结行动。

在过程阶段，评价聚焦于在过程中收集参与者的数据来确定他们的行为是否像预期那样发生了改变。普罗佛斯（Provus）使用了"可能实现的目标（enabling objective）"这一术语，它是指如果要达成较长期的方案目标，参与者应获取的利益。如果某些可能实现的目标无法达成，那么为实现那些目标而采取的行动就需要修正或重新定义。评价数据的有效性也将受到质疑。如果评价者发现可能实现的目标无法达成，并且差异看起来无法消除，那么另一个选择就是终结行动。

在产品阶段，评价的目的是确定方案的最终目标是否已经实现。普罗佛斯（Provus）对当前结果或最终目标以及长期结果或首要目标进行了区分。他鼓励评价者超越强调方案结果绩效的传统，并以最终目标为基础作好后续研究，使其成为全部方案评价的一个部分。

普罗佛斯（Provus）也建议投入一项选择性的第五阶段，他提出了一项成本—收益分析和一项对可比较方案的相似成本分析结果的比较。最近，公共事业的资金投入越来越少，成本—收益分析已经成为许多方案评价的一部分。

差异性评价模型的设计应用于推进大型公立学校方案的改进，之后经由联邦机构推广运用于全国范围的评价。这项复杂的方法在拥有充足的人力资源的大型体系中运用得最好，它的核心在于识别差异化以帮助管理者明确方案改进的程度正是沿着既定的目标不断前行。它尝试确保有效的方案改进，并阻止行动进入下一个阶段，直至所有已识别的差异全部消除。一项差异无论在何时被发现，普罗佛斯（Provus）建议方案的员工和评价者都需要进入一个协同解决问题的流程。这一流程需要解决以下的问题：（1）为什么存在差异？（2）什么样的矫正行动是可行的？（3）哪种矫正行动最优？这个过程通常需要收集到附加信息、制定标准满足合理性以及调整矫正行动（或最终行动）的决定。这种特殊的解决问题的行动对于传统的目标导向评价法而言是一个新增加的环节。

尽管差异性评价模型是最早使用的评价方法之一，它的一些要素仍然能够在许多评价方案中被发现。例如，在菲茨帕特里克（Fitzpatrick）对大卫·费特曼（David Fetterman）的访谈中，作为一位赋权评价的开发者，菲茨帕特里克（Fitzpatrick）在他的斯坦福大学教师教育方案（Stanford Teacher Education Program，STEP）中使用了差异性模型来识别方案（Fitzpatrick&Fetterman，2000）。事实上这个模型已持续影响评价研究达 30 年之久，这些不断创造着价值的方法对评价者产生了更持久的作用，尽管它们的原创者已经不再提倡使用它们了。

## 生成与分析目标的方案：评价立方体

　　基于哈蒙德（Hammond）开发的一个概念，西密歇根大学评价中心（the Evaluation Center at Western Michigan University）开发了一个三维架构，分析了以社区为基础的青年项目的目标。这个方法易于通过改进来兼容目标导向的方案的相关维度。这个多维数据集（多德森，Dodson，1994，p.61）再版后如图6.1。

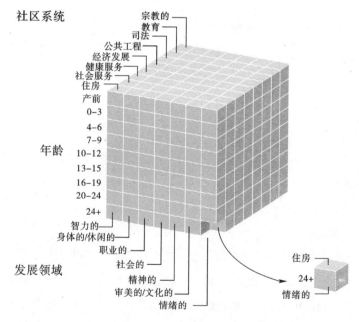

**图 6.1 从事青年项目分析的基于目标的多维数据集**

资料来源：来自中期的总结性评价：多德森（S.C.Dodson）于 1994 年在一

项长期的或者持续进行的方案的运行过程中评价了它的价值（p.58）。西密歇根大学，卡拉马祖（Kalamazoo），未出版的博士论文。经过许可再版。

多维数据集的三个维度如下：

1. 青年（客户）的需求：斯塔弗尔比姆（Stufflebeam）开发出了类型（1977），诺瓦克沃斯基（Nowakowski）等人对此进行了拓展（1985），分别是：

★ 才智；

★ 娱乐体育；

★ 职业的；

★ 社会的；

★ 道德的；

★ 审美的／文化的；

★ 情感的。

2. 青年的年龄（这项维度可能涉及客户任何的相关特性）：从胎儿期到成人青年。

3. 服务于青年的资源，比如：

★ 住房；

★ 社会服务；

★ 健康服务；

★ 经济／商业；

★ 公共工程；

★ 正义；

★ 教育；

★ 宗教组织。

这三项维度中任意一项维度的任意一种类型里，那些以社区为基础的青年方案的规划可能会选择建构相关的目标。在以社区为基础的方案中，几乎没有利害关系人会对立方体中的每一个小方块感兴趣，但是这三项维度的每一项维度中包含的类别提供了一个好的目录，它确保了目标中的重要部分或类别不会被忽略。显然，多维数据集的使用不仅不会限定以社区为基础的方案，而且还能够拓展方案的其他类别。

# 逻辑模型和以理论为基础的评价方法

## 逻辑模型

目标导向评价的某一篇评论文章是不会告诉我们方案是如何达成其目标的。方案无法实现其目标是一个特殊问题，因为评价无法提供关于如何去做的建议。逻辑模型已经发展成为目标导向评价的延伸，它被设计用以填补方案与其目标之间的空隙。通常逻辑模型需要方案的规划者或评价者识别方案的投入、行动、输出和结果，结果反映了方案的长期目标或者任务，输出代表着即时方案的影响。模型通常以图表的形式呈现出来，它阐释了方案的逻辑。

一个典型的逻辑模型可能包括以下的内容：

投入——年度预算、人员配备、设施、方案运转所需材料。

行动——每周例会、课程设置、工作室、会议、人员招募、临床服务、时事通讯、人员培训、方案的全部核心组件。

输出——每周参与者或客户服务的数量、班级会议的次数、每一位参与者直接服务的小时数、时事通讯或其他即时方案产品的数量。

即时的、中期的、长期的和最终结果——参与者变化（改进）的纵向目标。

今天，逻辑模型被广泛应用于方案的规划和评价。它们通过填充方案与目标之间的"黑盒子（black box）"影响评价。评价者能够使用逻辑模型来帮助方案中的员工清晰地表达和讨论他们的方案如何才能达成目标以及在任何一个给定的时间内和通常意义上建构内部评价能力或以一种评价的方式进行思考的能力时，哪些要素才是关键要素的假设。【参见泰勒—鲍威尔和博伊德（Taylor-Powell& Boyd，2008）在一个案例中使用逻辑模型进行合作拓展以建构组织能力。诺尔顿和菲利普斯（Knowlton& Phillips，2009）也为建构逻辑模型提供了指导。】美国联合之路（the United Way of America）是主要的机构之一，它通过基于逻辑模型的方法把逻辑模型带入评价，这也是组织所需资金的要求（联合之路，1996）。

其他的基金，比如凯洛格基金和凯西基金（the W.K. Kellogg Foundation& the Annie E. Casey Foundation）也已经在培训组织使用逻辑模型提升方案的规划和评价方面取得了成效。

## 基于理论的或理论驱动的评价

卡罗尔·韦斯（Carol Weiss）首次在她 1972 年出版的经典专著中以一项方案的理论为基础讨论了评价，这构建于萨奇曼（Suchman，1972）有关方案失败的早期论文的基础之上（韦斯与沃森；Weiss，1997；Worthen，1996a）。她一直是一位以理论为基础的评价的有效的和长期的倡导者（韦斯，韦斯和马克；Weiss，1995，1997；Weiss&Mark，2006）。在 20 世纪 80 年代和 90 年代，休伊·陈、彼得·罗西和莱纳德·比克曼（Huey Chen，Peter Rossi &Leonard Bickman）开始撰写评价中基于理论的方法（比克曼、陈和罗西、陈；Bickman，1987, 1990; Chen&Rossi, 1980, 1983; Chen, 1990）。斯图尔特·唐纳森（Stewart Donaldson，2007）是主要的评价者之一，他实践并撰写了今天的理论驱动的评价方法。[①] 爱德华·萨奇曼（Edward Suchman）首次指出了方案无法达成目标的两个明显的但又有区别的原因：（1）方案没有按照规划进行交付，因此没有进行真正意义上的测试（执行失败，implementation failure）；（2）方案如规划和结果预期的那样进行了交付，却清晰地显示方案的理论是错误的（理论失败，theory failure）。他和韦斯（Weiss）认识到，如果一项评价正在检测一项方案是否实现了它的目标以及方案是否失败，了解这种失败是执行失败还是理论失败是很重要的。有了这个信息，评价者就能够得出有关方案的适当的结论和为决策者提供有效的建议。要区分执行失败并理论失败，评价者除了了解简单的测量结果以外，还必须了解两件事情：方案的理论要素和方案如何执行。有了这个信息，评价者就能够确定方案的执行与理论是否契合。这是方案理论的开始以及它对于评价实

---

① 唐纳森（Donaldson）使用了术语"理论驱动（theory-driven）"，但是他指出术语"理论导向（theory-oriented）"、"以理论为基础（theory-based）"、"理论驱动（theory-driven）"，甚至是"方案逻辑（program logic）"和"逻辑建模（logic modeling）"都密切相关或有时是可以交替使用的。我们交替使用术语"理论驱动"和"以理论为基础"，但是尽量使用我们正在讨论的作者所使用的术语。

践的重要性的认识。

　　陈（Chen）和比克曼（Bickman）的以理论为基础的评价方法因这些原因而产生，他们也愿意为评价更直接地贡献社会科学研究知识。例如，陈（Chen）认为时间的评价者仅仅关注方法论，不去考量方案的理论或原则就会犯错误。20世纪80年代和90年代以理论为基础的评价萌芽之时，许多撰写它们的人们认为：理论意味着把评价与社会科学研究理论联系起来。例如，陈（Chen，1990）鼓励评价者搜寻科学研究文献以甄别与方案相关的社会科学理论并使用那些理论来规划评价。评价结论有助于发展社会科学知识和理论以及方案的决策（比克曼，Bickman，1987）。因此，理论为基础的评价产生于一个基于科学的观点，并常在20世纪90年代定量和定量方法的讨论中被其他人认为是一个严格的定量方法。然而，今天以理论为基础的评价被评价者用于许多设置之中以获取对方案更好地理解。（参见罗杰斯，Rogers，2000，2001）于是，他们能够使用理解方案的理论更好地明确研究需要解决的评价中的问题，帮助他们选择运用什么概念来测量、什么时候测量，并推动他们对结论的解释以及向利害关系人反馈以提升使用。

　　但什么是方案理论？评价者使用以理论为基础的评价方法做什么？比克曼（Bickman）把方案理论定义为"作为一个合理且明智的模型式的构造物以确定一项方案应该如何运作"（比克曼，Bickman，1987，p.5）。最近，唐纳森（Donaldson）把方案理论定义为"一种过程通过方案的要素被推定会影响结果，并且这些过程影响下的各种条件被认为需要进行操作"（2007，p.22）。在这两个例子和其他定义中方案理论解释了方案逻辑。那么它与逻辑模型有何区别呢？事实上，它们非常相似。如果方案投入、行动、输出和结果的逻辑衔接足以描述方案的目的为什么是实现其结果，逻辑模型可以描述方案理论。逻辑模型有时被用以作为改进方案理论的工具。换句话说，一项方案理论可能看起来像一个逻辑模型。在我们的经历中，因为把逻辑模型的重点置于投入、行动、输出和结果上，人们开发逻辑模型侧重于列出每一项类别中的所有要素，尽管不一定总是如此，但这可能无法描述方案成功背后的基本原理或推论。与此相反，一项方案理论虽然不包含预先规定的类别，比如投入、行动、输出或结果，但是其目的是提出推论的细节。比克曼（Bickman，1987）指出方案理论应当厘清方案假设学生或客户存在的问题与方案的行动之间的关系。因此，方案理论应当在客户启动方案之前就开始描述客户或方案中有关客户的假设。逻辑模型通常始于方案投入这一步骤。另一个区别仅仅是撰写评价模型及方案理论与以理论为基础的评价的组织和人是不同的了。

***在评价中使用方案理论*。**以理论为基础的评价方法的核心要素包含完善理论以回答为什么方案应当达到其预期结果的问题。这是一个区分以理论为基础的评价与其他方法的阶段。陈（Chen，1990）阐述了两个模型之间的差异以完善方案理论：（1）利害关系人法，评价者与利害关系人共事，他们通常是方案核心成员，以发现他们的有助于方案成功的推论或潜在的假设；（2）社会科学法，评价者利用自己的知识，包括方案和社会科学理论及研究开发模型。

比克曼（Bickman）和陈（Chen）都指出只与利害关系人共同完善方案理论常常会引发问题。如比克曼（Bickman）的看法，利害关系人可能并不了解方案理论或者他们的理论只是"一个模糊的概念或直觉"或者"可能只是几个简单的有关方案为什么应当运作的假设"（1987，p.6），这是因为他们并没有经过较好的社会科学理论或研究的训练。或许他们为了获取政治支持或资金或避免疏远某个利益集团而有意表现出对方案理论的迟钝或者含糊。最近，韦斯（Weiss）指出提升方案理论的质量是评价者面对的核心挑战之一。她认为方案管理者或者政策制定者可能能够也可能无法开发出高质量的方案理论。方案理论必须清晰地表达方案的行动与目标之间的因果关联；如果他们做不到，那么理论仅仅只是为执行而建构的一个模型或对方案过程的一个描述。同比克曼（Bickman）一样，她也表达了对过于依赖方案利害关系人、规划者和执行者来表述理论的关注。她认为"这些理论中许多内容是初级的、简单的、片面的，甚至是完全错误的"（韦斯，Weiss，1997，p.78），并且强调评价者需要整合利害关系人的投入和社会科学研究以建构健全的方案理论。

因此，方案理论完善的过程应当依赖于整合利害关系人的投入、相关的社会科学研究原理与结论以及评价者的知识与技能。唐纳森（Donaldson，2007）在他有关以理论为基础的评价专著中，根据他在许多大型项目中曾经使用的以理论为基础的评价经历，他比以往的学者更加严谨地描述了理论发展的步骤。他的步骤反映了这种平衡：

1. 引起相关利害关系人的关注。评价者得与尽可能多的来自不同界别的代表进行交谈以获取他们的看法，包括方案、方案预期的长期结果和方案用于达成这些结果的过程。

2. 制定方案理论的首稿。这一步骤由评价者或者评价团队来承担。

3. 向利害关系人提出草案并进行更深入的讨论、反馈和投入。

4. 进行合理性审查。现在评价者查阅与方案理论相关的现有的研究和评价来判定每个环节的合理性。研究表明了各个环节会如规划那样发生吗？方案行动会产生预期的结果吗？

5. 向核心利害关系人阐述这些结论并且根据需要修订方案理论。唐纳森（Donaldson）研究发现合理性审查建议需要认真地更正方案或者利害关系人对可能实现的结果的过度乐观。评价者向利害关系人提出研究结论并通过与他们共事来修正方案理论和 / 或者方案本身，只有这样模型才能够反映出将要做什么和能够实现什么。

6. 模型特征的探测头。正如第 4 项步骤所述，评价者在审查方案理论的过程中一马当先地进入"一个更深层次的细节"之中。唐纳森（Donaldson）表明这一阶段评价者的重点通常在对关键环节和细节的讨论，比如，为实现结果所需时间的长度和过程的性质。这里的目的是确保评价团队有一个对方案准确和深入的理解，使方案得以继续进行。这种理解会影响到类似评价者在何时收集与结果相关的资料和他们收集资料的类型等方面。

7. 最后确定方案影响理论。利害关系人在认可将作为研究方案基础的模型方面拥有最终的话语权。唐纳森（Donaldson）指出他倾向于简约的模型，正如一些利害关系人希望的那样，但是其他人则倾向于更加注重细节的模型（唐纳森，Donaldson，2007，pp.33-39）。

这个理论——改进的过程发生在评价决策之前。事实上，唐纳森（Donaldson）指出利害关系人常常希望在讨论评价的过程中进行评价和方案理论内涵的思考。然而，对充分发展方案理论而言重要的是在进行确认评价的问题要被回答或方法要被运用之前解决类似的问题。方案理论的核心原理不应当受到评价将如何予以实施的影响——例如，顾虑某些关联将如何被测试——而应当反映出一个真实的情境表明方案的目的是做什么以及如何去做。

理论驱动评价的第二阶段与大多数其他的评价类似。评价者得与利害关系人共事，确定评价需要回答的核心问题、适当的设计与回答这些问题的方法。尽管理论为基础的评价方法一直被认为是一种更倾向于定量的研究方法，这是因为它的支持者多来自定量研究领域，但是方法并不指定或者禁止特定的模型或设计。通常重点在测试方案模型，即因果关系问题。方案理论中确定的结构为测量什么和什么时间测量它提供了指导（Lipsey，1993）。正如唐纳森（Donaldson）所述，解决评价问题的选择问题很大程度上依赖于方案所处的阶段（年轻与足够成熟来检验长期的结果）和利害关系人希望了解什么。方案理论的发展有助于评价者更多地了解方案和它的假设，因此，它为评价者提供了贯穿整个评价中的能够利用的关键信息。这些包括确定在不同阶段研究什么，识别感兴趣的结构，解释结论和提出建议。

一项典型的以理论为基础的评价将首先研究方案的实施，事实上，重点在于方案理论的核心要素是否按照计划进行了实施。如果是，评价者就能够继续研究方案的结果，了解这项评价将成为方案理论的一次测试。如果方案失败了，意味着理论无法运行，至少在此次情境中面对这个客户集团是如此。但如果方案没有按计划实施，评价者可以建议通过改变实施使之与模型相匹配，或在此次情境不可行时摒弃模型或尝试使用一些其他模型。在任何情境下，评价都不能继续测量结果，因为方案理论事实上无法实施。如果结果被研究并取得了成功，实施研究将需要证实被交付的方案与方案理论有怎样的不同。而这项修正方案的交付就可能成为一个标准的模型或者未来的方案理论。

因此，以理论为基础的方法或者理论驱动法克服了目标导向法的一些缺陷。它为评价者提供了一种往"黑匣子"里看的方式，并且更好地理解了在一个学生或者客户开始一项方案和他（或她）结束这项方案之间的这段时间里面发生了什么。有了这个信息，以理论为基础的评价者认为他们就能够更好地测试和确定一项方案成功或者失败的原因。

# 如何使用方案导向的评价方法

自 20 世纪 30 年代以来，在美国和其他地域，目标导向法一直支配着评价的思想和发展（马道斯和斯塔弗尔比姆，Madaus&Stufflebeam，1989）。使用目标这种简洁的步骤来确定一项方案是成功还是失败，并且作为方案改进、维系或终止的基础被证明是一个吸引人的蓝本。

在教育领域，方法影响了教育目标的分类体系（布卢姆、黑斯廷斯、玛西亚，Bloom，Hastings，&Masia，1971），20 世纪 60 年代和 70 年代的标准参照测试运动和今天的标准化运动。正如我们在第 2 章中描述的评价在当前的趋势，今天的评价聚焦于测量结果；就学校而言采取了教育的标准模式。《"不让一个孩子掉队（No Child Left Behind， NCLB）"法案》2001 年经国会通过，要求所有尚未执行该法案的州制定严格的标准，以备每年对这些标准的完成情况进行考量。今天这些目标导向的评价方法在基础教育（K-12 education）领域占有主导地位。年度可测量目标（Annual measurable objectives， AMOs）是测量标准化进程的一种方法。

20 世纪 60 年代，当罗伯特·麦克纳马拉和兰德公司（Robert McNamara &the Rand Corporation）为美国国防部（the U.S. Defense Department）引入了《目标管理法》（Management by Objectives，MBO）以及《结果监测法》（阿福尔特，Affholter，1994）和《政府绩效与成果法案》（the Government Performance and Results Act， GPRA）出台（国家绩效，National Performance Review，1993）以后，目标导向的传统方法也影响了评价和管理实践。今天，项目评估定级工具（the Program Assessment Rating Tool，PART）已经取代了行政管理和预算局制定的《政府绩效与成果法案》（GPRA，Office of Management and Buget， OMB，2004），绩效监控已经成为众多政府管理系统的支柱。达勒·拉森（Dahler-Larson，2006）发表了对当前评价发展趋势的见解，他将绩效监控视为今天目标导向或者目的导向的评价方法。他认为完全的、目的导向的评价已经被绩效指标监控所取代。管理者使用绩效监控体系（Performance Monitoring System）来监控进展情况。这一体系可能看重产量、生产率、性能、服务质量、客户满意度或结果，但重点仍然在项目和最终绩效上（珀思特，Positer，2004）。逻辑模型有时用来鉴别体系中将要被监控的要素，但以一种持续的方式来监控这些要素则需要折中的办法。于是，绩效监控体系中的数据收集往往只进行定量的和成本收益方面的考量。一项正在进行中的绩效监控体系中很少存在真正的长期的测量结果，如果这些结果都较为复杂。

尽管目标导向的方法仍然盛行于众多政府机构和基金会的集约化评价之中，但是理论导向的评价方法却常常是专业评价者，尤其是那些具有科学偏好的评价者更多地选择的方法。许多政府资助机构，尤其是美国联邦政府需要项目来实践他们的理论或者逻辑模型。此外，基金会，如奥斯本研究所（the Aspen Institute），他们致力于在综合性社区发起旨在社区层面产生影响的行动，并追求理论导向的评价，作为一种帮助他们厘清复杂的项目原理的方法，用以对该理论的实践进行评价（韦斯，Weiss，1995）。

# 方案导向的评价方法的优势与局限

目标导向的方法最显著的优势可能就是它的简洁。它易于理解和实施，产生一些项目经理一般都会同意的与他们的任务相关的信息。这种方法帮助项目经理表达他们的意图，并澄清以前对预期结果含混而笼统的表述。针对适当的目标与服务的社区开展讨论，使目标导向的评价能够面对有效性的要求——毕竟，项目仅需要对它的设计者们负责，这才是需要去完成的，并且显然也是合法的。

这种评价方法对它众多的拥趸者而言似乎比较有用，但是它也有许多缺陷。最主要的一点是它狭隘地关注于目标和目标的测量法。聚焦于目标会导致评价者忽略其他重要的方案结果，既包括有益的方面，也包括有害的方面，并且如果评价得出最终结论，针对方案的判断很可能是极不完整的。评价者如果只聚焦于目标那就像一匹戴上了眼罩的马。它走在一条路上，这条路上它能够看到（和测量到）的只是需要达到的目的地——就是已经明确提出的目标，而它的右侧陡然下降，它的左侧有着绝对令人惊叹的风景，这些都被忽略了。目标导向的方法也会忽略对方案的描述、对方案运转背景进行理解的需要以及方案的背景对于方案的成功与失败产生的影响。最后，评价者使用这种方法可能会忽略他们自身在考量目标的价值时发挥的作用。事实上，这些目标对于方案和它的客户而言真的重要吗？有关评价的道德原则，在指导性原则E（Guiding Principle E）中需要评价者考量"任何正在评价过程中的直接操作和结果，以及丰富的假设、内涵和可能产生的副作用"（美国评估协会，American Evaluation Association，1995，p.25）。目标导向的方法还会对评价领域的新手们产生误导，他们只能部分了解达成目标在哲学上和实践中的困难。真正需要选择的是决定哪一项目标需要评价以及如何解释每一个成功或者失败。

在今天标准化盛行的氛围中，评价者无权通过国家需要的考试来测量标准。然而，涉及标准的评价能够帮助利害关系人考量哪些标准对于他们的学生有益，达到什么样的水平、何时达到将被认为是成功的。如果测试项目无法全面地反映特定学校或者学区的目标，就需要采取替代性措施来支持父母和社区的领导者。这些涉及不同社区中教育的标准和目标的评价能够公开讨论。

利用逻辑模型或方案理论的评价有利于更多地了解方案，阐明什么是评价，并且采取适当的方法来克服目标导向的方法中明显的缺陷。评价者与利害关系人展开对话，他们就能够更多地了解方案，加强与利害关系人之间的沟通，并因此赢得评价能做到的更好的理解。当一位优秀的以理论为基础的评价者开始有计划地评价时，她就能够更好地理解利害关系人对方案和评价的价值标准和诉求了。逻辑模型和以理论为基础的评价更有益于满足对话的需求，也有益于获得对方案的理解和清晰的推理。这些评价者聚焦于方案中鉴别和规范评价要解决的问题、数据收集的时机和使用适当的方法。一些以理论为基础的评价者认为必须整体性地评价方案理论，但综合聚焦不是重点。重点是自始至终地理解方案，并选择适当的环节或者要素来评价方案的各个阶段以及有关利害关系人诉求的信息。然而，正如目标导向的评价者，以理论为基础的评价者可能很难跨越自我设定的藩篱。当然，以理论为基础的评价者更倾向于理论聚焦，这可能忽视一些意想不到却又值得关注的方案的行动、环节、产出或者结果。此外，他们希望将理论作为一个整体进行检验的想法让他们忽略了价值标准和有关利害关系人诉求的信息。【参见菲茨帕特里克和唐纳森，（Fitzpatrick&Donaldson，2002），唐纳森使用方案理

论评价描述了底特律市一个培训项目中失业者存在的压力，但是现在迁移到了加利福尼亚州不同的人群之中。】

理论为基础的评价方法也受到诟病，因为它过分地简化了有关方案的提供和背景的复杂性（鲍森，Pawson，2003）。现实中的方案提供是复杂的，但显然方案理论简化了这种复杂性。但这正是理论或者模型的目标——把现实方案中的杂乱无序和复杂性简化成一个精干的模型，以鉴别关键的假设或对方案成功至关重要的核心要素。这样一来，模型就帮助评价者鉴别了评价中的要素或是环节。然而，这种简化方式无法表述现实方案中的复杂性，而描述这种复杂性也是评价重要的职能。过度简化常常令老百姓和决策者无法理解一个项目或一所学校要完成既定目标究竟有多困难，要花费多大代价。达勒·拉森（Dahler-Larson）呼吁"搭建弥合因果模型的简单表达式与复杂的现实之间的鸿沟的桥梁"（2006，p.152）。他主张以理论为基础的评价者应当努力发展"方案理论的不同种表达式，使其能在各个方面都更好地达成评价的目的"（2006，p.152）。

我们结束有关这些类型的评价方法的讨论来简要地描述斯克里文（Scriven）的目的游离评价。出于对目标导向法局限性的关注，他开始了解至今仍在讨论的目的游离评价（1972），它使评价者意识到对特定方案的要素的聚焦可以强加的偏见。尽管这与目标导向法相反，但在这里讨论这个提议似乎是合理的。

## 目的游离评价

目的游离评价的原理可以归纳如下：首先，目的不应当被预先设定。他认为：总体来说目的要比修辞少，并且尽量不要一心想透露方案或者变革的真实目的。另外，许多重要方案的结果并没有纳入方案最初的目的或者目标之内。斯克里文（Scriven，1972）认为目的游离评价最重要的功能是减少因为了解方案的目的而产生的偏见，这会增加将方案作为一个整体来判断的客观性。在目标导向评价中，当一位评价者被告知方案的目的后，他的观察能力会立即受到局限——这些目的会像有色眼镜一样令他错过与那些目的并不直接相关的重要的结论。

比如，假设一位评价者被告知一项辍学修正方案将：（1）为辍学者提供一项职业培训方案；（2）在生产性职业中培训他们；（3）让他们都有一份稳定的工作。他可能会花全部的时间策划和想办法了解有多少辍学者参与了这项方案，多少人因此得到了岗位并获得报酬。这些都是有意义的，实现这些目的方案很可能就会成功通过。但如果事实是因为辍学者进入了职业培训方案，那些受到职业培训的人（非辍学者）的犯罪率增长了 3 倍又怎么办呢？的确，一项隐性课程迅速出现：拆卸车辆。目的游离评价者看起来比带着自制的有色眼镜工作的目标导向评价者更易于消除评价的负面影响。

以下是目的游离评价的主要特征：

★ 评价者有意识地避免了解方案的目的。

★ 预设目的是不被许可的，它会限制评价研究的重点。

★ 目的游离评价的重点在于实际结论，而不是方案预期的结论。

★ 目的游离评价者会尽可能少地接触方案的管理者和员工。

★ 目的游离评价会增加未预料的副作用产生的可能性。

我们有必要指出目标导向评价和目的游离评价并非相互排斥。事实上，它们相得益彰。内部评价者必然会倾向于实施目标导向评价。他无法回避方案的目标，即使他能够做到忽略这些目标也是不明智的。方案管理者显然需要了解方案如何设计才能够实现其目标，内部评价者利用目标导向评价为管理层提供相关信息。同时，了解其他人对方案的判断也很重要，这不仅是出于对方案本身能否实现的考量，还考虑了方案能否达成预期的和预期以外的结论。这对于外部不了解方案目标的目的游离评价者而言是一项重要任务。所以目标导向评价和目的游离评价能够协同起来。如果方案评价的主要部分不运用目的游离评价，那么一个方案中，当既定目标不包括所有重要结论时完全运用目标导向评价将是不成功的。

## 主要的概念和原理

1. 目标导向评价方法是最早的评价方法之一，直至现在仍然常用。当前的一些模式在教育领域是标准化测试和问责，在政府项目中是绩效监控体系。

2. 目标导向法的重点在于清晰地表述方案的目的，并通过收集数据确定目标可以实现的程度。拉尔夫·泰勒和马尔科姆·普罗巴斯（Ralph Tyler&Malcolm Provus）早期提倡目标导向评价的不同方面。

3. 今天项目管理者和评价者常常使用逻辑模型将方案的投入、过程、产出和结果联系起来并作为方案或者评价的决策基础。

4. 理论为基础或理论驱动的方法利用了社会科学理论和研究，涉及方案和利害关系人对方案为什么需要进行和开发方案原理的假设。这些理论是选择评价问题和决定研究什么、何时收集相关数据的基础。理论为基础的评价是一个在今天的评价中经常使用的方法。

5. 目的游离评价法主要用来确定一个目标导向的评价方案中有可能被忽略的未预期的效果，这是因为评价聚焦在了预期的结果而不是实际的结果上。

## 问题讨论

1. 使用目标导向评价方法的主要原因是什么？提出一个你认为适用目标导向评价方法的方案或者政策并讨论你的理论根据。

2. 普罗巴斯（Provus）的差异性模型对评价能做什么的问题对你有怎样的启发？你能否想到一个方案或一项政策可能用这种方法进行有效的评价吗？

3. 你如何理解理论为基础的方法的优势和缺陷？

4. 假设你只有有限的经费用于组织的评价，但是你可以自由地支配这些经费。你会用于设计绩效监控体系还是每年就特定的方案或问题开展2到3个深入的评价研究？

5. 所有方案导向法都会分散评价者对方案中一些关键特质的注意力。它们也会削弱对假设的注意力，导致评价者过度关注某些因素而忽视了方案中其他令人满意的或者是不令人满意的结论。你认为这种强化是缺陷吗？换句话说，你更关注具体方案的特征（逻辑模型或方案理论中确定的目标或要素），还是更愿意尝试目的游离评价，也就是在不了解方案预期目的的情况下评价方案？来证明你的选择吧。

## 应用练习

1. 谢丽尔·布朗（Cheryl Brown）是国家社会服务部的一位项目管理者。她负责实施一个抚育项目，目的是减少儿童虐待和被忽视事件的发生率。为了评价该项目，她决定使用一项措施——报告虐待和忽视儿童的个案的数目。使用你了解的泰勒（Tyler）的评价方法、普罗巴斯（Provus）的差异性评价模型、逻辑模型和目的游离评价设计这个项目。这项措施使用这些评价方法会有哪些风险？又会有哪些益处？

2. 简·杰克逊（Jane Jackson）是格林中学（Greenlawn Middle School）英语教师的负责人，她需要在相当大的压力之下缩小白人（Caucasian）和少数族裔学生在写作方面的差距。她和梅（May）以及其他英语教师仔细考虑了哪些数据可以帮助他们在下一个学年检验他们提升写作的教学方案并缩小学生之间的差距。使用你在本章中了解的不同方法为杰克逊女士的评价方案提供建议。你了解的哪些方法是他们可以使用的？她应当怎样组织她的评价工作？特别是如何通过开展目标、差异性、逻辑模型或方案理论的讨论来帮助她们？

3. 今天许多学区和政府机构都在考虑以绩效为基础向他们的员工支付薪资。假设你正准备拜访某一学区，并对该学区以绩效为基础的支付方案进行评价。你考虑使用理论为基础的方法了解更多该方案的核心假设。你如何看待使用这种评价方法的优势与缺陷？请和你的同学一起为这个方案设计一项可行的推论。

## 案例研究

3 个案例利用以理论为基础的评价讨论了他们如何设计方案理论的一些内容：《评价行动（Evaluation in Action）》中第 4 章（莱恩·比克曼，Len Bickman）、第 9 章（斯图尔特·唐纳森，Stewart Donaldson）和第 12 章（卡特里娜·布莱索，Katrina Bledsoe）。

在第 4 章中，比克曼（Bickman）讨论了他的方案的实施策略，确保在评估结论得出前实施模型。他也讨论了他的评价质量，并认为有一些我们常忽略了的东西。期刊来源于菲茨帕特里克和比克曼（Fitzpatrick, J.L., &Bickman, L., 2002），《儿童和青少年的布拉格堡和斯塔克县医疗体系（Ft. Bragg&Stark County System of Care）：与莱恩·比克曼的一段对话》,《美国评价期刊》(*American Journal of Evaluation*, 23, pp.67-80)。

在第 9 章中，唐纳森（Donaldson）讨论了他如何在众多不同的案例中利用理论来指导评价，尽管他遭遇了阻力。期刊来源于菲茨帕特里克和唐纳森（Fitzpatrick，J.L.，& Donaldson，S.I.，2002），《工作与健康活动（Work and Health Initiative）评价：与斯图尔特·唐纳森的一段对话》，《美国评价期刊》（American Journal of Evaluation，23，pp.347-365）。

在第 12 章中，布莱索（Bledsoe）描述了与她的同事和员工共同从事的一个小型理论项目以及这个过程是如何影响他们和她自己的。期刊来源于菲茨帕特里克和布莱索（Fitzpatrick，J.L.，&Bledsoe，K.，2007），《有趣的书籍项目（Fun with Books Program）评价：与卡特里娜·布莱索（Katrina Bledsoe）的一段对话，《美国评价期刊》（American Journal of Evaluation，28，pp.522-535）。

## 推荐阅读书目

Donaldson，S.I. (2007). *Program theory-driven evaluation science: Strategies and application*. New York: Lawrence Erlbaum Associates.

Frechtling，J.A.(2007).*Logic modeling methods in program evaluation*. San Francisco:Jossey-Bass.

Tyler，R.W.(1991).General statement on program evaluation. In M.W.Mclaughlin &D.C.Phillips(Eds.)，*Evaluation and education: At quarter century. Ninetieth yearbook of the National Society for the Study of Education*，Part Ⅱ.Chicago: University of Chicago Press.

United Way of America.(1996).*Measuring program outcomes*. Alexandria，VA: United way of America.

Weiss，C.H.，&Mark，M.M.(2006).The oral history of evaluation Part Ⅳ：The professional evolution of Carol Weiss. *American Journal of Evaluation*，27(4)，475-483.

# 第七章 决策导向的评价方法

**思考问题：**

1. 决策导向（decision-oriented）的评价方法为什么会出现？

2. 一个方案有哪些发展阶段？在各个阶段中决策导向的评价方法是如何提供帮助的？

3. 什么是人的因素？效用聚焦评价（utilization-focused evaluation）的其他核心要素有哪些？

4. 什么是绩效监控（performance monitoring）？绩效监控与评价有哪些相似和不同之处？

5. 作为一个整体决策导向评价的优点和缺陷有哪些？作为个体而言又有哪些呢？

  评价在 20 世纪 70 年代受忽视并且没有影响力，决策导向的评价方法正是为解决这个问题而设计。这些方法服务于决策者。它们的原理是评价信息是一项好决策的重要部分，评价者能够通过向管理者、决策者、委员会、项目员工和其他需要好的评价信息的人提供服务而成为最有效率的人。我们在这里回顾 3 种重要的决策导向法，它们是 CIPP 模型，采用系统的方法处理方案进行的各个阶段和每一个阶段产生的信息需求；效用聚焦评价（utilization-focused evaluation，UFE），确定主要的使用者并与他们密切合作以明确信息需求并从事研究；绩效监控，它不是真正意义上的评价，但是它向管理者提供信息辅助决策并且被知名的评价者推崇。CIPP 模型和效用焦点评价有所不同——前者是系统和阶段导向的，后者是个人导向的。但是它们都有一个明确的目标——推动学校、非营利组织和政府的决策。你会发现每一种方法的要点，这将有助于你自己的评价工作。

# 决策导向评价方法的开发者和他们的贡献

许多评价者为决策导向法作出了重要的贡献。在教育领域，丹尼尔·斯塔弗尔比姆（Daniel Stufflebeam）是开发决策导向法的先驱。在 20 世纪 60 年代中期，斯塔弗尔比姆（Stufflebeam，1968）认识到有效评价方法的缺陷。斯塔弗尔比姆（Stufflebeam，1968）致力于拓展和系统化地思考行政学研究和教育决策，他采用了项目管理者而并非项目目标的决策方式，聚焦于评价的关键组织者。在他和其他理论者（如阿尔金，Alkin）提倡的方法中，与管理者密切合作的评价者确定管理者必须采取的决策，他们基于项目的各个阶段、收集有关每项决策利弊的充足信息并根据特定的标准作出公正的判断。成功的评价有赖于评价者与决策者协同工作的质量。

# 决策导向法（The Decision-Oriented Approaches）

## CIPP 评价模型（The CIPP Evaluation Model）

斯塔弗尔比姆（1971，2004b，2005）是决策导向的评价方法有影响力的倡导者，他建构这种方法帮助管理者作出好的决策。他将评价定义为"勾画、获取、报告和运用有关目标的价值、诚信和意义的描述性和判断性的信息来引导决策制定的过程，它支持责任、传播有效的实践以及增加对现象的理解力（斯塔弗尔比姆，Stufflebeam，2005，p.61）"。这个定义拓展了 1973 年当他第一次开发出 CIPP 模型时最初的定义，但是两者非常相似。于是，他更加简洁地将评价定义为"勾画、获取和提供有用的信息作为判断性决策选择的过程"（斯塔弗尔比姆，Stufflebeam，1973b，p.129）。最新的定义强调了价值判断的重要性，并成为 1973 年评价的关键。但是他在 2005 年的定义也强调了今天评价领域里通行的责任、传播力和理解力。然而，CIPP 模型的核心部分仍然广泛地应用于美国和全世界的教育评价领域。他开发的评价框架帮助管理者应对四种不同类型的决策。

1. 背景评价（Context evaluation），适用于规划决策：确定通过实施一项方案要解决哪些需求以及现有的方案中哪些有助于为方案确定目标。背景评价，正如其名称的涵义，涉及研究一项尚未规划的方案的背景：学生或者客户需要什么，有哪些问题？什么样的资产或者资质是组织必须满足的需求？对某项方案而言什么是其目的和预期的结果？

2. 投入评价（Input evaluation），适用于结构决策：在确定需求、考量组织资产和潜在干预后，使用投入评价帮助管理者实施特定的策略和解决问题，并且如何实施作出决策。

3. 过程评价（Process evaluation），适用于实施决策：一旦方案开始，重要的决策就是如何修正其实施。核心的评价问题是：方案是否按照规划实施？发生了哪些变化？有哪些障碍会对方案的成功构成威胁？需要进行哪些修正？这些问题得到回答之后，各项步骤就能够被监控、调整和优化。

4. 成果评价（Product evaluation），适用于循环决策：得到什么样的结果？需求如何减少？在方案运行后应当怎么做？是否需要修正或者中断？这些问题对判断方案的成功至关重要。

CIPP 模型来源于背景（context）、投入（input）、过程（process）和成果（product）四种类型的评价的首字母缩略词，其中斯塔弗尔比姆（Stufflebeam）的评价模型是最为众人所知的。表 7.1 的内容由斯塔弗尔比姆提出（2005，p.63），它总结了四种不同类型的评价的主要特征。

作为为不同类型的评价设计的逻辑结构，斯塔弗尔比姆（Stufflebeam）建议评价者遵循以下的步骤：

A. 聚焦评价（Focusing the Evaluation）

1. 确定主要的决策层级，例如，地方、州或者国家；教室、学校或者学区。

2. 为每一项决策层级确定适用的决策情境，根据每一项层级的场所、焦点、紧急程度、时机把握和其他方案的组成进行描述。

3. 通过指定变量确定每一项决策情境的标准，并用于其他方案的测量和标准化判断。

4.确定评价者必须使用的政策。

B. 信息的收集（Collection of Information）

1.明确指出收集的信息的来源。

2.明确指出为收集必要的信息所使用的工具和模型。

3.明确指出采用的抽样的程序。

4.明确指出信息收集的条件和步骤。

C. 信息的组织（Organization of Information）

1.提供一种信息收集的模式。

2.指出一种分析的方法。

D. 信息的分析（Analysis of Information）

1.选择采用的分析步骤。

2.指出一种分析的方法。

E. 信息的报告（Reporting of Information）

1.明确评价报告的受众。

2.明确把信息提供给受众的方法。

3.明确评价报告和（或者）报告会议的形式。

4.安排信息的报告。

F. 评价的管理（Administration of Evaluation）

1.总结评价进度。

2.明确员工、资源需求以及规划以满足这些需求。

3.明确满足政策需求的方法以实施评价。

4.评价潜在的评价设计以提供有关其有效性、可靠性、适时性和普遍性的信息（涉及所有相关的利害关系人）。

5.明确并安排评价设计的周期性更新的方法。

6.为所有的评价方案提供预算（p.144）。

**表7.1 四种评价类型的关联性及其在形成性和终结性评价中的作用**

| 评价作用<br>（Evaluation role） | 背景<br>（Context） | 投入<br>（Input） | 过程<br>（Process） | 成果<br>（Product） |
|---|---|---|---|---|
| 形成性评价：CIPP 信息的前瞻性应用以辅助决策和保障质量 | 通过引导来确定所需的干预措施和选择并评定目标（根据需求、问题、资产和机会的评估） | 通过引导来选择一个方案或其他策略（根据备选策略和资源分配计划进行评估）并检验工作计划 | 通过引导来实施操作计划（根据监控和判断方案的活动） | 通过引导来继续、修正、采纳或终止工作（根据结果和副作用的评估） |
| 终结性评价：回溯性应用 CIPP 信息来归纳方案的优势、价值、诚信和重要性 | 比较目的和优先次序与评估的需求、问题、资产和机会 | 比较方案的策略、设计和预算与关键的竞争者和受益人有针对性的需求 | 全面描述实际过程和成本并比较原计划和实际的过程和成本 | 比较结果和副作用与有针对性的需求以及竞争性方案的结论；比照工作的评估背景、投入和过程解释结论 |

资源来源：斯塔弗尔比姆和辛克菲尔德（D.L.Stufflebeam&A.J.Shinkfield）的《评价理论、模型和运用（Evaluation Theory， Models， and Applications）》一书。版权归属 2007 约翰·威利父子（John Wiley&Sons）。再版经由约翰·威利父子同意。

***CIPP 方法的演化**。模型在早期的评价模型中运用的时间最久。它建构的理论是可靠的：聚焦于辅助决策，判断优势和价值，强调方案的四个阶段，在考量评价问题的过程中强调背景的重要性，强调标准和使用。它一直聚焦于优化方案。在埃贡·古巴（Egon Guba）研究的基础之上，斯塔弗尔比姆（Stufflebeam）提出"评价的最终目的不是要证明什么，而是要优化"（2004b， p. 262）。他指出他的建议不是排斥将证明作为一个目的，而是承认优化才是最主要的目的。除了 CIPP 法，斯塔弗尔比姆（Stufflebeam）也一直强调使用多种方法，包括定性和定量的方法——任何方法只要最有利于衡量利益的结构就可以。

然而，斯塔弗尔比姆（Stufflebeam）在 2004 年指出："CIPP 模型是正在进行中的一项工作。"（2004b，p.245）作为一种在不同的情境中实施了多年的模型，它受到了评价实践和学习过程中发生的变化的影响。尽管 CIPP 模型在最初非常重视将管理者作为最重要的利害关系人，然而今天的 CIPP 法虽然仍然强调决策，但它建议引入更多的利害关系人。评价者仍然牢牢地控制着评价，但是斯塔弗尔比姆（Stufflebeam）认为："评价者被要求找到所有利害关系团体，加强与他们的沟通，形成共识来帮助确定评价问题，澄清评价标准，提供必要信息，得到可靠合理的结论。"（2005，p.62）也就是说，今天斯塔弗尔比姆（Stufflebeam）更加坦率地承认了评价发生在一个政治环境中以及价值发挥了关键作用。他指出："在我的整个职业生涯中，我变得对评价的政治性越来越敏感。评价者在评价过程中必须不断地去寻求、赢得和维系权利以确保他们是诚实、有活力和可靠的。"（2004b， pp.261-262）斯塔弗尔比姆（Stufflebeam）之轮（见图 7.1）阐释了核心价值对每一项评价活动的影响力。他指出，评价应当以这些价值为基础："社会、团队或者个人怀揣的理想"和"为获取和／或者验证特定的评价标准打基础"，以此来判断方案或作决策，以及"提供选择／构建评价工具和步骤的基础，评估现有的信息"及其他的评价决策（斯塔弗尔比姆，Stufflebeam，2004b，p.250）。

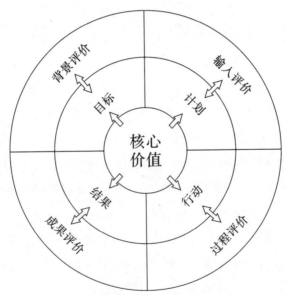

**图 7.1　CIPP 评价模型的核心内容和与方案的相关关系**

*资料来源：源自由 D.L. 斯塔弗尔比姆和 A.J. 欣克菲尔德设计的评价理论、模型和应用。版权于 2007 年隶属于约翰·威利父子。再版需经由约翰·威利父子的同意。*

斯塔弗尔比姆（Stufflebeam）的工作和方法增加了与其他方法不同的要素。他强调的是实践，通过优化决策来优化方案。他撰写并提倡许多实践工具，包括合同谈判的方法、利用利害关系组进行检验和投入、开发专业标准[1] 以及元评价——对评价本身开展评价。他建构了西密歇根大学（Western Michigan University）评价中心（Evaluation Center），这所大学的网站包括许多评价方法和任务的工具和清单，也包括开发预算、合约以及谈判协议的信息。参见 http://www.wmich.edu/ evalctr/chechlist/checklistmenu.htm

　　***CIPP 方法的重要贡献***。阿尔金和克里斯蒂（Alkin&Christie）在他们有关于评价原理的论述中使用了带有三支主干的树状结构——使用、方法和估值来阐述多种不同的评价原理。他们把斯塔弗尔比姆（Stufflebeam）的理论置于"运用"这一支干的根部，并且写道"斯塔弗尔比姆( Stufflebeam )的CIPP模型是这些'运用'类原理中最知名的一种"（2004，p.44）。CIPP 方法对许多评价者和项目管理者产生了吸引力，尤其是对国内具有理性和系统性方法的评价者和管理者，这显然是相关的。它最大的优势可能是它着重强调了评价。有经验的评价者知道投下一张大网，收获海量的信息有多么地诱人，但不久之后就得丢弃很大一部分，因为这些信息与评价必须解决的核心问题并没有直接关联。准确地收集信息才是关键。聚焦于管理者决策所需的信息限制了数据收集的幅度，使评价过于焦点化。这种评价方法也强调了信息效用的重要性。决策和评价的关联强调评价的目的。同样，把评价聚焦于管理者必须做的决策上会阻碍评价者追求决策者不感兴趣也没有结果的探索。

　　CIPP 方法有助于向评价者和项目管理者展示他们正在评价的某个活动或者项目，而不必等到它实际运转之后。事实上，评价能够始于方案的创意刚刚开始讨论的阶段。考虑到可能的机会缺失和大量资源投入，评价对一项发展中的项目来说是最有效的。但是在强调结果和影响的今天，弱化了评价在规划阶段的作用。然而，特别是当目标被程式化后，检验问题的背景、投入和过程对问题形成以前

---

　　[1] 在第 3 章中我们讨论了斯塔弗尔比姆（Stufflebeam）最早开发了方案评价标准（the Program Evaluation Standards），并且多年以来担任教育评价标准联合委员会（the Joint Committee on Standards for Education Evaluation）的负责人。在美国和许多其他国家，这些标准成为判断评价质量和帮助评价者考量它们的优先次序的指南。

进行问题的甄别和提出解决方案是有帮助的，这将更有利于达成目标。例如，过程研究可以甄别正在实施某项方案的教师或者其他项目提供方的方法是否因为没有做或者不合理而偏离了预设的行为。发现新的方法、修正方案的方法以遵循新的方法以及调整其他方法都有助于方案的成功。

尽管CIPP方法所使用的方案的阶段表明评价应当关注方案的阶段和不同的阶段出现的不同问题，另一个好处就是它有利于管理者和评价者视评价为可循环的而不是以项目为基础的。比如绩效监控，评价方案在每个阶段都能够提供一个"持续的信息流以帮助决策者确保方案能够持续地改进他们的服务"（阿尔金和克里斯蒂，Alkin&Christie，2004，p.44，分析CIPP方法）。

然而，当我们进一步讨论决策方法时CIPP方法并非没有批评者。他们认为尽管当前的方法鼓励利害关系人参与，但重点仍是管理者。没有明确决策焦点的其他利害关系人不一定会关注评价的目的、数据收集的方法和对结论的解释。

## 加利福尼亚大学洛杉矶分校的评价模型（The UCLA Evaluation Model）

阿尔金（Alkin，1969）在作为加利福尼亚大学洛杉矶分析评价研究中心（the Center for the Study of Evaluation at UCLA）的负责人时，开发出了一项与CIPP模型的一些特征非常相近的评价模型。阿尔金（Alkin）把评价定义为"一个确定关注的决策领域，收集适当的信息和可供分析的信息以便汇总数据帮助决策者进行选择的过程"（p.2）。阿尔金（Alkin）的模型涵盖了以下五种评价类型：

1. 系统评估（Systems assessment），提供有关系统状态的信息（类似于CIPP模型中的背景评价）。

2. 方案规划（Program planning），选择特定的方案以有效满足具体的评价需求（类似于投入评价）。

3. 方案实施（Program implementation），是否按照预定的方式向适当的群体提供了方案的信息。

4. 方案改良（Program improvement），提供有关方案如何才能正常运转，中期目标是否能够实现以及预料之外的结果是否会出现的信息（类似于过程评价）。

5. 方案检验（Program certification），提供有关方案的价值和可能用于其他用途的信息（类似于结果评价）。

阿尔金（Alkin，1991）指出他的评价模型设计了四个评价假设：

1. 评价是一个收集信息的过程。

2. 评价过程中收集的信息主要用于在面临多项选择的活动时进行决策。

3. 评价信息应当向决策者呈现，并且使他能有效地利用而不是使他困惑或受到误导。

4. 不同类型的决策需要不同类型的评价步骤（p.94）。

## 效用聚焦评价（Utilization-Focused Evaluation）

效用聚焦评价（UFE）是一种重要的方法，基于两点假设：（a）评价的主要目的是帮助决策；（b）如果评价者可以确定一个或更多关注评价和能够使用评价的利害关系人，评价的使用就更可能发生。帕顿（Patton）称后者为"个人因素（the personal factor）"，并将其定义为"一个可识别的关注评价及其结果的个人或群体"（2008a，p.66）。对效用聚焦评价而言，个人因素是一项核心要素。帕顿（Patton）在20世纪70年代他的一项研究中首先把它定义为核心要素。在此项研究中，他会见了20位联邦健康评价的评价者和使用者来学习有助于评价使用的要素。帕顿（Patton）和他的同事在一篇文献评论研究中定义了11项潜在要素，例如方法论问题、政治因素和调查结果（正面的、负面的或者是令人吃惊的）。他们发现当涉及最具影响力的要素时，两个要素反复出现：政治考量和帕顿（Patton）所谓的个人要素，关注评价及其结果的个人或群体。帕顿（Patton）的效用聚焦评价方法建构于这些结论之上，它有助于评价者甄别这些人并与他们紧密协作以实现评价的使用。

帕顿（Patton）把效用聚焦评价定义为"一个决策过程，并且聚焦于由目标使用者预设用途的评价"（1994，p.317）。同样地，在近期有关效用聚焦评价的文章中，他将其定义为"为了主要的目标使用者及其特定的预设用途和他们共同进行的评价"（2008a，p.37）。他的决策聚焦进一步定义为：

方案评价是在时间、地点、价值和政治的背景边界内进行的方案和政

策的决策、选择厘清、改进和信息提供。（2008，p.40）

尽管帕顿（Patton）把效用聚焦评价视为参与性方法的一种，但是考虑到它聚焦于共事的核心利害关系个人或者群体，他承认许多人将其置于决策性导向的方法之一（Patton，1994）。我们将效用聚焦评价置于本章是因为它聚焦于预设的用途，尤其是决策。正如卡津斯、厄尔（Cousins&Earle，1992，1995）、格林（Greene，1988）和其他一些人一样，帕顿（Patton）之所以利用参与实现预设用途的关键利害关系人，是因为他相信利害关系人的参与会增加他们对评价的拥有感和对评价的认知，并最终会增加他们对评价结果的使用。

首先效用聚焦评价涉及确定目标使用者——关注研究及其结论的个人。当然，这一步是实现个人要素的关键。考虑到今天聚焦于网络和协作，帕顿（Patton）强调一个详尽的利害关系人的分析，即确认有关评价的正确的利害关系人比什么都重要。他建议在确认关键利害关系人时考量两个要素：（1）对研究感兴趣；（2）具有组织内的权力和 / 或者所评价的方案或者政策的权力（伊登和阿克曼，Eden&Ackerman）。当然，理想的利害关系人最好两方面都达到很高的标准，但既有兴趣也有权力的利害关系人无论如何也比兴趣较低或者没有兴趣只有权力的利害关系人更有用。后者可能不会参加重要的会议、反馈信息或者以有意义的方式参与评价，这对于研究质量和组织内其他人对评价的信任度都是有害的。

帮助这些核心用户考量他们对评价的需求，帕顿（Patton）指出，他助推了使用者"在设计阶段更加有规划和有预见性地进行评价的使用"（2008a，p.146）。他也建议通过向目标使用者询问问题来帮助他们决策，同时利用数据和证据等合理的方式将更能够影响到他们。

效用聚焦评价的最后阶段涉及这些利害关系人参与研究。这可能包括要把他们感兴趣的问题作为研究的核心，要考量他们将如何使用信息，在项目的规划和数据收集阶段就让他们参与进来，确保他们能够理解方法论，表达出他们的价值选择和对他们有用和可靠的结论。在最后阶段，效用聚焦评价的主要利害关系人将参与结论的解释并作出判断、建议和传播等决策。在这个阶段，评价者和主要目标用户之间的互动对于保证个人因素十分关键。评价者需要通过满足主要用户的需求并维护他们的利益以发展与他们的关系。

这些阶段在许多方面都类似于实践参与评价法（Practical Participatory Evaluation Approaches，PPE），比如卡津斯和厄尔（Cousins&Earl，1992，1995）提出的相关方法。效用聚焦评价模型的不同是在最初阶段利害关系人的选择和聚焦于有目的的和具体的运用。尽管卡津斯和厄尔（Cousins&Earl）更多地"运用（use）"了利害关系人，他们更加宽泛地理解"运用（use）"这个术语的涵义，它包括从参与评价过程（过程运用）来了解、概念运用（获取可能在未来会运用到的知识）和组织学习。与此类似，费特曼（Fetterman）的赋权评价（empowerment evaluation）认为自主决定和更新通过建构评价体系来进行的组织学习。在他聚焦的工具性运用或者直接运用中，帕顿（Patton）的效用聚焦评价更像斯塔弗尔比姆（Stufflebeam）的CIPP模型，CIPP模型聚焦于方案的阶段和更可能发生的决策，而帕顿（Patton）聚焦于决策者和通过与他们对话确定他们可能作出怎样的决策。帕顿（Patton）强调了个人的方法和关系，这与CIPP法也有一些区别。

帕顿（Patton）指出效用聚焦评价的致命缺陷是人事变动或评价的关键目标用户出现了调整。作为预案，他建议理想情况是在一项任务中开发多个关键用户，一旦失去了关键目标用户，留下充足的时间进行快捷的替换（Patton，2008a）。

另一种批评是有关帕顿（Patton）强调的个人或者一个小群体的工具性应用和如何作出决策的观点。卡罗·韦斯与迈克尔·帕顿（Carol Weiss&Michael Patton）在20世纪80年代就这个问题曾有过激烈的争论。她认为帕顿（Patton）只关注少数关键用户以及恒定的背景和决策使决策过程过于简化。目前，韦斯指出追溯到20世纪60年代和70年代，传统智慧是最顶层的决策者："如果你能够用你的数据和结论说服那个人，你能够说服他选择A而不是B，一直都是那一个人……"但是，她指出这不是组织运作的方式：

> 这并不是一个简洁的，而是反反复复、时好时坏、易于混淆的过程，各种不相关的事物在这个过程中也纠结在一起。这是一个复杂的事物并显然没有"找到决策者并给予他建议。"（韦斯和迈克，Weiss&Mark，2006，p.480）

Alkin（阿尔金）在研究之后发现了其复杂性，但是他指出了帕顿（Patton）方法的价值，并写下了以下有关评价运用的研究评论：

研究者们确定最有可能影响评价的因素是评价者……而比评价者的专业技能和可靠性更重要的是他或她的个人品质，比如个性和风格。如果开始运用评价，那么与用户和谐相处并让用户参与评价是关键。（2005，p.455）

韦斯与帕顿（Weiss&Patton）观点的另一个不同点是评价的背景。韦斯（Weiss）的工作主要涉及高层次的政府官员，比如国会和联邦内阁的成员，他们需要处理大量不同的事情，因为太忙而无法参与某个特定的评价项目或者并不太感兴趣。帕顿（Patton）的工作更接近正在评价的实际项目。Alkin（阿尔金）指出背景在运用中也是一个重要的因素，人们很容易看到两种不同的背景会造成利害关系人的参与方式和结论运用的不同。

## 评价能力评估（Evaluability Assessment）和绩效监控

正如迈克尔·帕顿和丹尼尔·斯塔弗尔比姆（Michael Patton&Daniel Stufflebeam）一样，多年以来约瑟夫·沃利（Joseph Wholey）在评价领域取得了杰出的成就。然而，斯塔弗尔比姆（Stufflebeam）的工作主要在教育领域。帕顿（Patton）关注学校和社会福利领域的个人方案。沃利（Wholey）的影响和工作主要在联邦政府，最早开始于20世纪70年代的美国健康、教育与福利署（U.S. Department of Health, Education, and Welfare, HEW），他的目标是通过评价来优化决策。因此，多年来他开发了许多方法来改善评价的效用。我们在这里简要回顾他的主要成就。

沃利（Wholey）开发出了评价能力评估以阻止那些事实上并未准备好进行评价的方案开展昂贵的评价。斯塔弗尔比姆（Stufflebeam）提倡在背景和投入阶段开展评价以帮助方案的规划，沃利（Wholey）与此不同，他尤其专注于方案的结果（Wholey，2004a，2004b）。事实上，大多数的决策者——联邦政策制定者并不操作方案，他们不会为方案的优化制定形成性决策；而是就方案的资金、启动和持续运作制定终结性决策（M.Smith，2005）。因此，沃利（Wholey）在联邦层面的工作需要与更接近评价方案的决策者和管理者共事，这与CIPP法和UFE法有着显著的差异。通过早期与健康、教育与福利署的合作，他和同事们关注到许多未使用过的评价。他们认为原因之一是人们实施方案时没有机会解决好方案，清晰地定义他们正在做什么，尽力去尝试，考量他们需要从评价中获取什么样的信息。因此，他建议通过评价能力评估来寻求优化方案评价的可能性。为了开展评价，评价能力评估应遵循以下原则：

1. 方案的目标是否得到清晰的定义。

2. 活动方案是否确定能够达成预期的目标。

3. 方案的管理者是否对方案的优化感兴趣。

评价者与方案管理者共同观察方案，阅读资料，进行访谈，开展其他活动以确定是否满足这些标准。

沃利（Wholey）离开健康、教育与福利署后评价能力评估逐渐衰落（参见Rog，1985；M.Smith，2005），但我们在这里选择介绍它是因为它阐释了一种在完全不同的背景中运用的另一种决策导向方法。史密斯（Smith，1989）后来在美国农业部（U.S. Department of Agriculture）开发并成功地实施了评价能力评估，但是需要指出的是这种方法已经受到理论基础性评价和参与式方法的影响（Smith，2005）。因此，评价能力评估为理解方案理论的重要性奠定了基础（过程的第一步和第二步）并理解决策者的需求（第三步）。我们仍将评价能力评估视为一个有价值的工具，并将在第11章中描述如何开展此项评估。

20世纪60年代以来，沃利（Wholey）在评价科学领域不断地积极工作，他今天关注更多的是形成性评价。2004年，他可能对早期在健康、教育与福利署开展终结性评价的失败进行了反思，他写道："因为政策性决策受到多重投入的影响，政策通过方案和方案的延续得以实施。我对于通过评价的运用推动方案的绩效尤其感兴趣。"（2004a，pp.267-268）他的第一句话反映了他的理解，终结性评价在联邦层面极少成功地影响到有关方案持续进行的决策。太多其他的因素在起作用。因此，他今天专注的与斯塔弗尔比姆（Stufflebeam）和帕顿（Patton）一样是形成性评价。

沃利（Wholey）最近与评价相关的工作涉及绩效监控体系，它是一种优化组织决策的方法。绩效监控例行地收集有关方案输出或结果的数据。与大多数的评价研究不同，绩效监控是正在进行中的。它并不基于某个特定的方案或者项目，但它是一个收集、维护和分析绩效数据以方便管理者运用于辅助决策和优化组织绩效的体系。沃利（Wholey）把绩效监控和评价视为"相辅相成（mutually reinforcing）"的关系（2004a，p.268）。绩效监控体系鼓励管理者了解数据的运用。这样他们就更易于接受特定方案或者提议的评价研究。事实上，评价可能开始于管理者，因为从绩效监控体系得到的令人失望的数据而受到困扰。他们可能会问：为什么我们无法实现我们的目标？

但是绩效监控体系也可能出现问题。它们可能将视线和资源转移到对管理者或者方案的员工并没有显著意义的绩效指标上。[①] 正如沃利（Wholey）所指出的："在方案管理者、员工和其他核心利害关系人参与和以结果为导向的管理体系中，当开发、测试和提炼绩效指标时，绩效监控是非常有效的。"（2004a，p.268）我们在本章介绍沃利（Wholey）的工作和他倡导的绩效监控也是因为作为一种以决策为基础的方法，它能够催生更好的方案管理。因为绩效监控在今天的学校和组织中是一种常用的数据使用形式，我们希望帮助读者理解它的本源以及它是如何适用于各种评价方法的。尽管评价作为一项周期性的和以项目为基础的活动在不断地发展，许多评价者将评价作为一个正在进行中的过程以实现组织学习（裴士基和托雷斯，欧文和兰伯特；Preskill&Torres，1998；Torres&Preskill，2001；Owen& Lambert，1998）。适当实施的绩效监控可能成为这一过程中的一种工具。（参见 Poisiter，2004；Wholey，1999a，1999b，2001，2003.）

## 如何使用决策导向的评价方法

这里描述的每一种当代研究方法——CIPP 模型、效用聚焦评价法（UFE）和绩效监控——在美国、加拿大和全世界都得到了广泛运用。CIPP 模型在学区、州和联邦政府机构被大量使用。沿用 CIPP 步骤的学校方案的评价指南由桑德斯和萨林斯出版（Sanders&Sullins，2005）。效用聚焦评价也一直是普及模型；帕顿（Patton）在 2008 年出版了他的著作的第四版。最后，当我们提及这本书时许多政府机构和学校强制使用绩效监控。然而为优化而使用绩效监控参差不齐，因为搜集到的数据常常与特定的方案并不相关。它主要用于问责而不是方案的改进。然而，以数

---

① 学区和州立教育部门的数据体系可以视为绩效监控体系，但是数据的搜集常常受联邦或州授权并且不会成为内部决策的重要辅助。

据为基础的决策正大量地运用于众多的学区和组织。

## 决策导向评价法的优势与局限

决策导向法是很老式的评价方法，但是仍然被频繁地使用。人们撰写这方面的文章并且使用这些方法设计个人的评价或者评价体系。它们使用的时间之长正说明了它们的成功。使用多种方法——在每个阶段明确一个方案或者潜在的信息需求、确定和描述个人的因素或考量进行中的信息需求——斯塔弗尔比姆、帕顿和沃利（Stufflebeam，Patton，&Wholey）开发了成功的模型，因为他们提供了信息，帮助了人们，特别是帮助了管理者或者决策者作决策。这正是它们的目的，它们也取得了成功。

具有讽刺意味的是一项对决策导向法提出的批评正是因为它们聚焦于决策。尽管斯塔弗尔比姆（Stufflebeam）拓展了CIPP法使许多利害关系人得以参与，但是批评者指出这些方法仍然忽视了享有较少权利的利害关系人（豪斯和豪，House&Howe， 1999）。决策导向模型无法直接解决社会公正和公平的问题。但是倡导者认为他们的方法改善了方案，有助于利害关系人。然而，聚焦于管理者和他们的信息需求会限制评价者寻求的信息以及收集的数据类型和结论的传播。如果不是极其谨慎，评价者甚至会成为受制于管理者和建构方案的"职业杀手"。但正如斯塔弗尔比姆（Stufflebeam）所强调的，CIPP模型是根据联合委员会的标准进行的判断，并且重点是拓展了利害关系人的加入。在CIPP和UFE法中，评价者掌控评价，尽管他们多聚集于主要利害关系人的决策，但是他们也常使用顾问小组或者寻求其他利害关系人的信息来辅助有关评价的决策。

这些方法存在一项潜在的缺陷即评价者偶尔不能回应一些重要问题——甚至是批评——这会与作为重要受众的决策者的关注产生冲突或至少不相吻合。此外，缺少关键领导者的方案不会受益于这类评价方法。

最后，这些评价方法假设重要的决策和信息可以事先得以明确，并且在实施评价的过程中决策、方案及其背景将会较为稳定。所有这些有关决策过程会井然有序和具有预见性的假设是不确定和无法保证的。评价者应当准备好频繁地进行再评估和适应性调整。正如帕顿（Patton）在他的新书中论及发展中的评价时说，组织的环境处于动态之中（帕顿，Patton，2009）。

## 主要的概念和原理

1. 决策导向评价方法背后的主要推动力是20世纪70年代评价在使用中的失败。开发的这些模型直接聚焦于决策，特别是管理者和决策者的决策以增加其使用。

2. 斯塔弗尔比姆（Stufflebeam）的CIPP模型描述了方案的4个阶段（背景、投入、过程和成果）和管理者或者决策者可能面对的每个阶段的决策类型。通过这些阶段和建议决策的使用，评价者与方案管理者或者具有掌控权的利害关系人委员会在实施评价时会共同确定决策者的关注、信息的需求和效率的标准。

3. 迈克尔·帕顿（Michael Patton）的UFE方法形成的评价通过利用个人因素——对评价感兴趣并且有权作出决策或改变的个人来改善决策。UFE确定了这些目标用户并与之紧密合作以规划和实施评价。评价者建构了与目标用户的个人关联，使他能够理解他们的决策并通过设计评价最大限度地实现他们的决策和价值。

4. 约瑟夫·沃利（Joseph Wholey）的可评价性评估通过确定一项评价是否有价值来影响是否实施一项评价的决策。这影响到今天的理论导向和参与式的方法。他提出绩效监控体系为管理者提供了进行中的产出和结果信息并且促进了评价和以数据为基础的决策。

## 问题讨论

1. 你认为哪一种决策导向的方法最具吸引力？在你的组织中哪一种方法对推动决策最有用？你认为有没其他方法中的一些要素也是有用的？你能否把它们组合起来？

2. 决策导向的方法聚焦于决策，决策的目的是推动评价结果的使用和使用对于方案的影响。但是权衡意味着可能会忽视其他团队和不直接影响决策的评价，并且决策者、决策甚至是方案的背景都可能会发生改变。聚焦于决策还有必要进行权衡吗？

3. 几乎每一个组织都会进行绩效监控。你认为它有用吗？你认为资源应当用于收集和维系数据来进行个人对选中的方案或政策的评价研究吗？

4. 这里描述的方案开发者强调它们的核心目标是进行形成性评价或者方案优化，但是它们也用于终结性决策。这些方法为什么能够或者在什么样的条件下对形成性评价更有用？在什么样的条件下这些方法能够用于终结性评价？

### 应用练习

1. 使用你刚刚学习过的决策导向法进行评价，根据你工作中的或者你熟悉的方案确定一个或两个决策。谁是决策者？你认为他们需要什么样的信息进行决策？他们认为自己需要什么样的信息来进行决策？什么会影响他们的决策？你认为评价能够帮助他们作决策吗？在 CIPP 模型中，什么类型的评价对决策而言是最适当的？（参见表 7.1 中的类型。）

2. 描述一下你的组织中典型的方案决策是如何制定的。决策导向的方法在你的组织中奏效吗？为什么奏效或者为什么不奏效？

3. 为了得到联邦政府的支持，一个公共学区就在小学缩小白人学生和少数族裔学生间成绩差距的方案上成功地展示了它的需求。他们把获得的 100 万美元拨款用于 2011 年 7 月 1 日到 2014 年 6 月 30 日的 3 年时间里。在 2011 年 3 月 15 日，负责人召集了小学教育辅助责任人会议，30 位小学校长参与拟定方案。会议决定这些学校应当在 2011 年 9 月 30 日前完成一个当前的阅读和数学方案的全面评价来确认需求。经过考量，在解决需求的多种策略中选择了一个方案以缩小成绩的差距。他们也决定建构一个评价小组负责以下事宜：

（1）在具备资质的学校实施阅读和数学方案的评价；

（2）评价多种方案以满足 30 所学校的需求；

（3）从 2012 年开始持续地监控方案的实施；

（4）收集信息以向美国教育部（U.S. Department of Education）进行年度报告（在每个拨款年度的 6 月 30 日）。

运用你学到的决策导向评价法告诉评价小组的成员他们应该如何开展工作（假设现在是 2011 年 3 月）。把你的规划做得尽可能详细。

4. 在你的组织或大学中实施一项评价并且回答以下的问题：谁发起了这项评价（例如，受到联邦政府委托的管理层）？评价使用了特殊的方法吗？除了评价人员以外，还有谁参与了评价，他们是怎样参与的？管理者扮演了什么样的角色？评价的目的是什么？评价回答了哪些问题？收集了哪些类型的数据？核心利害关系人和其他利害关系人是怎样获得结论的？他们是怎样回应这些结论的？管理层对评价的接受度如何？评价结果被使用了吗？是如何使用的？再思考一下，如果决策导向法已经被使用，管理层是否会或多或少地接受评价以及他们是否会有区别地使用评价结果。讨论一下你的答案。

5. 确定一项你的组织或学校面临的核心方案，例如教育学生、服务有效客户或者招募和培训新雇员。

（1）就 CIPP 模型而言，你会在什么阶段考虑这个问题？考虑阶段性的问题能够帮助你确定一些潜在的信息需求吗？如果是这样，评价可以解决哪些问题？

（2）现在把 UFE 法运用到相同的问题上。谁可能成为关键的目标用户？他们会考量哪些决策？他们需要哪些他们当前尚未掌握的信息来作决策？评价者如何与他们共事？

（3）你的绩效监控体系或者你收集到的常规数据对问题提供了有用的信息吗？如果没有并且如果这是一个正在进行中的问题，你就这个问题向系统增加了一些常规的数据吗？

## 案例研究

在本章中，我们推荐两次涉及决策制定的会谈：在《评价行动（Evaluation in Action）》一书的第 2 章（詹姆斯·里乔，James Riccio）和第 5 章（大卫·费特曼，David Fetterman）中。

第 2 章中里乔（Riccio）的主要客户是加利福尼亚州议会（California State Legislature），就福利方案作出决策并且已经签署了合同通过评价来帮助他们决定是否继续实施这一方案。州议会对此是冷淡的，但是他讨论了他们的影响以及怎样与之共事。他们的需求成为他评价的核心。期刊来源于菲茨帕特里克和里乔（Fitzpatrick, J.L., &Riccio, J.A., 1997）。这项备受赞誉的评价获准为以工代赈方案。《评价实践（Evaluation Practice）》，18，pp.241-252。

第 5 章中，费特曼（Fetterman）作为赋权评价的开发者选择使用决策制定法而非赋权，因为他的客户斯坦福大学教育学院新任院长的信息需求以及客户决策的历史记录。他的有关选择的讨论有助于阅读。期刊来源于菲茨帕特里克和费特曼（Fitzpatrick, J.L., & Fetterman, D. 2000），《斯坦福教师教育方案（Stanford Teacher Education Program, STEP）：与大卫·费特曼（David Fetterman）的对话》，《美国评价期刊（American Journal of Evaluation）》，20，pp. 240-259。

## 推荐阅读书目

Patton, M.Q. (2008). *Utilization-focused evaluation (4th ed.)*. Thousand Oaks, CA：Sage.

Sanders, J.R. & Sullins, C. (2005). *Evaluation school programs: An educator's guide (3rd ed.)*. Thousand Oaks, CA: Corwin.

Stufflebeam, D.L. (2000). The CIPP model for evaluation. In D. L. Stufflebeam, G. F. Madaus, &T. Kelleghan (Eds.), *Evaluation models: Viewpoints on educational and human services evaluation (2nd ed.)*, pp.274-317. Boston: Kluwer.

Stufflebeam, D.L. (2004). The 21st-century CIPP model: Origins, development, and use. In M. Alkin (Ed.), *Evaluation roots: Tracing theorists' views and influences*. Thousand Oaks, CA: Sage.

Wholey, J.S. (2001). Managing for results: Roles for evaluators in a new management era. *American Journal of Evaluation*, 22(4), 343-347.

Wholey, J.S. (2003). Improving performance and accountability: Responding to emerging management challenges. In S.J. Donaldson & M. Scriven (Eds.), *Evaluating social programs and problems* (pp.43-61). Mahwah, NJ: Lawrence Erlbaum.

# 第八章　参与者导向的评价方法

**思考问题：**

1. 谁是建构参与者导向评价方法的先驱以及他们的贡献有哪些？

2. 我们应当如何区分同一时期众多不同的参与式方法？

3. 实际参与式方法与变化式方法有怎样的不同？

4. 对比实际参与式评价（Practical Participatory Evaluation）、赋权评价（Empowerment evaluation）、发展性评价（Development Evaluation）和协商民主式评价（Deliberative Democratic Evaluation）。它们的目的和方法有怎样的不同？你会在什么条件下分别使用它们？

5. 参与式方法如何运用到实际之中？

6. 参与者导向评价方法有哪些主要的优势和局限？

当前，参与者导向评价方法包括了许多不同的模型，但是它们的共性都是对利害关系人的利用——利用对方案感兴趣或者有利害关系的人来辅助实施评价。利用他们来实现不同的目标：利害关系人的最大理解和评价所有权人对评价结论的最大使用以及赋权于利害关系人，在组织内部建构评价能力，提升组织的学习力和数据导向的决策。

利害关系人的利用方法非常不同。一些方法首先通过利害关系在评价的开始和结束阶段界定评价问题，而后解释结论和提出建议。其他方法在全过程中集中利用利害关系人，有时会根据需要把利害关系人作为最主要的决策者，而评价者仅扮演技术顾问的角色。在本章中，我们将阐述早期参与式导向方法的出现和它对当前评价方法的持续影响。然后我们将描述一些当前的参与式方法，包括它们的目标、原理和方法。最后，我们将评论它们的优势、局限以及如何利用。

# 参与式方法的演化

在美国，早期的评价首先受到了国会和政府机构的委托，大多数评价者依靠传统的社会科学研究方法来判断方案的目标是否能够实现，再向政府决策者提供信息。早在 1967 年，一些评价理论学者开始考量利用机械式的和不敏感的方法进行教育领域的评价。这些理论学者认为评价者全神贯注于对目标的陈述和分类，设计详尽的评价体系，开发客观的技术工具，准备长篇的技术报告，结果却是评价者忽视了他们正在评价的方案中真正发生了什么。传统评价方法的批判者认为在许多大规模的评价中，评价者甚至一次都没有亲临过所参与的项目现场。一开始孤立的评论如涓涓细流般，后来教育和社会科学领域的评价文献就像泛滥的洪水一样了。越来越多的从业者开始公开地质疑那么多的评价者是否真正理解他们的数字和图表所描述的现象。正在增长的教育和公共服务部门指出大多数的评价，反映在日常生活中方案的实际情况的复杂度和方案提供的服务的差异性方面，缺失了对人的因素的考量。

因此，评价领域中出现了一个新的导向，强调了评价方案的参与者、员工和管理者对方案的活动、背景和参与度的一手经历。这种方法在 20 世纪 70 年代后期快速发展，目的是观察和界定所有（或者尽可能多的）评价方案中不同的利害关系人关注的问题和结果。

主要因为考虑到其他评价方法的缺陷，这种导向包含了大量更具体的方法，它们因为对建构主义范式的认同结合在一起，认识到在方案和方案评价中有许多涉及知识和真理的内容。许多对开发和利用方案评价中参与式导向方法有贡献的人更倾向于自然主义调查方法，我们在本章的后面部分会进行阐述。此外，大多数这种方法的倡导者认为在方案中管理者、员工和其他核心利害关系人的参与是一项好的评价的核心法则——因此，描述词"参与者导向（participant-oriented）"

是这种方法的标签。

# 参与者导向评价方法的开发者和他们的贡献

## 罗伯特·斯塔克（Robert Stake）和他的响应式方法（Responsive Approach）

罗伯特·斯塔克（Robert Stake，1967）作为第一位评价理论学者为教育领域的这种导向提供了重要的推动力。他的论文《教育评价概论（The Countenance of Education Evaluation）》聚集于对参与者的判断的描绘和加工，尤其是改变下一个10年评价者的思考方式。随着斯塔克（Stake，1973，1975a，1975b）后期对响应式评价的不断完善，他为引导这种方法的演化提供了概念和原理。斯塔克（Stake）早期的论文表明了他对方案评价的重视，他的理解是狭义的，具有客观性，并涵盖机械化的概念和方法。古巴（Cuba，1969）有关"教育评价缺陷（Failure of Education Evaluation）"的讨论推动了理性主义评价方法的形成。

*评价概论*。斯塔克（Stake）率先完善了结构概论而从传统评价中分离出来（1967）。他提出两个基础的评价行为是描述和判断，也是评价的两个方面。评价应当就方案提供完整的描述和质性评价，并作出价值判断。为了帮助评价者进行数据收集和解释，斯塔克（Stake）建构了评价框架，如图8.1所示。

利用图8.1所示的框架，评价者首先确定方案的合理性，包含服务方案所需和完善方案的相关特征。（见最左边的合理性框架。）评价的描述性部分首先聚焦于确定方案的目标（第1栏），包含方案的前因项（投入、资源和现有的条件）、流程项（方案的活动和过程）以及方案的结果。通过在每一个水平项上的观察，评价者开始全面地描述方案以及利用实际中的观察比较方案的目标。在判断阶段，评价者明确地鉴定或开发标准（规范、预期和类似方案的绩效），从而判断方案的前因、流程和结果，最后记录根据前因条件、流程和结果得出的判断。评价者利用描述性矩阵分析信息，一方面考量目标和观察的一致性，一方面考量建立在流程项和前因项基础上的结果项以及建立在前因项基础上的流程项的相关性（偶然性）。运用描述性数据标准进行判断。

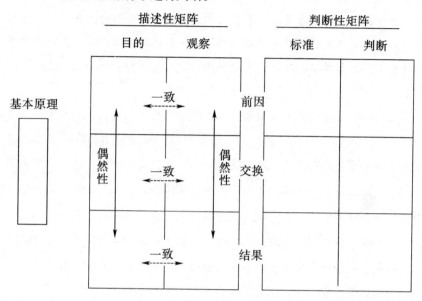

**图 8.1 由一项教育方案的评价者搜集的斯塔克的有关表达式和数据的布局**

资料来源：源自 R.E. 斯塔克 1967 年撰写的《教育评价概论》，《教师学院记录》，68，第 529 页。经许可后再版。

因此，结构概貌通过展现一个完整的评价所需的数据赋予了评价者一个思考的概念框架。几年后回顾他的概论，斯塔克（Stake，1991）提出对评价的描述仍强调不足，之后他又在他的响应性评价方法中再次提及这个缺陷。事实上，他对描述性的强调就那个时期的评价方法而言还很新。斯塔克（Stake）希望评价者熟悉他们正在研究的方案的细节，并在考量结果之前充分理解它们。评价者对前因项和流程项的理解有助于他（她）更好地解释为什么能够成功地达成预期的结果或者为什么失败。

**响应式评价**。斯塔克（Stake）1973 年开发的响应式评价更加激进。他真正把注意力花在了方向性评价上。格林和艾玛（Greene&Abma）就 2001 年的问题在他们的著作《评价新方向（New Directions for Evaluation）》的序言中聚焦于响应式评价，它的影响以及它在当前的应用和变化：

斯塔克（Stake）向当时羽翼渐丰的评价体系提供了教育和社会方案评

价的新的视角和理论依据。通过这个视角，评价得到重新建构——从应用复杂的分析技术解决冷漠的决策者对方案的收益和效率的问题，到现场的从业者在实践中遇到的质量和方法问题。这些革新的思想有利于推动评价事业不断创新，具备多元的特质，多元性仍然是响应式评价的核心原则。（2001，p.1）

尽管基础成长于斯塔克（Stake）早期的著作中，但他后期有关响应式评价的概念（1973，1975b，1978，1980）不如他早期的概论模型那样正式和清晰，反而更加聚焦于多元化和过程。响应式评价方法从过去的评价方法中分离出来，最重要的是它对评价背景和特质在细节上的灵活性和响应性。斯塔克（Stake）指出他并不倡导新的评价方法："响应式评价是人们在评价过程中自然而然会去做的事情。他们观察从而作出反馈。"（1973，p.1）然而，斯塔克（Stake）认为响应式方法有利于完善和聚焦于评价者的自然行为。斯塔克（Stake）强调响应现实方案的重要性以及反馈、关注和参与者的问题，而不是在充分理解方案以前预设[①]评价规划，依赖先入之见并设置方案的正式规划和目标。

斯塔克（Stake）把响应式评价定义为：

> 如果一项教育评价更直接倾向于方案的活动而不是方案的目标；响应受众的信息需求；如果不同价值观的呈现被认为是报告方案的成功和失败，那么这项教育评价是响应性评价。（1975a，p.14）

响应式评价在许多方面都不同于现有的评价方法，它预示着当前的参与式方法。主要包括：

（1）灵活性，改变模型和方法；在评价过程中适应新的知识；使用迭代的和开放式的模型。

（2）承认多元现实和多元主义的价值。方案被认为包含许多不同的方面并且评价者负责描述这些不同的方面。

（3）本土的知识、本土的理论和某个方案的特质，它的细微差别和敏感度，更注重传播而不是测试宏大的理论或者归纳推广到其他的方面。

---

① "预设（Preordinate）"评价是指依据预先设定进行的评价研究。调查倾向于沿着预设的规划，不会超越或者不同于预设的问题。

（4）案例研究和定性研究方法是重要的和关键的方法，有助于理解案例的特质和人们能够理解的自然方法。

（5）评价致力于全面、传播方案的复杂性，而不是缩减或者简化。

（6）评价报告致力于沿用自然的方法，充分呈现信息，强调描述和理解。

（7）评价者可以作出判断，但他（她）的个人判断可能不同于提供信息的其他人的判断；因此，评价者的作用既是一位学习者，也是一位老师 —— 一位促进者 —— 帮助其他人形成他们自己的判断。

模型的响应性和灵活性反映于斯塔克（Stake，1975b）开发的卓越的时钟模型（the clock），它再现了响应式评价（见图 8.2）。尽管评价者会在 12 点位开始并继续按顺时针方向进行评价，但是斯塔克（Stake）强调任何事件都有其他可能，在任何时点上可能会逆时针或跨时针运行，如果事件和增进理解确保这种改变。此外，许多事件可能同时发生，其他事件在一次评价中也可能发生多次。

与客户、
方案员工
和受众沟通　　确定
如果有的话，　　　　方案范围
集成
正式报告

精选、　　　　　　　　　概述
供受众　　　　　　　　　方案活动
使用的形式

验证、　　　　　　　　　发现
确认、　　　　　　　　　目标、
试图证明不成立　　　　　关注点

变换：　　　　　　　　　概念化的问题、
准备描述、　　　　　　　难题
案例研究

观察　　如果有的话，　确定数据需求、
指定的先例、选择观察者、重新发布
交换和结果　判断、
　　　　　　工具

**图 8.2　响应式评价中的典型事件**

资料来源：源自由 R.E. 斯塔克撰写的方案评价，尤其是响应式评价（《特殊性论文》第 5 期，第 19 页），1975b，卡拉马祖，密西根：西密西根大学评价

中心。经许可后使用。

斯塔克（Stake）提出了响应式评价方法和预定式评价方法之间具有启发性的比较分析，即评价者花费在多个不同的评价任务中的时间占比（p.20）如表8.1所示。

表 8.1　预定式评价方法与响应性评价方法比较分析

| | 预定式评价（%）<br>（Preordinate） | 响应式评价（%）<br>（Responsive） |
|---|---|---|
| 问题与目标确定 | 10 | 10 |
| 工具准备 | 30 | 15 |
| 方案观测 | 5 | 30 |
| 实施测试等 | 10 | — |
| 收集判断 | — | 15 |
| 了解客户需求 | — | 5 |
| 常规数据处理 | 25 | 5 |
| 准备非正式报告 | — | 10 |
| 准备正式报告 | 20 | 10 |

上述比较中传统的、以社会科学为基础的评价与响应式评价的一项核心差异是预定式评价的大量时间用于准备或者开发工具以及分析数据。事实上，斯塔克（Stake）推测这正是预定式评价的两项关键活动。比较而言，响应式评价的关键活动应当是观测方案，了解更多方案的进展。与此类似，响应式评价者在收集其他人对方案的判断、了解客户需求和准备非正式报告方面比预定式评价者花费更多的时间。

最后，斯塔克（Stake）在以下的描述中提出了响应式评价者的作用：

要完成一项响应式评价，评价者当然要做大量的工作。他要制定一项观测与协商规划。他要安排不同的人进行方案观测。在他们的帮助下他要准备简洁的描述、概要，制作图示和表格等等。他要发现对他的客户有价值的东西。

他要从各种持不同观点的人那里收集有价值的意见。当然，他要核验有价值的记录。他要得到方案参与人对他的概述的精确度的反馈。他要得到权威人士对各种结论的重要性的反馈。他要得到客户对他的结论的相关性的反馈。他要做大量的非正式的、重复性的以及留存活动和反馈记录的工作。他要选择能够增加与客户沟通的可能性和真实性的有效渠道。他要准备最终的书面报告；他还不能依赖他和他的客户已经达成的一致意见。（1975b，p.11）

**贡献和评论。**因此，斯塔克（Stake）的响应式模型提出了评价的新方法，它对方案的背景和利害关系人的需求具有更好的灵活性和适应性。它强调通过深入描述进行理解和某个方案的局部或特定的问题。在评述斯塔克（Stake）有关方案评价的基础理论著作时（Shadish，Cook，&Leviton，1991），威尔·沙迪什（Will Shadish）提出在研究斯塔克（Stake）的著作时，他才认识到斯塔克（Stake）推崇的案例研究方法并非源自他的哲学的和范例的偏好（沙迪什和米勒，Shadish&Miller，2003）。沙迪什（Shadish）认为：这是因为"它能更政治化，能够在地方层面给予人们控制力，赋予他们权利"（2003，p.268）。斯塔克（Stake）在与迪娜卡·艾玛（Tineke Abma）共同撰写的论文中确认了沙迪什（Shadish）的观察，他说："我是一个平民主义者、一个地方主义者，我对中央权威和业界垄断心怀畏惧……我是一个情境论者，我认为政府做得好、生活过得好、学校发展得好主要依赖于情境。"（艾玛和斯塔克，Abma&Stake，2001，p.10-11）尽管经常出现涉及赋予未被充分代表的利害关系人权利的公开性的政治性问题，但是今天的参与式方法继续强调了地方化。我们将在本章的后面部分讨论这些方法。简而言之，对评价案例研究来说斯塔克（Stake）的响应式模型和主张在那时还很新，它持续影响到了今天的评价的发展。

尽管沙迪什、库克和列维通（Shadish，Cook，&Leviton，1991）指出他提出的地方主义、反联邦主义和反泛化主义的方法，使他在创始的评价者中成为"事实上独一无二的学者（virtually unique）"，但是他的方法和著作并不是没有受到批评。然而，他们质疑斯塔克（Stake）的假设，地方利害关系人已经干预和涉足正在评价的方案，因此他们有众多利益牵扯其中，会通过戏剧性的或者具有挑战性的方法利用评价信息改变方案，而这些方法或者是反对或者是以前没有考虑过的。

　　另一个批评涉及评价者具有的支配性作用。响应式方法不同于本章后面要描述的参与式方法，它并不特别提倡在方案决策过程中未被充分代表的利害关系人群体的干预。本章将回顾豪斯（House，2001）提出的协商式民主的方法，他指出响应式评价没有解决社会公正或者利害关系人群体的不平等的问题，当我们考察今天的参与式评价时发现事实上它没有参与性。利害关系人不进行评价，反而是评价者牢牢地控制着评价。评价者寻求其他利害关系人的意见并努力描述方案的复杂性和多元的观点，从这个意义上讲他是参与者。这种方法不同于常规的结果导向法。但是在利害关系人进行评价决策和活动方面，这种方法并不是参与式的，这与许多当前的参与式模型不同。斯塔克（Stake）最近澄清了这个问题：

　　　　对我而言，无论我多么依赖他们（利害关系人），控制轨迹都应当（与评价者）一起在外部。我并不主张研究问题的协同性定义。响应性并不是自动地受制于权威利害关系人。这意味着很好地了解背景、问题和价值，然后使用专业技能和原则实施调查。就我来说，调查属于评价者的职责。（艾玛和斯塔克，Abma&Stake，2001，p.9）

　　因此，斯塔克（Stake）的全貌模型和响应式方法显著地改变了评价，并且打开了通向今天的参与式导向模型的大门。正如读者们将要看到的，这些模型在一些重要的方面不同于响应式方法，它们既包括评价中利害关系人如何参与，也包括实现社会正义或者体系变革的目标。那么为什么斯塔克（Stake）成为这些模型的创始者呢？因为他把现有的模型置于了最重要的部分，并且引入了非常不同的方法。收集不同利害关系人的意见并且赋予这些意见正当性是很先进的。主张地方的重要性，了解细节、创始人和过程并且使用质性的方法是一个巨大的变革，它逐步引导评价者考量利害关系人和评价目标等其他方面。

## 埃贡·古巴和伊翁娜·林肯（Egon Guba&Yvonna Lincoln）：自然主义的和第四代评价

　　20 世纪 80 年代，埃贡·古巴和伊翁娜·林肯（Egon Guba&Yvonna Lincoln）出版了两本在评价领域有重要影响的著作：《自然主义调查（Naturalistic

Inquiry）》（1985）和《第四代评价》（Fourth-Generation Evaluation）（1989）。与斯塔克（Stake）一样，他们最初的动力是要推动评价从传统的、收集数据的定量方法中脱离出来，考量质性的、自然主义的方法，包括访谈、观察和案例研究。然而，他们强调的自然主义评价比斯塔克（Stake）更偏重于哲学论和认识论。古巴（Guba）和后来加入的林肯（Lincoln）推崇评价的建构主义范式。他们收集投入资料和不同利害关系人的观点，聚焦于多重现实和评价者建构现实的需求。

古巴和林肯（Guba&Lincoln）极大地促进了评价者有关建构主义范式的哲学思维及其运用。他们为判断自然主义或者建构主义评价开发了新的标准，有些是类似的，但为内部和外部有效性、可靠性和客观性等传统的科学标准提供了替代方案。他们的新标准包括信任度、通用性、可靠性和确定性。同样如定量研究者的描述方式是建构内部和外部有效性，古巴和林肯（Guba&Lincoln）描述的方法是用他们的新方法建立或判断建构主义评价。但他们也提议新标准的多元形态，独特的实证主义和后实证主义范式，是从建构主义范式中表现出来的唯一用来判断研究质量和评价成绩的标准。研究的真实性源自它的公正性（它代表了与研究主题相关的不同的观点和价值体系），并且通过它来提升利害关系人对问题的认知，训练他们采纳其他利害关系人的观点，帮助他们开展行动。这些观点最终体现在他们的著作中，推动评价者不仅考量判断评价研究的其他方法，也广泛地考量他们工作的目标，例如，促进利害关系人之间的对话和行动。

***自然主义评价***。什么是古巴和林肯（Guba&Lincoln）的自然主义评价呢？古巴和林肯（Guba&Lincoln）认为：评价的主要作用是回应受众的信息需要，兼顾各方不同的价值观。通过采取自然主义方法进行评价，评价者按部就班地研究方案或者让它自然而然地发生，不受制约、操纵或者控制。自然主义调查考量评价者作为学习者的作用，考量研究对象作为教导评价者的信息提供者的作用。核心观点是因为评价者了解他们的观点，信息提供者就需要了解评价者用以描述他们的世界的概念，使用他们对这些观念的定义，了解通俗理论的解释，并且翻译他们的世界，从而使评价者和其他人能够理解。

一位名为埃尔斯佩思·赫胥黎（Elspeth Huxley）的非评价者最清晰地表达了自然主义方法的优点。在《锡卡的火焰之树（The Flame Trees of Thika）》一书中她敏锐地观察到：

> 发现事物最好的办法绝对不是提出问题。如果你提出了一个问题，就好像开了一枪——枪声响起，所有的东西都会飞起来并且寻求庇护。

> 但是如果你只是安静地坐着，假装不去看，所有的事实都会自动出现，风险将会从灌木丛中出现，目标将会悄悄呈现在阳光下；如果你有足够的耐心，你将看到并且理解一切，远不止一个持枪的男人所知道的。（1982，p.272）

与赫胥黎（Huxley）一样，自然主义评价者在自然的环境中观察方案及其行动、参与者和员工，并且通过观察、查阅文献和记录、访谈以及低调的方法逐步理解和描述方案。

**利害关系人参与。** 古巴和林肯（Guba&Lincoln）的方法也促使评价者更多地考量参与式方法。与斯塔克（Stake）一样，古巴和林肯（Guba&Lincoln）相信评价应当向利害关系人呈现多元的现实，但是他们的模型比斯塔克（Stake）的响应式评价更提倡利害关系人的积极作用。他们认为评价者的作用是大量地收集利害关系人的观点和价值观，评价者作为磋商者与利害关系人共事，相互通报方案的情况，确定行动步骤。评价者不再只是简单地测量、描述和判断，在他们的著作《第四代评价（Fourth-Generation Evaluation）》中这样谈及评价最初的三个阶段。然而，第四阶段磋商者需要承担的功能是帮助利害关系人将他们的分歧达成共识并决定下一步的优先顺序。格林（Greene）认为："随着评价磋商的不断发展，古巴和林肯（Guba&Lincoln）明确地将评价定位于价值认同和有助于实践，而最早期的评价理论或偏重价值中立论或偏重价值多元论。"（2008，p.323）

2004年，古巴和林肯（Guba&Lincoln）提出自20世纪80年代他们的著作出版以后有大量评价已经发生了改变："自我们最后一次的文章中提出评价模型、一系列实践和论述或者理论观点，评价界越来越复杂和成熟（也越来越繁荣）。"（2004，p.226）但是他们注意到他们的工作预示了一些今天的方法并记载进了参与式评价。斯塔克（Stake）的响应式评价介绍给评价者更质性的方法和需要了解利害关系人的观点。古巴和林肯（Guba&Lincoln）的自然主义的和第四代书籍为自然主义调查提供了一个认识论的基础，但是与斯塔克（Stake）不同，他们主张利害关系人发挥更多积极的作用，评价者更少扮演中立者的角色，而是要为利害关系人做更多工作。这一贡献反映在许多当前的参与式模型之中。

我们通过向读者介绍一些参与式评价的奠基人来描述今天出现的众多的参与式方法。当前的方法与斯塔克（Stake）的与古巴和林肯（Guba&Lincoln）的模型既有相似性，也有差异性。

## 今天的参与式评价：两条枝干和许多方法

今天许多评价中的参与式方法都是从20世纪70年代和80年代斯塔克（Stake）和古巴与林肯（Guba&Lincoln）的文章和方法中演化而来的。事实上，它们如此之多以至于我们在这里根本无法进行总结。然而，我们将首先描述一种对大量的模型进行分类的方法，然后描述一些著名的模型帮助读者了解当前参与式方法的一些共性和差异性。

但是在开始之前，我们先定义"参与式评价"这个术语在今天的使用情况。在《评价的百科全书（Encyclopedia of Evaluation）》中，珍·金（Jean King）将"参与式评价"定义为"一个包罗万象的术语，涉及方案员工或者参与者积极参与决策以及与评价研究的规划和实施相关的其他活动的评价方法。"（2005，p.291）卡曾斯和厄尔（Cousins &Earl）在他们有关"参与式评价"的理论基础和实践的重要工作中，把"参与式评价"定义为"应用社会研究，涉及有关训练有素的和实践型的决策者、对方案承担责任的组织成员或者对方案享有核心利益的人们之间的相互合作。"（1993， p.399）这些定义非常宽泛，如葛兰（Cullen，2009）和其他人（卡曾斯、惠特莫尔、欧·沙利文和狄·奥古思丁，Cousins&Whitmore，1998；O'Sulliven&D'Agostino，2002）所描述的，这个术语的含义混淆不清，并与其他术语，比如协作式评价发生重叠。[1] 葛兰（Cullen）

---

①卡曾斯与惠特莫尔（Cousins&Whitmore，1998）和其他人主要采用了协作式评价（collaborative evaluation）作为一个概括性术语，包括参与式评价。然而，罗德里格兹-坎波斯（Rodriguez-Campos，2005）撰写了一本有关协作式评价的著作并提出了不同的方法。葛兰（Cullen，2009）认为这种方法与实践性参与式评价重叠了。这些观念上的不同反映了方法上的差异。当然，每一位学者都可能会添加一些细节或者提出更多不同的意见，这些对于每个评价者个人是有益处的。

的国际发展评价实践研究发现这个术语对于她曾经调研和访谈过的国际评价者而言包含了许多不同的含义。金（King）也承认了这个问题，但是他提出参与式方法具有四个方面的特质：

1. 随着时间的推移，直接和主动地参与评价的规划和实践。它聚焦于利害关系人或者客户，并且"寻求评价过程的民主化"。

2. 参与者享有所有权，能够增加参与者使用结论的可能性。

3. 专业评价者提供技术辅助，并且充当"合伙人、促进者或者教练——即一位老师或者顾问的角色"。

4. 个人或者组织的评价能力，他们对评价过程的理解和他们的评价技巧都可能会提高（金，King，2005，p.291）。

此外，金（King）认为人们对"参与式评价"存在两种误解：（1）一种是相信只要方案员工或者参与者参与进去，包括简单地收集数据，就是进行"参与式评价"；（2）另一种观点是认为任何评价只要使用了定性研究方法就是"参与式评价"。后者的错误部分源于斯塔克（Stake）与古巴和林肯（Guba&Lincoln）的定性研究方法与参与式方法的结合。事实上，那些推崇参与式方法的人们总是只看到定性数据的优势。但是无论一个人收集定性的还是定量的数据抑或是各种类型的数据 都只是一个方法论的决策。它不是一个涉及评价方法的决策——一个引导评价的规划和实施的原则。金（King）指出因为评价者收集定性数据，所以他们与利害关系人之间经常因为访谈或者观察收集到的数据而互相影响。但是她强调：

> 这种直接接触并不能定义为参与式评价……然而，在评价者与利害关系人之间存在一种自然关系，这决定了研究是还是不是参与式的。如果评价者完全掌握了研究决策权，那么无论使用什么样的数据收集方法或者在现场花费多少时间，研究都不是参与式的。（2005，p.292）

## 参与式方法的类型

为推进参与式方法，在布兰德利·卡曾斯（Bradley Cousins）的引导下评价者开始界定参与式方法的特质或者维度以使其区别于其他方法。卡曾斯、多诺霍和布鲁姆（Cousins，Donohue&Bloom，1996）详细说明了参与式方法三个维度的差异：

1. 掌控评价或者技术决策过程。评价者仍然能够保持唯一或者关键性控制吗？或者在连续统的另一端，利害关系人利用评价者提供的技术性意见控制了评价的实施吗？

2. 利害关系人选择。在参与过程中，一批利害关系人之间能有多大的间隙或者差异？只包括主要使用者，比如资金来源和挑选出来的受助方或者经理吗？或者参与方包括所有的合法的利害关系人群体？

3. 参与的深度。利害关系人以怎样的方式参与评价？他们参与第一个阶段或者他们的参与仅限于一些非技术性问题吗？

在一项宽泛的引用研究中，卡曾斯和惠特莫尔（Cousins&Whitmore，1998）就评价和行动研究使用了这些维度对10种不同的参与式方法进行了分析和分类。[①]他们提及的方法包括一些著名的参与式评价方法：他们的实践型参与式评价（卡曾斯和厄尔，Cousions&Earl，1992，1995），马克和休兰德（Mark&Shotland）的以利害关系人为基础的评价（1985），帕顿（Patton）的发展性评价（1994，2010），费特曼（Fetterman）的赋权式评价（1994，1996，2001a，2005）以及许多行动研究的类型。他们从三个维度评估每一种方法：评价的掌控权、利害关系人的选择和利害关系人参与的深度。卡曾斯和惠特莫尔（Cousins&Whitmore）发现了有助于比较和对照文献中讨论的当前的参与式或者协作式评价的方法的变化。我们将使用他们的分析使读者了解当前的参与式评价的类型和特点。

首先，卡曾斯和惠特莫尔（Cousins&Whitmore）发现当前的参与式方法可以界定为两个核心类型：实践型参与式评价（Practical Participatory Evaluation，P-PE）和变革型参与式评价（Transformative Participatory Evaluation，T-PE）。这两个分支有不同的渊源、目标和方法。实践型参与式评价，如其名称所指，因为实践的原因用于限定评价方案及其存在的组织，尤其是这些参与式方法在评价中通过利害关系人的参与推动结论的使用。正如他们所述："P-PE 的核心前提是评

---

① 行动研究（Action Research）发生在评价之前，强调参与者或利害关系人实施研究。事实上，大多数行动研究的目的是向专业人士提供模型和工具以实施他们的研究和实践。

价中利害关系人的参与将提升评价的关联性、所有权和应用。"（1998，p.6）尽管P-PE主要形成于美国和加拿大，但是T-PE与P-PE不同，首先出现在发展中世界，包括中美洲、南美洲、印度和非洲，产生于社区、国际发展和成人教育中（法尔-博尔达、阿尼斯-拉赫曼、弗莱雷和霍尔，Fals-Borda&Anisur-Rahman，1991；Freire，1982；Hall，1992）。事实上，变革型参与式评价的目的是转换、赋权于相对弱势的利害关系人，通过他们参与行动研究或者评价。这种参与帮助他们自我了解，提供给他们技巧和理解有关他们的方案和位置的权力安排。变革型评价，有关特定方案的评价也倾向于带来社会的改变。它的目的比评价方案更广泛，具有明确的政治性。这些方法主要源于行动研究，它们改变了权力结构；赋权于受压制的群体，特别是在发展中国家的乡村；减少了贫困。今天变革式评价方法在美国也成为以大学为基础的工作（默滕斯，Mertens，1999，2001，2008）。

变革式评价与P-PE的不同不仅是它的目标，也包括它的方法。为实现变革式的目标，变革式评价者更多的是作为顾问把握由利害关系人掌控的评价，尤其是那些缺少权利的利害关系人。评价必须受到利害关系人的引导和推动，他们的参与将提供给他们更多的知识、技巧和权力。但是把责任授权予新的研究和评价团队会带来对结论有效性的担忧。倡导者主张责任的授权和技巧的获取比研究结果的有效性更重要，但他们也认为利害关系人的贡献在于他们最熟悉具体情境，这有利于增加评价的有效性。

## 当前参与式方法的差异

我们的目的是帮助读者区分当前最卓越的参与式方法。因此，我们将回到对卡曾斯和惠特莫尔（Cousins&Whitmore）的10种不同模型的分析，使用他们的三个维度：评价的掌控、利害关系人的参与式选择和参与的深度。在表8.2中，我们总结了他们所论述的10种方法。就评价掌控而言，有一半的方法都在寻求评价者与利害关系人掌控之间的平衡。包括卡曾斯和厄尔（Cousins&Earl）的实践式参与评价和帕顿（Patton）的发展性评价。只有马克和休兰德（Mark&Shotland）的以利害关系人为基础的评价包含传统的评价者导向的决策掌控。这种方法非常类似斯塔克（Stake）的响应式评价，事实上，评价者研究显示这种方法的变体在美国和加拿大最常用于参与式评价（卡曾斯，多诺霍和布鲁姆，Cousins，Donohue，&Bloom，1996），在国际上则常用于发展性评价（卡伦，Cullen，2009）。然而，这些方法中有4种落入了连续统的另一端，即利害关系人掌控评价决策。并不奇怪，这些方法中的T-PE方法，背景是主要的发展中国家。大卫·费特曼（David Fetterman）的赋权式评价是唯一颠覆了利害关系人的权力掌控的方法；其余的两种方法是行动研究方法，而不是评价方法（凯尔与凯米斯和麦克塔格特，Carr&Kemmis，1992；Mc'Taggart，1991）或合作式调查（赫伦，Heron，1981；里森，Reason，1994）。

表8.2　卡曾斯和惠特莫尔的系统性调查的10种形式/方法的特征总结[1]

| 维度 | 各类的形式/方法的数量 | | |
| --- | --- | --- | --- |
| 评价过程的掌控 | 评价者<br>1 | 合伙人<br>4 | 利害关系人<br>5 |
| 利害关系人的选择 | 限定额度<br>4 | 0 | 许多/全部<br>6 |
| 参与的深度 | 咨询<br>2 | 中等水平<br>1 | 深度参与<br>7 |

这10种研究方法在利害关系人选择的连续统方面同样存在差异。3种著名的评价方法——卡曾斯和厄尔（Cousins&Earl）的实践型参与式评价、费特曼（Fetterman）的赋权式评价和帕顿（Patton）的发展性评价——以及行动研究方法，阿吉里斯和舍恩（Argyris&Schoen）的参与式行动研究——限制利害关系人成为管理者或者决策者，或者如卡曾斯和惠特莫尔（Cousins&Whitmore）所述，他们"与对评价结论或紧急建议有影响力的潜在客户进行合作"（1998，p.11）。然而，有6种方法选择了利害关系人的广泛参与，包括许多不同的群体。方法包括经常使用以利害关系人为基础的评价，当然还有T-PE。最后，使用最多的方法倡导利害关系人群体的深度参与，包括研究、评价问题选择和结论解释。只有一种以利

---

① 资料总结源自卡曾斯和惠特莫尔（Cousins，J.B.，&Whitmore，E.，1998），《参与式评价设计》，载于埃德·惠特莫尔（E.Whitmore）（Ed.）的著作《理解和实践参与式评价（Understanding and practicing participatory evaluation）》，《评价新方向（New Direction for Evaluation）》，No.80，5-23. San Francisco: Jossey-Bass. 已经许可。

害关系人为基础的评价方法，限制参与确定评价目的和问题以及在最后的阶段解释结论和明确建议。使用最多的方法是利害关系人以一种或者多种方式参与 评价的全部阶段。

总体来说，卡曾斯和惠特莫尔（Cousins&Whitmore）有关参与式方法的调查显示这些方法与他们建议评价者如何管理参与显著不同。正如马克和休兰德（Mark&Shotland）的以利害关系人为基础的评价，一些方法保留了评价者掌控的评价。然而，参与式意味着参与的范围——通常是一个宽泛的范围——涉及利害关系人考量评价应当解决什么问题以及如何解释结论和提出建议。以卡曾斯和厄尔（Cousins&Earl）的P-PE、帕顿（Patton）的发展性评价和参与式行动研究为代表的其他方法，主要平衡评价者和利害关系人之间的掌控力。利害关系人作为主要的管理者和决策者参与，但是寻求加强这些利害关系人的参与度。更多变革式方法放弃了对多样化的深度参与的利害关系人群体掌控力的研究。

所有的这些方法都涉及利害关系人，但是方法的差异性给读者提供了寻求参与式方法和考量各种问题的多重选择。参与式评价的实施没有模板，然而读者能够也应当选择一种参与的方法或者维度使他们正在进行的方案评价工作更为有效。变革式评价产生于发展中国家，这些国家中方案的参与者常常被边缘化，受到压制，生活极度贫困。在这样的背景下，社会正义仍然是评价中重要的考量标准。[1]卡曾斯和厄尔（Cousins&Earl）主张的参与式方法积极寻求参与和共担责任，但限制管理者、员工或者决策者的广泛参与，如果评价的目的是形成性的，这种方法就是适当的，也就是说作决策是为了完善方案。在这样的案例中，利害关系人能够作决策是重要的，是为了实现他们的信息需求，获得他们的信任以及增加评价的使用。相反，以利害关系人为基础的评价，评价者仍然掌控评价，但在评价开始和结束时寻求众多不同利害关系人的意见，这最适合于终结性决策，比如决定一项方案是否需要继续。一项关键的政治性决策必须包含大量不同群体的涉及评价焦点问题和结论解释的意见。然而，在众多具有高度政治背景的终结性评价中，评价者仍然掌控研究中的技术决策以确保方法论的选择和结论不出现问题

---

①社会正义问题在发达国家中也存在。政府对卡特里娜飓风（Hurricane Katrina）的反应增强了美国公民对这个问题的意识觉悟。

是很有必要的。表 8.3 列出了参与式评价方法和每一种方法适用的背景。

**表 8.3  参与式评价方法和背景：什么时候使用什么**

| 方法 | 核心要素 | 适用背景 |
| --- | --- | --- |
| 实践型参与式评价（P-PE）（Cousins&Earl） | 平衡掌控；利害关系人——管理者、员工、决策者；大量参与 | 形成性决策 |
| 发展性评价（Patton） | 平衡掌控；利害关系人——团队成员、决策者、管理者；每个团队成员参与 | 发展性活动；改变环境 |
| 变革型参与式评价（T-PE） | 利害关系人掌控；众多利害关系人；强调方案参与者；大量参与 | 压制参与者；关注社会正义；参与者赋权目标 |
| 以利害关系人为基础的评价（Stake；Mark&Shotland） | 评价者掌控；众多利害关系人；有限参与 | 终结性；技术专家，有效推进；问题和结论的投入帮助直接研究并促进使用 |
| 赋权式评价（Fetterman&Wandersman） | 利害关系人掌控；利害关系人——管理者、员工；大量参与 | 赋权和员工能力建构需求；为自我监控和方案改善建构内部机制需求 |
| 审慎型民主式评价（House&Howe） | 评价者掌控；众多利害关系人；有限参与 | 利害关系人之间的对话需求；参与者之中的权力差异需要评价者调和 |

# 一些现代的特定的方法

## 实践型参与式评价（P–PE）

布兰德利·卡曾斯（Bradley Cousins）已经成为参与式评价的领袖，研究了参与式评价的多种方法，收集了有关评价实践和使用的实证数据，结合成人学习、组织学习、知识建构以及评价理念与实践等诸多相关的领域进行了评述。基于这些文献和研究，他撰写了有关 P-PE 方法的著作，他和厄尔（Earl）写道："点亮了解决方案，相对地重点在正义。"（1992，p.397）最近，他继续描述有关协作式方法，包括他的 P-PE、费特曼（Fetterman）的赋权评价和帕顿（Patton）的发展式方法并设置方案的标准（卡曾斯和舒拉，Cousins&Shulha，2008），他指出用以设置标准的 P-PE 方法应当成为一个应急的方法，适用于与核心利害关系人共同工作的情境。换句话说，深度描述 P-PE 是困难的，因为卡曾斯（Cousins）承认甚至是强调适应情境的需求。

卡曾斯和厄尔（Cousins&Earl，1992）首先明晰了 P-PE 是一种增加使用的方法，聚焦于以决策为导向的评价目标并多年来开展它在多个领域中的使用研究。他们的首篇论文主要论述了 26 种不同的有关评价者——实践者的结合与评价使用之间关系的研究。从这些和其他一些有关组织学习的研究与理论中（阿吉里斯和舍恩，Argyris&Schoen，1978；森奇，Senge，1990），卡曾斯和厄尔（Cousins&Earl）发展了 P-PE 方法并且通过研究找到了以下的证据：

★ 评价者和主要利害关系人之间通过沟通、联系和协作提升评价结论的使用；换句话说，就是对结论感兴趣的那些人才会使用它们。

★ 评价者应当少关注特定研究的使用，多聚焦于了解组织及其背景，从而在不断变化的情境中提供有价值的信息（韦斯和布库瓦拉斯，Weiss&Bucuvalas，1980）。

★ 知识或者信息是"社会建构的"，这意味着知识是基于一个人对现实的想象或者解释，而不是精准的现实中的细节（班杜拉，Bandura，1997，1986）。

★ 如个人一样，组织形成它们对现实的概念源于雇员和基于分享组织的想象与心智模型的组织文化（阿吉里斯和舍恩，Argyris&Schoen，1978；森奇，Senge，1990）。

★ 通过建构组织内部链接，花时间了解组织的构想和文化，以合伙人的方式密集地参与核心利害关系人的评价活动，评价者将增加结论的使用机会。更重要的是，从事研究的核心利害关系人会持续地参与评价活动或者形成评价的思维方式。

★ 核心利害关系人的参与，通过改变构想和观点，甚至是建立构想和观点的形成方式能够提升组织的学习力。例如，质疑关键的假设以及收集数据信息来决定做什么工作。

在卡曾斯和厄尔（Cousins&Earl，1992，1995）的 P-PE 中评价者与核心利害关系人、方案管理者和员工密切合作进行评价。这些方法包括训练掌握评价技能的关键的组织员工，让他们与评价者共同合作。这种组织内的能力建构模式有利于直接提升组织的学习力和储备核心的组织成员承担持续的和新项目的评价合作。评价者可能转变成为技术咨询者或者从事与未来的评价活动相关的任务。在他们的观念中，有利于报告和促进方案实施对形成性评价而言是最适当的。

与传统的以利害关系人为基础的评价的差异。卡曾斯和厄尔（Cousins&Earl）把他们的参与式评价方法与传统的以利害关系人为基础的评价进行了比较：

1. 传统的以利害关系人为基础的评价中，评价者掌控评价决策。在 P-PE 中，评价者与核心利害关系人合作共事，进行评价决策。在这种情况下，核心利害关系人获得技能和评价所有权，评价者了解更多评价方案的问题、政治背景和组织文化。作为协作者，评价者对技术支持、培训和质量控制负责，但是开展研究是一项共同的责任。

2. 传统的以利害关系人为基础的评价中，评价者与众多利害关系人群体的代表共同工作，描绘他们的观点和看法。在 P-PE 中，评价者与有限的利害关系人群体共同工作，他们能够改变方案。阿尔金（Alkin，1991）最先界定这个群体为"核心利害关系人（Primary Stakeholders）"，他指出他更希望与对评价感兴趣并有权力使用结论的利害关系人共同工作，而不是对评价不感兴趣或者无权使用结论的利害关系人。斯塔克（Stake）认为他的作用是描述利害关系人所看到的多样化的现实，与此不同，卡曾斯和厄尔（Cousins&Earl）以及阿尔金（Alkin）选择利害关系人是因为他们有可能使用研究。

3. 在传统的以利害关系人为基础的评价中，许多利害关系人提供相对有限的资源进行研究，特别是有助于界定研究的目的、需要解决的问题以及提供他们对方案的见解。在 P-PE 中，更小部分的核心利害关系人群体全程参与评价的每一个阶段。这种深度的参与增加了他们对所有权的认同感和对研究的理解，也增加了他们今后使用评价思维方式的能力。利害关系人仅在评价中的少数阶段部分参与评价就无法达到这个目标。

P-PE 有利于促进评价的使用。它的首要目标是实践，不是 T-PE 具有政治性的目的。卡曾斯和厄尔（Cousins&Earl）的方法不是赋权于参与者或改变权力的配置。然而，它鼓励组织学习和变革。尽管它的短期目的是实践性的，增加当前评价的实用性和实际的使用，但是长期目的是能力的建构（提升评价过程中员工或者管理者的技能）并创建学习型组织以利用评价信息进行规划和完善。卡曾斯和厄尔（Cousins&Earl）承认方法并不只适用于终结性评价。客观性将是一个首要关注的问题，而且在实施评价过程中核心利害关系人（对方案负有责任的人）参与的作用也存在问题。同样，终结性评价常常需要众多利害关系人群体的参与以商定更多的政治决策。

## 发展性评价

迈克尔·帕顿（Michael Patton）因为他的效用焦点评价法（utilization-focused evaluation，UFE）而知名，他出版的著作已经到第四版了（帕顿，Patton，2008a）。然而，他最新撰写的是发展性评价，他将其视为效用焦点评价的一种类型或一个选择。我们在这里将讨论发展性评价是因为它聚焦于参与，尽管实质上它不同于其他模型。这一方法表明当我们经历组织、参与及评价的改变和组织工作性质的改变时，参与式方法以及评价者作用的界定是如何发展和改变的。

***评价者扮演新角色。*** 卡曾斯和惠特莫尔（Cousins&Whitmore）利用利害关系人的参与来增加形成性评价的使用和组织长期的学习力。在发展性评价中，帕顿（Patton）认为评价者应当进行方案的规划和实施或其他的组织发展活动。利害关系人不应当成为评价团队的成员。然而，发展性评价者是团队的成员。评价者不培训其他团队成员有关的评价技能；然而，那些评价者带入团队的技能正如其他成员带入他们自己掌握的技能一样。最后，发展性评价不评价特定的事宜。它利用思维和技术评价模式持续地改变发展过程和组织成长。面对组织的发展性问题，帕顿（Patton）强调这些环境不同于实施传统方案评价的环境。发展性环境具有复杂、混乱、动态和非线性的特质（Patton，2009，2010）。因此，他主张评价者需要使用新的方法和扮演新的角色。

让我们换个角度来理解。发展性评价是参与式方法的一个全新类型。团队不是由利害关系人和评价者组成的。它是由一个来自不同领域的专家团队组成，并规划和引领组织。帕顿（Patton）提出"发展性评价不是一个（评价）模型。它是基于发展这个共同的目标形成的一种关系。"（1994，p.313）他将其描述为："与从事持久发展的方案的客户之间的一种长期的合作伙伴关系。"（1994，p.312）什么是发展？它是组织持续的任务或者是一个探索问题及其解决方案的团队。帕顿（Patton）举了几个例子，一个是明尼苏达州乡村的社区领导力团队，另一个是与地区性的圣保罗公立学校（St. Paul Public Schools）合作建立的多元文化教育团队和一个合作了 20 年的团队，在两个市中心的居民区共同推进社会健康行动。发展性项目不同于传统评价，它没有明确的目标，看起来好似限制了发展，没有建立时间框架。评价者没有在给定的时间内制定提供给外部投资人的评价报告。然而，这个团队不断地调整变化——改变他们所知道的，改变参与者的需求和社会的情境。评价者又带来了什么样的时间表呢？帕顿（Patton）认为有经验的评价者经过多年实践获得的比评价专家更多。他们在方案发展的逻辑中获得技能："我们非常了解有效的模式……知识让我们在设计过程中成为有价值的合伙人。"（Patton，2005b，p.16）评价者作为团队的成员对评价的类型提出质疑，使用评价逻辑和研究知识，在决策过程中使用数据和逻辑。

在发展性评价中，评价者是方案设计团队的一部分。因此，评价者失去了外部性和独立性，而这在终结性评价中是有价值的。但发展性评价既不作出终结性决策，也不作出形成性决策，它是发展性的。帕顿（Patton）承认发展性评价类似于组织发展（Organizational Development，OD），他主张评价者需要分享他们的技能："当评价理论学者告诫评价者不要跨越从呈现判断到提出建议的界线时，他们可能低估了评价者在设计和完善方案方面所发挥的作用。"（帕顿，Patton，2005b，p.16）【参见赖卡特（Reichardt，1994）提倡评价者在方案发展中发挥更大的作用，而不是聚焦于终结性评价并以此对组织和方案的改善产生更大的影响。[1]】

---

① 帕顿（Patton）有关发展性评价的著作在这部教材中同步进行了更新。他与我们分享了第 1 章，但是我们在这里采用了现有的出版物。我们鼓励对这种方法感兴趣的读者阅读他的新书，引用的参考书目列在本章的最后部分。

### 赋权式评价

上述两项当前的参与式方法都是卡曾斯和惠特莫尔（Cousins&Whitmore）的实践分支。接下来我们要描述的赋权式评价（empowerment evaluation）和民主式评价（democratic evaluation）这两种方法都源自变革式分支；他们的方法具有政治目的或者基础。赋权式评价的政治目的是赋权于利害关系人并帮助他们达成自身在评价中的决定大卫·费特曼（David Fetterman）1993年向美国评价学会（American Evaluation Association）致主席词时介绍了赋权式评价（费特曼，Fetterman，1994）。他和他的同事——亚伯拉罕·万德斯曼（Abraham Wandersman）曾经就这一方法出版过3部著作，提出了许多工具、案例以及对这种方法的优点和基础的讨论（费特曼，Fetterman，2001a；费特曼、卡弗特瑞和万德斯曼，Fetterman，Kaftarian，&Wandersman，1996；费特曼和万德斯曼，Fetterman&Wandersman，2005）。与P-PE不同，费特曼（Fetterman）认为赋权式评价具有明确的政治目的——通过自我决定赋权于利害关系人。因此，它被认为是变革式分支。然而，无论是卡曾斯和惠特莫尔（Cousins&Whitmore，1998），还是费特曼和万德斯曼他们自己（Fetterman&Wandersman，2007），都对方法的目的和基础的变革范围提出了质疑。卡曾斯和惠特莫尔（Cousins&Whitmore）在对10种协作式方法的分析中考量了赋权式评价的"神秘性（enigmatic）"以及与其他变革式方法在实践中的不同，因为赋权式评价者比较变革式方法中的评价者，他们在工作中与评价和限制性利害关系人群体——总体来说是方案员工和管理者接触更密切。2007年，费特曼和万德斯曼（Fetterman&Wandersman）主张赋权式方法能够运用于实践，依靠背景和目的促进使用与改善方案或者进行变革或者赋权于利害关系人。

***赋权式评价的定义***。费特曼（Fetterman）对赋权式评价最初的定义聚焦于赋权的目的："赋权式评价是运用评价概念和技术促进自我决定。它的目的是帮助人们实现自助。"（1994，p.1）在2001年他出版的著作中他基本上保留了这个定义，但是将其修订为包括运用评价结果以及达到改善的目的，他写道赋权式评价包括"评价概念、技术和结果的运用以促进改善和自我决定"（2001a，p.3）。2005年，费特曼和万德斯曼（Fetterman&Wandersman）的定义更多地强调了组织学习的实

践性目的，而把赋权式评价定义为"以增加方案成功的可能性为目的的方法，主要通过（1）提供给利害关系人工具以对他们的方案进行评估规划、实施和自我评价，（2）主流评价是方案/组织的规划和管理的一部分。"（2005，p.28）费特曼和万德斯曼（Fetterman&Wandersman，2007）基于对这种方法的广泛实践把最新的定义视为早期定义的精炼。它反映了摒弃单一的强调自我决定和赋权或变革，而是要强调组织的能力建构和评价体系的建立以引领方案的改善。

## 与传统的以利害关系人为基础的评价的差异

进一步与传统的利害关系人为基础的评价进行对比，如我们在表8.2中提及的，赋权式评价不同于传统的利害关系人评价，主要表现在三个方面：

1. 不是评价者掌控评价的决策，而是由指定的利害关系人群体赋权掌控。评价者是指导者，但是利害关系人可以对评价者施加影响。

2. 特别是在赋权式评价中，不是所有的利害关系人群体都如同他们在传统利害关系人评价中一样参与评价。然而，赋权的群体是挑选出来的参与者。通常情况下，尽管方案的接受者能够参与，但是因为赋权评价建构了组织绩效的自我监控体系，这些群体（自身）就是掌控方案的管理者和员工。

3. 不同于传统的利害关系人评价，但类似于P-PE，少数挑选出来参与评价的利害关系人严格地执行评价，与卡曾斯和厄尔（Cousins&Earl）的P-PE相比，评价者与利害关系人发挥的作用更加平衡。利害关系人作决策，在各个阶段受到评价者的引领。赋权式评价在工作中提供许多工具，从"评估现况"到建构方案绩效与未来战略规划的比较基线（获得结果），以此帮助利害关系人。

那么，什么是赋权评价？费特曼（Fetterman，1994）在最初的评论中揭示了评价者在赋权式评价中发挥的许多不同作用。包括：

1. 培训："评价者教会人们实施他们自己的评价，越来越自立。"（p.3）

2. 促进："评价者作为教练或者推动者帮助他们实施他们的评价。"（p.4）

3. 倡导："评价者甚至可以作为直接的倡导者——帮助赋权群体进行评价。"（p.6）"主张评价者通过公开讨论来改变公众的观念，阻止权力掮客，并在政策决策的讨论中及时提供相关的信息。"（p.7）

但关键的问题是利害关系人是带头人，评价者只是起到推动作用。费特曼（Fetterman）解释了评价者的作用类似于：

> 赋权式评价帮助一个社区把潜在的能量改变为活跃的能量。然而，他们（利害关系人）才是能量的源泉。站在棒球场上是运动员而不是球拍把球打回本垒。球拍就像是赋权评价者，只是用以改变能量的工具。（2007，p.182）

**赋权评价方法**。费特曼和万德斯曼（Fetterman&Wandersman）就好比球拍，他们开发了特定的工具来帮助利害关系人进行评价。这些工具包括通过三个步骤和十个步骤得出结论（Getting To Outcomes，GTO）的方法。三步法阐释了赋权评价的基本阶段：

1. 建立评价方案的任务或者目标。

2. 评估与方案目标有关的事项的状态。基线考量阶段用于未来对评估方案的过程进行比照。

3. 未来的规划用以实现清晰的目标。这些将要被评价的规划呈现了群体的干预（费特曼和万德斯曼，Fetterman&Wandersman，2007，p.187）。

不久，通过评估会议实施了方案的变革，利害关系人就可以把当前新的状态与之前的基线进行对比来判断方案成功与否。正如费特曼和万德斯曼（Fetterman&Wandersman）所说的，基线是"群体是不是实现了他们的目标并且达到了预期的结果？"（2007，p.187）。

下面的十步法展示了利用提问的方法实施干预的更多细节，包括利害关系人询问如何完善方案以及利害关系人将要采取的行动（附带）来回答这些问题。

1. 在你的组织、学校、社区或州内有哪些需求和资源？（需求评估；资源评估）

2. 你的学校或社区或州的目标、目标人群和预期结果（客观的）是什么？（目标设置）

3. 通过干预怎样才能在这一领域把科学知识和最好的实践结合起来？（科学和最好的实践）

4. 通过干预怎样才能适应已经提出的其他方案？（协作；文化胜任力）

5. 你需要具备哪些能力以使干预用得适当？（能力建构）

6. 这种干预怎样才能贯彻执行？（规划）

7. 执行的质量如何评估？（过程评价）

8. 干预工作怎样才能做得好？（影响力和结果评估）

9. 怎样才能整合持续的质量改善战略？（完善质量管理；持续地质量改善）

10. 如果干预是（或部分是）成功的，干预如何才能持续（持续性和体制化）（改写自万德斯曼、伊姆、奇曼和卡弗特瑞 Wandersman，Imm，Chiman，&Kaftarian，2000；费特曼和万德斯曼，Fetterman&Wandersman，2007，p.188）。

这些问题显示出赋权式评价的演化进程，它运用于许多不同的情境，越来越聚焦于帮助利害关系人，特别是方案管理者和员工，规划新的方案以实现他们的目标或者改善现有的方案。回答这些问题将赋权于方案的员工和管理者来规划和管理活动。【万德斯曼和其他人（Wandersman et al，2000）界定前六个问题为规划性问题，后面四个问题为评价性问题。】与参与式或者变革式评价不同，赋权式评价已经成为改进组织的一个完整的体系和干预。这一扩充说明了它的普及度。费特曼和万德斯曼（Fetterman&Wandersman）提出了许多赋权式评价在现实情境中应用的案例。这些包括了它在斯坦福大学医学院（Stanford School of Medicine）鉴定认证活动中的运用，在加利福尼亚州 18 个印第安部落规划他们的部族数字村落（Tribal Digital Village）中的运用以及在贫困的阿肯色州的乡村学校里提高学生的学习成绩中的运用（费特曼和万德斯曼，Fetterman&Wandersman，2005；费特曼和万德斯曼，Fetterman&Wandersman，2007）。

***赋权式评价的争论***。然而，赋权式评价比其他评价方法遭遇了更多的争议和批评。我们将总结一些较广泛的和焦点化的批评。首先，批评源自它的概念含混不清。一些人提出它没有与参与式或协作式评价区分开来，并且赋权式评价的案例经常与它的理论显著背离（帕顿，Patton，1997b；Patton，2005a；卡曾斯，Cousins，2005；米勒和坎贝尔，Miller&Campbell，2006）。卡曾斯（Cousins）在费特曼和万德斯曼（Fetterman&Wandersman，2005）撰写的案例的一个总结性章节中，运用他的维度分析了参与式评价方法并通过呈现出的案例发现了众多的不同，甚至是赋权评价的核心维度——利害关系人掌控。

米勒和坎贝尔（Miller&Campbell，2006）开展了一项对使用了赋权评价的

47篇公开发表的文献的综合研究。与卡伦（Cullen，2009）发现的参与式评价的混合定义和应用一样，米勒和坎贝尔（Miller&Campbell）在赋权式评价的实施过程中也发现许多不同的趋势。具体来说，他们观察到评价者在三个方面起到了非常不同的作用：

1. 一个苏格拉底式的指导性作用，也就是与利害关系人举行提问和回答式的会议（占全部案例32%的部分很大程度上坚持了赋权式原理）。

2. 提供结构化的引导，评价者为利害关系人设计了一系列的实施步骤。这种方式通常教授利害关系人使用一系列的赋权式模板来从事评价（占全部案例的36%）。

3. 更多传统的参与式评价中，评价者寻求利害关系人的投入，但由他们自己引领并且从事研究（占全部案例的30%）。

米勒和坎贝尔（Miller&Campbell）与卡伦（Cullen）一样更广泛地研究了参与式评价，他们得到的结论认为赋权式评价的适用范围非常广泛，但大多数情况下并没有把重点放在自我决定和赋权之上。他们写道：

> 来自更多的数据表明尽管许多项目标注（和重新标注）为赋权式评价，但是通常这些评价并没有体现出强化赋权式评价实践的核心理念。

> 通过所有赋权式评价的实践模式，使用共同知识的核心理念几乎是无处不在的，但这些有关民主、社会正义的理念和使用以证据为基础的实践是特别罕见的（米勒和坎贝尔，Miller &Campbell，2006，p.314）。

费特曼（Fetterman）强调的其他方面在于倡导。斯塔弗尔比姆（Stufflebeam）提出："他的承诺……'帮助人们，帮助他们自己'是一个有价值的目标，却不是一个评价的基础目标。当然评价者和所有的市民都发挥了有价值的作用，但是这不是评价。"（1994，p.323）这提示我们评价涉及调查或者判断一个方案的绩效或价值，并不是赋权别人这么去做。他进一步写道：

> 费特曼（Fetterman）博士倡导的方法都是以赋权式的自我评价的名义向客户/利益群体放弃了选择标准、收集数据以及撰写/编辑和发布报告的权力。客户/利益群体看起来是被许可发表一些言论，获得评价者的帮助让这些言论在选民或者其他人中间传播，可能制造一些评价是由外部的专家实施

或者支持的错觉，仍然基于元评价反对评价领域的标准化。（斯塔弗尔比姆，Stufflebeam，1994，p.324）

自从斯塔弗尔比姆（Stufflebeam）发表论述以来，评价和赋权式评价的目的都是拓展，但赋权式方法的批评者提及的潜在偏见仍是一个特定的问题。批评者提及的一个涉及方法的偏见是传播。自从费特曼（Fetterman）坚决主张评价者对赋权式评价应当"传播每一个字（spread the word）"，批评者认为过多地涉及了价值和辩护并且没有充分的理由。美国评价学会（American Evaluation Association）的其他领袖李·西科莱斯特（Lee Sechrest，1997）和尼克·史密斯（Nick Smith，2007）提出什么可能是赋权式评价的主要问题：作者作为这种方法的倡导者起到了积极的作用。[1] 西科莱斯特和史密斯（Sechrest&Smith）认为赋权式评价通常表现得更像一种理论、一系列信念，而不是一种评价方法。他们倡导的赋权式评价、普遍性的案例，在表述的过程中偶尔的夸大（参见帕顿，Patton，2005a）导致赋权式评价比那些呈现少量案例但是包含更多细节和自我批评的其他方法受到了更多批评。[2] 史密斯（Smith，2004，2007）指出从干细胞到健康政策再到气候变化，这是一个由意识形态的争论主导的政治世界（数据存在的问题），我们需要基于理由的评价，而不是意识形态来维系评价者判断方案和政策的价值的可信度。帕顿（Patton）指出了费特曼和万德斯曼（Fetterman&Wandersman）对成功案例表述的偏见中的问题（帕顿，Patton，2005a）。他认为：在一个特定的案例中证据常常是模糊不清的，可能混淆评价的作用与其他促使方案成功的要素。与此类似，卡曾斯（Cousins）在费特曼和万德斯曼（Fetterman&Wandersman）的著

---

① 史密斯（Smith）指出赋权式评价并不提倡独立的理论，并认为随机对照实验（randomized control trials，RCTs）也属于这个类型。

② 赋权式方法的评价领袖中充满生气的对话是一个有趣的现象，参见《美国评价期刊（American Journal of Evaluation）》，2005，26（3）卷。首先是费特曼和万德斯曼（Fetterman&Wandersman）最新著作中的两个评论，由迈克尔·斯克里文和迈克尔·帕顿（Michael Scriven&Michael Patton）撰写的《实践中的赋权式评价规则（Empowerment Evaluation Principles in Practice）》；其次，由大卫·费特曼和亚伯拉罕·万德斯曼（David Fetterman&Abraham Wandersman）撰写的对这些评论的两个独立的回应；最后，斯克里文和帕顿（Scriven& Patton）对费特曼和万德斯曼（Fetterman&Wandersman）的回应也进行了两个独立的第二次答辩。

作（2005）中评论，他遗憾地指出这些章节没有太多案例有关"回应性叙述或文章（reflective narratives or essays）"，要求更清晰的赋权式案例的陈述以了解更多有关此类评价事实上是如何处理的以及它们的有效性问题（2005，p.203）。

当然，有关偏见的第二个问题就是利害关系人可能引导他们自己的方案。[①]尽管费特曼（Fetterman）认为利害关系人对他们的工作非常关键，因为他们想推动成功，但这不是众多评价者的经历。利害关系人最关心的是提供成功的证据以筹措资金，并且希望评价能够支持成功。【例如，参见菲茨帕特里克和布莱索（Fitzpatrick&Bledsoe，2007）】关于实施评价的利害关系人中间存在的潜在的偏见问题，赋权式评价可以帮助利害关系人改善他们的方案，如果评价者能够训练他们冷静地考量自己的行为和/或者有助于质疑与进行以数据为基础的决策的组织文化。但是在今天的资金供给和绩效监控环境下，培训管理者和员工，冷静地看待他们的行为并且报告结论将可能是一个挑战。

**总结。**总体来说赋权式评价导致了众多实践和评价领域的争议与讨论。我们总结出关键的方案参与者的转变源于强调赋权和自决权，以强调方案员工的能力建构，因此赋权于他们使用评价方法来完善方案。在迭代中，赋权式评价的争议更少，并更倾向于使用其他方法进行评价以鼓励利害关系人参与和强调评价者在建构组织内部的评价能力和主流评价方面的作用。这是我们的合著者詹姆斯·桑德斯（James Sanders）在2001年担任美国评价学会（AEA）主席时期的主题。【参见桑德斯（Sanders，2002）的主席致辞。】赋权式评价随着时间变迁发展成熟。它强调的自决权看起来已经逐渐从近期的著作中淡出，但它强调的建构评价能力使其主流化得到了发展。在21世纪《美国评价期刊》（*American Journal of Evaluation*，AJE）涉及的一个问题中，费特曼（Fetterman）强调了以下的观点：

> 未来的评价具有核心的和合作关系的特质。评价将成为一种合作。老百姓将了解基本的评价知识作为民主化素养技能的一部分。投资者、方案的员工和参与者将获得监控和评估其绩效的核心部分的能力。他们仍然需要评价者或关键的朋友，但是是以一种不同的方式和更高水平的能力，而不是评价

---

① 这不是赋权式评价独有的问题，但是涉及许多参与式的模型。然而，利害关系人在评价中掌控的权力越多，涉及偏见的问题就越严重，是否是蓄意的，可能需要进行分析。

者普遍性地参与。数据通常用以进行决策。评价作为方案规划和管理的一部分应当被制度化。（费特曼，Fetterman，2001b，p.381）

## 评价的民主化导向的方法

在美国和英国，最著名的两种变化了的参与式评价方法构建于民主价值的基础之上。首先是关于价值：十年来，科学哲学家一直认为科学不是价值中立的。科学实践研究表明了世界观、人生观和科学研究之间的相互作用（戈弗雷·史密斯，Godfrey-Smith，2003；库恩，Kuhn，1962）。同样，评价实践与方法论也不是价值中立的。尽管评价者受到的训练帮助他们更多地了解价值以及这些价值对他们的工作可能产生的影响，但是评价也不比其他研究领域显得更价值中立。举例来说，我们的一些价值涉及我们以客观的方式尝试收集、分析和阐释信息或数据。许多评价者价值客观和中立。但是罗斯·康纳（Ross Conner）—— 一位著名的评价者在近期的一次访谈中提出，他更倾向于把"客观"这个词放在引号中，他在解释数据的过程中就受到了自己生活经历的影响（克里斯蒂和康纳，Christie&Conner，2005，p.371）。例如，在他作出有关评价研究的目的、收集哪些数据以及如何对这些数据进行分析和解读的决策时，与一位来自另一个国家或者大陆受到的训练和涉及判断事务重要性或者有效性的世界观有所不同的评价者而言是完全不同的。斯塔克（Stake）认识到现实中的多元化观点并且有意识地完善他用来描述这些多元化的观点的方法。麦克唐纳（MacDonald，1974，1976）、豪斯（House，1980）以及豪斯和豪（House&Howe，1999）选择把他们的评价方法构建在民主价值的基础之上。因为民主的价值是平等，尽管途径不同，但除了评价的投资者，他们的方法有许多利害关系人参与并发挥了作用。他们的方法也基于社会正义和赋权。

*民主评价。* 麦克唐纳（MacDonald）的民主评价具有历史性意义，它解决了当代关注的对 20 世纪 70 年代社会和市民的作用与评价者的作用的一些问题。麦克唐纳（MacDonald）界定了评价者的三种类型：服务于政府机构的官僚体制内的评价者；独立的评价者处于这些机构的外部，更加独立地开展评价工作，可能发布评价也受政府机构的雇用；麦克唐纳（MacDonald）的模型提出民主评价者

服务于政府机构，但也通过实施评价服务于公众的知情权。涉及英国的评价教育方案，他提出：

> 民主评价是一个面向整个社区的有关教育方案特点的信息服务……在他的问题架构中，民主评价者认识到了价值多元以及寻求一系列的利益表达。基本的价值是一个消息灵通的市民和中间人身份的评价者在希望彼此了解的群体之间互换信息。（MacDonald，1974，p.45）

麦克唐纳（MacDonald）的方法的一些关键的原理是拓宽评价服务于利益，并超越典型性契约式评价的直接决策者。尽管评价者控制了研究，他关心的是从其他利害关系人那里寻求有关评价的目的，而不是简单地实施自己的或者赞助者的目的。为了服务于公众的知情权，麦克唐纳（MacDonald）也较早地倡导了以大众易于理解的方式陈述结论。[①] 此外，他还关心在一项评价中收集到的数据的所有权并且他相信那些数据的来源者对他们的大部分数据享有所有权。例如，他从那些曾使用过的述评所有人那里寻求反馈和许可。尽管麦克唐纳（MacDonald）的方法在今天并没有得到积极地使用，但是对于民主价值的早期介绍和像数据所有权以及考量更广泛的评价受众来说都是重要的。

***协商式民主评价***。最近，豪斯和豪（House&Howe，1999，2000）提出了他们的协商式民主评价方法。尽管豪斯（House）研究了多年对评价者作用的考量以帮助社会实现社会正义（豪斯，House，1980，1993），但是他的合作者肯尼思·豪（Kenneth Howe）作为哲学与教育家，首先致力于评价方法的发展。他们注意到有其他的参与式方法做了很多他们所建议的，但是他们所谓的框架的推动力强调的是民主的原则和实施评价的影响。

与麦克唐纳（MacDonald）类似，他们的框架建构在民主价值的基础之上，自麦克唐纳（MacDonald）提出民主评价方法以来，评价已历经了25年的变迁

---

① 使用方案参与者和公众易于理解的方式阐释结论现在是美国评价学会的指导性原则（Guiding Principles of the American Evaluation Association），但是在20世纪70年代它还是一个全新的概念。

与发展，他们关注的不再是数据的所有权或者考量作为评价客户的公众的重要性问题。他们关注的是社会的正义与公平。民主价值推动着豪斯和豪（House&Howe）希望在评价中有众多的利害关系人参与。到1999年，这也不是新概念了。许多参与式评价模型出现了。最新的概念是他们认识到所有的利害关系人都没有平等的权利或者平等的经历。常常参与社会方案的被剥夺了权利的群体，没有类似其他利害关系人（决策者、管理者或方案的员工）的参与经验。在实施方案或方案管理者的群体中，参与者可能因为各种原因不愿意清晰地表达他们的需求。正如豪斯和豪（House&Howe）指出的："适当的考量不是简单的一场利害关系人之间的混战。如果这样，那么掌控权力的利害关系人就会胜出。"（1999，p.94）因此，他们主张评价过程的彻底民主化，评价者需要确保那些一直缺少权力的群体能够参与到过程中来。

**协商式民主原则。** 为了达成目标，协商式民主评价须遵循三项原则：

★ 包含所有合法的和相关的利益者。

★ 利用对话确定每一个利害关系人群体的真实利益。

★ 利用协商来引导利害关系人开展不同选择的讨论以及帮助评价者得出结论。

与其他参与式模型不同（见图8.2），协商式民主模型的重点包含了所有合法的利害关系人。正如豪斯和豪（House&Howe）写道的："民主最基本的原则是所有合法的和相关的利益者应当被包含到影响利益的决策中来。"（1999，p.5）这些利害关系人群体并没有像他们在其他模型中那样被包含进来。例如，他们没有技术性的任务。协商式民主方法的目标是包含所有利害关系人群体，不是赋权于他们或者建构评价能力，但是这样一来评价者能够了解真实的利益和所有合法的利害关系人的需求并且利用协商的方式获取的信息得到评价结论。豪斯（House）不反对积极的利害关系人参与，但是指出所有的利害关系人积极地参与通常来说并不合理。因此，那些积极参与的人更可能是掌控权力、资源和时间的参与者。豪斯（House）写道："尽管我赞同在适当的条件下利害关系人的积极参与，但是我不赞同少数利害关系人在牺牲了其他人情况下的积极参与。"
（2003，p.54）社会公正和平等的民主化原则是通过进行优先纳入和牺牲深度参
与来解决的。

**对话的使用。**协商式民主方法强调把对话作为一种沟通的手段 —— 分享
意见和观点。赖安和德斯蒂法诺（Ryan&DeStefano，2000b）以及其他人（卡
尔松、普瑞斯基尔与托雷斯、万特；Karlsson，1998；Preskill&Torres，1998；
Schwandt，1999）也撰写过评价实践领域对话的重要性的文章。评价者必须与利
害关系人进行频繁的协商式对话。对话具有大量不同的形式，从简单交谈到共同
探究、指导与争论等等。在评价的早期阶段，对话是克服困难所必需的，利害关
系人可能面对确认或者清晰地表达他们的利益的困难，评价者可能面对确认或者
理解他们的利益的困难。豪斯和豪（House&Howe）在少数评价者中间通过观察
指出了这种困难，个人和群体并不总是能够只利用自身的能力就可以明确他们自
身的利益。"他们可能受到媒体或者利益群体的'陀螺式'证据的误导，或者没
有锻炼的机会以获取信息。"（1999，p.99）因此，通过与评价者和其他利害关
系人进行对话，他们能更好地界定他们真实的利益需求。【见赖安和德斯蒂法诺
（Ryan&DeStefano，2000a）对对话的特性和类型的更深入的讨论。】

其次，尽管对话和协商可能产生重叠，协商仍是最后的阶段。豪斯和豪
（House&Howe）强调协商是"基本的认知过程，它是基于推理、证据和有效的
逻辑论证原理基础之上的评价方法论标准的一个重要部分"（1999，p.101）。评
价者起到了关键性的作用，他们导引协商的过程以帮助利害关系人使用推理和证
据得出结论。因此，另一个关键环节是协商式民主不同于其他参与式模型，在于
评价者在引导对话和协商以及达成结论方面起到了决定性作用。他或她并不会与
利害关系人分享核心的决策。然而，在掌控决策方面协商式民主评价者类似于斯
塔克（Stake）的响应式评价或者评价者使用利害关系人为基础的评价方法。评价
者导引协商的过程，但是掌控利害关系人的偏见和其他来源的偏见。协商的过程

并不倾向于帮助利害关系人达成一致，但更重要的是发布评价，帮助评价者了解不同利害关系人群体的反馈和观点以及达成有关价值的适当的结论。斯塔弗尔比姆（Stufflebeam）用这种方法来观察评价者独立的作用，他赞许性地指出：

> 相对于其他的倡导式方法，协商式民主评价的一个关键优势是它明确地保留了权利以排除那些被认为是不正确的或者违反职业道德的资源。评价者公开了所有利害关系人的观点，认真地考量它们，然后提出一个尽可能完善的方案判断。他或者她对达成一个完善的最后的评估负有责任，这基于利害关系人的多数票 —— 一些人产生利益冲突以及表现得无知是不可避免的。为了达成一个最后的判断，评价者要确保评价的终结。（2001b，p.76）

然而，模型的批评者们关注的是相反的方面。有些人疑惑民主的进步是否应当成为评价的主要目标或者评价者的价值和目标是否能够或应当处于支配地位（库什纳、阿伦斯和万特，Kushner，2000；Arens&Schwandt，2000）。当然，变革式评价尝试进一步带来政治变化。豪斯和豪（House&Howe）选择了价值与民主，这增加了在美国的接受度。

豪斯和豪（House&Howe）指出他们的方法是理想化的，这与个人研究中的彻底实施有所不同，尽管其原理在许多评价中被揭示和讨论，包括《评价新方向（New Directions for Evaluation）》中的问题（赖安和德斯蒂法诺，Ryan&DeStefano，2000a）。他们不认为方法是实施评价的引导，相反地它是评价实践中中等水平的理论。但是他们指出："好的实践是折中的和以理论为依据的，但不完全源自理论。"（豪斯和豪，House&Howe，1999，p.112）他们的方法提示我们考量内涵及其代表的民主原则，但是要了解权力的差异性，它能够禁止被剥夺了权利的群体的参与，并且我们的作用是帮助那些被剥夺了权利的利害关系人认识和表达他们的真实需求。最后，他们强调协调——花时间进行协商，使用推理仔细地检验所有证据，从其他方面寻求资源——它是一些评价者常常在评价的最后阶段匆匆忽视了的东西。他们的模型的另一个重要特征是提示我们在协商的最后阶段规划好时间。

豪斯和豪（House&Howe）也鼓励我们考量评价是什么：

> 如果我们的视角跨越由个体评价者实施的个体研究，我们就能够看到评价作为一个有影响力的社会机构的概况，它对于理解民主社会是很重要的。在大众传媒的诉求和反诉求之间，在公共关系和广告之间，在那些我们社会中代表着特定利益的万马千军之间，评价能够成为一个自成体系的机构，其诉求的精确度和完整性是可靠的。但它需要一系列清晰的民主化原则来引导它的实践并且检验它的直觉力。（2000，p.4）

### 回顾

我们看到了评价的参与式方法的多样性。它们已经得到了拓展，从斯塔克（Stake）的早期关注到利害关系人的多元化观点和对于今天设计的为增加使用或者改造参与者、组织或者社会的参与式模型的响应。它们不断地改变，大规模地掌控了评价者、利害关系人的参与幅度和他们在评价的不同阶段参与的深度。当评价遭遇利害关系人之间的政治一致性或者产生摩擦时，实施研究以达成预期参与的程度和性质的可行性以及最终结果都会根据利害关系人的使用或者变化有所不同。但是每一种方法都提供了有趣的思想和选择，帮助实践型评价者考量他或她所从事的个体评价的背景。我们对每一种方法的简要总结意在促进你阅读更多有关这些方法的内容以及思考最适合你正在评价的有关方案背景的因素。无论如何，这就是参与式评价。评价者现在认识到他们不同于应用型研究者，并且必须要了解利害关系人关注的是他们正在评价的项目以实施和促进一个更加有效的和有价值的评价。

# 参与式导向的评价方法是如何使用的

本书的第二部分关于评价的理论或方法。在前面的部分，我们已经对当前的参与式方法进行了描述和对比。但是我们也对今天参与式方法在实践中如何使用感兴趣。许多学者已经解决了这个问题。他们的结论表明许多实践型评价者在他们的评价中实现了利害关系人的参与，并且认为至少他们的一些评价是参与式的。然而，使用利害关系人参与并没有与提出的理论方法一样得到广泛的使用。

## 利害关系人参与研究

克里斯蒂（Christie）的著作（2003）表明对评价理论和那些广泛从事评价的人而言利害关系人参与的核心问题。尽管她的重点不仅仅在参与式评价，但是她的结论是相关的。克里斯蒂（Christie）最初选择了8位杰出的评价理论学家，使用问卷检验他们对评价的观点，发现不论这8位评价者的评价理论或方法有多大差异，在他们的评价中都涉及利害关系人。尽管这8位学者的分数都不同，但是他们最后的方向都是积极的。[①] 然而，当克里斯蒂（Christie）调查实践者时，就是那些为加利福尼亚州的健康启动方案（Healthy Start programs）从事评价的群体，她发现他们并不像理论学者那样关注利害关系人的参与。外部评价者中的大多数（63%）使用利害关系人方法，但是内部评价者这样做的就少了（43%）。然而，内部评价者通常不是全时评价者，并且他们在组织中还承担有其他职责。

10多年以来开展了两项研究，就是对实践型评价者参与式或者协作式的方法的使用进行了更广泛的数据收集。卡曾斯、多诺霍和布卢姆（Cousins, Donohue, & Bloom, 1996）在针对来自美国和加拿大的564位评价者的调查问卷中，发现有62%报告在近期的评价中使用了协作式方法，然而他们对评价实践的描述更倾向于传统的以利害关系人为基础的评价方法，尤其是评价者仍然掌控评价研究，并且最频繁使用的利害关系人的方法界定了评价的适用范围（72%）和结论解读（51%）。几乎没有利害关系人参与技术工作，这些仍然属于评价者的领域。

在葛兰（Cullen）的参与式评价研究中，她提出的国际化方案开发的背景是

---

① 总之，群体代表了评价方法的一个宽泛的维度。8位评价理论学者中的4位在他们的方法中考虑到了参与式方法：豪斯、卡曾斯、帕顿和费特曼（House, Cousins, Patton&Fetterman）。其他4位学者在他们的方法中没有强调利害关系人参与：斯塔弗尔比姆、波欧奇、艾斯纳和陈（Stufflebeam, Boruch, Eisner&Chen）。因此，事实上所有在利害关系人参与维度中正向结果的分数都是有益的，并且暗示参与式方法已经嵌入评价理论和实践，至少在这一领域早期的评价领导者之中是这样的。

许多理论学者支持变革式的参与式评价，她总结道："参与式评价方法在评价发展过程中并没有像文献中建议的那样得到广泛传播。"（2009，p.79）葛兰（Cullen）从评价报告中收集数据，调研了55个国家的166位评价者，访谈了15位评价者，她发现这些受访者中有72%报告在近期的评价中使用了参与式方法。然而，他们有关参与式评价的定义和他们采取的行动存在非常大的差异——从仅仅给利害关系人一个发声的渠道或利用他们作为资料来源的评价到强调赋权于利害关系人或能力构建的评价。如卡曾斯等（Cousins et al.，1996）研究中的评价者，在调研与访谈中他们倾向于自己掌控评价和工作中的利害关系人参与，例如收集数据和发布结论，但是并不包括评价设计和数据分析。卡曾斯（Cousins）发现他们大部分报告了方案员工（82%）和方案接受者（77%）的参与；然而，一些数据收集的参与方式只是一个应答。在对调研和访谈的评价中，评价者表达出方案或组织的捐赠者掌控了参与过程的程度。至少在国际开发评价中，变革式评价方法中改变权力结构和赋权于受压制的接受者几乎都不是焦点问题。其他的结论提出当利害关系人群体中少有冲突并且聚焦于形成性评价时，这些国际化开发评价把参与式方法视为最有用和最可行的方法。

这些研究表明许多实践型的评价者在3项研究中利害关系人参与从62%到72%，但是他们是以更为传统的方式。尽管参与式方法与以理论为基础的评价一起掌控了当前大量的理论评价文献，但是从世界范围看实践与理论是不同的。克里斯蒂（Christie）发现内部评价者常常有其他的方案责任和可能不会明确地界定为普遍接受过评价训练的人，通常不会考虑利害关系人的参与，但是在她的研究中外部评价者的实践能力与其他研究中的结论类似。卡曾斯等（Cousins et al.）和葛兰（Cullen）调研的评价实践者多为职业评价协会的成员，因此他们更倾向于把自己界定为评价者，并在这一领域受到很好的训练。这些评价者通常利用利害关系人参与并且声称使用参与式评价，但是他们对参与式评价的定义与一般意义显著地不同，并且他们在实践中倾向于反映出利害关系人为基础的参与而这并不是一些更新的方法。

在实践中经常使用现代的参与式方法可能需要花更多时间。更可能的是，一些概念将随时间而变化以使它们适合于组织和方案的背景和评价的目的。学者们建议许多方法与理论一样，不能像学者描述的那样刻板地实施，而是要鼓励评价者和其他评价的使用者考量建构评价能力或者促进使用的概念及其效用。

## 开发者使用的方法

与此同时，许多使用参与式方法的学者在他们的著作和文章中都提供了使用方法的案例。例如，韦弗和卡曾斯（Weaver&Cousins，2004）运用实践型参与式评价（P-PE）的两个案例提供了一个拓展性的讨论。他们从各个维度描述案例，卡曾斯（Cousins）也曾经使用以区分参与式方法。此外，他们增加了两个新的维度以考量参与式方法：参与的利害关系人之间的权力结构（中立的或者冲突的）和评价实施的可管理性（可管理的或者不可管理的）。这些解决共同关注的问题，参与式评价非常耗时且较典型的评价成本过高，尤其是当参与的利害关系人众多或者意见分歧较大时。帕顿（Patton）在他的《发展性评价（developmental evaluation）》的文章中提出了他在组织中使用这种方法的见解（1997c，2005b，2010）。如前所述，费特曼和万德斯曼（Fetterman&Wandersman）的最新著作（2005）中的章节提及许多学者报告了他们在不同的背景中使用赋权式评价的情况。在与珍·金（Jean King）的访谈中她阐释了有关能力构建的参与式方法。作为评价者，她担当了在利害关系人决策过程中的促进者的角色。【参见菲茨帕特里克和金（Fitzpatrick& King，2009）】最后，在《评价新方向（New Directions for Evaluation）》四个章节中有关协商式民主评价呈现的案例，杰出的评价者努力推动包容度（格林，Greene，2000）；使用对话（赖安和约翰逊、托雷斯、帕迪利亚、斯通斯、布特库斯、霍克、凯西、阿伦斯；Ryan&Johnson，2000；Torres，Padilla Stones，Butkus，Hook，Casey，& Arens，2000）；以及评价的一体化、对话和协商（麦克尼尔，MacNeil，2000）。格林（Green）直接讨论了在一个充满争议的高中科学方案中，她遇到在讨论与评价中努力达成包容。托雷斯等人（Torres et al.）讨论了他们和评价方案协调者如何使用对话和协商达成了对评价的重大理解。赖安和约翰逊（Ryan&Johnson）的对话发生在教师、学生和系主任之间，常常是独立的群体，考察课程评价和学习。麦克尼尔（MacNeil）描述了在封闭的精神病治疗机构中一个非常好的案例，她努力通过在不同利益群体之间的对话实施参与式评价。对在构建和组织对话论坛中的成功和失败，她提供了有价值的和直接的意见。

# 参与式导向评价方法的优势与局限

本章中呈现了许多当代的参与式模型，在方案评价理论中参与式方法是积极又好用的，但如果在实践中就有缺陷。这种方法的变化是如此显著以至于总结它们的优势和缺陷比较困难。我们在回顾每一个模型中都会提及一些缺陷。在这里我们将总结一些趋势。

## 参与式方法的优势

当然，参与式方法使评价者了解研究实施过程中包含利害关系人的潜在的价值，不仅是作为数据资源或者有助于分发问卷或者建构焦点群体，而是促进研究的有效性及其使用。如何实现呢？利害关系人参与考量各种概念或者现象，使其概念化，考察如何衡量它们或者收集信息能够得到更有效的数据。为什么呢？因为斯塔克（Stake）很久以前意识到了不同的利害关系人掌握了评价者没有掌握的知识和见解。他们了解方案及其背景。教师、顾问、父母和学生对帮助评价者理解诸如在一所特殊学校中学生"处于危险之中（at risk）"意味着什么，类似的问题都是非常有价值的。评价者与他们的对话增加了评价者对概念的理解，最终有助于作出更好的选择和促进，更有效地衡量评价。同样的，研究中的利害关系人以这种方式参与进来，有助于他们在评价中赢得信任，开始理解评价并且思考如何使用评价。

*评价始终是一种伙伴关系*。评价者掌握分析一项方案的价值以及作出完善或者行动建议的技巧，但是利害关系人掌握了我们不了解的知识。决策者们知道他们正在考量的其他方案是什么，预算和时间成本限制了他们的决策，还有政治上的和其他因素都可能影响到他们的决策。方案管理者和员工了解方案的细节和一些学生或者客户的争议与成功的方面。他们了解他们以前尝试的是什么，并且

为什么这样不奏效。他们了解当前方案的逻辑模型，为什么他们采纳它以及他们认为它的哪些因素有作用。他们非常擅长解决这些类型的客户和问题。最后，当然客户自己最清楚自己生活的细节、他们争议的问题和他们找到的解决方案，他们如何回应和思考方案或者政策。许多评价利用利害关系人顾问团寻求合作关系——交换方案、客户和评价信息。参与式评价，特别是实践方法仅仅是拓展或者修正了从利害关系人那里了解更多信息的努力，同时也让他们更多地了解评价。

实践型参与式评价方法倾向于当利害关系人开始理解评价时扩大使用，作出决策并最终对结论感到兴奋。【参见与菲茨帕特里克和布莱索（Fitzpatrick&Bledsoe，2007）进行的一次有关评价案例的访谈，方案管理者出乎意料地被运用于评价者的工作，参与到了评价之中并赢得了他们的信任和兴趣。】一些学者报告了研究结论表明利害关系人更多参与的重要作用（卡伦、格林、列维通和休斯、帕顿、韦斯和布库瓦拉斯；Cullen，2009；Greene，1988；Leviton&Hughes，1982；Patton，1986；Weiss&Bucuvalas，1980b）。但是其他学者（亨利和马克，Henry&Mark，2003）主张证据是有限的。当然，这个领域需要更多有关参与的类型和这些类型使用的可能的联系的研究。总之，在实践型参与式评价和赋权式评价中少数管理者和员工的深度参与被认为可能是最成功的，卡曾斯和厄尔（Cousins&Earle）明确承认，在形成性评价中——这些涉及方案的完善。尽管方案管理者和员工可能作出拓展的决策，但是几乎没有人对方案延续作出终结性决策，例如，是否向其他班级、学生或者类似的学校扩大试点。然而，终结性评价常由决策者制定，他们在组织中居于更高的地位，是办公室管理者或者掌控预算的学校董事会成员。这些人不喜欢花时间近距离地参与方案的评价，尽管他们可能派一个代表，特别是如果方案的成本很高或者争议很大时，代表的参与就可能会影响其使用。当首要用户是以形成性的方式使用信息的管理者和/或者方案员工，利害关系人参与可能引起更重要的使用。在这类的案例中，这些利害关系人的深度参与有利于构建方案能力和组织学习力，那些在组织中工作的人们更倾向于作出以数据 为基础的决策。

我们将在第9章节进一步讨论组织的学习力和能力建构。这些概念是一些参与式方法的结论，但是却不是参与式方法本身，这就是我们的主题。

### 参与式方法的局限

参与式方法的缺陷是什么？的确有很多，在每一个新背景下理解一个参与式方法，评价者都不得不平衡其优势和缺陷，考量方案、组织和潜在参与的利害关系人的特性。两个显著的缺陷类型是：（1）实施一项成功的参与式研究的可行性或者可管理性；（2）对于那些没有参与到过程中的人而言结论的可靠性。有关可行性，如上所述，韦弗和卡曾斯（Weaver&Cousins，2004）增加了可管理性作为一个判断不同的协作式方法的考量维度，这是因为实现利害关系人参与并不是一件容易完成的任务。卡伦（Cullen）调研了 166 位评价者，他们使用参与式方法在 55 个不同的国家评价了国际间的发展背景，发现尽管产生了巨大的收益（93%的评价者报告参与式方法获取了更多有价值的信息），但是大多数评价者报告其缺陷在于理解一项参与式评价时花费了更多时间（69%）和更高的成本（58%）。协商式民主方法作为一个范式得到了完善，但是一些人竭力去探索它的可行性。他们发现获取最弱势的利害关系人的参与特别困难。【参见格林，（Greene，2000）的讨论，涉及她在获取被剥夺权利的群体的参与过程中的失败，那些人在一项备受瞩目的具有政治性的有关新高中科学方案的评价中没有掌握什么权力。】

另一个案例涉及评价者技能的可行性，评价者受到研究方法的训练。尽管有一些涉及利害关系人或者团队确认评价问题或者发布评价结论的训练，但是几乎没有评价者广泛地掌握引导技能，尤其是针对可能产生政治分歧的群体。【例如可参见费特曼（Fetterman）在他所在的学校遇到的评价某项方案的一些个性化的问题。他的教师同事和系主任产生了重要的、意料之外的问题和批评。菲茨帕特里克和费特曼，（Fitzpatrick&Fetterman，2000）】。劳拉·列维通（Laura Leviton）在美国评价学会（AEA）的主席致辞中说过，评价者所需要的更多的是分析技能和独立的工作能力，要完善"人际关系技能（people skill）"与他人共事，包括利害关系人以进行评价。她表明有供评价者使用的大量有关沟通技能和解决方案的研究，但是我们的专业文献倾向于聚焦分析。不仅仅是利害关系人的参与需要花费时间和消耗资源，作为促进者、合作者和顾问在评价过程中对待利害关系人也需要很好的聆听和引导技能。

涉及参与式评价的另一个重要领域是对那些没有参与研究的人而言结论的

可信度。当利害关系人，尤其是那些传递或者管理方案的利害关系人深度参与了评价，其他受众就会疑虑利害关系人能不能客观地对待他们自己的方案。这是一个隐性的偏见。偏见甚至能够在评价者中产生，当他或者她开始了解利害关系人并且受其指派之时。斯克里文（Scriven，1973）开发了目标游离评价（goal-free evaluation），至少部分拉近了评价者和方案内部人士的联系，从而减少了由人际关系引发的偏见。【参见菲茨帕特里克和比克曼 (Fitzpatrick&Bickman) 的文献，比克曼表达了有关避免联系方案内部人士以促进研究的可信度和合法性的想法。他的客户是评价的资助机构。】其他人关注当利害关系人深度参与了自己方案的评价后，他们是否能够阻止偏见。客观判断自己的工作是困难的。这就是为什么对重要的、有争议或者高成本的方案投资人甚至组织都倾向于雇用外部评价者。他们的观点是没有所有权的外部评价者带来的新东西将能够使他们从事的评价少一些偏见或者至少少一些对方案本身的偏见。（如上所述，评价者带来了他们的经验和观念，这也可能引入其他来源的偏见。）

最重要的是利害关系人实施一些方法所要求的任务的能力。达勒·拉森（Dahler-Larson，2006）提出这一问题涉及评价的"普及化（popularization）"，让组织有希望了解他们自己如何实施评价，在众多方法中这是很好的。我们不想让组织提升它们的绩效吗？我们不考虑对评价方式的思考将有助于他们这么做吗？然而，一些参与式方法，例如赋权式评价（理论上的）和变革型参与式方法赋予利害关系人评价的所有权，评价者成了技术顾问。达勒·拉森（Dahler-Larson）指出对于评价者而言在许多不同背景下的训练和实践对他们是非常有益的。他对于"期望没有经验的人仅仅依靠方法论的短期的入门引导和基本训练要成为好的评价者"表示遗憾（达勒·拉森，Dahler-Larson，2006，p.145）。评价者也常常召集其他人，或者他们的团队或者是外部评价者，他们是其他领域的专家。但是这些方法假设利害关系人将全部完成任务，几乎不咨询评价者。"弥合能力缺陷的其他策略是把处境做到最好，'做好过程'，实施'能力建构'"，并且在面对不公正时，希望'下次能更好（better next time）'"（达勒·拉森，Dahler-Larson，2006，p.145）。

不仅是我们检验过的方案评价的其他方法，参与式导向法增加了一个政治性的因素，这是鉴于他们培育并推动了方案接受者的积极行动。但是就我们在第 3 章中所知，政治是评价的一部分，并且好的评价者接受参与、认可评价提供的信息有助于推动政府和社会的进步。今天许多公民寻求在管理层面发挥积极的作用。父母积极参与学校政策制定。公民参与防范犯罪方案和环境与社区的改善方案。服务于艾滋病（AIDS）患者、无家可归者、慢性精神疾病和公共保障房的租户的方案也受到政治气候的影响。这些方案常常受到国家和地方媒体的大量关注。在今天的参与式文化中，我们所回顾的参与式方法为赋权和培育利害关系人提供了一种途径，尤其是在缺少权力通道、作出知情选择并且参与决策方面。

## 主要的概念和原理

1. 参与式导向的评价方法，评价者使利害关系人参与进方案，包括方案中进行评价的规划和实施的决策者、方案资助者、管理者、员工、方案的接受者或者有利害关系的其他人。

2. 罗伯特·斯塔克（Robert Stake）的《支持性框架与响应式评价（Countenance Framework and Responsive Evaluation）》、古巴与林肯（Guba&Lincoln）的第四代评价（Fourth-Generation Evaluation）和自然主义方法（naturalistic approach）都出现在 20 世纪 70 年代和 80 年代，它们回应了定量的、预设式的社会科学方法，聚焦于当时最重要的评价方法即因果关系的方法。斯塔克（Stake）和古巴与林肯（Guba &Lincoln）期望这种方法能够更加响应利害关系人的需求，聚焦于因果关系的构建可能显得并不重要；需要更加灵活的和可调适的变化以使评价反映方案的变化和评价者的认知；更成功地向受众就方案评价提供一个深度的描述和解析。他们确信不同的利害关系群体会了解方案的多样性并需要评价者描述这些多样性。

3. 今天的参与式评价方法因为不同的目标分为两条枝干。实践型参与式方法使用利害关系人参与以增加评价结论的使用，这是基于利害关系人的参与令他们这些潜在的用户有了掌控所有权和理解评价的感受，从而增加使用的可能性的观点。变革型参与式方法基于政治原因让利害关系人参与：通过向利害关系人提供评价和自我决策的工具或者洞察他们的社区或社会的权力安排以及改变那些权力安排的工具，从而赋权于利害关系人。

4. 每一项参与式方法都可以归属于三个主要的维度：（a）评价者或者利害关系人是否掌控了评价的重要决策；（b）利害关系人选择或者利害关系人在研究中参与的广度；以及（c）利害关系人参与的深度。近期的两个维度包括：（d）利害关系人间的权力关系（冲突或中立）和（e）研究的可管理性，就是说以一种理想的方式实施利害关系人参与的难易程度。

5. 众所周知，实践型参与式方法包括以利害关系人为基础的评价（马克和休兰德，Mark& Shotland，1985）、实践型参与式评价（P-PE）（卡曾斯和厄尔，Cousins&Earl，1992）以及发展式评价（帕顿，Patton，1994，2010）。以利害关系人为基础的方法保留了评价者的控制，他们就评价的目的、焦点和最终的解释及传播等关键问题从各种各样的利害关系人那里寻求资源融入。实践型参与式评价和发展式评价使用评价者和核心利害关系人，常常是方案的管理者或者员工共同决策或者合作的形式，他们深度参与了评价或者发展性的活动。

6. 众所周知的变革式方法包括赋权式评价和协商式民主评价。尽管这些方法显著不同于它们的参与式维度，但是它们的变化是由于它们实现了政治性的目标。赋权式评价（费特曼，Fetterman，1994，1996，2001a）赋权于参与的利害关系人。它赋予利害关系人主要的决策权，让这些利害关系人——通常是方案的管理者和员工深度参与评价，向他们提供实施评价的技能以使他们在未来能够实现自我决策。协商式民主评价（House&Howe，1999）的基础是社会公平和公正的民主价值和解决利害关系人间特有的权力失衡，它允许每一个利害关系人群体，特别是那些最不可能进行资源融入的利害关系人参与。评价决策仍然由评价者所掌控，但是所有合法的利害关系人群体都参与对话和协商的过程以帮助评价者了解利害关系人多元的、真实的需求和观点。赋权式评价已经在许多不同的背景下进行了实践和描述。而协商式民主评价更多的是作为一个理想的模型引导评价者进行实践。

7. 参与式方法的使用研究建议在实践中，评价者让利害关系人参与进来（卡曾斯、多诺霍和布鲁姆；卡伦；费特曼和万德斯曼；米勒和坎贝尔；Cousins，Donohue，&Bloom，1996；Cullen，2009；Fetterman&Wandersman，2005；

Miller&Campbell，2006），但建构参与式评价的定义显著不同并通常不遵循特定的模式。许多理论学者鼓励进行模型的改进以适应地方环境。

8. 参与式方法的优势是它们增加了利害关系人对评价的理解和使用以及评价者对方案和组织的理解，从而提供了更多有效的和有价值的信息。利害关系人参与也能够促进组织的学习力。当组织内部人士更多地了解了评价时，他们就会使用评价或者形成评价思维模式并在未来使用数据解决问题。缺陷是偏见，主要是外部受众对研究的不接受；利害关系人参与会花费更多的时间和更高的成本；如果研究的实施缺乏必要的技能可能导致较差的结论；在评价过程中专业技能的运用能够更容易和更快地赢得所有的利害关系人。

## 问题讨论

1. 参与者导向的评价方法什么时候会成为最合适的方法？请提供几个你亲身经历过的例子。

2. 当一项评价中有许多不同的利害关系人群体参与进来会引起哪些风险？

3. 请比较与对照参与者导向的评价与目标导向的评价。这两种方法之间有什么主要的差异？又有哪些相似之处？

4. 我们所说的一项方案的多元化观点是指什么？为什么不同的群体会有不同的观点？评价不应该只描述一种方案吗？

5. 管理者了解方案的不同观点有用吗？为什么？管理者（或者其他利害关系人）面对这类信息会怎样处理？

6. 哪一种参与式方法你最感兴趣？为什么？你怎么看待它的优势和缺陷？

7. 评价你的组织内的一项特定的方案时，哪一项参与式方法可能是最有用的？为什么这种方法有用？使用这种方法的风险是什么？

8. 在你的工作中，谁在评价中是普通的利害关系人？讨论一下他们参与评价的利益和能力。【参见菲茨帕特里克和金（Fitzpatrick&King，2009）的一个评价案例，其中许多学区里的职员和父母都积极地参与了进来。】

### 应用练习

1. 考量你参与过的一个方案并且这个方案受益于参与者导向的评价。在你的评价中你使用这种方法的目的是什么？你选择了哪一种方法，为什么作出了这种选择？考量一下你是如何选择利害关系人的，你用哪种方式与他们分享或不分享决策，你以哪种方式让他们参与进来。讨论一下在哪个领域中你会遵循这种方法的原则或步骤，而在哪个领域中你会背离。

2. 当新任命的学生活动领导者是约翰·F. 肯尼迪高中（John F. Kennedy High School）时，你决定对这所学校的学生活动方案进行评价。最近有关这项方案的信息在教师手册之中，并发表于学校的年度开幕式上。简介中这样写道："约翰·F. 肯尼迪高中为 2500 名学生提供了丰富的活动。在各种活动中有俱乐部、校内的和大学代表队的体育运动、乐队、合唱团、管弦乐队以及各种服务性方案，如红十字会。俱乐部由学生组织并且由学生会主席任命教师顾问。从周一到周四晚上召集例会并在学校的咖啡厅、礼堂或体育场举行。大学代表队的体育活动由体育教师进行管理。校内的体育活动由家庭之屋组织并由学生会主席任命的教师进行管理。乐队、合唱团、管弦乐队由音乐部的成员负责。服务性方案由学生组织，但也必须找到一位愿意指导他们的教师作为成员。" 这些描述不能提供给你足够的信息来考察这个方案，因此你决定在进行任何修正或重构这项方案之前对它实施评价。作为一位参与者导向的评价者，你将如何进行规划并且实施这项评价呢？

3. 请描述响应性方法、实践型参与式方法与赋权式评价方法之间的相似点和不同点。

4. 阅读两个关于韦弗和卡曾斯（Weaver&Cousins，2004）讨论的参与式案例以及费特曼和万德斯曼（Fetterman&Wandersman，2005）阐述的实施赋权评价的两章内容，对比一下评价者和利害关系人在这些评价中的情况。他们有哪些相似之处？又有哪些不同之处？他们的行为和作用像不像他们所代表的那些方法中提及的那样呢？

5. a. 请在你的工作中，确定最适合回答参与者导向方法的两个评价问题，确定可能不适合解决参与者导向方法的两个问题。为什么你认为前部分的问题有助于参与者导向方法，而后部分的问题没有作用？

b. 选择一个你确定适合于解决参与者导向方法的问题。你会让什么样的利害关系人群体参与到评价中来？你会让他们怎样参与进来？在哪些阶段？你会通过案例来研究方法吗？你的数据收集与应用于更客观的方法中的数据收集有怎样的不同？

6. 请使用参与式方法评价下面的方案：阿瓦达医院（Arvada Hospital）开始了一个进取型的方案，为确定前列腺癌筛查50岁以上的男性。他们的第一步努力是进行一个饱和式的广告计划，他们利用本地知名的男性来提倡筛查并描述自身的经历，再使用广告牌、广播及报纸做广告。这家医院雇用了你使用参与者导向方法评价此项任务。你会做些什么？你会让哪些利害关系人参与进来？怎样参与？

## 案例研究

我们在本章中推荐两个利用了参与式要素的访谈：在《评价行动（Evaluation in Action）》中的第9章（简·金，Jean King）和第11章（罗斯·康纳，Ross Conner）。第9章中，简·金（Jean King）讨论了她如何使用参与式方法进行评价能力建构（Evaluation Capacity Building，ECB），其中她的作用主要是促进者，而其他利害关系人，主要是教师和父母作出了有关学区的一个高度政治化的特殊教育方案的重要决策。这一章的内容仅在本书中可以获得。

在第11章中，罗斯·康纳（Ross Conner）描述了他如何以包括评价者在内的多重身份与科罗拉多州（Colorado）不同社区的资助方和市民共事，以帮助他们构建方案和进行评价。本章从最初的访谈扩充而来，但是访谈部分可以在下面找到：克里斯蒂·C和康纳·R·F，《与罗斯·康纳的对话：科罗拉多州信任以社区为基础的协作式评价》，《美国评价期刊》。【Christie，C.，&Conner，R.F.(2005). A conversation with Ross Conner: The Colorado Trust Community-Based Collaborative Evaluation. *American Journal of Evaluation*，26，369-377.】

## 推荐阅读书目

Cousins，J.B.，&Earl，L.M.(Eds.).(1995). *Participatory evaluation in education in education: Studies in evaluation use and organizational learning.* Bristol, PA: Falmer Press.

Cousins, J.B., &Whitmore, E.(1998). Framing participatory evaluaton. In E. Whitmore (Ed.), *Understanding and practicing participatory evaluation.* New Directions for Evaluation, No.80, 5-23.San Francisco:Jossey-Bass.

Fetterman, D.M.(1994). Empowerment evaluation. *Evaluation Practivce*, 15, 1-15.

Fetterman, D.M., &Wandersman, A. (Eds.).(2005). *Empowerment evaluation principles in practice.* Thousand Oaks:CA:Sage.

Fitzpatrick, J.L., &King, J.A.(2009). Evaluation of the special education program at the Anoka- Hennepin School District: An interview with Jean A. King. In J. Fitzpatrick, C. Christie, & M. M. Mark(Eds.), *Evaluation in action*(pp.183-210). Thousand Oaks, CA: Sage.

Greene, J.C., &Abma, T.A.(Eds.).(2001). *Responsive evaluation.* New Directions for Evaluation, No. 92.San Francisco, CA: Jossey-Bass.

Patton, M.Q.(1994). Developmental evaluation. *Evaluation Practice*, 15, 311-320.

Patton, M.Q.(2010).*Developmental evaluation: Applying complexity concepts to enhance innovation and use.* New York: Guilford.

Ryan, K.E., &DeStefano, L.(Eds.).(2000). *Evaluation as a democratic process: Promoting inclusion, dialogue, and deliberation.* New Directions for Evaluation, No.85. San Francisco, CA: Jossey-Bass.

# 第九章　当前的其他考量：
# 文化能力和能力建设

**思考问题：**

1. 评价中的文化能力对我们而言意味着什么？为什么文化能力在你所进行的评价方案背景中是重要的？

2. 评价对于一个组织而言会产生什么影响？

3. 评价主流化或者评价能力建构对我们而言意味着什么？它值得做吗？

4. 我们怎样进行评价能力建构？

　　在我们准备讨论和比较我们在前面几章中评论过的不同的方法之前，我们需要讨论影响我们今天的评价实践的两个因素，但是它们超越了特定的评价方法。这就是：（1）我们正在成长的意识，有关评价者考量和建构他们正在评价的方案的文化能力的需求；（2）我们的作用不仅是影响方案，还有进行评价能力建构或者主流评价的组织。不论是我们正在使用的任何一种方法或者方法的一部分，我们的评价发生在影响或可能会影响我们的选择的组织背景和一个更广泛的文化背景之中。因而在我们开始进入本书的第三和第四部分聚焦于怎样去实施评价之前，我们先讨论文化能力和文化建构的问题。如果我们不在评价一开始就考量这些问题，效度、权力和评价的运用将会弱化。事实上，建构评价能力的文化能力和技巧只是如何作好评价的一部分。

# 文化和背景在评价实践中的作用和文化能力的发展

## 逐步关注文化能力需求

1994 年，凯伦·柯克哈特（Karen Kirkhart）作为美国评价学会主席致辞时，她注意到我们的"多元文化既影响着我们的工作形态，也被我们的工作塑造"，并在她的演讲中引入了"多元文化能力"这个术语，它应当"作为一个核心的有效维度被概念化，和其他维度一样受到重视、程序化和审视；也就是说，它应当在评价、理论、方法论、实践和元评价之中成为一个显著的关注点"柯克哈特（Kirkhart，1995，p.1）。从那时以来——随着几次起起伏伏——评价者已经开始思考他们的工作受到文化和评价者需求的影响而去理解他们工作中的文化，这样一来也推动他们评价的有效性和实用性。

她致力于多元文化影响的号召推动了大量的探讨、组织、论文撰写和行动，尽管我们现在才认识到柯克哈特（Kirkhart）对多元文化的理解是"一次旅行"。但是一些重要的行动已经开始了。美国评价学会 2004 年的《指导原则（Guiding Principles）》一书的修订本提出了对评价者而言在现存的预期的能力类型下文化能力的重要性：

> 为确保对差异性的识别、精确解释和尊重，评价者应当保证评价团队成员共同展现出文化能力。文化能力应当反映在评价者寻求他们自己基于文化的假设，他们对评价中具有文化差异的参与者和利害关系人的世界观的理解，在与不同文化背景的团队共事时使用适当的评价策略和技巧。差异性可能基于种族、族群、性别、宗教、社会经济或者其他与评价背景相关的因素。（访问于 www.eval.org/Publications/GuidingPrinciples.asp，2010 年 1 月 12 日）

最近，教育评价标准联合委员会（the Joint Committee on Standards for Educational Evaluation）通过若干新标准，包括了文化能力这一个重点：

U1 评价者信誉（强调评价者在方案和评价的背景中的可信度）；

U4 清晰的价值观（强化评价过程中的目的、过程和判断的基础以澄清和明确文化价值）；

F3 文化生存能力（认识、监控与平衡文化和政治利益与需求）；

P2 重视文化背景的正式协议（Formal Agreements）；

A1 合理的结论和决策（他们得出的结论的文化和背景的合理性）和其他。（见全文附录 A 中这些标准的每一项。）

文化能力的重点在于对标准的修正，以证实评价者对背景和文化在许多评价阶段的重要性的认识。

有关对文化能力及其影响力的认识的其他证据比比皆是。国家科学基金（The National Science Foundation）发布了一部手册描述了文化能力在评价中的精要（弗赖尔森，霍德，休斯，弗雷希特林，Frierson，Hood， & Hughes， 2002；Frechtling，2002）。此外，就文化能力开展了持续的讨论和出版了几部著作。【参见柏启华、施和霍夫曼（Botcheva，Shih，and Huffman，2009）和汤普森 - 罗宾逊、霍普森和森古普塔（Thompson-Robinson，Hopsont，&SenGupta，2004）】

我们将为读者介绍有关在这个领域讨论什么是文化能力的一些问题，为什么对评价而言它特别重要，从实施文化能力的评价中能获取什么利益。森古普塔、霍普森和汤普森 - 罗宾逊（SenGupta，Hopsont， & Thompson-Robinson，2004）定义了评价中的文化能力如下：

> 一个系统的、响应问询即是积极地认识、理解和欣赏评价发生的文化背景；建构和阐释评价尝试的认识论；使用基于文化和背景角度的适当的方法论；使用利害关系人创造的、解释性的方法以得出结论并进一步使用结论。
> （2004.p.13）

美国评价学会（AEA）有关能力的指导原则和森古普塔等（SenGupta et al.）的定义强调了评价者有责任知晓、理解和欣赏评价方案的文化及其运行的背景。我们甚至常常都不了解我们自己的文化准则；它们可能就是我们所知道的全部，并且无疑也是我们最了解的。（鱼知道自己是在水里游吗？）正如美国评价学会（AEA）的指导原则中指出的，我们必须首先更多地了解我们自己的文化准则和价值观，了解它们如何影响着我们的观念。当然，它们是因人而异的。但是随着自我意识提高，我们能逐步了解文化准则、价值观和我们正在评价的方案中的文化认可的行为。

### 为什么文化能力重要？

作为一个群体，至少是在美国，除了性别以外评价者之间并没有多大的差异。2007 年美国评价学会成员实施的一个有关环境的详细调查表明，在 2637 个响应的成员中，67% 是女性，73% 是白人。[①]（转自 http://www.eval.org/Scan/aea08.scan.report.pdf.，2010 年 1 月 11 日）美国是一个文化多元、兼容并包的国家，评价者并不呈现多元化。然而，我们常常评价学校的、政府的或者非营利的方案，服务于相当数量的人，他们的文化——经历、观点、视角和行为——与我们不同。在一些案例中，方案涉及的利害关系人也是移民，对于我们的国家和我们的文化他们是陌生的。最后，我们中的许多人在其他国家从事评价工作，我们也并不了解这些国家的文化。因此，许许多多评价者在研究方案的过程中，从学生或客户那里收集方案的数据，阐释这些数据，为方案的改变提出建议，即使我们并不熟悉客户身处的文化和背景。熟悉度的缺失影响我们的能力，无法适当地指导评价，使变量概念化和收集数据的途径，分析和解释结论，以利害关系人客户能够理解和使用的方式向他们传播结论。正如斯塔福德·霍德（Stafford Hood）所说：“如果有可能，评价者去看、去听和去理解与他们的生活经历不同的文化的细微差别是困难的。”（2005，p.97）罗伯特·斯塔克（Robert Stake，1975b）是最早提出评价者需要响应背景，提供精准和完整的能够帮助其他人理解方案的学者之一。霍德（Hood）帮助我们认识到，没有更好地理解和甄别我们研究的方案和背景中展现出来的文化我们就无法做好工作。

因为评价者作为方案的参与者并没有相同的文化，所以对于评价而言获取文化能力是重要的，这基于多种原因：

★ 帮助评价者界定利害关系人的问题并把他们联合起来达到评价的目标。

★ 基于多个视角来考量，什么是构成方案成功的可靠依据。

★ 收集有效的数据和信息，重视作为数据来源的群体的准则、理念和信仰。

★ 分析和解释数据以获取有效的结论。

---

① 没有其他单一种族或族群统治，他们在美国人口中的比例也不占多数：8% 是来自其他国家的成员，7% 是黑人或非洲裔美国人，5% 是亚洲人，另外 5% 是西班牙裔或拉丁裔，2% 是美洲印第安人或阿拉斯加人。

★ 提升评价面向全体利害关系人的合法性，包括惧怕或者怀疑评价和评价方式的那些后来者。

★ 以每一个利害关系人的准则和价值观能够理解和响应的方式传播结论。

★ 提升结论的有用性和运用。

★ 承认不平等或权力问题，以评价及其实施方式推动社会公平和民主价值。

读者可以发现，文化能力不只是评价的一个好的附加品。实施和完成有效评价十分关键，对于方案和社会都有影响。文化能力还有另一个重要作用，即评价者在方案中进行规划。正如我们提及的，许多方法（CIPP、发展性评价、变革性评价）鼓励评价者不要等到方案的接入性能结束，而是在规划阶段收集评价数据，以使方案更为有效，因为至少他们在一定程度上具有了面对社区文化的响应性。【参见默滕斯（Mertens，1999）】

我们怎样才能获取文化能力呢？如上所述，这是一次旅途。提升评价的文化能力并不与进行一次新的统计学测验一样容易，因为没有明确的规则或者步骤适合于每一个环境和每一个评价者。然而，本书提出了一些有用的建议：

熟知自己的文化——有关你成长的一切；你家庭的种族、族群和宗教遗产；你的习惯和信仰在你在大学时作为评价者受到的训练和进行的实践——影响了你的信仰、价值观和行动。

"不断地进行价值观、假设和文化能力的自我检验。"（森·古普塔等，SenGupta et al.，2004，p.13）尤其是当面对方案或者第一次与利害关系人会面时，利用这个机会学习通过安静地观察和以恭敬的方式进行交流和反馈。

当其他文化与你身处的文化分歧增大时，就包含了一个重要的优先次序（麦迪逊，Madison，2007）。寻求参与和来自代表不同文化的利害关系人的投入。发展与他们的关系以了解更多信息。

在你的评价团队中至少有一名成员能代表某方面的文化。这个成员应该在交流和解释的过程中发挥重要作用。

作为评价专业社区中的一员招聘代表不同文化、种族和族群的评价者（霍德，Hood，2001，2005）。

参见沃兹沃思（Wadsworth，2001）的一个有关于响应式评价的有用的案例，她与不同文化群体对话的描述以及了解更多当地社区团体以及他们的观点。

# 评价在组织中的作用：评价能力建构和评价主流化

迈克尔·帕顿（Michael Patton）是最早认识到评价对组织的影响的学者之一。他创造了"过程使用（process use）"这个概念以阐释这种影响。过程使用是指"个人在思想和行为上的改变，方案或组织在程序和文化上的改变，成为一个发生在评价过程中的学习的结果。"（帕顿，Patton，1997c，p.90）评价者开始认识到他们的评价工作的影响不仅仅在结论本身，也在于组织的员工对评价和评价思维方式的学习。这种学习影响着组织。评价的参与途径强化了学习，至少让更多雇员参与。事实上，有时组织的变化是评价的首要目标（例如一些变革式方法）。

一个推动评价者思考的有关评价对组织的作用的相关因素是组织中评价的需求增长或者普及度。【参见达勒-拉森（Dahler-Larsen，2006）】出于问责的目的，评价的需求在最近十年得到增长。伴随着这些需求的出现，机构的雇员更有责任实施评价或者收集和报告评价数据。【参见克里斯蒂和巴雷拉（Christie&Barela，2008）、达塔和亨德里克斯等（Datta，2006）和亨德里克斯等（Hendrecks et al.，2008），由组织中的非评价人员对评价的数据和讨论进行管理。】

认识到在方案以外评价对于组织及其决策方式的影响以及方案管理者和员工对评价参与度的提升推动评价者开始思考和更多地讨论评价对于组织的影响。两个相关的讨论是评价者尝试使组织中的评价主流化（桑德尔，Sander，2002；巴纳特和桑德尔，Barnette&Sanders，2003）以及建构组织中的评价能力。

## 评价主流化

正如我们在第2章中讨论过的，评价主流化是由桑德斯（Sanders）于2001年在美国评价学会他的主席致辞中提出的一个概念。他作了如下描述：

> 作评价的过程是一个组织日常运转的重要部分。评价不是被搁置一边，而是要成为组织工作伦理的一个常规部分，如果这就是主流。这是组织各个层面上的文化和工作职责的一部分。（桑德斯，Sanders，2002，p.254）

保罗·杜伊格南（Paul Duignan）常常成为评价的领导者，他提及自己和同事在新西兰致力于主流化方法和建构组织的评价能力。他提到在新西兰这样的小国家，评价者和其他专业人士被迫成为"多种技能的能手（multiskilled generalists）"（2003，p.8）。他指出："主流化评价最有用的策略可能是尝试和放弃。"（2003，pp.12 -13）他认为通过放弃评价，使评价成为"多种技能的能手"的一部分。评价者帮助其他人获得评价技巧，帮助组织建构评价能力。关于我们讨论的评价方法，杜伊格南（Duignan）列出了一些方法的特征，它们在主流化评价或组织在日常决策过程中非常有效。他指出一个好的方法是下面所列之一：

1. 阐明评价。

2. 使用一系列评价术语强调评价能够发生于方案的整个循环并且不局限于结果评价。

3. 内部和外部评价者都可以发挥作用。

4. 对于难以评价、真实世界的评价，并非只是理想的、大规模的和外部评价设计的方法。

5. 任何一个元方法（meta-approach）对评价而言没有特殊性（例如，目标游离和赋权）（杜伊格南，Duignan，2003，p.15）

与此相似，万德斯曼等（Wandersman et al.，2003）描述了一个系统，即他们惯于在整个南卡罗来纳州的学校的预备程序中使用主流评价。他们在全州的每一个县使用来源于赋权式评价的"关注结果（Getting To Outcomes，GTO）"方案进行指导并且根据学校的具体情况进行调整。结果要求方案不仅满足问责需求，而且主流评价用于方案规划和推动过程中的内部决策。通过这种方法，万德斯曼、杜伊格南（Wandersman&Duignan）和其他人表明评价者开始思考评价对组织的影响以及怎样使评价成为日常决策过程中的一部分。

## 评价能力建构

其他学者也撰写过有关组织和评价的文章，聚焦于评价能力建构（Evaluation Capacity Building，ECB），"评价能力建构"定义为：

> 一个由背景确定的，有意识的行为系统引导过程和实践，并带来和维

持质量方案评价和它的合理使用的一种状态，这是在一个或更多组织/方案/情景之内和/或它们之间普通且不间断的实践。（斯托克迪尔，贝泽尔曼和康普顿，Stockdill, Baizerman, &Compton, 2002, p.8）

斯托克迪尔（Stockdill）和她的合著者指出 ECB 不是传统的评价，许多评价者不会参与其间。但是他们指出 ECB 对评价者而言能够并且应当是合法的。组织中的评价具有两种形式：

1. 传统的、项目导向的评价研究主要设计为评价方案或者政策提供信息。

2. ECB 评价是组织内一个不间断的过程，评价者或者员工要维持一个有益于组织评价及其使用的环境。

他们指出 ECB 甚至更倾向于背景导向而非传统的评价，因为 ECB 评价者必须考量组织的历史、结构、文化和背景；它的决策模式、历史等等；也包含评价方案的背景。

许多组织，它们包括：世界银行（the World Bank）（麦基，Mackay，2002）、美国癌症协会（the American Cancer Society）（康普顿，格洛弗—库东，史密斯和艾弗里，Compton, Glover-Kudon, Smith, &Avery, 2002）和美国疾病控制和预防中心（the U.S. Centers for Disease Control and Prevention）（米尔斯坦，查普尔，韦特河和戈登，Milstein, Chapel, Wetterhall, &Cotton, 2002）都在组织变革和能力建构方面进行了成功的评价尝试。【参考文献引用了这些组织中的 ECB。也可以参见珍·金（Jean King, 2002）描述了她在明尼苏达州一个学区的工作中的 ECB。】重点是要关注这些新的作用——建构了组织能力、接受性和评价使用——评价者从事适当的行动，通常是指内部评价者、评价管理者或者其他组织员工，完全不同于实施评价研究。评价能力发展团体（The Evaluation Capacity Development Group, ECDG）拥有优质的资源，提供有用的信息和能力建构案例。可以在 www.ecdg.net 这里查阅他们的网站和资料。

能力建构和评价主流化的努力和撰写的文章一直没有间断。裴士基和博伊尔（Preskill&Boyle, 2008）引用了许多有关 ECB 的刺激因素，包括 2000 年劳拉·立维腾（Laura Leviton）在美国评价学会的主题报告《评价能力建构》，2001 年吉姆·桑德斯（Jim Sanders）的主题报告《评价主流化》，都在评价过程中增加了利害关系人和参与式模型的运用。2006 年，美国评价学会在组织学习和评价能力建构方面创造了一个新的局部利益集团（Topical Interest Group， TIG），持续强化了局部利益。此外，ECB 还表现在在评价者中的相对普遍化。2007 年一个针对 AEA 成员的综合调查发现 54% 的成员从事 ECB 工作。（美国评价学会，2008）。

裴士基和博伊尔（Preskill&Boyle，2008）对 ECB 的多学科模型的发展强化了我们对 ECB 的理解。（参见图 9.1）左边的圆环形描述了 ECB 的发起和实施。呈现于外部的圆环形是 ECB 的目标：在组织中增长雇员的评价知识、技能和态度。ECB 在组织中的职责受到下一个环形中所列因素的影响：有关评价、ECB 和它能够达成的动机、假设和期望值。最后，最内部的环形列出了十项 ECB 的策略：实习、撰写资料、技术、会议、肯定式探询、实践社区、培训、评价参与、技术辅助和指导。这些策略中的每一项都经过设计、实施和评价（参见围绕策略的箭头连接着不同阶段）以建构评价能力。这个环形内的因素显示导向学习迁移（中间的箭头）连接着面向组织持续性评价实践的 ECB 努力。换句话说，右边的圆环形被视为组织的主流评价或成功建构评价能力以影响组织的思维方式和实践。这种影响呈现在更大的可持续性评价实践圆环形中的每一个环形，不可否认这是理想化的。换句话说，进行可持续性评价实践的组织需要不断地学习评价，分享评价的信念和承诺，制定评价战略性规划等等。因此，这些圆环形不仅仅影响着组织的学习能力、领导力、文化、系统、结构以及交流实践，也受到它们的影响。（参见在两个圆环形之间的椭圆形部分的内容。）最后，这些组织的 ECB 的努力结果将被散布到其他的组织和个人。（参见模型底部的箭头。）这个复杂且全面的图形促使我们在实施组织中的 ECB 时考量每一个要素。裴士基和博伊尔（Preskill &Boyle）把 ECB 视为评价的未来，在他们的论文中详细阐释了这些特质。他们预见评价正在背离由专业人士实施的特定项目转向在组织内通过帮助个人学习来转变思维、知识技能和行动的模式。正如我们在前面讨论过的，这种转变在许多组织内已经发生了。裴士基和博伊尔（Preskill&Boyle）这样描述："我们相信 ECB 代表着评价专业的演化进程，同样，它也只有可能在理念上改变这个领域。"（裴士基和博伊尔，Preskill&Boyle，2008，p.457）

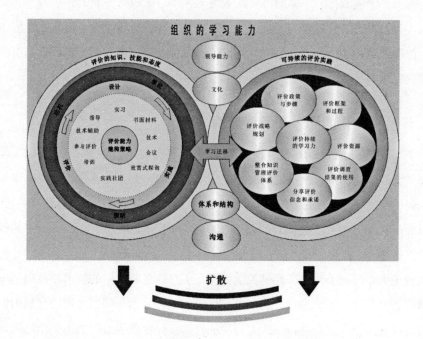

**图 9.1 评价能力建构的一项多学科模型**

资料来源：源自裴士基，H. 和波义耳，S.(2008)，《评价能力建构的一项多学科模型》，《美国评价期刊》，29(4)，445。经塞奇出版社许可后再版。

但是 ECB 和评价主流化的努力仍处于萌芽阶段——也可能到了青春时期。我们希望读者了解这些问题和概念，鼓励读者更多地阅读。正如桑德斯（Sanders）对评价主流化的概念与早期 ECB 的定义有重叠，评价主流化存在着许多定义。一个能力建构的思想库阐释了主旨以及方法和概念的差异，这个思想库受到国家科学基金（National Science Foundation）的资助，隶属于犹他州立大学联盟（Utah University's Consortium）从事评价能力建构。康普顿和贝泽尔曼（Compton& Baizerman）在参加会议之后发现"没有两个 ECB 的概念是相同的"（2007，p.118）。他们认识到这种差异是一个正常阶段，它是实践领域发展中的问题，并且进行 ECB 的整合或者控制这些差异性也为时过早。然而，AEA 的研究结果显示 ECB 运用于许多不同的途径和背景。这些定义、模型和实践表明我们的目标是：让评价者开始考量他们对方案和组织的影响，并在许多案例中调整实践，鼓励能力建构和评价主流化。本书的许多读者可能并不意欲成为专业的评价者。然而，他们作为组织中的管理者或者决策者，希望在实践中运用评价。因此，我们在本书中包括了对 ECB 和评价主流化的讨论，以鼓励读者发挥作用，将评价与组织中其他的变革以及组织文化联系起来。

## 评价主流化的局限和能力建构

评价主流化和 ECB 不是没有批评者。正如达勒 - 拉森（Dahler-Lasen，2006）警告说，评价者获得他们的技能是不容易的。专业的评价者花费许多年建构他们的技能，而额外的训练和不同的职责就能够很容易地获得同样深度的技能，这可能会误导其他人。美国评价学会 2001 年的年会上桑德斯（Sanders）的报告主题就是评价主流化。安达信和施万特（Andersen&Schwandt）质疑是否"建构评价实践是中心问题（甚至可能是关键性问题）？社会制度中的技术和意识是不合格的社会公益吗？"（2001，p.1）他们强调需要针对这个问题在评价领域内的人和其他利害关系人之间进行一次关键性的对话。评价成为组织的一个中心和日常部分，这将在组织内形成基础性的改变并且对社会产生影响。这些改变意味着什么呢？评价会减少简单的监控吗（帕顿，Patton，2001）？问题只能由非专业人士解决吗？如果是这样，将会丧失什么信息和价值观呢？评价者有道德义务去包容全体利害关系人的观点，体恤公共利益，在系统性调查中使用严格的方法并熟悉这些方法，确保评价团队具有文化能力，并且考量和追求另一个重要的目标即实现《标准（Standards）》和美国评价学会的《指导原则（Guiding Principles）》的具体化（美国评价学会，American Evaluation Association，2004；联合委员会，Joint Committee， 1994，2010）。难道我们强调组织的改变就是——让其他人参与评价，建构他们的能力，改变我们的作用以弱化我们对评价的控制力或领导力——削弱我们支撑这些道德原则和标准的能力吗？当然，这些问题现在无法回答，但是作为评价者，当我们进行干预时，必须认识到并充分讨论 ECB 和主流化评价的优势与局限。

我们认为：ECB 和评价主流化作为一个目标将推动组织的发展及组织决策和行动。过程使用——通过非专业评价者参与评价改变他们的思维和决策模式——

可能是评价者最期待的效果。我们赞同和支持这种效果。但是我们也谋求工具使用，这通常是可以实现的。具有讽刺意味的是，工具使用能够通过过程使用和ECB得以加强。也就是说人们可以认为：通过参与从而掌握评价的利害关系人更有可能在决策过程中寻求和使用评价结论。（现在，我们需要检验这个假设。）我们分享达勒 - 拉森（Dahler-Lasen）和其他人的观点。并不是每一个人都会成为评价者，也不是每一个人都掌握了专业评价者的技能。幸运的是许多人也不想如此，他们有自己的专业。但是，使他们了解一些我们学习和判断的方法没有害处，我们也认为：这能够帮助组织的变革，从而更好地服务于他们的客户和社会。

## 主要的概念和原理

1. 评价者置身于不同的文化中，这些文化对评价者而言常常是陌生的。为了加强评价的有效性和实用性，并考虑到伦理因素，评价者在评价过程中应当具备文化能力。

2. 当评价和评价需求激增时，评价者和其他人有责任促进评价主流化和建构组织能力以实施和使用评价。这些努力是促进今天评价发展的重要方面。

## 问题讨论

1. 什么是你接受的文化？描述一下它的特征。一个从来没有接受过大学教育的人怎样感知这种文化呢？他或她会用跟你一样的方式看待这种文化吗？如果这个人是一个评价者，他或她的不同的认知会怎样影响评价的实施方式呢？

2. 你认为主流化评价可能吗？可取吗？

## 应用练习

1. 阅读菲茨帕特里克（Fitzpatrick）在新泽西州首府特伦顿与卡特里娜·布莱索（Katrina Bledsoe）和她有关趣味书的方案评价的访谈。【参见《美国评价期刊（American Journal of Evaluation）》，28(4)，522-535。】在访谈中她讨论了文化能力和她在这个方案的评价中建构文化能力的努力。首先，讨论和批评了她为了在方案中获取文化能力而使用的方法。而后讨论了你如何获取文化能力以评价一个你所在城市的方案，从而服务于与你或者你的经历完全不同的学生或者客户。你如何实施布莱索（Bledsoe）的行动？你还会做些什么？

2. 阅读珍·金（Jean King）的章节，她在一个学区进行的 ECB 活动以及鲍比·米尔斯坦（Bobby Milstein）在疾病控制中心进行的 ECB 活动。（它们在《评价新方向（New Directions for Evaluation）》一书中，2002，No.93。）对照和比较他们的方法。你更倾向于哪一种方法，为什么？哪一种方法最适合于你的组织？

## 案例研究

我们推荐的这3个访谈涉及的讨论要点在以下章节中：《评价行动（Evaluation in Action）》，第8章（珍·金，Jean King），第12章（卡特里娜·布莱索，Katrina Bledsoe），第13章（艾伦·沃利斯和维克多·杜考伊，Allan Wallis&Victor Dukay）。

在第8章中，珍·金（Jean King）描述了她如何用了一年时间在一个特殊的评价方案中与一个学区的内部评价者共事建构评价能力。金（King）教授利用从教休假时间经历和了解了这个角色，从那以后她开始把她的评价工作聚焦于能力建构。这一章只在本书中可以看到。

在第12章中，卡特里娜·布莱索（Katrina Bledsoe）是一位来自加利福尼亚州的非洲裔美国人，描述了她在新泽西州首府特伦顿一个非常不同的非洲裔美国人的社区里是如何建构文化能力的。她也讨论了方案员工、志愿者和参与者之间的文化差异，这导致他们对方案的目标持有不同的观点。本章的期刊来源于菲茨帕特里克和布莱索（Fitzpatrick, J.L., & Bledsoe, K., 2007），《趣味书的方案评价：与卡特里娜·布莱索的对话》（Katrina Bledsoe），《美国评价期刊（American Journal of Evaluation）》，28，522-535。

在第13章中，艾伦·沃利斯和维克多·杜考伊（Allan Wallis&Victor Dukay）讨论了他们在非洲坦桑尼亚农村实施的一项评价。他们参与到坦桑尼亚的研究者中评价一所孤儿院，那里孩子们的父母死于艾滋病。坦桑尼亚的非专业人士更了解坦桑尼亚农村和孤儿们生存环境中的文化。这一章只在本书中可以看到。

## 推荐阅读书目

Barnette, J.J., &Sanders, J.R.(Eds.).(2003).*The mainstreaming of evaluation*. New Directions for Evaluation, No.99.San Francisco: Jossey-Bass.

Compton, D.W., Braizerman, M., &Stockdill, S.H.(Eds.).(2002).*The art, craft, and science of evaluation capacity building*. New Directions for Evaluation, No.93.SanFrancisco: Jossey-Bass.

Fitzpatrick, J.L.(2008).Exemplars' choices:What so these cases tell us about practice? In J.Frtzpartrick, C.Christie, &M.M.Mark(Eds.), *Evaluation in action: Interviews with expert evaluation*, pp.355-392.Thousand Oaks, CA: Sage.

Hood, S.L.(2001).Nobody knows my name:In praise of African American evaluators who were responsive. In J.C.Greene and T.A.Abma(Eds.), *Responsive evaluation*. New Direction for Evaluation, No.92.San Francisco: Jossey-Bass.

Thompson-Robinson, M., Hopson, R., &SenGupta, S.(Eds.)(2004).*In search of cultural competence in evaluation: Principles and practices*. New Directions for Evaluation, No.102.San Francisco, CA: Jossey-Bass.

# 第十章 方法的比较分析

> **思考问题：**
>
> 1. 当考量替代的评价方法时，哪些注意事项是我们应当牢记的？
> 2. 如果你忽略所有其他方法，只是在所有的评价中使用一种方法，你会失去什么呢？
> 3. 导致评价概念化的每一种替代评价方法都有什么？

## 评价方法的总结与比较分析

在第4章中，我们呈现了一系列评价方法的分类途径。我们提及了架构，即将提出的方法分为4种类型：判断整体质量的方法（专家导向和消费者导向）；基于方案特征的方法；决策导向的方法和参与者导向的方法。它们都展示了主流学术思维模式下如何规划和实施评价方案。总体来看，第5章和第8章都总结了理论和概念层面的绝大多数当前的方案评价。因此是时候提出如何使用这些方法了。答案是"的确非常有必要"，当我们进行简要讨论时，我们认为首先有必要提出一些注意事项。

## 替代评价方法的注意事项

### 评价方法是有区别的，但可能在实践中混合运用

在一个新领域，当思想的发展、传播、检验、修正、提炼和面对新替代事物的挑战时，一些概念化的争议是不可避免的。直到一个坚实的知识基础开始引导

实践，新领域才有可能受到训练、经历及其领袖者的观念的引领。有一些人可能会产生质疑，但这也是不可避免的，没有哪一个新领域或者原理从诞生伊始就是成熟的。然而，提出领袖者的理念究竟能引领这个领域走多远，走向什么方向这样的问题也是必要的。

今天，我们在评价领域比我们第一次出版这本书的时候了解了更多，尝试了更多。评价研究表明几乎所有的评价者都混合运用了多种方法，既有质性，的也有定量的；运用一些方法将利害关系人进行分类；考量一些方法以增加结论的使用（克里斯蒂，Christie，2003；菲茨帕特里克，Fitzpatrick，2004）。评价方法的开发者也很少坚持他们的方法的唯一性，尽管他们显然坚信自己的方法具有优势。方法会伴随时间和更广泛的知识而发生改变。决策导向的方法考虑利害关系人超过了管理者；赋权式评价开始重视组织的学习以及赋权于员工和管理者的体系。

一个潜在的困惑是我们对评价方法使用的不同词汇。许多知名的评价者将"模型（model）"和"方法（approach）"这两个词汇互换使用。其他人撰写和研究评价"理论（theories）"（阿尔金和克里斯蒂，Alkin&Christie，2004；赫利姆斯基，Chelimsky，1998；克里斯蒂，Christie，2003）。过去我们曾经指出"方法（approach）"这个词更适用于考量主题的本质，因为相对理论而言它们太窄了，作为模型又没有充分检验。但是我们也期望吸收这个领域的其他思想。在这里，我们提醒读者这些词汇——方法、模型和理论——在评价领域的交替使用。它们都指用以引领思想和实施评价的观念或者体系。

减少评价方法、模型或理论的分歧和争议的途径是发展和增加两个引领评价实践的重要文件的传播：（1）教育评价联合委员会（the Joint Committee on Educational Evaluation）的方案评价标准（Program Evaluation Standards），它为一个好的评价研究建构了标准：实用性、可行性、适当性、准确性与可说明性；（2）美国评价学会（American Evaluation Association）的指导原则（Guiding Principles），它明确地表述了评价者的伦理行为，即系统性的质询、能力、正直/诚实、尊重他人以及为整体和公共福利承担责任。（参见第3章中有关这些标准和指导原则的更多内容以及附录A中列出的每一项完整的内容。）这些文件以及对它们进行的讨论、在实践中的运用和新版本的修订，使得这个领域在评价的作用、评价者、利害关系人和其他使用者以及公共利益等方面达成了更多的共识。

### 迷信一种特定的评价方法是一个危险信号

街边吹笛手脚打节拍，先展开一个微笑，就好像他知道什么是神奇的睡眠，在他安静的笛声中……

——罗伯持·布朗宁（Robert Browning）《在哈梅林穿花色衣服的吹笛手》

本书描述的每一种评价方法都有其追随者，他们相信更好的评价来自导向而不是替代。这很有道理。我们不与这些持有特定想法的人争论，只要他们认为这样做是明智的，了解在什么时候和什么地方他们首选的方法是适用的，以及什么时候相对具体问题或者背景而言又可能不是最适用的。

然而，麻烦的是每一个评价方法都有一些考虑欠妥的信徒，他们坚信一个特定的方法对每一个环境都是适用的。有些评价者是CIPP的忠实拥护者或理论导向的评价的坚定支持者或持有响应式评价的信念。许多评价者跟随选定的评价方法直接进入战役，而不是首先确定适合这个领域的策略和战术以及实现的这场战役的预期结果。坚持结果导向的方法并将其运用于一项内部形成性评价，当问题不是方案，还不明确也没有成形时是愚蠢的，这就好比骑兵在沼泽中发起攻击。

从理论上讲，评价实践者足够了解怎样使用这些方法作为探索式工具，因为他们能够从大量的评价方法中把这些方法选择出来，方法应当适合方案及其背景和利害关系人，而不是歪曲评价受众的利益和需求来适应一个更好的方法。例如不同模型的适当运用，参见与费特曼（Fetterman）的访谈，他讨论了在一次特定的评价中，因为主要决策者的背景和需求使他没有使用赋权式方法。（菲茨帕特里克和费特曼，Fitzpatrick&Fetterman，2000）

### 倡导摒弃多元化和整合评价方法到一种通用模型仍然是不明智的

刚刚开始了解评价的人面对不同的方法会产生困惑。他们可能认为创建者或者监控者的评价授权过于抽象或者彼此不相关联。一些人认为我们应当开发一种直接的评价方法。

表面上来看，这样的整合要求是富于吸引力的，因为它们反映了许多实践者和客户的期望就是直接达到目的，也就是说"直接越过学术讨论，只要告诉我们如何进行方案评价。"一些教材就是这样做的，但他们使读者误以为评价就只是收集和分析数据。我们现在认识到评价常常展现出高度的政治环境，涉及持有不同见解的利害关系人，他们已经对评价进行了规划，并希望评价支持他们的利益。此外，如果没有多种方法，在当前的环境下评价者会认为他们一直都需要收集与结果相关的数据，尝试随机对照试验，并简单地按照他们的资金来源或者掌控着组织规则的指令来进行。然而，这些方法帮助我们认识到必须要作出重要的选择，如果这些选择受到忽视，评价工作和成本通常会等于零。换句话说，不花时间就评价的潜在目标和预期使用与利害关系人和其他人沟通协商，不了解方案及其目的或者标准，不去倾听利害关系人，考量是否以及怎样让他们参与评价会促使评价可以满足需求，但是对任何人几乎都没有用处。方法及其差异性使我们了解我们必须作出许多重要的和非技术性的选择以实施公正、公平和有效的评价——这样的评价才会推进方案的发展。

对于创建一个将现有方法整合的方法的另一个藩篱是在前面的章节中描述过的基于完全不同的哲学假设。尽管有一些方法完全兼容，可以充分结合，但是整合所有方法仍然存在哲学上的不可能性，因为一些方法的核心环节与其他方法的关键点完全不兼容。变革式参与方法与决策导向方法在目的和原理上完全不同，例如，一种方法是用以变革社会或者至少撼动权力安排。另一种方法的过分温和的目标是提供信息，尤其是控制权力以作出决策。整合是不可能的。与此类似，聚焦于明确的目标与聚焦于方案的结果或者理论，或者聚焦于由专家界定的特质是非常不同的。在大多数方案中它们是不能兼容的。

这时候再来看综合性的模型也能够在这个领域过早地结束扩充和提炼。正如存在许多对评价能力建构不同的解释，但是我们有关评价的概念仍然是未经检验的，我们的实证基础过于薄弱，以至于不了解哪一种概念值得保留，哪一种概念又是应当摒弃的。容忍我们的矛盾和混乱的思想并尽我们所能了解它们，远比把它们碾碎整合但是摧毁评价的概念，看起来要好得多。在有关实施调查和科学的研究方面更加宽泛的文章中，卡普兰（Kaplan）写道："危险的不是建构模型，而是模型太少并且它们太相似了，总而言之就是轻视其他方面的任何努力。"（卡普兰，Kaplan，1964，p.293）只是因为我们能够整合却并不意味着我们应当整合。正如卡普兰（Kaplan）提出的，整合将会过早地结束我们的思想和限制：

> 我们对概念化的未经探索的可能性的认知。我们摆弄模型是在我们可能更好地抓住了主题本身之时……将主题合并进入一个模型并不会自动赋予这种知识科学的形态。我们观念的成熟常常在缓慢地增长，不能够受到制约……封闭是不成熟的，如果重点是让我们的思想追随我们并不十分了解的东西，甚至无法说出这个方向或者另一个方向是否是更有前途的。（p.279）

最后的重点一定是与环境的巨大差异性相关——不同的国家；不同的政治体制；不同的投资者、公民、父母、客户和学生期望值——评价正是在这样的环境中实施的。正是因为评价环境如此不同，建构任何一种与所有的方法都相关联的模型是困难的。考虑到它们的缺陷，差异化的架构提供了丰富的观念并可以作为启发式的方法，尤其是如果折中地使用了评价方法（当哲学上的兼容性允许时），正如我们所推荐的一样。

## 评价方法的选择不是以经验主义为基础

如果人们接受了我们观点，认同各种评价方法都是有用的，那么接下来的一个逻辑问题就是人们怎样知道在既定的情况下哪一种方法最优？这个问题极其难以回答，因为一个简单的事实：几乎没有研究指导人们进行选择。尽管评价实践研究在不断增加（见卡曾斯，多诺霍和布鲁姆；Cousins, Donohue, &Bloom，1996；卡伦，Cullen，2009；克里斯蒂，Christie，2003；菲茨帕特里克，Fitzpatrick，2004），但是对评价实践者选择一种方法而言这可能不是最好的途径，虽然这有助于描述其他人都在做些什么。目前的研究建议人们，甚至是理论者，折中地运用方法，根据决策者、利害关系人、方案及其实施的背景进行适当地调整。

因此，作选择是依据有效的方法和对哪一种方法最适合于正在实施的评价的论证。我们鼓励读者阅读我们在许多章节中列出的访谈和案例，了解可以作为典范的评价者们在特定的背景下如何作选择以及他们对这些选择的反思。评价是一门艺术和一次实践。作出有关方法的选择不能够依据实验性证据，因为研究不能涵盖评价者面对的每一项方案的全部特质。然而，评价者必须花时间探索环境并考量哪一种方法最优。在本书接下来的部分里，我们将会讨论你在规划阶段能够使用的方法，使你更多地了解方案、背景、利害关系人并作出适当的选择。

## 替代性评价方法的作用

正如研究所发现的，如果实践者都不仅仅使用单一的方法，理论者也进行"多元化混合"，使用不同方法的元素，那么这些方法又会有什么价值呢？事实上是非常有价值。一个评价者可能完全不会运用斯克里文（Scriven）的目标游离评价方法，但这个概念会提示我们进行超越目标的思考，寻求非预期的效果——有好的一面，也有不利的一面——并让我们了解我们的目标是如何限制我们的，就好像给一匹马套上了眼罩，从而限制我们去关注其他的结果或者影响。评价者可能在几年时间里都不会使用哪怕一次斯塔弗尔比姆（Stufflebeam）的 CIPP 评价模型，但许多人会利用他的有关方案阶段的概念以及每个阶段出现的不同的信息需求。此外，模型可以使评价者认识到评价甚至能够在方案开始之前为决策有效地提供信息。与此相类似，前面的章节中总结出来的大多数评价方法在许多重要的方面都影响着评价实践。

回顾我们已经实施的评价，在我们同事的工作中的几乎每项研究都运用到了这种方式。正如本书的早期版本中我们指出的：

> 尽管我在评价工作中有自己的偏好，但我所做的大概仍有 75% 的部分还是来源于别人的思想。毫无疑问，反复学习评价文献的人们大量地"透过毛孔"汲取其中的思想，现在再运用起来就不需要了解它的来源了。尽管几乎没有人严格遵循评价"模型"实施评价，也不再会受到同事的思想对我们的偏好和行动的影响。（沃森，Worthen，1977，p.12）

有关如何实施评价的替代性概念——列出来一系列类型进行思考，不同策略的描述，并要注意一些劝勉——以有时巧妙，有时直接，但一直都很显著的方式影响着方案评价的实践。一些评价采纳或者修改被提议的方法。然而，许多评价者实施评价时并没有（甚至是有意不去）严格地遵循模型。然而，他们却无意中运用了他们通过大量文献学习已经内化了的哲学理论、规划和步骤。因此，替代性方法的价值在于它们能够帮助我们去思考，呈现和启发新的思想与技能，成为我们应当去考量、记忆或者担忧的头脑备忘录。它们的启发式的价值很高，它们的规范性的价值较少。

## 比较分析替代性评价方法的特征

从第5章到第8章出现了许多新的概念，令读者感觉要全部汲取它们是一个挑战。表10.1中的矩阵——一个有关4种方法的特征、优点和缺陷的比较分析——将有所助益。我们选择的每一种方法的要点如下：

1. 倡导者——撰写了这种方法的学者。

2. 评价的目的——作者提出的评价的预期目的，他们倡导的每一个特定的方法或者目标都是从他们的文章中推断出来的。

3. 区分特征——每一种方法的关键要素或者概念。

4. 利益——每一种方法的优点以及为什么人们会使用这种方法的原因（它能够帮助你做些什么）。

5. 缺陷——使用每一种方法的风险（它能够给你带来什么）。

表 10.1　替代性评价方法的比较分析

|  | 专家导向 | 消费者导向 |
|---|---|---|
| 倡导者 | 艾斯纳（Eisner）<br>认证组织（Accreditation groups） | 斯克里文（Scriven）<br>消费者联盟（Consumer Union） |
| 评价目标 | 提供质量的专业判断 | 判断产品的质量以助益购买决策 |
| 特征区别 | 基于个人的知识和经验判断；在一些案例中运用共识性标准、团队或者实地调查 | 运用标准清单分析产品；产品测试；告知消费者 |
| 运用 | 批判主义；自我学习；认证；一流专家组 | 消费者报告；产品开发；为宣传进行产品的选择 |
| 对评价的贡献 | 作为学术探究形式的主观批判；外部验证下的自我学习；标准 | 运用清单明确标准；形成性的——终结性的目的；偏差控制 |

续表

| | 专家导向 | 消费者导向 |
|---|---|---|
| 优点 | 应用于多种领域；效率（易于实施和选择时机） | 强调消费者的信息需求；开发清单；影响产品开发者；关注成本效益和实用性 |
| 缺陷 | 可靠性；可复制性；人为偏差导致的弱点；支持文件到支持结论的不足；开放利益冲突 | 缺乏赞助者或者资助人；对辩论或者交互质证不开放 |
| 倡导者 | 泰勒（Tyler）、普罗佛斯（Provus）、韦斯（Weiss）、陈（Chen）、比克曼（Bickman）、唐纳森（Donaldson） | 斯塔弗尔比姆（Stufflebeam）、阿尔金（Alkin）、普罗佛斯（Provus）、帕顿（Patton）、沃利（Wholey） |
| 评价目标 | 确定方案理论中哪个方案的目标或关键要素需交付或实现的程度 | 提供有用的信息以助益决策 |
| 特征区别 | 聚焦于界定和描述方案的核心要素以及为什么这样运转；通过与方案中的关系人对话完善理论；建构开发者的理论和相关研究；更多地进行定量和因果关系研究 | 进行合理决策；在方案开发的各个阶段进行评价；与管理者共事以增加评价的运用 |
| 过去的运用 | 方案的规划和发展；实现知识的增长；评价方案的结果以及这些结果之间的关系 | 方案发展；组织的管理体系；方案规划；问责制度 |
| 对评价的贡献 | 考量方案理论以及方案的行动与结果之间的关系 | 将评价与结论关联起来；与管理者紧密合作以明确结论并了解作决策的背景；利用信息系统以持续不断的方式提供信息 |

续表

|  | 专家导向 | 消费者导向 |
|---|---|---|
| 优点 | 促进方案创建者和文献研究的联系；帮助解释方案的结果；避免黑盒子情境（不了解结果）；强调对方案结果的解释 | 潜在的综合性；敏感于领导者或者将会使用评价的人的需求；评价的系统性的方法；贯穿于方案发展过程中的评价的运用 |
| 缺陷 | 可能会过于关注研究，而忽视了利害关系人；可能过于强调结果 | 决策的有序性、合理性和可预测性的假设；聚焦于管理者或者领导者的关注 |
| **参与导向** | | |
| 倡导者 | 斯塔克（Stake）、古巴和林肯（Guba&Lincoln）、费特曼（Fetterman）、卡曾斯和厄尔（Cousins&Earl）、豪斯和豪（House&Howe） | |
| 评价目标 | 众多利害关系人参与或者少数利害关系人深度参与；理解和描绘方案行动的复杂性；赋权于利害关系人；追求社会公正 | |
| 特征区别 | 反映多元化的现实；利害关系人集中参与和对背景的理解；大量地运用质性的研究方法；更多地聚焦于形成性评价和组织的学习 | |
| 运用 | 评价更少；聚焦于过程使用和组织的学习；变革式评价的国际化应用 | |
| 对评价的贡献 | 应急评价设计；利用利害关系人促进使用、评价者的理解、民主和对话；方案细节的重要性；理解和关注背景 | |
| 优点 | 多元化的；聚焦于描述和判断；强调理解和运用；认识和追求使用的不同类型，包括组织和个人的学习；聚焦于方案的细节 | |
| 缺陷 | 潜在的高劳动强度和成本；利害关系人可能不了解评价导致研究的不适当；概括性不足；可重复性不足 | |

## 替代性评价方法的折衷使用

上述比较分析的目的是提供每一种方法的优势、缺陷和首要使用途径等方面的重要信息。表10.1中罗列的信息不是表明哪一种方法是最好的，而是阐明每一种方法的价值。面临的挑战是确定哪一种方法（或者不同方法的概念组合）与正在进行的任务最具关联性。

可能某一位作者有在某次毕业评价研讨会上回答学生提问的经历，这将有助于证明一个论点。我们正在实施一个时长历经几周的实验，考察各种作者的评价方法以及每一种方法是如何在评价中运用的，当一个学生问道："你通常使用什么方法？"我指出我不相信有最好的方法，每一种方法都有它的优势，我只使用最适合于当前任务的背景的那一种方法。

"你怎样知道哪一种方法最适合呢？"她对此表示质疑。我认为这要看评价的目的、决策需求的类型、方法的局限等等，总之经历过很多选择，尽管在一开始会有一些难度，但是一旦参与实践过一些评价活动后就会掌握其中的窍门。

"这可能会有帮助"，她说："如果你可以给我们列举一些案例，你曾使用过的某一种方法并告诉我们你为什么选择这种方法，就更好了。"

这是非常有用的建议，我开始把头脑中的资料进行分类整理，以发现我使用过的评价方法的最优案例。于是我开始分类整理我曾经在其中运用过某一种方法的全部案例。我摒弃了一个又一个评价案例，因为我的确没有运用方法，无论是怎样的评价都完全没有运用。我把 CIPP 评价进行了截取，因为我很少运用大量的背景或者投入评价。响应式评价的运用是通过利害关系人的多种形式的参与。在案例中运用的每一种方法都是不完整的，我尽力提供更加纯粹的案例。

终于，我记起完整地运用了斯塔克（Stake）的"支持"框架（"countenance" framework）来评价一次行政人员的培训方案。这个案例值得纪念是因为这是一个我和两个学生承担的某个类型的项目，他们得到了锻炼。这个案例让我联想起了其他案例，不久以后，我给出几个运用了框架的案例。有趣的事实是每一个案例都来源于我与学生联合实施的某个类型的项目，我有意识地坚持运用模型以描述它们的特征。我无法回忆起我一个人进行的"单独"（"long-wolf"）评价，我是否选择了一种方法以指导研究。然而，多年以来我重新开始设计每一项评价，当这些不同的框架看起来相关时就把它们整合到一起。一些模型的特定功能我会经常使用，而其他的就很少或者从不使用。这些认识是值得分享的，尽管我觉得对于我的那些受人尊敬的同事和朋友们不够信任，因为我从未真正完整地在我的工作中使用他们的框架。一开始因为我的异端思想导致分类被撤销了，但是当我从折中的角度指出了其明显优势时，他们是满意的，因为任何人都可以无成本地从不同来源、体系或者类型中选择出最好的一种类型。对于这种想法，我指出人们能够选择出每一种方法的最优特征，把它们整合为一个更强大更全面的方法———一个真正典型的做蛋糕和吃蛋糕的过程。

我们谈及了其余的类型，为什么每一种评价需要一些不同的混合成分，怎样整合和折中才不会产生重叠，为什么一个折中的方法是有用的。（沃森，Worthen，1977，pp.2-5）

这篇文章的作者们在我们的评价工作中都自诩为折衷主义者，从评价方法中选择和整合概念以适应特定的情形，一旦合适就会运用各种评价方法中的某些部分。我们很少会坚持运用评价中的某个特定模型。然而我们发现如果需要，我们能够确保把更加传统和现成的方法的零碎部分剪切和黏合到一起，甚至织入一些手织品会是一个更好的选择，而不是运用现成的方法进行调整工作。

显然，折衷主义也有缺陷——毕竟，它被讥讽为不遵守原则的思想的原则。没有人会建议我们开发一个评价"折衷式模型（eclectic model）"，这是一个矛盾。这种无知会对**折**衷主义造成重大的误解，就好比提议将评价一个方案的目标作为实施目标游离评价的第一步或者预先设计一项响应式评价。假设人们想避免混合评价在理论上的不兼容，前面章节中出现的折衷法的使用其潜在的优势远远大于缺陷，不论折衷主义究竟是意味着整合替代性的方法，还是选择性地整合那些方法中内在的手段和技术。

然而，折衷主义在教育领域比在其他领域中的使用更普遍。这部分因为教育领域是不同方法使用的首要领域。其他领域，比如社会学、刑事司法和心理健康领域错误地不去考虑使用这些方法进行评价。因为这个错误，这些领域中的评价者常常无法充分考量他们评价中的关键环节，比如受众、目标和使用。这些领域中的评价更多的仍然是应用研究而不是评价，是终结性评价而不是形成性评价。大量的评价有赖于运用策略的范围以及选择性地对这些方法进行整合的可能性。狭隘和严格地坚持一种方法必须让位于更加成熟和完善的评价以适应评价的多样性。不可否认，这是一项富于挑战性的任务，但不能忽视其重要性。

## 从替代性评价方法中得到实际的内涵

我们提出的所有评价方法都有助于实践中的评价者。它们适用于形成问题或者解决问题。这些文献包括了许多概念上的、方法论上的、政治上的、有利于沟通的和行政上的有用的指南。最后，这些方法为评价者在工作中提供了能够使用或修改的强大的工具。

接下来在本书中我们将看到规划和实施评价的实用指南。这些指南是评价使用的特定方法。然而，幸运的是它们可以进行归纳——随时随地可以使用。就好比一位技艺精湛的工匠不会仅仅使用锤子来建房，一位熟练的评价者也不会仅仅依靠一种方法规划和实施一项高质量的评价工作。

在本书的下一部分我们将会看到评价实践者、理论者和方法论者建构的工具的实际运用。但是首先停下来运用一下你在本章中所学习到的内容。

## 主要的概念和原理

1. 评价的不同方法本来就存在，并且不应当被固化或者整合。它们表现出来的差异性反映了评价的各种不同的目的和背景，并推动评价者积极地考量他或者她实施评价的选择。

2. 评价者确定在既定情境下实施哪一种方法需要依据评价实施的背景，包括方案实施的阶段、利害关系人的需求和组织的文化。

3. 通常评价者不会坚持运用一种特定的方法，而是会选择几种方法的组合，用一种更加折中的方法进行评价。

## 问题讨论

1. 为什么了解不同的评价方法是重要的？

2. 你会怎样选择一种评价方法运用于你的学校或者组织？什么因素是你考量的重点？你会选择哪一种方法或者你会采纳几种方法的哪些部分？如果是后者，你会运用到什么？

3. 有没有一种方法是你尤其喜欢的或者感觉比其他方法更加令你满意？为什么？

4. 我们是否应当把不同的评价方法整合为一种方法？这样做的优势和局限是什么？

**应用练习**

1. 在一本期刊上确定 5 项你感兴趣的评价研究，或者收集 5 项评价研究的内部报告。它们可以来自你所在的福利机构；你的学校或者大学；某个城市、某个州或者是联邦机构；或者是非营利机构。阅读完这些报告后，讨论一下作者使用了什么样的方法。是否是折中法或者主要使用了一种模型？每种方法中的哪些要素对指导作者界定他们的目标、受众、数据收集方法和结果的表述是最有用的？从第 5 章到第 8 章中运用的 4 种评价方法中的每一种方法进行讨论，这些方法会怎样引导你进行不同的评价。在你了解的这项评价方案中，方法的整合会产生特定的作用吗？

2. 研究以下评价目标的列表。对于每一种案例你会使用哪种方法？为什么？在每一种背景下这种方法会有哪些优势和缺陷？

（1）确定是否继续一项"以工代赈（welfare-to-work）"的方案，并将其设计成为接受福利的救济者提供全时和长期的雇用岗位。

（2）描述为大学生提供的远程教育方案的实施。

（3）提出推动针对中学生的反欺凌方案的建议。

（4）确定在年末一年级学生的阅读水平是否是合适的。

3. 亚当斯小学开始了一项志愿者活动方案，鼓励父母帮助解决课堂问题。这个方案的目标不仅仅为教师提供帮助，也鼓励父母更多地参与学校和子女的教育。校长希望通过志愿者的努力让那些低于年级平均水平的学生们的父母更多地参与子女的教育，以提升这些孩子们的学业。对照运用方案导向、决策导向和参与式导向的方法的不同。

**案例研究**

我们建议你回顾你已经阅读过的案例研究，而不推荐本章中的一项个案研究，以界定使用了哪种评价方法或者他们正在使用的方法。考量一种方法的使用范围或者使用不同的方法。

## 推荐阅读书目

Christie，C.A.(2003). What guides evaluation? A study of how evaluation practice maps onto evaluation theory. In C.A.Christie(Ed.)，*The practice-theory relationship in evaluation*. New Directions for Evaluation，No.97，7-36.San Francisco: Jossey-Bass.

Fitzpatrick，J.L.(2008).Exemplars' choices: What do these case tell us about practice? In J. Fitzpatrick，C.Christie，&M.M.Mark(Eds.)，*Evaluation in action: Interviews with expert evaluators*，pp.355-392.Thousand Oaks，CA: Sage.

Stufflebeam，D.L.(2001).*Evaluation models*. New Directions for Evaluation，No.89.San Francisco，CA: Jossey-Bass.

Stufflebeam，D.L.，&Shinkfield，A.J.(2007). *Evaluation theory，model，and applications*. Somerset，NJ: John Wiley.

## 规划评价的实践指南

在第一部分，我们向读者介绍了评价及其历史以及有关评价的定义和外延的一些关键性的政治和伦理方面的问题。在第二部分，我们检视了促使评价替代性概念产生的要素，总结了当前最具影响力的四种综合评价方法的核心特质及其优势和缺陷，指出了这些方法的详细使用，包括折中式整合。

本书的核心部分是：实践指南。从这个部分开始，我们为评价者提供指导，无论他们会选择使用哪种评价方法或者方法的组合。在第三部分，我们为厘清、聚焦和规划评价提供指导。而在第四部分，我们将为实施和使用评价提供指导。

我们从第11章开始进入第三部分，研究导致方案评价启动的原因，认真地考量以确定什么时候进行评价（对此问题的回答很常见，但易于出错）以及如何确定谁应当实施评价。在第12章中，我们将讨论评价者对评价将要发生的背景的理解以及准确地描述评价对象的重要性。评价规划的两个关键步骤——界定和选择评价的问题和标准以及规划信息收集、分析和阐释——这些将在第13章和第14章中详细说明。第14章中也包括一部分有关评价研究的管理规划的指导，强调了达成评价共识的重要性。

这些章节的重点是强调实用性。尽管我们将不断地引用或者参考其他资料，但不会充斥着学术评论的内容。一旦这些评论包括进来，那么每一个独立的章节都会成为一本教科书。我们仅向评价者和评价使用者介绍信息：（1）了解应该怎样进行下去；（2）对大量的其他教科书中的主题（特别是技术方面的）进行更加详细的阐释。经验和更一步的研究必须进行教授。

# 第十一章 厘清评价的需求和责任

**思考问题：**

1. 假设你接到一个潜在客户的电话，问你是否愿意开展一项评价工作。你会首先询问哪些问题？

2. 你谢绝过多少次评价的需求？如果发生过，那么是在什么情况下发生的呢？

3. 怎样确定一项针对评价的评估有助于确定该项评价是有效益的呢？

4. 外部评价者实施评价的优势和缺陷有哪些？那么内部评价者呢？

5. 你选择外部评价者有哪些标准？

在前面的章节中我们讨论了有关评价推动方案的责任。评价的可能性和责任对人们产生了影响，认为评价总是适当的，每个方案的每个环节都应当进行评价。

事实并非如此。评价每一个事物的诱惑都是吸引人的，是理想主义的，但是忽视了大量的现实。在这一章中我们讨论了评价者怎样才能更好地理解一项评价的本质以及判断评价研究是否是适当的。

为了厘清我们的讨论，我们需要区分影响评价研究或者受到评价研究影响的群体或者个人，他们包括：赞助者、客户、利害关系人和受众。

评价的赞助者可能是机构或个人，他们提出评价需求或者为评价和实施提供必需的财政资源，或者两者兼而有之。赞助者可能会也可能不会实际地选择评价者或者参与研究，但是他们常常界定评价的目标，指定评价应当解决的特定领域的问题以及数据收集的途径。在其他案例中，赞助者会授权于客户。赞助者可能是一个基金资助机构，也可能是联邦或州立的部门，用以监督或规范组织的活动。

客户是特定的提出评价需求的机构或者个人。也就是说，客户寻求评价者

——内部的或者外部的——以实施评价，尤其是在评价进程中发现评价者。在一些案例中，赞助者和客户是相同的人，但大多数情况下不是。例如，一项家庭暴力治疗方案的评价是由一个非营利机构运作的，该机构（客户）提出并安排了研究，但是需求和资助则源于资助该项方案的基金会，因此它才是赞助者。与此相反，如果评价方案是一项由学区资助的、在地区高中开展的预先阻止中途退学的方案，提出评价需求的人是监督中学教育方案的核心行政专员。在这种情况下赞助者和客户是相同的人。

正如我们在第1章中所讨论的，利害关系人由各群体构成，但是尤其包括与评价方案或者评价结论有利益关系的人。赞助者和客户也是利害关系人，但是也包括方案的管理者和员工、方案服务的接受者及其家庭、方案的其他附属机构、与方案相关的利益群体、民选官员和大多数公众。在规划评价时就考虑到方案中全体潜在的利害关系人是明智的。每一个群体对方案都有着不同的理解，对方案和评价也都有着不同的预期。

受众包括与评价有利益关联并接受其结论的个人、群体和机构。赞助者和客户通常是最主要的受众，有时他们也是唯一的受众。总体来说，一项评价的受众即便不是全体利害关系人，但也会包含其中的大多数。受众也可能超出利害关系人的范围。他们包括在其他地方资助或者管理类似的方案，或者服务于类似群体以及正在寻求有效方案的公众和机构。

# 理解评价启动的原因

理解究竟是什么推动了评价是很重要的。的确，明确和理解评价的目的可能是评价的赞助者或客户在评价过程中需要做的最重要的工作。如果一些问题触发了评价决策或者利害关系人或赞助者提出了评价需求，评价者应当了解。在当前的许多案例中，实施一项评价是源于某项资助的委托，涉及要对董事会或者公众资助的方案负责。假设评价决定是由于某个人需要了解某件事情而引起。那么是谁的需求？决策者、管理者、利害关系人或者机构想了解什么？为什么想了解？他们会怎样使用结论？评价者首要的问题应当开始于确定它们的原因。

有时客户能够直接和清晰地回答这些问题。但不幸的是，事实不总是这样。当评价成为常态时，对承担或者委托的评价他们常常并不清楚其理由，除非评价是一件好事或者实施方案需要担责。当然，当客户不了解评价应当完成什么使命时，评价者的任务会变得更加困难。客户或赞助者不熟悉评价的步骤，并且没有深入地思考过评价的目的以及各种应当回答和解决的问题，这是很常见的。然而更糟糕的是，他们可能认为所有的评价都会自动得到结论或者产生影响，并且可能坚持认为所有的评价都能够解决相同的问题，无论是方案实施的阶段、他们或者其他人面对的决定以及其他利害关系人的信息需求。

通常要到评价者非常认真地阅读了相关资料，观察了评价对象并且通过深入的对话探寻了利害关系人的愿望和预期之后，评价的目的才会逐步清晰。

为了澄清目的和可能的方向，这样的探寻是必要的。当赞助者或者客户已经了解了他们希望获取的是什么时，对评价者而言理解他们的动机就非常关键了。他们通常会探讨——与提出评价需求的人和其他利害关系人——以下这些问题：

1. 目标。为什么提出这项评价？它的目的是什么？它将回答什么问题？

2. 使用者和使用。评价结论会用于做什么？谁会使用？评价结论应当通告给哪些其他人？

3. 方案。评价什么？评价的内容包括什么？又排除了什么？评价在什么时间和地点进行？谁是方案的目标客户？方案的目标和对象是什么？方案预期会解决什么问题？方案为什么会启动？谁参与了方案的规划？什么推动着策略或者干预的选择？谁在负责方案？谁在运行方案？他们的技能和得到的训练是什么？方案以前经过评价吗？现存的数据有哪些呢？

4. 方案的逻辑或者理论。方案的核心行动是什么？他们将怎样实现预期的目标？方案的理论或者逻辑模型是什么？不同的利害关系人观察到了哪些方案的结果？

5. 资源和时间表。评价需要耗费多少时间和费用？谁会为此提供帮助？评价时间表是什么？最后的信息需求在什么时间？需求必须与中期报告吻合吗？

6. 相关的背景问题。评价的政治氛围和背景是什么？谁是与评价最相关的利害关系人？哪些是个人或群体可能受益的正向评价？谁又有可能受益于负向评价？有任何政治因素或力量会妨碍我们开展一项有意义的和公平的评价吗？

上述问题都是一些例子，评价者可以删减一些或者增加一些其他内容。重要的是评价者通过详细地询问、倾听和对话，理解评价的目的并了解更多方案运行的背景。并不是所有的目标都同样有效。通过近距离地倾听客户发起评价的理由并且与其他利害关系人讨论以明确他们的信息需求和研究预期，评价者能够了解得更多，从而确保评价目标适当并且有用。

评价者在这个阶段也可以通过提出评价的其他理由扮演一个前瞻者的角色，这可能更加有效（菲茨帕特里克，Fitzpatrick，1989）。当利害关系人并不了解评价或者不确定他们的需求时，这个策略是非常有用的。有时客户认为他们必须遵循赞助者的指导，在他们与赞助者进行了一些对话之后，表现出了更多的灵活度，也打开了通路，这更有利于客户推动方案。一些客户或者赞助者认为当存在评价能够运用的其他关键信息时，评价应当进行测量，包括目标是否实现或描述方案的产出、结果或者影响。（例如，在早期阶段方案常常得益于描述方案中发生了什么，方案的活动是否按照规划实施，是否有必要进行修正。）其他客户也可能会仓促地收集数据，他们认为评价者就只是"帮助我们调研"或"分析考试成绩"。他们并不熟悉核心的规划阶段以及评价者怎样才能帮助他们聚焦于评价，以确定他们想了解什么。这个阶段开始于对评价十分重要的双向沟通的过程，评价者要尽可能多地通过仔细地询问、观察和倾听了解方案，同时，帮助赞助者、客户或者其他利害关系人了解评价究竟能做什么。

在评价早期，克伦巴赫（Cronbach）强调了评价者这个角色的重要性，他们能够帮助客户确定评价方向。今天其他学者也强调了这个作用（菲茨帕特里克和比克曼，Fitzpatrick&Bickman，2002；施万特，Schwandt，2008）。克伦巴赫（Cronbach）和他的同事写道："评价者手持镜子观察事件，他是一个教育者……如果评价者仅仅只是对来自客户的简单的和单方面的问题给出了最好的答案，那么是因为他接受到的信息太少了。他忽视了让客户更有效地理解评价的方法。"（1980，pp.160-161）因此，在进行评价之前评价者必须花费大量的时间了解方案、利害关系人、决策过程和组织文化以准确地界定研究的目的。

### 评价直接信息的使用

评价提升了我们对评价对象价值的理解。然而，如我们在本书开始时指出的，评价有许多不同的作用。有关决策者、方案管理者和方案员工的使用评价信息的案例包括：

1. 确定是否存在启动一项方案和描述目标受众的充分需求。

2. 通过确定为达成目标而实施的潜在的方案模型和活动以辅助方案规划。

3. 描述方案的实施并且确定方案的模型是否发生了改变。

4. 检验方案的目标是否达到了预期的标准。

5. 判断方案的整体价值和与竞争方案相比较的相对价值和成本。

这5种使用中的每一种使用都针对一项完整的方案或者一项方案中的一个小部分。前面两种使用常常属于规划和需求评估部分（艾尔特萨尔德，Altschuld，2009；威特金和艾尔特萨尔德，Witkin&Altschuld，1995）。这些任务基本上发生在方案的早期阶段，但也可能发生在方案发生改变后的任何阶段。第三种使用通常被描述成监测或者过程评价。第四种使用被界定为结果或者影响研究。最后一种使用通过实施成本效益研究来实现。这些研究都是评价的合法使用，因为每一种使用都是重要的信息使用，这有助于提升我们对方案价值的理解。

### 评价无信息使用

除了前面部分描述的直接信息使用，评价也包括重要的无信息使用。克伦巴赫（Cronbach）和他的同事（1980）首先提出评价合并成为一个系统产生了差异。他们总结道："评价机制改变了行为方式。"（p.159）他们引用了一个比喻，司机观察限速受到驾驶着有显著标识的高速公路巡逻车在高速公路上巡逻的警察的影响。他们还建议评价可能帮助利害关系人确认系统对他们反馈的响应。

第二部分提及的方法指出评价有许多其他的影响。一个重要的使用是在育人方面，不仅有关方案评价，也有关决策的替代性方法。史密斯（Smith，1989）认为：可评价性评估即一种确定方案是否适合评价的方法，它最重要的优势是提升方案员工在开发和规划方案方面的技能。通过参与一个广泛的系列的结构化讨论以建构方案模型，即使不参与评价，方案员工也获得了能够运用于他们开发下一个方案的技能。各种变革反映了组织的学习力，评价影响了组织、管理者和员工的决策（Preskill&Torres，2000）。

评价也能够指导利害关系人，通过帮助他们获得质询和了解与他们利益相关的方案的技能，赋予他们积极参与评价的权利。费特曼（Fetterman）的赋权式评价法、卡曾斯和厄尔（Cousins&Earl）的实际参与式评价法和帕顿（Patton）的效用焦点评价都强调评价者与利害关系人紧密协作以提升评价和数据决策技能。

其他学者（豪斯和豪，House&Howe，1999）指出评价有助于帮助没有权力的利害关系人获得社会公正和平等的对待。他们指出评价者经常向掌控权力的利害关系人，比如决策者、校董事会和立法者通报信息，因为他们常常是掌控资源并提出评价委托的人。一项由豪斯和豪（House&Howe）提出的无信息使用的成熟的民主方法有助于推进民主，包括在评价质询和讨论中没有权力的利害关系人。

然而，韦斯（Weiss，1972）在她有关评价的开创性论文中指出评价也有许多不为人认可和不合需求的无信息使用。下面是她列举的一些较为隐蔽的、邪恶的和公然地政治化的使用：

延迟。决策者可以寻求推迟决策的方法。不是诉诸惯常的策略，任命一个委员会等待它的报告，而是他可以委托一项花费更长时间的评价研究。

逃避责任……在许多案例中行政官员在召集评价者之前他们就知道决策将会是什么了，但他们希望给它披上合法的外衣进行掩盖……

公共关系……行政官员相信他掌握一项非常成功的方案并寻找表现它的方法……行政官员的动机当然不是扭曲或者自私的。通常需要向支付账单的人证明方案，他正在寻求对他所信任的一个想法和项目的支持。

实现拨款需求……许多联邦拨款……使用评价需求方式进行标记……（T）他运作一个项目……但忽视评价（和）……主要将它视作一项惯例，作为安抚性的融资机构而不必真正运用它们。

因此，由于非理性或者至少是无信息的原因，评价有时是一项理性的事业。（pp.11-12）

然而，沃森（Worthen，1995）在最近的工作指出这种无信息使用相对于州或者地方层面而言更适合于联邦或者国家层面的评价。沃森（Worthen）在进行了

108 项评价分析后发现超过 2/3 的州或地方的方案有信息的目标，然而，联邦层面的方案中仅 15% 的方案有这样的目标。尽管这些结论均源自一所研究机构，研究与评价西部研究所（the Western Institute for Research and Evaluation，WIRE）的一项抽样研究，并且国家层面方案的抽样数据相对较少，但是结果比源自我们集体经验式的评价仍然更为适当。如果有人假设政治潮汐在国家层面的方案中比低层面更为汹涌，那么正如我们在第 3 章中讨论过的，这些结论归因于政治力量对评价的影响。

# 不适合评价研究的条件

除了韦斯（Weiss）列举的一些使用之外，前述的案例都代表了评价研究的适当使用。但是评价并不总是被适当地使用。史密斯（Smith，1998）概括了减少评价不当使用的几种原因。他将它们分为两大类：（1）当评价可能损害评价的领域；（2）当评价无法支持社会公益。当评价的最终质量存在问题，主要的客户因为评价而受到孤立或者误导，资源不充分或者伦理原则受到侵犯时，这些问题就很可能出现。基于史密斯（Smith）的分类，我们总结了几种最常见的情况，在这些情况下评价是不可靠的。

## 评价会产生琐碎的信息

与异端这个词的本义相似，有时一项方案缺乏足够的影响力证明正式评价。一些方案是一次性努力，没有可持续性。一些方案针对极少数有非正式评价需求的人，成本极低，这是不太可能的。可评价性评估或者其他评价规划的活动指出方案的理论或者模型不足以实现预期的影响力。换句话说，方案的活动与方案的目的两者之间由于持续时间或者强度的原因关联性不充分或者太弱，以至于无法达成预期的结果。如果强调评价是形成性的，那么需求性评估或形成性评价可以运用于推动方案。然而，除非需要证明失败，终结性或结果性评价可能得不偿失。当一项方案有足够的影响力确保正式评价的效果时，就必须运用常识进行确定。

### 评价结果无法使用

评价的需求太频繁是一个无理的假设，并且涉及每一项方案必须进行评价。除非有人使用评价结论，否则评价的价值是不确定的。考虑到评价的资源（包括财力和人力方面）和评价信息需求的缺乏，无法提供重要决策，那么当前的投资可能就是有疑问的。

有时需要作重要的决策或者选择，但是很明显这些决策或选择的作出与评价数据并无关联。例如，一项方案有充分的政治需求或者政策支持，那么不论评价研究发现了什么问题，行政官员都不会愿意终止或彻底地改变方案。例如，反对滥用药物教育（Drug Abuse Resistance Education）方案，更为人所知的表述是 DARE，尽管赢得了广泛的公众支持，但是通过重复和严格的评价并没有找到对后续药物使用的作用（莱曼，米利奇，齐默尔曼，诺瓦克，洛根和马丁；罗森鲍姆和汉森；圣皮埃尔和卡尔川德；Lyman，Milich，Zimmerman，Novak，Logan，&Martin，1999；Rosenbaum&Hanson，1998；St.Pierre&Kaltreider，2004）。在这个案例中，评价没有起到任何作用。评价者应当避免无意义的、形式主义的评价或者行动，使得评价表面上看是公正的决策，而实际上却是基于个人或者政治上的原因。

当然，这种可疑的（希望很少出现）动机并不总是很明显的。评价者面对的最令人沮丧的情形是在评价完成之后才了解到客户或者赞助者并没有真正提供用以反驳那些先入为主的观念的信息。如果评价者在评价过程中了解到确定性的结论是不可避免的，那么最好是尽可能早地找到终止虚假评价的方法。

### 评价不能屈从于有用的和有效的信息

有些时候即使是一项重要的待定决策，通过评价研究产生任何相关的信息，这看起来也是完全不可能的。例如，考量一项有关是否继续阻止退学方案的决策。涉及方案效果的退学率、毕业百分率等相关信息。但是如果在校董事会必须作出决策的前一个月方案才刚刚开始运行，那将会怎么样呢？在这么短的时间内获取有关方案效果的可靠信息（甚至是预测性信息）是不太可能的，更明智的方法是花费精力让校董事会延迟决策。与此类似，各种超出评价者控制以外的约束条件

（例如，不充分的资源，缺乏行政合作或者支持，收集适当的评价数据时间有限，不可能完成的评价任务以及无法获取评价的关键数据）都会阻止评价者获取有用的信息。出发点是善意的，但是很幼稚的客户可能会要求放弃"棘手任务（mission impossible）"的评价，因为进行评价可能仅仅是浪费努力和得到令人失望的结果。评价者需要认识到有些评价从一开始就注定会失败。如果不合理的限制成为一项专业的和负责任的评价的前因，那么评价者应当拒绝它。一项糟糕的评价比不进行评价更糟糕；不充分的评价数据很可能会误导和欺骗行政官员，让他们错误地认为他们所掌握的错误信息真实地描述了他们的努力。

### 在方案形成阶段评价的类型过早地确定

试验阶段的方案几乎一直得益于较好实施的形成性评价（不包括后面列举的原因）。但是人们不能如此快速地得出终结性评价的结论，这是不合适的。过早地得出终结性评价的结论会暗藏着评价的误用，坎贝尔（Campbell，1984）提出这样一些观点：

> 另一种类型的错误是直接评价，评价远在方案进行调整之前，远在实施方案的人们认为还有什么值得效仿之前。
>
> 经过一年左右的调整，当他们中有人感觉到有些操之过急时，一项方案值得借款，我们就会对方案评价深感疑虑。我们倡导的是"只评价令人骄傲的方案！"（对照我们当前的意识形态，国会中华盛顿的决策者和行政部门设计一项新的方案，下令即刻在全国范围内实施，不经过调试，还会加上一项全国范围内的直接评价。）（pp.35-37）

目前对评价结果和方案影响的政治压力常常过早地形成了终结性评价。当这些方案有了细微的调整可能成功时，因为过早地进行终结性判断，方案的效能模型可能会流产。在方案开发和早期阶段把经费花在更细致的需求评估和形成性评价上能够使方案为终结性评价作好准备。撒普和加利莫尔（Tharp& Gallimore，1979）提出了评价的更有效的方法。他们的方法需要长期地确保使用评价进行决策和评价问题的解决，这些问题适合于方案的阶段和方案开发者当前的信息需求。这个过程具有重复性。研究结果运用于作出改变和修正方案的情况——在下一个研究中检验这些改变是否是成功的。

### 评价的适当性受到质疑

承担评价有许多理由——有一些理由是高尚的，有一些不是。当评价者认识到承担研究的理由是高尚和适当的之时，评价成功的机会就会提升。但是评价者也必须了解不光彩的理由，包括那些有损职业操守的理由。如果评价的适当性受到利益冲突，研究过程危及参与者或者任何其他因素的威胁，而仍然继续进行评价，这是不明智的。

适当性是由教育评价标准联合委员会（the Joint Committee on Standards for Educational Evaluation，2010）确定的五个方面中的一个方面，用以判断评价质量。这个领域的定义，包括精确性、可行性、效用性和评价责任，指明了职业评价者进行适当评价的重要性。联合委员会概括的适当性标准确保评价保护参与评价者的权利，无论他们是方案的受众（学生、客户、父母或者大众）、员工、管理者还是其他利害关系人。一项适当性评价尊重提供数据者的权利和尊严，并且帮助组织解决客户的需求。【参见第 3 章"评价的伦理"和附录 A 中列举的完整的标准和指导原则（the Standards and Guiding Principles）。】

# 确定一项评价是适当的：评价性评估

我们在第 7 章中讨论过约瑟夫·沃利（Joseph Wholey）是决策导向评价方法的开发者之一。在那一章中，我们描述了他使用的一些方法。这里我们重点讨论怎样使用评价性评估。在 20 世纪 70 年代，沃利（Wholey）和他的同事供职于美国卫生、教育和福利署（U.S. Department of Health, Education, and Welfare）（现在的健康与公共事业署，Health and Human Services），他们认为在 20 世纪 60 年代方案评价的增加并没有形成利用方案评价进行决策的风气（布坎南和沃利，Buchanan&Wholey，1972）。事实上，许多评价的潜在用户对这类研究并不满意，认为它们总是无法提供有用的信息。

沃利（Wholey）和他的同事开发了评价性评估作为修正这种情形的工具。他们把它看作促进评价者与利害关系人沟通的方法，以此确定一项方案是否可以进行评价并且聚焦于评价研究本身。

评价性评估的开发者认为许多评价之所以失败是因为"修辞性表述和现实"（"rhetoric and reality"）之间的矛盾（内伊和凯，Nay&Kay，1982，p.225）。内伊和凯（Nay&Kay）指出不同层次的决策者和方案管理者有不同的修辞性方案模型。高层次的决策者的作用主要是支持问题的解决和获取资金。管理者的更接近解决方案的修辞性模型更加具体并更接近现实，然而这些模型无法与现实完全吻合。许多决策者和管理者可能不断地坚持他们的修辞性模型，这是因为他们认为特定的模型对公共消费而言是必要的。无论如何修辞性模型以及修辞性模型与现实之间的差距使方案评价变得很困难。评价者难以确信究竟哪一种"现实"是可行的。

一项方案评价中其他常见问题包括不清晰和不现实的目标，这些目标与方案的行动脱节，管理者不能或不愿根据评价信息改变方案（霍斯特，内伊，斯坎伦和沃利，Horst，Nay，Scanlon，&Wholey，1974）。沃利（Wholey）和其他学者在最近的工作中涉及的问题包括：（1）评价者和管理者无法就测量这些目标的目标和绩效标准形成共识；（2）无法获取方案绩效的数据；（3）特定的目标和评价使用的问题（沃利；沃利，哈蒂和纽科默；Wholey，1983，1986；Wholey，Harty，&Newcomer，2004）。沃利（Wholey）和他的同事希望能够开发一种修正这些问题的方法。

评价性评估有助于方案达到四个标准，从而成为有意义的评价：

1. 清楚地确定方案的目标和优先的信息需求，包括支持绩效标准。

2. 方案目标不清晰。也就是说，有可能实现方案的逻辑模型或理论、目标受众的特质、达成方案的知识与技能以及资源的供给。

3. 在合理的成本内能够获取相关的绩效数据。

4. 评价的预期用户就如何使用信息形成共识（沃利，Wholey，2004b，p.34）。

评价性评估首次作为一项终结性评价的先导得以开发；如果评价性评估揭示

出方案与标准不吻合，终结性评价就不能继续进行。然而，方法并不很清晰，并且其使用也在不断减少。于是，M. 史密斯（M.Smith，1989，2005）进一步地开发了评价性评估，并在20世纪80年代将其运用于美国农业部（U.S. Department of Agriculture）以推动方案规划。尽管在当前它并没有被频繁使用，但是它仍然是澄清多种评价研究中评价需求的一种有效的方法，不论它是单独使用，还是与方案的逻辑模型或理论结合使用，或者用以开发与利害关系人和潜在用户的关系。

## 人们如何确定一项方案是否是可评价的？

确定一项方案是否可评价的主要步骤是：

1. 阐明预期方案或者理论。

2. 检验方案的实施以确定方案与方案模型是否吻合以及能否实现方案目标。

3. 探索不同的评价方法以确定哪一种方法能够满足利害关系人的信息需求并可能实施。

4. 认可研究中的评价优先级和预期使用。

这些步骤不仅仅由评价者单独实施，也需要研究中目标客户的加入。

建立一个工作组以明确方案的模型或者理念并界定他们的信息需求和评价预期。评价者的作用是促进讨论和倾听并了解方案和利害关系人。沃利（Wholey，1994）描述道："评价者不必预先进行方案设计。然而，他们需要从相关文献和方案的关键参与者那里提取方案设计……"（p.20）如果评价者开发了方案模型并简单地认为利害关系人就会同意，那么评价就会错过一个通过对话和关键步骤来理解利害关系人观点的机会。

使用哪些方法完成这些任务呢？除了推动工作组，评价者能够与利害关系人进行个人访谈，查阅现存的文档（建议、报告、手册等），并且观察方案的实施。访谈和方案的文档有助于评价者推动工作组开展早期的研讨，以就方案模型或者理论达成共识。

方案的模型或者理论应当描述方案的目标以及与目标相关联的方案的行动准则。通常一个模型会采用流程图的形式将方案的行动和假设与方案的目标联系起来。备择模型是为了推动沟通而开发。当利害关系人就一个特定的详述评价者实施研究的模型达成了共识时就结束了。（这个阶段与开发一项方案的逻辑模型或者理论非常相似。见第 12 章。）

　　方案文档的实地考察和进一步研究（季度性报告、资源分配、其他评价研究）能够帮助评价者确定：（1）方案的实施是否依循模型；（2）实施活动是否能够确保预期目标实现。无论哪个领域发生了问题，评价者都应当返回工作组并帮助他们确定是否需要修正模型以适应现实中的方案或者改变方案，这样方案的实施与当前的模型才能吻合。工作组能够解决评价是否继续以及什么时间继续的问题。如果主要方案发生了改变，在方案稳定之前任何结论或终结性评价都应当延迟。

　　然而，如果方案的实施开展顺利，采取的行动有机会实现预期的结果，那么工作组就能够致力于检验各种评价问题。评价者也通过推进讨论对评价能够完成什么、成本以及时间表是什么等问题提供指导。此时评价者也应当从访谈中了解各种利害关系人的需求。备择评价规划开发，详述评价将回答的问题，收集数据，时间和资源需求以及潜在的结果和使用，然后工作组需要选择一项规划。

　　在任何阶段，工作组和 / 或者评价者能够得出结论以判断一项评价在此时是不适当的或者需要非常不同的评价。评价可能基于以下原因被延迟：

★ 在主要的利害关系人中不能就方案的模型达成共识。

★ 方案的行动与方案的模型完全不吻合。

★ 方案的行动不能达成模型的既定目标。

★ 主要利害关系人不能就评价的方向和使用达成共识。

★ 预期的评价规划没有获取可靠的数据和资源。

★ 评价的预期使用过于模糊不清。

　　这些条件中的任何一项都能得出在当时进行预期评价不适合的结论。然而，这一过程也可以导致另一种评价类型。尤其是尽管最初的预期结果研究因为缺少对方案模型的共识或者无法实施方案而并不适合，但是并不影响工作组和 / 或者评价者得出一项需求评估或者监控研究在此时是有用的这一结论。一项需求评估研究有助于推进方案模型的建构，而一项监控研究能够确定方案在实施过程中是否提出了改变。因此，确定评价何时是适合的这一过程会促使作出相对简单的"做或不做"的决断或者聚焦于评价的改变。不论发生何种情况，通过努力规划，评价者走出了通过实施一项评价来促进组织效率提升的重要一步。

### 确定何时实施评价的步骤清单

清单见表11.1，它有助于评价者决定什么时间启动一项评价。然而，当准备进行时，评价者仍然需要选择采取一些有助于评价聚焦的方法。

# 使用一位内部或者外部评价者

表 11.1　确定何时实施评价的清单

| | 在每一栏中选择一项 | |
| --- | --- | --- |
| | 是 | 否 |
| 第1步：评价有契约需求吗？（如果有，启动评价；如果没有，进入第2步。） | | |
| 第2步：评价目标足以影响正式评价或者对正式评价重要吗？（如果是，进入第3步；如果不是，则不需要正式评价，你应当中断进一步使用这张清单。） | | |
| 第3步：利害关系人就方案模型达成了充分共识吗？对方案的目标呢？（如果是，进入第4步；如果不是，则考虑一下需求评估研究。） | | |
| 第4步：如果方案开始了，其行动与模型一致吗？实现目标可行吗？（如果是，进入第5步；如果不是，则考虑一下需求评估或监控评价以开展方案修正研究。） | | |
| 第5步：考虑到现有的人力、财政资源和有效的数据，目前提出的评价可行吗？（如果是，进入第6步；如果不是，在继续或修正你的规划之前找到更多资源。） | | |
| 第6步：主要利害关系人对评价的预期使用达成了共识吗？（如果是，进入第7步；如果不是，则终止或者聚焦于能够有效使用信息的利害关系人。） | | |

续表

| | 在每一栏中选择一项 | |
| --- | --- | --- |
| | 是 | 否 |
| 第 7 步：利害关系人有效地使用了信息吗？（如果是，进入第 8 步；如果不是，则终止或者聚焦于能够使用信息作决策或者采取行动的其他利害关系人。） | | |
| 第 8 步：你的主要利害关系人所作决策具有排他性或不受评价数据的影响吗？（如果是，评价就是不必要的——需要终止；如果不是，则进入第 9 步。） | | |
| 第 9 步：评价会提供可靠的信息吗？（如果是，进入第 10 步；如果不是，则需要终止。） | | |
| 第 10 步：评价可能满足适当的可接受的标准吗？（参见第 3 章。）（如果是，进入总结；如果不是，则考虑一下数据收集的其他方法或者直接终止。） | | |
| 总结：根据以上 1—10 步，判断一项评价应否实施。 | | |

在前面的部分，我们讨论了评价在何时实施。现在我们考量谁来实施评价。首先要决定的是是否使用外部或者内部的评价者。当需要作出的决策是终结性的——是否需要继续、扩展或终止一项方案——一个外部评价者（也被称作第三方评价者、独立评价者、评价顾问或者评价立契约者）会优于内部评价者。然而，在评价领域不断发展的过程中，我们认识到几乎没有评价是纯粹的终结性评价。大多数评价对形成性的和终结性的决策都有影响，并且内部和外部的评价者存在不同的差异。需要注意的是，随着绩效监控和评价能力建构的增长，内部评价者越来越成为许多组织中非常普遍的现象。

## 外部评价的优势

使用一个外部机构或者个人实施评价的优势可以总结如下：

1. 外部评价被认为更加公正和客观，因为外部评价者距离方案和那些参与方案规划与实施的人们比内部评价者更远。

2. 对外部受众而言，尤其在方案立场鲜明且充满争议时，外部评价更可靠。

3. 外部评价使机构能够运用评价专业技术，这些超出了机构员工所具备的技能。许多学校和其他公共的非营利组织发现，不仅雇用大量的评价专家来实施系统内所需要的评价是可行的，而且他们能够通过外部评价者获取必要的技能。此外，外部评价者适用更加灵活的人事安排，因为不需要持续的财务承诺，就像内部评价者的情况一样。因此，许多具有特定技能的外部评价者在适当的阶段受到雇用，每一个阶段被支付具体服务所需的费用。

4. 外部评价者能够带来新的外部的观点。与内部评价者不同，他们能够更好地了解整体和局部，能够发现内部评价者已经接受或忽视了的无根据的假设。当然，外部评价者还带来了他们处理其他类似方案的经验，所以必须注意的是，如果这个领域有优先次序，那么雇用外部评价者时要了解他们的观点。

5. 有时与方案相关联的人们更希望向外部评价者，而不是向在现场的评价者揭露敏感信息，因为这些人一直在现场并与参与方案的其他人保持着联系，他们担心会无意中违反保密约定。

6. 相对于内部评价者，外部评价者在陈述不受欢迎的信息、支持方案的改变和全面揭示结论时表现得更加坦然。尤其是因为外部评价者未来的薪金和晋升并不依靠组织中的那些人，他们能够根据实际成绩和决心坦率与诚实地进行陈述。内部评价者则会因为对未来的考量而表现拘谨。（然而，外部评价者这种可感知的优势往往被夸大了。如果不是终身雇用，外部评价者常常对与组织进一步合作和获得良好的经验感兴趣。）

以上列举的是理想的外部评价者，只雇用一次的情况。但是事实上许多外部评价者反复与同一个机构合作，因此会丧失一些优势，并越来越像内部评价者。

## 内部评价的优势

内部评价者在组织中的定位和特征也完全不同。一些内部评价者可能受雇于一个独立的评价部门，在评价中负有全职责任，在评价领域受到全面深入的训练。【参见克里斯蒂和巴雷拉（Christie&Barela，2009）中克里斯蒂对埃里克·巴雷拉的访谈，有关一个全职的内部评价者评价一个大型的城市学区。】在一个小型组织内部，内部评价可能由管理者或员工实施，他们的主要职责和受到的培训在其他的领域。显然，具有更多评价技能的内部人士优于那些掌握了其他领域的技能而评价技能掌握较少的人士。然而，不同类型的内部评价者都具有一些共性的优势：

1. 内部评价者更了解方案的模型及其历史。这个优势使内部评价者在需求评估与监控研究或为实现形成性目标进行评估直接得出结论的过程中非常有用。

2. 内部评价者熟悉各种利害关系人及其利益、关切点和影响力。对这方面的了解有助于增加评价的使用。此外，如果评价者与管理层和员工建立了积极的关系，这种关系有助于缓解焦虑情绪并建构与评价关联的信任关系。

3. 内部评价者了解组织的历史；客户、资助者和其他利害关系人；组织运转的环境；参与决策的主要驱动力。因此，他们更易于和准确地界定那些积极利用研究并且能够把握时机呈现研究，从而使其得到最大化使用的人。

4. 内部评价者在评价完成之后仍然在组织内，并且能够继续充当评价结果使用的支持者。

5. 因为内部评价者已经受雇于组织，了解组织和方案，评价的启动时间比寻找、挑选和雇用一个需要花时间了解组织驱动力的外部评价者更快，除非他过去在组织中开展过工作。

6. 内部评价者是一个已知量。他们的优势和弱点已经为组织所了解并能够根据项目情况进行考量。（洛夫，泽尼克森，Love，1991； Sonnichsen，1999）。

在大型组织或政府机构中内部评价者的定义变得越来越模糊。来自美国政府问责办公室（U.S. Government Accountability Office， GAO）的评价者在评价一项行政部门的方案以回应国会的要求时可能被认为是外部评价者，即使他们是作为联邦雇员从事一项联邦方案的评价。一个州的评价部门或者审计办公室的雇员会因为他或她受雇于该州而被认为是内部评价者吗？不太可能，尽管一些公民非常关注那些充满争议的方案或政策研究的独立性。假使评价者隶属于某个管理评价方案的州立组织内设的评价部门将会怎样呢？尤其是当组织是一个较小的机构，在这种情况下评价者更可能被认为是一个内部评价者。

典型的内部评价者是一个小型组织的雇员，日常工作就是与方案的规划者和提供者共事。中等规模的非营利组织和地方政府的许多部门是雇用这种内部评价者的组织的实例。与此相反，典型的外部评价者是一个独立的咨询者或一个功能是依合同实施评价的组织的雇员。许多评价者介于这两个极端之间。然而，对比内部和外部评价者之间的差异，类似终结性和形成性评价之间的差异，有助于我们检验各种我们能够挑选出来以实施研究的评价者的优势和弱点。我们也能够把从内部到外部评价者作为一个连续体来改进我们关心的问题。例如，涉及内部评价者的公正性或持有偏见的问题，可以通过选择那些在组织建构中与方案距离较远的内部评价者，从而得到部分修正。然而，值得注意的是，这种距离在提升公正性的同时会弱化内部评价者了解方案及其利害关系人的优势。

泽尼克森（Sonnichsen，1999）作为联邦调查局规划与评价办公室（FBI's Office of Planning and Evaluation）的前任负责人，描述了怎样建立和组织内部评价部门从而使其影响力最大化。他认为内部评价者有潜力"建构一个以推进绩效为目的的组织惯例，运用系统的批评性评论和积极的结果来反思组织的问题"（泽尼克森，Sonnichsen, 1999, p.2）。他为内部评价者提出了影响组织的五个先决条件：支持最高管理层，具有胜任力的评价者的可用性，内部的组织文化，可靠的数据系统和评价者对组织的数据与人事问题的无限制了解。他认为成功的内部评价者应当致力于促进组织的决策过程。【也可参见洛夫（Love，1991）中更多有关内部评价的内容。】

另一个有关内部评价的最新模型聚焦于评价能力建构（evaluation capacity building，ECB）。在这其中，评价者较少关注实施个人的评价研究，而更多关注的是在组织内部创建和维持一个有益于评价研究及其使用的环境。（参见第9章中有关 ECB 的讨论。）

## 兼用内部和外部评价的优势

内部评价和外部评价常常被认为是相互排斥的。它们不必这样。兼用两种方法能够弥补之前提及的单独使用一种方法的许多缺陷。外部评价者缺乏对方案的熟悉，但如果她与能够提供重要背景信息的内部评价者合作，就可以减少其利害关系人的问题。通过内部评价者收集大量重要的数据，积极地与重要的内部受众交流评价的规划和结果，那么出行的成本就会大幅度地减少。最后，在外部评价者离开以后，内部评价者仍然可以作为评价使用的支持者。

外部评价者可以提升评价的公平性和可靠性，也可以提供内部评价并不经常用到的专业化的知识和技能。外部评价者有助于完成关键的任务，那些不经意中可能会产生的偏见，比如评价设计、选择或者开发工具，从数据中得到结论以及其他类似的情况。外部评价者能够向利害关系人解释和传达敏感的结论。

外部评价者也可以"审计"内部评价研究以证明研究从方法论的角度上来讲是合理和公正的（陈，Chen，1994；泽尼克森，Sonnichsen，1999）。这种协作关系吸收了外部评价的优势而不必在外部实施全面的评价。此外，通过这种团队合作，内部评价者能够了解未来可以运用的新的评价方法。

### 确定是否使用外部评价者的步骤清单

表11.2是一个建议清单，用以确定是否使用一个外部机构或者个人实施评价。

表 11.2　确定是否使用外部评价者的清单

|  | 在每一栏中选择一项 | |
| --- | --- | --- |
|  | 是 | 否 |
| 第1步：有一项涉及评价由外部评价者实施的合同需求吗？（如果有，则启动寻找外部评价者；如果没有，则进入第2步。） |  |  |
| 第2步：财政资源足以支撑使用外部评价者吗？（如果是，则继续进入第3步；如果不是，则终止使用这个清单并实施内部评价。） |  |  |
| 第3步：评价需要的专业化的知识和技能超出了能够完成评价任务的内部评价者的专业范围吗？（如果是，则启动寻找外部评价者；如果不是，则进入第4步。） |  |  |
| 第4步：评价涉及测量主要的或者高度政治化的终结性的目标吗？（如果是，则启动寻找外部评价者；如果不是，则进入第5步。） |  |  |
| 第5步：外部的观点对于研究而言具有特别的重要性吗？（如果是，则启动寻找外部评价者；如果不是，则进入总结。） |  |  |
| 总结：根据上述的1—5步，这项评价应当由外部评价者实施吗？ |  |  |

# 雇用一位评价者

雇用一位评价者，不论是作为永久的雇用者，还是作为外部顾问，都既不是件简单也不是件琐碎的事情。没有更好的办法来实现一项糟糕的评价就是把它交给一个无能之人。与利害关系人之间的关系会因为一个缺乏敏感度或者没有回应性的评价者而遭到不可挽回的伤害。误导或者不正确的信息很容易产生或者传播，但不容易清除。因此，应当高度重视雇用评价者的工作。在总结一些如何雇用评价者的标准之前，有必要简要地考量评价者必须具备的胜任力是什么。

## 评价者必须具备的胜任力

有许多概念上的和 / 或经验上的努力来确定评价者的任务需求和更多的更好实现这些任务所需要的具体的能力（知识、技能和敏感度）（例如，科弗特，金等；默滕斯；史蒂文，金，吉海雅和米尼玛；沃森；Covert，1992；King et al.，2001；Mertens，1994；Stevahn，King，Ghere，&Minnema，2005；Worthen，1975）。

各种清单之间高度重合。我们注意到核心能力在专业评价者之间是否存在着很大的差距，但事实并非如此。事实上，专业评价者在能力方面基本上是一致的，金等（King et al.，2001）发现了大量的共性。

能力清单几乎没有哪一部分是不重合的，我们认为主要来自：（1）不同的出版日期（评价中的新问题和需求常常被发现）；（2）各层级在细节上的差异；（3）评价哲学或者著者上的差异。例如，金等（King et al.，2001）发现共性并没有经常反映在背景上和不同的评价者在参与研究中的作用，而反映在了评价实践的不同的类型上。例如，与利害关系人紧密合作的评价者认为冲突解决技能更加重要。

最近，金等（King et al.，2005）使用研究、情况介绍、在专业社区进行讨论和反馈的方法为方案评价者开发出了一系列能力，它们可以用于规划如何培育和训练评价者、筛选和雇用评价者以及评价者的自我反思性实践。他们最初的过程运用于多属性决策共识形成程序（Multi-Attribute Consensus Reaching， MACR）

开发能力清单，他们与 31 位在不同情境下工作的专业评价者进行了合作（金等 **续** King et al.，2001）。随后，他们在专业论坛上呈现了这些能力并寻找和接收到来自 100 多位专业评价者的响应。为了与刚刚接触评价的读者进行交流，我们在表 11.3 中列出了这个清单，以飨读者。

## 11.3　方案评价者核心胜任力分类法

| 1. 专业实践 | 1.1 运用专业的方案评价标准 |
| --- | --- |
| | 1.2 实施评价中的行为伦理和对完整性与真实性的追求 |
| | 1.3 向潜在的客户说明个人的评价方法和技能 |
| | 1.4 尊重客户、受访者、方案参与者和其他利害关系人 |
| | 1.5 在评价实践中考量公共福利 |
| | 1.6 有助于评价知识库的建设 |
| 2. 系统咨询 | 2.1 理解评价知识库（术语、概念、理论和假设） |
| | 2.2 了解定量方法 |
| | 2.3 了解定性方法 |
| | 2.4 了解两者的混合方法 |
| | 2.5 回顾文献 |
| | 2.6 详细说明方案的原理 |
| | 2.7 界定评价问题的框架 |
| | 2.8 进行评价设计 |
| | 2.9 界定数据的来源 |
| | 2.10 收集数据 |
| | 2.11 评估数据的有效性 |
| | 2.12 评估数据的可靠性 |
| | 2.13 分析数据 |
| | 2.14 解释数据 |
| | 2.15 作出判断 |
| | 2.16 给予建议 |
| | 2.17 通过评价作出合理决策 |
| | 2.18 报告评价程序和结论 |
| | 2.19 注明评价的优势和局限 |
| | 2.10 实施元评价 |

| | |
|---|---|
| **3. 情境分析** | 3.1 描述方案 |
| | 3.2 确定方案的可评价性 |
| | 3.3 界定相关利害关系人的利益 |
| | 3.4 服务于目标用户的信息需求 |
| | 3.5 解决冲突 |
| | 3.6 检验评价的组织背景 |
| | 3.7 分析与评价相关的政治考量 |
| | 3.8 致力于评价使用的问题 |
| | 3.9 致力于组织变革的问题 |
| | 3.10 尊重评价现场和客户的独特性 |
| | 3.11 向来自其他方面的投入保持开放性 |
| | 3.12 当有需要即对研究进行修正 |
| **4. 项目管理** | 4.1 响应建议的需求 |
| | 4.2 在评价开始之前与客户进行协商 |
| | 4.3 书写正式协议 |
| | 4.4 在评价的整个过程中保持与客户的交流 |
| | 4.5 进行评价预算 |
| | 4.6 根据信息需求证明成本支出的合理性 |
| | 4.7 界定评价需求的资源，例如：信息、专业技能、人员和设备 |
| | 4.8 使用适当的技术 |
| | 4.9 监控涉及评价实施的其他方面 |
| | 4.10 培训涉及评价实施的其他方面 |
| | 4.11 以不制造混乱的态度实施评价 |
| | 4.12 以及时的态度展示工作 |
| **5. 反思性实践** | 5.1 作为一个评价者了解自己（知识，技能和性格） |
| | 5.2 反思个人的评价实践（胜任力和成长的领域） |
| | 5.3 追求评价的专业发展 |
| | 5.4 追求相关领域的专业发展 |
| | 5.5 构建职业关系以提升评价实践 |

续表

| | 6.1 书面沟通技巧的运用 |
| --- | --- |
| | 6.2 口头／倾听沟通技巧的运用 |
| 6. 人际关系能力 | 6.3 协商技巧的运用 |
| | 6.4 冲突解决技巧的运用 |
| | 6.5 促进建设性的人际互动（团队、促进组织和过程） |
| | 6.6 展示跨文化的能力 |

资料来源于《建构方案评价者的核心能力》（pp.49-51），作者 L · 史蒂文，J · A · 金，G · 吉海雅和J · 米尼玛（L.Stevahn， J.A.King， G.Ghere，& J.Minnema，2005），《美国评价期刊》，26(1)，pp.43-59。经许可后重印。

值得注意的是清单包含了我们在这一章中讨论过的许多因素，例如，在评价开始之前与客户协商，确定方案的可评价性和原理，检验组织的背景和评价的政治考量以及界定相关利害关系人的利益。

我们现在致力于雇用一位评价者。然而，胜任力在提醒管理者或者个人如何雇用评价者是有用的，而方法论方面的技巧只是成为成功的评价者的一个要素。人际关系的技巧、沟通技巧和管理技能也必须考量。例如，许多成功的方法论者一直进行复杂的交流导致受众不熟悉研究方法或者缺乏成功的人际交流技巧——倾听、理解和解决冲突——在各种不同的利害关系人之中。

### 雇用评价者的可能的方法

哪些方法能够帮助一个机构确定评价者具备这些能力呢？在任何一种过程中，方法的选择应当与工作所需的知识和技能相匹配。一份简历和／或者过去的评价报告在判断候选人是否具备必需的方法论的专业技能和写作技巧方面是有用的。与候选人的面试——如果有可能，由不同的利害关系人的代表来实施——能够用以评估候选人的口头交流技能和与不同的受众共事的能力。面试能够非常有效地确定一位评价者是否具备清晰地解释复杂问题的能力（描述以前的工作）以及倾听能力和学习能力。依据申请人在方案和评价中的利益、对不同利害关系人的敏感度和全面的口头交流技能能够在面试过程中判断候选人的问题和陈述。最后，与其他使用过评价者的人进行交谈对发现候选人的更多技能至关重要，尤其是以负责任的和遵循职业道德的方式来管理一项评价。愿意分享报告作为样本的过去的客户也能够提供有关评价者的个人风格和职业定位方面有价值的信息。

### 考量如何选择评价者的问题清单

表 11.4 是一个在选择评价者时进行考量的标准清单。它致力于建构表 11.3 中列举的能力，完成这个清单并基于他或者她的结论建立与问题相关的能力。

**表 11.4　考量如何选择评价者的问题清单**

|  | 评价者任职资格在每一栏中选择一项 | | |
|---|---|---|---|
|  | 是 | 否 | ？ |
| 问题 1：评价者有能力使用研究所需的方法论和技术吗？（考量教育与培训、过去的经历和哲学定位。） |  |  |  |
| 问题 2：评价者有能力厘清研究中适当的焦点吗？（考量沟通技能、与利害关系人群体共事的能力以及内容专业化。） |  |  |  |
| 问题 3：评价者具备实施研究的管理技能吗？（考量教育与培训、过去的经历。） |  |  |  |
| 问题 4：评价者具备适当的伦理标准吗？（考量教育与培训；交流。） |  |  |  |
| 第 5 步：评价者有兴趣并且以评价结果能够得到运用的方式与预期的利害关系人就结果进行交流吗？（检验以前的评价文件；交流。） |  |  |  |
| 总结：基于上述 1—5 的问题，潜在的具备实施评价资格和可以接受的评价者的范围有多大？ | | | |

## 不同的评价方法究竟如何厘清评价的要求和责任

第 5 章到第 8 章中涉及的不同模型的支持者究竟是怎样厘清评价需求的呢？这些章节中描述的模型的大多数支持者并不反对本章中所讨论的方法。除了斯克里文（Scriven）的目标游离评价之外所有的模型在厘清需求的规划阶段至少包括了一些与利害关系人的访谈和对现有文档的评论。

认同方案导向模型的评价者主要聚焦于目标的规范或方案理论或这个阶段的逻辑模型。现代评价者更可能是理论型的。同样地，他们会在规划阶段花更多时间向客户和利害关系人了解或者发展他们有关方案的规范理论，并且回顾相关的研究文献用以确定评价中可能探索到的或者使用到的理论和研究结论。

与此相反，决策导向的评价者会更多地聚焦于制定决策和制定决策的管理者的信息需求。如果决策涉及方案的原理或者目标，那么评价者将聚焦于这些方面；然而，如果决策涉及其他问题，那么评价者就会很快进行调适。决策导向的评价者关注于了解谁对评价感兴趣以及谁在过去使用过评价，以便确定潜在的重要的使用者。他或者她也会考量方案的阶段和可能的信息需求。与决策导向方法相反，消费者导向的评价者会通过进行产品的功能性分析和确定用来判断产品价值的标准的方式厘清需求。与此类似，专家意见导向的评价者可能在那些方案的准则发展完备的领域内限制评价（例如，医疗领域的、教育领域的或环境的标准）。当评价者假设他受雇是需要基于他个人对方案的准则的专业知识来确定标准时，这种厘清可能就不会聚焦于实际利害关系人的需求。

参与者导向的评价者或者让许多利害关系人参与评价——不只是其他模型中的追随者——在厘清评价需求过程中或者聚焦于利害关系人的特定群体（尤其是方案的管理者和员工）以了解他们对于方案和评价的观点和预期，并开始让他们参加评价。如果参与者导向的评价有许多不同的利害关系人参加，那么评价者就应当开始检验这些群体在价值观、理念和权力上的差异。沃利（Wholey）在可评价性评估中建议，就实现评价的目的和可能使用的步骤而言，不同工作组大会可能更加严苛和更难以达成共识。此外，如果管理者或决策者与利害关系人之间的嫌隙过大，具备强势冲突解决技能的外部评价者（因为他不太可能被视为管理层的工具）可能是更加适合的。然而，这样的工作组能够成功地确定可能在管理层大会中还没有出现的问题并且能够进一步加强管理者和其他利害关系人之间的沟通。作为另一种选择，参与者导向的评价者可能通过与不同的利害关系人群体进行访谈，查阅方案文档和观察方案来厘清评价需求，而不是竭力通过全体利害关系人工作组来达成共识。具有建构主义倾向的参与者导向的评价者将会寻求不同的视野或者多元化的现实，而不必达成共识。

所有的方法都能够通过内部的或外部的评价者得以实施；然而，内部评价者可能是决策导向的。他们的首要目的是帮助管理者作出决策。因为他们正在开展的工作，他们关切的更多的是组织的发展而不是个别的方案。他们不太可能使用消费者导向的或者专家意见导向的方法，因为他们的主要利害关系人不太可能是消费者。他们因为具备评价专业知识受雇，而不是特定方案内容中的专门知识。与此相反，外部评价者受雇主要是评价具体的方案或者政策。他们可能受雇于消费者、管理者或者利害关系人群体是因为他们具备评价专业知识或他们将要评价的特定方案的内容中的专门知识。在这个背景下，考虑到评价的特定环境和利害关系人的需求，基于理论和参与式方法中的要素可能被内部或外部评价者修改。

## 主要的概念和原理

1. 赞助者、客户、受众或利害关系人都能够使用评价。每一个群体对评价都有其自身的需求、关切和信息需求。评价者应当确定每一个群体并酌情考虑他们在评价规划中的关切。

2. 确定和理解评价的目的可能是在评价开始之前将要完成的最重要的行动。

3. 评价有多种用途，包括直接的信息运用，教育使用者利用替代方法作决策，在利害关系人中刺激对话的进行以及提升对方案的问题或者利害关系人的观点的了解。

4. 如果客户是因为公共关系的目的或者推迟决策以逃避责任而使用评价；资源不充足；会产生琐碎的或者无效的信息；评价会导致违反伦理的实践或者受众将被误导，这些情况下实施评价是不适当的。

5. 可评价性评估能够运用于确定一项评价继续进行下去是否是有效的。包括与方案的管理者共同确定目标和方案模型，或理论是否是清晰的和可行的，并确定受众是否会使用信息。

6. 内部或者外部评价者都能够实施评价。内部评价者具有的优势是了解组织及其历史、决策风格并能够鼓励后继使用。外部评价者能够为特定的项目带来更多客观性和专业技能。

### 问题讨论

1. 为什么厘清评价需求是重要的呢？我们这样做的意义是什么呢？

2. 赞助者、客户、受众和其他利害关系人群体的典型信息需求会有怎样的不同呢？

3. 你认为可评价性评估是如何帮助评价者的呢？又是如何帮助使用者的呢？

4. 表 11.3 中的哪一项胜任力对你而言是全新的或者是令人惊讶的呢？你认为哪一项胜任力是最重要的呢？你会为这份清单增加胜任力的内容吗？

5. 在何种情境下你更倾向于使用内部评价者呢？提出一项你会更倾向于使用内部评价者来解决的方案或者问题。再换成使用外部评价者。在每一种情况下你会关注什么呢？

### 应用练习

1. 如果由你来执行一项评价，你会想问哪些问题呢？

2. 考虑一项你了解的方案。这个方案适用于沃利（Wholey）的可评价性标准吗？如果不适用，应当发生哪些改变呢？作为一位评价者，你会采取哪些步骤来实现这些改变呢？

3. 考虑你在练习 2 中确定的方案和可能的信息需求，那么是内部的还是外部的评价者更适合这项评价呢？证明你的选择。

4. 在方案的评价中，你认为哪些胜任力是最重要的呢？你会如何雇用一个人实施这项评价呢（内部的或者外部的评价者）？

### 相关的评价标准

我们认为以下的评价标准与本章的内容相关，这些评价标准列于包括了所有评价标准的附录 A 中：

| | |
|---|---|
| U1——评价者的可信度 | P1——响应性和包容性导向 |
| U2——关注利害关系人 | P6——利益冲突 |
| U3——协商的目标 | E1——评价文档 |
| U4——清晰的价值观 | A2——内容分析 |

F3——背景的可行性　　　A3——目的和步骤的描述

## 案例研究

在本章中，我们推荐阅读的 3 次访谈阐释了内部和外部评价者的不同作用。《评价行动（Evaluation in Action）》一书的第 3 章是与伦恩·比克曼（Len Bickman）—— 一位外部评价者的一次访谈，在第 5 章中呈现了与大卫·费特曼（David Fetterman）的一次访谈，他起到了半个内部评价者的作用。第三次访谈是与一位名为埃里克·巴雷拉（Eric Barela）的内部评价者进行的，这次访谈出现在了《美国评价期刊（American Journal of Evaluation）》中，并且在《评价行动（Evaluation in Action）》一书出版之后得以实施。

在第 3 章中伦恩·比克曼（Len Bickman）讨论了他与评价赞助者之间的分歧，以及他为保证研究的有效性而坚持掌控一些关键性的评价决策。期刊源自菲茨帕特里克和比克曼，（Fitzpartrick, J.L., &Bickman, L., 2002），《布拉格和斯塔克县（Ft.Bragg and Stark County）的儿童和青少年的医疗体系评价：一次与伦恩·比克曼（Len Bickman）的对话》，《美国评价期刊（American Journal of Evaluation）》，23(1)，pp.67-80。

在第 5 章中大卫·费特曼（David Fetterman）直率地讨论了在评价他自己的教育培训学校的一项方案中他所遇到的教师的一些问题，尽管他与这个方案并没有直接联系。期刊源自菲茨帕特里克和费特曼（Fitzpartrick, J.L., &Fetterman, D., 2000），《斯坦福教师教育方案（Stanford Teacher Education Program, STEP）评价：与大卫·费特曼（David Fetterman）的一次对话》，《美国评价期刊（American Journal of Evaluation）》，21(2)，pp.240-259.

我们推荐的第三次访谈是与埃里克·巴雷拉（Eric Barela）进行的，他是一位在一个大型城市学区中开展评价的内部评价者，一位像费特曼（Fetterman）的内部评价者，他的访谈阐述了正式的内部办公室是如何采取保护措施的，它不同于承担项目的独立的内部评价者。期刊源自克里斯蒂和巴雷拉（Christie, C.A., &Barela.E., 2009），《大型城市学区中的内部评价：第 I 项最好的实践研》，《美国评价期刊（American Journal of Evaluation）》，29(4)， pp.531-546。

## 推荐阅读书目

Joint Committee on Standards for Educational Evaluation. (2010). *The program evaluation standards (3rd ed.)*. Thousand Oaks， CA: Sage.

Smith， M.F.(1989). *Evaluability assessment: A practical approach*. Boston: Kluwer Academic.

Smith， N.(1998). Professional reasons for declining an evaluation contract. *American Journal of Evaluation*， 19， 177-190.

Sonnichsen， R.C.(1999). *High impact internal evaluation*. Thousand Oaks， CA:Sage.

Stevahn， L.， King， J.A.， Ghere， G.， &Minnema， J.(2005). Establishing essential competencies for program evaluators. *American Journal of Evaluation*， 26(1)， 43-59.

Wholey， J.S.(2004).Evaluability assessment. In J.S.Wholey， H.P.Hatry， &K.E.Newcomer (Eds.)， *Handbook of practical program evaluation*(2nd ed.). San Francisco: Jossey-Bass.

# 第十二章　设置界限和分析评价背景

**思考问题：**

1. 谁是评价中的潜在利害关系人和受众呢？利害关系人会在什么时候和如何参与评价呢？

2. 为什么描述评价目标是重要的呢？

3. 逻辑模型和方案原理提供了什么样的功能呢？评价者会采取哪些步骤开发方案原理呢？

4. 对评价潜在资源的知识能够为规划阶段提供怎样的帮助呢？

5. 对于分析评价将要发生的政治背景问题，评价者应当考虑什么呢？政治考量会对研究的实施产生什么影响呢？

在前面的章节中，我们确定是否实施一项评价，决定是否使用内部或者外部评价者并考量雇用对象。在本章中，我们把注意力聚焦在其他四个重要的方面：确定评价利害关系人和受众，对评价对象设置界限，更多地通过开发逻辑模型和方案原理了解方案，并分析有效的资源和政治背景。

## 界定评价的利害关系人和目标受众

在评价规划阶段，评价者界定评价的各类利害关系人和受众是非常重要的。利害关系人参与到规划阶段有助于确保评价解决适当的关注，并帮助评价者确定潜在的使用者。此外，利害关系人在早期阶段的参与有助于减轻他们对评价的焦虑感，并使评价者了解不同的群体是怎样看待方案的。超出了最直接的利害关系人的受众的认知也能够帮助评价者考量结论在未来的传播。在这一章节中，我们讨论的是这些群体的识别和参与。

# 界定参与评价的利害关系人和未来的受众

一开始，评价者必须认识到赞助者和客户——通常评价者最先遇到的人——代表了研究的首要受众，但仍然有其他重要的利害关系人和受众需要进行考量。的确，评价的赞助者常常为研究提供资金并以此为其他利害关系人提供信息，例如，在形成性评价过程中评价方案的管理者或者员工。

评价者应当与每一位利害关系人群体或其代表确定并沟通以了解这个群体对方案和评价的看法和关切。显然，因为一些利害关系人更关注方案或者评价的即时使用，他们投入一些权重将是必要的。然而，几乎在所有的评价中，最终的评价计划将包括解决众多不同利害关系群体的信息需求问题。那么，一个人如何界定所有的合法受众呢？

与评价客户和／或者赞助人共事，评价者必须争取实现合理的平衡，确定是否从广义或狭义上定义利害关系人。几乎没有评价有足够的兴趣确保在《华尔街日报》（*Wall Street Journal*）或《泰晤士报》（*the London Times*）中出现的新闻的真实性，但是频繁的错误被限制在了一个过窄的范围之内。方案的管理者和他们的员工，他们代表着在战壕里工作的人，常常在一定程度上参与到了大多数的评价之中。其他受影响群体中的社区成员和代表越来越多地被列入评价利害关系人或受众的行列中。然而，仍有一个令人遗憾的趋势回应吱呀乱响的车轮——把评价研究定位于迎合那些反应激烈的、刺耳的和有权势的人身上。那么没有适龄孩子的人们是不是都会认为学校今天不工作呢？高中学生和他们的家长怎么办？在他们的协商式民主评价模型中，豪斯和豪（House&Howe，1999）主张评价者有责任"逐步吸收内部和外部人士的观点并且为被边缘化的和被排除在外的人们发出声音"（p. xix）。而他们承认他们的方法是理想化的，他们的观点是评价者能够在通常不交流观点的群体中带来"民主对话"或推动理性探讨等方面起到重要作用。

利害关系人数量的增加和多样化的趋势加大了评价的复杂性和成本。然而，基于政治的、实践的和伦理方面的原因，评价者无法忽视某些方面。因此，谁是受众以及他们将如何参与是一个关键性的问题。

格林（Greene，2005）定义了四种利害关系人群体：

1. 对方案有决定权的人，包括其他决策者、资助者和咨询委员会；

2. 方案的直接责任人，包括方案的开发者、组织中实施方案的管理者、方案管理者和直接服务人员；

3. 方案的预期受益者，他们的家庭和他们的社区；

4. 方案中失去了融资机会的弱势群体。（2005，pp.397-398）

斯克里文（Scriven，2007）在这个清单里面增加了一些内容，包括政治上的支持者或者反对者、当选的官员、社区的领导者和一般的公众。我们结合了格林（Greene）的分类和斯克里文（Scriven）的建议开发了如表 12.1 中所列的清单。

**表 12.1    潜在的利害关系人和受众的清单**

| 评价受众清单 | | | |
|---|---|---|---|
| **评价实体** | **（选择适当的方框）** | | |
| 需要评价结论的个人、群体或机构 | 制定政策 | 制定可操作的决策 | 向评价提供投入 | 只追求利益 |
| 方案的开发者 | | | | |
| 方案的投资者 | | | | |
| 界定地方性需求的个人 / 机构 | | | | |
| 批准交付地方性方案的委员会 / 机构 | | | | |
| 地方性投资者 | | | | |
| 资源（设备、物资、实物贡献）的其他提供者 | | | | |
| 交付方案的最高管理者 | | | | |
| 方案的管理者 | | | | |

| 评价受众清单 | | | |
|---|---|---|---|
| 评价实体 | （选择适当的方框） | | |
| 方案的交付者 | | | |
| 评价的发起人 | | | |
| 方案的直接客户 | | | |
| 方案的间接受益者（父母、孩子、配偶、雇主） | | | |
| 方案潜在的采纳者 | | | |
| 为特定客户群体管理方案的机构 | | | |
| 排除在方案之外的群体 | | | |
| 方案或评价中感知负面影响的群体 | | | |
| 由于使用方案而失去权力的群体 | | | |
| 由于方案而失去机会的群体 | | | |
| 公共的/社区的成员 | | | |
| 其他 | | | |

　　毫无疑问，任何一项评价都会解决表 12.1 中所列的所有利害关系人和其他受众的问题，但是应当在规划阶段对每个群体的利益进行考量。评价者能够通过回顾客户的类型以确定利害关系人或者群体，他们可能是被遗忘的但是会提供有价值的新的观点的人，也可能是能够运用不同的方法或者面向不同的受众使用或传播评价的人。一旦利害关系人确定，客户和其他人能够为评价者推荐每个群体的代表来沟通和探讨他们对将要评价的方案和评价本身的看法。每一个群体会将方案的目标看作什么呢？他们认为方案应当如何运转为宜呢？他们对于方案有什么问题呢？他们对于方案想了解什么呢？他们对于评价听说了什么呢？他们同意方

案的目的吗？他们希望从评价中了解到什么呢？评价者应当尽力就方案的不同观点与利害关系人进行沟通，不仅包括较广范围内的利害关系人，也包括获取对方案更完整的框架。

在与所有可能被包括的利害关系人的代表进行沟通之后，评价者能够与客户就评价中每个群体的重要性和作用作决策。大多数评价能够有效利用利害关系人作为一个持续进行中的咨询组的一部分为评价任务提供反馈或者帮助。这些利害关系群体中的一部分可能参与数据收集和结论的解释，另一部分可能在一些断断续续的内容中进行了介绍。还有一些利害关系群体可能因为研究所聚焦的问题而对研究并没有兴趣。

表12.1中所列的清单旨在帮助评价者和客户大致考量利害关系人的目标，如果他们参与了研究。一旦适合的群体或者个人被确定，应当在评价进程中定期对名单进行审阅，因为利害关系人会因为个人的变化而改变，抑或研究或者方案的政治背景发生了变化。

当开发了数据收集的规划并进行了数据收集和分析后，考量每个利害关系人群体会需要和使用哪些信息以及超越了利害关系人的受众的利益变得非常重要。没有哪个群体会对相同的信息感兴趣。方案的交付者和管理者感兴趣的是更多的细节而不是一般公众或决策者。特定受众不同的利益和需求需要量身定做的评价报告。我们将在第17章中进一步讨论这个问题。

# 界定并让各种利害关系人参与的重要性

各种利害关系人的观点提供了研究的聚焦和方向。如果评价者没有在一开始就清晰地将评价指向目标用户，结论就很可能没有影响力。开展谁将要使用评价结论以及如何使用的讨论对于澄清研究的目标是十分重要的。

正如第11章中所提及的，大多数评价者有时会受到误导（可能并非故意）而从事某项评价，在某种情况下发现它的根本目的与他们想象的非常不同。这些误解常见于评价者只与某一个利害关系人交流的情况。与各种利害关系人开展对话也可以澄清评价背后的原因。

# 描述将要评价的是什么：设置界限

设置界限是获取"什么是评价"这一问题的清晰认识的基本步骤。进行一个方案的描述对于帮助建构这些界限至关重要。不足的或者是不完整的描述会导致错误的判断——有时涉及从来不存在的实体。例如，在许多评价中涉及表现不佳的教学团队的概念，形成一个普遍的印象即教学团队是无效的。进一步的检查表明常常被标注为"团队教学"的团队并没有在直接说明的情况下为员工提供真正的机会以实现共同规划或工作。显然，对方案原理和行动的更好的描述将会杜绝这些误解的产生，准确地描述才能进行充分的评价。

好的描述的重要性在于增加了评价的复杂性和范围。评价者常常被要求帮助评价实体，但是这些要求如同"我们的公园和娱乐方案"一样含糊不清。这包括所有季节的所有方案，还是只包括夏季的娱乐方案或者游泳类的方案呢？这一项评价是聚焦于兼职的夏季雇员的培训，还是公园的公共使用、维修或者以上的全部内容呢？是否能够确定公园和娱乐的目的符合社区需求呢？方案的管理者是否正确和有效地实施了当选官员制定的政策呢？或者两者兼而有之呢？回答这些问题而建构的界限使得评价更有价值。

方案描述解释了方案的核心要素。这样的描述包括目标、方案的核心部分和行动、对目标受众的描述和逻辑模型、方案理论或上述的全部内容。方案的描述也包括交付方案的员工的特性或期望、行政安排、环境布置以及其他背景和资源要素。许多描述提供了信息，涉及方案的历史和各个阶段作选择的原因等大量的、描述性的关键因素。其他方面虽然简短一些，但仍然传递了当前方案的关键情况。方案描述的关键要素是向评价者提供充分的细节以理解为什么这个方案应该实现预期的影响力，并作为确定评价问题的基础。然而，一些描述是如此细致入微而显得凌乱琐碎，使得评价者在确定关键要素和方案的行动与结果之间的关联时变得非常困难。一个准确的最终描述由所有利害关系人商定，他们提供对各利益群体参与的方案的理解，允许评价继续进行，并对将检验的实体达成一些共识。

# 考量描述评价目标的要素

评价者能够通过回答下列问题来区分评价和研究的目标：

★设计方案旨在修正什么问题？方案存在哪些需求？方案为什么而启动？方案的历史和目标是什么？预期的服务对象是谁？

★方案由哪些部分构成？它的主要部分和活动、它的基本结构和行政/管理设计是什么呢？它是如何运作的？什么研究能够将方案的活动和客户的特性与预期结果相联结？

★方案的设置和背景（地理学的、人口学的、政治学的和普遍性水平）是什么样的？

★谁参与了方案（直接的和间接的参与者、方案的交付者、管理者和行政人员以及决策者）？谁是其他利害关系人？

★方案在什么时候和在什么条件下能够得以实施？预期花费的时间是多少？它被使用的频次如何？

★有特殊的背景事件或情况（例如，协商合约、预算决策、行政变化或者选举）会因歪曲评价而影响方案？

★方案的使用过程中哪些资源（人力、物力和时间）被消耗了？

★方案经过评价了？如果经过了评价，那么发现了什么呢？这些发现是如何被运用的？

★关键利害关系人面对着关于方案的哪些核心决策？这些决策的时间表是什么？

评价者也应当力求搞清楚将要评价的方案没有包括哪些方面。

# 运用方案原理和逻辑模型来描述方案

我们在第6章中讨论了理论驱动的评价，它的历史、原则和基础与一些实施过程中出现的问题。这里，我们聚焦于描述如何使用逻辑模型或方案原理来理解方案的基本原理及其核心部分以指导评价。

20世纪90年代早期，方案理论和逻辑模型的使用得到了极大增长（罗杰斯，Rogers，2007）。这种增长部分受到了阿斯本研究所（Aspen Institute，1995）的卡罗尔·韦斯（Carol Weiss）和其他人（韦斯，Weiss，1997）工作的刺激，他们推动了非营利组织和资金来源方要求将方案理论作为评价和方案规划的基础。理论基础导向的评价模型得以发布并接受了具有重大意义的讨论（比克曼和陈；Bickman，1987，1990；Chen，1990）。马克·利普西（Mark Lipsey，1993）撰文提出了"小理论（small theories）"的概念及其在评价方法论中的使用也产生了显著的影响。与此同时，美国联邦政府通过《政府绩效与结果法案（Government Performance and Results Act，GPRA）》，开始要求联邦机构和收取联邦资金的机构报告结论。这项工作从本质上刺激了逻辑模型的发展。正如（鲍威尔和博伊德，Powell&Boyd，2008）所写，在他们的机构培训实施新《政府绩效与结果法案》（GPRA）中投入——产出——成果模型和术语的人们，这对他们的组织和其他机构开始使用逻辑模型进行规划和评价来说是一个强有力的促进。

当然，这些努力并非自愿行为并且在其他国家中是领先的。在20世纪70年代（罗杰斯，Rogers，2007），澳大利亚的州和联邦政府以及许多国际发展机构开始需要逻辑模型或者其他形式。在20世纪90年代中期，美国的《政府绩效与结果法案》（GPRA）、"联合之路"（the United Way）和许多州都开始批准逻辑模型。今天，逻辑模型或者方案理念是许多组织进行方案开发的一个共同趋势，但显然不是全部。当然，如果一个方案有逻辑模型或者方案理论，评价者能够了解它，阅读有关文献并与其他人进行讨论以了解方案和确定是否应当修正方案来满足评价规划的需求。如果逻辑模型或方案理论并不存在，评价者可以选择使用这些方法来描述方案和识别具有不确定性的领域或者评价的信息需求。

值得注意的是术语"逻辑模型"和"方案理论"可以交换使用，事实上两者是完全相同的（麦克劳克林和乔丹；韦斯；McLaughlin&Jordan，2004；Weiss，1997）。但是，正如我们在第6章中指出的，逻辑模型更像是反映了方案活动的一条链接，而方案理论则解释了方案为什么应当进行的原因。两者都有助于评价者描述方案以及开始为评价设置界限。

然而，评价者应当清楚模型的目标。韦斯（Weiss，1997）描述了方案理论的两种类型：实施理论和规划理论。实施理论就像是逻辑模型，其特征是一种描述或者方案的投入、活动、产出和结论的流程图。不同的话语或不同的产出和结果的类型会被标注为——例如，短期结果、中期结果、长期结果的形式。然而，理论是一种序列，它可能会也可能不会提供线索解释应当达成结果的原因。当然，如果评价聚焦于描述方案的过程，那么实施理论是有用的，但即便如此，评价者也必须选择重要的过程进行描述，尤其是那些与结果紧密相连的部分。正如韦斯（Weiss）所强调的，实施理论对理解方案的因果机制是无用的，并且在这个阶段评价者并不想理解方案的因果机制。为什么呢？因为评价者仍然在致力于了解背景，理解方案及其基本原理。这种理解在今后许多关键的决策中会帮助评价者——对测量而言什么是重要的，什么时间测量它，怎样测量它（列维通，利普西，韦斯；Leviton, 2001；Lipsey, 1993；Weiss, 1997）。

**建构逻辑模型**。这里我们提供一些有关逻辑模型和方案理论的建议和资源。威斯康辛大学的拓展方案开发和评价办公室（The University of Wisconsin Extension Program Development and Evaluation Office）创建了一个著名的网站，它包括培训模块和逻辑模型的案例。（参见 http://www.uwex.edu/ces/pdande/evaluation/evallogicmodel.html.）在图 12.1 和 12.2 中，我们展示了他们工作中的两个案例。图 12.1 是一个在组织内建构评价能力的逻辑模型（泰勒——鲍威尔和博伊德；Taylor-Powell&Boyd, 2008）。在阅读了第 9 章中有关评价能力建构或者 ECB 的内容之后，我们使用这个案例，因为所有的读者都熟悉它的概念和原理。读者能够理解为什么泰勒 — 鲍威尔和博伊德（Taylor-Powell&Boyd）的 ECB 理论变化的逻辑模型使用简洁线性的方式来解释过程是有效的。ECB 如何首次引领个人的改变、评价方案和方案工作团队的改变，接下来是组织作为一个整体的改变，最后是社会的改变。此外，逻辑模型显示这些改变了的指标经由评价者选择以在 ECB 过程中权衡进步或者成功的状态。

图 12.2 展现了一个更加复杂的逻辑模型用以减少和阻止青少年吸食烟草。评价者使用这个逻辑模型推动利害关系人之间有关界限问题的对话：在哪些领域里他们最需要信息？他们最关心的问题在哪里？但是理论或这个逻辑模型背后的理论必须有进一步的阐释。例如，有关社会规范的方案理论得到开发，那么它们

是怎么样以及为什么会减少青少年的烟草吸食。（参见模型中靠右边的方框。）这种方案理论有助于利害关系人厘清变化的机制：那些吸烟的青少年、他们的朋友和家庭的社会规范是什么？这些规范中哪些要素最可能发生改变，例如，健康、花费还是吸烟的诱惑？方案的哪些部分或者活动会促使这些规范的改变？（网站呈现了方案的子逻辑模型并包括文字描述。参见 http://www.uwex.edu/ces/ pdande/evaluation/pdf/YouthLMswithnarr.pdf）

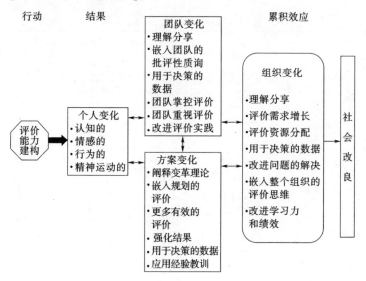

**图 12.1 ECB 理论变化的逻辑模型**

资料来源：泰勒—鲍威尔和博伊德（Taylor-Powell, E., &Boyd, H.H., 2008），《复杂组织的评价能力建构》，布雷弗曼、恩格尔、阿诺德和伦内坎普（M.T.Braveman, M.Engle, M.E.Arnold, &R.A. Rennekamp）主编，《复杂组织体系内的方案评价：合作推广课程》，《评价新方向》（New Direction for Evaluation），No.120，67. 这份资料的转载得到了约翰·威利父子出版公司（John Wiley&Sons, Inc.）的授权。

***建构方案理论***。这些逻辑模型为评价者提供了开始描述方案及其组成部分和序列的方式。但方案理论常常必须由逻辑模型发展而来，如果评价者要彻底理解方案的因果机制。重点是沃利（Wholey）的可评价性评估的标准之一：在方案的活动与结果之间应当有清晰的关联表明为什么方案应当达成预期的效果，而且

这些联结应当是可信的。也就是说当评价者观察方案，回顾研究文献，考量接收方案的特性并且考虑条件和资源对交付方案和他们实施行动是有效的，他们应当可以推断出如果方案被认为是可评价的，那么就有可能达成方案的目标或结果。一些逻辑模型无法清晰地阐明这些联结或者我们所说的方案理论。韦斯（Weiss，1997）警告说，在评价过程中运用方案理论真正的挑战包含阐明因果关联和推动理论的质量。

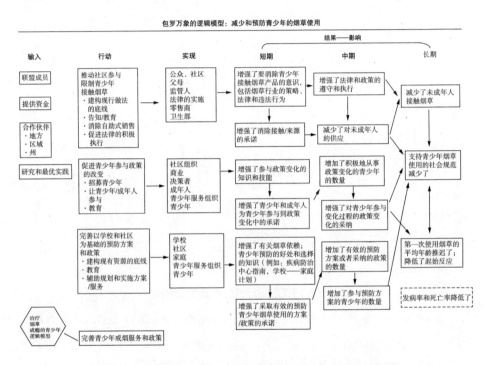

**图 12.2 首要的逻辑模型：减少和阻止青少年吸食烟草**

资料来源：泰勒—鲍威尔、哈博克和莱希（Taylor-Powell, E., Hrabik, L., &Leahy, J.2005），《烟草控制方案的记录结果》（Documenting outcomes of tobacco control programs）（减少和阻止青年吸食烟草的总体逻辑模型），检索来自 http://www.uwex.edu/ces/pdande/evaluation/pdf/ tobaccomanual. 麦迪逊，威斯康辛州：威斯康辛大学合作推广。

为了阐释理论是怎样运用于表达因果机制的，我们将建构一个相对简单的理论，这个理论在很早以前由彼得·罗西（Peter Rossi，1971）首次提出其概要。他的模型建议评价者或者方案开发者应当从三个步骤进行阐述：一个因果假设，一个干预假设和一个行动假设。

1.因果假设连接要解决的或者减少的问题，从方案（A）到未证实的原因（B）。例如：在我们学校少数四年级的学生没有通过州测试所制定的标准（A），因为他们不知道如何通过诊断词汇问题来确定核心要素和所需的数学程序（B）。尽管向他们提出了模型，但他们没有花足够的时间进行练习进而掌握它，并且没有熟练地运用它解决许多不同类型的问题（B）。

2.干预假设连接从方案行动（C）到未证实的原因（B）。因此，在9月我们学校向四年级的学生提出了模型，今年早些时候将就词汇问题每周使用2次模型以解决新的数学内容和数学教学（C）。结果是在4月州测试标准开始执行之时，他们能够运用模型解决许多不同类型的问题（B）。

3.最后，行动假设连接方案活动（C）与减少最初的问题（A），因此，行动假设将是：在整个四年级渐增性地每周使用词汇（C）将促使我们学校中更多四年级的学生成绩为"掌握"或者高于州测试对4年级数学的标准。

第二个案例：

1. 毕业于我们高中的学生不像我们希望的那样继续进修高等教育（A），因为他们不了解已经进入大学的其他人（父母、朋友），他们认为进入不熟悉的环境会令他们孤立和不成功（B）。

2. 我们的方案是允许高中高年级学生在他们仍就读高中时就在邻近的社区大学选修免费的大学课程（C），这将有助于学生了解环境，认识到那里有许多像他们一样的其他学生，并且他们能够学到知识（B）。

3. 高年级时期的方案（C）是我们的大学将增加继续进修高等教育的毕业生的数量（A）。

值得注意的是，尽管简单，但是这些方案理论模型明确了方案活动为什么会造成最初的问题的减少。同样地，它们是讨论和阐明方案理论的有价值的工具。通过讨论，这些模型变得更加复杂；一些方案将形成一些干预模型来阐释理论。

其他方案仍然聚焦于一个或者两个主要的原因。

评价者与利害关系人共同开发的影响力模型详细说明了问题、原因和方案的活动以及它们之间的关系。最初的影响力模型是基于利害关系人和方案开发者的认识和经验构建的，它将成为主要的规范。但是现在我们必须关注韦斯（Weiss）的第二个警告：要开发更好的方案理论。她这样阐述：

> 评价者当前正在作出的假设是从方案的规划者和参与者或者他们的逻辑推理中得出的。许多理论是基本的、过于简单的、局部的，甚至根本就是错误的。评价者需要利用社会科学，包括社会心理学、经济学和组织研究，以寻求有效规划的线索并且他们必须更加精通于理论的发展。更好的理论对评价者而言非常重要，是他们研究的支柱。更好的理论对方案的设计者而言更是关键，因此社会干预更可能实现我们在21世纪所希望的社会形态。（1997，p.78）

正如韦斯（Weiss）建议的，与方案员工共同开发方案理论或阐释方案因果机制的逻辑模型并不是所有评价者都要做的事情。评价者也进行文献搜集以确定开发者、管理者和方案员工的因果假设是否受到研究的支持或者是否有一些假设是存疑的。有些案例中，这些利害关系人可能已经掌握了以前确定的研究，支持他们的规范性模型。其他案例中，评价者可能运用了文献回顾以发现支持或挑战方案模型假设的研究。如果现有研究引起了现有模型的问题的增加，那么评价者与方案人员和其他利害关系人应当共同修正模型。这些促进方案理论和达成共识的行动是评价规划过程的一部分，它在评价开始之前就为方案提供了即期效益。

最后的方案理论或逻辑模型提供了后续评价的框架。因此，因果假设为需求评估奠定了基础，例如问题将会是：我们四年级的毕业生中有多少比例无法达到州测验标准的要求？我们的成绩与其他同类学校比较会如何？我们的数学课程与他们的课程比较会如何？哪些类型的项目或者数学标准是我们的学生无法达到的？这些无法达到标准的学生具有哪些特征（我们学校的新生、其他标准测验中的成绩、在学校的表现）？干预假设或者假说有助于在形成性研究中确定方案中的重要部分以进行监控或者描述。每周每堂课在词汇问题解决策略上花费了多少时间？教师和学生在论证、实践和反馈的过程中做了些什么？当问题解决模型刚开始引入之时，有多少比例的学生能够掌握它？当学生们使用模型解决新的数学程序时，有多少比例的学生能够继续掌握它？行动假设在问题和方案之间建立了最终的联结。它列举了许多黑箱研究要解决的问题：也就是，方案实现了它的目标吗？然而，如果没有重要的因果和干预假设，评价者就无法理解为什么行动假设失败了或者被证实了。

# 描述方案和开发方案理论的方法

建构方案的描述、模型或者理论能够通过多种方法实现。四种收集重要信息的基本步骤是：（1）阅读文献中有关方案的信息；（2）与各种熟悉方案的人进行沟通；（3）在行动中观察方案；（4）研究对方案及其理念产生关键影响的要素。这里我们对上述的每一项内容都进行简要地讨论。

*描述性的文献*。许多方案被描述为旨在向基金机构、规划文献、报告、相关会议记录、通信、出版等提出建议。花时间查找和阅读这些文献是深入地理解实体从而进行正确描述的重要一步。

*访谈*。书面文献是很有帮助的，但是它们不能提供完整的或者足够的基础性资料以描述评价的目标。方案从纸面上的规划到现场的实际施行会有意或无意地发生改变，这是常见的。评价者应当与那些参与方案规划和交付的人、与方案的接收者和在方案的运转过程中观察它的人进行深入地交谈。持有不同观点的利害关系人应当接受访谈。例如，评价一项涉及家庭暴力犯罪者的处理方案时，评价者最好了解方案是（被认为是）如何操作的，不仅要从对方案交付负责的治疗师和行政官员，也要从为方案提供资金的州政府部门，从方案的参与者及其家庭和推介方案的法官等那里了解情况。与所有相关受众的代表进行沟通也非常重要，这有助于开发一个模型以达成共识以及理解受众的不同观点。

*观察*。通过在行动中观察方案能够了解到很多情况。除了亲自观察方案之外，评价者也可以邀请专家对方案进行观察。通常观察可以揭示方案如何运作以及方案预期是如何运作之间的变化，这是评价者仅透过访谈或阅读无法发现的。事实

上，书面文献、访谈和观察之间的差异能够提供大量的基础性信息以了解这个阶段的情况。评价者应当留意这些差异，并且了解这些差异是如何出现的。例如，当观察发现方案的交付不同于书面文献和通过访谈获取的信息时，首先采取的有效步骤是与交付者沟通以了解这种变化的基本情况。如果情况确实如此，那么这些分歧会从之前接受访谈的管理者或者决策者那里得到证实。

*研究*。评价者应当花时间熟悉涉及多个问题的研究：学生或者客户，类似的方案或者干预以及方案理论核心内容的建构。正如我们早期提及的，评价者应当努力发现研究是否证实了方案理论设置的假设或者其可行性的问题。【参见菲茨帕特里克和布莱索的访谈（Fitzpatrick&Bledsoe，2007），有关布莱索与客户共同的工作和她通过研究开发的方案理论。】

**最后的描述和理论**。评价者开发了方案理论，就必须确保利害关系人认可它和方案描述的其他要素准确地反映方案及其假设的特征。为确认这种共识可以通过与已经参与了开发方案描述的工作组或者顾问组的持续会议，或通过向不同的受众进行正式的描述，或通过与各种利害关系人分别召开会议等方式。然而，回顾这个阶段的目标也是通过明确评价的目标是什么来为评价设置界限。为了全面地理解评价的背景，描述介入了方案的大部分内容，比评价要解决的部分更多。现在是时候从利害关系人那里了解哪项要素是他们最感兴趣的，以及他们想了解这些要素的哪些方面。评价者在他们认为应当研究的领域也能发挥积极的作用，这可能因为研究和参与者的理论之间的分歧，或者因为方案理论与在实际中观察方案之间的分歧，或者因为方案理论中的歧义或未知的因素。

我们认为：评价者能够使用这三个资源和逻辑模型以及方案理论与利害关系人共事，或者单独工作，或者运用逻辑模型和方案理论进行方案描述。然而，有一些人提倡更清晰的方法。莱乌（Leeuw）写道："如果我们的重建方法（为开发方案理论而设计）模糊不清，那我们怎样才能知道基本理论的'本质'是什么呢？"（2003，p.6）他确认和讨论了三种不同的方法论，用以"重构"或创造方案理论，并且提供了使用每一种方法论的案例。第一种方法，政策—科学法，主要依靠文献和研究。第二种方法，战略评估法，利用对话以及达成群体间的共识。第三种方法，启发式方法论，基于方案的个人心理模型。对更多如何建构和推动方案的讨论感兴趣的读者而言，他的文献是很有价值的。

## 处理不同的观点

总体来说，以前的讨论假设方案本身和现有的评价界限之间达成一致。情况并不总是这样。

下面是一个案例，弗鲁姆、科伦坡和纳汉（Vroom，Colombo，&Nahan，1994）描述了目标的观点和方案的优先级在管理者、员工和赞助者之间有怎样的不同，这会形成不确定的评价。在一个有创新性的方案中使用电缆技术帮助失业者找到工作，这些具有不同优先级的利害关系人他们依附于技术和方案的直接服务部分。赞助者关心的是权衡对失业者的直接影响，但机构员工关心的是新的和复杂的电缆技术的实施。尽管其他的组织的问题也归因于评价的失败，但是著者相信与利害关系人不断地讨论和会议沟通能够澄清观念上的分歧，并且促进评价。

与此相似，唐纳森（Donaldson）描述了在希望复制已经成功地在密歇根州以及新的和不同的环境中的加利福尼亚州安置了失业工人的方案模型，与使模型适应加利福尼亚州的劳动力市场和失业的紧急情况（菲茨帕特里克和唐纳森，Fitz -patrick&Donaldson， 2002）之间的紧张情况。费特曼（Fetterman）描述了影响他评价的《斯坦福教师教育方案》（Stanford Teacher Education Program）中全体教师的不同目标、观点和优先级（菲茨帕特里克和费特曼，Fitzpatrick& Fetterman，2002）。

当分歧出现在将要被评价的方案或政策的本质时，评价者能够采取两种途径之一。如果差异相对较小，并反映了利害关系人的价值观或者立场，评价者就能够选择了解这些不同的观点，但是无法推进共识。这些不同的观点为评价者提供了一个机会，如果他们抓住这个机会详细地了解每个群体的观点或解释，那么他们就能够更多地了解每个利害关系人和方案。其次，通过允许每个群体实现他们希望的方案的意义并坚持聚焦于与意义相关的结果，评价者能够解决不同受众的信息需求。此外，通过帮助受众考量特定视角之外的事情，他们就能够教育这些受众。

然而，如果观点的分歧较大并且发生在研究的主要受众之间，评价者应当在开展评价之前尽力达成共识。他们会希望建构一个由不同的受众组成的工作组就方案描述、逻辑模型或理论以及评价界限达成一致。如果不能形成共识，评价者决定进一步的评价应当被推迟。（参见第7章有关可评价性评估的讨论。）

有时对评价者而言，从客户那里获取有关描述准确的正式协议是非常重要的。这样的协议有助于避免以后在利害关系人与评价者之间就评价者是否真正理解将要评价的方案这一问题造成的冲突。

## 方案发生变化时进行再描述

描绘方案的真实特征非常重要，不仅在方案开始之时，也包括方案进行之时。对评价者而言关键的问题是评价时被评价的方案频繁地发生变化。豪斯（House，1993）写道，方案不是"一台固定不变的机器（a fixed machine）"。方案的本质在变化之，中并且这种变化是由许多因素造成的（麦克林托克，McClintock，1987）。这种变化部分原因来自方案管理者的反馈，他们提出要进行有用的精炼和修正。通常一项方案——不论是一门课程、一个培训方案、一项服务或者机构的一项新政策——被使用者没有按照设计者的预期实施，有一些调整从理论上讲可能是合理的，有一些可能是由过分单纯或者误解造成的，也有一些可能源于蓄意的阻力，有部分使用者决心从最初的设想中去除有异议的部分。无论如何，到评价最后，评价者必须描述什么是实际评价，这与最初的规划可能会完全不同。

古巴和林肯（Guba&Lincoln，1981）提供了一个精彩的讨论，讨论有关方案的目标为什么会发生改变（他们称之为"评价evaluand"）。

假设一项实施了的评价非常类似于预期主体的评价者是单纯的或者不能胜任的，因此，在使用过程中进行评价的实地观察，了解方案实际存在的背景和实际获取的条件相当重要。

主体、背景和条件的不断变化会因为各种原因而发生。在一些案例中，因为行为者的不情愿或者阻力会产生有害的变化。必须进行调整以使评价适应地方的情况。仅仅是时光的流逝就使得各种历史因素对变化产生了影响。在绝大多数情况下，如果行动者认真采取了行动，并且如果这种行动产生了有意义的信息，那

么评价者的行动就会促使情况发生持续不断的变化。（p.344）

## 评价目标描述的一个样本

为阐释这一部分的关键点，我们开展了方案的讨论，由本书的作者之一进行评价（菲茨帕特里克，Fitzpatrick，1998）。将要描述的方案是一个有关对醉酒驾驶（driving under the influence， DUI）的人的治疗方案。这个描述围绕着第 291 页列举的前两个条款构建："描述评价目标的考量要素（Factors to Consider in Characterizing the Object of the Evaluation）"。方案的描述或模型能够由多种不同的方式组织。这个部分阐释了我们能够从每一项要素中了解到什么。

*第一个问题*。设计的修正方案出了什么问题？方案要满足什么需求？为什么要启动方案？方案的目标是什么？方案预期的服务对象是什么？

这个特定的治疗方案是针对违法者而设计的，他们是问题饮酒者或者初期的问题饮酒者，因为界定违法的标准差异很大，包括醉酒驾驶被逮捕，逮捕时血液中的酒精浓度水平，酒精中毒的测量值以及逮捕时是否发生了事故。这个方案减少了因为醉酒驾驶造成的死亡和事故。与许多这一类型的方案类似，它的启动是因为公众对这个问题的关注，并意识到需要对某些罪犯进行一些合理的治疗以控制此类问题的恶化。它的目标是帮助罪犯承认他们有醉酒驾驶的问题，并且需要寻求进一步的治疗。方案设计者承认已有资源不足以阻止问题饮酒者喝醉。因此，下面的方案理论包含了一个更加即时和隐晦的目的。方案的理论或模型是：（a）问题饮酒者在酒精的影响下驾驶是因为他们有饮酒的问题，并且不知道他们的问题的严重程度；（b）如果这些罪犯被曝出滥用酒精并且参与他们滥用酒精的小组讨论的信息，那么他们就会意识到他们自身滥用酒精的问题；（c）治疗方案将建议他们到那些能够接受长期治疗的地方去；（d）通过接受长期的治疗，罪犯会通过减少酒精摄入及饮酒的频次以减少酒精对他们的影响。第二阶段的补偿模型达到的目标是当参与者饮酒以后让他们使用替代性的交通工具以及避免驾驶。（参见以下内容。）

*第二个问题*。方案由哪些部分组成？方案的主要组成部分和活动是什么？方案的基本结构和行政／管理的设计是什么？它的功效如何？联结方案活动和客户

预期的结果之间存在哪些研究？

治疗方案的课程和方法由资助和管理方案的州立机构开发、概括并且传播至治疗网站。方案时长达到20—30个小时，8—12个部分。内容由演讲、电影、小组讨论和练习构成。然而，治疗手册中每一部分的内容都非常具体，治疗的帮助者是滥用酒精领域独立的实践者，在与他们的访谈中表明他们常根据小组的需要调整相关的内容。通过对一些方案的观察表明，体验性活动比预期中更加受到限制。治疗理论非常强调体验式的方法而不是说教式的方法，才能达到目标，即让他们自己认识到酗酒的问题。达到标准被界定为问题饮酒者的违法者会被法官判处在距离他们的家最近的地方完成此项方案。（在他们接受处罚期间，违法者会失去他们的驾驶证。）如果他们没有完成此项方案，他们会被判入狱。

**描述方案的利害关系人。**方案描述的另一个核心部分是利害关系人的特征。

此项方案中最重要的利害关系人包括法官（最早发起此项研究）、反醉酒驾驶母亲协会（Mothers Against Drunk Driving，MADD，游说法官发起此项研究）、方案协助者和监管此项方案的州立机构。其他利害关系人包括客户、他们的家庭、涉及逮捕的交通事故的受害者和他们的家庭、保险公司、酗酒治疗中心和全体公众。法官感兴趣的是通过了解什么样的违法者可能成功完成治疗来推动他们的审判。反醉酒驾驶母亲协会（MADD）感兴趣的是方案达成目标的程度。方案协助者是通过这些或其他方案掌握治疗醉酒违法者的专业知识的人。他们最感兴趣的是终止酒精滥用。州立资助机构承认酒精滥用是个问题，并且应当进行治疗，但是他们倡导使用替代性的交通工具。研究表明减少驾驶频次的治疗方法（注销驾照和增加保险费用）对减少因为醉酒驾驶导致的死亡比解决酒精滥用问题本身的治疗方法更加有效。然而，大多数这个领域的专业人士来自酒精治疗领域而非交通领域，酗酒问题的治疗方法往往占据了主导地位。

在全国范围内对这个领域进行了大量的研究，并且州立的部门为监控此项方案从网站上收集了一些常规的数据。然而，对于此项州立方案几乎没有进行过系统的研究。当前数据的收集聚焦于参与情况和在方案开始和结束时前—后测的知识和态度的变化情况。没有实施监控研究或者后续结论的研究。

设计以前的描述以阐释一些关键性因素，涉及评价者应注意在规划阶段描绘评价目标的特性。为了描述方案，评价者可以利用印刷资料（州的手册和建议，地方网站资料）；访谈（法官、反醉酒驾驶母亲协会、帮助者和州的行政官员）；方案的观察和有关犯有酒驾罪行的人的治疗方案和解决方案的文献评述。从回答前两个问题中得到的信息能够构建方案的模型。正如此项案例所阐述的，模型可以描述为一个流程图或者通过叙事的方式呈现。支持和弱化这个模型的经验研究应当进行描述。方案的实地考察有助于将模型引入实际，并且帮助评价者确定方案的活动是否与模型相符合。此外，这种描述能够在规划评价焦点的过程中，为与受众开展进一步的沟通打下基础。

# 分析致力于评价的资源和能力

通常方案的管理者和交付者，有时是客户自身把用于评价的资源视为从方案那里获取的资源。他们相信如果这些美金是可用的，那么他们就能够教育更多的学生，治疗更多的病患，服务更多的客户，建设更多的公园等等。然而，公共的和非营利部门开始意识到评价对他们非常有用。评价能够帮助方案的管理者和交付者使方案更好地满足他们的客户的需求。霍奇金森、赫斯特和莱文（Hodgkinson, Hurst, & Levine, 1975）首先引入了免费评价的理念，他们主张评价不是"额外增加（added-on-extra）"，而是用来确定"项目的成本节约和／或提高效率的结果"的一种方法（p.189），仅仅是私营企业开展的对他们的产品和交付模式的研究。评价者应当认识到他们的目标是提高生产力和产品的质量，或者通过形成性的建议推进方案带来更好的产品或者更低的成本，或者通过总结性的建议带来持续的或者不断增长的成功、成本效益优化的方案或者去除不成功的部分。

## 分析评价所需的财政资源

即使客户转向遵循免费评价原则，确定哪些资源能够运用于评价也很困难。正如克伦巴赫（Cronbach）和其他人（1980）指出："确定一个适当的支出水平是……评价规划中最微妙的方面之一。"（p.265）在第 14 章中，我们将对于管理评价和开发预算提出建议。这里在规划的早期阶段，我们重点强调了评价者应当考量的一些问题，这样评价的范围就不会过大超出了已有的资源和能力。

　　理想的情况是对评价资源进行有效决策，应当与那些更加了解评价成本的评价者共同磋商，这会起到极大的帮助。不幸的是，尽管当评价由内部评价人员实施时这种协同更常发生，但是在评价者和客户之间没有形成足够的默契来促成这种协同规划。许多情况下，雇用外部评价者，客户一开始就会为研究独立设置预算限制。有时，评价者被告之有多少钱能够用于评价。然而，这种设置常常并不够清晰。在这种情况下，我们建议评价者提出 2 到 3 个不同层次的评价方案，不同的成本和综合情况——例如，可能是一项"雪佛兰（Chevrolet）"或者一项"凯迪拉克（Cadillac）"的评价——客户能够从中进行选择。内部评价者能够在预算阶段与决策者进行更多的对话，但是应开发出反映不同替代情况的多种预算方案。刚刚接触评价的客户常常并不了解评价设计的可能性方案，哪些评价信息可能会产生或者需要多少评价成本。对有关折中性决策和预算限制，客户也需要了解替代性方案及其结果以作出好决策。预算可以是规划评价的最后一个步骤。相反，如果预算限制一开始就公开将会影响（通常会提高）后面的规划决策。

　　如果可能，评价规划和预算应当保持灵活性。在研究期间环境会发生改变，新的信息需求和机会将会出现。如果每一块钱和每一个小时都进行刻板地规划，结果是评价者和客户都将无法利用新的理念。即使是最严格的规划和预算也应当包括如何转移资源，给客户或者决策者提建议，在情况变化时履行新的评价任务等的相关规定。

## 分析评价人员的可用性和能力

　　预算仅仅只是影响评价研究设计的一个考量要素。人员是另一个考量要素。承担主要责任的雇员发挥着其他作用，他们能够为内部和外部评价者提供帮助。方案的交付者可以收集数据。在没有评价预算的情况下，行政助理能够准备文件、搜索记录和安排会议或访谈等等。[①]地方大学的毕业生寻找实习经历或撰写毕业论文或者进行学术研究，他们承担具体任务并能够以最低的费用进行评价预算。

---

　　① 这并不是说这类人事工作没有成本，只是有可能从现场操作预算方案的人员那里获取履行评价任务的一些相关的帮助。

来自与项目相关的邻里互助和其他社区群体、家长与教师协会、教堂群体或咨询群体的志愿者通常能够承担非技术型的评价任务。客户自身也能有所帮助。呼吁这些来自不同群体的志愿者常常会取得成效，参与其中的志愿者不仅有助于控制成本，而且能够激发利害关系人对评价的兴趣。

每当不是评价专家的人实施或者协助完成评价任务时，评价者要面对的唯一的，也是不可忽略的责任是：确定评价方向、培训和质量控制。缺少专业训练或者相关经历的评价人员需要面向研究的本质、研究的目的并发挥他们应有的作用。他们必须理解他们的责任，不仅是高效及时地完成评价任务，也代表了评价团队及其赞助组织。对于无知的和无准备的评价人员（志愿者或者其他人员）而言，如果他们粗鲁地与他人沟通，歪曲研究的本质或者目标，违背匿名或者保密原则，甚至是与场合不适宜的着装都会使评价陷入混乱。志愿者或者协助者也必须接受完成任务所需要的技术训练。他们必须遵守协议，否则误导性的、不准确的信息或者其他错误就会出现。监控或者现场检查是非常有帮助的，尤其是在早期阶段，这样可以确保非专业评价人员理解他们的任务和职责。

使用非专业评价人员低成本地开展评价也存在滋生偏见的风险。人事方面的考量不能影响这些志愿者实施评价任务的方式。预先就对某人的看法存有偏见是很容易的。评价者受到训练以认识自己的偏见并进行调整，这是一种自我斗争。刚刚接触评价的人不太可能了解自身的偏见及其对评价可能产生的影响。尽管这看起来几乎不会毫无原则，但也有可能改变或歪曲数据以迎合先前的结论。因此，为保护研究的有效性和可靠性，评价者自己训练保持谨慎和提高判断力以确定非专业评价志愿者会执行哪项任务，这是非常关键的。如果他们被分配了任务，并且因此获得了保密信息，他们应当接受严格的训练以了解保密的意义以及维护客户或其他数据提供者的尊严和隐私的重要性。只要进行认真的监督、检查和审计，当地的员工或者志愿者就能够为评价作出有价值的和合算的贡献。

通过使用没有接受评价训练的人在项目中提供帮助，一些评价已经得到大幅提升。米勒（Mueller，1998）的团队从事明尼苏达州儿童家庭教育（Minnesota's Early Childhood Family Education， ECFE）方案的评价工作而赢得了美国评价学会（American Evaluation Association）的奖项。获得这一奖项的动力部分来源于在评价的全部阶段进行了高效的训练和使用方案的员工。在研究的不同时期，员工参与了确定家庭，为客户录像并与他们进行访谈，分析数据和撰写报告等工作。她通过训练和使用方案员工实施评价在组织中构建了内部评价能力，她因此能够使用较少的预算实施一项相对完整的评价并达成目标。只要进行适当训练，作为客户的志愿者有时能够通过访谈收集到更加敏感和有价值的高质量信息，他们比那些接受过良好训练但存在文化差异的评价者更合适。赋权式评价建构的原则是训练其他人评价他们自己的方案。【参见克里斯蒂和康纳（Christie &Conner，2005）的一次访谈，康纳描述了他利用社区居民开展的一项全州的评价。其他利用方案交付者或市民收集数据的访谈者包括沃利斯、杜考伊和菲茨帕特里克；菲茨帕特里克和金（Wallis，Dukay，&Fitzpatrick，2008；Fitzpatrick&King，2009）。】

# 分析评价的技术和其他的资源与限制

现有数据的有效性，包括档案、记录、之前的评价、文献或者评价可能涉及的其他数据收集的结论是一个重要考量。评价者必须挖掘出来的信息越多，评价的成本就越高。

必要的支撑材料和服务的有效性也很重要。现有的考试方案、计算机服务、常规问卷或其他信息服务都是可能的资源，如果在评价中它们基于其他目的已经存在，那么它们都能够以低成本甚至是免费地使用。

先进的技术为收集更多有用的信息和降低成本提供了机会。面对面的沟通，尤其是在规划阶段与新的利害关系人的沟通，永远不能被替代。然而，在群体和个人之中使用电子邮件，通过替代性或者补充性的会议能够增加沟通、节省时间和交通成本，参与者来自不同地区，他们有时分散在某个州或者全国范围内。视频辅助的电话会议能够支持面对面的会议以降低成本。技术能够用于分享草拟的数据收集的测量、结果或者报告并且寻求来自不同的不包括过去的利害关系人的投入。调查面向在线的目标受众实施，结论能够进行分析并且作为数据存储起来。方案的活动、利害关系人、客户或其他相关评价或者与方案相关的信息的视频或照片能够发布在互联网上供其他人观看和评论。最后，许多最终的评价报告将会因为基金会或者组织的需要而发布在网站上，这样结论就能惠及更广泛的受众，这也会成为司空见惯的事情。【参见菲茨帕特里克和费特曼（Fitzpatrick&Fetterman，2000）的讨论，费特曼在斯坦福大学教师培训方案 (Stanford University teacher-training program) 的评价中采用了相关的技术。】

时间必须作为一项资源进行考量。评价者不会希望因为迟到的报告或者数据收集和分析而错过使评价有价值的机会。知道结论在什么时候可以准备好是好的规划的一部分。理想的情况是，评价者有充足的时间以适宜的和高效的节奏满足所有信息需求。有限的时间与有限的美元一样会降低评价的效率。

# 分析评价的政治背景

评价本质上是一个政治过程。任何运用多元结构的不同价值观判断目标价值的活动都具有政治色彩。任何时候在资源被重新分配或优先次序被重新定义时，政治过程发挥了作用。鉴于决策的政治本质，要注意的是决策关注了谁的价值观，如何衡量它们，研究了哪些变量，如何报告信息和向谁报告，客户和其他受众是如何使用评价信息的，评价了哪些类型的支助和由谁进行评价，隐藏了哪些令人尴尬的信息，采取了哪些可能的行动损害了评价、个人或者群体如何指派评价者。政治的过程开始于实施评价的第一个启发，确定服务的目标和将要解决的利益和需求。政治考量渗透进入了评价，从规划到报告和评价结果使用的方方面面。

我们在第 3 章中讨论了评价中的政治要素，但当我们仍然有时间识别和规避会使评价失效的政治损害之时，在本章中我们就不能不谈及对于将要实施的评价分析其政治背景的重要性。

接受从事评价的新要求后，评价者应当考量以下的问题：

1. 在不同的场景下谁在评价中失去的或者赢得的最多？他们同意合作吗？他们理解评价中组织的结果吗？

2. 在这种背景下哪个个人或者群体掌握权力？他们就评价达成共识了吗？愿意合作吗？

3. 评价者期望怎样与个人或者群体相处？怎样做一个公正的局外人？怎样做一个支持者？怎样做一个组织的顾问？怎样做一个未来的顾问或者承包商？做一个知己？做一个促进者？对用道德的方式提供有用的结论的评价及其能力而言，这意味着什么？

4. 与哪些利害关系人合作是重要的？他们同意完全配合吗？他们允许获取重要的数据吗？

5. 在评价的结果中哪些利害关系人享有特权？将会采取哪些步骤给他们的看法一个公平阐述的机会，并且不允许他们排除其他观点？

6. 在评价过程中，需要向谁通报有关评价的规划、步骤、过程和结论？

7. 对评价而言，一项正式协议应当包括哪些保障措施（报告、步骤、编辑权、人的主体的保护、获取数据、元评价、解决冲突的步骤）？

回答这些问题有助于评价者确定从事评价研究是否是合理的和高效的——我们将很快解决一项决策。首先，简要地考量到目前为止在本章中讨论过的活动和问题是如何受到使用的评价方法的影响的，这是有帮助的。

# 评价方法使用形成的变化

参与者导向模型对评价者产生了重要的影响。目前，几乎没有评价者在实施评价时不考虑其他利害关系人的看法和需求以及将要实施的评价的背景。然而，正如第 11 章中所述，模型的侧重点不同。

评价者使用单一的目标导向的方法，在当前接受过训练的评价者中很少出现这样的情况，他们可能会让不同的受众参与确定方案的目标，但是由于他们过于专注于目标，而无法获取足够的方案的描述性信息和理解方案运转的政治背景。目标导向法相对呈线性并且无法了解方案及其服务的客户和运转背景的多样性观点。然而，正如使用当代的方案导向法的那些人所提倡的和在本章中讨论过的一样，逻辑模型的发展或方案理论的规范能够避免这个问题。特别是当实施一个与不同利害关系人的对话时，方案理论或者逻辑模型能够阐明方案的运转情况和隐藏的假设。

与此类似，决策导向法常受到批评，因为它聚焦于作为首要决策者的管理者以及仅仅为作决策提供信息。而富有经验的模型使用者非常确定和了解其他利害关系人的关注，这些群体被视为次级群体。如果这样的利害关系人被排除在组织之外（比如，客户、利益群体、当选的官员），他们几乎不会被视为首要的受众。使用这种方法的评价者认为他们无权作出显著影响方案的决策。（显然，这样的评价者不会去考量基层的有效的政治行动或者校董事会或者立法机构的权力。）与此相似，决策导向的评价者可能会聚焦于确定将要作出的决策及其背景而不是方案本身的背景。当前的绩效监控和标准的运用适合于决策导向模型，因为这些策略用于进行内部的管理决策。然而，将要作出的决策可能不会为标准或者方案的预期水平如何能够实现提供信息。

消费者导向的方法必然是从消费者的观点出发界定方案的。既然如此，方案或者结果的其他受众和其他观点都可能受到忽视。因此，基于消费者导向的国家森林的评价会选择聚焦于森林中露营者的满意度。他们怎样才会对露营设备满意呢？景点美丽吗？进入营地呢？这种聚焦就忽视了其他受众，比如，大农场主、希望保护土地的非使用者和未来一代的使用者和非使用者。专家意见导向的评价从最狭义的角度确定和考量利害关系人及其描述以及方案的观点。他们更多的是因为掌握有关方案内容的专业知识，而不是因为掌握有关评价的专业知识而受到雇用。这些评价知识和标准，主要起因于专业教育、培训、某个领域的经历以及由受过培训的"专家"所在的相同的专业开发的标准。因此，方案的利害关系人和描述方案的方法相对狭窄，是由专业的方案代表设置界线（例如，数学课程的数学评价者、医院的医学人员、监狱的刑事审判员）。专家意见导向的评价者从许多不同的利害关系人那里收集方案的数据，但很少考量这些利害关系人和受众对评价的信息需求。这些评价者认为他们的作用反映了这个领域中专家的标准，不是其他人的标准。

参与者导向的模型通常是最激烈的，它倡导在评价的规划阶段就吸收许多不同利害关系人和他们的观点。使用这个模型的评价者会寻求不同利害关系人的多元化的观点，他们认为没有一个观点能够反映绝对的事实，因此他们必须寻求许多不同的观点来描述方案并考量评价在这个阶段的目标。当然，一些参与式的方法只吸收了少量的利害关系人，但他们的介入程度却很深；这种评价者需要为完成他们的任务界定和准备这些利害关系人。其他的方法虽然有许多利害关系人参与，但是介入程度较浅。问题是综合方案描述和评价的目标。谁来进行这种综合呢？使用这种方法评价者会成为重要的决策者。但是，即使是最完善的评价者引导的参与式方法，在规划阶段也要寻求大量利害关系人的投入。决策导向的评价者可能会谴责参与式导向的评价者对政治问题天真的态度，因为他们打赌他们锁定的管理者或主要使用者是那些对评价最感兴趣和最能够依据评价结论作决策的人。参与式导向的评价者可能会进行反驳，因为几乎没有决策是直接来源于评价的。他们主张通过让大量的受众参与到评价中，并向这些受众通报情况，他们的评价从长期来看就更可能有所不同。

### 确定是否继续进行评价

在第11章中我们谈及了确定评价的原因。这种原因为确定评价是否有意义提供了最好的指标。在本章中我们讨论了理解谁会使用评价信息以及如何使用的重要性，我们也提出了有关确定相关受众的方法的建议。我们强调描述和设置边界以评价和分析财政的、人力的、技术的和其他资源是什么来确定评价的可行性。我们告诫评价者考量政治影响是否也会逐步损害评价。

这时评价者必须作出最后决定——积累涉及背景、方案、利害关系人和有效的资源等方面的充足的信息——是否继续进行评价。在第11章中，我们回顾了在哪一种评价下的条件可能是不适当的。现在，评价者已经了解了更多有关评价的边界和可行性以及利害关系人的需求和观点。基于这些信息，评价者应当再次考量是否需要继续进行评价。不幸的是，我们能提供的不是简单的平衡所有要素的算法以作出是否继续进行评价的最后结论。在这一章和前面一章中彻底地考量要素的概况——洞察力、思考力和常识——对于在什么时候作出同意实施评价的明智决策而言，这些都是必不可少的组成部分。丹尼尔·斯塔弗尔比姆（Daniel Stufflebeam）已经开发了一个有价值的名单用以衡量在评价的规划时期你是否已经处理好了所有重要的相关要素。它可以参见 http://www.wmich.edu/evalctr/checklist/plans_operations.pdf。

尽管我们已经将它描述为是与否的决策，但是其他的选择当然也是存在的。了解更多有关背景、方案和有效资源的细节，评价者能够与客户或者赞助者共同限制评价，使其在方案的一个最富于成效和有价值的区域内进行评价或者在一个更窄的范围内进行评价。

### 主要的概念和原理

1. 第一步分析评价背景是了解评价的不同利害关系人的需求和看法。在规划阶段酌情对不同的潜在用户进行界定、访谈并让他们参与评价。

2. 设置界线和理解评价背景的第二个意思是进行方案描述，这包括逻辑模型或者方案理论。更大规模的描述和模型或者理论能够通过与利害关系人或者群体的访谈进行，但最后应当与用户分享以进行确认或者讨论。

3. 描述方案过程的逻辑模型——它的投入、活动、输出和结果。有一些逻辑模型能够作为重要的工具以指导实现研究，并且能够提出一些有关假定的因果关系的看法，也就是在最初的问题、方案的活动和目标之间的关联。

4. 理解方案的理论在这个阶段是非常重要的。方案理论详细阐明了需要解决的问题、方案的行动和方案的目标之间的关联。它能成为评价问题和使评价者认识方案本质的基础。方案理论包括利害关系人——尤其是方案的开发者、管理者和交付者就方案为什么应当进行这一问题的看法——但是最后在这个问题上应当进行调整以适应研究发现和理论。

5. 为了全面地描述方案并且开发逻辑模型或者方案理论，评价者应当回顾现有的信息（例如，组织的报告、建议、之前的评价）；与管理者、员工、客户和其他重要利害关系人进行访谈；回顾与方案相关领域的文献；并且在运行过程中观察方案。

6. 考量有效的资源和与评价相关的潜在费用。方案员工或者志愿者可以用于降低成本。

7. 考量政治背景是如何影响评价方法、信息收集的本质以及结论的解释和使用的。

## 问题讨论

1. 对一项评价而言，为什么考量所有不同的利害关系人和受众很重要？你认为哪个群体被认为是最重要的群体？哪个群体最可能被忽视？忽视那些排在后面的群体将会引发怎样的问题？

2. 理解评价目标的背景为什么非常重要？

3. 你认为研究与方案相关的问题在理解方案理论上具有哪些作用？

4. 在评价过程中使用方案的员工以提供帮助会有哪些益处和风险？使用志愿者？

5. 为什么评价从本质上来讲是一个政治过程？

## 应用练习

1. 考量一项你熟悉的方案。谁是方案的利害关系人？评价结论中有哪些其他受众？根据表 12.1 中所示界定潜在的利害关系人。你可能会选择谁来进行访谈？他们每个人的观点可能是什么？你认为在每一个利害关系人群体中选择一位代表成立评价咨询委员会，这有建设意义吗？如果是这样，那么你会选择谁，为什么会这样选择？你会忽略特定的利害关系人群体或者个人吗？为什么？

2. 在练习 1 中，哪些关键的政治要素可能是评价者需要了解的？

3. 通过文献回顾或者在你自己的工作场所中找到描述某项方案的一个报告或者手册。（请你检验列于 http://www.uwex.edu/ces/pdande/evaluation/evallogicmodelexamples.html 中的这个逻辑模型或者考量在你的工作场所中你所了解的一项方案。）这项方案的目标和对象是什么？关键的组成部分和活动是什么？指定的客户通过描述的活动能够达成这些目标，这可行吗？为什么可行或者为什么不可行？方案的理论是什么？文献回顾或方案描述提供了有关模型为什么应当会起作用的任何证据吗？它为什么可能失效？它提供了有关模型的任何准确的描述吗？你可能会询问方案的员工哪些问题以更多地了解模型？

4. 考量你所在的机构中教师流动或者雇员流动的问题。就这个问题运用因果关系假说、干预假设和行动假设开发一个影响模型。（提示：它开始于——雇员离开我们的组织是因为……）首先，开始这样一个模型是基于你对这个问题的认识。其次，对你的社区、学校或者机构的人们进行访谈，并且开发这个问题的规范性理论。最后，回顾研究文献并且基于你的研究确定这个规范性模型的有效性。你还可能开发出替代性的引导模型吗？

## 相关的评价标准

我们认为以下的评价标准与本章的内容相关，这些评价标准列于包括了所有评价标准的附录 A 中：

U2——关注利害关系人　　　　F4——资源的使用

U3——谈判的目标　　　　　　A4——明确方案和背景描述

U4——明确价值观　　　　　　E1——评价的文献资料

U5——相关的信息

F3——背景的可行性

## 案例研究

在本章中我们推荐 3 个访谈，分别论证了进行评价的界限设置和背景分析的不同方法：《评价行动（Evaluation in action）》第 9 章（斯图尔特·唐纳森，Stewart Donaldson），第 10 章（哈利·裴士基，Hallie Preskill），第 12 章（卡特里娜·布莱索，Katrina Bledsoe）。

在第 9 章中斯图尔特·唐纳森（Stewart Donaldson）描述了他与利害关系人的对话，他们包括赞助者、客户、方案开发者和其他人，他在不同的时间里聚焦于四项不同方案的评价。他的首要工具之一但不是唯一的工具，是开发和运用方案理论。期刊资源来自菲茨帕特里克和唐纳森（Fitzpatrick, J.L., &Donaldson, S.I., 2002），《工作与健康计划：与斯图尔特·唐纳森的对话》，《美国评价期刊（American Journal of Evaluation）》，23(3)，pp.347-365。

在第 10 章中，哈利·裴士基（Hallie Preskill）讨论了她在一个组织中运用了肯定式探询（Appreciative Inquiry）的方法来帮助她们建构评价体系。这一章阐述了运用参与式的能力建构方法，裴士基是如何引导参与者在评价体系中考量自己的利益的。期刊来源于克里斯蒂和裴士基（Christie, C., &Preskill, H, 2006）《肯定式探询作为评价的一种方法：与哈利·裴士基的一次访谈》，《美国评价期刊（American Journal of Evaluation）》，27(4)，pp.466-474。

在第12章中，卡特里娜·布莱索（Katrina Bledsoe）描述了她是如何了解方案的背景、开发方案的理论、使用研究文献和界定评价重点的。期刊资源来自菲茨帕特里克和布莱索（Fitzpatrick, J.L., &Bledsoe, K., 2007），《书籍趣味性评价方案：与卡特里娜·布莱索的一次对话。美国评价期刊（American Journal of Evaluation）》，28(4)，pp.522-535。

## 推荐阅读书目

Donaldson，S.I.(2007). *Program theory-driven evaluation science: Strategies and applications*. New York: Lawrence Erlbaum and Associates.

Leeuw，F.K.(2003). Reconstructing program theory: Methods available and program to be solved. *American Journal of Evaluation*，24(1)，5-20.

Mueller，M.R.(1998).The evaluation of Minnesota's Early Childhood Family Education Program: A Dialogue. *American Journal of Evaluation*，19(1)，80-99.

Stufflebeam，D.L.(1999). Evaluation plans and operations checklist. http://www.wmich.edu/ evalctr/checklist/plans_operations.pdf

United Way of America.(1996).*Measuring program outcomes: A practical approach*. Alexandria，VA: United Way of America.

Weiss，C.H.(1997). Theory-based evaluation: Past，present，and future. In D.Rog&D.Fournier (Eds.)，*Progress and future directions in evaluation: Perspectives on theory，practice，and methods*. New Directions for Evaluation，No.76.San Francisco: Jossey-Bass.

# 第十三章　界定和选择评价问题与标准

**思考问题：**

1. 评价问题的功能是什么？价值标准是什么？公认标准是什么？什么时候两种标准都是必要的？

2. 什么是评价问题的好的资源？

3. 在界定评价应当解决什么问题时，评价者应当扮演什么角色？客户应当扮演什么角色？

4. 界定和选择评价问题时，在发散思维和会聚思维阶段会出现哪些不同的关注点和行动？

5. 公认标准应当是绝对的还是相对的？

实施评价是回答方案是采用、继续进行还是需要完善的问题。评价问题提供了评价的方向和基础。没有评价问题评价就会缺少焦点，评价者就难以解释评价究竟要检验什么，如何检验以及为什么检验的问题。本章将聚焦于如何界定和阐述这些评价问题，从而为评价研究提供基础并使得评价结论的使用最大化。评价者的首要职责是与利害关系人共同工作，运用他们在研究和评价方面的知识和专业技能开发出有意义的、重要的和合理的问题以回应已有的资源并且向重要的目标用户和其他利害关系人提供有价值的信息。

对于那些将要通过评价来回答的问题进行甄别和定义的过程是非常关键的。它需要认真的反思和调查。如果重要的问题被忽略而不重要的问题又消耗了评价的资源，那么就会导致下面的结果：

★ 评价的支出当中只有很少或者根本没有回报；

★ 目光短浅的评价焦点会误导未来努力的方向；

★ 因为某个受众的重要问题或者关切被忽略而导致商誉或者信誉的损失；

★ 剥夺合法利害关系人的公民权；

★ 不能根据方案调整结论。

在规划阶段，评价者也可能与利害关系人共同确定用来判断方案是否成功的价值标准或者要素以及用来确定方案在每一个价值标准上都取得了成功的公认标准。界定价值标准和公认标准在终结性评价中是非常重要的，在形成性评价中也发挥了作用。在上述两种情况下，评价都对方案的质量作出了重要的判断——或对方案的某些方面：方案是否应当继续拓展还是应当终止推进。在后面的章节中，我们将界定价值标准并设置公认标准，但首先我们将聚焦于开发和界定引导研究的评价问题。

克伦巴赫（Cronbach，1982）使用了"发散性的（divergent）"和"会聚性的（convergent）"这两个术语用以区分界定评价问题和选择评价问题这两个阶段。在下面的讨论中我们将采纳这些有益的标签。

在发散性的阶段，全面而冗长的清单中列出潜在的和重要的问题与关注点，这就是要开发。条款来自大量的资源，很少被排除在外，因为评价者希望尽可能全面地在地图上标注出地形，要考虑到所有可能的方面。

在会聚性的阶段，评价者从这份清单中选择解决那些关键的问题。价值标准和公认标准会被那些需要它们的问题明确指定。我们将在本章的后面部分看到，为评价就具体的重点问题设置优先层级并进行决策是一项困难而复杂的任务。

在评价过程中会出现新的问题、困惑和价值标准。评价者必须保持灵活性，当对评价规划的修改和增加是合理的，就要允许它们进行下去。现在让我们从细节上来考量发散性的阶段，再考量会聚性的阶段。

# 界定评价问题的有效资源：发散性阶段

克伦巴赫（Cronbach，1982）总结了规划评价的发散性阶段如下：

第一步是面向问题开放思维，并简要地进行潜在客户的调查。这个阶段建构了评价行为，需要收集数据并进行合理的分析和判断。少量的信息和分析是定量的。这些数据主要来源于非正式的交谈、临时的观察和回顾现存的记录。自然主义的和定性的方法尤其适合这项工作，关注参与者和利益团体的看法，因为它们使得评价者在面对尚未浮出水面的政策问题时能够确定是有希望，还是应当恐惧。

评价者应当尽力通过决策社区各个部门的窗口了解方案，如果方案被采纳，那么包括操作方案的专业人士和方案服务的市民。（pp.210，212-213）。

对评价者而言，要真正获取评价要解决的问题的不同的观点，他们必须撒下一张更大的网，并且从大量可能的资源那里了解情况。这些资源包括：

1.利害关系人的信息需求、困惑和关切。

2.使用评价方法过程中的困惑或者问题（例如本书第二部分涉及的内容）。

3.涉及方案及其客户的有关研究文献中的理论和调查结果。

4.专业标准、清单、指南或者在其他地方开发或使用的标准。

5.专家型顾问的观点和知识。

6.评价者自身的职业判断。

在下面的内容里，我们将就每一项资源的细节进行讨论。

## 界定利害关系人的困惑、关切和信息需求

总体来讲，评价问题最重要的资源是方案的利害关系人：它的客户、赞助者、参与者和受影响的受众。目前，评价大多数的方法强调咨询利害关系人，尤其是在规划阶段进行咨询的重要性。我们不能过分强调获取评价研究的利害关系人的问题、见解、希望和恐惧的重要性，就因为这些信息对于确定评价重点十分关键。

为了获取这类投入，评价者需要界定被评价对象所影响到的个人和群体。在第12章中列出的潜在的评价利害关系人和受众的清单可用于确定潜在的参与界定问题的利害关系人。如果评价方法包括了一些参与程度很深的利害关系人，评价者应当花时间去确定他们并且让他们开始密集的参与。帕顿（Patton，2008a）建议这些利害关系人应当是首要的目标用户，对评价感兴趣的、有积极性的和能

够使用结论的人。其他方法需要评价者让大量利害关系人在这个阶段参与进来。

评价者根据表 12.1 筛选出几个类别的清单是很有价值的。我们发现就评价问题而言，有价值的利害关系人分类包括：（1）决策者（例如，立法委员、立法工作人员或者管理董事会成员及其员工的人）；（2）行政官员或者管理者（指挥和管理将要评价的方案或实体的人或者管理方案隶属的组织的人）；（3）从业者或者方案交付者（操作方案或者提供服务的人）；（4）主要的消费者（参与方案和意图从中获益的人）；（5）次级消费者（受到发生在首要消费者身上的事情或方案本身影响的家庭成员、市民和社区群体）。这五个群体代表着与大多数方案相关的利害关系人的类型。在每一个类型中会出现许多利害关系的利害关系人或者群体。例如，在学校方案中的行政官员和管理者常常包括校长助理、校长、隶属于方案的中央管理机构的人员、集体协调员等等。

一旦确定了利害关系人，他们应当接受访谈以确定就评价目标而言他们希望了解什么。他们有哪些困惑或者关切？对将要评价的方案他们的观点是什么？他们认为这样做是为了什么以及他们认为怎样去做？对方案的行动他们知道什么以及他们所关注的特定的要素或者阶段有哪些？他们所理解的方案的基本原理或者推论是什么以及这些基本原理或者推论是如何运转的？如果他们有机会，他们会怎样改变方案？

## 利害关系人参与以实现有效性和公平性的动力

自从评价开始，它就增加了参与性。当前，利害关系人参与评价有许多原因，但是最主要的原因是鼓励使用和提升研究的有效性（布兰登；卡曾斯和惠特莫尔；Brandon，1998；Cousins&Whitmore，1998）。参与式评价者已经具有说服力让潜在的用户参与到评价的大量阶段之中，这将增加评价结论的使用。在规划阶段让利害关系人参与会减少他们对评价的焦虑，并促进他们对评价的目的和预期的理解，也确保评价问题能够解决他们的关切。

利害关系人的参与有利于提升研究的有效性（布兰登，Brandon，1998，2005）。评价者，尤其是外部评价者刚刚了解方案；但利害关系人却不是，他们了解方案。胡伯曼和考克斯（Huberman&Cox）曾写道："评价者就像一个新的水手与一位在专业水域航行过多年的游艇驾驶者共事，他们了解每一处岛屿、暗礁和海峡。"（1990，p.165）利害关系人参与方案的描述、设置方案的界线、确定评价问题并进行数据收集、分析和解释能增加评价的有效性，因为利害关系人是方案的专家。然而利害关系人群体的专业技能会发生变化，每一个群体对不同的方案都有特定的观点，他们常常比评价者更有见识。学生或客户作为接收者与方案有更密切的接触。员工交付方案并且常常作出如何交付的选择。管理者提供资金，进行方案规划与监控并且雇用人来实施方案。利害关系人是方案的专家，但评价者是评价的专家。他们了解评价能做什么，同样重要的是也知道评价不能做什么。因此，在利害关系人与评价者之间进行沟通，对于确定评价研究能够成功解决并对目标用户具有意义和价值的问题是必要的。

尼克·史密斯（Nick Smith，1997）开发了利用利害关系人来改善评价的三个广义上的程序规则：

★ 利害关系人在知识和技能的掌握方面存在不同。在利害关系人掌握了技能和经历的领域来利用他们。

★ 仔细地考量利用这些技能的方法。

★ 确保参与是公平的，尤其是那些没有什么权力的利害关系人能够以一种安全的、友好的和公平的方式提供信息和观点。

布兰登、格林和特罗钦与林顿（Brandon，1998；Greene，1987；Trochim&Linton，1986）描述了一些具体的方法以实现从利害关系人那里得到有效投入。向利害关系人询问他们所知道的情况。例如，教师了解为什么要改变课程计划；而学生或方案参与者并不知道。参与者知道他们理解的并且对方案或课程有怎样的感受；教师或方案的员工对于这些信息的获取可能并不是最好的资源。评价者必须考量每一个群体都知道什么以及更多地了解群体的观点。布兰登（Brandon，1998）描述了一个让教师参与评价最好的途径——由最专业的并对他们的学生持有适当期望的群体——为评价设置标准。

利害关系人群体在权力方面各有不同，正如大多数评价案例中的一样，利用少数群体、训练有素的促进者和其他方法倾听没有什么权力的利害关系人的声音是很重要的。在教育评价领域，许多父母在学校系统没有什么成功的经历（例如，父母是自我奋斗者、外来移民或者不说英语），当教师和教育管理者作为不同的社会阶层出现在这个大的群体中时无法很好地表达出他们的关切。学生可能同样感觉被剥夺了权利。然而这些群体的观点很重要，这不仅出于民主和社会的目的，也推动了评价本身的有效性。这些群体能够对评价的问题和数据收集的方法提供有用的和不同的观点，但必须仔细地考量和规划他们投入的方式。

**利害关系人引发的评价问题**。许多并不了解评价的利害关系人难于表达他们究竟想让评价做些什么，因为他们不知道评价能够做些什么。因此，评价者收集对利害关系人有价值的信息非常重要。评价者应当从利害关系人的专业领域开始评价——他们对方案的认识，他们的经历以及他们的关切，而不是聚焦于评价。评价者可以把这些关切转换成后面的评价问题。

在许多情况下，随着评价者与重要利害关系人的关系不断地发展，可以起到教育的作用，帮助利害关系人了解评价能够解决的不同问题，或者熟悉相关的研究结果或适当的评价方法。然而，在初始阶段，对评价者而言应当花更多的时间去倾听，而不是去教育。通过倾听利害关系人的观点和关切，评价者可以获取大量有关方案的信息、方案的背景、决策的重要方法和利害关系人的价值观与作风。询问他们为什么关注评价目标的某个特定的方面，他们为什么重视具体的结果，他们认为还有哪些其他的方法对达成结果是有价值的，或者他们会怎样回答特定的问题才能够帮助评价者判断这些问题的价值。

没有唯一从利害关系人那里引出评价问题的技术，但是我们相信一个简单、直接并且最奏效的方法。在确定这些问题之前，建构一个让这些问题变得更加有意义的背景是很有用的。例如，我们可以用这种方式开始："正如你所知道的，我已经受雇从事一项 X 方案的评价。我希望收集一些对你这样的人有用的信息。在这个阶段，我感兴趣的是了解你对这个方案的想法和观点以及这项评价能够为你做些什么。你对这项方案的想法有哪些？"（注意"想法"这个词是模糊的，但是中性词汇能够引发许多不同的回答。）

我们发现用这种相当普遍的方式开始是有效的。利害关系人选择告诉评价者的部分反映了他们个人优先考虑的事情。更加关注最初的问题会导致错失重要的信息或关切。我们以一个开放式的问题开始，并关注他们首先选择说出来的部分。但是评价者会使用附加的问题，并且尽力去了解利害关系人所知道的是什么，他们认为要评价达成的是什么，评价的优势是什么，他们的关切是什么。一些探索将会帮助评价者了解利害关系人对方案的模型或者理论的看法从而避免技术术语。例如，如果以理论为基础的方法是适当的，那么评价者会提出类似这样的问题："由于参与了这项方案，在学生或者客户之中将会发生重大的变化，对此你怎么看？"然后是"对于方案行动将引发的那些结果你怎么看？"或者"你认为哪些行动是引发这些目标最重要的行动？"

　　了解了利害关系人对方案的看法之后，评价者应当尽量更多地了解他们希望评价回答哪些问题。最重要、最经常忽略的步骤是确保评价被利害关系人所利用。评价者可以这样开始询问："你希望从评价中了解到什么？"或者"如果我能收集到信息回答你希望此项评价回答的任何问题，那么那个问题会是什么？"就像罐子里的腌菜一样，评价性问题在第一个问题被引出来后就容易提出来了。有一些探索会帮助利害关系人聚焦他们的想法，使用的问题类似于："哪些信息最有助于你更好地管理或交付方案？哪些信息最有助于你确定是否继续投入？是否继续参与？"或者出于形成性的目的而提出问题："方案的哪些构成部分或者行动你认为可能不会运转？你对它们的关切是什么？"

　　如果利害关系人忽略了其他人或者研究认为是重要的领域，评价者可以提出以下问题："你对 X（填写某个领域）感兴趣吗？""X"是方案中的某一个具体的领域（你对更多地了解学生对新的数学方法的第一反应感兴趣吗？）或某一个评价阶段（你对课程是否按计划交付的详细描述感兴趣吗？）问题："你还希望了解其他方面吗？"常常会引发各种反馈。作出判断或指出提出的一些问题目前可能无法回答是不合时宜的，而又是时候形成所有可能的评价问题。权衡和选择问题将在后期的收敛阶段来完成。然而，评价者应当简要地向所有受访的利害关系人描述这些过程，让他们认识到问题将在后期被筛选出来。

表 13.1 阐释了在与利害关系人的访谈过程中提出问题的可能的序列，通过普遍性的问题来确定利害关系人的观点，从而更加聚焦于问题以确定他们主要的评价问题。导引评价者——参与者互动的具体步骤能够在回应性、参与式评价和其他评价倡导者（例如，阿布玛和斯塔克；卡曾斯和苏拉；格林；金；Abma&Stake，2001；Cousins&Shula，2008；Greene，1987，1988；King，1998）的文章中发现。帕顿（Patton，2008a）的效用聚焦评价（utilization-focused evaluation，UFE）为评价者了解利害关系人所需的信息提供了附加引导。通过实施关键者关注的评价规划，评价者采取措施以确保评价对可能持有不同观点的委托人是有价值和有回应的。例如，考量由外部基金资助的一项领导力培训方案。在此项方案中与利害关系人的访谈可能会产生以下的问题：

1.（基于方案管理者的角度）我们的运转是准时的以及在我们的预算之内吗？对此项方案我们达到了基金会的预期了吗？此项方案按计划实施了吗？发生了哪些变化以及为什么会发生这些变化？在理想的水平上，参与者获取了预期的领导力技能了吗？

2.（基于员工的角度）我们按计划交付方案了吗？由于方案的模型而产生的变化有哪些以及为什么会有这些变化？受训者对方案有怎样的反应？哪些研讨 / 方法运转得最好？哪些又运转得最糟糕？

3.（基于将方案作为目标的参与者的角度）参与者的领导力技能得到真正地提升了吗？他们在工作中运用到了这些技能吗？怎样运用的？方案中的哪些部分对参与者而言最有价值？

4.（基于组织中高层管理者的角度）哪些证据表明方案达成了预期目标？方案对受训者工作的单位形成了预期的影响吗？此项方案能够作为模型适用于我们组织中的其他变化吗？此项方案中的工作怎样改变了我们的组织？一旦基金会的资助终止，后续的费用还会有哪些？

5.（基于基金会的角度）此方案是按预期的承诺进行的吗？哪些证据表明针对变化的变量事实上已经发生了改变？此项方案怎样才是合算的？在其他情景中此项方案也能够被建构吗？哪些证据表明一旦基金会的资助终止此项方案还会继续？

**表 13.1　通过与利害关系人的访谈获取的信息**

| |
|---|
| 1. 你对方案大体的看法是什么？你是怎么认为的？（你认为此项方案好吗？不好吗？你喜欢它什么？不喜欢它什么？为什么？） |
| 2. 你认为方案的目标（目的、对象）或者指导思想是什么？（你认同这些目标或者指导思想吗？你认为方案要解决的问题严重吗？重要吗？） |
| 3. 你认为方案的理论或者模型是什么？（你认为方案为什么／又是怎么样运转的？它是如何运转的？为什么方案的行动会带来方案的目标或者标准的成功？方案的哪些部分是促成成功的关键？） |
| 4. 你关注方案的哪些方面？你关注方案的结果吗？方案的运转吗？还是其他方面？ |
| 5. 你希望从评价中了解到什么？为什么这些问题对你而言是重要的？ |
| 6. 你如何通过回答这些问题来使用信息？（你会使用信息作决策并提升你的理解力吗？） |
| 7. 你认为这个问题的答案是什么？（你知道答案吗？如果答案是其他内容，你会关注吗？） |
| 8. 有其他利害关系人对此项问题感兴趣吗？他们是谁？他们感兴趣的是什么？ |

# 运用评价方法作为启发式方法

本书的第二部分探索了不同的评价方法，我们提出每一种方法开发的具体的概念框架和模型在形成评价问题的过程中起到了重要作用。这是评价过程的一个环节，由不同的评价理论者从事的概念性工作并产生了很好的效果。

第二部分对评价文献的回顾进行了总结，评价者直接面对特定的问题。有时框架并不适合而应当搁置，但是通常每一种方法都提出了有价值的东西，在下面的情形中我们会进行阐述。

方案导向的方法鼓励我们利用方案的性能指导我们的评价。目标导向的方法引导我们考量目标是否达成，但是我们不会评价所有的目标。哪一个目标是利害关系人最感兴趣的？为什么？为什么其他人不感兴趣？我们会运用哪些标准来确定特定的目标是否实现了？成绩必须好到怎样的程度才能被认为是成功的？理论为基础的方法鼓励我们通过开发或澄清方案理论来了解方案，把现有方案的问题与方案的行动、方案的结果联结起来。评价问题可能是在这个过程中产生的一些概念。它包括更多地了解方案拟解决的问题、调查关键的方案行动以及它们与即时的产出或者探索或记载即时的／长期的方案结果的联系。

决策导向的方法引导评价者聚焦于信息需求和将要作出的决策。特定的管理导向的方法由斯塔弗尔比姆（Stufflebeam）开发，创建了通常会出现在方案各个阶段的问题：背景（需求）、投入（计划）、过程（实施）和产品（结果）阶段。效用聚焦评价推动评价者确定主要的目标用户，并且让他们深度参与到这个阶段之中以确定满足他们信息需求的评价问题（帕顿，Patton，2008a）。

参与者导向的方法提醒我们应当考量所有利害关系人并倾听每一个群体和个人所说的情况，即使是非正式的对话。实践型参与式方法和变革型参与式方法之间的差异提醒我们考量我们希望通过利害关系人的参与而达成的共识。实践型参与式方法强调增加使用，通常让少数利害关系人(管理者或者方案员工)深度参与。变革型参与式方法强调赋予利害关系人（方案管理者、员工或者客户）权力以评价他们自己的方案并且作出有效的决策或了解更多背景的权力差异以及改变那些权力安排。因此，在这个阶段这两种方法面向完全不同的方向。大多数实践方法中，尽管其他利害关系人也可能被考虑和接受访谈，但评价者只与少数利害关系人合作确定评价问题。变革式方法和评价能力建构过程中，评价者需要允许利害关系人通过阐述和澄清评价问题来了解情况。

消费者导向的方法创建了许多具有重要价值的清单和标准以确定评价过程中需要研究哪些内容或特质或者运用哪些标准。专家意见导向的方法创建的标准和批判反映了当前在教育领域、心理健康领域、社会服务领域、刑事司法领域和其他领域内的专家的标准和价值观。

这些不同的方法能够激发出可能不会在其他领域出现的问题，对评价者而言它们是重要的资源，可以用于在不同阶段聚焦评价。如上所述，许多利害关系人并不了解评价能够解决的各种问题。我们发现利害关系人有时只是聚焦于结果，认为评价必须衡量结果。在当前的结果导向的文化（outcome-dominated culture）

背景下这确是事实。在许多情况下这种聚焦是适宜的，然而考虑到方案的阶段性和利害关系人的需求，其他问题常常显得更加重要。波萨瓦克（Posavac，1994）描述了一个案例，因为利害关系人对评价有限的理解而造成当形成性评价是一个更合适的策略时他们选择了终结性评价。他主张评价者必须"在帮助他们的客户理解他们真正的需求时发挥积极的作用"（p.75）。与此相似，菲茨帕特里克（Fitzpartrick，1989，1992）描述了她如何说服利害关系人允许她实施检验方案的行动，并利用它们来解释结果。尽管监控方案的州政府官员几乎从来不视察方案的操作过程，但他们却要确保方案按计划交付。她的结论提供了重要的和令人吃惊的信息，这些信息帮助她们解释了方案成功或者失败的原因。评价模型能够帮助评价者考量评价在其他领域的焦点问题，并且就评价能够调查的各种各样的问题训练利害关系人。

## 在方案的领域内开展研究和评价工作

许多评价者将他们的工作聚焦于有限的领域之内。一些评价者的工作在教育领域，其他领域还有心理健康、健康教育、刑事司法、社会服务、培训或者公共事业管理。在某些情况下，评价者应当了解方案领域内的理论和研究发现，并且考量它们与当前评价的相关性。即使评价者通常在方案的领域以内工作，除了与利害关系人进行访谈之外，他应当实施具体领域中的文献回顾，从而更多地了解发现哪些干预对哪些类型的学生或者客户是有效的。

现有的研究和理论能够帮助评价者开发或修正利害关系人的方案理论并且提出问题以指导评价。陈（Chen，1990）、韦斯（Weiss，1995，1997）和唐纳森（Donaldson，2007）描述了使用现有的理论和研究方法以开发或者修正方案模型来指导评价。现有的研究和理论能用来确定方案将要解决的问题所产生的原因；了解更多具体的促使成功或者失败的要素来修正这些问题；检验能够提升或阻碍特定类型的学生或者客户成功的方案的条件。研究文献能够帮助评价者考量将要评价的方案获取成功的可能性。方案评价者比较研究文献中的模型与现有的标准方案模型是有用的——方案的开发者模型或者利害关系人模型。这两个模型之间的差异提出了重要的评价问题的领域。例如，方案的利害关系人主张阅读更多与学生兴趣相吻合的书籍和阅读的水平会带来学习增益。研究表明，这所学校确定的特定的阅读问题需要更多的指导教师的干预。标准模型和研究之间的差异不能证明方案会失败，但是表明了评价应当检验与这些差异相关的问题。类似方案的公开评价表明不仅将要检验的问题，方法、测量和计划对评价研究也是有用的。

熟悉研究并且信任咨询的作用能够帮助评价者培训利害关系人了解他们所使用的方法的潜在优势和缺陷。例如，一项教师绩效工资方案的热心赞助者需要被提示在其他情景下有关绩效工资的混合实证结论。【参见米勒诺沃斯基、佩里、康格斯和君（Milanowski，2008；Perry，Engbers，& Jun，2009）。】在学校倡导体质与健康饮食方案可能会忽略考量移民社区文化及其对方案获取成功的影响。评价者有责任提出这样的问题。

由国家、区域或者地方政府组建的委员会和工作组会研究政府领导者感兴趣的问题。这样的报告提出了挑衅性的问题，尽管它们偶尔制造了未经证实的言论，但是它们又通常反映了当前社会某一个领域或者地区的关切、问题和信念。它们也可能会引起一个消息灵通的评价者的注意以发布在特定的评价过程中应当被提出来的问题。如果评价者不提出来，那么当前一些重要的问题就可能被忽略，结果是评价可能被认为是信息量大的，但当面对某个领域真正的问题时是缺乏信息的。显然，我们并不建议用一个追随潮流的方法来确定通过一项评价研究要解决什么问题，但是完全不了解和考量透过当前的专业文献和其他媒介反映出来的教育的和社会的问题却是很幼稚的。

## 使用专业标准、清单、指南和在其他地方开发与使用的标准

在许多领域里，实践标准已经得到开发。这种标准通常在创建问题或者阐述标准时都是很有用的。【例如，可以参见由社会预防研究(the Society for Prevention Research)开发的证据标准(Standards of Evidence)，用于健康领域预防方案的评价。http://www.preventionresearch.org/StandardsofEvidencebook.pdf.】与目前的研究和评价一样，标准能够标注出一些可能被忽略的区域聚焦于当前的方

案。对评价者而言它们是工具包里重要的资源。如果某个人正在评价一项评价本身成功与否，那么方案评价标准（Program Evaluation Standards）。显然是一个重要的评价指南（包括第14章中涉及的后设评价或者对评价本身的评价）。与此类似，认证协会制定的标准用来判断高等教育机构和医院。对标准的审查能够促进评价者和利害关系人考量之前被忽略了的评价问题。

### 要求专家顾问指定问题或者标准

评价者常常会被要求评价他们专业技能以外的方案。例如，评价者可能会被要求评价一所学校的阅读方案，即使他或者她对阅读方案知之甚少。利害关系人能够提供有价值的专业技能以帮助评价者面对方案的细节。但是，在某些情况下评价者也希望利用对方案具有专业技能的顾问来提供更多中立的和全面的意见，而不只是从方案员工那里获取意见。这些顾问有助于提出反映当前的知识和实践的评价问题和标准。

至于评价一所学校的阅读方案，顾问被要求不仅要创建将要解决的评价问题的清单，也要确定阅读方案之前的评价以及专业组织，比如国际阅读学会（the International Reading Association）设置的标准并研究评价阅读方案的标准和方法。如果担心可能存在的思想上的偏见，评价者可以多雇用几位独立顾问。

# 运用评价者的专业判断

在创建潜在的问题和标准时，评价者不应当忽略自身所掌握的知识和经历。有经验的评价者习惯于描述评价目标的细节，着眼于需求、方案的行动和结果。评价者可能已经在其他的情景下从事过相似的评价，并且基于经验了解哪些问题被证明最有价值。专业的评价同行和方案的内容能够提出附加的问题或标准。

受过训练的评价者，至少部分是怀疑论者——提出具有洞察力（我们希望）的并且其他人可能考虑不到的问题。这种训练永远不会比在不同的阶段确定评价问题和标准更加有价值，因为一些重要的问题如果评价者不提出来，它们就会被忽略。豪斯和豪（House&Howe，1999）尽管提倡在评价过程中通过民主协商赋予无权力的利害关系人以发言权，但很清楚的是他们认为评价者有权力和责任利用自己的专业技能。当然，评价者引入和平衡了不同利害关系人的价值观和想法。然而，评价者在引领评价的过程中发挥着关键作用，他们必须利用专业技能了解各种类型的评价问题，并基于特定评价背景的资源和局限，在方案的不同阶段，使它们能够得到最有效的解决。

即使是在赋权评价的情景下，评价者也认识到了自己在这个阶段的重要性。在有关赋权评价的描述中，斯克诺斯、墨菲—伯曼和钱伯斯（Schnoes， Murphy-Berman&Chambers，2000）澄清了他们努力工作并赋予用户权力，但是最终他们这样写道："谁的标准应当用于确定项目的结果？尤其是如果客户对有效的和可衡量的结果的理解和观念与评价者认可的标准发生分歧时。"（p.61）评价者因为他们的知识和技能而受到雇用，并且基于这些知识和经验创建的评价问题不仅仅是适当的，而且在许多情况下是强制性的。

富于经验的和有洞察力的评价者面对新的项目可能会提出如下问题：

★ 项目的目标真的很重要吗？项目的需求在计划阶段有充足的证据吗？其他更关键的需求被忽略了吗？

★ 目标、宗旨和项目计划与已有记录中的需求一致吗？方案的行动、内容和资料与学生或者客户的需求、目标和宗旨一致吗？

★ 考虑了达成项目的目标和宗旨的替代策略吗？

★ 方案服务于公共利益吗？服务于民主的目标吗？社区的目标吗？

★ 在这项方案中可能出现的意外的副作用有哪些？

评价者可能会问自己如下问题：

★ 基于其他类似项目的评价，哪些问题应当被纳入这项评价之中？

★ 基于我对其他类似项目评价的经验，可能会出现哪些新的观点、潜在的问题和预期的结果或者副作用？

★ 不同的利害关系人会接受哪些类型的证据？他们作为证据的标准可以经由当前的评价问题成功地解决吗？

★ 随着项目的发展，哪些关键的因素和事件应当被检验和观察？

# 多个来源的概括性建议

在不同的过程中当没有新的问题产生的时候，评价者将会面对收益递减点。假设每一个可用的资源都被利用起来，评价者应当停止并且检验他们所获取的：通常，几十个潜在的评价问题的清单以及潜在的标准。评价者更想要将评价问题进行分类以便信息更容易得到吸收和利用。这里的评价框架或者方法，比如斯塔弗尔比姆（Stufflebeam，1971）的 CIPP 模型、赋权式评价的十步法（ten-step approach）（万德斯曼等，Wandersman et al.，2000）或者罗西（Rossi）的方案理论（参见第 12 章），可能都是有用的。评价者可能采用这些框架之一作为标签或者根据这项研究创建一套新的类别。无论掌握的资源如何，掌握一个可控的类别对组织潜在的问题并且向其他人进行传播都是很重要的。这里是一个可能的问题的实例，它可能出现在规划评价的不同阶段，涉及一所学校的一个冲突解决方案：

## 需求评估或者背景

1. 这所学校的学生当中发生了哪些冲突？最可能卷入冲突的是谁（哪个年龄段，什么性别，具有哪些性格特征）？冲突的本质是什么？

2. 方案开始之前怎样解决冲突？作为这一策略的结果会出现哪些问题？

3. 学生要掌握哪些解决冲突的沟通技巧？哪些问题可能会阻碍学生学习或者使用冲突解决技巧？

4. 当前有多少冲突会发生？每一种类型发生的频率是怎样的？

5. 当前的冲突对学习环境有哪些影响？对学校的管理有哪些影响？对学生的激励和能力有哪些影响？对留住优秀教师有哪些影响？

## 过程或者监控

1. 冲突解决的训练者足以提供培训吗？能够选择出合适的人实施培训吗？其他人应当被利用起来吗？

2. 被选择出来接受培训的学生能够满足目标受众的特定标准吗？

3. 参与完成培训方案的学生的比例有多少？参与培训的这些学生会错过什么（机会成本如何）？

4. 培训包括指定的目标吗？培训保持了必要的强度或者持续时间吗？

5. 学生是以预期的方式参与了培训吗？

6. 培训发生在哪里？培训的硬件环境有利于学习吗？

7. 学校的教师鼓励使用冲突解决策略吗？他们是如何鼓励的？教师使用这些策略吗？怎样使用的？他们还使用哪些其他的策略？

## 结果

1. 接受培训的学生获取了预期的技能吗？他们认为这些技能有用吗？

2. 学生在完成培训1个月之后仍然掌握这些技能吗？

3. 在方案完成的1个月之后还有多少比例的学生使用冲突解决策略？对那些没有使用这种策略的人而言，不使用的原因是什么？（他们没有面临冲突或者他们面临了冲突但是使用了其他的策略？）

4. 在什么样的情况下学生最有可能使用这些策略？在什么样的情况下他们最不可能使用这些策略？

5. 其他学生是如何支持或者阻碍学生使用这些策略的？

6. 学生与其他人讨论/向其他人讲授过这些策略吗？

7. 学校冲突的发生率减少了吗？这种减少是因为这些策略的使用吗？

8. 其他学生应当接受这种策略的培训吗？哪些类型的学生最有可能获益？

通过一项研究解决所有的问题是不可能的或者是不可取的，这对于考虑周全的评价者和利害关系人而言是显而易见的。基于现实考量必须把研究限制在可控的范围以内。一些问题可以留到下一项研究中进行，另一些问题也可能因为无关紧要而被废弃。这种筛选正是会聚性阶段的功能。

# 选择问题、标准和将要解决的问题：会聚性阶段

克伦巴赫( Cronbach, 1982 )对评价规划的会聚性阶段的要求作了很好的介绍:

就前面的部分（发散性阶段）而言似乎理想的情况是完成评价，但是不能这样做。减少评价中系统考量变量的范围至少有三个方面的原因。第一，通常会有预算的限制。第二，当一项研究的复杂性增加时，就会更加难以进行管理。对评价者而言信息量太大以至于无法消化，并且很多信息会从视线中丢失。第三，可能是最重要的，受众的注意力是有限的。几乎没有人想要了解方案的全部内容。管理者、立法者和意见领袖都在关注着方案的运行。

发散性阶段确定了什么可能是值得调查研究的。调查研究者的目标是实现带宽的最大化。在会聚性阶段，则与此相反，他认为不完全的是最可以接受的。他通过筛选可能性清单减少了带宽。（ p.225 ）

没有评价能够负责任地回答在发散性规划阶段产生的所有问题。处于某个阶段的方案，有一些问题在这个阶段是适当的，而其他问题是不适当的。与此相似，预算、时间表和背景将会制约问题的解决。因此，问题不是是否筛选出这些问题并将其纳入可控的范畴，而是谁应当来做和怎么去做。

## 谁应当参与到会聚性阶段中来?

一些评价者的所写所做好像认为选择关键的、实践性评价问题是评价者唯一的职责。不是这样的。事实上，评价者决不应当认为选择将要解决的问题或将要运用的评价标准是唯一的职责。这项任务需要与利害关系人密切地交流。那些将会受到评价影响的评价的赞助者、关键的受众和个人或者群体都应当有发言权。是时候建构由不同利害关系人群体代表组成的顾问群体来筛选评价问题，并作为一个好的董事会和顾问来解决评价剩下的问题。

的确，一些评价者更愿意把问题的最终选择权留给赞助者或客户。当然这样

做减轻了评价者的责任。然而，我们认为承担容易做到的部分对客户是一种伤害。客户因为缺乏评价者经过特别的训练和经历获取的优势，就有可能在研究中最终产生无法回答的或者是成本畸高的问题。

## 会聚性阶段应当如何实施？

评价者如何与各种不同的利害关系人共同选择评价问题？一开始，评价者可以提出将要使用的标准把潜在的评价问题分成不同的等级。克伦巴赫和其他人（Cronbach，1980）共同提出了以下的标准：

> 到目前为止，我们鼓励评价者尽可能广泛地进行扫描；我们并不承认所有的调查都是同样重要的。怎样削减列表中的问题显然是下一个话题了。

> ……与此同时，要考虑到标准的问题……先验性误差、信息的产生、成本和影响力（即政治重要性）。这些标准进一步解释如下：更多的研究降低了不确定性，这样一来就产生了更多信息和更有价值的研究。

> 影响力指可能性信息——如果得到确信——将会改变事件的过程。

（pp.261，265）

我们根据克伦巴赫（Cronbach）的想法提出以下标准来确定哪些评价的问题应当进行调查研究：

1. 谁会使用信息？谁想要了解信息？如果这个评价问题被摒弃了，那么谁会感到不安？如果资源是无限制的，人们可以认为（除了侵犯隐私权之外）在民主社会，任何人只要他们愿意都有权了解评价方案的信息。然而，即使他们审慎地提出了收集评价信息时的收益递减点，资源无限的情况几乎是不存在的。因此，如果没有关键的受众会因为评价者无法解决的特定问题而受损，那么人们就可以把这个问题降低一个等级或者直接删除。哪些人是关键的受众？受众会因为评价的背景的变化而变化。有时候关键的受众是决策者，这因为一项决策是即将发生的或者他们并不知情。还有的情况，之前没有参与或不了解情况的利害关系人（方案的参与者、参与者的家庭成员、新兴的利益群体）成为关键的受众，这是因为他们之前参与较少，并且他们需要了解情况。

2. 对问题的回答减少了当前的不确定性或者没有提供现成的信息吗？如果不是，似乎就没有追求的意义了。如果答案已经存在（或者将要使用信息的客户认为他或者她了解这个答案），那么评价应当换成其他还没有答案的问题。

3. 对问题的回答产生了重要信息吗？它对事件的过程有影响吗？一些答案只是满足了好奇心而并没有其他意义；我们称之为"很高兴知道（nice to know）"的问题。重要的问题是那些提供了信息并可能促使方案及其客户在实质性问题上采取行动的问题。它们可能解决被意图影响变化的利害关系人认为有问题的部分。

4. 这个问题仅仅只是某个人感兴趣的问题，或者它只是关注于某个持续性兴趣的关键维度吗？应当优先考虑具有持续重要性的关键问题。方案理论有助于确定评价可能解决的方案的关键维度。

5. 如果这个问题被摒弃，那么评价的范围或者全面性会受到很大制约吗？如果是这样，那么在可能的情况下这个问题应当被保留。然而，有时候深度评价某些领域的不确定性比全面性即评价方案的每一个方面更加重要。评价者和利害关系人应当有意识地对比他们所选择的评价问题的深度来考量问题的宽度。

6. 考虑到有效的财务和人力资源以及时间、方法与技术等方面的制约，回答这项问题可行吗？有限的资源会致使许多重要的问题无法回答。最好尽早删除这些问题而不要因为追求无法实现的梦想而遭受挫折。

上述六项标准反映在一个简单的矩阵之中（见表 13.2）有助于评价者和客户简化问题的原始列表并形成一个可控的子集。表 13.2 仅是一个综合的指南并且可以进行调整或者灵活使用。例如，人们可以扩展这个矩阵并在原始清单中列出尽可能多的问题，然后通过对每一项问题回答是或不是，简要地完成列出的条目。或者问题可以设置成一个数值的评级，有助于对问题进行权重或者等级的设置。

表 13.2　设置等级或者选择评价问题矩阵

| 评价问题…… | 评价问题 | | | | |
| --- | --- | --- | --- | --- | --- |
| | 1 | 2 | 3 | 4 | 5……n |
| 1. 是关键受众感兴趣的吗？ | | | | | |
| 2. 减少了当前的不确定性吗？ | | | | | |

续表

| 评价问题…… | 评价问题 | | | | |
|---|---|---|---|---|---|
| | 1　2　3　4　5……n | | | | |
| 3. 产生了重要的信息吗？ | | | | | |
| 4. 是持续的（而不是短暂的）利益吗？ | | | | | |
| 5. 对研究的范围和全面性重要吗？ | | | | | |
| 6. 对事件的过程有影响吗？ | | | | | |
| 7. 在……方面是可以回答的。 | | | | | |
| A. 在财务和人力资源方面可以吗？ | | | | | |
| B. 在时间方面可以吗？ | | | | | |
| C. 在有效的方法和技术方面可以吗？ | | | | | |

***与利害关系人共事***。然而使用矩阵之时，评价者和客户（或者顾问群体或者如果没有顾问群体存在，那么就是其他利害关系人的代表）应当共同来完成它。尽管评价者可能会说那什么是可行的呢，但是相对重要的问题应当由客户和其他利害关系人来确定。快速扫描完整的矩阵揭示了哪些问题是无法回答的，哪些问题是不重要的，哪些问题又是能够以及应当被提出来的。

有时候评价者承担了领导职责，他们将问题进行分类，把能够用同样的方法解决的问题进行整合，进行编辑以澄清问题，考量每一个问题和标准的可行性，为客户或者群体检查制定清单。清单可能进行分组列表：提出问题，考虑到充分的利益或者更多的资源而产生的潜在问题以及那些可能被摒弃的问题。

赞助者或者客户想要增加或者减少筛选出来的问题，就可能会协商增加或者减少研究的范围，或者讨论增加或摒弃某些问题的合理性。通过这些重要的协商，评价者会发现坚守自己的专业判断或者无代表的利害关系人的利益是很重要的。这也是很困难的。如果赞助者或者客户过多地控制评价问题的筛选（例如，要求无法回答的问题或者可能产生片面答案的问题，或者否认某些利害关系人群体的需求），评价者必须判断评价是否需要妥协。如果是这样，尽管评价者应当利用这个机会教育赞助者什么是评价能够做的以及评价实践的道德准则，但是对各方最有利的还是在此时就终止评价。与此相反，评价者必须克制自己偏好的问题，并且不去妨碍赞助者或者客户的合法关切。

通常评价者和客户能够就应当解决哪些问题达成共识。形成共识（或者妥协）离建构从一项评价工作到形成客户乐于合作的伙伴关系还有很长的路要走。共享产权能够大大提升评价发现变为最终使用的可能性。

如果评价者和客户选择了最后的评价问题，评价者有责任通知其他利害关系人有关评价的焦点问题和最后的问题。为了促进对话，评价者可以提供一个将要解决的问题清单，并且简要地阐明为什么每一个问题都是重要的。如果使用了矩阵（表 13.2）则需要提供副件。问题和／或矩阵应当与评价中所有重要利害关系人分享。应当告诉他们形成这份问题的预备清单基于两个方面的考量：（1）让他们了解评价；（2）激发他们的反馈，特别是如果他们对增加或删除问题态度强硬。在最后的清单形成之前预留出充分的时间供他们探讨。

有关评论需要直接给予回复。评价者应当会同赞助者以及对问题清单不满意的利害关系人，如果有需要，在继续评价之前，通过讨论并解决这些关切以达成共识。过早地对评价中的合法问题下结论是评价者所犯的最糟糕的错误。未解决的冲突不会自行消失，它们能够由其他精心策划的评价进行解决。

一个提示：那些想逃避一项不受欢迎的评价的人使用一项过时但有效的策略会带来无法调和的反对意见。精明的评价者应认识到，强硬地坚持中包含着偏见或无法回答的问题。一个包括冲突各方的利害关系人顾问委员会将非常有用。这个委员会对将要解决的评价问题进行倾听并提出建议。其他的利害关系人和评价者就可以澄清反对的理由，在适当的时候修正问题并逐步达成共识。

# 详细说明评价的价值标准和公认标准

这个阶段的最后一步是详细说明用于判断方案和成功标准的标准。在对最终的评价问题达成共识之后进入这一步是自然而然的。一些问题因为它们属于本质性问题，需要规范的标准和评价者判断问题所需的价值标准的公认标准。在多数情况下，这些评价问题需要进行成功或者失败的判断来回答问题。这些价值标准和公认标准有助于作出判断。

　　首先，我们谈谈价值标准和公认标准，因为它们偶尔会被混淆。价值标准被认为是判断事物的重要因素。简·戴维森（Jane Davidson，2005）将价值标准定义为"将一个更有价值的评价目标与一个较少价值的评价目标区分开的方面、特质或者维度"，并且继续发表评论指出"价值标准对于任何评价都是重要的"（p.91）。公认标准是价值标准的子集。在讨论评价的公认标准如何运用于参与式或协作式方法中时，卡曾斯和苏拉（Cousins&Shula）回应了戴维森（Davidson）的观点：

　　　　方案评价需要对方案的绩效、价值和意义进行判断，判断需要在通过系统性数据收集观察到的事物与一些标准之间进行对比。在评价方案的质量时问题自然会产生："究竟要多好才算好呢？"这个问题不仅是评价的核心问题，而且也是我们将要讨论的问题，它是社会科学研究中重要的特征鉴别评价。要回答这个问题就必须设置方案的公认标准。（2008，p.139）

　　如果公认标准形成了，方案就可以利用价值标准成功地进行判断了。举一个例子进行阐释：判断培训方案质量的价值标准包括出席的预期参与者、参与者对方案的满意度、对核心概念的学习和这些概念在工作中的运用。出席培训方案的公认标准可能是95%的雇员被指定参加培训完成此项方案。一项公认标准在工作中的运用可能是那些使用了至少1/3课程规划策略来完成方案的人中有75%在下个月与他们的教师团队出现在方案的规划课程之中。这些公认标准的数字如何来确定呢？通过与利害关系人的对话、评价者的专业技能和来自其他方案、研究和评价的信息。但是达成共识不是一件容易的事。我们来描述一下这个过程。

　　最好是在推进评价之前就确定价值标准和公认标准，当然是在数据收集开始之前。当评价者更多地了解了方案并且利害关系人更多地了解了评价时，新价值标准就可能出现了。然而，利害关系人将直接或间接地参考或者讨论标准，他们会与评价者和其他利害关系人在评价的发散性和会聚性阶段进行沟通。因此，现在是时候搞清楚一些价值标准并且考量公认标准了。对评价者和不同利害关系人群体而言，重要的是了解现在被认为可接受的方案的绩效水平，而不是等到数据进行了分析之后。达成共识能够阻止后面的分歧。没有对预期绩效水平的共识，方案的支持者可以声称获取的绩效水平与预期完全吻合，方案的反对者也可以声称同样的绩效水平离方案的成功是不够的。此外，在获取结果之前就公认标准达成一致是非常有用的，这将有助于明确他们对方案成功的预期。在今天的政治环境下，方案的目标是不切实际地过高或者过于模糊了，言语中蕴含着令人吃惊的成功率——100% 的毕业率、100% 的读写能力、100% 的就业率。虽然高的期望值比低的期望值要好，然而，切合实际地讨论什么是能够履行的，要考虑方案的行动及其频率和强度（有时指的是"剂量"）、资历以及交付方案的技能，因此，所有人对成功（或者失败）都有一个相似的理解。

标准会出现在同一来源的评价问题之中。换句话说，与利害关系人进行对话和会晤、通过文献回顾获取研究和评价的发现、专业标准、专家和评价者的判断，所有这些都应当用来判断方案及其某一部分成功的因素。例如，在培训评价模型和文献中，判断一项培训方案的标准是众所周知的（反馈、学习、行动、结果）（柯克帕特里克，Kirkpatrick，1983；Kirkpatrick&Kirpatrick，2006）。

绩效的规范标准非常复杂并且充满不确定性。利害关系人不愿意规定出反映成功的数字，因为他们的确并不知道该期待什么。有时候，方案过新或者规范的标准过于分散而无法创建实际的和有效的标准。在推进标准开发时，评价者应当对员工觉得他们一定能够守住和开发的标准表示警觉。这些标准不会反映方案中其他人的目标。方案的反对者或者决策者倡导资源反映出不太可能达到的标准。然而，在许多情况下，利害关系人有关预期的讨论推动着标准的发展，最终都是非常有用的。

绩效标准可以检验已经存在的类似的方案。研究文献在这里是很有帮助的。几乎在所有情况下，方案都试图带来类似的改变。文献研究发现各种各样的阅读方案交给了相似的学生，吸毒治疗方案交给了相似的客户，或工作培训方案交给了相似的人群。评价者应当检验这份文献以更多地了解这种方案能够实现的变化。为激励讨论，评价者可以向利害关系人呈现 10 项其他方案的清单，在文献中引用成功的部分和达成改变的数量（测量变化的比例和先期测试的影响规模）。这些数据是发人深省的：艰涩的问题没有及时解决。但是，这种数据为开发标准提供了边界。利害关系人认为他们的方案、资源和客户与这些相似吗？要好很多吗？还是要糟糕很多呢？成功者（或失败者）应当如何发现其他的方案呢？这些方案通过调整反映了预期将要评价的方案的绩效。

标准可以是绝对的，也可以是相对的。我们将在这里对每一种类型进行简要地讨论。评价者可能第一次与利害关系人共同考量哪一种类型的标准在方案运行的政治和行政背景下对方案是最有用的。

## 绝对标准

有时政策需要绝对标准规范。当前美国的《"不让一个孩子掉队"法案》（No Child Left Behind，NCLB）需要各个州开发出具体的标准来评估学生的教育过程。这些标准是绝对的，不是相对的。也就是说，它们反映了各个年级的学生要掌握的知识，尤其是多种层面的。如果这些标准与方案的目标有重叠，有时会在教育领域发生，那么标准就适合于在评价中使用。【这种情况只出现在标准对学生是现实的情况。有时候，州立标准的建构主要出于政治目的，并且没有反映现实的或可行的结果。参见美国评价学会的评论（2002）中高风险测试的内容 www.eval.org/hstlinks.htm。】与此相似，病患的医疗认证需求或者标准将会被使用。

当绝对标准不存在时，评价者可以开始通过文献回顾来搜寻相似方案的研究或者评价结果，正如我们之前描述的，使用这些结果来激发与利害关系人的讨论。或者如果利害关系人愿意，评价者可以从有见地的利害关系人那里寻求他们对每一项标准的预期。当评价者了解了预期的范围，他们就可以引领与利害关系人或者顾问群体有关标准建议的讨论。如果出现重要的标准，评价者可以这样询问："你们希望多大比例的学生能够完成这项方案？100%，90%，还是75%呢？"或者"作为方案的结果，你们希望纪律事件的发生率能够减少多少呢？75%，50%，还是25%？"这些问题有助于对预期进行坦诚的讨论，对于判断方案的结果非常重要。评价者应当避免方案员工有意识地设置过低的标准（以确保方案成功）或者方案的反对者设置过高的标准（以确保失败）。与持不同观点的利害关系人群体共事有助于避免这类情况的发生。

### 相对标准

一些人主张当研究涉及与其他群体的比较时，已经在先前部分中讨论过的绝对标准就显得不重要了。因此，莱特（Light，1983）主张方案的结果优于利用安慰剂控制或者对照组获取的结果，足以表明方案的成功。当然这种相对标准运用于比如医药学领域；常见的标准是新药品或者治疗结果有更好的治愈率，或者是比当前使用的药品或者治疗过程的副作用更小。没有设置绝对标准。斯克里文（Scriven，1980，1991c，2007）提倡将方案与有效的替代方案进行对比，也就是说，将学生或客户接受的方案或政策取代这项方案。这种对照反映了决策者和其他人将要作出的现实选择。这个案例中的标准是新的方案显著优于替代方法。其他的相对标准将方案的绩效与过去的绩效进行对比。因此，在赋权式评价中的三步法，首先设置了测量方案绩效的基线，并通过与基线的对比来判断未来的成功（费特曼和万德斯曼，Fetterman&Wandersman，2005）。事实上，这种与过去绩效的对比在私营部门中（现在的销售与去年同期进行对比）和经济政策（现在的失业率与上个月或者去年同期进行对比）中的使用是非常频繁的。

## 保持评价的灵活性：允许新的问题、价值标准和公认标准的出现

评价者坚持回答最初的问题，而不考虑干预活动、评价目标的改变或者新的发现，那么评价就会出现缺陷。在评价过程中，许多事件——例如，时间安排、人事和经费的变化；方案执行过程中的意外问题；评价的程序被发现无法施行；调查研究被证明走进了死胡同；出现了新的核心问题——需要新的或者修正评价问题。因为这类变化无法预测，克伦巴赫（Cronbach）和同事们（1980）提出：

因此，选择问题和步骤应当是暂时的。初步计划中的财政预算不应当确

认到每个小时和每一块钱……相当多的时间和经费应当被预留下来。（p.229）

当背景或者评价目标发生改变时，评价者必须询问这种改变是否会影响评价问题的清单。它是否让问题变得毫无意义？是否提出了新的问题？是否需要修正？在评价中期出现变化的问题或焦点是否公平？评价者应当与赞助者、客户和其他利害关系人讨论这种变化及其对评价的影响。允许问题不断地变化，而不是使评价僵化不变，与第8章中斯塔克（Stake，1975b）的响应式评价的概念一致，这也正反映了今天的参与式方法所提倡的灵活性和回应性（卡曾斯和苏拉，Cousins&Shula，2008）。

然而，需要提醒一句的是：评价者必须要把握好问题或者标准——不论可能的改变——仍然是非常重要的。资源不应当从重要的调查研究中分散出来，只是在新的方向上探索感兴趣的事情。灵活性是一回事，犹豫不决是另一回事。

一旦评价问题、价值标准和公认标准形成了，评价者就可以完成评价规划了。下一步有关规划过程就是第14章的内容了。

## 主要的概念和原理

1. 评价问题的重点在评价。它们详细指出了评价将要提供的信息并引导了数据收集、分析和阐释的选择。

2. 问题发展的发散性阶段将由许多利害关系人或一些重要的目标用户执行，其投入来自其他利害关系人。这形成了潜在的评价问题清单。

3. 问题的其他来源包括评价方法以及相关的领域、研究文献、具有专业背景的专家和评价者的经验形成的现有的标准。

4. 会聚性阶段涉及为最终的评价筛选问题。被保留下来的问题应当对重要的和／或者多数利害关系人有较高的和直接的潜在价值。问题要根据提供有效答案的成本和可行性进行进一步筛选。

5. 价值标准指出了用于考量方案成功的因素。而公认标准表明了方案的绩效水平必须达到被认为成功的价值标准。

6. 价值标准可以使用评价问题进行界定。

7. 设置公认标准是一个敏感但重要的过程。涉及建构公认标准的对话对在利害关系人当中进行澄清和达成共识是有用的，也有助于对方案进行后期的判断。公认标准可以是相对的，也可以是绝对的。

## 问题讨论

1. 你认为让大量的利害关系人参与到发散性阶段，或者虽然只是少数人参与但他们致力于使用评价，例如重要的目标用户，这样更好一些吗？讨论一下你的理由。

2. 正如我们讨论过的，评价者和利害关系人运用了不同类型的专业技能确定评价问题和开发评价规划。对比知识型的评价者与利害关系人所带来的不同的利益。考量特定的利害关系人群体和他们的专业技能如何最好地运用于评价当中。

3. 在第二部分中，你认为我们讨论过的哪一种评价方法在开发评价问题时最有用？

4. 作为一个评价者，如果客户或者其他利害关系人坚持推动一个带有偏见的或者无法回答的问题时，你会做些什么？

5. 讨论一下分别使用绝对的或者相对的标准来判断一项方案成功的优势和缺陷。

## 应用练习

1. 考量一项对你和你的组织或者雇员有意义的评价。（如果你没有受到雇用或者不是非常了解方案，你可以选择你的研究生方案，或者尝试一些最新的宣传计划或者市政府或州政府考量的政策。）使用你所知道的知识在发散性阶段确定评价问题，创建你想要解决的评价问题清单。你会采取哪些措施来确定其他问题？

2. 了解了你的组织及其涉及的问题后，你在会聚性阶段将使用什么方法来筛选问题？表13.2中的标准服务于什么样的目标？你会修改它们吗？你认为哪一个问题应当优先？为什么？哪一个问题应当被摒弃？为什么？

3. 你的哪些问题将受益于价值标准和公认标准？如果评价是终结性的，这些问题表达了方案全部重要的价值标准吗？应当增加其他的问题或者标准吗？现在，酌情为每一个问题设置公认标准。就每一项标准讨论你的理由。

4. 分别对两位学生进行访谈评价你的研究生方案。开始广泛地了解他们对方案的认识，他们认识中的优势和缺陷以及他们的关切。此外，对每一位学生认为评价应当解决的问题进行讨论。你从访谈中了解到了什么？从实施过程中了解到了什么？你发现有什么差异？你认为为什么会存在这些差异？你认为其他利害关系人（教师、当前的或者未来的学生、大学的行政人员、顾问）的回应有怎样的差异？如果可能也对他们进行访谈。

5. 从一项已经完成的评价研究中获取一份报告的副本。（在各个章节最后推荐的每一项案例研究中都包含了评价报告的参考部分。阅读报告和访谈。）考量被解决的问题。有重大的疏漏吗？评价是形成性的，还是终结性的？评价关注的是需求评估、监控方案的行动，还是检验结果？价值标准和 / 或者公认标准陈述得清晰吗？如果不是，那么他们的疏漏是可以接受的吗？为什么是或者不是？如果他们陈述清晰，那么他们根据什么理由来发展？你同意这些价值标准吗？你会增加其他价值标准吗？公认标准的设置是在合理的水平吗？

## 相关的评价标准

我们认为以下的评价标准与本章的内容相关，这些评价标准列于包括了所有评价标准的附录 A 中：

U2——关注利害关系人

U3——谈判的目标

U4——清晰的价值观

U5——相关的信息

U6——有价值的过程和产品

U8——关心结果和影响

F2——实践环节

F3——背景的可行性

P1——面向响应性和包容性

P4——清晰和公平

P6——利益的冲突

A1——合理的结论和决策

A2——有效的信息

A3——可靠的信息

E1——评价资料

## 案例研究

我们推荐两个访谈来阐释在本章中讨论的问题：《行动中的评价（Evaluation in Action）》第 2 章（詹姆斯·里乔，James Riccio）和第 6 章（黛布拉·罗格，Debra Rog）。

在第 2 章中，詹姆斯·里乔（James Riccio）讨论了在他早期的福利改革方案中有关加利福尼亚州立法机关的利益问题。他在回应菲茨帕特里克（Fitzpatrick）的有关什么是成功的问题时也讨论了一些他自己的价值标准和公认标准。期刊来源：菲茨帕特里克和里乔（Fitzpatrick, J.L., &Riccio, J.A., 1997），《一次好的评价的对话，获取：以工代赈方案（Gain: A welfare-to-work program）》，《评价实践（Evaluation Practice）》，18，pp.241-252.

在第 6 章中，黛布拉·罗格（Debra Rog）阐释了她的灵活性并讨论了当评价帮助她和她的客户了解了更多无家可归的家庭和一些与她们的预期不相吻合的数据时，评价问题是如何改变的。她也讨论了她的判断方案成功的价值标准。期刊来源：菲茨帕特里克和罗格（Fitzpatrick, J.L., &Rog, D.J., 1999），《无家可归的家庭方案评价（The evaluation of the Homeless Families Program）：与黛布拉·罗格（Debra Rog）的对话》，《美国评价期刊（American Journal of Evaluation）》，20，pp.562-575.

## 推荐阅读书目

Cousins, J.B., &Shula, L.M.(2008). Complexities in setting program standards in collaborative evaluation. In N.L.Smith&P.R.Brandon(Eds.), *Fundamental issues in evaluation*, pp. 139- 158.New York: Guilford Press.

Cronbach, L.J.(1982). *Designing evaluations of educational and social programs.* San Francisco: Jossey-Bass.

Donaldson, S.I.(2007).*Program theory-driven evaluation science: Strategies and applications*. New York: Erlbaum Associates.

Patton, M.Q.(2008).*Utilization-focused evaluation*(4th ed.).Thousand Oaks, CA: Sage.

# 第十四章 规划如何实施评价

**思考问题：**

1. 在评价研究规划过程中必须考量的适用于所有评价的行动或者功能是什么？

2. 在评价规划中什么应当详细阐明？

3. 客户和其他利害关系人在发展性规划中起到了什么作用？

4. 你将如何把握好时间、责任和资源，使得所有的评价任务以一流的方式及时地完成？

5. 在进行发展性评价预算时必须考量哪些要素？

6. 评价者和客户之间签订正式评价合同或者协议为什么是有用的？

7. 什么是元评价，它在一项评价中怎样发挥作用？

前面的章节里大量阐述了聚焦于评价研究——就是要理解被评价的是什么，为什么进行评价，评价的赞助者、客户和其他利害关系人想了解什么，以及他们进行判断的标准是什么。但这是评价规划吗？是的。当研究的焦点问题变得清晰时，评价规划就完成了吗？不是，因为聚焦仅仅只是进行评价规划的一部分。

我们回到斯塔弗尔比姆（Stufflebeam, 1968, 1973b；Stufflebeam&Shinkfield, 2007）的研究工作来阐释聚焦评价与规划评价之间的关系。他建议人们应当首先聚焦于评价来确定需要哪些信息。他也提出实施评价常见的四种功能：信息搜集、组织、分析和报告。就进行一项评价规划而言，斯塔弗尔比姆（Stufflebeam）主张人们必须对如何执行每一项功能进行规划。最后，他认为通过规划管理评价是评价规划一个不可分割的部分。进行评价规划的综合结构包括六项活动/功能：

1. 聚焦评价；

2. 搜集信息；

3. 组织信息；

4. 分析信息；

5. 报告信息；

6. 管理评价。（斯塔弗尔比姆和欣克菲尔德，Stufflebeam&Shinkfield，2007）

从第11章到第13章，我们涉及了聚焦评价的各个方面（列表中的第1阶段）。了解提议一项评价的初衷和背景，界定和选择评价问题、价值标准以及最适宜于研究的公认标准是聚焦评价最重要的方面。在本章中，我们将要讨论第2阶段到第6阶段——搜集、组织、分析和报告信息以及管理评价——在评价规划中应当考量的部分（从第15章到第17章将提供实施这些阶段的更多细节）。解决这些话题之前，我们提醒读者两个重点：

1. 评价应当以一个灵活的方式进行考量。人们不必要求评价的步骤应当是连续的和线性的。我们可能为方便在这里使用斯塔克（Stake，1975b）的"典型事件钟"方法（参见图8.2），强调人们需要在评价功能之间反复进行，从数据分析到更多数据搜集、报告和再分析等等。

2. 评价者应当对评价的目标和作用有一个清晰的理解。在以前的章节中，我们强调了许多不同的评价方法，阐述了每一种方法所发挥的不同的评价作用。然后，我们提供实践指导（特别是第12章和第13章中）以帮助评价者聚焦研究。正如我们所建议的，如果评价者对于评价将要发挥的作用没有相当清晰的概念，对于最适合于这个作用发挥的评价研究的类型没有全面的认识，那么评价者采取行动是非常困难的。

然而，评价者常常会面对这种情况，在与客户和利害关系人进行大量沟通后，仍然不能清晰地阐述评价的目的或者焦点。到目前为止，评价者应当理解利害关系人对方案的信息需求。无论评价首先是形成性的还是终结性的，无论焦点在于需求评估、阐述方案的过程或者在于评估方案的产出还是结果，都应当是清晰的。评价者也应当清晰地了解方案及其理论和预期影响，方案的阶段及其运行背景。是时候开始考量如何实施评价以回答指定的评价问题了。评价者应当对传播搜集到的信息、使用的方法和步骤以及如何管理评价进行规划。在第四部分中，我们将讨论数据搜集的细节。这里，我们会涉及评价者需要作出的核心决策，以完成将要传达给利害关系人和评价团队的有关评价如何实施的评价规划。规划将从评价问题开始，但是会详细阐明适当的规划和数据搜集策略；搜集数据的步骤；分析、阐释和报告信息的方法。管理规划还将阐述人员配置和管理评价及其成本。本章中的各个部分将解决对每一个问题进行决策的问题。

# 发展评价规划

第13章中我们确定和选择了评价研究应当回答的问题。一旦了解了问题，合理的下一步就是确定回答每一个问题所需要的信息。例如，考量监控问题："方案的关键行动已经如期完成了吗？"要回答这个问题，评价者需要了解哪一项行动是关键，如何完成它们的细节，也就是说，什么样的学生或客户，用什么样的方式，什么样的强度或者持续时间，由具备怎样的技能和接受过怎样的培训的员工来实施。

在上述案例中所需的信息可能相对简单，但是在实践中它们常常非常复杂。许多监控研究在错误的事情上提供了大量的细节。方案理论、逻辑模型、与方案开发者和管理者就被监控的行动和被描述的关键特征进行广泛沟通是有必要的。

考量另一个有关结果问题的案例是"以计算机为基础的WANDAH方案对于在杰弗逊高中写作课程中高中生的写作成绩产生了哪些影响？"要回答这个问题，有必要首先选择适当的规划。如果这个方案处于试点阶段，那么建议进行描述性的规划吗？如果要作出终结性的决策，那么就要使因果归因更加适当吗？关键的利害关系人最容易接受哪些类型的证据？因果关系怎样建构？当然，另一个核心问题是写作成绩将如何测量。写作成绩能够整体性或分析性地看待，或者两者兼而有之。学生写作能力的全面测量包括在参与WANDAH方案前后的判断力、小组座谈的表现、学生写作样本的总体质量。分析性方法则包括使用WANDAH方案前后的语法密集度、T单元的数量、动词的百分比或句子的平均长度的测量。学生的写作成绩也能够从一项草案到另一项草案修订的范围和效力来测量。此案例中我们能够避免选择，但是实际上我们实施研究需要决定哪一种类型的规划是最好的，以及应当精准地使用什么规划和方法来回答这个问题。

显然，评价者应当使客户和其他利害关系人参与确定每一个评价问题最适合于使用哪些信息来回答，但是评价者也起到了积极和关键的作用。他或者她可能在过去参与了评价写作方案并且熟悉当前的、有效的、可行的评估学生写作能力的方法。如果不是这样，那么写作方案的研究与评价的文献检索和与写作专家的磋商将提供可能的方法。评价者作为方法论者具备专业技能，从而了解文献中讨论的方法，并且考量这些方法对 WANDAH 方案及其利害关系人和背景的适用性。尤其是为了收集所需的数据或者信息，评价者需要考量评价规划、资源、方法和步骤。让我们来简略地制定每一项决策。

# 选择评价规划

规划详细说明了收集数据的方法或者构架。一般来说遴选出来的规划会影响数据搜集的来源和方法。因此，评价者应当考量什么类型的规划适合每一个评价问题，并讨论与利害关系人相关的问题。在这个部分我们将介绍主要的规划类型，以便能够基于评价规划对它们进行考量。在第 15 章中，我们将更加详细地阐述每一种规划。

许多评价者认为规划是具有描述性的或者因果关系的概念。当评价问题具有因果关系，评价者会考虑使用规划来建构因果关系。今天在美国和许多西方国家，决策者非常关注影响力的确定，许多机构强调随机对照实验（randomized control trials，RCTs）（参见第 2 章中的"测量结果聚焦"）。RCTs 或者实验设计常常是建构因果关系的一种方法，但也还有其他方法。当随机任务不合理或者不适当时，准实验设计成为建构因果关系的一种设计方法（库克和坎贝尔，沙迪什、库克和坎贝尔，Cook&Campbell，1979；Shadish，Cook，&Campbell，2002）。在实际情况中，经济学家和政策分析家常常使用统计技术，例如多元回归和多元方法来控制随机变量（坦巴克尼克和菲德尔，Tabachnick&Fidell，2001）。案例研究也能够用于作因果论证（殷，Yin，2009）。这个阶段，评价者应当考虑因果论证对方案阶段和决策制定的重要性和适当性，以及实验设计是否应当是建构这些因果关联的方法。如果是，应当选择适当的规划，并且与利害关系人讨论其影响。评价者应探索条件和／或数据来源（例如，间断性时间序列设计）是否允许首选设计的使用。

常见的评价问题是描述性问题——反映了一种趋势，阐述了一个过程，表达了某种状态，或者描述和分析了一项方案、过程或者步骤。[①]时间序列设计在某个问题中能够用于反映一种趋势，"高中毕业率下降了吗？" 横截面设计可以用于描述大型群体的行为或者观点。例如，横截面设计可以回答这样的问题："父母如何在我们的学区为孩子选择学校？"对学区的政策制定者而言，有许多学校备选，比如公立学校、精英学校、特许学校或家庭教育。一个案例研究设计可以用于描述一项成功的儿童虐待保护方案的核心内容。古巴和林肯（Cuba&Lincoln，1981）开发了一个术语"深描（thick description）"，它是指透彻的、描述性的案例研究的结论。这种深描对于向利害关系人通告方案中实际发生了什么非常有用。描述性设计通常用于需求评估以及监控或者过程研究。它们在影响力研究中也是非常有用的，用以确定参与者的最终成果是否达到了预期的水平，或在方案的核心阶段描述结果。【参见斯皮格尔、布鲁宁和吉丁斯（Spiegel，Bruning，&Giddings，1999）对一项教师评估会议的创新性评价。】许多终结性评价由具有因果关系和描述性的设计结合而成，避免了黑盒子解决方案，无法描述客户和方案两者之间的关联。

评价者和利害关系人应当仔细检验每一个问题，来确定与问题相关的重要的研究计划。大多数评价使用了许多计划或计划的组合来解决不同的问题。然而，在这个阶段考量计划很重要。协议必须实现比较组的可用性、随机分配的适当性、多来源数据收集的及时性以及案例的选择、采取措施的时机和与实施评价相关的其他问题。

在这个阶段，如果预期的问题非常清晰，并且允许一直在探索的数据收集存

---

① 政治行为推动下的结果检验有时会束缚利害关系人考量他们真正的信息需求。评价者的职责是帮助利害关系人考量评价者能够提供的信息，并且让他们知道怎样利用这些信息。

在局限性和灵活度，那么评价者应当详细说明将要使用的计划。例如，如果问题仅仅是检验一种趋势——"过去 5 年中，在妊娠前 3 个月里接受产前保健的孕妇数量增加了吗？""过去 10 年中，高中毕业生接受社区大学教育的数量增加了吗？"——这方面的问题可能非常适合于进行一项简单的时间序列的规划。然而，如果人们对探索这种趋势为什么出现感兴趣，那么评价者就需要进一步探索以确定应当增加哪一个案例或者具有代表性的内容。在一些案例中，当信息需求的细节、不同设计的可行性、方法、成本和时间线需要进一步完善时，评价者仅仅只是阐述了设计是否具有因果关系或可描述性，并选择了一项具体的设计。然而，规划问题应当在规划过程的结论得出之前予以解决。

为每一个问题指定适当的计划增强了利害关系人和评价者之间的沟通，帮助利害关系人预测实际上会如何实施研究。通过了解设计的细节，利害关系人会更加关注数据收集或限制开展研究的问题。改变会在这个节点上发生，而不是发生在数据收集的过程中。

# 确定适当的信息来源

如果无法收集到更多变量的信息，那么每个评价问题至少需要收集一个变量的信息。针对每一个变量，评价者和利害关系人应当考量谁或什么会成为信息源。例如，要回答问题："核心方案的活动如期实施了吗？"需求信息包括辅导教师就评价一项有关选择高等教育的高中咨询方案是如何与学生展开互动的（高中毕业以后做些什么）。这类项目的信息来源主要包括辅导教师与参与其中的学生。次级来源（用于补充或交互检验的信息和观点）是高中教师、管理者和方案记录。

要回答"在杰弗逊高中 WANDAH 写作课程上，以计算机为基础的 WANDAH 方案对高中生的写作成绩产生了什么影响？"这个问题，我们假设进行整体测量需要的信息（教师通过某一项任务对总体写作质量的判断）和分析测量（动词掌握的百分比）。如果使用一个对照组，那么信息的来源既包括 WANDAH 写作课程上的学生，也包括没有参加 WANDAH 写作课程的学生。信息源不是教师或者计算动词掌握情况的评估者；他们仅仅只是判断、计分或者交换有关写作成绩的信息，这些信息显然来自学生。信息来源于由个人组成的小组或者能够回答这些问题的现有信息。

**使用现有的数据作为信息来源。** 评价者和客户有时忽略了一个事实，不是每一个问题都必须利用收集到的原始数据予以回答。评价者应当明确与评价问题相关的信息是否已经有了现成的模式。例如，是否存在现成的评价报告、现状报告或基于其他目的收集的数据，可能为一些评价问题提供完整的或部分的答案？例如，学校的记录中包含学生的考勤、纪律情况，以及在州标准化考试和人口统计方面的表现、等级、分数或者更多其他方面的信息。在收集新信息之前，评价者应当询问客户、方案管理者及其实施者是否存在现成的信息能够满足信息需求。然而，他们也需要判断信息的适合性。内部资料、组织的特定信息，通过有效的和可靠的方式可能可以或者无法收集到。例如，考试分数和等级方面的数据可能比学生的行为信息更加准确。

公共文件和数据库是另一个重要的现成的信息源。这类数据的例子包括美国人口统计局（U.S. Census Bureau）开发的报告【包括政府人口统计局（the Census of Governments）、人口与住房十年期人口普查（the Decennial Census of Population and Housing）、月流动人口调查（the monthly Current Population Survey）以及收入和计划参与调查（Survey of Income and Program Participation）】；由美国劳工部（U.S. Department of Labor）和其他部门收集的统计资料；市县级数据手册（City-County Data Book）；各州、地方和非营利组织的报告与数据库。大多数州的教育部门保存了大量有关学校的标准化成绩、注册信息、纪律情况和其他信息资料。今天，大量的数据都可以在网上进行查询。

这类资料最有可能的是被其他人使用。因此，通常使用一种详细的和标准化的方式来收集信息，并且可能比大量内部现成的数据更加可靠和有效。尽管这些信息就收集的目的而言是可靠和有效的，但是这样的信息对于正在进行中的方案评价而言又可能并不可靠和有效或足够敏感。评价者应当了解信息收集的方式、概念的定义、使用过的抽样方法、时间表与人口抽样，以确定数据对当前的方案评价是否合适。即使不是大多数，但是对许多方案而言，这类数据把网撒得太广而无法观测到方案已经发生的变化。正如简·戴维斯（Jane Davidson）最近指出的，一座城市的环境方案可能成功地降低了附近河流的污染，但来自大海的水样却是无法观测到这种效果的。（戴维斯，Davidson，2010）

谨慎而言：不能因为掌握了一些数据就意味着这些数据必须被使用。我们不赞同评价者允许评价问题扭曲得几乎面目全非，仅仅为使其能够运用有效的信息进行回答。这类对评价意图的曲解不能因为为了提高效率而被接受。此类案例中，评价者犯下了迈克尔·帕顿（Michael Patton，1986）提出的所谓"第三种错误"，回答了错误的问题。

***常用的信息来源***。每一项评价研究中，信息源将被选择用于回答特定的问题。显然，信息源要与相关的问题类似。正如之前讨论过的，现有的数据是一个重要的信息源。但在大多数评价中，要收集一些原始数据。最常用的数据源如下：

★ 方案接受者（学生、病人、客户、受训者）；

★ 方案实施者（社会工人、临床医师、训练员、教师、内科医生、护理师）；

★ 了解方案接受者的人（父母、配偶、合作者、监管者）。

其他常用的原始数据源包括：

★ 方案管理者；

★ 受到方案影响或能够影响方案运行的个人或群体（公众、未来的参与者、参与方案的利益群体的组织或者成员）；

★ 政策制定者（董事会、首席执行官、当选官员或者他们的员工）；

★ 规划或者资助方案的人（国务院官员、立法者、联邦资助机构官员）；

★ 对于方案的内容或方法论具有特定知识的人（其他方案专家、学院或者大学的研究者）；

★ 能够直接观察到的方案事件或者行动。

***限制信息来源的政策***。规划一项评价的早期，可能影响信息收集的任何政策都是很重要的。许多组织，例如学校和医院，机构审查委员会（Institutional Review Boards，IRBs）必须审查和批准所有发生在组织内部的研究和评价项目。与机构审查委员会的人交流并且获取他们工作流程的副本。他们也会掌握任何影响数据收集的组织政策的副本。一些问题包括如果要收集儿童或者青少年的原始资料，就要获取父母或者监护人的许可。儿童或者青少年也必须同意参与。如果

要收集成年人的资料，他们也必须提供许可。【参见第3章中有关"保护人类和机构审查委员会（Protections to Human Subjects and Institutional Review Boards）"的内容。】

组织还掌握有其他政策影响着评价者对信息源、方法和流程的选择。例如，合约或者机构的政策可能会制约雇员参与评价。雇员可能会受到数据收集或其他任务的限制，这超出了他们的工作职责。大多数组织都有从客户或现有的文件中进行数据收集的政策。许多组织需要在使用之前得到批准进行调查或了解问题。使用个人的信息也存在限制条件。这些政策常常制定为保护客户的利益，然而，评价者需要了解这些政策以知道他们该如何限制或者约束数据的收集。

**客户参与确定信息来源**。客户在确定信息源方面的作用与参与确定需要哪些信息同等重要。评价者凭借经验常常可以不通过客户就能够确定好的信息来源。大多数情况下，客户能够确定被评价者忽视了的有价值的信息源。询问客户可以非常简单："对我们已经掌握的有关教师对讨论组运用的信息你有什么建议吗？"这种形式的合作不仅有益于得到有用的答案，也能够进一步促进客户和评价者对评价所有权的共享。

# 确定适当的信息收集的方法

一旦评价者确定从哪里或从哪些人那里获取评价信息，下一步就是确定特定的方法和工具来收集信息。回到我们之前的案例，有关核心方案事件实施的信息可以通过观察、方案员工保留的日志或者记录以及方案参与者的访谈或者调查来获取。有关WANDAH方案对学生写作能力的影响信息可以通过之前提及的全面测量（基于某个给定的任务，教师对整体写作质量的判断）或者分析测量（在某一项写作任务中动词使用的比例）进行收集。

有无数种途径对数据收集的方法和工具进行分类。尽管无法做到面面俱到，但是我们已经找到了以下的分类方案帮助刚刚开始从事评价工作的初学者了解数据收集的方法（沃森、柏格、怀特，Worthen，Borg，&White，1993）。

**一、 数据收集直接源于确定为信息源的个人**

1.有关态度、观点、行为、个人特质或者历史的自我报告

（1）调查或者问卷（结构化的或非结构化的；电脑的纸质化管理，或者电话或亲自到访的口头化管理）。

（2）访谈。

（3）焦点小组。

（4）符合评价者要求的个人记录（例如，日记、日志）。

2.个人成果

（1）考试。

① 提供答案（论文、完成稿、简短的回复、问题的解决方案）。

② 选择答案（多项选择、对错选择、配对选择、等级选择）。

（2）绩效表现（模拟、角色扮演、辩论、试验能力测评）。

（3）工作案例（档案、雇员的工作成果）。

**二、通过独立观察者进行数据收集**

1.开放式观察

2.观察表格（观察时间表、评定量表、检查清单）

**三、利用技术设备进行数据收集**

1.录音带

2.录像带

3.照片

4.其他设备

（1）物理设备（体质指数、血压、空气质量、血液酒精含量、交通事故频率和车速）。

（2）操作技能的图形记录。

**四、运用非干扰性测量方法进行数据收集**

**五、从现有的组织信息或者正式的资源库或数据库中收集数据**

1.记录

（1)通过机构进行信息收集提供给他人使用( 人口普查信息、劳工部、教育部)。

（2）某个组织的正式记录（考勤、人事部门、提案、年度报告、为进行绩效监控建立的数据库、客户记录）。

2. 文件

（1）组织的文件（雇员的注释或成果，或者方案的实施者、手册、报告、审计、出版物、会议记录）。

（2）个人的文件（通信或者电子邮件、笔记、教学计划）。

**收集信息的方法的适当性检验**。许多评价者选择数据收集的技术或工具，考虑更多的是对它们的熟悉度而不是它们的适当性。评价者常常发现熟悉的技术就是适用的，但同样也要寻求新的方法。在规划阶段进行文献检验可以使评价者了解运用于某个特定方案的信息收集的不同方法。为研究开展的信息收集不同于某个特定场景的评价需求。然而，这类文献能够帮助评价者考量收集信息的新方法，或者当一个好的并且与利害关系人需求相关的方法已经存在时，有助于省去评价者开发一种新方法的时间。例如，我们中有个人最近参加了一项为1年多的研究，培训初中和高中顾问承担新的角色与责任，他在一篇文献综述中发现了一项有关顾问作用的有价值的并经过验证的调查可以运用于教师和管理者。使用这项调查也帮助我们比较评价中学校的观点和那些已经使用了调查结论的其他人的观点。

此外要确保信息收集与概念建构相吻合，评价者应当确保在每一个概念上都收集到充分的信息。一些现象是如此清晰（例如，身高、某个班级儿童的数量、花费），因而只需要一种方法即可。其他现象，例如写作能力或为人父母的技巧等则需要多种方法，因为没有哪一种方法足以捕捉到这一现象的全部。这类案例中多种方法，即使用不同的信息源和/或不同的方法对确保评价问题得以全面地回答是非常必要的。

一旦确定了每一项评价问题的信息收集技术，评价者就应当将它们作为一个系列予以检验，并且通过询问以下的问题来评估技术的公正性、有效性、关联性和实用性：

★ 收集的信息为评价问题指定的概念或者现象提供了一个全面的概况吗？

★ 收集的信息对评价的目的而言是可靠的和有效的吗？

★ 收集信息的流程是合法的和合乎伦理的吗？

★ 考虑到数据收集提供的信息的数量和类型，数据收集所耗费的成本是否

值得？（考量评价的成本、组织的成本和参与者的成本）

　　★ 收集的信息不会遭到过度破坏吗？

　　★ 在评价的时间限制之内信息收集的流程能够得到执行吗？

　　当然，对特定数据收集的类型负有责任的评价者应当掌握这种方法。评价者较研究者而言需要一个更大的工具包，因为他们比研究者要考察的现象更广泛。因此，评价者经常性地再评估他们所了解的方法并掌握新的技术是非常必要的。如果评价所要求的某种方法对团队而言是全新的，那么只要这种方法非常重要，评价的管理者就应当考虑咨询顾问或雇用新的成员。这类考量是评价中人员配置的重要环节，我们将在后面的部分予以讨论。

　　**客户在确定方法的过程中的作用。**具有代表性的是，评价者比客户或咨询组的成员掌握着更多有关方法的专业知识。然而，让客户或咨询组参与方法的选择并且获取他们的反馈非常有用。这些利害关系人常常能够提供新的视角和观点，有助于了解那些能够从他们那里收集到数据的人们会作何反应。问题的措辞、观察的焦点、在焦点小组和访谈过程中建构融洽关系和缓解焦虑的方法，或者具体措施的可行性都能够成为有价值的讨论素材。最后，收集信息的方法将构建评价的基础。如果客户没有找到可信的方法或者认为他们会找到有价值的信息，那么评价者和客户之间的沟通就非常重要。评价者要想办法就方法的有效性问题训练或说服客户或者如果失败了就要选择其他方法，为客户或其他重要的利害关系人找到可信的证据。【案例可参见马克和亨利（Mark & Henry，2006）之间的一个有价值的讨论，他们就为什么因果分析法对决策者更加重要的问题阐述了各自的观点。】

　　在大多数情况下，收集评价信息是评价者的职责而不是客户的，原因在之前的章节中进行过讨论（例如，利益冲突、技术能力）。毕竟是评价者必须确保评价信息的最终质量——这是评价的核心。虽然评价者有责任确保通过设计和实施数据收集流程来保证信息质量，但是客户也要参与数据收集。因为变革式的方法或能力的建构，评价者有时在这个阶段放弃了对利害关系人更多的责任（费特曼和万德斯曼，Fetterman&Wandersman，2005，2007；金，King，2007；默滕斯，Mertens，2008）。无论如何，当其他人参与进来时，评价者的职责是确保他们能够以负责任的态度进行数据的收集。

# 确定收集信息的适当条件：抽样和流程

仅仅指定收集信息的方法和工具是不够的。正如之前指出的，评价者也必须确保那些方法和工具中采用的条件是适当的。大多数情况可能会涉及这些方面：（1）收集信息过程中进行了抽样吗？（2）信息究竟是如何收集的？（3）信息在什么时候收集的？与这些相关问题的寥寥数语都会有所帮助。

***指定采用的抽样的流程*。**考量抽样的流程，评价者首先要确定他们是否需要进行抽样，还是需要收集来自整个利益群体的全部数据；如果要抽样，他们就需要确定他们将要使用的策略。抽样是随机的，确定某个样本的目的是代表总体人口或者是有目的地选择一个特定的群体，比如有退学风险的群体、表现优异的群体、最近转学的学生群体或者取消就医的患者群体。

一些人简单地认为研究者使用随机抽样，是因为他们关注于概括他们对大量总体的发现，而评价者不使用抽样流程是因为他们仅仅关注描述和判断在某一个特定的案例中发生了什么。事实上，基础研究几乎不使用随机抽样，因为利益群体太大而无法保证随机抽样的可靠性。我们所见到的随机抽样的主要场合就是进行总体的民意测验，特别是能够明确指出下次选举中潜在的投票者。尽管评价涉及区域背景的特定性，评价者有时仍然会使用随机抽样。在大多数评价中，抽样既有助于评价者概括方案的总体，也使得评价在资源使用过程中更加高效。

例如，如果某一个评价团队被问及对马萨诸塞州有关保健开支和患者健康的医疗保健计划的评价时，那么他们收集马萨诸塞州每位市民的信息是不可能的。成本过高且可能也无法证明其正确性。系统抽样流程的谨慎使用将允许团队选择和收集一个小得多的群体的数据而仍然能够具有较高的可信度，从而可能对马萨诸塞州的健康保险计划产生影响。同样，没有哪一位理智的教育评价者评价某个学区范围的中学数学课程的学生成绩，而要在一个大城市范围内对每一所中学的学生进行新的考试（尽管他或她可能运用现有考试的数据，如果现有的考试内容反映了课程的目标）。

然而，当作为研究对象的利益群体非常小时，尽力收集总体的数据是可取的。这种情况下，抽样方法与抽取总体的典型性代表是不一样的。例如，对一项有 118 位受训者参与的就业培训计划进行评价，评价者想评估参与者的学习情况，那么测量这 118 位受训者中每一位的学习情况是可取的。如果测量由评价人员在课堂中进行是很容易做到的。

有目的的抽样常常用于研究中的评价。有目的的抽样并不意味着草率地抽取某个样本，好比自愿参与或者遭遇到了数据收集过程的人。相反，有目的的抽样意味着有目的地抽取某个样本。在这种情况下，评价者和利害关系人对某个特定小组的观点或表现感兴趣。常见的有目的的抽样选取的小组可能是表现不佳的人、没有按预期的方案或政策回复的人以及表现得最好的人。在有目的的抽样中表现不佳的人能够帮助评价者了解他们的困难，并且提供信息来推进方案或开发另一种方案。研究那些表现非常好的人也能够提供有价值的信息。实施这种策略的想法是如果连最好的案例都无法实现方案的目标，那么其他人就更不可能了。【参见菲茨帕特里克和格林（Fitzpatrick&Greene，2001）格林在某项培训方案中进行了这种讨论用以了解在此方案中讲授的冲突解决策略最有可能如何实施。】当就某个问题不得不收集大量的数据时，有目的的抽样，即审慎考量和确定选取的样本比抽取具有代表性的样本更有价值，尤其是当目的不具有概括性，而具有探索性和学习性时更是如此。例如，密集的访谈几乎一直是通过有目的的抽样来实施的，也就是说，那些样本对关注的问题非常了解或者很有经验。

此外，当资源或时间有限时，当关注的群体为数众多时，或者涉及某个特定小组的利益时，抽样是评价者使用的一种工具。考量这些抽样策略对于回答评价问题是否是必须的，如果是，那么在评价规划中就应当包含它们。在规划预算和建构时间轴时，这些活动就必须进行考量。

***明确如何收集信息***。就数据收集的每种类型而言，明确谁来收集数据和信息收集的条件都是非常重要的。要考量的问题包括：

★ 谁来收集信息？他们是从事评价的员工、方案的实施者、志愿者还是其他人？比如访谈、观察和焦点小组这些方法，它们收集信息的特性是如何影响参与者的行为的？

★ 收集数据的人应当接受哪些方面的培训？数据收集过程中应当进行哪些方面的检查？

★ 数据收集发生的背景是怎样的？这种背景是否有利于参与者提供预期的信息？

★ 评价者如何获取知情同意书？

★ 哪些流程需要匿名或者保密？这些条件是如何转达给参与者以及如何执行的？

★ 数据收集会对参与者造成任何风险吗？对他们又有哪些潜在的好处？数据收集及其流程做到了如美国评价学会指导原则（AEA Guiding Principles）中推荐的"尊重利害关系人的尊严和自我价值"吗（参见附录A）？

★ 是否要收集任何专用设施或者材料？

***在信息被收集时进行确定。*** 收集到的评价信息太迟滞而无法支撑相关事件，那么就没有价值，这听起来就是老生常谈。时效性是非常重要的。当信息应当被收集时进行确定，评价者应当考虑到三个标准：

1. 什么时候需要信息？

2. 什么时候信息是可以获得的？

3. 什么时候信息能够便利地收集到？

收集信息时要了解需要的信息要在最新的许可日期之内，因为必须留有时间进行分析、解释和报告结论。如果学年在5月底就结束了，那么安排学生在6月初进行后测试显然是荒谬的，然而我们要知道等评价者发现这一事实就太晚了。与此类似，在12月中旬当许多人都忙于节日活动时进行通信调研也不是明智的规划。考虑到更好的规划，反复回到同一个地点收集本可以一次性收集到的数据也是低效率的。如果评价者为每项数据收集活动指定时间，那么了解与其他评价问题相关的数据是否能够在同一时间便利地收集到就很容易了。

# 为组织、分析和解释信息确定适合的方法和技术

除了制定编程、组织、分类和检索等方法之外，评价者还必须规划信息收集的方式。尽管电脑运算和计算机数据库大大简化了这项工作，但评价者仍然需要考虑由谁来建设和维护这个数据库，怎样和与谁来分享这个数据库，谁可以利用

这个数据库进行分析等等。一个事前没有考量的案例强调了这个问题。我们熟悉的一位顾问曾经受到某个学区的邀请帮助分析"我们收集到的一些评价数据并且在接下来的1到2个星期中作进一步分析"。我们的朋友在要求了解这些数据后，他被带到一个差不多有一间正常的教室一半大小的房间。除了通道以外，那里有资料——数以千计的成捆的学生笔记，从地板到天花板充斥着整个房间。我们的朋友第一次感到害怕会被这些资料推倒；他也担心这些地方官员可能真的相信这所有的资料能够在这么短的时间内进行充分分析。在与我们的朋友讨论之后，地方官员意识到数据的随机抽样才是可能的解决之道。如果那些是他们最初收集到的全部资料，他们也能发现他们本可以大大简化学生们的生活，并且节约他们的时间（更不用说西北的森林了）。

*明确如何分析信息*。对每一个评价问题而言，评价者应当描述对收集的信息进行分析的方法。这需要两步：（1）明确为分析信息而运用的统计学的或总结性的技术；（2）设计一些分析的方法。例如，案例中的学校日志，突出的主题可以用选定的定性软件和索引来确定，阐明日志记录具体主题的特征。集中趋势（central tendency）和离散性描述统计（dispersion descriptive statistics）可以用于概括主题的频率和变异性（the frequency and variability）。这些方法是指确定对分析数据或者员工工作时间有价值的软件，能够检验、编码或者分类和输入日志。软件购买和员工工作时间必须在评价规划管理中进行考量。

*阐释结论*。统计表或者总结不会自己说话。不同的人看待同样的结论可能会因为他们的价值观、过去的经验和个人的预期而产生完全不同的解释。因为这个原因，当评价客户和其他关键的利害关系人可用时，与他们分享数据分析结论是很有价值的，让他们阐释那些结论的含义。对一些评价问题而言，开发的标准和条件起到了对解释的引导作用。然而，评价规划应留出时间让不同的利害关系人考察信息，让群体和评价者之间进行对话，当需要书面报告时可以对不同的观点进行审议和协调。

# 确定报告评价发现的适当方法

对每一个选定的评价问题，评价者应当明确什么时间应当准备好答案和解释以及为谁准备。对某些问题而言，频繁的定期报告是适当的；而对其他问题，一个单独的报告就足够了。一些报告应当形成正式的技术文件，另一些报告则需要形成备忘录、非正式讨论、陈述或者会议的形式。

一个规划评价结果的报告的好方法是利用一个矩阵来详细说明下面的每个评价问题：（1）受众；（2）包含的内容；（3）报告的格式；（4）报告的日期；（5）报告将要呈现的背景。一个案例如表14.1。

一旦评价者确定每个评价问题需要的报告，他们就应当检查报告以了解他们是否以有用的形式提供了需要的信息。在第17章中我们非常详细地讨论了评价报告。然而在规划阶段，我们无法推动布林克霍夫（Brinkerhoff）和他的同事们（1983）建议的一套行之有效的问题：

1. 报告的受众确定吗？他们的代表性足够全面吗？

2. 报告的格式、内容和时间表适合受众的需求吗？

3. 评价报告与信息相称吗？

4. 报告具有时效性和有效性吗？

5. 报告回应了相关受众对知识和信息的知情权吗？（p.48）

表 14.1　规划评价报告的抽样工作清单

| 评价问题 | 报告的受众 | 报告的内容 | 报告的格式 | 报告的时间表 | 报告呈现的背景 |
|---|---|---|---|---|---|
| 1. 关键方案如期实施了吗？ | 方案管理者 | 迄今取得的进展；需要关注的问题 | 备忘录和口头陈述 | 每个月月初 | 在员工会议上用一页纸篇幅的书面总结进行陈述 |

| 评价问题 | 报告的受众 | 报告的内容 | 报告的格式 | 报告的时间表 | 报告呈现的背景 |
|---|---|---|---|---|---|
| 2.WANDAH 方案对学生的写作能力产生了哪些影响？ | 学校校长、语言艺术教师、学校董事会 | 整体性和分析性测量学生成绩的结果 | 书面报告，口头简报，加上执行总结 | 3 月 15 日提交预备报告；5 月 1 日提交最终报告 | 与教师和校长进行预备报告简述和讨论；向他们提交书面的最终报告，向董事会提交执行总结；如董事会需要则提交口头简报 |

# 概括评价方案的工作清单

简要概括我们讨论的有关评价规划概要的格式条目是有价值的。对聚焦研究的每个评价问题，详细阐述以下几个方面都很重要：

1. 回答问题所需的信息（有关将要收集的信息的概念和变量）。

2. 用于信息收集的设计。

3. 信息源。

4. 收集信息的方法。

5. 信息收集安排，包括

（1）抽样流程（若有的话）；

（2）收集流程（谁收集信息；在什么条件下收集）；

（3）收集时间表。

6. 分析流程。

7. 解释流程（包括适当的标准）。

8. 流程报告，包括

（1）报告受众情况；

（2）报告内容；

（3）报表格式；

（4）报告进度；

（5）报告背景。

一个有效完成这些流程的方法是使用矩阵，第一列列出的评价问题和后列标题中对应的规划中的每一项要素，如表14.2中所列。这个表是全面的。当然，它能够压缩成对特定评价重要的纵列。我们在表14.1中呈现了一个稍微简化的版本。这个版本对于那些更愿意完成简易表格的客户以及发现这类矩阵有助于理解评价者提议的资助机构来说是尤其有用的。当然，评价者为了便于管理项目，能够如预期增加纵列和细节。为了概括或者与客户和其他受众来交流评价规划，评价者在最有用的工具之中能够采用的就是这种简单的策略。

**表 14.2　总结评价报告的抽样工作清单**

| 评价问题 | 信息需求 | 设计 | 信息源 | 收集信息的方法 |
|---|---|---|---|---|
| 接受福利救济的母亲完成了她们的就业培训后能够找到哪些类型的工作？这份工作包含健康福利金吗？这份补贴能够让她们自给自足吗？ | 工作职位、责任、就业部门（公共部门、私人部门、非营利部门）、每周工作的小时数、工资、健康福利金、就业期限、其他方面 | 描述性的、具有代表性的、可能的案例研究因素 | 就业培训等级 | 调查、访谈、可能的焦点小组 |

| 抽样 | 信息收集流程 | 时间表 | 分析流程 |
|---|---|---|---|
| 调查总体（n=50），访谈20个样本；10个焦点小组 | 当客户拿到毕业证书时进行分布式调查；然后安排访谈以及由培训研究助理到她们家里进行调查；由顾问对焦点小组进行调查，随机招募15个小组并提供25美元的补偿金和临时保姆 | 调查——10月；访谈——11月；焦点小组——12月初 | 运用描述性统计和卡方统计进行调查；运用结论进行访谈；总结访谈的主题；使用结论来规划焦点小组；使用焦点小组的录音记录进行分析；整合所有的结论来描述趋势和解决方案。 |

续表

| 流程报告 | | | | |
|---|---|---|---|---|
| 流程解析 | 受众 | 内容 | 格式 | 时间表 |
| 她们当中至少有2/3人的收入足以负担她们的家庭开支吗？她们能够负担儿童保育费吗？提供健康福利金吗？对那些就业后仍没能自给自足的人们，有哪些建议？ | 筹资渠道（城市和州的部门）、项目管理者、方案实施者（尤其是就业顾问）、客户、大多数公众 | 帮助回答问题：方案正在做些什么？需要哪些改变？ | 筹资渠道和项目管理者的技术报告，利用会议与每一项筹资渠道来讨论结果；通过与项目管理者和实施者的多种会议来讨论他们对结论和可能的改变的阐述；通过与客户的谈话来报告结论，并接受他们的建议；面向公众发布新闻 | 通过会议讨论结果——1月；发布报告——2月中旬发布新闻 |

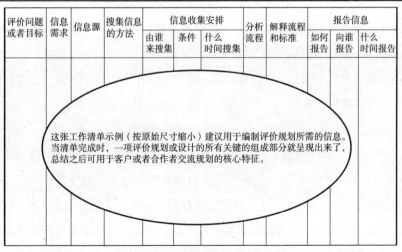

图 14.1　总结一项评价规划的简单的工作清单：简化形式

# 明确评价如何实施：管理规划

规划评价研究最后的任务是描述如何实施。管理规划对帮助项目监控是非常重要的。由谁来做些什么？花费有多少？关键事件是什么？事件的时间轴或计划是什么？实施一项全面的和系统的评价研究是一项复杂的任务。要取得成功，评价者必须要高效管理的不仅仅是评价活动，还有用以实施这些评价活动的资源。贝尔（Bell，2004）在强调对评价而言至关重要的好的管理活动时，写道："一项有效的和有价值的评价主要依靠高效的管理和精练的研究规划。"（p.603）

评价管理是多层面的。一个评价管理者必须做到如下要求：

★ 雇用、培训、激励和监管项目的其他员工的工作；

★ 作为连接评价客户、参与者和其他利害关系人的桥梁；

★ 识别和应对政治影响；

★ 开发、协商和监控预算，如有必要协商更改；

★ 开发和监控评价时间表以确保按时完成任务，如有需要协商更改时间表；

★ 确保所有的活动符合一个好的评价所预期的技术和伦理标准。

管理一项评价需要良好的个人、沟通和组织技巧。良好的个人和沟通技巧对有效地监管评价员工和与利害关系人及其他受众沟通是非常重要的。开发时间和预算、实现有效地监管并知道什么时候进行协商更改需要组织技巧。一项评价，不论是团队还是个人的努力都不能是紊乱的或者随意的。正如方案评价标准（Program Evaluation Standards）提示我们，良好的评价运用"有效的项目管理策略"（F1）和"有效并高效的资源"（F4）（联合委员会，2010）。组织和控制资源，包括时间、经费和人力都需要管理规划。与评价规划一样，管理规划必须是开放式的以应对波动情况的出现，但对灵活性的需求决不能削弱对规划的需求。

一项较好的管理规划必须明确以下每一个评价问题：（1）将要实施的任务和每一项任务的时间线；（2）完成任务所需要的人员和其他资源；（3）成本。每一项都是下一项的前提。一旦明确了任务和时间线，实施任务的人员和资源就能够得到确定。复杂的任务需要高水平的人员；费时间的任务需要消耗更多时间。当任务被压缩到一个较短的时间表内时，就需要更多的人员。最后，随着人员和资源的详细说明，就可以确定每一个问题的成本。表 14.3 呈现了一个管理规划的样本。下面的部分将描述这个样本是如何开发的。

表 14.3　抽样管理规划工作清单

| 评价问题 | 任务 | 时间表 |
|---|---|---|
| 1.方案的关键活动如期实施了吗? | 1a. 与机构员工和方案开发者共事以确定他们交付的方案的核心活动和关键要素；综述理论文献和类似方案的行动；确定监管的核心要素。 | 1a. 评价的第一个月 |
| | 1b. 确定监管活动并规划数据收集的方法 | 1b. 评价的第二个月 |
| | 1c. 收集、分析和解释数据 | 1c. 耗时 2 — 4 个月（方案的最初几个月） |
| | 1d. 与机构和利害关系人开会讨论结果 | 1d. 持续进行，每周一次、耗时 3 — 4 个月 |
| 2. 莱克城失业的年轻人（18 — 25 岁）最迫切的需要是什么呢? | 2a. 与机构员工会议商讨；查阅现有的文献；确定关键的信息和其他数据资源 | 评价的第一个月 |
| | 2b. 访谈关键的消息提供者；管理 4 个焦点小组，3 个由年轻人组成，另 1 个由影响他们的或者为他们服务的人组成 | 耗时 2 — 3 个月 |
| | 2c. 分析和解释访谈的结论和现有的数据 | 第 4 个月 |
| | 2d. 与方案管理者开会商讨检验结论 | 第 4 个月的最后一周 |

续表

| 参与人员和<br>估计成本 | 需要的其他资源和成本 | 总任务成本 |
|---|---|---|
| 1a. 评价领导者耗时 2 天，每天 $1000=$2000 | 无 | $2000 |
| b. 评价员工（1）耗时 5 天，每天 $500=$2500 | 无 | $2500 |
| c. 评价员工（1）1 个月耗时 2 天，每天 $500=$1000；评价领导者耗时 0.5 天，每天 $1000= 每月 $500（3 个月） | 无 | $3000 |
| d. 评价员工 1 周耗时 2 个小时，2 个月＝每天 $500，耗时 2 天＝$1000；评价领导者每周耗时 1 小时，2 个月与评价员工进行讨论以及与客户召开周期性会议＝$1000 1 天，耗时 1 天＝$1000 | 无 | $2000 |
| **参与人员和估计成本** | **需要的其他资源和成本** | **总任务成本** |
| 2a. 评价者耗时 1 天，每天 $1000=$1000；评价员工，耗时 2 天，一天 $500=$1000 | 无 | $2000 |

| | | |
|---|---|---|
| b. 评价领导者耗时 2 天，每天 $1000 =$2000（一些访谈、聘用和直接的焦点小组促进者，1—2 个观察小组）评价员工耗时 8 天，每天 $500=$4000（访谈核心信息提供者，获取、分析和综合现有的数据），其他员工聘用焦点小组、安排房间、录音、点心等等，耗时 1 天，1 天 $240=$240 | 焦点小组促进者，焦点小组耗时 8 小时，准备和解释耗时 8 小时 =16 小时或 2 天平均花费 $1000=$2000；退还焦点小组参与者：4 个小组每组 6 个成员，每人 $30=$720；焦点小组的房间和点心每个小组 $75 =$300；转录磁带的文书成本，耗时 2 天，每天 $160 =$320 | $9580 |
| c. 评价员工耗时 3 天，每天 $500=$1500 | | $1500 |
| d. 评价领导者耗时 1 小时，每小时 $125=$125；评价员工耗时 2 天，每天 $500 =$1000 | 办事员的时间需耗费半天，1 天 $240=$120；打印成本：$200 | $1445 |
| e. 评价领导者耗时 3 小时，每小时 $125=$375；评价员工耗时 3 小时，每小时 $68 =$204 | | $579 |

# 为实施评价任务估算和管理时间

　　为实施评价任务完善时间线对评价规划而言非常重要。这类过程的第一步是确定关键的临界点和中间日期。这些可能是当信息必须被重要的决策者接受时，也可能是中间的或者最终的报告得提交给资助者的日期。然后从这些日期起向后开展工作。需要考量一些重要的问题：对这类报告而言需要哪些信息？这些信息必须如何进行分析和解释，并且谁必须参与？数据从谁那里收集？组织的时间限制了数据的收集吗？为了收集信息必须明确或者完善哪些措施？谁应当参与规划？必须进行哪些文献的综述？利害关系人小组应当参与哪些初步的计划？正如你知道的，还涉及很多问题。但是评价者能够明确关键节点（完成评价规划，最后确定数据收集的措施和流程，收集各种类型的数据，分析和解读这些数据，完善报告），并且为建立关键的到期日确定时间周期。

当然，最初作出这种估算是很困难的。与组织中具有收集数据经验或者是对估算规划任务所需的时间非常有帮助的人进行商讨。刚刚开始管理总体项目的评价者常常低估了与其他人商讨或者与利害关系人和评价员工进行必要的对话和商议所需的时间。但在规划阶段和收到结论与解释结论时，这类时间是很关键的。复杂或者漫长的任务，或由新员工完成的工作，将比其他类型的任务需要更多的时间，因为需要监控活动并确保及时完成。监控大型项目的时间并不仅仅在数据收集开始和结束的节点，但是应当包括关键的中间步骤，评价管理者能够与评价员工讨论过程和结论。当然，能够同时采取一些行动，时间线能够帮助评价团队领导者明确那些行动以及时间应当如何分配才最适合时间表。这样一来，每一项任务开始和结束的时间就能够确定了。

当常规任务需要更多的时间时，评价者应当调整项目的总体时间表。这可能需要通过减少将来的任务所需的时间来完成，通过增加更多人力、缩小工作范围或者明确研究的时间表是否能够被拓展。时间表是工具，不是工头。时间表赋予评价管理者组织和监控过程的方法，但是当有意料之外的事件发生时，比如数据收集过程中遇到无法预料的困难，因为结论的模棱两可而需要更加深入或者额外地收集信息，关键利害关系人或者方案的人员发生了变化，或者客户对额外信息的需求，评价者能够也该当调整时间表以满足这些需求。

为了安排这些项目，一些评价管理者利用甘特表（Gantt charts），运用简单的方式为每一项评价任务呈现了包括适当比例的、按时间顺序形成的时间表。一张甘特表单的任务呈现了时间比例的纵轴和横轴。横轴呈现了每一项任务将花费的时间。评价者能够参照甘特表一眼看出活动何时开始以及将要持续多长时间。除了实现他们的管理效益以外，甘特表易于准备并在沟通评价规划的过程中非常有效。甘特表的图例如图 14.2。

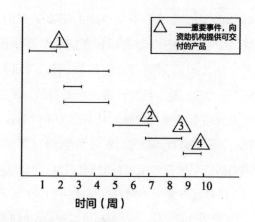

1. 开发方法
2. 行为观察
3. 管理调查
4. 行为访谈
5. 分析数据
6. 审查客户
7. 准备最终报告

△——重要事件，向资助机构提供可交付的产品

时间（周）

**14.2 在甘特图上显示重要事件的例子**

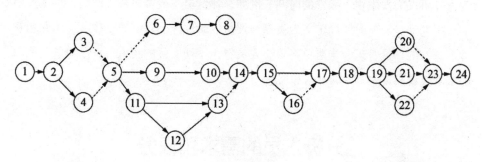

| | | |
|---|---|---|
| 1. 启动项目 | 9. 启动试验 | 17. 启动制表 |
| 2. 完整的目标 | 10. 启动最终模式 | 18. 启动统计测验 |
| 3. 完整的数据模式 | 11. 启动访谈选择 | 19. 完成测验 |
| 4. 完整的假设 | 12. 完成行政程序 | 20. 完成解释 |
| 5. 启动项目建设 | 13. 完成时间表 | 21. 完成表格 |
| 6. 启动论域内的定义 | 14. 启动实地访谈 | 22. 完成图形 |
| 7. 启动抽样 | 15. 启动数据编码 | 23. 启动叙述 |
| 8. 启动样本选取 | 16. 完成后续行动 | 24. 完成叙述 |

**图 14.2　甘特表中里程碑式的实例**

资料来源：源自由 D　L　库克撰写的《方案评价和审查技术：教育中的应用》（专著 No.17，p.43），1996 年，华盛顿，哥伦比亚特区：美国教育合作研究办公室。经许可后再版。

PERT 表有时用于组织更加复杂的项目以及内部评价单位进行规划和协调相关评价或单位的评价工作。PERT 是方案评价和技术审核技术（Program

Evaluation and Review Technique）的首字母缩写，由美国国防部（U.S. Department of Defense）开发的一项多维度的军事工程的管理工具。它被运用于多种其他情境之中来检验任务与完成任务的各个部分和整个方案的时间需求之间的相互关系（库克，西尔维亚，迈耶和冈恩；Cook，1996；Sylvia，Meier，&Gunn，1985）。PERT 表大量地运用于对大型的、复杂的无法解决的问题进行研究，考察是否忽略了细节。然而，对于许多评价而言，运用 PERT 表可能显得更加累赘和耗时，而不是有所启发。在大多数评价研究中，一张简化的 PERT 表就足够了，它用来估算一项任务所需的时间以及将要与这项任务同时实施，或者在此之前或之后实施的任务所需的时间。简化的 PERT 表的例子如图 14.3。

必须为评价的各个方面都留下充分的时间——从聚焦于研究到最后的报告。为意外事件的发生留下额外的时间。例如，评价员工或客户或关键利害关系人中的人事变动、需要时间确定新人员参与评价以确保他们较好地工作、合作和相互理解。好的评价管理应当避免将核心人员置于不切实际的约束下，以至危及他们的表现或者利害关系人的参与和反馈。

# 分析人员的需求和任务

任何评价的质量都非常依赖实施人的能力和精力。在一些案例中只有一个人——评价者——对所有的事情负责。尽管其他人——评价团队的成员、顾问或者办事员——也会参与其中。

所有的评价管理者最关心的是获得资格的个人能否实施各种评价任务。解决这种关切需要清晰地明确每个人的作用和职责。在一个相对小型的评价中，评价领导者必须明确他该如何最优地支配他的时间。这既要依靠他的能力、领导力和利害关系人的预期，也要依靠他可能利用的其他评价员工的技能。贝尔（Bell，2004）提出通过开发一个员工的矩阵列出任务清单，确定实施任务所需的最合适的人员或者技能。显然，这个清单应当包括评价领导者和其他员工的任务，这些员工是组织雇用的人员或者经常在一个临时项目中被用作研究助理的人员。这类清单运用的纵列如表 14.3 所示或者列出任务的拓展清单和每一项任务的执行人。

考量完成每一项任务所需的技能以明确谁来做什么。谁掌握着这些技能？谁在这个领域有经验和兴趣？在内容分析方面谁受过培训并具备经验？在为焦点小组招募参与者方面？在运用路径分析分析数据方面？清晰地撰写公众关注的报告？一个小型项目将在评价者和 1 到 2 个助理或者顾问中进行选择。一个大型项目要考量现有职员的技能和他们现有的工作负荷，应当由此来确定谁可用以及最适合每一项任务。即使有大量现成的员工，顾问在某些特定领域仍然是必须雇用的。

就内部评价者而言，在当前履行不同职责的组织人员中就有多种选择。出版编辑或公共关系人员对传播评价信息有帮助。计算机和技术人员能够提供在线数据收集、访问和存储数据、购买必要的新软件以及进行数据分析。行政助理和财务人员完成常规任务。在许多参与式评价中——通常是赋权式评价——方案的人员和客户参与收集、分析和解释数据。考虑到每个群体或个人带入评价的相关技能、优势和风险来权衡使用他们。但是在一些案例中必须招募其他人实施特定的任务。

评价领导者或者评价管理者有责任为完成任务招募、筛选和雇用评价员工。在第 11 章的表 11.3 中列出了对评价者胜任力的考量以及职位所需的执行任务的相关能力。利用地方的或者州立协会来招募潜在的员工或者顾问。（在美国可参见网站 http://www.eval.org/aboutus/organization/affiliates.asp，美国评价协会清单中地方的、州的或者区域的子公司向他们的成员发布公告或使用"寻求评价者"，该网址为 http://www.eval.org./find_an_evaluation/consultant_listing.asp。。在其他国家或者区域专业的评价协会也可能有类似的方法招募或推荐本区域的评价专业人士。）当然，一旦评价领导者被筛选和雇用，他就有责任就将要评价的组织和项目确定与培训新雇用的员工。

# 估计评价活动的成本和开发评价预算

有许多非金融的和间接的评价成本，比如机会成本或者政治成本。在简单的利益中，我们不在这里讨论直接的美元成本。

**典型资源及其成本**。一项评价预算通常包括以下 10 种类型：

1. 评价员工的薪金和福利。人力成本消耗了评价预算中最大的部分。员工须花在评价任务上的大量的时间以及完成评价任务所需的专业水平都会影响成本。对于由谁来实施各种任务以及实施任务需要的大量时间必须作出决策。随着健康保险成本不断攀升，福利已经成为预算中正在增长的部分。这种类型的成本通过现有的工资和福利数据相对容易估算。一旦员工用于评价的时间确定，那么员工的工资和福利部分就能够记入评价预算了。大多数组织都有一组获利率，即一定比例的工资。如果须雇用新人，所推荐职位的工资能够通过咨询其他组织中类似的员工、仔细阅读广告和类似职位的公告等来确定。

2. 顾问。正如前所述，有时需要顾问或者是因为（a）提供目前在项目员工中没有人掌握的技能，并且在组织中并非长期需要，或者是因为（b）提供对方案或者评价的独立观点。顾问也不享受福利（至少在预算中是这样）。顾问的成本通过使用他们的天数或者小时数的工资率来估算。

3. 旅行和论日计酬（对员工和顾问而言）。设计和实施评价所需的大量工作和人际沟通水平的成本。一些合同规定了限制旅行成本（比如，在组织的附近区域旅行不予报销）。旅行成本包括估算附近区域以外的会议、培训、观察、数据收集及其他活动的汽车行驶里程。机票、地面交通成本和长途旅行的每日住宿和用餐应当计算在内。

4. 沟通成本（邮资、电话等）。这种类型的成本既包括固定成本（例如，每月的电话、计算机网络和互联网的接入账单），也包括可变成本（特定的沟通，例如，会议电话和传真）。固定成本预算可以运用组织按照合同实施的工作的比例估算（间接成本中的许多因素已经计算过了）。可变成本应当根据参与任务的情况进行估算。因此，如果邮件调查是研究的一部分，那么邮资成本将会大大增加。这些邮资应当根据邮件、明信片和反馈信封的数量直接计算。

5. 打印和复印。成本要覆盖为观察与访谈、评价报告和其他文献准备的调查和协议的成本。常规成本通过与过去的项目进行比较或者与其他监管过类似项目的人进行讨论来估算。通常文书职员对这个领域里估算预算成本是非常有帮助的。打印、复印以及装订最后的报告或者特殊图形的成本应当由复制中心进行核查。

如果通过电子邮件或者把它们发布在互联网上来传播报告，那么印刷制作成本就能够减少或者完全不需要，这样也可以让目标受众收到，也可通过其他方法吸引他们关注。然而，如果需要，相关网站的设计成本应当予以考量。

6. 计算机成本。要考量是否必须购买新的软件进行数据分析、存储或者恢复。如果使用网络调查，就要考量与现有的调查体系签订合同的成本，例如猴子调查（Survey Monkey）或者对组织而言，掌握必要技能的员工是否是可用的或对开发网络调查是否是更好的选择。确定组织的网址、评价公司的网址、管理或者资助组织的方案的网址或者三者同时确定将如何用于发布评价报告，以及是否特定的网址管理问题对这些报告或对评价员工与利害关系人之间的沟通而言是必要的。

7. 打印资料。这种类型的成本包括购买现有的数据收集设备和图书馆的资料。出版商的书或者其他也会增加可能的预算成本。

8. 用品和设备。这种类型的成本覆盖特定的用品和必须购买或者租用的设备。如果主要的用品是常规用品（铅笔、钢笔、纸张等），那么这些典型的办公室用品的估算应当列入合同之中。偶尔，特定的购买或者租赁是必要的。这些包括录像带录制设备、项目所需的特定的软件或者硬件、现有数据库的购买或者使用现有数据库的费用、数据收集设备（例如，血压监护仪）。购买或者租用这些特定设备的成本应当从供应商处获取。在一些案例中，合同规定只是需要租赁而不是购买昂贵的设备。

9. 转包合同。这种类型的成本包括各类约定劳务的支出，比如，会计核算、法律服务、测试开发等。所有的转包合同必须在评价预算完成之前与承包商进行协商。每个承包商都要提交独立预算。代理机构常常包括它们的间接费用分摊率中的成本。然而，小型的或者是新代理机构可能需要为这些服务买单。

10. 间接费用（设施，公用事业设备）。外部的人员和服务的使用量越大，则总开销成本就越低。然而，不管评价要做怎样的安排，典型机构必须承担一定的固定管理成本（例如，维持充足的装备设施的成本）。大多数组织在总预算或人员的工资和福利中有固定的比例，这是它们要承担的间接管理费用。检查间接成本覆盖了哪些部分以确保你不会重复收费。如果间接成本包括沟通、计算机、会计核算或者法律服务等固定成本，这些不应当单独计费。

一旦计算出了每项预算的类型，那么评价的总成本就能够确定了。首次估算常常会超出评价者的或者客户的预期。当发生这种情况时，检验每一项条目并且征询这些工作怎样才能以更低的成本来完成。一些有效的节约成本的措施包括：

★ 利用可用的志愿者或者低成本的工人来降低员工的工资和福利；

★ 如果评价员工距离较远，可以利用当地的专家收集数据来降低旅行成本；

★ 培训低成本的人员实施有选择性的任务；

★ 借用（设备、人员、资料和物资）；

★ 从雇用外部评价者的组织（常保持良好的公共关系）或者从赞助机构那里寻求实际的好处；

★ 减少评价的适用范围，可能要推迟未来的某些部分；

★ 利用现有的措施、数据或者报告；

★ 当精度的要求可以降低并且没有严重后果时，可利用便宜的数据收集方式；

★ 利用公共媒体来传播结论；

★ 借用其他的研究；

★ 通过好的管理来提高效率。

# 构建评价协议和合同

如果客户和评价者对他们自己和其他人在评价中的作用和职责都有一个清晰的理解，那么在评价过程中出现的许多潜在问题就可以更容易地得到解决。甚至在具备最高的专业标准和道德标准的管理者和评价者当中，冲突也会因为未明确说明对预期的假设而产生。评价者必须与客户在规划阶段讨论这些问题并且拟定一个协议以文件的形式确定预期和职责。古巴和林肯（Guba&Lincoln，1981）警告说关注评价合同，这在今天仍然是中肯的：

　　实施评价是受到了客户的委托，客户提供了评价的合法化并且支付了费用。正是因为谁出钱谁做主（pays the piper calls the tune），所以评价者必须清晰地理解客户，评价要完成什么任务，为谁完成，用什么方法完成。评价者也需要受到保护反对客户的武断和可能的有害的或不道德的行为，正如客户需要受到保护，反对肆无忌惮的评价者一样。达成理解和建构保护措施的方法就是评价合同。（pp.270-271）

联合委员会的方案评价标准（the Joint Committee's Program Evaluation Standards）包括了作为一项具体标准的正式协议（Formal Agreements）："P2: 协商评价合同从而明确义务，考量需求、预期以及客户与其他利害关系人的文化背景。"（联合委员会，2010）他们提出了协议的指导原则和注意这类协议的草稿中常见的错误。斯塔弗尔比姆（Stufflebeam，1999）为评价合同开发了一张清单，这是一个有价值的指导原则（参见 http://www.wmich.edu/evalctr/checklists/contracts.pdf）。这个清单提示我们，协议包括为评价者和客户获取信息以及怎样对它进行分析、报告需求和预期。涉及评价的所有权及其报告等一些棘手的问题应当被解决：谁来掌控权力？客户和其他利害关系人的审查权是什么？谁来掌控发布报告的最终权力？评价者有权发表评价结论或者在专业期刊上发表与此相关的其他问题吗？当然，这些协议应当在规划阶段就进行协商，书面协议应当在评价者与客户或者赞助者之间进行分享（如果客户和赞助者不同，那么他们都要进行分享）。最后，如果评价发生在一个相对较长的时间内，例如一年多的时间，那么协议各方应当每年对协议进行审查，并根据需要再行协商。

客户和评价者之间的另一个协议应当出现在涉及道德和标准的这个问题上。评价者应当与客户和其他关键利害关系人，例如一个咨询委员会①分享指导原则和方案评价标准（Guiding Principles, the Program Evaluation Standards）。这些信息有助于受众研究了解通过评价该期待些什么。指导原则和标准能够从 www.eval.org. 这个网站获得，或者可以从网站上订购分发给客户的小册子。（更多内容参见第3章指导原则和方案评价标准，附录 A 清单中的关键部分。）

---

① 其他国家的读者应当在他们的国家里咨询伦理规范。加拿大、欧洲、欧洲的个别国家和全世界已经开发了评价伦理规范的其他国家。

# 规划和实施元评价

协议或合同明确了评价的阶段，但是规划过程的最终阶段是考量评价者或者客户在什么时候以及如何寻求有关评价质量的意见。评价者意识到必须评价自己。在没有评价我们自己的工作之前，我们不能简单地评价其他人，并且告诉他们如何推动抑或继续、拓展或者终止什么。元评价的创建就是解决这种需要的。评价者意识到他们可能不经意地把偏见或者错误引入他们的工作。他们可能忽视了特定的受众或文化差异从而阻碍了精准地收集数据和进行沟通。评价者和客户都必须关注评价工作的质量：对评价者而言，因为他们个人的标准和职业声誉受到威胁；对客户而言，因为他们不想投资（或者是政治上的投资或者是经济上的投资）后得到的结论偏离目标。如果评价在关键的方面出现缺陷，那么两者都会有较大的损失。这就是为什么元评价——评价一项评价——是重要的。形成性元评价能够在任何不可挽回之前推动评价研究。终结性元评价能够提升最终结论的可信度。

# 元评价的开发及其在今天的运用

从非正式意义上讲，某些人对每一项曾经实施过的评价研究的质量持有一种观点，认为元评价一直存在。然而，自20世纪60年代始，评价者开始正式讨论元评价的流程和标准，作者开始建议什么形成了好的或糟糕的评价（例如，斯克里文，斯塔克和斯塔弗尔比姆，Scriven，1967；Stake，1970；Stufflebeam，1968），并且未公开出版的评价标准的清单开始在评价者之间以非正式的方式进行交流。此外，许多评价者出版了他们提出的指导方针或元评价标准，用于判断评价规划或报告（斯克里文，斯塔克和斯塔弗尔比姆等，Scriven，1974b；Stake，1969；Stufflebeam，1974；Stufflebeam et al.，1971）。在评价领域的早期阶段，就提出的元评价标准没有达成共识，这可能更好。然而却有开发出这样一个检验标准的意愿，因为一系列广为接受的确定评价质量的标准将产生更多更好的元评价。

在1975年，丹尼尔·斯塔弗尔比姆（Daniel Stufflebeam）主持了一个教育评价标准化联合委员会（a Joint Committee on Standards for Educational Evaluation），它由专业协会任命的16人组成。他们的任务是就这些标准达成共识。该联合委员会首先产生了一系列评价标准，专门为教育方案、项目和资料的评价而设计。他们最初的工作包括供职业社区使用的指导和评价教育评价的早期标准（联合委员会，1981）。联合委员会持续工作了多年，由12—15个涉及评价的职业协会的代表组成，包括美国评价学会（American Evaluation Association）、加拿大社会评价（the Canadian Evaluation Society）、美国教育研究学会（the American Educational Research Association）、美国心理学会（the American Psychological Association）和许多涉及学校管理和运行的职业协会（斯塔弗尔比姆和欣克菲尔德，Stufflebeam & Shinkfield, 2007；http://www.jcsee.org/）。他们的工作非常成功。这些标准从最初的聚焦于教育评价拓展到所有的方案评价，并且受到了美国国家标准学会（American National Standards Institute）的认可。这些标准在美国得到了广泛运用，目前修订到了第三版（联合委员会，2010）。今天的元评价常常利用这些国际化的标准或者美国评价学会指导原则（AEA Guiding Principles）来评判评价。

在1994年的第二版中，联合委员会增加了元评价作为一项标准。标准（2010）的第三版中强调了元评价的重要性并创建了一个新的类型："评价问责"涉及元评价的两个标准：

　　　　E2 内部元评价（Internal Metaevaluation）。评价者应当使用这些和其他适当的标准来检验评价设计、使用流程、信息收集和结果的问责。

　　　　E3 外部元评价（External Metaevluation）。方案评价的赞助者、客户、评价者和其他利害关系人应当鼓励使用这些和其他适当的标准来实施外部元评价。（联合委员会，2010）。

内部元评价由评价者自行实施，利用标准、指导原则或者其他适当的标准来判断他们的工作，尤其是通过变革来推进评价质量，如同正在实施的一样。一项外部元评价与外部评价一样由外部集团实施，以实现形成性的或者终结性的目的。外部集团可能是赞助者、客户或者其他评价者。这种方法的成功主要依靠消费者的技能来判断评价在多大程度上达到了诸如"有效的信息（Valid Information）"

或"合理的设计和分析（Sound Designs and Analyses）"的标准。然而，联合委员会标准（the Joint Committee Standards）和美国评价学会指导原则（AEA Guiding Principles）并没有一定要求进行专业的技术培训。客户有效地运用这些标准寻求一位独立的外部评价者利用那些更为直接地涉及技术问题的标准或者原则，这是完全可行的。

不幸的是，元评价的实施不如它们本来应当的那样频繁，至少在评价文献中几乎没有什么案例。但是在最近几年里出现了一些有价值的案例。汉森、劳伦斯和迪内（Hanssen，Lawrenz，&Dunet，2008）描述了他们实施的元评价，他们称之为"并发元评价（concurrent metaevaluation）"，因为他们实施的元评价活动与检验评价是同时进行的。他们受雇向评价者提供反馈，从而在大型评价发生时推动评价。（我们将它作为一个形成性元评价的案例。但是正如他们指出的，大多数元评价发生在评价完成之后，因此，其目的不在于推动评价，而在于判断评价的质量及其优势和缺陷。他们的重点是同时实施元评价和评价，从而达到形成性评价的目的。）汉森（Hanssen）和他的同事实施的元评价是不常见的，因为他们作为元评价者集中地参与了将要检验的评价。在评价研究中，他们开发了元评价的问题并为每个问题收集了数据。例如他们参与了评价者团队每周的会议，检查了草拟的文件，视察了现场，访谈了大量评价数据的收集者或者数据的提供者。他们的反馈是集中的和富于成效的，这些推动了评价。他们在许多元评价中利用标准来实施元评价，但是他们增加了两个其他标准，即斯克里文的关键评价清单（Scriven's Key Evaluation Checklist，2007）和预防研究证据标准协会（the Society for Prevention Research' Standards of Evidence，2004）。因此，他们的项目阐明了适合于某个特定项目的附加标准和集中的形成性元评价的使用对他们检验评价产生了积极的影响。

另一项元评价阐述了一个非常不同的方法。佩里（Perry，2008）描述了她所谓的"心理元评价（mental metaevaluation）"，她使用了标准和美国评价学会的指导原则检验和评价一项评价，这是由学生在她的课程中实施的。她的文章阐述了从使用一些标准考量一项评价活动的过程中能够学到什么。她描述了评价及其背景，并通过评估此项评价表明特定的标准和指导原则有助于她分析评价过程中特定的问题。元评价提供的帮助不仅仅是分析特定的评价，也考量了在未来她和学生的实践。她建议学生在课堂上对他们开展的项目实施元评价，并利用这个过程来评估他们自己的工作。这两篇文章代表了对元评价两种完全不同的运用，不同的成本、目标、评价实施的阶段，但它们都阐明了元评价如何提供了非常有价值的帮助。

帕顿（Patton，2008a）和斯塔弗尔比姆（Stufflebeam）指出对每一项评价而言，详尽的元评价并无必要。如果它们的成本过高，它们就应当被评价取代，这就是帕顿所谓的"高风险（high stakes）"。他提出了以下的指导意见：

> 运用评价（例如终结性评价）的风险越高，实施评价的背景的政治化成分就越多，一项评价浸淫于政治化的环境中越明显，对评价质量独立评估的可信度就越重要。（2008a.p.537）

值得注意的是这个指导原则无疑是适当的，元评价需要大量的资源，可能是美元，也可能是人员的使用和时间。但佩里（Perry）的元评价指出元评价能够采用低成本的方式，通过评价者或同事的评估以及从评价中学习，从而推动未来的实践。

# 实施元评价的一些常见的指导原则

佩里、汉森（Perry&Hanssen）和同事之前提到的表明评价者可以较好地完成工作。考量元评价是否推动了评价，在这种情况下应当同时实施评价，或者考量元评价的目的是否是为其他受众判断评价的质量。元评价能够在许多不同的时间出于不同的目的而实施：在评价规划或者设计完成之后；在评价进入检查进展和确定方案的周期区间；在评价进入最后检验结果、报告、审核评价步骤和总结时。确定元评价的目的和时机，评价者——或者客户或者赞助者，如果他们要求进行元评价——就能够确定是否使用内部或者外部审查者。

内部审查能够由评价的同事或评价委员会或顾问组实施。当评价正在进行时，评价者能够谋求利害关系人和评价员工的帮助，并且向他们咨询评价规划、实施、各种任务的相对时效、成本和修订的需要。这类会议记录可以向客户提供有价值的进展报告。

外部审查最好由公正的具有类似评价成功经验的外部集团来实施。正如汉森（Hanssen，2008）等在案例中所呈现的，如果尽早召集，外部评价者能够检查完成评价的规划和行动并且提供完善的评价建议。外部审查者也能够在评价期间提供技术辅助，并且在项目完成后检查结论、总结与报告。外部审查者可能需要设立一个网站，通过访问每一个审查阶段完全获取评价文件、仪器、数据和受众信息。当然，这种安排需要规划和了解如何以及在哪里获取适当的评价信息，了解不同的标准、它们的含义和运用。

任何人实施元评价都必须确定使用标准和焦点问题——如果不是整体评价。尤其是元评价者与要求进行元评价的评价者或评价团队或客户共事，了解其目的和焦点，并与他们讨论使用标准。因此，元评价者要确定所需的信息以实施元评价。通常由现有的文件与记录组成（评价规划、会议记录、数据库和评价报告），并且进行人员访谈，包括评价者、客户和利害关系人。这类信息将在访谈过程中进行审查或收集和分析，并将它与选定的标准进行比较。结果经过整合后，元评价者将得出结论并在评价的适当阶段提出建议。

这里采用一个简明的案例。我们将聚焦于利用一项元评价进行一项评价设计和细节的选择。在评价过程中，设计是关键。糟糕的设计不能带来满意的评价。我们假设元评价承担了形成性的目的，向评价者提供改进设计的反馈，并且当评价规划完成时开始实施元评价。元评价将检验设计的规划和实施。一项完整的检验设计的元评价包括以下内容：

★ 检查提出的设计以确保设计的可行性和合理性；

★ 通过监控设计了解任务如期和在预算内完成；

★ 检查仪器、流程和产品的质量（例如数据和报告）；

★ 基于可能出现的中期调整而检查设计（尤其是根据目前对重要受众的评价效用或者遭遇的评价问题）；

★ 检查元评价对评价设计的效果。

因为篇幅有限，我们限制了有关评价设计的讨论和剩下的案例。读者应当能很容易地从这个讨论中推衍出进行一项评价的其他方面的元评价的步骤。

**理解评价一项评价设计的步骤**。实施一项评价设计的元评价的步骤如下：

1. 获取设计复本以备检查。一项有关设计的形成性元评价是有价值的，一旦这种设计足以产生这样的检查成效，但是要在数据收集开始之前。在这个阶段，设计可以根据元评价的反馈进行修正。

2. 确定谁来实施元评价。一个内部评价单位可以使用某个评价者而，不分派给他这个项目。对小型的外部评价而言，评价者可以招聘一个评价同事，就改变的问题充分独立地提供具有建设意义的反馈。在大型的外部评价中，咨询委员会在技术顾问的帮助下可以实施元评价并提供反馈。这允许评价团队接收来自客户的信息，有关设计效用、顾问对技术适当性的反馈和咨询小组的回复。

3. 确保评价设计的授权存在。如果你是一个赞助者或客户，你收到了评价者提交的设计，他打算由你来做一项评价，通常情况下没有专业的或者法律的约束，你可以不受限制地进行评价，另一个有能力的元评价者将帮助你完成评价。与此相反，假设一个有关公民反无家可归者收容所委员会（a Concerned Citizens against Homeless Shelters committee）请求你找到一个当地的无家可归者收容所建议使用的内部评价设计的缺陷。你应当质疑这个角色的适当性，尤其是如果你发现这个设计是草稿的形式，仅仅是内部传阅的反馈，并且由一个心怀不满的雇员偷偷摸摸地从收容所拿到委员会。元评价者（与评价者一样）会发现他们自己被当作一支手枪，在扣住手枪皮套之前要确定你的老板期待的元评价不会违反伦理道德或者法律准则，这一点非常重要。

4. 选择要使用的标准并运用这些标准在评价的各个阶段开展评价设计。方案评价标准（the Program Evaluation Standards）常常运用于实施元评价，但是正如标准所述，也可以使用其他适当的标准。实施评价设计的元评价，元评价者可以选择使用与设计相关的标准和指导原则（the Standards and the Guiding Principles）的组合。就标准而言，主要的焦点是A6条款，该条款明确地涉及设计，但其他相关的标准还包括U3、P1、P3-P5和A1-A5。考虑到设计选择和利害关系人的参与，元评价者也应当考虑如何使设计及其选择符合标准U2、U4、U6、F1-F4和E1。与有关设计的元评价最相关的指导原则是A1、B1、C6、D2-4和E2。其他相关指导原则包括A2、B2-3、C1、C4、D5-6和E1、4-5。（参见标准和指导原则之附录A。）

5. 判断评价设计的适当性。没有评价设计是完美的。问题是总体来说，不论总结判断是否跨越了尺度，评价看起来在一个可接受的质量水平上实现了目的。

## 更多元评价的需求

幸运的是，我们使读者确信元评价的概念是有价值的，并且有用于实现这一目的的适当的工具。尽管联合委员会的标准（the Joint Committee's Standards）得到广泛地宣传、接受和适用，然而几乎没有元评价者实施。为数不多的得以实施的元评价中大多数都是内部评价，由最初运用评价的评价者实施。很少看到评价者召集外部专家评价他们的成果。原因如此之多，也非常复杂，但是其中之一却特别受到关注：评价者是普通人，他们不会乐于让其他领域的专业人士来评价他们的工作。收回自己的提议是一个令人极度不安的经历。尽管好的元评价很少发生可能可以理解，但却无法轻易谅解，因为这使得错误的评价实践未被发现，并且更糟糕的是，一次又一次地重复使得职业本身受到损害。

## 主要的概念和原理

1. 评价由以下主要功能组成：聚焦评价；收集、组织、分析和报告信息以及管理评价。

2. 在规划阶段，评价者就应当开始考量和开发评价规划，以文件的形式证明将要回答的问题和使用的方法。评价规划应当列出通过研究将要解决的评价问题以及运用于解决每一个问题的设计、数据源、方法、流程、分析和解释的方法。这种规划是与客户和核心利害关系人沟通确认评价的目的、焦点和实施方法的文件。

3. 第二个规划需要帮助评价领导者管理评价。管理规划应当明确将要完成的任务以及与每一项任务相关的时间表、人员和成本。管理规划是监督和管控评价的指南，但是应当根据环境的变化而适时调整。管理评价也包括根据项目需求分配、雇用员工和实现人员定位以及开发和监管评价预算。

4. 开发预算过程中，评价者需要考量评价员工的薪金和福利、咨询、差旅与每日补贴、通信、打印和复印、日常用品和装备以及一些间接费用。这些预算中的每一项都取决于评价的类型和使用的数据收集的方法，以及利害关系人对每一项任务的参与程度和将要实行的评价报告的特质。

5. 评价者应当与客户签订合同，清晰地阐明评价的目的，将要完成的活动以及评价者与客户的职责。

6. 最后，必要时评价者应当利用元评价接收其他人的反馈来推动评价或判断评价的质量。元评价主要利用了方案评价标准、美国评价学会的指导原则（Program Evaluation Standards， AEA 's Guiding Principles）和其他适当的标准作为实施元评价的标杆。

## 问题讨论

1. 你认为在大多数评价中哪种类型的抽样最可行和最有价值——随机抽样或者有目的的抽样？什么时候评价者会高效地利用每一种策略？

2. 评价者降低评价成本的方法有哪些？

3. 一些方法论的选择在评价者中间形成了大量的讨论和争辩，这不足为奇。例如，马克和亨利（Mark&Henry，2006）主张决策者最感兴趣的和最有可能使用的是在方案或政策与结果之间建构了因果关系的评价结论。其他人主张决策者并没有真正地使用这些结论，他们忙于政治压力以及形成他们自己对工作的看法。评价者主张评价最有可能在管理者和员工最感兴趣的描述性信息层面被使用。你认为哪一种设计的类型（因果关系性或者描述性）最有可能被使用？为什么？

4. 为什么评价者和客户之间的合同是有价值的？如果合同没有进行开发和审查，那么你认为在哪些领域最有可能出现争执？【参见 http://www.wmich.edu/evalctr/checklists/ contracts.pdf，有关斯塔弗尔比姆（Stufflebeam）的评价合同清单来促进这个讨论。】

5. 阅读佩里（Perry）有关由她的学生实施的一项评价的元评价的文章，并且讨论你是否得到了相同的结论，也讨论使用你所了解的她描述的评价过程的可行性。这种过程有帮助吗？在哪些方面有帮助？

### 应用练习

1. 利用你在第 13 章结尾处开发的评价问题，开发一项评价和管理规划来解决这些问题。解决这些问题你还需要哪些进一步的信息？（后面的章节将告诉你更多方法。）你会让哪些利害关系人参与规划评价设计？每一步会实施哪些任务？由谁来完成？在什么时间？

2. 在我们推荐的每个章节的结尾处选择一个案例研究访谈。从这篇文章中重建一项评价规划。这项研究回答了哪些评价问题？收集了哪些信息？利用了哪些设计、资源和方法？使用了多元方法吗？如何进行数据的分析和解释？利害关系人或客户如何参与规划评价？

3. 访谈一些实施过评价的人。向他询问他是如何开发设计的。在规划阶段什么问题是最棘手的？她是如何让利害关系人参与到这个问题中来的？在哪些问题上利害关系人扮演了重要的角色？在哪些问题上评价者掌握了更多的决策权力？为什么？你是如何开发不同的研究的？他的规划中的哪些方面现在你吸收进了你自己设计的矩阵中？

4. 在你进行练习 3 要求的访谈过程中，询问评价者是如何管理研究的。专业评价者做了些什么？研究助理？文书职员？哪些类型的任务是由内部员工完成的？他们与方案有哪些联系以及他们是怎样受训的？评价领导者是如何监控时间表的？最后，如果他给了你预算的副本向他询问他是如何确定成本的。当项目开发后成本有变化吗？把预算带到课堂并将它与其他学生的预算进行比较。

5. 如果你的课堂正在实施一项评价，尝试使用佩里（Perry）的策略并使用标准（Standards）与指导原则（Guiding Principles）来对你的项目实施一项理论上的元评价。尽管佩里（Perry）的元评价发生在评价完成之后，但是你的元评价可以是形成性的，并可以根据变化提供反馈。

### 相关的评价标准

我们认为以下的评价标准与本章的内容相关，这些评价标准列于包括了所有评价标准的附录 A 中：

U1——评价者的可信度　　　　　　A1——合理的结论和决策

U6——有意义的过程和成果　　　　U7——及时的和适当的沟通与报告

A2——有效的信息　　　　　　　　A3——可靠的信息

F1——项目管理　　　　　　　　　A5——信息管理

F2——实践流程　　　　　　　　　A6——合理的设计和分析

F4——资源利用　　　　　　　　　A8——沟通和报告

P2——正式协议　　　　　　　　　E1——评价文件

P3——人权和尊重　　　　　　　　E2——内部元评价

P5——透明度和信息披露　　　　　E3——外部元评价

P7——财务责任

## 案例研究

本章中，我们推荐了 3 次访谈阐述了项目管理的不同方面：《评价行动（Evaluation in Action）》中第 6 章（罗格，Rog）、第 11 章（罗丝·康纳，Ross Conner）和第 13 章（艾伦·沃利斯和维克多·杜卡，Allan Wallis&Victor Dukay）

在第 6 章中，（罗格，Rog）描述了一个有关无家可归家庭的国家层面的、多点的评价研究。她描述她是如何在关键问题上与资助者和当事者紧密合作的，她是如何寻求他们的投入以及改变评价的。她阐明了随着项目不断深入，当他们了解到无家可归家庭与他们的想象不同时，她是怎样调整评价规划的。期刊来源于费茨帕特里克和罗格（Fitzpartrick，J.L.，&Rog，D.J.，1999），《无家可归家庭方案的评价：与黛布拉·罗格（Debra Rog）的对话》,《美国评价期刊（American Journal of Evaluation）》，20，pp.562-575.

在第 11 章中，康纳（Conner）描述了由他实施和管理的一项涉及科罗拉多州社区健康的多个地点的评价，他在每个地点运用了地点评价，亲临现场，从一开始就与赞助者合作进行项目规划，向现场提供援助并实施评价。期刊来源于克里斯蒂和康纳（Christie，C.，&Conner，R.F.，2005），《与罗丝·康纳（Ross Conner）的对话：科罗拉多州以社区为基础的合作评价》,《美国评价期刊（American Journal of Evaluation）》，26，pp.369-377.

在第 13 章中，沃利斯和杜卡（Wallis&Dukay）描述了他们是如何整合了一支美国评价团队，准备好他们首次参观非洲一个小村庄里他们将要评价的一所孤儿院。杜卡（Dukay）开发了这个孤儿院的项目并且现在转变为评价者的角色。他们也整合了一支由坦桑尼亚学者和镇上的居民组成的团队参与评价。这一章只出现在《评价行动（Evaluation in Action）》中。

## 推荐阅读书目

Bell，J.B.(2004). Managing evaluation projects. In J.S.Wholey， H.P.Hatry，&K.E.Newcomer(Eds.)， *Handbook of practical program evaluation*(2nd ed.)San Francisco: Jossey-Bass.

Compton，D.W.，&Braizerman，M.(Eds.).(2009). *Managing program evaluation: Toward explicating a professional practice*. New Directions for Evaluation，121. San Francisco: Jossey-Bass. Note: This issue is primarily about managing an evaluation unit in an organization and provides some excellent chapters on the issues as well as chapters by managers of evaluation units in organizations.

Perry，K.M.(2008). A reaction to and mental metaevaluation of the Experiential Learning Evaluation Project. *American Journal of Evaluation*，29(3)，352-357.

Russ-Eft，D.F.，&Preskill，H.S.(2001). *Evaluation in organizations: A systematic approach to enhancing learning，performance，and change*. Cambridge，MA: Perseus.

Stufflebeam，D.L.(2000). Lessons in contracting for evaluation. *American Journal of Evaluation*，21，293-314.

Stufflebeam，D.L.，&Shinkfield，A.J.(2007).Budgeting evaluations(Chapter 22)and Contracting evaluations(Chapter 23). *Evaluation theory，models，and applications*. San Francisco: Jossey-Bass.

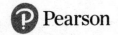

/ 教育治理与领导力丛书 /　　　　　王定华 总主编

［美］

乔迪·L.菲茨帕特里克
*Jody L . Fitzpatrick*

詹姆斯·R.桑德斯
*James R . Sanders*

布莱恩·R.沃森
*Blaine R . Worthen*

著

黄艳

译

# 改变未来的
# 方案和评价标准

## *Program Evaluation*:
### *Alternative Approaches and*
### *Practical Guidelines*

### *(Fourth Edition)*

 华东师范大学出版社
ECNUP
全国百佳图书出版单位

**实施和使用评价的实践指南**

在第三部分，我们为开始评价提供了指导，包括如何确定评价是什么，如何确定评价聚焦在正确的事情上以及如何规划评价的具体细节。在第四部分，我们聚焦于在现实中指导评价的实施和报告。在第15章和第16章中，我们聚焦于评价者进行数据收集的不同选择。这些选择是按照它们发生的顺序来呈现的。也就是说，首先评价者根据所评价的方案，作出选择，确定有关设计什么来回答特定的评价问题。根据特定的设计，他们能够开始考量抽样的策略。第15章阐述了常用的设计和抽样的方法。因而评价者能够考量利用合适的方法来收集有关评价问题与方法的特定信息，从而进行分析和解释。这些方法在第16章中得到检验。我们的讨论包括支持我们观点的定性和定量的设计和方法，其选择并不基于方法的类型，而是根据要解决的评价问题的特性和方案的背景。在大多数评价研究中，经常使用的是定性与定量相结合的方法。在第17章中，我们描述了报告结论的不同方法，使评价的使用和影响达到最大化，还讨论了不同的使用类型和结构。

在这一部分中，没有哪一个章节打算完全处理好它们各自的主题。一本教材可能专注于每一个章节（并且的确很多文本都存在着许多主题）。每一个章节只介绍一个主题，并且在一项现实的评价中提供如何使用材料的实践建议。对那些希望得到更多信息细节的人们，我们就每一个主题提供更广泛的讨论以供参考。

# 第十五章 搜集评价信息：设计、抽样和成本选择

**思考问题：**

1. 开始规划和实施评价数据搜集工作需要采取哪些步骤？

2. 如何利用混合方法和不同的范式提升评价质量？如何最有效地利用混合方法？

3. 评价者如何决定要搜集哪些信息？

4. 每一种设计类型的目标是什么？每种设计类型都是在什么样的环境下得到利用的？

5. 抽样在评价的什么阶段是很重要的？在案例研究中，选择适当的案例需要采取哪些步骤？当目标是向一个更大的群体推广时，如何选择抽样策略？

6. 成本效益（cost-benefit）与成本有效性（cost-effectiveness）两者有怎样的区别？

政府非常热衷于搜集统计信息。他们搜集信息，添加信息，把信息提高到 n 次方，采用立方根并且准备了完美的图表。但是你永远不要忘记这些图表中的每一张最初都来自村庄里的守望者，只是记下了他喜欢的事情（约西亚·斯坦普阁下 /Sir Josiah Stamp，引用于莱特和史密斯 /Light&Smith，1970）。

信息的搜集是评价的基础。尽管决策者或者公民会嘲笑"无数据（data-free）"或"无事实（fact-free）"的评价，但是没有一位声誉良好的评价者作出推测性的评价判断之前不是首先打好坚实的证据基础的。

然而，每一项评价中的信息都会受到环境因素的影响，并且会发生变化。与此相似，评价者使用的搜集信息的方法也会发生变化，以满足评价问题、方案背景和利害关系人的需求与价值观的需要。几乎没有人有明确的选择。即使是最有经验的评价者对于搜集信息的资源、方法和措施也必须作出艰难的选择。评价者必须考量需要测量的构架；搜集信息可能要使用的方法的可靠性、有效性、可行性和适当性；规划的成本和易管理性；政治适当性以及不同的利害关系人的可接受度。

　　在大多数评价研究中，搜集信息最重要的步骤是：

　　1. 研究评价规划中已经开发的评价问题并确定应当搜集哪些信息。哪些信息对于回答问题是必要的？哪些结构必须经过评估或者描述？数据搜集方法的选择受到评价问题的特征的驱动。

　　2. 考虑将要评价的方案的特征及其背景，包括方案的客户、资助者、支持者和其他利害关系人，也包括产生方案的社区。评价问题界定了与方案相关的关键利害关系人的信息需求，但是对这些利害关系人和这个社区而言哪些类型的证据是最可靠的？哪些设计和方法是最可行的？

　　对评价基础而言，评价者应当采用以下步骤：

　　1. 开发或者选择一项搜集必要信息的设计。哪一项设计或哪些设计最适合回答每一个问题？设计应当如何调整才能适应研究的具体环境？

　　2. 在适当的情况下考量抽样策略。从某个人或某个场所搜集信息或者数量足够多的人或场所抽样可能是划算的？有兴趣对一个特定的小组进行抽样吗？如果是这样，哪些抽样的策略最适合达到你的目的？

　　3. 确定搜集信息适当的资源和方法以及需要采取多种措施的领域。谁掌控信息（单一信息源或者多种信息源）？哪些是搜集这些信息最适当的方法？

　　4. 开始信息搜集的流程。由谁来搜集信息？什么时间搜集信息？如何搜集信息？需要哪些培训和指导？

　　5. 搜集信息，进行适当的检查。

　　6. 分析信息。统计方法适当吗？如果适当，那么哪些统计检验会被使用？定性信息应当如何组织和解释？需要哪些软件？

7. 阐释结论并且得出评价结果。

整本书只写了一种数据搜集的技术、工具或者流程。我们不希望涵盖评价者已经开始使用和评估的许多数据的搜集方法这些类似的细节。然而，我们有两个章节专注于这个主题。在这一章里，我们将讨论评价者回答前面清单中所列出的1—3项问题的步骤。我们将检查第 16 章中涉及数据搜集、分析和阐释的问题。

# 混合方法的运用

## 有关评价方法论的争议

从 20 世纪 70 年代到 90 年代早期，评价就因使用定性的还是定量的方法而备受争议。方法的争议，有时是分歧，对告知评价者有关可替代性的有效的方法和措施的不同背景和原则，并鼓励评价者考虑多种资源和方法是有价值的。评价者解决许多不同类型的问题，从需求评估到结果与成本研究以及大量概念的测量——从血压到自尊心，从计算技巧到生活质量。考虑到他们的任务的幅度，评价者必须掌握大量的工具，同时涵盖定性的和定量的方法。

当前的专业评价者认为没有一种方法总是适当的。事实上评价者不应当只是考虑方法，而是首先仔细考量评价问题、方案的背景和特征以及各种利害关系人的价值观和看法。为了阐明这一点，让我们引用两个专家的观点。赫利姆斯基（Chelimsky，2007）在一个有关方法的选择中评论道：

> 选择一种方法之前不考虑评价问题的来源和细节显然是本末倒置。就好比国防部（the Department of Defense）选择武器系统而不考虑战争的类型，敌人的特征、历史和技术进步，或者军事活动的战略与战术情报。（p.14）

朱尔尼斯和罗格（Julnes&Rog）作为本卷的编辑观察到每一位参与撰写本章的知名的评价者——持有多元化观点的评价者——在这个问题上都达成了一致。好的设计和方法不是孤立存在的。好的设计选择是与评价问题和背景相吻合的。

然而，评价者不断激烈地反对方法论的问题。从 20 世纪 80 年代到 90 年代，这种反对包括在定性措施和定量措施之间。今天这种反对还涉及随机对照实验

（randomized clinical trials，RCTs）。然而，评价者不仅仅只是在方法上存在分歧。这些研究还包括许多考量医学的"自然科学（hard science）"领域也面对着类似的问题。萨基特和温伯格（Sackett&Wennberg，1997）认为：

> 大量的智力、情感精力、笔墨、纸张和读者宝贵的时间已经消耗在对照、比较、攻击和抵御随机对照实验、结果研究、定性研究和相关的研究方法。这些绝大多数都是浪费时间和精力，大多数争论者在争论一些错误的事情，他们聚焦于方法而不是问题。我们的主题简而言之就是：要问的问题决定了要使用的适当的研究架构、战略和战术……（p.1636，引用自万特 / Schwandt，2007）

因此，让我们聚焦于正确的事情。我们不根据定性的或者定量的类别来组织我们的方法，而是基于评价者（和研究者）作出的不同选择——有关研究设计、样本选择、收集数据或者信息的途径以及进行分析和解释的方法予以选择。我们不再推荐一种方法，而是对要回答的评价问题和研究背景作有意义的选择。尤其是这些混合方法，因为几乎没有问题只用一种策略就能够予以回答。然而，如果一个问题及其背景能够只运用一种策略，那么评价者显然就能够作出选择。①

当前的争执涉及美国的一些联邦机构和其他国家，尤其是欧洲对随机对照实验的关注。（参见第2章中有关当前趋势的讨论。）然而涉及新的方法论争议的所有不同的观点，有关论证的政策是变化中的，事实上提供了比一些人所暗示的更多的灵活性。（参见利普西 /Lipsey，2007）。我们将在本章的后面部分讨论随机对照实验（RCTs），但是请记住评价者的目的是使用社会科学及其多元化的方法传播政策和推进决策。格林（Greene）（一位定性导向的评价者）和亨利（Henry）（一位定量导向的评价者）结束了有关评价的定性——定量的讨论并且在评价百

---

① 在评价行动（Evaluation in Action）中每位知名的使用混合方法接受访谈的评价者。一些人把重点更多地放在定量数据上，因为这类数据对他们回答的问题和他们的核心利害关系人重视的证据类型极为重要。【例如，参见詹姆斯·里乔（James Riccio）和伦纳德·比克曼（Leonard Bickman）的访谈】但它们也包括与客户的访谈和描述性评论的记录，可以了解方案及其实施情况。其他人把重点更多地放在定性数据，因为这些数据对他们正在回答的问题和他们的关键利害关系人重视的证据类型也极为重要。【参见大卫·费特曼（David Fetterman）和詹尼弗·格林（Jennifer Greene）。】但是他们也运用定量数据、方案参与者的调查更多地了解他们正在评估的方案。

科（Encyclopedia of Evaluation）中提出了以下的观点：

> 我们，定量和定性的评价者都很相似，担心满足一些狭义标准的证据缺失，那些完全基于意识形态或不受约束的修辞的力量将成为行动的许可证。我们也应当信守我们的承诺，制定我们好不容易接受的多元的方法，把有关对社会科学的贡献的对话重新回到社会政策和方案中来，再次聚焦于内容和价值观而不是方法，从而将我们的集体知识和精力重新定位到为民主社会的改善和社会公正服务。（格林和亨利，Greene&Henry，2005，p.350）

## 混合方法的定义和讨论

约翰·克雷斯韦尔（John Creswell，2009）撰写了研究设计，定义了如下混合方法研究：

> 定性形式和定量形式相结合的调查方法。它包括研究中的哲学假设、定性和定量方法的使用以及两种方法的混合使用。因此，它不是简单地搜集和分析各种数据；它也包括协同使用两种方法以便发挥研究的综合优势，这远大于单独使用定性的或者定量的研究。（p.4）

詹尼弗·格林（Jennifer Greene）认识到评价者之中哲学假设的差异，更简要地定义了评价混合方法："评价混合方法包括在同一项研究或者项目中，有计划地运用两种或更多不同类型的经验设计或数据搜集与分析工具。"（2005，p.255）摒弃了过去定性的——定量的争论，她与我们一样，强调评价者在设计、数据搜集和分析的关键的方法论阶段能够选择不同的方法。她指出随着评价混合方法使用的增加，它越来越成为一项常规的实践，范例式的或认识论上的差异则变得越来越不重要了。

超越定义不说，她指出混合方法可以用于以下各种目的，包括：

★ 三角测量；

★ 开发；

★ 互补性；

★ 启动；

★ 价值观的多样性（格林，Greene，2005，p.255）。

三角测量是混合方法中较旧的一种形式，最初由运用不同的方法在同一构架中搜集数据的定量研究者开发形成。（勾画出一个结构将三角形内的面积和边数进行不同测量。）他们的目的是提升将结构作为一个整体测量的有效性和精准度。把三种不同的测量结果放在一起，所有的目的都是为了达到同样的抽象构架，但使用了不同的方法，这会增加整体构架研究测量的有效性和人们对构架的理解。两种不同的纸笔测验极有可能会在广度上不足以提供一个有关利益构架的完整图景。与此相似，同一个人在短时间内进行个人访谈和焦点小组可以提供一些有价值的信息，但是方法就实施一个对感兴趣的现象的完整的评估而言却没有完全不同。然而，评价者会使用测试与访谈相结合的方法来进行三角测量，这提升了他们对构架测量的有效性。

格林和卡瑞斯里（Greene&Carracelli，1997）研究了57项运用了混合方法的评价案例并确定了使用它们的其他目的。他们发现混合方法常用于帮助开发其他后续测量（出于发展的目的）。例如，评价者会使用一个焦点小组或一系列个人访谈来帮助一个使用调查的庞大的群体确定将要研究的因素。作为另一种选择，焦点小组或者访谈可能依据大量的调查了解到更多令人吃惊和 / 或是模棱两可的回复。此外，使用混合方法增加了有效性或开发了未来的措施，格林和卡瑞斯里（Greene&Carracelli）发现混合方法常运用于获得更全面的理解或者勾画出利益构架（出于互补的目的）。可能仍然会选择不同偏见的方法，但并不是希望结果趋同并且提升有效性。然而，当这些方法结合时希望得到稍微不同的结果，提供我们在评价检验中更全面的抽象构架的图景。最后，他们发现混合方法用于激发新的想法和思考（出于启发式的目的）。当评价者认为测量会产生相似的结果而不是分歧时，这是可能发生的。通过考量他们的模型和其他模型，评价者和其他人将反馈并且使用混合方法来搜集新的数据，以帮助解决令人惊讶的分歧。

混合方法也可以用于表现不同的价值观。一些利害关系人会发现某些类型的措施或证据比其他的类型更加可靠。在一项评价中，利害关系人的价值观会有所不同，并且评价者可以使用不同的方法来满足这些不同的需求或者价值观。

因此，混合方法适用于多种目的。他们能够用于促进有效性或者理解力或者多样性。混合方法也包括许多不同的选择——选择涉及设计、数据、搜集和分析。

在下一个部分中，我们将描述不同的设计类型在研究中可能出现的合并或调整。在一些案例中，评价问题可能不需要混合方法；问题通过一种类型的设计可能会很容易回答。尽管在其他案例中可能需要不止一种设计。当要考虑在研究中使用多元化的设计时，就需要考虑以下几个方面的问题：（1）设计会同时实施，还是按顺序实施？一项设计的调查结果会告知另一项设计的特征以便实现时间顺序最优吗？或者同时发生会帮助你了解更多要检验的现象，而不是它已经发生变化之后呢？（2）如果时间是连续的，评价者应当处于一个重复的和灵活的模式下，停止对已经了解到的每个阶段的盘算和下一个阶段的重新设计。

# 用以搜集描述性的和具有因果关系的信息的设计

选择用于评价的一项设计或者多项设计是评价者作出的最重要的决策之一。不同类型的设计的价值，特别是那些用于解决因果关系问题的设计，仍然是争论的原因，并且我们将检验这些问题。但是，正如其他方法论的决策，一项好的设计是解决评价问题的目的并且适合于方案的背景与利害关系人的价值观。在这一部分里，我们将描述不同类型的设计，他们最有可能回答的问题的类型和一些重要的细节或实施每一项设计的重点。表 15.1 提供了我们将要讨论的设计的预览。

**表 15.1 常用设计的特征**

| 设计 | 特征 | 目的 | 样本问题 |
|---|---|---|---|
| 描述性的设计 | | | |
| 案例研究 | 聚焦于一项案例<br>多元化的测量<br>以定性为重点 | 深入地描述，理解 | 学生为什么会辍学？医务人员和患者在新的延长期是如何互动的？ |
| 横断面研究设计 | 定量的，调查 | 一个小组的行为、态度、特征和信念概况 | 员工是如何执行方案的？他们遇到了哪些问题？ |
| 时间序列设计 | 检验趋势<br>利用现有的数据 | 寻求随着时间的变化发生的变化 | 利用公共交通工具上学的学生的比例增加了吗？ |

| 设计 | 特征 | 目的 | 样本问题 |
|---|---|---|---|
| **因果关系设计研究** | | | |
| 单独后测研究设计<br>前后测研究设计 | 随机<br>分配 | 检验方案和结果之间的因果关系 | 在研究实验室工作的学生的研究技能提高了吗？他们的成绩？ |
| **准实验设计研究** | | | |
| 中断的时间序列 | 检验变化趋势<br>需要现有的数据 | 相同 | 随着高中推迟开学的时间，迟到的现象就会减少吗？ |
| 对照组 | 对照两个小组<br>选择相似的小组 | 相同 | 实施了教师管理后，学生的学业成绩会有所进步吗？ |
| 案例研究 | 评价在逻辑模型和探索方面的进展会对方案的成败产生影响 | 解释因果关系 | 全面的教育改革方案会产生哪些影响以及它们是如何实现的？ |

## 描述性的设计

尽管因果关系设计倾向于关注评价者和决策者，但是描述性的设计在评价中仍是最常见的。为什么？因为许多评价问题都是描述性的。一些案例包括：

★ 有关需求或优先顺序的问题：与往年相比较，我们的学生在哪一门学科领域的进步最大？哪种类型的学生表现得最糟糕？他们经历了哪些课程或者教学策略？对这类问题的回答能够运用于方案的规划。

★ 有关描述那些接受方案服务的问题：哪些类型的学生参与了方案？他们在多大程度上喜欢或不喜欢方案设计的目标受众？他们的差异影响到了方案的实施或者潜在的结果了吗？（例如：失业方案被设计成为提供求职和面试技巧。参加培训的人掌握了这些技能，但是他们没有掌握面对当前经济不景气的市场的技能，因此设计的方案并不适合于这些受众的需求。另一个案例：课后辅导方案是为放学以后遇到麻烦和需要辅导的孩子而设计。但是，参加辅导的孩子是那些表现良好并且没有出现糟糕表现或者结伙行事的风险的孩子。）

★ 有关方案执行的问题：方案的关键部分按照规划执行了吗？达到了预期的质量和持续时间了吗？（例如：许多方案按照规划执行，但其他的方案却因为缺乏培训、缺乏合格的人员、员工当中对于方案的目标与行动的认识存在分歧、资源或者时间不足等等原因没有按规划执行。）这些执行上的差异应当被描述，因为各种原因包括了解到底发生了什么，确定模型是否得到精准执行，因而结果评价事实上是对模型的测试，并确定成功地调整可能被运用于方案的后续执行中。

★ 涉及方案的输出、成果或者影响的问题：学生在课堂上参加了多少健身计划？在课堂以外？他们实现了预期的减重或者健身目标了吗？（注意这个问题不是因果关系。它仅仅只是描述了方案结论中的参与者。如果目标实现了，人们也不能断定这些变化是由这项方案引起的。但通常在进行更复杂的因果关系设计之前要首先进行结果描述。如果描述性研究表明预期的结果非常糟糕，那么评价者和其他利害关系人就可以决定不再继续进行因果关系设计了。）

***有关描述性研究的重要性。*** 为了阐明描述性的设计对评价和决策的重要性和复杂性，我们考察了最近新闻中报道的一项研究。维思达特（Westat）——一个国家评价和研究公司实施了一项大型的国家研究，这项研究由国会授权，美国卫生与公众服务部（U.S. Department of Health and Human Service）负责协调，研究题为全国第四次儿童受虐待和忽视的致病率的问题（the Fourth National Incidence Study of Child Abuse and Neglect）（塞德拉克，麦登伯格，贝斯纳，佩塔，麦克弗森，格林和李；Sedlak, Mettenburg, Basena, Petta, McPherson, Greene, &Li，2010）。此研究被设计为确定在美国的儿童受虐待和忽视的致病率和从1993年的研究以来已经发生的变化。这项研究因为它的卓越发现登上了《丹佛邮报》（*Denver Post*）的头版（克拉里/Crary，2010年，2月4日）：他们发现从上一项研究到当前研究这12年的时间里，儿童的性虐待下降了38%，精神虐待下降了27%，躯体虐待下降了15%（从1993年到2005—2006年）。儿童受虐待和忽视的数据由10791个"哨兵"搜集，他们在研究中被称为"哨兵"——那些可能了解儿童受虐待情况的人们，包括在儿童福利院工作的人、警官、教师、医护人员和日托员工。数据搜集还来源于全国范围内具有代表性的122个县的样本。

这项研究的样本、资源的选择和搜集到的数据性质是非常复杂的。作为一项描述性研究，它复制了1993年以前的方法，并且发现了儿童受虐待的情况有了一个相当大幅度的下降——这是一个积极的发现。这项研究也为改善儿童虐待政策提供了信息，比如有助于识别受虐儿童的建议。作者安德里亚·塞德拉克（Andrea Sedlak）指出她很高兴看到这种下降的趋势，但是"仍有一半以上的案例没有受到儿童保护机构的调查……这里仍然有大量的材料说明这个体系还有很长的路要走"（克拉里，Crary，2010，p.9）。我们描述这项研究来说明描述性研究能够提供的信息的重要性。[①]

现在我们将描述三种最常使用的描述性的设计：案例研究、横断面研究设计和时间序列设计。

## 案例研究

案例研究是评价中最常使用的设计之一。它主要利用了定性的方法，但是也能够采用定性和定量的方法。尽管我们把它作为描述性设计进行介绍，但是案例研究也能够作为因果关系的目的，并且我们也将在这个部分讨论它的目的。两位罗伯特——罗伯特·殷和罗伯特·斯塔克（Robert Yin&Robert Stake，2009，1995），他们都分别撰写了有关案例研究方法的教材，并作为案例评价者基于不同的观点着手进行案例研究。斯塔克（Stake）依据更强的解释主义的方法，重点强调了定性方法（参见第8章。）。他感兴趣的是描述和理解个案，而殷将重点放在拓展案例以建构知识或者理论。殷的案例方法来源于后实证主义的传统，混合了定性的和定量的方法来实现他所表达的案例研究的三种目的：描述、探索和诠释。

当评价的目的是对某件事情——某个案例——进行深入地描述时，案例研

---

① 这项研究也说明媒体的倾向混淆了描述与因果关系，正如大量的新闻报道，包括标题和与其他专家的访谈，涉及了造成这种下降的"原因"。标准是"虐童事件的打击产生了重大的影响（Child-Abuse Crackdown Makes Huge Dent in Cases）"。文章正文部分的"原因"是模棱两可的，这样写道："专家们对这一发现表示欢迎，它证明了打击和公众的意识已经取得了进展。"但是后来讨论了一些其他的潜在的原因，包括逮捕和监禁案件的增加（打击）、标准的变化和对性施虐者的调解。

究将非常有用。通常情况下评价涉及探索方案或政策"怎么样（how's）"和"为什么（why's）这样"。方案是如何在客户中取得一定的结果的？方案是如何在这个领域中推进的？家长为什么会选择特许学校？为什么好的教师会离开我们的学区？进入大学的学生是如何建立联系的？案例研究将是回答这种类型的问题的非常好的方法，因为它们鼓励对这些问题进行更加深入的探索，承认在每一个问题上都有许多不同的观点。

案例研究的重点在案例本身。当评价中需要提供手头的某个部门或者案例的全面深入的信息时，这种方法尤其适用。因为评价尤其倾向于特定的情境，案例研究设计之所以有价值是因为它发现了某个个案独特的属性。推广到其他背景或其他时间，通常是研究的焦点却不是评价的目的。斯塔克（Stake, 1995）提出："真正的案例研究是具体化而不是泛化。我们利用特定案例并进行详细的了解，主要不是说它与其他案例有什么不同，而是它是什么，它要做什么。"（p.8）

案例研究具有三个方面的特征：

1. 聚焦于选定的一项案例或多项案例。

2. 预期对一个问题进行全面深入地理解。

3. 运用多种不同的方法搜集数据，但是聚焦于定性的方法，比如观察、访谈和对现有文献的研究。

*选择案例*。首先面对的挑战是选择案例。斯塔克（Stake，2000a）观察到一个案例可以像预期的那样宽泛或者狭隘："一个案例可以是简单的或者是复杂的。它可能是一个孩童或者是一个教室的孩童，或者是譬如动员专业人士研究孩童的状况这样一个事件。"（p.436）一个案例可能由一个大型组织（一座城市、一个学区、一所医院）或者一些小型组织（教室、病房）或者个人自己（学生、客户、管理者、提供者）组成。案例被选择是因为它们被认为具有典型性或者因为它们不同寻常。不同寻常的案例之所以被选择是因为它们特别成功，或者是因为它们的失败或者其他的原因。选择由评价者和其他参与规划研究的人们负责，但是选择的理由应当清楚地予以说明。在一些案例中，评价者没有作出选择：这些案例是将要评价的方案并且它足够小，整个案例都可以进行研究。

这里的一些案例可以证明是有价值的。要考量一个多站点功能的方案，许多站点都在努力实施一个方案或取得某些结果，但是一些人在逆境中取得了成功。评价者可能实施了一个或多个站点的一项案例研究，这些站点成功地探索了推动成功的因素。[①]最好的——实践研究——确定在某些方面做得好的组织并且集中进行了描述——成为更加宽泛的案例，这些选定的案例并不是典型的案例。人们可以看到这类案例研究中的选择，学校接收了在国家标准化考试中取得高分需要特别保护的孩子。其他评价可能选择的案例具有典型性或者反映了行为的范围。一项由我们的作者之一的学者实施的评价，它是一项包括了四位女性药物滥用者的案例研究，他了解了更多她们所面对的困难以及她们在居住于一个药物滥用的社区之后向社区过渡时使用的策略。第一个案例是一个组织——一所学校——它取得了成功。第二个案例是被选定的代表了一些典型结果的个人。

**搜集信息**。与定量的设计不同，案例研究并没有清晰的描述方法。事实上，人们对如何给案例研究进行标注的看法也有所不同。一些人称之为设计；另一些人称之为方法；其他人称之为途径（帕顿，Patton，2001）。斯塔克（Stake）这样写道："对定性的案例而言，可能最简单的方法就是：把最优秀的人才配置到最需要的地方。"（p.242）他认为正在从事案例研究的人们应当利用她／他的观察和反思的能力取得更多对手头案例的理解。

然而，案例研究使用的方法并不像其他类型的设计那样精确，案例研究的方法能够使用多种方法进行勾画并重点强调定性的方法，例如观察、访谈和文献研究。正如之前所提及的，目的是为了理解而进行深入地描述。当评价者对案例的理解更加深入时，案例研究的方法可以被选择或者被调整。也就是说设计是反复的，对手头的案例和环境具有回应性。它具有自适应性并且会持续调整，直到评价者相信他们对案例有了一个很好地理解。

尽管焦点在定性的方法以获得描述和理解的深度，但是案例研究也使用定量的方法。调查、对现有数据的统计分析，以及评价者通过观察和访谈了解到的可以用作补充的情况。当研究继续进行，评价者确定了之前不确定的方向以及需要

---

[①] 布林克霍夫的成功案例方法（Brinkerhoff 's Success Case Method，Brinkerhoff，2003）将取得了成功的案例与失败的案件进行了对比，尤其是个人项目的参与者，从而确定成功的可能的原因。

更多信息或者理解的领域时，方法就可以被选择。接下来评价者就能够选择适合于检验设计的每一个阶段中出现的问题的方法。

**案例研究报告**。撰写结论是案例研究一项必不可少的部分，结论应当以某种方式予以表达，即应当"关注读者的注意力和阐明其意义"（古巴和林肯，Guba& Lincoln，1981，p.376）。古巴和林肯（Guba&Lincoln）将案例研究描述为"全面和逼真的。它向现实中的参与者展现了一幅可信的图景，它很容易被投入到所涉及的受众的'自然语言（natural language）'中"（1981，p.376）。这类案例能够带来更多的使用，因为报告比典型性报告更加易于理解并且更加引人注目。殷（Yin，2009）提出了案例研究写作的六种结构，能够基于评价的目的进行选择和调整：线性分析（linear-analytic，类似于传统的研究模式）；比较分析（comparative，比较不同的案例）；按时间顺序分析（chronological，按时间序列讲故事）；理论建构（theory-building，将结论与理论或模型相对照）；悬念结构（suspense structures，从结果开始并且继续解释它是如何实现的）；最后是无序列结构（unsequenced structures，通常用于描述性的评价）。林肯和古巴（Lincoln&Guba，1985）讨论了案例报告模式，赫伯特（Hebert，1986）提供了案例研究的一个定性模式的例子。斯塔克（Stake，1995）提出了一个非常有价值的案例研究的例子，正如他的书中的最后一章内他自己的评论。更多有关案例研究的信息参见斯塔克（Stake，1995）和殷（Yin，2009）。

当预期是检验来源于许多不同观点的问题时，案例研究通常适用于描述性的目的。其他的两个设计更多地使用定量的方法，能够构成案例研究的一部分或者能够作为独立的设计来回答描述性的问题：横断面研究设计和时间序列设计。与定性的案例研究设计不同，这些设计并不提供全面深入的描述。它们可以是相当简单的设计，但是通常用于回答相当简单的问题。

## 横断面设计

横断面设计倾向于及时地展示有关人们是如何思考、相信或者表现的概况。政治民意调查是这类设计常见的案例。搜集的态度在那个特定的时间点被认为是正确的。其后的民意调查反映了态度的变化。典型的横断面设计利用了调查法来搜集有关态度、表现、观点或各类群体的生活等方面的信息，或者是总体的或者是总体中的小组抽样。横断面设计的目的是描述全部群体的趋势和界定小组之间的差异。【回顾政治民意调查，正如媒体中报道的，帮助我们了解谁会获胜——整体趋势——以及哪一类次群体青睐哪一位候选人。"横断面（cross section）"这个术语就来自于检验次群体。】使用横断面设计以获取评价信息常见的案例是组织客户或者雇员的调查。大多数组织偶尔或常规性地调查他们的客户以获取反馈。多数学校对父母进行年度调查。医院调查以前的患者。然而，这种例行实践常常没有充分利用设计，因为他们没有考虑通过这种例行的数据搜集需要探索的评价问题或者界定可能对分析特别感兴趣的次群体。[①]

横断面设计可能被用于回答以下的任何一个问题。一位校长会问："父母对我们学校的看法是什么？他们认为我们学校的环境、设施、课程和师资的优势和缺陷是什么？基于孩子的年级水平父母的观点会有差异吗？基于他们孩子的成绩？基于他们的种族划分？基于父母的受教育水平和预期？"一位心理健康中心门诊部负责人会问："我们的客户是如何知道我们的？他们关于心理健康治疗的预期是什么？通常促使他们初次造访的问题是什么？这些观点会因为客户的年龄、收入、受教育水平或者种族而有所差异吗？他们提出的问题的本质？"这些问题可能出现在需求评价或形成性评价的背景中。在最初的阶段，主要的兴趣是界定问题或者优先顺序。进一步的评价可能进入一个案例研究模式，通过横断面设计探索所发现问题的解决方案的可行性。

## 时间序列设计

时间序列设计倾向于展现趋势或者随着时间的变化而发生的变化。与中断的时间序列设计不同，它的目的不是检验某种干预的影响，而仅仅只是探索和描述有趣的事情在建构中的变化，正如之前描述过的研究中儿童虐待案件的发生率。如果评价者和利害关系人共同探索并且对结论中出现的跌宕起伏予以解释，那么时间序列设计的结论在案例研究的最初阶段是非常有用的。他们的观点可能会为

---

① 我们之中一位在学校工作的作者为进行决策搜集数据，他把几个问题插入了他们对父母的年度调查之中。

下一步的数据搜集工作指明方向。

与横截面设计一样，时间序列设计要回答的问题相对简单和直接。一位健康管理者可能会问："早产的数量在我们医院下降了吗？"一位高中校长可能会问："我们的学生之中需要非母语英语课程（ESL）的比例是增加了还是减少了？"一位警署负责人可以能会问："我们的城市里青少年犯罪的趋势是什么样的？哪一种青少年的犯罪形式增加了？哪一种减少了？哪一种仍保持稳定？这种趋势与我们人口中青少年的数量相比如何？青少年的数量在下一个十年会保持不变吗？"后者包含大量不同的问题有助于负责人和他的员工进行规划，但是所有的问题都可以通过简单的时间序列设计予以解决。

时间序列设计总体来说利用了现有的信息来获取足够的随时间推移的观察结果。关键的决策包括使用的时间范围（每日的、每周的、每季度的、每半年的、每年的）以及获取的数据搜集点的数量。随着时间的推移，评价者搜集的信息会越来越多，他们就必须确保数据搜集的方法本身没有变化。数据搜集的方法或者术语的定义发生变化（什么是青少年？什么是重罪？哪些犯罪会被记录？哪些是非母语英语课程？什么是早产？）会导致研究现象发生变化，而事实上这种变化是由于数据搜集或者分类的方式发生了变化。【参见奥莎利文、瓦索和伯尔尼（O'Sulivan，Rassel，&Berner，2003）更多涉及时间序列和横断面设计的信息。】

## 因果关系设计

因果关系设计当然倾向于回答具有因果关系的评价问题。问题的类型包括：X 方案或者政策会导致 Y 结果吗？在这类案例中，利害关系人不仅只是想了解方案的结果是否达到了预期的水平，或达成方案结果是否与参与了方案有关。他们想了解方案本身是否引起了结果的变化。（在评价的规划阶段解释数据，并将数据与标准组进行比较，将决定改变是否达到了预期的水平。因果关系设计只是聚焦于观察到的变化是否能够归因于这个项目。）

***明确利害关系人的预期和理解。***利害关系人常常对结果感兴趣，但是他们可能会，也可能不会对建构因果关系感兴趣。事实上，他们可能并不理解两者的差别。正如儿童虐待案中的趋势研究显示的，即使设计并没有准备在方案和报告的结果

之间建构因果联系，但是对研究方法并不知情的媒体和其他人更加希望看到预期的改变是因为方案或者政策的出台。在一些案例中出于政治的原因，利害关系人不愿意检验因果关系。尤其是对于方案的支持者来说，如果预期的目的实现了，许多人宁愿止步于此并假定方案成功。因此，评价者必须仔细地检验和讨论利害关系人在结果中的利益以更多地了解他们想知道什么以及他们希望怎样去使用信息。正如标准（Standards）和指导原则（Guiding Principles）证实的，评价者有义务与利害关系人分享他们的方法的局限性或可能出现的错误的想法。特别是指导原则 A2 指出的：

评价者应当与客户共同探索询问各种可能会有成效的评价问题和各种可能用于回答这些问题的方法的缺陷和优势。

指导原则 A3 指出的：

评价者应当精准地交流他们的方法，提供充分的细节从而让其他人理解、解读和评论他们的工作。他们应当澄清评价及其结论的局限性。评价者应当使用一套适应背景的方法来讨论这些显著地影响到评价结论解释的价值观、假设、理论、方法、结论和分析。这些阐述应用于评价的各个方面，从它最初的构想到结论最后的使用。

因为公众和其他利害关系人缺乏有关确定因果关系的方法的知识，尽管误解也会出现在描述性设计中，但是这些原则与因果关系的问题的相关性比描述性的问题要大得多。然而，评价者应当与他们的客户和关键的利害关系人详细地讨论因果关系的问题，从而更多地了解他们的预期并且让他们了解评价结果能够提供的不同类型的信息。客户应当理解其间的差异和所描述的结果的含义，在方案和结果之间建构因果关系并且确定达成的结果是否是充分的。这些不同的目的要求设计在成本和复杂性上有所不同，并且对方案运行的灵活性有影响。

**因果关系设计的影响和重要性**。任何读报的人都熟悉实验设计，甚至是那些不了解适当的标签的人。新闻中所报道的研究各种药物或者治疗的效力，通常是将来自接受新的药物或者治疗的群体与那些接受安慰剂或者过时的药物的群体的结果进行比照，从而建立治疗。患者被随机地分配到小组中。医疗服务人员和患者并不知道他们所在的是哪个小组，实施治疗、搜集和分析数据并且得出结论。

这类设计在医疗文献中司空见惯，作为健康的消费者，我们期望看到这样严格的、经食品和药物管理局（Food and Drug Administration，FDA）认证过的研究。[①]

如果这类设计被认为是适当的，甚至是令人满意的，那么当我们的健康危在旦夕时，问题为什么不会是在学习的时候，工作培训、咨询、儿童护理或者我们呼吸的空气呢？因为不假思索地运用医疗模型解决社会政策问题是错误的。实验设计的错误应用已经受到了合理的批评（豪斯，House，1990；约翰逊等，Johnson et al.，2008；史万特，Schwandt，2005）。因为不可行、不道德或不提供信息的原因而拒绝这类不可控的设计，然而，不必要限制评价者对方法论的选择。医疗模型——实验设计——对研究公共服务方案有所局限，因为人类行为和人类行为的"治疗方法（treatment）"通常相比药物或者手术治疗都更加复杂和易变。评价一项复杂的方案理论或者逻辑模型，如药物滥用治疗方案或阅读理解方案，比评估一种药物的影响更加困难，因为实施的多样性和影响力的显现需要更长的时间。我们的一位同事曾经用贬抑的口吻提出："这（研究公共政策）不是脑外科手术！"我们的另一位同事回应说："不，这要更加困难。人类的大脑相对简单，而行为则不是。因此，研究教育和社会现象比脑外科手术要困难得多！"

赫利姆斯基（Chelimsky，2007）在14年的时间里运营了美国政府问责局（U.S. Government Accountability Office，GAO）下属的方案评价和方法论分部（Program Evaluation and Methodology Division，PEMD），并撰写了以下内容：

> 具有因果关系的问题仅仅只是部门决策者摆在评价者面前的极少数问题……这可能是因为在国会或各种行政部门其他类型的问题比具有因果关系的问题具有更高的政治优先级，或者因为方案或政策具有政府的或者组织的背景，运用实验设计进行研究对实践者和评价者而言并不可行或不明智，或者因为决策者总是出于经济利益考量要了解方案的有效性，特别是可能与早期的立法或者行政规则发生冲突的情况。（p.21）

---

① 当然，我们在这里作了简化。就我们所知涉及万络（Vioxx）的丑闻——据称经过食品和药物管理局（FDA）的详尽审查并广泛地应用于治疗关节炎疼痛的一种药物——这类研究提供了错误的消息。这种药物2004年从市场撤回，因为它增加了心血管疾病的发生率。这种药物导致在1999年和2003年中有27000多名患者的心脏病发作。因此，即便是我们推测为测试药物的简单实验，也难免会出现错误或者偏见。

其他学者（达塔，Datta，2007）发现因果关系设计的运用随着机构的文化而发生变化，与评价问题无关。一些健康相关的机构，比如国家卫生研究院（National Institutes of Health，NIH）与药物滥用和心理健康服务部（Substance Abuse and Mental Health Service Administration，SAMHSA）更倾向于实验设计，美国司法部、世界银行和美国国际开发署（U.S. Department of Justice, the World Bank and U.S. Agency for International Development，USAID）为达成因果关系的目的而更广泛地利用案例研究。（司法部支持殷开展解释性的案例研究工作。）国家科学基金（the National Science Foundation）支持各种类型的设计，只要它们适合于研究的问题。印第安事务署（the Bureau of Indian Affairs，BIA）更倾向于民族志的研究方法，这更适合于他们的文化。尽管马克和亨利（Mark&Henry）指出，决策者更倾向于运用实验设计解决因果关系的问题，但是证据是混杂的。甚至当关键的客户就是决策者时，评价者也需要详尽地评估客户的预期和信息需求。

即便因果关系设计并不常用，但它们受到了大量的关注，因为它们能够解决有关方案的最终价值的非常重要的问题，而不论它们是否应当得到资助和继续。评价者有责任来考量公共利益和公共事业【参见美国评价学会（AEA）的指导原则（Guiding Principle E）】，当问题和背景都适当之时，我们必须推荐具有因果关系的实验设计。让我们现在检验一些这类设计，以便读者可以了解在一个既定的背景中哪一种设计是最适合的。

## 实验设计

实验设计或者随机对照实验如果可行，比准实验设计更好，因为这样它们就可以对抗研究的内部有效性的威胁。这意味着如果来自实验设计的结论显示，那些接受新方案或者治疗的事物比那些接受其他方案或者治疗的事物更加完善，研究的评价者和受众就能够比利用其他类型的设计更加自信，这种改善是源于方案而不是其他因素。实验设计包括前后测研究设计和后测研究设计。每一种设计包括随机地将方案参与者分配进入一个小组。通过将足够数量的人们随机地分配进入每一个小组，实验设计最大限度地使这些小组在一些影响他们对方案的回答等因素上是均等的，比如个人的特征和态度、过去的历史、他们当前生活中发生的事情等等。尽管各个小组中的每个人是不相同的，但是这些小组作为一个整体是均等的。因此，出现在这些小组之间的测量差异能够更有效地归因于方案本身，而不是其他原因。

**后测研究设计**。这是实验设计中最简单的一种，仅仅只需要遵循以下的步骤。首先，实验者必须确定比较的预期和意义。例如，某项感兴趣的方案——在这种情况下，一项称之为 X 的实验教育方案——与另一项称之为 Y 的可替代性教育方案进行对照，可以尝试使用另一种可替代性方式实现与方案 X 相同的目标吗？或者 X 小组中的学生与另一个小组中的学生进行比较，可以让后者接受目标与 X 方案相似但不相同的或者替代性的方案吗？换句话说，评价者必须考虑那些没有接受新方案或者干预的人将要接受什么。尤其是对照组接受代表决策者的选择：是选择新的方案还是什么也不做，或者在新方案和现有方案之间作出选择呢？

其次，必须随机地将参与研究的人分配到各个试验小组中去。

第三步，评价者或研究者必须监控试验以确保那个小组的人不会受到接受了另一个小组的人的影响的试验的影响，并确保方案能够按照计划实施。

最后，信息必须在方案结束之后（后续测试）进行收集，以确定是否存在差异。

设计的名称后测并不表明要运用测量。后续测试的方法有调查、访谈、观察、测试或者被认为适合于获取有关结果的整体图景的其他任何方法。"后测（posttest-only）"仅仅是指收集信息的时间。如果要测量的设计是复杂的或存在若干预期的结果，多种方法都可以运用。没有前测的信息是使用了后测的设计进行收集的，因为出于人员或设施（办公室、学校、教室）是随机分配的考量，一般假设两个小组是均等的。

**前后测研究设计**。当预处理方法可以提供信息时，这种设计就能够得到运用。例如，如果组织较小，就可能涉及它们的平衡问题。尽管只涉及搜集到的数据，一项前测仍然有助于确认它们的平衡。如果涉及许多参与者可能退出方案，那么前测中有效的参与者不再构成均等的小组，前测的分值可以用于检验仍然保留的那两个小组的差异。例如，在涉及评价一项针对顽固不化的失业者的为期 6 个月的培训方案中，中途退出是合法的，但是可能不会涉及针对有固定学籍的四年级的学生的为期 1 个月的方案。因此，前测对退出率较高的小组或者组织能够提供有价值的信息。

许多人利用前测作为基准以报告参与方案的人从参与方案之前到方案得出结论之后发生的变化。这些报告通常对利害关系人很有吸引力，然而，前后测的对比会因为从前测到后测的变化而产生误导，这可能是由于方案和/或者参与者生活中的其他因素，比如随着时间的推移而发生的变化，其他的学习或干预事件。然而，如果他们没有收到新的课程或者方案，对照组的后续测试通常更加适合于比较，因为这项测量更好地代表了试验组当时的情况。换句话说，对照组经历了其他相同的因素和时间的流逝导致接受新方案的小组从前测到后测发生了变化；他们不仅只是经历了方案。因此，在对照组和试验组之间的对比更加清晰地表明方案的效果，而不是前测到后测的变化的对比。

***可行性和适当性。***实验设计需要大量试验者进行控制以随机地将参与者分配到不同的小组来避免小组之间的交叉"污染"———一个小组中的参与者受到另一小组的参与者的影响。在许多案例中，随机分配不仅仅要考虑可行性，因为方案或者更可能是政策必须应用于每一个人。例如，高速公路限速问题不能通过随机分配来研究超速对高速公路安全性的影响。清洁空气政策，比如限制木材燃烧不能随机分给住户来检验它们对空气污染的影响。学生不能随机分配到特许学校来研究特许学校或者可选择的学校的效果。事实上，对研究特许学校或者可选择的学校的学习效果来说，选择对有效性而言是重要的威胁。为什么？因为那些择校的父母比那些不这样做的父母，前者不会选择他们的孩子所在的社区学校，而可能会选择一所不同的学校，他们更加重视子女的教育，有更多的时间在教育领域作出更加适当和自信的选择。因此，他们的子女与对应的那些待在社区公立学校的孩子来说会取得更好的成绩，却不是因为特许学校所提供的教育。①

使用随机分配的方法将参与者分配到方案或者可替代的条件中存在的困难，会限制使用实验性设计的可行性，但是也存在着其他的困难。实验法及其服务会

---

① 一些择校研究应用了实验设计。在这类研究中，父母随机地分配为有资格获得代金券的和没有资格获得代金券的小组。然后，通过设计来追踪学生成绩和特质的差异，这些差异用来获取选择一所学校的教育券的资格。然而，结果不能推广至那些他们的父母从一开始对教育券方案就不感兴趣的学生。因为设计导致内部有效性增强，但是不能建构外部有效性或者普遍性。

受到影响，控制组必须非常仔细地进行监控以确保它们能够如期实施，从而证实方案的确正在进行测试。在长期方案中，中途退出不可避免地会发生，这样一来两个小组便不再平衡。评价者怎样才能确保退出试验组的人与失去控制的人相等呢？广泛的预试有助于在统计上调整不同小组之间的差异，使得离开研究的人与仍然留在研究中的人相等。然而，这些控制是高成本和复杂的，并且在一个典型的组织中通常是不可行的。因此，考虑使用实验研究时，评价者必须确保在方案中工作的人和实施方案的组织都了解其中的含义。

许多人基于道德的考量反对随机分配试验。这样的担忧是合理的。通常新的方案会进行详尽的规划，确保坚实的理论基础并且给予参与者巨大的希望。然而，我们通常没有考虑当研究一项新的课程、政策或者方案彻底失败时的道德问题。人们参与正在实施的试验或者方案时达成目标比接受当前的方案更不成功，这是道德的吗？在困难中提高他们的预期并且使用未经测试的方案对他们进行冲击，这是道德的吗？在公共资源减少的时期，不断地对未经测试的方法进行投入，而这些资源本来可以有效地运用于满足已经证实了的方法的需求，这是道德的吗？这些问题并不容易回答。

随机化的后果必须就每一个情境进行仔细地考量。每一个小组面临的风险是什么？对于新试验我们究竟了解多少？对于旧试验？研究期究竟有多长？参与者如何获取知情同意权？他们的尊严要怎样保护？在什么情况下，数据搜集会终止并且会实施更好的试验？

基于实施方案所需的材料或者人员培训的要求，新方案的高成本非常普遍。因为这样或者那样的原因，面向所有的学生或者消费者实施一项新方案或者课程通常是不切实际的。在其他情况下新的方案可能富于争议。一些利害关系人包括实施方案的员工，相比其他选择或者实施方式可能对它的优势持有不同的看法。在这种情况下，随机分配到新的试验中可能是最公平的选择。

罗伯特·波鲁兹（Robert Boruch，2007）提倡更多地运用随机临床试验，指出随机设计被认为可以肯定地回答下列问题：

1.（方案要解决的）社会问题严重吗？

2. 传闻中的解决方案有争议吗？换句话说，考虑了其他的选择，或者这是唯一的选择吗？

3. 随机试验比评估效果的替代性方法产生了更可靠（没那么模棱两可的和公正的）的结果吗？

4. 结果得到运用了吗？

5. 人权得到保护了吗？（pp.56-57）。

我们还增加了问题：方案或政策得到典型测试和调整以便按照预期运行吗？没有理由匆忙地检查没有机会解决症结的方案的因果关系的结果，然而，今天的结果是一些决策者狂热地急于去评判。

通常在回答波鲁兹（Boruch）的问题时至少有一个答案是否定的。方案解决的问题可能并不严重。否则可能缺少资源或者最终使用结果的意愿，因为方案的成本过高而无法广泛地实施。但是如果对每一个问题的回答都是肯定的，波鲁兹主张应当运用随机试验：

> 在美国和发展中国家，我们启动一些方案来解决严重的社会问题，从理论上讲我们做正确的事情我们应该归功于人民。正如我们中的一些人服用日常剂量的阿司匹林，他们应当得到保证，他们所接受的干预措施对改善他们的生活机会是有效的。（2007，pp.72）

# 准实验设计

因为许多评价涉及达到效果，随机分配既不可行，也不可取。在这种情况下，准实验设计更加适当。这些设计不进行随机的分配，但是对反驳一些涉及变化的解释而不是方案是有价值的。最常见的准实验设计的使用是中断时间序列设计和非等效比较组设计。

**中断时间序列设计**。这种设计涉及在方案开始之前和方案采用之后多次搜集数据。当干预措施或者方案是一项法律或者政策时它必须适用于某个地区、城市或者国家。新的清洁空气标准不能随机地分配到一些家庭，而不是其他人。起诉未成年人的法律的变化不适用于一些未成年人而不是其他人。然而，每一个"方案"在新的法律或者标准出台之前或者之后，定期收集感兴趣的信息。环境机构定期收集空气质量的信息；涉及青少年的司法机构收集未成年人的犯罪数据。通过对这些现有数据的分析来评估方案的效果。

　　理论上讲，一项中断时间序列设计能够运用于多种情境。事实上，最常见的应用是在采取干预措施之前定期收集现有的数据。中断时间序列研究的价值在于在进行干预之前采取措施。这些措施有助于在方案启动之前反映趋势或者典型的变化。通过在政策实施之前采取多种措施，评价者能够检验正在进行检验的构造的显著的上下起伏的状况，无论是高中毕业率、癌症存活率、住房成本或因毒品被逮捕的情况。建构常规的趋势，通过检验数据来确定方案或政策引入之后趋势是否发生了变化。如果是，变化可能归因于方案（或者一些发生在同一时间里的其他现象）。然而，如果这些公布的措施只是反映了常规的变化，结果表明政策或者方案没有效果。（参见图 15.1 时间序列线的样本，画出你的有关方案效果的结论。注意在一些情况下，如果只是检查了最接近的预定方案和后期方案的措施，那么人们会得出结论认为方案是有效的。）

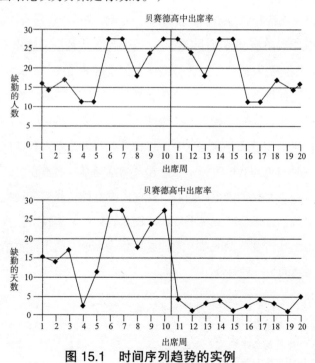

**图 15.1　时间序列趋势的实例**

建构预定方案的趋势和这种类型的设计是关键。进行干预之前估算这种趋势只能通过掌握许多数据点。一种预定措施是不够的，因为这可能是由测量误差、一个异常的小组或者时间，或者这三种情况兼而有之引起的畸变。事实上，新方案的启动常常是为了回应前一年极其糟糕的状况。下一年可能偶然得到了改善，只是因为前一年其实是不正常的。然而，如果利害关系人检验的仅仅是来源于前一年和方案第一年的数据，那么方案看起来是成功的只是因为无论监控的是什么都在回归常态（或者因为统计上的复杂性而回归均值）。当前的一个错误是大多数州在报告学校标准分数的变化趋势时仅仅是基于与前一年的对照。因此，没有建构之前的趋势就不可能确定分数的提高或者降低是因为教学方法得到真正地改变，学校里学生人数的变化，员工的变化或者测量误差。然而，普通民众和民选官员相信这些年度的变化反映了每一年每一项案例真实的变化。

甚至正确使用了足够的干预前的数据，中断时间序列设计的缺点仍然存在。趋势线的变化当然可以表明一项方案或政策的效果，但是这种变化很可能是因为一些发生在同一时间的其他原因形成的。比如说我们为新教师引入了一项方案以改善滞留情况，并且我们使用了中断时间序列设计来检验在过去的15年里新教师的年度流失率。两年后，我们的报表显示与定向方案之前的趋势相比流失率下降。这种变化可能是因为我们的定位，但假使我们学区的经济状况发生严重的衰退，在那段时间里工作机会非常稀缺将会怎么样呢？工作的稀缺可能会阻止新教师改变工作，这样一来就提高了我们的保留率。换句话说，运用中断时间序列设计建构因果关系，当干预措施引起变化时，评价者、利害关系人和其他受众还应当考虑发生在同一时间里的其他事情。一个相关的问题是：通常在公共部门，我们制定了一揽子改革方案处理严重的问题。这些方案有助于我们全面地解决问题，但是它也阻碍了我们发现这些方案中哪些方面是有效的。干预措施或者方案应当包括整套改革方案或者其他的改革，它们必须作为在单一的干预和结果之间存在的明显的因果关系的另一种解释。[1]

---

[1] 一个案例：科罗拉多州针对最有可能发生严重事故的年龄群体的新驾驶员实施了大量的改革以减少交通事故和伤亡。干预措施包括获取完整的驾驶执照需要更长的考察期，除了兄弟姐妹以外限制与年轻人一起驾车，在考察阶段加重惩罚的力度等等。在年轻的驾驶员中发生的交通事故和伤亡得以下降，并且这一揽子方案可能是必要的和有价值的。但是，我们无法在这一揽子改革方案中挑选出哪一个要素最为有效。

另一个值得注意的问题：一项中断时间序列设计最适合于期望产生相对快速变化的方案。如果变化是平缓的，那么变化的趋势线将是平缓的，这使得把观察到的变化归因于实施方案产生的效果更加困难。当然，人们可以延长数据收集点之间的时间以便趋势线反映出更加直接的效果，但是数据点之间保留更长的时间则更有可能是其他因素形成的变化。

　　总之，当下列条件出现时，可以考虑使用中断时间序列设计：

　　★ 随机分配既不适当，也不现实；

　　★ 现有的数据已经能够持续地测量出感兴趣的构架；

　　★ 在新的方案或者政策产生之前存在大量的数据搜集点来建构趋势；

　　★ 没有，即便有的话其他因素预计会同时发生，而这也能够改变构架；

　　★ 方案或者政策应当有一个相对快速的影响。

　　***对照组或非等效对照组（Nonequivalent Control Group）设计***。对照组设计与实验前后测设计相似，但是参与者或学生并不是随机分配到小组中的。反而是我们尽力发现与接受新方案的小组非常相似的现有的小组。与前测在实验设计中的作用相比，它在此项设计中成为更加重要的部分，因为它有助于我们检验小组之间的相似之处。当然，如果只考量预测度，目标即是建构各个小组的等效性。（搜集其他的描述性数据进行两个小组的对照，并且进一步探索它们的等效性是明智的。）如果研究大型组织中完整的团体（例如办公室、教室、学校、病房），且方案是短期的，寻求一个类似的对照组就相对容易。然而，如果组织是小型的（一所单独的一个年级只有3间教室的小学或一个只有2所高中的学区），不同的单位会有一些显著的差异。如果方案是长期的，各小组在开始时将相对均等，但是在方案实施过程中发生的其他方面的差异（例如，具有不同的动机、技能和侧重点的教师或者员工）将会形成最终测量的差异。【参见麦考尔、赖安和格林（McCall, Ryan, &Green, 1990）进行的一次有价值的非随机化的结构对照组的讨论，评价儿童中与年龄相关的结果。】

　　***断点回归设计（regression-discontinuity design）***。当所研究的方案的资格由一个人在资格标准的某个特定点上的得分决定时，这种设计是特别有用的（例如，高血压或者胆固醇水平）。例如，患者是否符合特定的减重方案需要高于由他们

的身高和性别确定的标准重量的至少30%以上。然后运用回归方法比较这些患者的结果和没有资格参与方案的人的结果。两个小组中的"断点（discontinuity）"或者回归线中的差异显示了方案的效果。当方案受到最需要的或最具资格的人的限制时，这种设计是非常有效的，例如，涉及非常有天赋的学生的方案，其资格是由一个明确定义的切点所决定的。参见特罗钦、赖卡特和卡佩莱里（Trochim, 1984; Reichardt, Trochim, &Cappelleri, 1995）可以获得有关这项设计的更多信息。

沙迪什、库克和坎贝尔（Shaidsh, Cook, & Campbell, 2002）提供了此种设计更多的概括性信息和准实验设计的特定信息。在实验设计中更新的问题之一涉及在规划设计过程中充分考虑统计功效的错误。结果是第二类的错误——或者当这种差异确实存在时，我们无法发现各小组之间的显著差异——发生的比我们所知道的要频繁得多。事实上，当小样本和/或者大群体的变化限制了我们探求差异性的能力时，这类错误将会令我们拒绝有益的方案，因为我们相信它们没有差异。利普西（Lipsey, 1990）讨论了避免这类问题的规划设计的方法。

**因果关系目的的案例研究。**当评价的目的是描述性时常使用案例研究，但是它们对检验结果的问题也非常奏效。考虑到你们已经阅读过的案例研究，阐述了如何实施一项方案或者课程——影响方案采纳的因素、实施的早期阶段、遇到的问题、遭受的挫折、经历的意外、所作的调适、取得的成功、员工和参与者反馈、环境的影响以及类似的情况。这类研究赋予读者对方案真正的理解和许多不同的方法。参与方案的众多不同的利害关系人的声音和观点都能够被听到。

罗伯特·殷（Robert Yin, 2009）一直以来都提倡使用案例研究来阐释方案及其结果之间的因果联系。他观察到因为重点在于控制，为了消除其他因果关系或者内部效度的威胁，很难解释这些联系。这样一来，一项实验或一项随机临床试验几乎不像真实的方案，因为所有的一切都被控制住了。如果我们想了解如何真正地实施一项方案并且去探索和阐释它的运行，案例研究将是非常有用的。殷（Yin）指出实验的优势是"建构治疗的效果"，但它们"受到自身能力的局限无法阐释治疗'如何'或者'为什么'必须实施，而案例研究能够调查这类问题"（2009, p.16）。案例研究的优势不在于控制，而在于关注背景和细节。此外，殷（Yin）还提出："你使用案例研究的方法是因为你想深入地理解一个现实中的现象，但这种理解包含了重要的背景条件——因为它们与你所研究的现象高度相关。"（2009，p.18）换句话说，殷（Yin）主张案例研究应当成为在评价中建构因果关系的首选方法，因为它们缺乏控制，并且它们关注于背景，从而使它们的结果更适用于真实的世界。一项实验将方案与背景问题分开而仅关注少数几个变量——所谓的原因（方案）和效果（预期的结果）。一项解释性的案例研究能够检验背景并且通过这种研究来阐释和理解方案的运转。

如何开展一项案例研究呢？当案例研究的目的是解释而不是描述或探究时，评价者研究文献并与开发方案的人共同建构了我们所谓的方案理论和殷（Yin）所谓的证据链。方案理论详细说明了从开始到结束的各项步骤，反映了通过方案的实施带来的变化。此外，案例研究搜集这些步骤的信息。它们发生了吗？它们是如何发生的呢？每一个阶段都发生了变化吗？是所有的参与者或者仅仅只是一部分人呢？当然，案例研究运用了多种方法来回答这些问题，或其他有助于解释方案进展和运转的问题。马克和亨利（Mark&Henry，2006）持有稍微不同的观点，他们较少关注案例研究，更多关注因果分析法，他们也讨论使用方案理论或者理论的变化（韦斯，Weiss，1995），或者中介测试（马克，Mark，2003）以"评估方案是如何发挥作用的"（马克和亨利，Mark&Henry，2006，p.319）。正如殷（Yin）一样，他们的重点在于测量这些理论的变化或者介质来解释方案。他们承认了实验法的一些缺陷，这样写道：

> 需要了解的是实施一项特定的青少年司法方案。需要了解的另一件事情是它如何实施。这项方案的实施因为它避免了贴上标签吗？或者因为它提高了青少年的自尊吗？或者因为它增强了他们与社区的联系吗？或者因为它提供了有吸引力的活动让他们少惹上麻烦了吗？（马克和亨利，Mark&Henry，2006，p.319）

目前一项解释性案例研究不再探究所有的选项，而是聚焦于评价一项特定的方案，它具有特定的推理链条或变化理论。案例研究搜集链条中各个步骤的数据。然而，评价者对其他可能要改变的路径的了解会不断推动他们，利用案例研究的模式来探索其他获取成功的可能路径。目的是用文献来证明哪一条路径可以达成预期的结果。当然，最明显的研究路径是方案开发者所推荐的路径。然而方案常会以不同的方式取得成功。案例研究方法——把评价者推向对背景和方案的理解而不是控制——允许评价者探索不同的变化机制，并用文献来证明所发生的事情。

殷（Yin）提出了一个非常好的运用案例研究法的实例来评价综合改革或者覆盖了整个社区、城市或者国家的变革，涉及许多不同的干预因素。他认为传统的实验设计不足以研究这类改革：随机分配是不可能的，因为需要分析的单元太大了，可能是一座城市或者一个国家。此外，对干预的控制是困难的，因为它是多层面的。然而，随着政府要解决更加困难的问题，这种综合改革会变得更加频繁。他引用了例如在 K-12 教育中的系统性变革和综合改革、预防药物滥用和艾滋病病毒 / 艾滋病的公共卫生运动、心理健康以及为社会和经济发展建立社区伙伴关系等方面取得的成就。殷（Yin）使用了作为综合改革逻辑模型的第一步，他描述了如何运用案例研究法来评价在 8 个州开展的综合教育改革。之前的一项评价因为它聚焦于整体方案的狭义理解几乎是无效的。殷（Yin）通过研究综合改革涉及和影响的许多因素发现了在国家教育机构之外的重要影响。【参见殷与戴维斯（Yin&Davis，2007）和殷与卡夫泰瑞恩（Yin&Kaftarian，1997）。】他使用了一种相似的方法研究在 27 所城市学区中实施的综合改革及其影响。（殷、戴维斯和施密特，Yin, Davis, & Schmidt, 2005）。

## 混合法设计

目前为止描述的设计——案例研究、实验与准实验设计、横断面设计与简单时间序列设计——涵盖了所有的模型或者原型，精明的评价者可以用来实施一项或多项适合于在特定评价中解决感兴趣的问题的设计。正如我们在这次讨论伊始所指出的，没有一项设计面对所有的情境都是最优的。一项好的设计要与在规划阶段开发的评价问题、评价背景以及利害关系人的信息需求和价值观吻合。

伴随着评价的发展，评价者能够调整这些设计以适应不同的情境。案例研究作为对实验设计的补充有助于解释实验设计检测出来的效果。横断面设计或调查可以用于补充实验或者准实验设计，以了解更多有关方案如何实施，或者在准实验设计下克服内部效度的威胁，或者对在方案和结果之间具有明显的因果关系进行解释。

参与者的调查能够用于确定哪些对照组设计中的参与者是均等的，以及它们作为群体的差异是否在方案中得以列举。当然，案例研究运用了多元的方法并且能够在广泛的范围内与时间序列设计和横断面设计进行混合。

因此，混合法在设计阶段被挑选出来。评价者通过考量这些作为原型的设计作出明智的选择，并且更多地了解它们。此外，他们必须考量如何适应它们，或者将它们合并以满足研究中个别评价问题、方案发生背景的需求以及不同利害关系人的价值观和信息的需求。满足这些需求是一项富于挑战的任务，而混合或者合并设计的要素是实现它的唯一路径。

## 抽样

抽样是评价者用于选择单元（人员、教室、学校、办公室、国家等）以开展研究的方法。在一项全州范围内的免疫速率评价过程中，如果我们只是测试全州儿童的部分，那么我们会进行抽样。如果我们的样本使用了一些随机的步骤进行建构，那么我们能够运用从样本中搜集到的信息来作出有关免疫速率和整体目标人群模式的推论（在这种情况下，包括全州的儿童）。但是，如果概括总体不是我们的目的，那么使用这种抽样模式是不适当的，而应当使用不同的抽样策略。

在所有的评价中抽样不是必需的。如果利益群体或研究结果涉及的群体得到扩展，并且都是小规模的，那么搜集整个群体的信息就是明智的。然而，如果人群是大规模的，抽样能够降低搜集信息的成本。我们就绝不会竭力实施涉及300名客户的密集访谈。与此类似，我们一般不会调查30000名已经毕业的学生。

## 样本规模

如果需要抽样，那么评价者必须首先确定适当的样本规模。需要检验的现象的易变性以及预期的精准度都将影响着样本的规模。当然，这些需要部分评价者的一些判断，但如果要测量的现象是极易变化的，并且在评估过程中需要一个相对较高的信度，那么就需要更大规模的样本。就横断面研究而言，许多统计学家建议在研究中尽量在每个单元（cell）中至少获得对30人或者小组开展的检验。人们也可以通过检验用于相似评价中的样本规模以获得指导。最后，统计学书籍提供了频谱分析的细节以评估预期的样本规模（利普西、奥苏利文、瓦索和伯尔尼，Lipsey，1990；O'Sullivan，Rassel，& Berner，2003）。也请记住你尽力估算你需要的最终的样本规模，这意味着包括了回应调查或者同意你获取现有数据的所有人。因为没有哪一项调查或知情同意能够收到100%的回复率，你也必须考量那些无回复的被调查者导致的数据损失，来估算你要回收的样本。

亨利（Henry，1990）强调除了利用统计技术估算预期的样本规模外，评价者也应当考量样本规模对重要利害关系人而言的可信度。他提出了一项研究案例，评价者选择了一个包括60个得到许可的成年人家庭的样本。搜集了详尽的数据之后，评价者发现使用此项研究的管理者认为样本量太小了。进一步搜集了来自240多个家庭的大量数据后，最终的结果是较小的样本占最初结果的3%以内。因此，问题不在于初始样本的规模，而是对于核心受众来说研究规模的可信度。亨利警告说："之前规划和关注的因素可能会破坏样本的可信度，而可信度可以阻止过度的攻击。"（1990，p.126）他的建议和案例表明核心利害关系人参与其中，甚至是那些更多的技术性决策是多么重要。

## 选择随机样本

如果评价者抽样是为了节约成本，并且最终的预期是描述一个更大型的群体，概率抽样，总体中的每一个单元都具有已知的被选概率，可能是按次序排列的。简单的随机抽样———一种类型的概率抽样———每一个单元都具有一个均等的和独立的被选机会。用这种方法抽取的样本如果足够大就更像是代表了总体，而不是较为方便地抽取样本或者有目的地抽样。大多数大型评估项目【例如，美国国家教育进展评估（the U.S. National Assessment of Educational Progress，NAEP）】和民意测验都运用了概率抽样。

概率抽样具有哪些内容呢？首先让我们定义一些术语。"抽样单位（sampling unit）"是目标群体中的一个要素或要素集合。抽样单位可以是个人；教室、部门或者类似的单元；或者例如学校、医院或者监狱这样的整体机构。必须留意的是选择一个与人们想要形成推论的要素相一致的抽样单位。也就是说，如果我们想要得到有关个别学校的结论，那么我们应当把学校作为一个抽样单位，而不是教室或者个别的学生。

"抽样架构（sampling frame）" 包括清单、示意图、名录或者其他资源，其中抽样单元被明确界定或列举并且从中选择了一组单元。如果目标群体是位于洛瓦市的全体小规模的小学（少于 200 名儿童），我们的抽样架构将是这些学校的清单或者目录。在选择抽样架构的过程中，评价者应当考量这个抽样架构包括的全体利益群体的范围（洛瓦市所有学生数少于 200 名儿童的小学都包括在清单中了吗？自从这份清单被列举出来后有新的学校开学吗？）与此相反，确定抽样构架是否包括了目前不属于利益群体的单元是非常重要的。（自从文件出台以来清单包括了那些成长起来的超过了 200 名学生的学校吗？）抽样框架的范围包括了全体的目标群体，并且没有其他人会显著地影响抽样过程的精准度——最终的样本代表了评价利益群体的范围。

要抽取随机样本，评价者必须首先确定评价的利益群体并且指定抽样单位。此外，他们必须找到在利益单元中包含所有群体的抽样架构，并且没有其他群体。可能需要对抽样架构进行一些调整，以排除不在群体中的单元，并向群体增加新的单元。如果利用简单的随机抽样，那么评价者能够利用一个随机数字表格在搜集信息的抽样构架内进行选择。更典型的是计算机能够创建随机数字清单，避免手动选择数字的困扰。因此，最终的数字是那些搜集数据或信息的个人或单元。

在调查中使用的简单随机抽样的一种常见变体是分层随机抽样。当评价者对检查总群体中子群体的差异性感兴趣时适用分层随机抽样，而有些子群体的数量太小以至于在一项简单随机样本中它们没有足够的数量表示出来。（如果所有的利益的子群体都是大规模的，那么分层就没有必要了。通过随机抽样就可以获取足够的数量。）因此，如果评价者需要检验父母对学校的态度，那么他们应当在父母是否让孩子参与特殊需求的课程这个维度上进行分层抽样。这种分层有助于确保这类父母得到充分地代表，评价者可以自信地描述这个重要子群体的态度，他们代表了这个学区有特殊需求的孩子们的父母。通常样本分层是因为种族或者民族，比如，如果人们认为少数种族或者民族持有不同的观点，或者如果一个或更多群体仅代表了总群体的一小部分等情况。公司调查可能依据职位的层级进行分层以确保管理人员被抽取足够数量的样本。分层随机抽样将总群体分成不同的阶层（strata）代表着各个子利益群体。简单随机抽样因而用于在每个层级之内来选择单元。

亨利（Henry，1990）进行了一次有关抽样的全面的讨论。我们也建议评价者研究精心设计的抽样步骤，它们适用于大规模的评估项目，如国家教育进展评估（NAEP）或者由密歇根大学社会研究学院（the Institute for Social Research at the University of Michigan）实施的调查研究。许多现有的抽样设计是由评价者进行调整或者采纳的。

表 15.2 总结了选择适当的抽样方法的一些核心步骤。

**表 15.2　选择抽样程序的清单**

| |
|---|
| 1. 此项设计是案例研究吗？（如果不是，继续进行第 2 步。） |
| 　a. 利益的单元是什么？（个人、教室或者办公室、组织）？ |
| 　b. 为了达到预期的深度和理解，有多少单元是必要的？ |
| 　c. 这些单位应当在某一个或者更多维度上代表一系列的特质、一个典型单元或者不寻常的单元吗？ |
| 　d. 在选定区域内利益的特征是什么？ |
| 　e. 案例可以通过哪些方法予以界定？ |
| 2. 需要超出样本优先之外归纳结果吗？ |
| 　a. 你将如何界定抽样单位（单位的类型、核心的特征）？ |
| 　b. 抽样架构如果不是全部包括，可能包括大多数抽样单元吗？如何将在无法代表样本的抽样架构中的单元淘汰？你如何界定从抽样架构中删除的单元？ |
| 　c. 你对检验小规模子群体的反馈感兴趣吗？如果是这样，那么考虑进行分层以确保获取足够数量的子群体。 |

## 采用立意抽样

正如我们在第 14 章中所指出的，不是所有的抽样步骤都被用来获取总群体中具有代表性的样本。当实施访谈或者案例研究时，立意抽样用来选择个人或者组织能够为研究提供的预期信息。目的是选择那些就某个问题消息灵通的（专家）人士，或代表一个对回答某个评价问题非常重要的特定群体的人士。后一种情况的目的是更好地理解特定的子群体。在这种情况下评价者必须确定应当探索的评价案例的类型，并且找到界定和选择这些案例的方法。

在立意抽样中样本的选取基于特定的目的或者判断。老师们认为有严重纪律问题的学生会被挑选出来作为描述老师遇到的纪律问题的类型。或者一组"典型的"客户在一项预算咨询方案中可能被挑选出来进行深度访谈，从而确定他们从方案中应用信息而遇到问题的类型。立意样本可能从已经取得重大成功的个人、单位或组织中抽取以更多地了解影响他们取得成功的因素。例如，高危学生低辍学率的高中可能是一项需求评估研究中探索未来策略的一个有价值的样本。在一项方案评价中，确定已经取得成功的学生或者客户，并且更多地了解他们受到方案影响而取得的进步和方法，这种成功对于方案的修正和完善都是非常有价值的。

当使用立意抽样时，第一步是确定立意样本的特征以及用文献来证明研究它们的基本原理。哪些类型的学生或者客户将被研究，并且为什么研究？怎样从方案提供的这个子群体的人们那里搜集信息来帮助回答评价问题？

在抽取样本之前，评价者应当考量他们想研究多少样本。立意样本常常需要针对每一个人搜集大量的数据，这通过与那些选定的人和可能熟悉他们的行为的其他人进行访谈来实现。因此，立意样本的数据搜集成本很高。如果是这样的话，那么选定的数量就可能很小。评价者应当确定他们能够负担得起多少样本量，并且从中搜集数据，而仍然能够得出有价值的结论。

此外，评价者必须考量案例将如何界定。典型的策略由提供者或者教师提出。但评价者也能够通过对现有数据的分析来确定潜在的候选人、同行的建议，甚至观察背景是否是这样的。用文件证明程序和标准，用于选择案例从而使读者能够理解背景。让其他利害关系人参与考量案例并进行选择。哪一种案例最好地解释并且增加了对所关注的问题的了解？怎样才能最好地界定这些案例？

请注意：立意抽样不是随意的。立意抽样有目标，已经确定了子群体并已经开发了用来研究它们的基本原理。任意抽样是随意的抽样。取得的数据是从那些正巧碰上的人们那里搜集的。如果我们要选择最初进入某个机构的 4 个人作为我们的样本，那么无论他们是谁，我们都应当抽取一个便利样本。这些人为什么在这个时间来到这里的原因我们并不知道。因此，样本既不具有典型性，也不具有目的性。当评价者调查这个方案时，他们可以与方案的参与者、父母或家庭成员闲聊，这样的努力能够为进一步的调查提供有价值的信息，但是它们不应当作为有效的抽样方法。然而，这样的对话对于今后究竟要探索些什么给予了更多谨慎和深度的提示。

# 成本分析

大多数的方案管理者都不是计量经济学家，不应当期望他们同时具备与他们操作的方案相关的确定财政、人员或者时间成本等方面的技能。然而，这种宽容不能扩展到评价者，因为他们的评价需要他们掌握有关成本的精确信息，来面对要对他们的产品或者方案负责的开发者、实施者和管理者的关注。

为公共部门的方案分析成本和收益是一项复杂的任务。目前公共行政官员、当选官员和大多数公众都非常关注公共方案的成本。因此，成本研究非常重要。然而，区分要实施的成本研究的不同类型是非常必要的。每种类型都是有价值的，服务于不同的问题、选择和方案的阶段。我们找到了莱文和麦克尤恩（Levin& McEwan，2000）的有关成本—效益（cost-benefit）、成本—效果（cost-effectiveness）、成本—效用（cost-utility）和成本—可行性（cost-feasibility）进行分析的讨论，它们对可能发生的事情将是有价值的指导。

## 成本—效益分析

成本—效益分析利用货币数据来比较可替代的干预或方案。每个方案的成本被确定、效益被确定和货币化，或者转化成美元金额。有了这样的数据，每次干预或者每个方案的成本—效益的比率都能够被计划，比率都能够被比较。这种行动有助于引起对有关方案结果的货币价值的关注。决策者和其他消费者一样，不应当仅仅购买最便宜的方案。相反，他们应当选择相对他们的成本来说提供了最大的财务影响或者产出的方案，如果这些成本是可以负担得起的话。

实施成本—效益研究从本质上来说，涉及确定与方案和将任何非货币成本或者收益转化为美元相关的全部成本和全部效益。然而，确定全部的成本并将它们货币化是很困难的，收益货币化通常问题更大。大多数公共部门的方案的结果要转化成美元计算都是困难的。什么是更好的心理健康的货币价值？更好的清洁空气？额外增加一年的教育？更少的谋杀案件？教育收益通常被转化为预期收益，或者人们必须为教育服务支出的款额，如果他们没有被提供的话。其他有助于长寿的结果（健康方案、清洁空气）或更高的生产力（培训、更好的心理健康）也利用收入来实现盈利。国家公园的收益通过确定向它们支付旅游和参观费用的人的数量实现货币化（米尔斯、梅西和格雷格森，Mills，Massey，& Gregersen，1980）。评价者被建议通过回顾在将要评价的方案的学科领域内有关成本—效益研究的文献，来确定被普遍接受的收益和将收益转化为美元的方法。

当然，成本—效益分析的缺陷是将全部收益转化为美元计算是非常困难的。当获得的收益是一种教育收益时，其他的收益通过教育对生活质量和对下一代的教育的期望而得到增长，只提出这两个方面。此外，成本—效益研究涉及很强的技术问题，使用贴现的方法将全部成本都放入同一个时间框架之内（1970年与2010年的$1000的价值是不一样的），机会成本反映了不追求其他选择的成本。（的确，你上了大学以后能够赚得更多，但是你也必须考量因为在上学期间无法全时工作而导致的收入损失，并且一旦进入职场之后你的资历和经历都会较浅。）这些方法可以提高最后的比率，但是进一步增加了实施这种研究过程中的复杂度以及估测或判断的难度。莱文和麦克尤恩（Levin&McEwan，2001）警告说，成本—效益分析应当只限于"当收益能够很容易地转化为金钱，或者当那些不能转化的东西变得不再重要，或者在被认为的其他选择中表现得非常相似时使用"（p.15）。

评价者要传递给利害关系人有关成本—效益研究的最重要的因素之一，即是尽管事实是研究得到了一个漂亮齐整的数值比率，但这些数值是极其不可靠的。许多判断和估算涉及确定包含的成本和收益以及如何将这些成本和收益转化为美元。好的研究常常显示出多种比率（所谓灵敏度分析）来显示假设中的变化将如何改变比率。

但是成本—效益分析会成为方案的价值的强有力的支持。莱文和麦克尤恩

（Levin&McEwan，2001；Levin，2005）提供了许多成功的案例。成本—效益研究将多年以前参加佩里学前教育方案（Perry Preschool Program）的成年人与那些没有参加此方案的对照组的成年人进行了对比，为方案的有效性提供了充分的证据。成本—效益研究显示教育收益、更高的收入、公共援助的减少、更少地参与刑事司法系统，在货币化形式中每个参与者的回报接近 $100，000。就社会而言，成本—效益率显示出花在学前教育方案中的每一美元的回报接近 $7（巴奈特，Barnett，1996）。这是学前教育方案的经济回报的最强有力的证明。与此相似，有关莱文（Levin）在发展中国家使用膳食补充以减少贫血症的研究发现，花在提供援助的每一美元的回报高达 $4—$38。收益的测量是通过因为贫血症的减少而带来重大工作产出的提高来实现的（莱文，Levin，1986）。提供援助的不同的方法的成本—效益率有助于这些贫困国家（印度尼西亚、肯尼亚和墨西哥）确定哪一种策略将最有益于他们使用。

"成本—效益"这个术语越来越普遍，事实上在不止一次的情况下，当成本—效益研究研究无法解决客户的信息需求时，作者被问及实施这种研究。通常，简单的成本分析足以满足客户的需求。考虑到它们的成本，当利害关系人用非常不同的结果尽力得到有关方案的终结性决策时，成本 — 效益研究仅仅只是成本 — 效果研究。我们应当重建操场或者购买新书吗？哪一项方案值得获取更多的资助：公共电视台还是儿童的免疫计划？当在有类似结果的方案中作出的选择时，不需要将收益货币化的其他类型的成本研究是更加适当的。

## 成本—效果研究

成本—效果研究涉及将设计方案的成本比作实现相同或者相似的结果。当管理者或利害关系人的任务是从许多不同的方法中选择实现相同的目标时，这种方法就是正确的选择。与成本—收益分析相似，成本—效果分析产生了一个比率。然而，这个比率的益处并没有以货币术语的形式出现。而是作为被比较的方案中预期结果的一个单元表现出来的。结果可能是生命中的又一年、一年之中增长的阅读能力、一个就业或升学机会，或者少一次暴力犯罪。因而这个比率反映出实现每一个方案每一个结果的成本。方案很容易就其成本— 效果进行比较，从而实现预期的结果。

成本—效果分析的优势是收益不必转化为货币术语。此外，成本—效果比率更适合于大多数管理者必须作出的决策，换句话说，方案意在实现特定目标。然而，与成本—效益分析相比这却是缺陷。只有共同目标和常见的有效方法的方案能够使用这种方法进行比较。最终的比率没有告诉我们方案的成本是怎样被收益所抵消的。换句话说，成本—效果比率是我们接收到的收益是否高于成本的信息。我们无法用成本—效果比率进行这种评估。最后，成本—效益研究允许我们用一个比率表达许多种收益，即便不是全部。每一个成本—效果比率仅仅表达了一种收益的成本。

因为许多方案都有多种目的，判断涉及在成本—效果比率中确定目标予以聚焦。许多比率可能被计算以反映方案的不同目标。两个阅读方案的一项成本—效果研究可能非常适合计算一个阅读能力获取结果的比率和另一个在下一个年度自愿阅读书籍的结果的比率，以测量潜移默化地影响阅读愿望的方案的成功。然而，许多比率可能使作出的决策越来越复杂化，它们在反映方案的相对值时是有价值的。就比率的益处而言，成本—效益比率的优势是它们具有通过货币化的形式来包括所有收益或结果的潜力。成本—效果研究必须为每一项收益开发不同的比率。然而，如果收益转化为货币术语是困难的，并且方案仅有两个或三个结果时，许多成本—效果比率则更为可取。

我们希望这个有关成本—分析的简单讨论提供了充分的概况，以帮助读者理解基本的方法和必要的步骤。有关教育成本—分析的大量的讨论能够在莱文和麦克尤恩（Levin&McEwan，2001）和凯（Kee，2004）的对话中找到。耶茨（Yates，1996）讨论了在公共服务背景中实施成本—效果和成本—效益分析方法并且提供了其应用的有价值的案例，即对药物滥用、自杀预防方案、住宅方案或其他情境中的应用。威廉姆斯和贾尔迪纳（Williams&Giardina，1993）提供了有趣的面向国际化的成本—效益分析的讨论；它们包括了一些来自健康和交通领域的案例。莱亚德和格莱斯特（Layard&Glaister，1994）回顾了在成本研究过程中用于环境、健康和交通领域的方法和问题。斯科特和西科莱斯特（Scott&Sechrest，1992）讨论了源自陈（Chen）的理论驱动方法的成本研究。

### 主要的概念和原理

1. 评价者在他们的评价研究中使用了多种设计和方法。根据最适合回答在手边的问题的方法、方案的背景和利害关系人的价值观与信息需求进行选择。这通常需要多种方法。

2. 在评价过程中描述性设计是最常见的设计，服务于许多有价值的目的。横断面设计提供了个人和群体大量的有价值的定量信息。案例研究在深入探索问题方面是非常重要的，在实施、不同的结果、背景问题以及各种利害关系人的需求和观点等方面提供了方案的深度描写。时间序列设计在描述随着时间的变化而发生的变化方面非常有效。

3. 如果评价问题的目的是有因果关系的，那么评价者就应当仔细地讨论利害关系人的预期和影响。设计的选择包括试验、准试验和解释性案例研究设计。

4. 设计能够并且常常是混合式的，服务于评价的目标和利害关系人的需求。

5. 要回答大多数评价问题，数据应当从总体中搜集，因为利益相关群体相对较小并且外部有效性——或者普遍性——在利益群体之外不是优先考虑的问题。当群体是大型的并且具有普遍性时，使用随机抽样的方法很重要。当评价受益于一个特定的、可识别的子群体的信息从而可以更多地了解群体时，立意抽样是有价值的。立意抽样常常适用于实施密集的访谈和案例研究之中。

6. 成本研究有助于确定方案的结果是否是值得的。最常用的方法是成本—效益分析，用于将方案与不同的结果进行比较；以及成本—效果分析，这对于比较结果相似的方案的成本是有价值的。

### 问题讨论

1. 在你的领域中最常使用哪些设计？这些设计的优势和缺陷是什么？就已经阅读过的许多不同的类型的设计而言，你认为在你的组织中哪一种最常用？

2. 一些人主张随机的任务是不合伦理的，每个人都应当从新的方案中受益。反对这种立场的理由是什么？在什么情境下你会认为随机的任务是适当的？什么情境下你认为是不适当的？为什么？

3. 你认为哪种类型的设计应当最常使用？为什么？

## 应用练习

1. 从第 14 章中检查你的评价规划（工作清单）。运用你刚刚在本章中所学的知识，是否有你希望改变的规划？你想重新考量设计或抽样的问题吗？你会以不同的方式处理问题吗？

2. 考量一个目前在你的组织中存在争议的问题。哪一种设计或混合设计最适合于解决这个问题？你的设计将回答什么评价问题？你将如何实施设计？

3. 在你的领域中找到一个成本—效益研究。阅读这项研究并考虑作出的假设。收益是如何量化的？成本被认为是什么？在比率当中使用了谁的观点（客户还是公众）？实施了敏感的分析吗？研究服务于哪些类型的决策？成本—效果分析是一种更加适合的方法吗？

4. 找到一个在本章中评论过的运用了一种或多种评价设计或者抽样策略的评价研究。这种方法或者这些方法是如何为方案带来灵感的呢？这些方法要回答哪些类型的问题？【例如：阅读《各种蛇和圆：通过案例研究理解课堂内小组的活动流程》，一个典型的案例研究，由瓦莱丽·詹妮斯克（Valerie Janesick）发表于《课程探究（Curriculum Inquiry）》上，1982，12，pp. 161-185】

5. 阅读第 2 章，《实施混合式方法的评价设计（Crafting Mixed-Method Evaluation Designs）》，由卡拉茨利和格林（Caracelli&Greene）在格林和卡拉茨利（Greene, J.C., &Caracelli, V.J.）(Eds.) 主编的书中提出的，先进的混合式方法评价（Advances in Mixed-Method Evaluations）(1997)（参见在"推荐阅读书目"中的引用）。运用卡拉茨利和格林（Caracelli&Greene）的框架来评论你自己的评价规划，如同在问题 1 中开发出来的和在问题 4 中你检查了的研究。你评价的主要目的是什么？你批评的又是什么？根据卡拉茨利和格林（Caracelli&Greene）的讨论和案例，你将如何修改你的设计或者你阅读过的设计？

### 相关的评价标准

我们认为以下的评价标准与本章的内容相关，这些评价标准列于包括了所有评价标准的附录 A 中：

U3——协商的目的　　　　　　P3——人权与尊重

U4——清晰的价值观　　　　　A2——有效的信息

U6——有意义的过程和成果　　A3——可靠的信息

F2——实践流程　　　　　　　A4——清晰的方案与背景描述

F3——背景的可行性

F4——资源利用　　　　　　　A6——合理的设计和分析

P1——回应性和包容性导向　　E1——评价文件

### 案例研究

在本章中，我们推荐阅读以下的五个访谈中的一个或两个访谈，阐述了设计与抽样的不同方面：《评价行动（Evaluation in Action）》中第 2 章（里乔，Riccio）或者第 4 章（比克曼，Bickman），第 3 章（格林，Greene），第 5 章（费特曼，Fetterman）或者第 6 章（罗格，Rog）。

在第 2 章和第 4 章中，里乔（Riccio）和比克曼（Bickman）讨论了他们如何应用一个真实的随机任务试验进行福利改革和心理健康治疗，他们分别高调地建构了非常重要的因果关系。尽管他们研究的焦点是定量的，他们还是利用了描述性设计描述他们正在评价的方案。这些章节的期刊来源是：菲茨帕特里克和里乔（Fitzpatrick，J.L.，&Riccio，J.，1997）《一个有关收益的备受赞誉的评价对话：一项以工代赈方案》，《评价实践（Evaluation Practice）》，18，pp. 241-252。还有菲茨帕特里克和比克曼（Fitzpatrick，J.L.，&Bickman，L.，2002）《布拉格和斯塔克县（Ft. Bragg&Stark County）儿童与青少年保健体系评价：与伦恩·比克曼（Len Bickman）的对话》，《美国评价期刊（American Journal of Evaluation）》，23，pp. 67-80。

在第 3 章和第 5 章中，格林和费特曼（Greene&Fetterman）描述了他们有关方案有效性的评价，但主要利用了案例研究方法，运用方案中的案例，使用大量的观察更多地了解方案的实际情况并解释方案。格林（Greene）运用了一个立意抽样策略来选择那些最有可能实施冲突解决策略的人，他们在工作培训中了解并且实施了有关受训者的项目密集的案例研究。通过这些，她了解了大量有关训练的运用，她的讨论表明这些案例是如何向评价提供资料的。这些章节的期刊来源于菲茨帕特里克和格林（Fitzpatrick，J.L.，&Greene，J.，2001）《自然资源领导力方案评价：与詹尼弗·格林（Jennifer Greene）的对话》，《美国评价期刊（American Journal of Evaluation）》，22，pp. 81-96 以及菲茨帕特里克和费特曼（Fitzpatrick，J.L.，&Fetterman，D.，2000）《斯坦福教师教育方案（the Stanford Teacher Education Program，STEP）评价：与大卫·费特曼（David Fetterman）的对话》，《美国评价期刊（American Journal of Evaluation）》，20，pp. 240-259。

在第 6 章中，罗格（Rog）描述了一个涉及无家可归家庭的国家的、多站点的评价研究。她的目的是利用最初的因果关系来了解不同站点的干预方案是如何影响无家可归的家庭的。尽管她的目的和方法发生了改变，但是她能够利用她搜集到的某种类型的信息得出一些具有因果关系的结论。她的设计被认为是描述性的和因果关系的要素的结合。期刊来源于菲茨帕特里克和罗格（Fitzpatrick，J.L.，&Rog，D.J.，1999）《无家可归家庭方案的评价：与黛布拉·罗格（Debra Rog）的对话》，《美国评价期刊（American Journal of Evaluation）》，20，pp. 562-575。

## 推荐阅读书目

Greene，J.C.，&Caracelli，V.J.(Eds.).(1997).Advances in mixed-method evaluation: The challenges and benefits of integrating diverse paradigms. *New Directions for Program Evaluation*，No. 74.San Francisco:Jossey-Bass.

Henry，G.T.(1990).*Practical sampling.* Newbury Park，CA: Sage.

Julns，G.，&Rog，D.J.(Eds)(2007).Informing federal policies on evaluation methodology: Building the evidence base for method choice in government sponsored evaluation. *In New Direction for Evaluation*，No.113.San Francisco:Jossey-Bass.

Levin，H.M.，&McEwan，P.J.(2001). *Cost-effectiveness analysis: Methods and applications*. Thousand Oaks，CA:Sage.

O'Sullivan，E.，Rassel，G.R.，&Berner，M.(2003).*Research methods for public administrators*(3rd ed.).White Plains，NY:Longman.

Shadish，W.R.，Cook，T.D.，&Campbell，D.T.(2002).*Experimental and quasi-experimental designs for generalized causal inference.* Boston: Houghton Mifflin.

Stake，R.E.(1995).*The art of case study research.* Thousand Oaks，CA: Sage.

Yin，R.K.(2009). *Case study research: Design and methods.(4th ed.).Thousand Oaks，CA: Sage.*

# 第十六章　搜集评价信息：数据源与方法、分析和解释

> **思考问题：**
>
> 1. 评价者在什么时间以及为什么使用混合方法进行数据搜集？
>
> 2. 评价者使用哪些标准来选择方法？
>
> 3. 搜集数据最常用的方法是什么？每一种方法如何使用？
>
> 4. 利害关系人如何参与选择和设计措施？如何分析和解释数据？
>
> 5. 分析与解释有怎样的不同？解释为什么如此重要？

在之前的章节中，我们描述了评价者如何与利害关系人共同作出重要决策，有关哪些评价问题会作为用来回答问题的研究、可能的设计和抽样策略的焦点。在本章中我们讨论下一个涉及数据搜集的选择：选择信息源和搜集信息的方法；规划搜集数据的流程；最后，搜集、分析和解释结论。

与设计和抽样类似要作出许多重要的选择。方法的选择受到将要回答的问题的性质、评价者和利害关系人的观点、背景特征、评价预算与可用人员以及数据搜集方法中的艺术性的影响。然而，使用混合方法有助于获取问题的完整的概况。请记住，评价者的方法论工具箱比传统的、单科性的研究者要大得多，这是因为评价者在各种自然环境中工作，回答了许多不同的问题，并且与持有许多不同观点的利害关系人共事与交流。如第 15 章中所述，我们将讨论每一个阶段的关键性问题和将要作出的选择并且将涉及对每一种方法的更详细的试验。

在评论具体的方法之前，我们将再次简要评述在定性与定量的方法之间进行的选择，在这种情况下特别提及搜集数据的方法。如果评价研究完全依赖于定性

或者定量的方法，那么几乎没有评价研究是能够完成的。评价者应当考虑到方案的背景及其利害关系人选择最适合于回答手边的评价问题的方法。他们首先应当考虑最优的信息源，以及从这个信息源搜集信息的最适当的方法。目的是为特定的方案和评价问题确定产生最高质量信息的方法，使之成为对关键利害关系人而言最丰富和可信的信息，尽可能减少偏见和干扰，使用起来既切实可行，又满足成本—效果的要求。非常简单，不是吗？当然，困难是确定这些标准中哪些对回答具体评价问题而言最重要。因为有一些证据的质量可能是最核心的问题。此外，可行性和成本也变得至关重要。

定性的方法，例如对现有资源的内容分析、深度访谈、焦点小组和直接观察，还有更多定量的工具，例如问卷、测验和电话访谈都应当被考虑到。每一种方法和其他更难以分类的方法提供了回答评价问题的机会。在实践中，许多方法难以进行是定质的还是定量的方法的分类。一些访谈和观察是非常结构化的，需使用定量统计方法进行分析。一些问卷是非结构化的，并且使用令数据采集工具更具有定性特征的方式进行分析。我们的目的不在于对方法形成范式或者贴上标签，而在于每一种方法如何以及在什么时间可能被使用及其产生信息的特征。

# 搜集信息常见的来源和方法

## 现有的文件和纪录

有关数据搜集的来源和方法，评价者首先要考虑的是现有的信息或者文件和纪录。基于三个理由我们建议首先考虑现有的信息：（1）使用现有的信息比搜集原始信息极大地满足了成本—效果的要求；（2）这种信息不起反应，也就是说这些信息不会因为搜集或者分析的行为而发生改变，然而，其他信息搜集的方法通常会影响回答者，并可能产生带有偏见的回答；（3）对已经搜集的大量的信息并没有充分地加以利用。当我们兴奋地评价一个项目时，我们常常会忽略 寻找可能回答一些评价问题的现有的信息。

林肯和古巴（Lincoln&Guba，1985）在两类现有数据之间作出了一个有价值的区分: 文件和纪录。文件包括个人或机构的档案,它没有特别地为评价的目的而准备,或者由其他人以系统的方式进行使用。文件包括会议中的记录或者笔记、学生,或者患者档案中的评述、组织的时事通讯,或者信息、通信、年度报告、提议等等。尽管大多数文件由文本或者语句组成,但是文件也包括视频、录音或图片。因为文件有更多非正式的或者非正规的形式,文件对揭示不同的个人或者群体的观点是非常有价值的。对会议记录、时事通讯、国家教育标准手册、课程计划、个人的笔记或通信进行内容分析有助于描述事件的真实的图景或者概况。文件的优势之一是它们允许在评价开始以前,评价者捕捉事件或者事件的表现,因此对外部受众而言,它们常常被认为比个人的回忆更加可靠并且更加可信(赫沃思,Hurworth,2005)。文本文件能够被扫描进入电脑并且运用内容分析的流程和现有的定性软件进行分析(参见本章最后部分中的"定性数据的分析")。

纪录是准备由其他人使用的正式的文件或者数据,同样地,通常比文件更加谨慎地搜集和组织。许多纪录是用计算机控制的。一些纪录被机构搜集和保留以供内部使用,但是比文件更加正式,因此得到了更加系统地搜集。这类纪录包括有关员工缺勤和流动的数据,或者患者或学生的数据以及他们接受的服务、他们的人员统计、测验分数、健康状况和考勤等等。其他纪录被外部机构组织用于追踪和研究。这些包括由州教育部搜集的测验成绩、环境机构搜集的空气质量的测量、由各种政府机构维护的经济状况纪录、人口普查数据和其他类似的纪录。当然,这类公开的数据有助于勾勒出背景的概况,但是它们还不够敏感,不足以用于确定一项方案的效果。请记住,尽管现有信息的成本更低,但是如果信息对当前评价研究的目的无效,那么节约成本是不值得的。与搜集研究的原始数据不同,这些信息的搜集是为了其他目的。这些目的可能与你的评价目的吻合,也可能不吻合。

## 确定原始数据搜集的来源和方法: 一个过程

在许多案例中的现有数据是有帮助的,但是不能完全回答评价问题,从而令利害关系人满意。在大多数研究中评价者必须搜集一些原始数据。在第14章中,我们回顾了典型的数据来源,也就是说,人们可以从他们那里搜集到信息的人。

回顾一下常见的数据来源，它们包括：

★ 方案的接受者（例如，学生、患者、客户或者受训者）；

★ 方案的实施者（社会工作者、治疗者、培训者、教师、医生、护理师）；

★ 了解方案接受者的人（父母、配偶、合作者、监督者）；

★ 方案的管理者；

★ 可能受到方案影响的或者能够影响方案运转的个人或群体（一般公众、未来的参与者、参与方案的组织或者利益群体的成员）；

★ 决策者（董事会、首席执行官、当选的官员和他们的员工）；

★ 规划或者资助方案的人（州政府官员、立法者、联邦资助机构的官员）；

★ 在方案的内容或者方法论方面掌握着特定技能的人（其他方案的专家、学院或者大学的研究者）；

★ 能够被直接观测到的方案的事件或者行动。

评价者采取以下这些步骤选择数据源和方法：

1. 确定必须测量的在评价规划中每一个规定的评价问题的概念或者构架。例如，如果问题是："经过6周的冥想引导课程后，患者的健康得到改善了吗？"这个关键的概念是患者的健康。

2. 考量谁了解这个概念。可能会出现许多来源。当然患者可能最了解他们自己的感受，但是在某些情况下，他们可能不能准确地报告他们的状况。在这种情况下，家庭成员或护理者可能就是重要的次级受众。最后，如果患者有特殊的身体状况，例如高血压、高胆固醇或糖尿病，评价者也应当寻求医疗服务提供方或者现有的纪录来获取周期性的治疗措施。在这种情况下，多元化的措施对获取有关患者健康状况更全面的概括是非常有价值的。

3. 考量如何获取信息。评价者要对患者和他们的家庭成员或者护理者进行调查或者访谈吗？需要多少细节？这些回答必须怎样进行比较？如果评价者希望在统计上来比较这些回答，那么调查可能是更可取的方法。如果他们想更好地了解患者的感受如何，方案究竟有没有为他们提供帮助，那么访谈可能是一个更好的策略。（许多）调查和访谈（可能是一个子群体）都可能被使用，但它们的成本都较高。与此类似，对于患者的血压或其他测量评价者应当从文件中获取资源吗？

或者他们也希望与医疗服务人员谈谈患者的健康呢？

4. 确定搜集信息要使用的方法。当患者参加冥想课程或者另一件公事时，调查需要与他们面对面进行吗？当通过电话进行简短的访谈时，调查会实施吗？如果患者或者他们的家庭成员更倾向于使用电脑，那么就可能会使用电子调查。最后，调查能够通过邮寄的方式进行。这些选择也必须要考虑患者的身体状况。这对家庭成员或护理者而言可能不太容易实行，因此必须安排面对面的调查或者访谈，并且家访时可能不允许家庭成员私下讨论患者的状况。电话访谈可能会引入类似的带有隐私性和有效性的问题。邮寄或者电子调查可能更为可取。

5. 确定那些搜集数据的人必须接受哪些培训以及如何记录信息。在评价问题中，需要考量的另一个概念是为期 6 周的冥想引导课程。评价者需要确定方案是否按照规划实施并且评估它的质量。方案理论建议这个课程应当以——一种特殊的方式进行，由受过特定训练并且掌握特定技能的领导者花费一定的时间，利用特定的装备和设施来实施。考虑到背景的重要性，需要在舒适的地方一所安静的、有地毯的房间内进行。在实施方案测量的过程中，评价者需要确定核心概念从而进行监控或描述，并且使用类似的过程来确定数据源、方法和流程。

我们简要地描述和阐释了一个过程，有关考量将要测量的构架、构架潜在的来源，此外考虑到来源还有搜集信息的最优方式。让我们来讨论一下数据搜集的不同的类型及其优势和缺陷，这样读者就能作出有关方法使用的最优的知情选择。

*使用混合方法*。需要注意的是，正如之前的案例所呈现的，评价者常常使用混合方法。在使用混合方法测量同一个构架时，评价者应当考量他们的目的，从而为测量选择正确的组合和排序。使用混合方法可能出于以下的原因：

★ 三角测量，或者运用有差异的来源和方法提高构架测量的有效性。如果这些不同的测量呈现出相同的结果，那么评价者就更加确信他们已经有效地获取了构架的情况。进行三角测量时，我们同时使用有关患者健康的自我报告和家庭成员或护理者的报告，是期望家庭成员的报告大体上能够证实患者的自我报告。

★ 互补性，或者使用不同的措施或来源测量构架的不同方面来提高我们对构架的理解。尽管健康的各个方面具有相关性，但健康的自我报告与测量的对照具有互补性，旨在揭示差异。例如，一些患者的血压可能会得到改善，但是他们仍然感觉很糟糕。而其他人即使血压水平并没有下降。他们也可能感觉更有活力或更放松了，或者在某种程度上更健康了。每一个概念——健康理念和健康指标的身体测量——都很重要，并且反映了评价者对患者整体健康状况的看法。

★ 开发的目的，当回答帮助评价者开发下一个测量时运用。在这些案例中，访谈和调查可能用于开发的目的。访谈首先告知调查问题的类型或者用语。在与患者或者医疗服务提供方进行访谈之后进行调查数据的分析，从而在调查数据中发现更多的趋势。

在下一个部分中，我们将回顾一些常见的搜集信息的方法。我们将建构我们在第14章中介绍的分类方案（参见 pp.348—349）。然而，我们在这里的目标是提供你已经选择使用的特定方法的更多的细节，描述它们的优势和缺陷，并且提供评价者在实施特定方法的过程中一些其他选择的相关信息。

### 观察

观察对大多数评价而言都是非常重要的。这种方法至少包括实地考察以观察运转过程中的方案，并在与利害关系人的交互过程中利用人们的观察技巧来记录背景情况。观察能够用于更广泛地了解方案的运转和结果、参与者的反应和行动、与利害关系人的交互和关系以及回答评价问题的其他关键因素。搜集评价信息的观察方法既可以是定量的，也可以是定性的、结构性的或者非结构性的，这取决于最适合于要解决的评价问题的方法。

观察最主要的优势：评价者正在看真实事件——实施过程中的方案——一个会议、在操场上的儿童或在大厅里的学生、日常生活中的参与者。如果评价问题包括能够被观察的要素，那么评价者应当肯定地这么做。但是许多观察也有一些致命的缺陷——事实是观察可能会改变正在观察的事物。因此，评价者不必看到真实的事物，而要看可能被观察到的表现的方式。当陌生人在场的情况下，方案实施者或参与者可能表现不同。一些被观察的方案或者现象是如此公开，以至于观察者的出现没有被注意到；方案已经有了一个受众。例如，审判程序或者市议会听证会能够在引起关注很少的情况下进行观察——因为其他人（非评价者）也在那里进行观察。但是在许多情况下评价者的出现是很明显的，考虑到环境的因素，观察者需要被引荐并解释他们的作用。那些被观察的对象必须就观察的发生给予知情同意。在这种情况下，许多观察被实施和／或持续观察了足够长的时间，观察对象变得越来越习惯于观察，因此他们的行为可能与观察者不在场的情况是一样的。观察者应当在每一种被观察的情境中判断潜在的反应，并且如果反应性是一个问题，那么就要考虑怎样才能将它最小化或者克服它。我们将在后面的部分讨论反应性的问题。

当然，观察在任何评价中都应当是保密的，或者需要知情同意。评价者在任何观察的过程中都应当考虑他们的道德责任，尊重方案的参与者和其他利害关系人的尊严与隐私。

**非结构化观察。**非结构化方法在评价的最初阶段很有价值。评价者能够运用他们的观察技能在他们首次与利害关系人交流的过程中留意关键的特征。客户和其他利害关系人怎样回应评价者？他们怎样与其他人产生相互影响？谁会被邀请参加哪些类型的会议？谁代表着不同的利害关系人群体？乔根森（Jorgensen，1989）这样写道：

> 这些大量无重点的初步观察的基本目标是逐步熟悉内幕世界，从而改善和聚焦后面的观察和数据搜集。你记录这些观察应当尽可能及时并且抓住尽可能多的细节，因为你所经历的情景再也不会发生，就好像是完全陌生的一样。（p.82）

如果评价者对机遇保持敏感，那么非结构化观察在整个评价中仍然是非常有价值的。每个会议都是观察利害关系人行动的机会，留意他们关注的问题、需求和他们与其他人交流的方法。如果情况允许的话，对评价方案的非正式观察应当频繁地进行。[①]这类观察者为评价者勾勒出一个重要的图景，有关其他人（例如，参与者、实施者和管理者）正在经历什么以及自然环境本身。应当要求每个评价成员至少观察方案一次。最相关的评价成员应当频繁地观察方案，当方案实施时留意其变化并获取对方案更多的了解。当一个或更多评价团队的成员观察同一个

---

① 我们说"如果情况允许"是因为一些方案的相互影响是私下的，例如，心理辅导课程或者健康保健体检。这类会议可能最终得到观察，但并非是以一种非正式的没有得到参与者同意的方式。"非正式观察"是指随意地进入方案并观察它的总体特征。培训或者教育方案和社会服务以及司法程序呈现了这个机会。

课堂、同一次会议或者活动时，他们应当就观察得出的观点进行讨论。所有观察都应当留意他们当时的看法。这些纪录在后期可以酌情安排到主题之中。【参见菲茨帕特里克和费特曼（Fitzpatrick&Fetterman，2000）在评价中广泛运用方案观察的讨论，或者菲茨帕特里克和格林（Fitzpatrick&Greene，2001）就观察者不同的看法以及如何运用这些差异的讨论。】

**结构化讨论。**当评价者想要观察具体的行动或者特征时，结构化的观察方法越来越有价值。哪些具体的行动或者特征可能被观察？许多公共部门的方案的重要特征可能是物质的——教室、园林养护、道路质量、操场设施、图书馆收藏、方案设备的实际条件和／或密度的大小或排列等等。

其他的观察可能涉及方案实施者和参与者之间的相互影响——教师与学生、教师与管理者、学生与管理者、医生与护士及患者、社会工作者与客户、临床医生与客户、接待员与客户之间的相互影响等等。

观察最后的一种类型是参与者的行为。人们要观察哪些行为？假设需要设计一项校本冲突解决方案来减少运动场上的冲突。对运动场行为的观察为观察结果提供了一个很好的方法。假设一座新的城市垃圾回收方案存在有关参与的兴趣和性质的问题。尽管过程可能有点麻烦，但参与的频度和拒绝回收的数量与类型能够很容易地被观察到。在教育研究中学生对任务的关注是一种常见的观察方法。然而许多方案聚焦于难以观察的结果，例如自尊或防止酗酒和滥用药物，许多其他方案促使结果很容易观察。目标受众或者方案的参与者被聚集在相同的公共区域（例如，医院、学校、监狱、公园或者道路）是特殊的案例。

观察的结构化的方法通常包括使用某些类型的表格，所谓的观察计划来记录观察的情况。无论何时需要定量的观察数据，我们建议回顾现有措施的相关文献，如果有必要，调整这个工具使其适应将要评价的方案的特殊情况。结构化观察的过程中的其他问题涉及培训观察者，以确保观察者保持一致性。细致地培训和测量对保证一致性或者可靠性是非常关键的。可能出现在数据中的差异应当是基于观察得到的真实差异，观察者的意识里是没有差异的。重要的是不仅要考虑观察什么，也要考虑观察的样本：应当观察哪些场所？应当对哪些会议或在什么时间进行观察？如果将个别参与者或者学生从某个群体中选择出来进行观察，那么应当怎样选择他们？【参见格雷纳（Greiner，2004）更多有关结构化观察，特别是培训观察者、计算评定者间可信度以及使用它的反馈来提升观察质量。】

*评价过程中观察的运用*。评价过程中观察主要用于检验和评价方案的实施。许多评价涉及描述方案实施的方式。评价实施的研究应当先于评价的结果或者影响，这样评价者就能够了解方案实施的过程中可能会发生什么。缺少这种描述评价者就无法了解方案成功或者失败的原因，因为方案实施成为一个"黑箱"。他们不了解实施的内容究竟是什么。但方案的过程评价也是有价值的，这仅仅是因为过程研究描述了方案如何实施，并为进一步完善提出建议。当方案模型在之前的研究中被证明有效时，这种研究非常有价值，因此，以特定的方式实施模型是非常重要的。如果模型是适当的，那么评价者要检验为什么会出现这种适应性，比如，满足了不同类型的学生或者参与者的需求，而不是在过去的研究中遇到的（可能是好的理由），或者因为方案的实施者缺乏训练、资源或者时间（不好的理由）。尽管来自方案实施者的日志或日记和来自参与者的自我报告提供了一些方案实施的信息，但是观察仍然是搜集有关方案实施的数据的关键方法。

布兰登等（Brandon et al.，2008）提供了一个运用观察来测量方案实施质量的非常好的案例。在他们的案例中，他们评价了一所中学的一项基于探究的科学方案的实施。他们确定了检验实施的三个目的：坚持实施最初的模型、学生或参与者接触模型（用量）的数量以及实施的质量。坚持涉及方案是否根据逻辑模型或者方案理论来实施；质量涉及方案如何实施。他们指出："观察对质量测量尤其重要，因为它们避免了通过提供外部评论者观点的自我报告形成的偏见。"（2008，p.246）他们在研究性课程中利用了"关键时刻（key junctures）"的录像并且聚焦于教师的提问策略。正如他们所指出的，过程令他们聚焦于就观察什么作出决策，因此："筛选方案特征的清单来检验最直接地提出方案的质量和最有可能影响学生的学习力与理解力的关键特质。"（p.246）他们必须要作出将哪些学校和教师录入录像带中，并且录制哪些特征或者事件的决策，然后他们必须接受判断力的培训以通过这些录像比较教师的回答。这个项目阐述了观察的复杂性及其在评价和确定质量绩效由哪些方面构成的效用。读者对观察的运用就没有那么复杂，但它可以反映布兰登等（Brandon et al.）使用的流程和形式以及他们所聚焦的质量。

观察也能够用于遵循方案实施过程中的质量检验。在这种情况下，描述或者评价的因素应当成为方案逻辑模型或者理论中的关键要素。方案实施者为了维持他们活动的日志或者日记，参与者可能被询问他们经历的有关核心要素的内容。但混合方法包括观察对用文件来证明这些自我报告的对策是有价值的。评价员工培训观察者用文件证明或者描述方案的核心要素，并使用清单标注解释观察到的变化。兹欧奇（Zvoch，2009）提供了一个案例，运用教师课堂观察在一个大型的学校实施了儿童早期读写能力的两个方案。他们在方案中利用了核心要素的观察清单，并且在实施方案的早期和后期发现了方案实施过程中的变化。他们能够确定教师特征和背景变量，遵循对分析和鉴别问题有所帮助的方案模型。例如，课程规模较大的教师无法遵循这个模型。但不必惊讶，这有助于了解未来方案的传播。

## 调查

调查（有时指问卷调查）[1]在评价中适用于多种目的。布雷弗曼（Braverman，1996）有关评价调查的观点指出："在评价中调查是最重要的数据搜集工具之一。"（p.17）调查适用于当信息来源的数量太大而无法进行成本—效果访谈之时，需要掌握来源于许多人的信息并且使用定量的方法分析信息。通常使用包括以下几个方面：

★ 通过在方案完成之后或者在方案进行过程之中的方案参与者的调查，用来获取他们的观点和有关方案活动的报告。报告更加真实——回答者正在描述他们在方案中发生了什么。观点有更多的评价，回答者评论方案的质量以及他们作为个体对各个组成部分的反应。[2]

★ 方案实施者（教师、培训者、医疗保健工、与参与者沟通来提供服务的

---

[1] 调查更适合的解释是指一般的方法，而调查问卷、访谈协议之类的是指用于搜集实际数据的工具。

[2] 大多数组织都会利用客户、父母之类的满意度调查。通常通过机械的和表面化的方式来实施。我们鼓励评价者和管理者利用这些调查来增加可能对特定的和及时的问题有价值的条款。

方案雇员）的调查是要了解他们如何实施方案，他们作出的调整或改变以及这些改变的原理，他们对参与者的看法及其需求，在方案实施过程中参与者的反馈和活动，他们在参与者当中观察到的变化并为改变提出的建议。方案实施者在实施方案时掌握的技能，了解其他的方案或者方法并且了解方案的参与者。当有许多实施者时，调查用于获取他们的投入，尽管这些常常被补充了更多细节性的访谈，方案实施者使用的更小规模的样本。

★ 方案参与者的调查，或者他们的家庭成员（父母、配偶）来了解方案的结果。这些回答者有时能够比参与者自己更加客观地报告参与者的行为，他们在方案中花费了时间，并且投入到了发现变化当中。

★ 方案的预期目标受众的调查以了解他们对认知的需求或者他们的行为、知识、技能或态度，可能聚焦于方案或者他们的特征（教育、就业、年龄、住址、家庭状况等等）。

★ 利害关系人或者普通公众的调查以获取对方案的看法或者他们的社区及其需求或者让公众进一步参与到有关他们社区的政策问题和决策中来。（亨利，Henry，1996）

这是调查的一些常见用途，但是它们能够用于对许多不同受众的多种目的。我们将开始讨论评价者如何确定或者开发评价研究的调查。

***确定现有的调查。*** 与搜集到的任何类型的信息一样，评价者首先应当考量将现有的问卷用于当前的研究是否适当。在研究早期阶段进行文献回顾应当有助于评价者确定常见的调查或调查项目来评估感兴趣的构架。尽管期刊文章很少包括调查，但是如果可以取得联系作者常常希望分享他们的项目。评价报告在附录中通常包括被使用的调查。最后，包括测量的参考书目也是很有价值的。多年以来《心理测量年鉴》（*The Mental Measurements Yearbook*）系列已经发表了常用测验和其他测量的独立评论。目前可参见网址 http://www.unl.edu/buros/bimm/html/00 testscomplete.html，参考书目可见于 www.unl.edu/buros/。

***对调查进行开发。*** 当调查的目的是测量观点、行为、态度或生活环境，对于评价方案而言非常具体时，评价者可能需要开发他们自己的问卷。在这种情况下，我们建议开发一个调查问卷的设计规划，类似用于整体评价的评价设计。在第一

列中列出通过调查要回答的问题（不是条目），也就是说，这份调查的结论应当回答哪些问题？在第二列中阐述用于获取此项信息的项目类型。第三列用于在项目开发之后引用与每一个问题相关的项目的数量。第四列详细阐述分析的方法。表 16.1 提供了图解。此外，这个设计成为规划问卷和分析获取的信息的指导。它有助于评价者确信他们已经掌握了足够数量的条目来回答每一个问题。（一些问题比其他问题需要更多条目。）这个设计也有助于避免那些看起来有趣但实际上不能解决评价问题的条目。评价者能够决定将这类条目纳入进来，但是应当进一步探索它们的目的。不能回答一个感兴趣的问题的条目使问卷变得更长，并且表现出对回答者的时间和隐私的不尊重。

**表 16.1　问卷的设计规划样本**

| 问题 | 条目类型 | 条目数量 | 分析 |
| --- | --- | --- | --- |
| 1. 机构的客户的观点是什么？ | 李克特 5 点量表 | 2-20 | 每项条目的描述和总分 |
| 2. 客户最初会怎样了解机构？ | 多项选择 | 21 | 百分比 |
| 3. 他们将从机构接受哪些类型的服务？ | 清单 | 22-23 | 百分比 |
| 4. 根据需要的服务类型观点会有差异吗？ | | 2-20 的得分与 22-23 的得分 | t 检验和方差分析，探索分析 |

选择一种类型的条目，考量能够用几种不同的条目形式来测量许多的变量。大多数问卷获取相对结构化的回答，并且通常要进行统计分析。条目类型包括多项选择条目；用形容词回答的条目（例如运用 5 点量表评价条目，1 优秀—5 差）；用副词回答的条目（总是、频繁等等）；李克特量表条目（同意—不同意）和开放式的条目。开放式条目可能是简短的回答，例如住家儿童的数量，或者需要更长的回答并能够由主题被定性化地总结，例如，一项方案最好的因素或者建议作出改变。如果回答者对主题并不感兴趣，那么包含许多开放式条目的调查将在这些条目上遭遇到低回答率或者没有回答的问题。目前，电子调查和键盘输入的易

用性提高了这类开放式条目的回答率，但它们仍然存在问题。以下是一个总体的结构清单，可以用评价者使用的调查和某种类型的条目来进行测量：

★ 方法：李克特式量表条目；

★ 行为：副词（行为的频次）或者多元化选择（行为的类型）；

★ 观点：形容词的条目（好感度的评级）或者多元化选择（选择偏好）；

★ 生活的状态或者环境：多元化的选择（与数值范围相关，是—否，或者替代性的选择）。

认真完善问卷草稿、说明和附信（如果使用邮件进行分发）。在完善第一稿的过程中，评价者应当考量这些问题。

1. 排序的问题：

（1）后面的回答会因为早期的问题产生偏见吗？

（2）问卷开始是简单且没有威胁的，但是否是切题的问题？

（3）是否避开了诱导性提问（成为一个有确定答案的问题）？

（4）问题的排序是否合乎逻辑以及有效率（例如，从一般到具体的问题；在适当的时候使用过滤题）？

（5）封闭式或开放式的问题合适吗？如果问题是封闭式的，那么这些类别是完整和相互排斥的吗？回答这些问题会产生分析所需的预期数据量吗？

（6）是否对主要的问题充分研究，但是对次要的问题快速忽略？

（7）对内容相似的问题的分组是否合乎逻辑？

2. 措辞的问题：

（1）问题的表述精准吗？（谁、在做什么、什么时间、在哪里、为什么做、怎么做？不要太过冗长。）

（2）问卷是否避免了在回答的部分假设了过多的知识？

（3）每一项条目是否仅聚焦于一个问题？

（4）回答者是否处于回答问题的状态或者他必须作出猜测？如果这样，那么你对他的猜测是否感兴趣？

（5）定义清晰吗？

（6）避免了带有感情色彩的措辞吗？

（7）词汇符合受众的阅读水平吗？如果使用了任何带有技术性的术语或者行话，那么它们是与受众沟通的最适当的方式吗？

（8）回答问题的方法合适吗？清晰吗？连贯吗？

（9）问题的表述简洁且不复杂吗？

3. 建构和保持融洽并且向合作方向引导：

（1）问卷易于回答吗？（问题不宜过长或者累赘。）

（2）是作出合理反馈的时间了吗？

（3）工具看起来有吸引力吗？（例如，布局、纸张的质量等等。）

（4）有"回答导向（respondent orientation）"吗？

（5）说明信提供了有关目的、赞助、回答选择的方法、匿名的解释吗？

（6）是否为回答者的合作提供了适当的激励？

4. 给予指导：

（1）回答者清晰地说明了如何记录他们的回答吗？

（2）反馈调查的指令清晰吗？如果调查是用邮件发出的，提供了贴有邮票的反馈信封了吗？

许多评价者利用了由唐纳德·迪尔曼（Donald Dillman）的完全设计法（Total Design Method）进行开发调查。他最新的一本书包含了使用互联网来实施调查的信息，也包括了一些传统的方法（迪尔曼、史密斯和克里斯汀，Dillman, Smyth, & Christian，2009）。他提供了通过关注格式、长度、附信以及话题追踪和引导提高回复率的具体建议。其他在开发和实施调查方面有价值的参考，包括芬克（Fink）的《如何实施调查（How to Conduct Surveys）》第 4 版（2008）和考克斯（Cox）的书（2007）聚焦于教育领域的调查。

调查可以通过电话或者电子化的方式面对面地实施，或者以纸笔记录的形式通过邮件或者在人群中散发。之前的表述主要涉及纸笔式问卷能够邮寄，或者理想情况下当参与者聚集在一起的时候对他们进行管理。下一步，我们将通过电话、电子化或者面对面的方式搜集有关调查类型的数据。

**电话调查或者访谈**。正如你所知——尤其是那些被来自某个专业调查公司的电话问候的人们，他们可能正在做饭，陪孩子玩耍或者做作业——电话访谈成为一个更加常见的搜集信息的方法。虽然从电话访谈获取的信息可以通过这种方式进行定性和分析，但在实践中电话访谈通常更像口头问卷而不是个人访谈。正如一份纸质问卷，它应当是简洁明了的，从而可以鼓励人们参与。与个人采访者不同，电话采访者难以建构密切的关系，因为缺乏目光交流和非语言的暗示，尽管这比纸质的或者电子化的调查有更多潜在的交流、鼓励和对问题的回答。虽然在电话访谈中常常使用分岔的方法跳过对当前回答者不适合的问题，但是采访者却很少被鼓励在一个非结构化的个人访谈中调整问题。然而，标准化访谈是受到鼓励的。

电话调查和纸质问卷的主要区别有以下几个方面：

1. 在电话调查中一些视觉的元素被去掉了，也就是说回答者无法阅读条目。这反映了一些优势，因为回答者无法提前阅读或者略过条目，此外，考虑到回答的一致性，他们也无法改变他们的回答。电话采访者规定了规则。

2. 在电话调查中引入了口头的元素。口头询问问题并且人们给予口头回答。因此，在电话采访者询问的时候很长或很复杂的条目，例如，多项选择条目或者对包含许多选项的条目的评级必须被分解成为更小的部分。然而，开放式条目在电话访谈中比在纸质问卷中更加常用，因为回答者更希望说出一句话甚至一段话，而不是把它们写下来。

3. 使用电话访谈能够比通过邮件分发问卷更快地获取信息，但是如果问卷能够在一个完整的群体（雇员、学生、客户）中分发，问卷可能是更高效的方法。

4. 如果条目用于调查敏感信息，那么纸质调查可能更为可取，因为回答者感觉更能够保护隐私。尽管电话访谈更常用于随机拨号中，但是那些回答问题的人可能相信他们的电话号码被记录或认为需要给采访者留下深刻的印象。例如，迪尔曼和塔奈（Dillman&Tarnai，1991）发现在回答纸质调查问卷时，超过11%的人承认酒后驾驶，而这远高于电话询问的结果。

5. 电话访谈可以利用分岔法（跳过与特定回答者不相关的条目）。如果一份纸质的调查看起来非常冗长，但是许多条目可以被回答者忽略，那么使用分岔法的电话访谈可能更加合适。电话访谈者通常利用计算机设计方案，依据回答者之前的回答自动地跳转至适合于他或她的分支条目。例如，一项有关学龄儿童的父母的电话调查可能会产生不同条目的分支，需要回答的是小孩在幼儿园或者学前班的父母，而不是小孩在高中的父母。

6. 如果纸质调查使用的是邮寄的方法，那么每一种方法的成本都差不多。仅仅只是成本的类型不同。邮寄问卷的成本包括工作人员的时间、纸张、复印、邮资、明信片和信封。电话调查的成本则主要涉及实施和监控调查的人力成本。打电话和培训的长途费用、设施租赁与购买电话也是要素。许多评价者和研究者利用实施电话调查的公司和已经接受过训练的采访者。这样要比自己招募和培训采访者更加高效。电话调查公司也有实施访谈的软件，并且能够对条目的措辞提供建议和指导，从而使用更加适合于电话访谈的方法。

以下情况中电话调查应当优先考虑：（1）需要快速完成；（2）回答者不愿意或者不能完成纸质调查，但是能够通过电话联系；（3）这些问题更适合于通过电话来回答。

**电子调查**。电子调查越来越成为开展调查常见的方法。目前，工业化国家中许多人能够以个人方式联接互联网并收发电子邮件，这极少引起关注，而在过去散发的方法可能会在作为样本的回答者中引起偏见。然而，评价者总是认为无论希望开展调查的群体使用电子邮件，还是连接开展调查的某个网站，他们都会相对频繁地检查他们的邮件或网站。在调查公司雇员或者大学生中，评价者能够确信已经被提供了电子邮箱和希望使用这个邮箱接收信息的群体成员，而其他的群体可能就没有这样的机会。如果某个子群体无法实施，那么评价者也可以选择一种混合方法，对其中一些人使用电子邮件，而对其他人通过邮寄开展调查或者通过邮寄的方式开展所有调查。包括以下一些关键的问题：

1. 与电话访谈相比，电子调查更像纸质调查。此外，回答者能够看到条目，因此可以使用复杂的条目，但通常回答者不被允许忽略前面的部分，或者直接跳到后面的部分，因此不能改变条目的一致性。对回答者来说通常打字要比写字更快，因而面对开放式的条目，与纸质调查相比较，感兴趣的或者有积极性的回答者对电子调查可以回答得更加频繁，并且内容更丰富，但是两者都比电话访谈的内容要少，因为他们的回答是口头的。

2. 研究表明电子调查的回答率比邮寄调查的要略低一些（弗里克和斯考劳，Fricker&Schonlau，2002）。现在许多支持者使用混合方法。例如，康弗斯、乌尔夫、黄和奥斯华（Converse，Wolfe，Huang&Osward，2008）都发现使用基于网络调查的邮寄通告能产生比连接基于网络调查的电子邮件更高的回答率。

通常评价者发现在包含调查的网站上指导回答者会令回答者感到自己没有个性特征，尤其当他们是雇员或客户时，因为他们没有通过自己的电子邮箱回答。许多公司提供网址以完善问卷并提供基础的回答分析。包括：surveymonkey.com，zoomerang.com，questionpro.com 和 hostedsurvey.com.

**面对面调查**。基于多种原因调查由访谈者进行管理：搜集对问题有读写或者理解困难的客户的信息，激励或促进参与者回答，或者允许访谈者进行一些可能的探索来提升回答的质量和特质。如果必须到回答者的家中拜访，那么实施面对面调查的成本比自我管理调查和电话调查的成本更高。然而，如果回答者要到能够实施调查的某个机构或者组织去或参加某项会议时，那么使用这种方法进行数据搜集仍然是一项可行的选择。当然，开展那些调查应当确保是一个私密的地方，最好是一间独立的房间，这样回答者的匿名、隐私和尊严得到了尊重。与纸质的或电子调查相比，面对面调查与电话访谈更加类似，因为都使用了声音。面对面调查与电话访谈的一些主要差异有：

1. 比起电话的方式，访谈者能够与回答者建构更加和谐的关系。这样一来，访谈者需要接受良好的方法训练才能让回答者感觉轻松并建立和谐关系，而不会让回答者对回答问题持有偏见。因此，访谈者应当多运用眼神交流，解释调查的目的，回答问题，保持微笑，让回答者感觉很轻松并且鼓励他们进行回答，而不应当指出他或她的偏好，或者表现出对某些回答同意或者不同意的态度。

2. 应当认真地考量如何使用一种自然的、不引人注意但又是开放式的方法记录回答。访谈者要快速地对有选择的回答进行标注，但是如果希望回答更加开放，评价者应当考虑使用磁带等方式进行录音。（评价者对使用录音的观点存在分歧。一些人认为这样有利于访谈者与回答者有更多目光交流，并且建立和谐关系，同时仍然记录了对话；另一些人则更倾向于手写记录，他们认为录音的出现通过胁迫回答者的方式阻碍了讨论。我们认为，录音能精准地捕捉回答、保持与回答者的目光交流与和谐，并且容许访谈者聚焦于问题和回答者，而不是用手写下回答。）

3. 比起其他任何一种形式，在面对面访谈中回答者更有可能给出合乎社会期望的回答。基于回答者和访谈者的性别、年龄、种族以及其他潜在的重要特质，这种趋势会略微减少，因为回答者更有希望与访谈者达成融洽的关系并给出更加诚实和完整的回答。与自我管理或电话调查相比，受到良好训练的访谈者会适当配合回答者，从而能够更成功地从利害关系群体那里引导出更多细节性的回答。

4. 如果访谈将由许多人共同实施，那么就要慎重地考虑对他们进行培训。访谈者的偏见是一个重要的错误源（布雷弗曼，Braverman，1996）。错误源包括访谈者调查的不一致、肢体语言、口头评述或者提问措辞的变化。因此，访谈者需要使用标准化的方式进行提问的培训，包括使用调查、终止和推进；记录信息的方法；与回答者搭建和保持和谐关系的途径（伯纳德，Bernard，2000）。

## 访谈

访谈是质性数据收集的核心部分。观察通常是定性评价的核心要素，但是很多的评价者不能观察，甚至在观察时评价者的观点也不同于正经历着同样现象的其他人。因此，定性访谈用于了解其他人的观点、态度、行为和经历。斯塔克（Stake）指出："访谈是通向多种现实的主要途径。"（1995，p.64）换句话说，只有通过访谈聆听和解读其他人的经历，评价者才能了解不同群体和个人对某个问题或者经历的多种现实情况和观点。

调查与通过个人访谈搜集数据之间的主要差异是访谈允许澄清和探索，并且允许探究和发现。当要搜集信息的特质更加模糊并需要更加深入，而不允许进行加结构化的调查时，访谈是有用的。个人访谈比调查需要更多时间，因此，如果要访谈许多人，那么它们的成本就更高。然而，它们能够提供丰富的信息。

然而，好的访谈是一种技巧。好的访谈者鼓励人们述说他们的故事来引导讨论，并通过提问和调查了解更多有趣的评价问题。同时，麦克拉肯（McCracken）指出，访谈者必须表现出他们是"亲切的、可接受的、好奇的（但又不是爱打听的）人，准备好；渴望倾听几乎所有的证据"（1988，p. 38）。柯费尔（Kvale）建议评价者要考虑他们的作用和目的并提供了有关访谈者的两个隐喻：访谈者就好比矿工，利用访谈"发掘"可能是事实的知识或者"掘金的基本含义"（p.3）；访谈者也像是一个"漫步在风景中与偶遇的人们进行交流"的旅行者（1996，

p.4）。旅行者—访谈者思考了更多定性的方法。隐喻揭示了访谈者在逡巡、了解、可能的变化和回过头来解释他们所了解的本国的人们。柯费尔（Kvale）完善了他的有关访谈的概念，即为理解与评价对象相关的接受访谈的人们的"生活世界"而进行的对话。他还讨论并且提供了实现这一目标的大量实例。

鲁宾（Rubin）和鲁宾（Rubin，2004）讨论了访谈的对话伙伴关系，他认识到访谈是一种社会关系，必须重视标准和权力的关系。他们讨论了如何完善一次访谈的合作关系，设计了主要的问题以及调查和准备后续的问题。

尽管每次定性访谈过程中询问的问题都会有所不同，但斯塔克（Stake，1995）仍然提醒我们：

> 访谈者需要一个强有力的推进计划。一不小心就会无法得到正确的问题，而要将一些博闻的受访者引导到你选择的问题上也相当困难。他们有自己的想法。大多数人乐于被倾听。得到默许的访谈可能是案例研究中最简单的任务。（p.64）

在规划你的问题时考量你要回答的评价问题。你需要哪些信息回答问题？你希望他们描述哪些经历或观点？你想引导他们表达哪些联系、思想或经历？如何进行探索和调查？开发一个全面简明的问题清单并且准备好相关的提示。

访谈者最常见的错误就是说得太多了。在成功建立和谐关系之后，访谈者最主要的工作是倾听和鼓励回答。一位好的访谈者应当适时地中断，并且没有必要匆忙地填补空隙的时间。回答者在表达困难或表达敏感信息时常常会中断，如果访谈者匆忙地打破沉默，那么信息就会丢失。与此相似，访谈者应当准备好提示和短句以继续讨论："跟我多说一些吧"，"这真有趣"，"哦，是的"，甚至"啊哈"之类，表现出你正在倾听并且鼓励受访者继续说下去，而不要决定讨论的方向。仔细考量受访者最后的陈述有助于鼓励回答者继续回答。访谈者应当非常谨慎，不要加入自己的解读，而仅仅只需要更多地了解受访者的意思。

下面有一些有益的提示来完善访谈的问题：

1. 一开始使用简单的、有信息量的或者"讲闲话"式的问题来建立和谐的关系，并且更多地了解受访者的风格和态度。

2. 把言语的表达与回答者保持一致。向专家提出问题时可以依靠他们熟悉的术语，这也反映了访谈者自身在这个问题上的专业。术语的使用能够鼓励专家谈得更有深度，但是向普通大众提出问题时必须使用更加通俗易懂的语言。个人或者群体的访谈可能会不同于评价者通常的参照标准，应当特别小心谨慎。阿加（Agar，2000）在一个组织内关于结核病筛查项目的人种学评价中讨论了他发现的语言或者文化。

3. 避免过长的问题。它们常常是模糊不清和令人困惑的。

4. 考虑你是否在每个问题上寻求事实、意见或者更加广泛的观点，并相应地回答你的问题。使用提示或后续问题来获取你正在寻求的信息类型。

5. 不要假设你的回答者掌握了真实的或第一手信息。父母可能会说出他们的孩子读过哪些书籍，但只有孩子自己才能准确地告诉你他们有多么热爱阅读。

6. 倾听含蓄假设或偏见与回答你的问题同样重要。考虑受访者的陈述是否建议了特定的方向或观点，并决定是否调查这些观点。例如，如果受访者抱怨学校的教育券，那么访谈者就要调查了解受访者是否出于个人或者政治上的原因反对教育券，并且一旦确定了就要更多地了解这些原因的本质。

7. 确定你是否需要直接的问题、间接的问题或者两者的综合。一个直接的问题的例子是："你曾经在工作中偷过东西吗？"而一个间接的问题是："你知道有人曾经在工作中偷过东西吗？"两者的结合是先问："你有没有在工作中偷过东西呢？"再问："你知道有人曾经在工作中偷过东西吗？"

8. 设计问题以便尽可能多地了解你想知道的情况。例如，如果想了解读者对杂志的偏好，那么你就不能问："你读过多少本杂志？"而是要问："你读过哪一本杂志？"

9. 保护你的回答者的尊严。不要问："你知道最高法院首席大法官的名字吗？"而要问："你碰巧知道最高法院首席大法官的名字吗？"

10. 如果你有意于获取负面的、批评性的信息，那么首先给你的回答者表达积极的情感的机会，这样她在受到批评时就不会感觉到别扭。首先问："你喜欢它什么呢？"再问："你不喜欢它什么呢？"或者问："在这个问题上究竟是什么困扰着你呢？"

最后一个访谈问题涉及如何记录获取的信息。正如之前提及的，在面对面的访谈调查过程中，评价者对究竟是使用录音设备还是笔记持有不同意见。在定性访谈中，目光交流和建立和谐关系有助于令回答者在陈述他的故事时感觉舒适，决策过程应当非常谨慎。做大量笔记会令回答者感觉不舒适，并且一定会妨碍鼓励诚实和经历分享的肢体语言的表达。如果因为使用录音设备减少回答者的舒适度而不适合的话，那么就在访谈过程中粗略地记一些笔记或关键词。然后，在访谈结束后及时地对回答者的评论补充大量的笔记。与回答者分享这些笔记以确保他或者她同意（或者不同意）你的解释。

在这个问题上存在一些分歧。斯塔克（Stake，1995）这样写道：

> 得到回答者确切的答案通常并不十分重要，了解他们真实的意思才是重要的……受访者常常对文字记录感到失望，这不仅因为他们自身的言语表达不雅，而且因为它们并没有表达出他们的真实意图。文字记录脱离了语境和影射的内涵。（p.66）

另一方面，有人将录制访谈作为一种规范，甚至推荐在某种情况下使用录像的方法来捕捉非语言的暗示（柯费尔，麦克拉肯，帕顿，Kvale，1996；McCracken，1998；Patton，2001）。帕顿（Patton，2001）写道：

> 无论你使用哪种访谈方式，也无论你提问时的措辞多么审慎，如果你没有捕捉到受访者真实的意图，那么一切都是枉然。访谈的原始资料是受访者真实的语录。没有什么能够替代这些资料：由真实的人们述说的真实的资料。（p.380）

录制允许访谈者研究记录，为资料分析提供了更多的细节，并且证明了这一过程的真实性。

登青与林肯、柯费尔、帕顿（Denzin&Lincoln，2005；Kvale，1996；Patton，2001）以及鲁宾与鲁温（Rubin&Ruvin，2004），他们都为实施定性访谈提供了有价值的指导。这些资源非常适合那些计划通过访谈来搜集信息的评价者。

## 焦点小组（Focus Groups）

小组讨论越来越成为一种通用的，从一群人中获取质性信息的方法。小组讨论好比一次访谈，大家参与面对面互动，但他们形成了小组。有经验的小组促进者将利用小组讨论中参与者提出的思想或者问题获取来自小组中其他人的反馈。小组讨论中的互动并不总是从访谈者到受访者，而常常在于参与者自身。因此，访谈是一种非常群体化的过程。

小组讨论的技能源于市场领域，它们用于估算潜在客户对新产品的反应以及更多有关客户对产品的需求和期望。目前，小组讨论的方法用于许多不同的情境来获取信息，涉及个人对计划或现有的服务、政策或程序的反馈或者更多地了解参与者或者潜在客户的需求和情况。除了对问题的反馈，小组讨论的参与者可以提出有关新的方法，或者描述反映现有方案或者政策问题的建议。

小组讨论尤其适用于需求评估、研究监控以及形成性评价。参与者能够描述他们的经历或者他们对提出的新方案或者改变的反馈，他们提倡的改变以及他们持有的信念、态度或生活境遇都有可能促进或阻碍方案的成功。小组讨论有助于在方案的规划阶段证实或驳斥方案的原理。它们能够根据参与者自身的经历提出一些新奇的思想。小组讨论也有利于发现更多方案的结果，例如参与者如何运用他们所获取的信息，他们将面对哪些障碍或者他们在方案中会进行哪些改变。

小组讨论通常由6—10个相对同质的个人组成，但是他们彼此并不相互了解（克鲁格和凯西，Krueger&Casey，2009）。较小的数量有助于激励小组的互动，向他们全体提供一个表达自我和所关注的问题的途径。其目的并不是具有代表性而是获取有深度的信息，源于小组讨论中每个人的回答都有可能促使小组其他人透露得更多。同质性旨在促进小组内部的互动；在教育、收入、声望、权威或者其他特质方面的显著差异会导致那些表现较差的人们的敌意或者退出。特别是3—4个焦点小组可能就相同的主题开展讨论来确定是否出现了新的问题，但是将20个人组成一个焦点小组将无法实现这个目标。

领导者的作用是促进讨论，并且通过导引和描述过程提出最初的和周期性的问题，协调更多发出不同声音的成员的回答，鼓励沉默的成员予以回答并且监控时间以确保覆盖关键的问题。领导者也要提出问题来澄清分歧或者获取来自其他小组成员的反馈。当然，问题应当导向研究的评价问题的答案，但这些问题应当鼓励参与者交谈并提供他们的观点及其经历的具体案例（克鲁格，Krueger，2005）。

丰塔纳和弗雷（Fontana&Frey，2000）指出，引领一个焦点小组的技能与一个好的访谈者应当具备的技能相似，但是领导者也必须掌握管理焦点小组的方法。引领一个高效的焦点小组是一项具有挑战性的任务。焦点小组中一个常见的错误是过于依赖简短、强迫性选择的提问（例如，是或不是），或者小组成员通过举手来回答。这样一来，焦点小组变成了一个结构化的小组访谈，而不是小组讨论，因为它失去了焦点小组的核心特征，即成员互动、开放性和探索性。一个成功的仲裁者也有助于令参与者感到舒适，因为他可以让少数派提出自己的观点，这样一来就避免了"群体思维（group think）"。

选择仲裁者时要考量仲裁者的特征和背景是如何提高或者阻碍小组讨论的。雇员或者一些了解焦点小组参与者的人永远不能作为焦点小组的领导者。领导者的立场或者态度将以不受欢迎的方式影响讨论。尽管并不总是必要的，但在关键的人口统计变量，例如年龄、性别、种族或种族划分等方面与仲裁者和小组特质相契合是可取的。至少，仲裁者应当非常了解参与者的文化或者生活方式，从而能够理解并且解释评论，以及有效地促进互动。

小组通常由一位仲裁者导引，一位助手观察肢体语言、互动并帮助解释会议。会议通常进行录音，参与者的时间会得到补偿。会议通常持续一个半到两个小时。小组讨论的环境非常重要。通常情况下，需要茶点并且房间要有利于交流。通过对从录音中记录的抄本的分析来解释结论。结果可以通过更多开放式的主题讨论或者回答由仲裁者提出的小组的问题来进行分析。

了解更多焦点小组的信息，参见克鲁格和凯西（Krueger&Casey，2009）或者巴伯尔（Barbour，2008）。

### 测验和其他评估知识和技能的方法

教育领域和培训方案中，测验是常用的搜集评价信息的方法。知识获取通常是教育方案的主要目标，而知识的获取常常通过测验进行测量，但也不总是这样。尽管其他领域的评价者比教育评价者要少，但是他们也利用测验。评价者在培训过程中利用测验，尽管他们的最终目标通常是在工作中加以运用或者对组织产生影响。健康领域的人会利用测验，服务于实施许多客户的教育方案或者为从业者实施健康教育方案。社会服务领域的评价者可能利用测验来测量就业或教育项目的结果。因此，所有评价者都需要掌握一些测验的知识作为资料搜集的方法。

测验中最常用的方法是常模参照测验（norm-referenced testing， NRT）、标准参照测验（criterion-referenced testing，CRT）、目标参照测验（objective-referenced testing， ORT）和领域参照测验（domain-referenced testing， DMT）。通常，这四种策略涵盖许多要素，但基于所选择策略的不同，开发和解释测验的步骤完全不同。常模参照测验的目的主要是将学生的成绩与其他参加相同测验的学生进行对比。尽管它们的使用因为国家标准化考试令（states' standard tests）在逐步下降，但是仍然在许多学区中使用并且主要用于过程评估。加利福尼亚州学业成绩测验（the California Achievement Test）、基本技能综合测验（the Comprehensive Test of Basic Skill）、爱荷华州基本技能测验（the Iowa Test of Basic Skill）都是常见的标准化考试的实例。随着这类测验的加强，它们允许与已经构建的常模群体进行比照。它们有助于回答这类问题："在传播常用的知识和技能方面，我们学校与国内的其他学校相比怎么样？"从实现评价目的的角度来说，它们的主要缺陷是其内容对评价的课程或者方案可能是无效的。

对比常模参照测验，标准参照测验被专门开发出来用于测量成绩，反对一些绝对化的标准。适用于美国 50 个州的标准化测验基于每一个州开发的标准进行标准参照。考虑到评估的目的，它们取代了常模参照测验，因为老百姓和决策者更关心评估学生们究竟学到了些什么，而不是他们与其他人相比表现得如何。【参见第 2 章有关"聚焦于测量结果（A Focus on Measuring Outcomes）"的讨论。】标准化测验适用于大多数州，用以判断学校或学区的绩效。【参见菲茨帕特里克和亨利（Fitzpatrick&Henry, 2000）涉及标准化测验问题的讨论。】这本教材出版时，美国国会（U.S. Congress）正在考虑通过立法修订有关授权国家标准化和测验的《"不让任何孩子落后"法案（No Child Left Behind Act）》，但是预计法案中的这个部分将会持续保留。然而，许多州也在不断地改革他们的标准及其考试，使它们更加适用和有效。在一些州，标准被调整得非常高，以至于只有少部分学生掌握了所有考试的课程。标准制订得常常比要求上一代学生所掌握的知识要高得多，尤其是数学和科学学科。[①]

这些测验分数可以为评价者在 K-12 教育领域的工作中提供有价值的信息，但这些信息应当与其他现有的资料一样经过评价者的判断。要考虑测验中的项目是否足以测量合适的概念来回答即将出现的评价问题。在某些情况下标准化测验能够作为重要的和有价值的测量。如果测验中的分项成绩甚至是个别项目是评价问题中结构表达的更好的指标，那么也要考虑使用这些部分。要永远记住并提醒其他人，目标不是"提高测验成绩"，而正如我们常常听到的是要提高学生的学习能力。掌握聚焦于被评价的方案或者课程的知识或者技能。如果标准化测验中的分数、分项成绩或者项目能够提供有关学习的信息，那么无论如何都要使用它们。然而，我们与美国评价协会都鼓励多元化的学习结果的测量。测验能够成为评估学习能力的高效的方法，但是其他的方法也是需要的。

从传统意义上来讲，标准参照测验用于解决特定的方案或者课程。测验分数用于判断学生在课程上的进步并且最终作为判断方案成功的方法。这些方案评价的测量是有价值的，因为项目的内容反映了课程的情况。

目标参照测验在教育或者培训方案中运用了针对特定教育目标的项目。这些测验是有价值的，有助于教师或者培训者对形成性评价进行反馈，帮助他们检验目标正在实现的领域和需要完善的领域。它们对终结性决策中确定方案成功并且实现特定的学习目标也是有价值的。领域参照测验用于评估学生对具体内容或者领域的知识的掌握。项目与课程并不相关，但是与被测量的内容的领域有关（例如，美国历史、比较解剖学）。尽管这些测验的开发成本要高于目标参照测验和标准参照测验，但是这些项目对评价目标也是有价值的，尤其是评价者可以选择先前开发的和验证过的测量。领域参照测验用于回答类似"我们的毕业生对于这方面的内容究竟了解多少？"这样的问题。开发的标准反映了学校或者组织对一位毕

---

① 一项美国国务院教育资助研究（a State Department of Education-sponsored study）在开展科罗拉多州标准化测验（the Colorado standards test）中进行了十年级的数学测验，科罗拉多州学生评估方案（the Colorado Student Assessment Program， CSAP）发现十年级数学测验的内容更适合于大学二年级的数学测验，而不是十年级的数学课程。在全国范围内开展的一次测验中，能够达到"熟练"掌握程度的高于第 90 个百分位。难怪科罗拉多州只有极少数十年级的学生成绩达到了"熟练"的水平。

业生或者学生完成一门课程应当掌握的知识量的预期。

除了纸笔测验以外，测量知识掌握情况的其他方法如第 14 章中列举的数据搜集方法所示。它们包括通过模拟或者角色扮演获取技能的成绩，或者包含在学生档案中的工作样本或者员工的工作产品。评价者应当一如既往地选择适合于测量评价问题中指定的方法，并且适合于方案背景与利害关系人的标准的可靠的证据。尽管在美国最近几年标准化测验已经成为测量学生学习能力最常用的方法，但是在许多学校里档案材料仍然在继续使用。档案是"一个学生全部工作的集合"；正如马布里( Mabry )指出的："因为机会包括随着时间的流逝积累的许多工作实例，档案作为一项评估技术提供了从未有过的方法，提高了推断学生的成绩和反映学生成长的有效性。"（2005，p.323）尽管档案常常用于评估，但是它们较少用于评价。然而，当出于不同的偏差它们在标准化测验中取得了很好的平衡时，评价者应当考虑将它们作为多元测量策略（a multiple-measures strategy）的一部分来使用。尽管它们比测验少了标准化的形式，但是代表了真实的学生工作的成果。出于评价的目的，在一些包含技能性内容的领域和培训领域，绩效测验可以作为有价值的评价措施。例如，口头演讲技巧可以由观察者进行判断或者评估。测量外语会话能力，一个结构化的语言熟练度面试明显要比纸笔测验更加适当。测量操作实验所要求的科学设备使用的技能，一项实验室绩效评估是最合适的。测量识别、修正语法和拼写错误的能力，一项纸笔测验最为有效。很遗憾，最近几年评价聚焦于标准化测验促使使用这些方法测量学习能力的状况有所减少。

正如之前提及的《心理测量年鉴（The Mental Measurement Yearbook ）》可能是其他方法的有效资源。这些年来，这个系列书籍已经对常用的测试和其他方法发表了独立的评论。参见 http://www.unl.edu/buros/bimm/html/00testscomplete.html. 查阅完整的在线评论。对于其他参考资料的现场介绍，包括在印刷中的测验（Tests in Print）参见 www.unl.edu/buros/。

表 16.2 总结了我们在本章中涉及的数据搜集的方法和每种方法的一些重要特征。表 16.3 阐释了用于解决特定的评价问题的方法。

表 16.2　数据搜集的各种方法综述

| 数据搜集方法 | 特　征 |
| --- | --- |
| 文件 | 非正式的纸质材料：会议记录、笔记、规划<br>未受研究影响的行动展示、思考和看法 |
| 记录 | 正式的文件：人口普查、出席人数、薪金<br>比文件更有效、更可靠 |
| 观察 | 方案的背景和行动、参与者的行动以及环境<br>能够形成结构化或者非结构化的形式<br>几乎对每一项评价在某些方面都是有价值的 |
| 调查 | 报告态度、观点、行动和生活环境<br>可以通过个人或者邮件进行管理 |
| 电话访谈 | 目的与调查的目的相似；问题更加开放，但是更简短<br>能够建立融洽的关系并使用口头提示 |
| 电子访谈或者调查 | 问题的提出和回答使用计算机技术<br>可以建构开放式的或者封闭式的项目 |
| 访谈 | 对导引出价值观、观点、经历和更多细节上的回答，定性访谈是有价值的<br>能够进行结构化（面对面调查）或者定性 |
| 焦点小组 | 6—10 人组成的讨论组以了解反馈、经历<br>当小组互动能够鼓励和提升回答率时是有价值的 |
| 测试 | 过去常用于检验知识和技能<br>主要用于教育和培训领域 |

表 16.3　连结数据搜集与评价问题：一些案例

| 评价问题 | 数据来源和方法 |
| --- | --- |
| 学生缺课的主要原因是什么？ | 学校的有关记录，涉及缺课、教师访谈、顾问访谈、与长期缺课的学生及其家长的访谈以及学生调查 |
| 六年级的教师如何在他们班上实施冲突解决方案？ | 教师日志、学生调查和报告、办公记录、有选择的观察 |
| 市民对城市强制性限制用水怎么看？市民在多大程度上会遵守这种限制？ | 电话调查和城市用水记录 |
| 为什么优秀的教师会离开 X 学区？ | 通过邮寄或电子调查的方式对大量优秀教师进行访谈（首先使用档案资料来确认已经离开的优秀教师） |
| 阅读方案 X 提升了学生的阅读能力吗？ | 对样本进行纸质标准参照测验和口头测验 |

# 规划和组织信息的搜集

　　数据搜集方法必须经过专家的认可。这些专家包括客户、评价方案的管理者、方案员工和参与者、机构审查委员会（Institutional Review Boards, IRBs）或组织内部的其他复核委员会。此外，通过适当的途径申请批准并且遵循组织的政策，评价者应当寻求主动或被动地参与到信息搜集活动中的人们的投入（例如，回答调查，帮助管理测验和观察行动或者被观察）。这些受众的合作对成功搜集数据至关重要。如果他们反对数据搜集的方法或者步骤或者无法理解目标，他们就会通过提供错误的或误导性的信息，或者通过鼓励其他人这么做来妨害数据的搜集。其他人可能不会认真地对数据搜集活动。解释他们提供合作的重要性就能够阻止许多潜在的问题。确保回答者的保密性或者匿名性非常重要。例如通过从研究中留出时间或者反馈的方式提供酬谢也能够鼓励全面的合作。坚持保护参与者权利的道德操守对确保获取数据源也是非常重要的。

### 数据搜集过程中技术性的问题

评价者版本的墨菲定律（Murphy's Law）可能会是这样的：“如果信息搜集会有出问题的可能，那么不管这种可能性有多小，它总是会发生的。”要在本章中列出潜在的问题的完整清单就过于冗长了，但是这里列出了一些主要的问题：

★ 不清晰的方向会导致不适当的回答，或者仪器不灵敏或者是偏离目标。（你的方法总是小规模测验。）

★ 缺乏经验的数据搜集者会降低搜集到的信息的质量。（一直包括大量的训练和试运行；在潜在的问题员工出现问题之前予以排除；监控并记录数据搜集的步骤。）

★ 发生信息部分或全部丢失的情况。（复制保存、备份文档和记录；任何时候都要妥善地保存记录和原始数据。）

★ 错误地记录信息。（经常检查正在进行的数据搜集，反复核对所记录的信息常常十分重要。）

★ 发生公开欺诈的情况。（总是要保证提供数据的不只一个人；比较信息，寻找“难以置信”的信息。）

★ 分解步骤。（简化流程；监督负责评价的员工的最小化控制；保留不可替代的工具、原始数据、记录和类似资料的副本。）

# 分析数据和解释结论

### 数据分析

评价涉及处理大量的信息，如果不组织进行有意义的解释，那么就没有价值，或者更糟糕的情况是误导。数据分析的目的是减少和综合信息——了解它的意义——并且允许对总体进行推断。考量数据搜集的替代性方法时，评价者应当提出两个问题：

1. 数据分析的哪些方法对我将要回答的问题、我计划搜集的信息以及我将要用于搜集信息的方法是适当的？

2. 对于将要接受报告的受众而言，数据分析的哪些方法是最有可能被理解和最可靠的？

利害关系人从一开始即参与数据分析工作。与客户和其他重要的利害关系人对评估结果进行沟通能够阐明数据分析的阶段，并且促进潜在客户的参与。评价者能够了解客户或者不同的利害关系人最感兴趣的信息的类型，以及呈现信息的最有效的方法。与客户或者群体共事，评价者常常要了解新的问题和数据分析能够解决的问题。

当前，定性和定量的数据分析包括许多方法。我们提醒读者关注重大的事件或者方法，并且建议开展进一步的调查，但是我们的教材并非只关注于数据分析，对我们而言，仅用几页篇幅在分析领域做大量的总结是不适当的。

***定量的数据分析***。就定量数据分析而言，评价者应当考虑用定量的数据解决每个评价问题，并考虑如何为每个重要的利害关系群体总结结论。如果目标受众是研究者或者政策分析者并且评价问题涉及大量变量之间的关系，那么就要使用多元化的方法和其他先进的统计方法。然而，通常利害关系群体希望定量数据能够以一种相对简单的方式进行总结和分析。亨利（Henry，1997）作为一位定量导向的评价者提供了一个使用图形来表达不同类型的评价数据的有价值的讨论、指导和案例。

在特定的学生或者客户群体之间和不同的教室、学校或者场所之间分析结果的差异性是一个有用的方法，它能够更多地了解方案如何以及为什么实施。帕森和蒂利（Pawson&Tilley，1997）建议开展小组分析，从而更多地了解方案的理论。例如，了解方案在某个场所不在另一场所实施，有助于评价者探索方案在可能形成不同结果的场所之间实施的差异性。这些发现有助于阐明方案的哪些部分以及谁是最关键的。正是完整的和重复的评价设计产生了对方案及其效果完整的和更加全面的理解。【例如，可参见我们在本章"观察"部分兹欧奇（Zvoch，2009）的讨论。】我们也推荐芭比等（Babbie et al.，2010）的统计教材，提供了使用社会科学统计软件包（Statistical Package for the Social Sciences，SPSS）的指导或者萨尔金德（Salkind，2010）提供的使用 Excel 进行数据分析的指导。

定量数据分析最近的趋势包括不仅要传达重要的统计意义，也要反映影响的大小。评价者有责任帮助客户和其他利害关系人理解统计的意义，有效和简单地表述变量之间存在一些关联的可能性。较小的 P 值并不意味着更加重要的关系，只是更加确认了关联性的存在。当利害关系人和决策者成为富于经验的用户时，他们更感兴趣的是影响的大小，这样就可以提供方案对利益结果产生影响的实际程度的一些迹象。参见克莱恩（Kline，2009）一项有关影响大小及其计算和使用的实践性讨论。

***定性数据的分析。*** 斯塔克（Stake，1995）观察到定性和定量的技术相互之间最大的差异在数据分析阶段。"定性研究者关注于实例，尽力把它分解开来，再把它重新组合在一起，这样更有意义——对分析和综合直接进行解释。定量研究者寻找许多的案例，并且希望经过综合研究，问题的相关含义就会出现。"（斯塔克，Stake，1995，p.75）当定性数据被搜集后，分析工作也同时开始。评价者正在制定分类、修改类别、回顾野外记录并搜集更多信息，直到不同的观点开始更充分地得以揭示。但评价者如何总结他们已经搜集到的大量信息？他们如何验证这些信息并确保信息对利害关系人和其他用户的可靠性？在某个时刻，评价者就要开始考虑如何组织和总结定性数据并利用这些信息讲述已经发生了的众多故事。

定性数据的分析方法取决于数据的性质和分析过程中使用的概念框架。定性数据分析的方法涉及寻找模式或者主题，从中完善工作假设，确认检查或者分析反面案例，或者不支持或强化工作假设的案例。数据分析是重复的，作为实施过程以确认和探索替代性主题。通过提供有价值的细节和案例来分析定性数据的学者包括伯纳德与赖安（Bernard&Ryan，2010）、帕顿（Patton，2001）、施特劳斯与科尔宾（Strauss&Corbin，1998）和易（Yin，2009）。

当前，许多软件包对分析定性数据是有效的，包括进行文本或者内容分析的 NVivo 软件（参见 http://www.qsrinternational.com/）；专门为学校设计的 AccuLine 软件（参见 http://www.harpe.ca/Download.php）；由疾病控制中心（the Centers for Disease Control）开发的文本分析软件 AnSWR（参见 http://www.cdc.gov/hiv/soft ware/answr.htm）；还有许多其他软件包。美国评价协会网站提供了分

析定性数据软件的一个清单和简要的描述，网址为 http://www.eval.org/Resources /
QDA.htm.

## 解释数据

数据分析聚焦于组织和减少使搜集到的信息成为，主题或者统计描述和推断。
与此相反，解释意味着组织信息和使用信息来回答评价问题。分析被认为是组织
和总结信息；解释作为运用价值观、看法和概念能力来制定可支持的结论。解释
是评价的价值判断部分——阿尔金和克里斯蒂（Alkin&Christie）评价树的第三分
支，方法和使用是另外两个重要的分支或者重要的评价问题。【参见第4章中更
多有关阿尔金和克里斯蒂（Alkin&Christie）的树的内容。】

解释应当具有详细、公平和开放的调查方法的特征。任何声称"让数字自己
说话"的人要么是幼稚的，要么就是奸诈之徒。解释意味着利用数据回答评价问题。
这包括判断评价的对象和考量这些判断的含义。施万特（Schwandt，2004）认为
评价者过于强调了方法论，他主张评价的关键问题是评价判断的质量。斯塔克和
施万特（Stake&Schwandt）就质量问题写道：

> 作出质量判断建构了评价者的核心职业责任（正如作出健康和疾病的判
> 断构成了医生的核心职责，作出有罪或者无罪的判断是法官的核心职责一
> 样）。评价者肩负着质量判断的责任——得到正确结论的责任（或者至少对
> 为得到正确结论而开展的讨论作出重要的贡献），面对现实生活中存在的质
> 量的不确定性，没有硬性、快速、稳定和普遍的质量标准。（2006，p.416）

每个评价者都关注评价信息及其分析，反复研究信息，发现细微的差别并且
形成见解——没有评价者的帮助，其他人永远也不会发现的一些东西——以个人
的方式影响着评价结果。如果评价服务于某项教育功能，那么结果必须予以解释，
只有这样受众才能了解如何最优化使用或者考量它们。利害关系人能够并且应当
参与这些解释或者判断，来促进理解和使用，但是评价者最终的作用是解释结论
和形成判断。利害关系人不必雇用评价者，除非他们希望他或者她的专业技能能
够有助于形成判断或者帮助他们来完成。

***调查结果解释指南。***当然，数据分析和调查结果的解释应当与回答评价规划

中出现的评价问题相关联。这些问题代表着利害关系人的信息需求并且应当尽量使用评价结果予以回答。整体评价围绕着这些问题进行规划。在某种情况下正如我们在第13章中所指出的，评价者和利害关系人要掌握明细规范和标准来判断评价问题规定的方案的要素。在这种情况下，规定的标准才能够作为指导标准。数据或者信息如何搜集才能帮助我们回答评价问题，才能针对规范和规定的标准判断方案或方案的组成部分？解释偶尔可以相对简单。判断一所高中辍学预防方案的标准涉及完成了高中学业或仍然在校的参与者的比例。标准指明要达到70%。将获取的数据和标准与作出的判断进行比较。如果辍学预防方案的结果评估只有50%，那么显然这项方案没有达标。方案失败了吗？可能的。评价者需要考量并且与这些学生讨论证据来解释这项特定方案的实施。有人承诺在未来方案将会达到70%？如果没有这项方案很可能会有一半的学生无法完成学业，这是一个充分的结果吗？这个结果如何与其他具有类似程度和成本的方案进行比较？不难发现，即使有一个相对清晰的规范和标准，最终的解释也是困难的。

进行解释的其他因素并考虑到方案的背景以及各种利害关系群体的倾向。它们包括：

（1）确定目标是否实现；

（2）确定是否坚持法律、民主理想、规则或者道德准则；

（3）确定评估的需求是否减少了；

（4）通过成本方法、决策者或者其他利害关系人的观点或者其他途径，建构了方案的价值或参与者的成就；

（5）将结论与类似的实体或者努力所报告的内容进行比较。

但是人们如何从数据分析中走出来面对这些结论？我们的混合方法常常导致结果的冲突。这种模棱两可不应当被看作是麻烦。然而，它表明评价者关注他们最终的解释。评价者可能进一步探索数据，从其他来源寻求确认和一致性。当证据自相矛盾时，不必强制性地形成共识。对于那些模棱两可的表述可以提出替代性的解释和诚实的讨论，提出进一步的建议，重点研究问题。

***利害关系人参与。*** 其他人的投入对解释而言非常重要。对数据分析的解释不仅仅只是评价者的职责。大多数的评价者已经了解孤立地解释和总结结论通常是

不完整的实践。并且事实上，评价者只带来了众多相关观点中的一个，有时没有准备好提供有深刻见解的解释，还不如那些透过新的视野观察数据的人。与方案联系更加紧密的利害关系人掌握有价值的知识和经历，并且能够提供独到的看法。经历过方案的客户和参与者能够提供自己的理解。

事实上，利害关系人参与数据分析结论的解释有许多目的。除了有可能增加结论的有效性或者全面性，在他们更多地了解了为什么会得到这个结论时，他们的参与就能够增加他们之后对信息的使用。最后，利害关系人参与解释结论能够建构组织内部的评价能力。评价者在促进解释方面的作用有助于利害关系人了解现有的多元化的观点，帮助他们找到解决问题的方法，并且使用那些观点。

召集利害关系人开会，他们或是观点相似的利害关系人或是有分歧的群体。如果涉及许多参与者，那么评价者可以将他们分为小组讨论他们的解释并得到结论。结论可以在会议之前发给参与者以节省展示的时间，并允许他们对分析进行反思。或者给参与者相对原始的数据，例如每项调查条目回复的百分比，或开放式问题的评论流，或受到机密性保护的访谈。此外，参与者能够被要求承担分析结论的任务，回应每个评价问题。这些过程增加了分析和解释过程的透明度并向利害关系人提供了有用的技能。但是正如评价者有偏见一样，利害关系人也会有偏见。作为促进者，评价者必须帮助利害关系人依据数据得出他们的结论。【参见与琼·金（Jean King）在《评价行动（Evaluation in Action）》一书中的访谈，期间她描述了她与教师、父母和教育管理者共同推动了对学区特殊教育方案质量有关数据的解释。她作为促进者要求利害关系人利用获取的数据为得到的每项结论提供证据。】

最后，联合委员会（the Joint Committee）制定的标准（Standards，2010）为解释提供了指导：

A7 清晰的评价推断：来源于信息和对调查结果、解释、结论与判断的分析的评价推断应当是清晰的和完整的记录。

美国评价协会（AEA）的指导原则（Guiding Principle）A3 也有相关论述：

评价者应当准确地表达他们的方法并且提供充分的细节以便于其他人理解、解释和评判他们的工作……评价者应当以一种适合于情境的方式讨论这些显著影响评价调查结果的解释的价值评判、假设、理论、方法、结论和分析。

因此，通过数据搜集、分析和解释，评价者开始回答规划中最初出现的评价问题。然后下一步是考虑如何报告最后的信息，尽管读者将在下一章中看到为了最大化的使用，报告是一个正在进行的过程。

## 主要的概念和原理

1. 评价者利用多种不同的数据源和方法。资源和方法的选择取决于评价问题的性质、评价方案的背景以及对利害关系人与客户而言可靠证据的性质。

2. 评价应当考虑运用各种不同的方法来搜集信息。这些方法包括文件和记录、观察、问卷调查、访谈、焦点小组和测验。

3. 多元化的方法能够运用于提高有效性，增强理解或者启发后面的数据搜集。

4. 当需要回答感兴趣的评价问题时，使用描述性的和推断性的统计方法分析定量数据。分析定性数据适用于模式和主题。随着信息积累和新思想的出现，类别不断得以形成和修正。

5. 数据必须得到解释，从而回答评价问题以及提供证据，并且在评价中形成最终的判断。解释是基于回答每项评价问题的不同的数据源、方法和分析的集合。客户和其他利害关系人积极参与这种解释，允许出现不同的观点，从而提升解释的有效性及其使用。

## 问题讨论

1. 利害关系人和客户应当参与数据搜集、分析和解释等技术性考量的环节吗？为什么可以，或者为什么不可以？他们需要增加些什么？他们参与的优势和风险是什么？

2. 研究高中数学方案的实施，你愿意使用观察、教学日志或者学生报告来更多地了解 方案是如何实施的吗？在这个案例中，你怎样看待每种方法的优势和缺陷？如果使用混合方法，那么你会使用哪些方法？

3. 讨论搜集观测数据的优势和缺陷。考量你了解的某个方案。通过观察哪些信息可以得到有效地搜集？哪些重要的方案结果使用观察法是难以测量的？

**应用练习**

1. 根据第14章的内容检验你的工作清单。如何修正你考虑的数据搜集资源和方法？哪些方法最适合于回答每项评价问题？

2. 规划一项访谈并且和同学们一起实施，看看他们对这门课程的反应。这门课程怎样才能满足他们的需求？他们今后如何使用信息？设计访谈来回答这些问题和另外两个你自己的规划。开发在访谈中要回答的问题。此外，分别对另外3个学生进行访谈。在回答中你发现了哪些差异？你的访谈风格发生了变化吗？完善了吗？怎样完善的？访谈是回答这个问题最优的方法吗？这种方法与使用调查法或焦点小组的方法比较会怎么样？在什么情况下你会使用其中的一种方法？或者同时使用多种方法？

3. 考量你的工作场所。可能存在哪些文档或者记录对评价是有价值的？文档与记录有怎样的区别？在评估信息类型的过程中你可能会遇到哪些问题？

4. 在小群体中规划和开发一项调查来测量对你的大学的态度。首先开发要回答的调查问题。（这可以在进入一个小群体之前在一个大群体中实施，或者作为小群体练习的一部分。）此外，考量回答每个问题的条目的适当的类型。开发拟定的条目，其中包括介绍和说明。在另一个小组小规模试验你的问题，并且讨论他们的回答和解释。你如何修正工具？问卷调查是获取此项信息的最优方法吗？为什么是，或者为什么不是？

5. 你会使用哪些数据搜集的方法来回答下列问题：

（1）史密斯高中（Smith High School）教师使用的方法与去年秋季引入的时段式课程编排原则相对应吗？

（2）新的阅读课程提升了二年级学生的阅读能力吗？提升了他们的阅读兴趣吗？

（3）哪些类型的招聘策略对让父亲参与到早期开端教育计划（Early Head Start）中来是最有效的？

（4）不同的利害关系人群体——父母、学生、教师、指导顾问和教练——他们是怎么看待高中从上午9:00 —— 下午4:00 时间安排的变化的？

（5）对哈雷中学（Haley Middle School）来说在向过渡期的新移民儿童提供

帮助时，哪些策略是最有用的？

## 相关的评价标准

我们认为以下的评价标准与本章的内容相关，这些评价标准列于包括了所有评价标准的附录 A 中：

U2——关注利害关系人

U4——清晰的价值观　　　　　A1——合理的结论与决策

U6——有意义的过程和成果　　A2——有效的信息

U8——关心结果与影响　　　　A3——可靠的信息

F2——实用流程　　　　　　　A4——清晰的方案与背景描述

F3——背景的可行性　　　　　A5——信息管理

F4——资源利用　　　　　　　A6——合理的设计与分析

P1——回应与包容导向　　　　A7——清晰的评价推断

P3——人权与尊重　　　　　　A8——沟通与报告

## 案例研究

本章中涵盖了许多涉及数据收集与分析的不同的问题，我们推荐了许多读者可能会感兴趣的不同的访谈：《评价行动（Evaluation in Action）》中的第 3 章（亨利，Henry）、第 5 章（费特曼，Fetterman）、第 8 章（金，King）、第 11 章（康纳，Conner）和第 13 章（沃利斯与杜凯，Wallis&Dukay）。

在第 3 章中，亨利（Henry）讨论了他和他的顾问组如何选择许多不同的反映学校质量的指标，开发了一张学校成绩单。他们利用了现有的数据，但他讨论了他们选择的展现有效信息的方法。他也调查了乔治亚州的市民，了解他们希望了解的有关他们学校的哪些情况。最后，他讨论了他开发的视觉模式让父母和市民更易于理解数据。

在第 5 章中，费特曼（Fetterman）讨论了他使用强化课程观察来判断斯坦福大学教师教育方案（Stanford Teacher Education Program）中的教学质量。他与他的研究助理成为参与观察者，参加了每一堂课，并且通过图片与网络讨论分享了信息。

在第8章中，金（King）向利害关系人描述了她的工作，开发、分析、解释用于评价学区的特定教育方案的调查。作为促进者，金（King）允许利害关系人获取评价技能并理解多元化的解释。

在第11章中，康纳（Conner）讨论了利用利害关系人开发调查以及他有关过程的积极的观点。他也讨论了他和助理在采用观察和非正式访谈描述决策过程中的作用，决策涉及29个不同社区的社区健康问题。

在第13章中，沃利斯与杜凯（Wallis&Dukay）讨论了他们使用现有的心理测量、物理测量、测验分数、现有的数据、访谈和焦点小组来评价坦桑尼亚的一个孤儿院。访谈阐明了有关文化能力的选择，涉及选择测量、训练访谈者、实施访谈、解释数据以及在不同的文化情境中实施评价出现的许多其他问题。

## 推荐阅读书目

Denzin, N.K., &Lincoln, Y.S.(2008). *Strategies of qualitative inquiry* (3rd ed.). Thousand Oaks, CA: Sage.

Dillman, D.A., Smyth, J., &Christian, L.M.(2009). *Internet, mail, and mixed-mode surveys: The tailored design method* (3rd ed.). Hoboken, NJ: John Wiley &Sons.

Krueger, R.A., &Casey, M.A.(2009). *Focus groups: A practical guide for applied research* (4th ed.).Thousand Oaks, CA: Sage.

Patton, M.Q.(2001). *Qualitative research and evaluation methods* (3rd ed.). Thousand Oaks, CA: Sage.

Stake, R.E.(1995). *The art of case study research.* Thousand Oaks, CA: Sage.

# 第十七章 报告评价结论：最大化使用和理解

**思考问题：**

1. 针对受众的需求，在裁剪评价结论的报告中哪些考量是重要的？

2. 与利害关系人交流结论的方式有哪些？

3. 对用户而言，如何设计一份书面评价报告是最高效的？

4. 如何组织和呈现口头评价结论的报告？

5. 传播评价结论有哪些其他的方法？

在前面两章中我们讨论了评价信息的收集、分析和解释。当然这些活动本身不是目的，重要的是让评价信息有价值。显然除非这些信息被有效地交流，否则它们就不可能被高效地利用。然而，报告往往是评价者最少考虑的步骤。

在过去的10年里，评价者已经意识到仅是起草一份好的评价报告是不够的。的确，评价者逐步了解到人们努力工作提升他们的报告的质量，却仍然发现它对利害关系人、方案或者政策的影响最好的情况是可以忽略不计的，最糟糕的情况是等于零。当前，深思熟虑的评价者从一开始就考量他们的结论如何被使用并确保它们发挥作用的方法。

在本章中，我们将回顾与不同受众对结论进行交流的多种方法。这些包括了考量进行中的报告的性质及其目的，从报告的众多不同的方法中识别和选择规划报告的方法，解决特定受众的需求和特点。我们得出最终的书面报告和口头表述的讨论结果。

# 报告评价与评价报告的目的

评价者常常将考量评价报告作为最后的步骤。尽管我们把本章放在实践指南的第四部分的最后，但是评价者最好应当在项目结束之前开始报告评价。从传统意义上来讲，评价者撰写最终评价报告，这是报告的焦点——过程的结束。目前我们意识到报告是有关理解和学习的。要最大化地确保评价结论的使用，我们需要自始至终与主要的利害关系人交谈，告诉他们我们正在了解的评价，获取他们的反馈，并且了解他们对什么感到意外以及他们期待什么。报告需要与主要的目标用户进行有意义的对话，这样最终的结论才不会令他们感到意外。然而学习——他们和我们所了解的东西——会一直发生。令人感到意外的结论不会被使用。它们与目标用户的经历相矛盾，因此会因为方法论上的缺陷而被遗忘或被驳回（韦斯和布库瓦拉斯，Weiss&Bucuvalas，1980b）。通过开展与目标用户的对话，我们可以了解他们对结论的反馈并且准备未来的对话，使得对结果的交流更加高效。如果他们发现结论是令人意外的，而我们又确信这些结论是有效的，那么我们就需要更多地了解为什么结论是令人意外的，并考虑提升他们的理解力的途径。我们应当搜集附加数据吗？邀请其他人参与结论的讨论吗？在更多细节上交流结果吗？在很多情境下，如果等到项目结束以后交流结果将妨碍我们了解我们目标用户的反馈，以及考量促进他们最大化使用结果的方法。与此相似，如果将结果展现拖到最后就没有给目标用户时间来思考结果，与评价者和其他人进行对话，考量它们的有效性和潜在的使用。报告是一个不断进行的过程，需要不同的形式和反馈的方法。报告是创建理解和使用的最终形式，没有充分地交流就不可能形成。

我们注意到在第 1 章中评价有许多不同的目的，产生的信息可以有非常不同的利用价值。例如，人们通常运用形成性评价信息改进他们正在开发或者运行的方案，而终结性评价信息主要用于方案的资助者和潜在的消费者考量方案的成功与失败，并且确定方案是否要继续进行。

此外，报告也涉及考量评价的目的。在一些终结性评价中，距离遥远的受众使用结论决定方案延续或扩张时，交流可能相对较少。评价者可以向主要的受众提供临时的书面报告并且安排口头的会议，在提交最终报告之前评判结论。然而，在形成性评价中评价者经常与主要目标用户联系，并且除了在正式场合展现结论，当目标用户询问方案时也可以与他们以闲聊的方式谈论评价。

除了考虑作为评价最主要的类型——终结性的和形成性的目的以外，评价者应当考虑有关结论的许多其他潜在的目的并相应地制定他们的报告的策略。亨利和马克（Henry&Mark，2003）、裴士基和托雷斯（Preskill&Torres，1998）、赫利姆斯基（Chelimsky，2001，2001）、帕顿（Patton，2008a）和其他人都讨论过评价结果能够得以使用的一系列方法。在这些目的之中他们确定的是：

★ 证明责任；

★ 辅助决策；

★ 令问题得到其他人的关注（议题设定）；

★ 帮助利害关系人精心阐述或者提炼他们对某个问题的观点；

★ 说服他人采取行动；

★ 探索和调查问题；

★ 让利害关系人参与方案规划或者政策制定；

★ 促进对问题的理解；

★ 改变态度；

★ 改变群体之间的对话或者互动的性质；

★ 影响政策；

★ 通过评价引入那些用新方式思考的人。

评价报告服务于众多目的。然而其中至关重要的是提供信息——用促进结论的理解及其潜在使用的方式，告知适当的受众有关评价及其调查结果和结论。

# 报告的不同途径

评价者应当广泛地考量他们能够使用的报告结论的不同方法，正如我们讨论的面向受众报告的方法应当经过裁剪。最有效的捕捉那些受众的注意力和兴趣点并激发他们的理解和使用结论的方法常常显著不同。托雷斯、裴士基和皮昂特克（Torres，Preskill，&Piontek，2005）主张如果结论以更加互动的方式得到交流，那么就可以增进了解——这些方式是鼓励受众分享他们的回应，并且积极地思考这些结论。此外，当然是评价者更多地了解他们的回应。在图17.1中，我们呈现了他们进行交流和报告的清单的可能的形式，并且基于互动的水平进行了分类。其中很多形式都是传统的，例如临时的和最终的报告，但是对许多受众来说是有效的。其他形式被频繁地使用并且许多受众应当予以考虑。它们包括时事通讯、公告和手册；宣传海报；发布在网站上的视频演示。清单也强调了在使用中可能被我们忽略了的形式，例如工作会议、个人讨论和电话会议。最后，使用照片、卡通、诗歌和戏剧的形式能够捕捉住特定受众的关注和兴趣并且激发他们的理解。

| 最少 | 可能 | 最多 |
| --- | --- | --- |
| 互动 | 互动 | 互动 |
| ★ 简短的书面交流<br>—备忘录和电子邮件<br>—明信片<br>★ 临时报告<br>★ 最终报告<br>★ 执行概要<br>★ 时事通讯、公告、摘要、手册<br>★ 新闻媒体沟通<br>★ 网站沟通 | ★ 口头演示<br>—演示文稿展示和幻灯片<br>—活动挂图<br>★ 视频演示<br>★ 宣传海报<br>★ 照片<br>★ 卡通<br>★ 诗歌<br>★ 戏剧 | ★ 工作会议<br>★ 同步电子沟通<br>—聊天室<br>—电话会议<br>—视频会议<br>—网络会议<br>★ 个人讨论 |

**图17.1　基于与受众互动的程度形成的交流和报告的形式**

资料来源：托雷斯、裴士基和皮昂特克（Torres，Preskill&Piontek，2005）著，《交流和报告的评价策略：提升组织学习》。版权属于塞奇出版社（Sage Publications，2005）。再版经过塞奇出版社授权。

# 规划评价报告的重要因素

除了目的之外，考量评价报告的要素还包括：

★ 精确度、平衡性和公平性；

★ 信息的受众；

★ 信息应当被接受之时或者最适当的时机；

★ 高效的沟通模式；

★ 写作风格；

★ 报告的首次出现；

★ 信息的敏感度；

★ 被交流的信息的性质（积极的、负面的、中立的）。

我们将讨论在这里出现的每项问题，并在本章的后面部分提出解决其中一些问题的更多细节。

## 精确度、平衡性和公平性

不言而喻，评价报告不应当是不公平的、不平衡的或者不精确的。然而，事实总是难以捉摸的，即使是最审慎的评价者也很难看到信息不会在呈现时被有意地或者是无意地扭曲。正如联合委员会（the Joint Committee，1994）所述："所有的行为、公开的声明和评价书面报告（应当）严格地遵循直接的、开放的和完整的准则。"（p.109）与此类似，评价者必须意识到他们的偏见，并且减少他们对信息展示的影响，假设方案负责人对评价者是粗鲁的或常常是难以沟通的。这些事实不应当影响评价报告中的判断和言辞，当然，除非方案负责人也冒犯了其他人，从而对方案产生了负面的影响。报告中的公平性是职业评价者的标志。

最后，每个故事都有两面或更多。至关重要的是合理的立场应当以一种平衡方式予以报告。没有评价者会完全摒弃偏见，但在报告中应当竭力控制这种偏见。联合委员会表明了对这个问题的关注，提出了以下有关精确度的标准：

A8：交流和报告。评价交流应当有适当的范围并且防止误解、偏见、扭曲和错误。

美国评价协会（the American Evaluation Association）的指导原则（Guiding Principles）提出了相关指导。他们认为评价者应当：

A3：精准地交流评价的方法、途径和局限，并提出充分的细节供其他人理解、解释和评判他们的工作……

C5：精准地描述他们的步骤、数据和调查结果，并且尽力阻止或者修正其他人对他们的工作的错误使用……

D4：以尊重利害关系人的尊严和价值的方式实施评价和交流评价结论……

E3：允许利害关系人了解并且积极传播评价信息，使用易于理解的方式呈现评价结论，并且尊重他人，信守保密承诺。（http://www.eval.org/Publications/Guiding Principles.asp）

## 裁剪向他们的受众提交的报告

在第12章中，我们讨论了确定众多评价利害关系人和受众的重要性，提出了实施步骤的建议。一项评价报告如果没有关于受众以及受众可能会提出的有关调查结果的问题类型的清晰定义，就不可能锁定目标。在确定受众之前撰写评价报告，就好比是蒙住眼睛开枪一样，在子弹高速运行的轨道上匆匆画了一个靶心。正如李和霍利（Lee&Holly，1978）指出的，确定你的受众是一个显而易见又被过度强调的陈词滥调，但又是一个常常被忽视的步骤。他们引用了一些常见的对评价报告具有特殊意义的错误：

> 大多数评价有众多受众。不确定所有受众是一个常见的错误。一个被忽视的受众有时会表现得很暴躁，并且在某些情况下造成大量令人意外的混乱。特别是那些需要特定信息但是根本无法取得的受众，就会决定忽视一些可能的重要的信息……

> 你在确定受众时有可能犯的另一个错误是过于宽泛或者过于狭隘地确定受众。例如，评价者认为家长委员会是一个评价的受众，而实际受众是委员会的主席。（他是群体中受人尊敬的意见领袖，并总是能够确定委员会在任何问题上将要采取的行动。）因此，评价者面向委员会的大部分宣传工作应当就评价信息的有效性和含义，告知和说服主席。（p.2）

不同的受众有着不同的信息需求。信息接收者掌握的有价值的知识能够帮助评价者形成有效的沟通。我们建议为所有的相关利害关系人完成一个受众分析。这种分析涉及确定每个受众应当接受哪些信息，或对于接受哪些信息感兴趣、受众的价值观以及传播这些信息最优的形式或者方法。

例如，方法论导向的利害关系人、受众或同事将对一份完整的、详细的涉及数据收集的步骤、分析技巧以及包括类似内容的报告感兴趣。但对典型的决策者、管理者、客户或者公共利益集团却并不是这样。无论是校监还是医院员工都不会对费力地了解一项评价方法论感兴趣。这些受众没有必要分享评价者所掌握或者感兴趣的技术细节。提交给这些群体的报告应当被裁剪，以便他们感兴趣的信息被清晰地传达并在某种程度上建构信任。信息、语言和技术细节的程度对受众而言应当是适当的。

**裁剪针对受众的报告的内容、格式和风格**。因为不同的背景、兴趣、偏好和动机，接受和使用评价报告的人都在寻求不同的东西。一点反思和与受众的一些对话都能够帮助评价者确定每个群体感兴趣的信息。这些行动开始于你对受众的分析，特别是在会议和个人交往中观察每个受众感兴趣的是什么。

尽管每项评价和每个利害关系人的信息需求都不同，但是通常方案的管理者和员工感兴趣的是有关方案的运转、产量和结果的最详尽的细节。他们非常了解方案并希望完善方案。处于方案上游的利害关系人——同一个组织内的管理者，例如，组织外部的资助者或者决策者可能就与方案相关的问题进行投票——通常对有关结果和影响的信息感兴趣，尽管这些受众感兴趣的是对方案满意的客户、父母以及市民。利害关系人的最后一个重要的类别，接受服务的人和他们的家庭感兴趣的是方案的成功，但通常情况下他们比那些监督方案的人更少关注细节。对方案或者方案的整体情况（客户或者学生的家庭成员）不熟悉的人也对简单的方案描述感兴趣。（这里有一个地方可以用图片传递方案。）最后，实施类似方案或者以其他方式为客户提供服务的受众感兴趣的，可能是更多细节上有关对方案成果总结的描述。当然，这些建议是一般意义上的，只是为了让读者了解受众的信息需求和兴趣究竟有何不同。

除了包括对每个受众都很重要的特定内容之外，评价者也必须考虑受众理解和接受评价报告的差异。某个群体可能会从某些可靠的和有价值的信息中得到一些推论，然而另一个群体可能对同样的结论嗤之以鼻（无论多么"科学"合理）。在评价一所学校的方案中，学生和教师的评价对一些受众而言可能是最有说服力的信息，然而，其他人可能更关注学生测验成绩的统计摘要。评价者也必须顾及不同受众进行判断的标准和他们用来确定评价对象成功或者失败的标准。对每个群体而言达到什么水平的成就才能称之为成功？

托雷斯、裴士基和皮昂特克（Torres，Preskill，&Piontek，2005）讨论了一些重要的方法，受众在选择传递信息的方式和制定沟通策略时有所不同。这些特征包括：

★ 易于获取；

★ 阅读能力；

★ 熟悉方案或者评价；

★ 对方案的态度和感兴趣的程度；

★ 在决策过程中的作用；

★ 熟悉通用的研究和评价方法；

★ 对评价的态度和感兴趣的程度；

★ 使用评价调查结果的经历（p.17）。

当然，最易于接近的受众是评价者常常见到的，或者至少是偶尔能见到的，那些群体或者个人。对于内部评价者或者与方案密切联系的外部评价者而言，管理者或者员工传递方案可能非常容易。在这种情况下，私下的交谈和工作会议提供了进行频繁交流的不错的场合。难以接近的受众，包括上游受众和客户的家人需要以其他方式进行联系。评价者可以与父母就一个学校通讯项目评价交流调查结果，并与家长、教师和学生协会（Parent Teacher Student Association，PTSA）或者其他父母群体进行交谈。上游受众作为目标用户可能担任了某个顾问委员会的职务并用这种方式了解结论。顾问委员会成员成为评价中重要的、向他们代表的群体或者个人传播评价信息及其结论的渠道。要鼓励他们这么去做。向他们提供总结或者演示文稿，当然还有志愿者与他们交谈。但要考虑当由群体的代表或评价者提交最优结论时，他们是否会接受。每个结论都有优势，但是这取决于情境、群体的性质及其代表性（如何准确地描述结论？），还有评价者（结论将如何审慎地和适当地传递给群体？）

**使用技术**。随着电子邮件的出现和互联网的普遍使用，评价报告增加了一种全新的维度。大多数评价报告发布在组织的网站上并且这类公共访问受到鼓励。但是报告应当开发这样的访问权限。例如，互联网及其技术能够用于将图片或者视频进行整合，这样能够提高理解和激发兴趣。发布不同的版本（长度和主题），允许用户开放他们感兴趣的版本。

　　今天的博客、推特和交流的其他电子方法提供了富于创造性的与其他人交流信息和建构对话的方法。电子邮件明显的优势包括它可以实现即时地和频繁地在个人之间或者群体成员之间的交流。它的持续对话的能力及其灵活性使它成为一个主要媒介，不仅适用于常规的评价报告特别是中期报告和最终报告的初稿，而且适用于非典型的报告。例如，评价者能够发送初步的调查结果和结论给客户，并要求他们及时反馈。因此，客户能够参与到评价结论将如何使用的决定。谷歌网站能够用于为咨询委员会成员、评价团队成员或主要的目标用户开发网站，分享评价信息。大卫·费特曼（费特曼、菲茨帕特里克和费特曼，Fetterman，2001；Fitzpatrick&Fetterman，2000）已经使用互联网分享信息，（现场记录、图片、定量数据）让评价团队的成员更新评价调查结果并保持成员之间的对话，涉及他们的活动、发现和解释。他在互联网上发布了评价网站的幻灯片，以便与他的评价调查结果相关的任何用户都能够获取有关研究设置和背景的图片。

　　***受众能够帮助裁剪报告以适应他们的需求。***帕顿（Patton，2008a）指出，如果评价者与主要的用户讨论和协商形式、风格和组织的报告，那么评价数据就会被更多地使用。布林克霍夫（Brinkerhoff）和他的同事（1983）建议受众阐明需要的信息、需要的日期和有价值的呈现或者图形。我们常常与客户分享模拟的图表（在数据出现之前），把他们的注意力聚焦于他们将得到的信息以及这些信息可能如何呈现。于是客户开始理解这个过程，并且对潜在的不同形式予以回答。

　　正如我们在本章开始时阐明的，报告是一个持续的策略。目前当许多评价者致力于让主要目标用户和其他利害关系人参与时，持续交流是促进他们的理解、兴趣和结论所有权归属的方法。与此同时，评价者能够从利害关系人那里了解到更多有关如何与其他像他们一样的人或者他们熟悉的受众来交流结论。

## 评价报告的时机

　　当评价报告的目的和受众发生改变时，报告的时机会是什么？形成性评价报告旨在为方案管理者提供一项正在开发的试点方案所需的改进，这显然不能在方案完成之后递交（尽管这可能适合于面向方案的赞助者或者监管机构的终结性评价）。一项评价报告涉及的范围是有限的，它可能甚至只是草稿的形式，但是这只能在相关决策之前呈现，而在作出决策之后递交的最好是一份精心打磨的、全面的报告。起到早期预警作用的非正式的口头简报要比正式但迟到的报告好。时效性是评价的关键。

通常情况下评价调查结果的时间安排必须以研究的作用为指导。例如，早期的报告在形成性评价中比在终结性研究中更加常见。但是认为终结性报告仅限于正式场合，书面报告仅出现在研究结论中是错误的。的确，过于拘谨会降低评价调查结果被使用的可能性，因为评价的主要受众通常不会花时间研究一份报告。更高级别的管理者和决策者常常仅仅是从他们的员工或者阅读过报告的其他人那里听说评价调查结果，并且从中提炼出他们感兴趣的消息。评价者希望他们的消息被管理者听到应当依靠非正式的中期报告，采用以下这些非印刷品的策略：

★ 围绕提供管理者需要的信息；

★ 告诉那些管理者信赖的人；

★ 运用案例、故事和轶事的方式来制造简洁的而又难忘的要点；

★ 使用受众的表达方式并且反复但是简练地陈述。

这些建议与卡曾斯和斯伍德（Cousins&Leithwood，1986）的报告是一致的，评价结论的使用被提升是通过持续交流和 / 或者因为评价者和决策之间离得较近提供的方便。

***中期报告的时间安排。*** 贯穿于整个评价的规划和实施，评价者应当安排时间与利害关系人会面来分享结论，寻求互动。记住一般情况下利害关系人最有可能使用符合自己看法的调查结果（韦斯和布库瓦拉斯，Weiss&Bucuvalas，1980a）。当调查结果违背了潜在用户的观念或者价值观时，有关讨论中期调查结果的定期的常规会议将有助于他们为最终的结论作好准备。这类会议提供了一系列机会，探索他们对调查结果的看法、改变态度、增加评价的可信度以及最后——评价者提升评价的影响力。

报告能够安排在评价（例如，访谈的结论、测验中数据分析的实施）或方案（例如，预算周期、学期或方案周期即将结束），或者与客户或利害关系人的常规会议相对应的定期会议（例如，家长、教师和学生协会会议，员工会议）的重要阶段。

内部评价者有优势，当结论可能有价值时他们就会出现或者了解情况，但是所有评价者都应当对这样的场合保持警觉。

**计划之外的中期报告。**对中期报告的需求并不总是可以提前预料到的。无论对中期报告的安排有多么地审慎，有用的评价信息应当被分享的情况仍然会出现几次。例如，在形成性评价中评价者可能会发现一个重要的问题或者障碍。例如，他可能会发现旨在训练联邦肉类检验员的一次实验方案中使用的视频监视器对第三排以外的受训者来说太小了，以至于看不到可能存在的关键性的污染指标。隐瞒这些信息直到下一次计划好的中期报告是一种严重的伤害，这有可能是几个星期之后并且提交意料之中的消息，大多数新一代的肉类检验员似乎并没有从为公共健康服务的实验方案中学到太多东西。能够提供帮助的评价者将在突发事件或者结论出现的任何时候递交计划外的中期报告。当然，计划之外的评价信息的分享不受形成性评价的局限；正如之前所提及的，终结性评价者希望看到管理者使用他们的结论并且学会非正式地和频繁地分享新出现的评价结论。

**最终报告。**我们对最终报告都很熟悉，因此在这里不需要作进一步的评论，要重复的就是：（1）它们可能是增值的（例如，发布一项初步的最终报告代表着利害关系人的评价和反馈，接下来是后面的最终报告）；（2）根据客户的要求，它们不需要书面的形式。因为尽管大多数的客户仍然需要一份书面的最终报告，然而，我们在后面的部分会对这个主题进行研究。

## 交流和说服的策略

书面评价报告几乎与撰写它们的人一样不同，但是绝大多数具有一个共同的特征：它们制造了枯燥乏味的阅读。的确，它们的多样性似乎只受到令书面信息变得无聊的方法的数量的限制。许多人都知道马克·吐温在某本书中诙谐的描述："打印氯仿。"人们有时会感到惊讶，如此可怕的沉闷反映了有目的地对读者的妨碍。不是所有的评价报告都是可怕的。有时报告既有趣又有益，既有启发作用又令人愉快，既全面又有魅力。但是这种情况就像宝石一样罕见。

在评价的所有策略中交流发挥了重要的作用。如果评价者要理解一项评价的起源和背景，引出评价的问题和源于利害关系人的标准，就评价规划与客户达成协议，处理评价研究中政治的和人际的关系、在数据收集过程中保持融洽的关系和礼仪等等，那么好的交流就是重要的。但是在报告的过程中没有什么比清晰地交流更加重要了。沟通的质量将确定评价者的消息是清晰的还是混乱的，是有趣的还是无聊的，是建设性的还是破坏性的，是可靠的还是不可靠的。评价者正在就一些非常重要的事项向大多数利害关系人提供信息——他们有利害关系的和他们信任的事项。因此，评价者必须对人们的观点和风格保持敏感，并且考虑沟通的方式，有助于获取利益、理解、信任和结论的使用。

从广义上来解释沟通，它可能被认为是一个人用来告知另一个人信息的所有步骤。呈现不能够被理解的信息是简单而糟糕的沟通（无论信息有多么地正确）。向不理解统计学的受众呈现统计总结就是糟糕的沟通（或者是非沟通），而无论精通统计学的受众是否会接收到相同的信息。在真正文字精美的和博学的散文中总结大量的定性的数据，而受众是由受教育水平相对较低的利害关系人组成，并且他们的词汇和阅读能力都远低于总结中运用到的内容时，这么做同样是愚蠢的。

好的交流者会鼓励评价者像讲故事一样展示结论。豪斯（House，1980）认为：

每项评价必须有一个最低程度的连贯性。最小连贯性就是评价能够讲故事……

至少有两个讲故事的常规途径。一个是将评价者作为中立的、科学的观察者。在这种情况下，故事线是含蓄的。它是这样进行的："我是一个独立并且中立的观察者，依据科学事实来进行测量并且发现某些事情是这样的。方案正如我描述的这样实施并且我发现了以下的结果……"故事线通常推断"方案被实施，结果是这样的。"真实的描述常常是较少的……通常的陈述是描述项目或者项目的目标、治疗方案、结论或者效果以及总结。

讲故事的第二种方法是让评价者距离方案更近一步，反映叙述者的"声音"并且通过描述事件的细节来讲故事。为此，评价者能够使用富于感情色彩的语言和叙事的表现方式。这个故事看起来像报纸中的报道。（pp.102-103）

评价中讲故事的重要性不能被过分强调。要考虑什么样的讲故事的风格或者沟通的方式最能够说服每个受众。一些受众可能习惯于干巴巴的专业展示，并认为一个更有激情的展示会降低信息的可靠性。当然，许多人都认为后一种叙述性的故事因为吸引了他们的兴趣和提升了他们的理解而更引人入胜，更令他们惊喜。

无论使用哪种策略，评价者都要煞费苦心地去考虑哪些消息是以及什么是他们希望每个受众去了解和沟通的那些信息，并用一种吸引受众的方式来实现，同时又最有可能达到学习效果。

## 技术性的写作风格

没有什么比阅读枯燥乏味、不必要的纠结、不精确的和有时候甚至是麻烦和笨拙的表述更令人无聊的了。参见《我们究竟想说什么（What We Mean）？》如果我们简单地说难道不是更好吗？"难道还有什么比阅读复杂的资料更无聊吗？"

我们提出了一些提升评价报告写作风格的规则：

★ 避免专业术语。然而，如果用户使用了特定术语，那么利用他们的术语清晰地和准确地予以解释是非常重要的。

★ 使用简洁、直接的语言。弄清楚语言的水平是适合受众的，不要闲聊。

★ 使用案例、轶事和图例。不要忘记图片抵得上一千句话——不要轻率地询问为什么我们在这里没有使用图例。

★ 使用正确的语法和标点符号。拼写也应当适合于使用报告的国家。

★ 避免参考笔记的杂乱叙述。是的，我们知道我们所做的不是评价报告，而只是一本教材和参考书，并且你也不是典型的评价受众。

★ 使用有趣的语言，而不是无趣的表达。

## 报告的形式

做一些自由式反应研究来确定当人们听到"评价报告"时，闯入他们头脑中的第一个描述性词汇究竟会是什么？我们无法预测最常见的回答，但如果它们包括有吸引力的、好看的或者视觉效果好的，我们会非常惊讶。从历史上来看，评价者关注美学就好比税收者具有同情心一样常见。许多评价者全神贯注于报告都说了些什么，而不是信息被包装得有多么吸引人。

然而，形式真的非常重要，因为它常常影响文件将如何（或者是否）被阅读。市场分析员和广告专员向使用他们产品的评价者提供大量有价值的信息（例如，一般的管理员要花多少时间从他们邮箱中的收件箱中传送大多数邮件，或者删除文件或者删除较长的消息或者附件。）

大约10年之前，许多评价者都还不愿意接受采用了光鲜和华丽的视觉技巧的广告。而现在大多数的评价者都关注他们的报告的封面是否具有吸引力和内容的吸引力。许多评价者常常为他们不同的公众制作高品质的评价手册和报告。很多源于市场、商业美术和出版领域的知识被精巧地运用于让评价报告在视觉上更有吸引力和可读性。

考虑到利用专业印刷机构能够在印制、装订、封面、色彩等方面为印制报告和手册提供建议。在质量和数量上的预算。不要觉得需要延续学术出版的风格，你的受众不是学者。（除非你的评价在期刊类出版物发表。这是让专业受众了解的最好方法。）然而，自由使用空间和标题、字体和字号生成看起来是有组织的、整洁的和专业的报告——读者很容易找到某些章节或信息。现在一种几近无穷尽的计算机软件包让有艺术缺憾的评价开发出有吸引力和成熟的图表和美术作品。家用出版软件、"画笔软件"方案和廉价的彩色打印机带来的这些变化令评价者没有理由再制作枯燥的和无趣的报告。

视觉展示应当用于评价报告的任何地方，只要它们有助于讲（或者更好的是展示）故事。使用图片、卡通和其他插图来阐明方案的行动或概念。谨慎地使用颜色能够使评价报告更加有吸引力，也具有更多功能。当执行概要作为第一部分出现在评价报告中时，用彩色纸张打印。这不仅使报告具备了视觉上的吸引力，也引起了人们对总结的关注并且便于读者以后能够找到它。但考虑用另一种颜色来打印附录。转变颜色或者将在报告中占主体的白色与其他颜色进行组合来提升整体的视觉效果是很容易实现的。使用美术设计者和/或网页设计者来制作报告的封面和手册，并且与出版的执行概要分开。显然不是所有的书面评价报告都准备和印制封面。一个已经打字和装订妥当的封面可以用于许多形成性评价研究中，也有可能是一些终结性评价研究，但是更具有吸引力的报告封面会吸引读者，并且表明评价者仔细考量了包含在报告中的信息，这是一个专业的展示。

## 在报告评价调查结果中的人性的和人道的考量

许多评价者越来越关注准备和展示他们的消息，以至于忘记了这些消息带来的影响。如果评价报告标识美国海岸警卫队（U.S. Coast Guard）新晋军官的训练课程为考虑不周并且实施力度不够，那么课程的设计者和执行方案的训练者个人（可能是职业声誉）不可能安然无恙。这并不意味着事实应当被化解来保护个人的感情，但是应当尽可能地进行审慎地、敏锐地和专业地交流。除了明显的出于保护那些评价可能会影响到的人的权利和敏感性等理想化的原因，也有一些明显（如果你仔细考虑一下）出于实用主义考量的原因。例如，在许多评价中，结论直接向对方案的规划或运转负责的人报告。那些太聪明而没有告诉母亲她的孩子长得丑的评价者却可能会不得体地告诉管理者和员工他们花了 3 年时间实施的方案是一场灾难。这并不奇怪，方案的实践者可能运用他们有限的聪明才智来寻找贬损评价和评价者的方法。消息被使用的可能就会无法挽回地失去。

评价者必须采取适当的步骤保护评价涉及的所有人的权利和敏感性。对职业评价者而言，这意味着原始的技术性事实必须基于敏感性和信任的角度来讲述。在这个部分我们提出建议：（1）传递负面消息并且；（2）向受到影响的人提供机会，在报告最终发布之前审阅报告的草案（和修改建议）。

## 传递负面消息

过去向国王传递消息的信使的生活都充满了风险。如果是坏消息，那么信使可能会失去他的舌头——或者甚至是他的头颅。现今不良评价信息的传递者仍然会发现他们自己受到猛烈抨击（尽管采用了稍微礼貌的方式）。

有时，评价客户（或者参与评价的其他人）对任何批评或者瑕疵非常敏感，负面的调查结果如何被报道得无关紧要——反应仍然是自我保护性的。但我们越来越多地观察到自我保护性的反应因为负面结论被转递的方式而有所加剧。

评价者从方案的优势开始是有益的。（那些声称他们找不到报告的任何优势的人，我们认为他们不是很彻底或者有洞察力的，甚至是在最糟糕的方案中人们通常能够对这些员工的努力、奉献和勤奋地工作进行真诚地评价。）我们也推荐由万·默凡斯（Van Mondfrans，1985）提出的以下的步骤，旨在帮助那些参与评价的人吞下苦果：

1. 口头汇报评价主要事件在哪里被审阅以及重要的调查结果在哪里被预览，负面信息尽可能在积极的背景中予以陈述。客户在相对友好的情境中以口头形式接受负面信息可能更加容易。

2. 一个初步的书面报告被呈现时负面信息被以一种简单而实际的方式予以描述，但是要尽可能积极地看待问题。通常初步的报告被讨论后进行个人的访问并且如果信息被认为是不公正的，那么客户允许提出更改。如果在初步的报告中需要进行改变，那么它们不应当掩盖负面信息或者允许这些信息被曲解；然而，在讨论这些负面信息时客户会在初步报告完成时提出评价者不了解的其他因素。这些因素与负面信息并存并且包括在最终报告中，从而可以进行更好地解释。

3. 最终书面报告中的负面信息被准确和全面地呈现。客户最好准备好处理有机会进行多次审查的负面信息，考量其他相关因素并且将它们呈现给评价者。如果它们对解释负面信息有益，那么评价者有机会审查其他要素并且将它们包含在报告中。（pp.3-4）

本蔻斯克（Benkofske，1994）也提出了让利害关系人接受有关他们的方案的绩效的负面调查结果的方法。在她看来，从定性数据中提炼出负面调查结果尤其重要。她报告说大多数她的客户听说了大量的有关定性数据的益处，他们不恰当地期望利用这些数据对他们的方案进行热烈的描述。因此，她发现如果定性数据证明是负面的，那么就要尽早与客户讨论他们究竟要做些什么。她认为：

> 客户都认为他们的方案需要进行定性研究。然而我发现如果定性数据不是积极的，那么利害关系人需要为评价结论作好准备。这是我个人的经验之谈，定性数据是会产生伤害的；参看引用材料的打印页，材料生动地描述了方案中的细节问题，这是非常痛苦的。当定性的数据是积极的数据时，它能够“点亮描述”；而当它是负面的数据时，它会造成深深地伤害。（本蔻斯克，Benkofske，1994，p.2）

那么，面对负面的调查结果人们如何为客户作好准备呢？

1. 从一开始就为客户准备好一些令人沮丧的调查结果。在会谈早期为所有的评价找到一些成功的和失败的结果。几乎没有方案能够达成所有预期的目标。这一点要经常提醒关键的利害关系人。

2. 让关键的利害关系人迅速了解负面的调查结果。当评价者遇到令人惊奇的和具有代表性的负面结果时，尽快向关键利害关系人提及，一般的方式例如："有一些面试令我非常惊奇。人们并不像我们认为得那样真正地在寻找工作。" 观察他们的反应。然后，利用工作会议与个别利害关系人或者与利害关系人群体讨论结论。寻求他们的解释，如果是形成性的，那么就讨论潜在的解决方案。

3. 倾听利害关系人对数据精度的关切或者问题。当数据、方法论或者解释存在疑问时，评价者应当与他们期望受众采用评价结论的态度一样，严肃地对待这些问题。评价者应当用其他方法回头检验这些数据或者考虑收集额外的数据，不同的类型或者不同的来源，尽力从不同的来源对调查结果进行三角测量并提升有效性。这种行动在评价和评价者当中应当获取相关受众的信任。评价者提供了一个角色模型，为他或者她期望客户表现的行为：质疑、寻求真相、面对失败、学习和寻找不断完善的方法。

4. 考量源于令人沮丧的调查结果的行动。当客户接受了负面的调查结果时，评价者应当讨论向其他人展示口头报告和最终报告中的信息的方法，如果目标是形成性的，也要展示在这些有问题的领域进一步完善方案的方法。正如我们已经提及的，不是所有的信息都必须面向每一个受众。受众的分析有助于评价者考量谁需要了解些什么。因此，一些负面的信息及其细节只需要面向有限的受众。

5. 允许客户审查，甚至提出有关向其他人呈现负面调查结果的方法的建议。评价者应当维持报告的精准度，但是应当平衡沟通这些调查结果的方法与沟通的方式，这将提升或者阻碍结论的使用。如果目标用户是相关的客户，并且最终证明了他们对变化的调查结果和建议作出了响应，那么他们与其他人沟通结果的投入是受欢迎的。如果目标用户是一个不同的受众——不是参与最密切的利害关系人——评价者必须开始用之前讨论过的方式与这个利害关系人沟通调查结果。

***提供审查报告的机会。***只有最自大的评价者会假设他们的工作和展示的报告在所有方面都是完全准确和公正的。小的事实错误也会导致判断和结论中重大的错误。解释会忽视评价者没有重视到的背景因素，这是不正确的。评价者的偏见会悄无声息地通过评价者潜入评价叙述中。

基于所有这些原因，我们强烈主张评价者向客户和其他关键利害关系人传播评价报告的草案，要求他们进行评论并指出（在适当的地方予以修正）在措辞、事实的错误等方面的问题，或者在最终的解释或判断中的错误。

评论者应当不仅要质疑他们察觉到的任何错误，也要提供替代性事实的证据或者他们提出的解释。需要提醒评论者，评价者没有义务接受他们的建议（旨在不允许客户按照他们所希望的方式重新撰写报告），但只是给予这些建议严肃地考量。评价者保留忽视建议的权利以及仅作出必要的改变。（这些问题——评价者涉及最终报告的措辞的权利，利害关系人或客户涉及投入的权利——应当在更早的评价签约阶段予以澄清。参见第14章中评价协议和合同以及管理评价。）

一份报告的初步草案的流通能够增加详尽地阅读报告的人数，共同分担报告准确性的责任是一个很好的激励因素。一些人担心草案的使用会降低人们对最终报告的兴趣。比现实的可能性更让我们担心的是许多没有被要求评论草案的关键人物可能永远不会阅读报告。正如我们所说的，最终报告对于主要目标用户或者利害关系人而言应当不是意外。他们应当已经从评价者那里了解了报告中的信息并熟知了相关的细节。

假使评价者拒绝接受报告提议的改变，但评论者坚持主张报告是不准确的、具有误导性的或者不公正的，将会怎么样呢？简单。邀请评论者分享这个观点，采取书面的形式并将它作为一个少数派的报告。我们认为允许评论者谈及他们的反驳意见、答辩或者相反的评论是没有问题的。如果评价者的数据收集、分析、解释、判断和结论具有坚实的基础，那么他们就不应当受到诽谤的伤害。但如果他们是不可靠的，并且不能承受这些挑战，那么他们就应当受到挑战。

# 书面报告的关键部分

没有最好的概述或者建议的目录适合于所有的书面报告。评价的角色、目标和背景太过于多样化而不允许这样做。每一份报告都包含了独有的特质并且报告必须被裁剪以反映出这种特质。

然而，有一些重要的条款应当被纳入几乎每一份书面评价（至少每一份正式的、最终评价报告，如果合适的话还有中期报告）。这些条款是大多数好的书面评价报告的核心。

考虑到外部受众，我们认为必须更多地关心预期的正式报告的形式。然而，我们认为以下的大纲也适用于其他情况并且在评价者准备任何书面评价报告时，可以考虑把它作为一个启发式的检查表。

一份书面的、全面的技术性评价报告主要包括以下通用的目录表中所列出的部分。

1. 执行概要

2. 报告的简介

（1）评价的目的；

（2）评价报告的受众；

（3）评价的局限；

（4）报告内容的综述。

3. 评价的重点

（1）评价目的的描述；

（2）用于聚焦研究的评价问题；

（3）完成评价所需的信息。

4. 评价规划和步骤的简要概述

5. 评价结论的展示

（1）评价调查结果的总结；

（2）评价调查结果的解释。

6. 结论和建议

（1）用于判断评价目标的标准和规范；

（2）判断评价目标（优势和缺陷）；

（3）建议。

7. 少数派报告或者反驳

8. 附录

（1）评价规划／设计、工具和数据分析以及解释；

（2）详细的表格或者定量数据的分析以及定性数据的记录或者总结；

（3）其他必要的信息。

针对这些主要的部分及其后面的内容进行简要的讨论。

## 执行概要

许多评价报告的一个特征令它们看起来很可怕，这就是它们的组织。它常常需要一个繁忙的读者从一份强制性的详细的报告中搜索出研究为什么实施以及如何实施，并且它产生了哪些重要的信息。有时一份重要信息的简要的总结被夹在了调查结果的展示和附录之间，但是读者常常被留下来为他们自己筛选出信息中最有价值的金块。

大多数评价受众没有（或者不会花费）必要的时间或者精力阅读一份载满了表格式信息或者描述性细节的厚厚的报告。因此，在以下的形式中提供一个简要的执行概要是很有意义的。

*报告中的执行概要*。对大多数评价研究而言，一个执行概要最好包含在报告之内，最好就在前面，这样当报告被打开时它就成为忙碌的管理者或者提供者最先看到的部分。我们也建议将执行概要使用不同颜色的纸张打印出来从而吸引注意力。这份总结通常在两张或者四张纸的长度，取决于评价的范围和复杂度。除了有关研究目的非常简要的描述以外，简要地描述数据是如何获取的（例如："数据是通过向机构雇员邮寄调查问卷以及与机构管理者进行的焦点小组访谈来收集"），总结应当包括最重要的调查结果、判断和建议——可能通过简单的问答形式来组织或者按照调查结果或建议进行编号。如果评价报告篇幅很大并且关注的兴趣点是广泛的，那么把一个单独绑定的执行概要分散到我们刚刚描述的所有其他类似的方面，有时是更加经济的。

*执行摘要*。伴随大量的评价受众出现，将执行概要压缩成1-2页的摘要是很有必要的，摘要只包括重要的调查结果和建议，而不需要任何支撑文件。这类摘要在向大型立法机构、父母、市民、社区领导者、专业协会的成员以及类似的人群交流评价结论时通常是有价值的。

一项对有争议的方案进行的涉及全州范围的评价，它是由本教材的作者之一实施的，准备了三个相互关联的书面评价报告：（1）一份大型的详细的技术报告，包括了大多数前面的提纲要求的信息；（2）一份中型的概要包括了基于数据得来的重要的解释和判断；（3）一份简要的执行概要，包括了研究目的、调查结果和结论。这三种报告的可用性在报纸上和电话上都进行了广泛地报道。读者数量是根据要求拷贝或者检查的人数来估算的，在若干可供使用的存储库中。将近有400人阅读了执行概要，40人阅读了中等篇幅的解释性报告，只有1人要求阅读完整的报告（他是一位方法论专家，受雇于评价对手来检验他是否能够发现其中的错误）。正如这些结论表明的，更简短的报告常常得到最广泛的传播。

## 报告的简介

不管执行概要在报告中占有多么突出的位置，它只是一个简单的摘要，而不是一个简介。一个适当的简介将通过概括报告用来服务的评价和受众的基本目的，从而为报告剩余的部分奠定基础。例如，它的目的是向立法预算分析师提供信息，他们将为教师绩效评价的新形式的未来资金提出建议吗？或者是在现场测验中，记录了中央城实施的州教师评价方案的绩效吗？受众是州议会，他们在州立教育部门开发方案，管理者和员工在各个学区操作方案或者只是中央城的员工吗？

一种确保报告具有相关性的好方法是详尽地描述评价的基本原理。基本原理应当用来解决以下这些问题：评价为什么实施？评价旨在实施什么？评价旨在回答哪些问题？评价为什么使用这种方法来实施？一旦信息被提供，受众就能够通过询问每个问题被回答得怎么样来确定报告是否具有相关性。

简介也是一个逻辑位置，它提示读者影响收集、分析或者信息解释的局限性。这类局限性应当在这里被公开披露（或者在后面的部分处理评价的步骤）。与此相似，免责声明有时被放置在报告最开始的地方（例如，前言或标题页）来澄清评价是什么或不是什么，如此一来保护客户和评价者免受因为误解遭受的批评。

在报告的简介中提供一个简要的读者指南也是非常有价值的。内容目录仅仅列出了主要的题目。读者指南解释了每个主题都包含了些什么内容。

# 评价的重点

这个部分描述了将要评价的方案和评价将要回答的问题。正如在第12章中所讨论的，尽管一个全面的方案描述很少在这里提供，但是一个简短的方案描述对那些并不熟悉方案的人们而言是很重要的。这个部分呈现了方案的简单的历史（方案什么时间和为什么开始以及谁启动了方案），逻辑模型和方案理论叙述了方案的关键部分、方案的目标和预期结果的讨论，有关员工的方案、服务的大量客户及其特质和任何重要背景问题的描述——例如，位置、监督、立法或者规则。如果在这个部分它们所占的细节内容过多，那么这些描述性要素中有一些（逻辑模型、方案理论、员工的描述等等）就有可能包含在附录之中。

在前面的部分列举出用于聚焦评价的评价问题也是很重要的。如果把不同的优先级分配给这些问题，那么过程就应当予以解释。

最后，一个列出所需信息的子部分很有用，它包含了评价预期收集、分析和报告。这类列表明显有助于为下一个部分制定基本原理。

## 评价规划和步骤的简要概述

任何完整的评价报告必须包括一份详尽的评价规划、数据收集的工具、用于分析和解释数据的方法和技巧等展示，但是这些不必出现在报告的正文之中。在我们评价职业的早期，在这个部分中我们涉及了所有这方面的细节。在10年或者20十年之后，我们断定在这个部分，如果详尽的步骤（甚至有可能是工具本身）包含在支撑附件中，那么一个详细的和完整的总结就是足够的。另一个10年以后，我们将有关设计、工具、数据收集和分析步骤的整体描述移至附录，而在报告的这个部分留下寥寥数语非常一般性地阐明数据的来源以及它们是如何获取的。希望了解报告更多细节的读者可以参见附录。

## 评价结论的展示

报告的这个部分包含评价的结论并且代表后续的结论和建议的来源，最好是完整的总结，如果适当的话，使用表格、呈现和引用，并且参考更多的支撑附录中详细的数据总结或者记录。一些受众因为过多的统计数据而产生反感（因子分析、多元回归和类似在向大多数非技术型受众进行描述的过程中应当避免的情况）。然而，许多决策者、管理者和其他人都积极地回应那些使用简单的图形和图格来呈现数据的报告，因为他们能够用一种许多用户都能够理解的方式总结这些数据（阿尔金、斯帝奇和盖格；亨利；Alkin，Stecher，&Geiger，1982；Henry，1997）。亨利（Henry，1997）提供了一个涉及高效地展示图形的方法的资料大全。

也要记住，数字通常无法充分地描绘或者演示方案及其对其他事物的影响。引用来自与客户或社区成员的访谈、方案行动的图片以及微型案例研究或者个别的学生或其他公共服务的接受者的故事对给予读者对问题更深刻的理解是非常有效的。【参见费舍尔和韦茨（Fischer&Wertz，2002）四种形式的讨论，他们用于向决策者传达他们的研究结论，涉及罪案受害者及其康复的问题。】

对结论的解释和对它们的展示同样重要。毕竟评价取决于评价者感知和解释的能力。解释数据不应当成为一个非正式的或者临时的行动。不如说它应当成为一个仔细的过程，尽可能地公开评价者仔细列出的所有内容和步骤，形成特定的判断和建议。

许多评价报告中最令人不安的赤字之一是任何组织都缺乏帮助读者将调查结果与形成的重要的评价问题关联起来。没有组织或者分类，调查结果常常模糊不清且无法理解。我们主张评价者将调查结果与最符合逻辑的组织者联系起来。我们建议围绕着研究中形成的评价问题以问和答的形式来组织调查结果。其他的组织者包括目的或者目标（如果这是评价的重点），方案的各项内容或者客户的不同群体。无论组织者是谁都必须给出一定的结构，除了最简单的、单一变量和单一问题的评价。

## 结论和建议

在报告的这一部分我们首先总结了评价的主要结论。结论通常被详尽地展示并且读者已经丢失了整体情况。在其他情况下，读者会跳过结果得出结论。因此，在这个部分一开始形成一个由评价问题组成的主要调查结果的清单非常重要。

然后，报告能够成为这些调查结果的综合和讨论。它们意味着什么？它们怎样才能与评价一开始就已经建构的判断方案的标准或规则相符合？

　　标准和规则应当清晰地列出。数据本身不会说话。非常了解数据的评价者在最好的位置将这些标准应用于数据形成判断，评价的目标是有效的还是无效的，是有价值的还是毫无价值的。作出判断是评价者工作的重要部分。一项评价没有明确的规则，既是对评价者缺乏经验的控诉，也是对判断不以数据为基础的批评。

　　我们强烈建议在优势（首先展示）和局限（或者是平行的，并且如果客户和评价者不太拘谨的话，能够更熟悉优势和缺陷）的标题下进行评价的判断。许多优势表现为二歧分枝的情况：

　　★ 注意力聚焦于积极的和负面的判断。

　　★ 受众能够很方便地了解评价者积极的或者负面的判断。

　　★ 通常首先展示优势，这有利于帮助那些对评价目标负责的人们接受此后列出的缺陷。

　　优势和局限的讨论必须是足够完整的，从而允许受众了解后面基于建议形成的基本原理和判断。另一个有用的与公司和高等教育情境中类似的形式是 SWOT 形式（优势、缺陷、机会和威胁）。

　　我们建议报告包括一系列的建议。事实上如果这就是评价的目的，那么这些建议可以是总结性的。他们应当直接解决方案是否应当继续的问题，一旦如此，那么它是否应当扩展至其他领域并且扩展这些网站的性质。如果建议终止方案，评价者可以提出建议，涉及如果需要继续的话可以考虑的其他干预。如果方案继续实施，通常报告包含一些为方案的修正和完善提出的形成性的建议。当然，形成性评价包含仅为完善方案提出的建议。许多详细的面向方案的员工和管理者的建议可能已经通过其他的方法或者其他的报告予以实施了。这份最终报告不是提供详细建议的地方。然而，它的目的是让其他人了解这些建议的普遍性质，或者让管理者和员工对提出的改变负责，或者允许上游利害关系人询问有关建议及其成本和基本原理的问题。

　　通常评价者认为他们并不足够了解提出具体的建议——他们的工作是收集数据并据此作出判断。但应当基于报告的结论和判断采取的行动对读者来说常常并不明显。正如一些形成性的建议可能已经以其他的方式向方案的员工和管理者提出了，其他的建议可能与方案的资助者或者管理者讨论过了。然而，报告应当提供这些建议的总结，但是评价者也应当提出一些建议来鼓励这些行动。在某些情况下，当评价者缺乏采取行动所需的足够的知识时他的建议可能是主张人们将注意力放在纠正问题上，而没有明确指出问题应当被纠正的确切的方法。而在其他情况下，评价者或者与顾问组共事或者提出可行的和适当的修改措施的建议都是非常有价值的，如果并不存在顾问组，那么也可以是客户和其他利害关系人。这些建议在与利害关系人的合作中提出，有助于增强人们对报告的信心。

有些时候建议可能被适当地省略。在某些情况下，报告可能被用于开始一个战略性的规划过程来生成建议。评价者可能作为这个过程的促进者，或者如果他缺乏战略规划的技能，那么他当然应当成为一个资源。但是在这种情况下，我们已经建构了一种机制来形成建议。

## 少数派报告或者反驳

正如早期的讨论，有时报告中包括一个不赞同评价者的判断、结论或者建议的部分是很重要的，这样能够分享他们的反对意见。或者，如果评价团队的某个成员不同意少数派的观点，那么在最后一个部分中插入反驳意见或者少数派报告是明智的。

## 附录

支撑附录（与报告绑定或作为一个独立的内容）包括帮助读者理解这些事情所需的信息，诸如使用了哪些抽样的步骤，如何收集信息才能确保它的准确性，使用了哪些具体的统计或描述性分析的步骤以及为什么使用。简而言之，评价者提供所需的方法论的和技术的信息，不仅通过主要的受众，也通过那些确定研究的实施是否足以使其结论可信的同行评价者。评价者不应当忘记那些对方法论和技术适当性尤其感兴趣的同行评价者可能会仔细地阅读这些报告。请记住坎贝尔（Campbell，1984）的主张是明智的，他认为："我们实用的社会科学领域的同事反复询问开展可用的（以及用于再分析的数据）全面的学术分析。"（p.41）

附录是放置这类详细的描述最好的地方，它们涉及评价步骤、数据表格或分析、观察日志、重要访谈的完整记录，以及其他具有相关性但是太详细了而无法在报告主体部分呈现的信息。附录也可能包括事实的数据收集工具和任何其他的信息（例如，在一项社区调查中抽样单位的行政区划图），它们包括对受众而言有趣和重要的但是又不适合详细描述和 / 或者包含在报告主体内的过于宽泛的信息。附录的适当使用将使报告本身更加流畅，更易于阅读。

## 对有效的口头报告的建议

尽管书面评价报告非常常见，但是却并不一直都是提出报告最有效的介质。受适当的视觉教具支持的口头报告能够更加有效地捕捉兴趣点，激励对话和互动并且确保理解。它们提供了目光交流，这样一来，甚至能够在展示结束之前就获取其他人的反馈。一些口头演示提供了在展示过程中进行互动的机会，是一种有效地吸引受众的方式，它为一个长时间的演示提供了休息和调整节奏的机会，并且了解了受众的观点。最后，口头演示提供了提问和回答以及获取评论、建议和观点的机会。对书面报告而言这些都是不可能的，尽管通过电子邮件或者网站发布草案能够激励口头报告的过程。但是焦点仍然停留在书面报告上。

许多早期的完善书面报告的建议是中肯的，对口头报告亦是如此。考量以下的问题：谁是受众？这份报告将在一次小型会议上向组织的员工、管理者或者资助者演示吗？或者这个展示是面向传递方案的一大群人、客户和 / 或者他们的家庭或者社区的成员吗？论坛的性质是什么？它是正式的，还是非正式的？演示被要求在多长时间内结束？评价者非常了解受众或者他们对评价而言是新来的局外人吗？所有这些关键的问题要通过考量使口头演示适应受众的兴趣和信息需求，并且使用向受众和评价者传达重要信息的方式来准备口头报告。受众需要了解一些他们感兴趣的有关方案的问题。评价者需要了解这个受众面对评价和方案中的特定方面都在思考些什么。

正如评价简短的备忘录显著不同于最终报告一样，口头演示可以是几分钟，从在员工会议上的展示到在理事会或者校董事会前的正式展示。因此就口头演示我们很难归纳出一些建议，但是我们将强调一些需要考虑的因素。

最重要的因素还是面向受众裁剪展示。了解受众的标准和预期。它们是正式的，还是非正式的？在方案和评价中受众主要的兴趣是什么？对方案和评价，他们已经了解了些什么？你想从他们那里了解些什么（反馈、看法、对结论不同的使用）？与书面报告一样，评价者应当考虑以下的原则：

★ 精准度、平衡和公平；

★ 沟通和说服；

★ 细节要求的程度（口头演示不是一个提供大量细节的地方，除非它是一个相对较长并且是正式的展示所需要的）；

★ 使用简单的、直接的、正确的和有趣的语言；

★ 避免使用术语和没有必要的技术性语言；

★ 使用实例、轶事和插图；

★ 对权利和权利涉及的情感保持敏感。

口头报告也需要对视听展示的信息保持特定的关注。显然通常在语言和沟通的课程和教材中提供的这些建议与此相关，但是下列技巧与制作有效的口头评价报告尤其相关：

1. 确定你想讲的故事。哪些信息对于沟通是必要的？哪些方案的轶事或者个人的故事对阐释关键点是有价值的？如何才能高效地利用可视教具（图片、卡通、表格/图形、流程图、要点）？

2. 确定应当由谁来讲故事。领袖评价者同时也是领导讲故事的人，这一点并不重要，重点是这个故事应当被讲好。如果领袖评价者具备了这个能力，那么这个人显然是最优的选择。但是使用评价团队中的另一名成员（或者甚至是一个外部的"报告者"）远比有一个好的评价却被一个评价者的讲述所破坏这种情况要好，因为他不是一个强有力的演讲者。通常领袖评价者能够参与至少是部分的展示，从而使尴尬降低到最小的限度。要考虑展示者是否有能力驾驭受众的文化。这一点可以通过语言的使用、熟悉风俗、地理、历史等方面来表现。

3. 为正式展示选择口头报告的介质（口头叙述、录影带、举行辩论、客户或者学生的展示等）。使用多元化媒体、多元化演讲者或其他变化令展示的形式有趣和多样化。不要使用受众预期的形式，制造一些不同来赢得和保持趣味性。

4. 在展示的过程中使用可视教具。但是请注意这个词"伴随（accompany）"。可视教具不应当控制或者主导展示。许多原本有效的幻灯片讲演稿被毁掉，是因为它们被允许支配这个演示。通过幻灯片讲演稿阅读符号的清单不是使用可视教具的有效途径。相反，使用幻灯片讲演稿强调主要的问题；展示富于创造性的图表、照片、影像、流程图或者复杂的表格；或者将幽默和色彩元素注入演示之中能够使受众意识到调查结果的可能性。确保在将要进行演示的地方对演示进行预先的测验。不少演示失败就是因为评价者并不确定计算机在现场的性能与演示所预期的性能是否匹配。

5. 制作令你感觉自然和舒适的展示，然后一直练习到你能够轻松地使用它。使用有效的亮点技术，例如，激光教鞭。练习使用它。你不必担心你的激光束会击中客户的眼睛。

6. 让受众参与到演示之中。在演示过程中，你可以要求他们对不同的问题或者经历进行举手表决。或者，你可以给他们3分钟的时间让他们分成2至3个小组来讨论他们的想法和建议。确保留下充足的时间提问。如果演示时间较长，在某个时间停下来回答问题。

7. 制订并坚持一项议程。大多数有效的口头演示的时间都相对较短，但是与正式风格一样，演示的长度取决于演示的目的。许多展示有5至6分钟的时长。15分钟对社区受众而言太长了，甚至对大多数利害关系人来说也是如此。冗长的口头报告会让人们在他们的座位上很不自在（或者，甚至是离开他们的座位）。使用专门为受众设计的执行概要或者手册的宣传册来提供附加的信息，并且利用口头演示的时间来捕捉和刺激受众的兴趣和疑问，同时传播要点。口头演示旨在形成互动。分配好提问和讨论的时间。在多数情况下，Q&A的时间比实际展示更长一些。记住，目的不仅是为评价者传播信息，也是为了让评价者向受众学习。

当然，频繁地利用口头形式汇报结论——在员工会议、客户或社区成员参与的论坛、关键的管理者或者决策者参与的个人会议——是吸引受众参与评价过程并提升评价最终影响力的关键方法。评价者应当尽力参加这类群体参与的会议，抓住机会观察每个群体期望的信息的类型，他们互动的风格和他们的信息需求。此外，评价者能够利用会议插入从评价中获取的一些关键信息或者提醒受众注意进度并且感谢他们的帮助。这些频繁的、非正式的沟通方式让受众带着好奇、兴趣和乐观的心态接受最终的报告。

## 一项好的评价报告的清单

一份好的评价报告的主要组成部分很容易从我们的建议中推断出来，但为了方便起见，这里是一份清单，它可以代表最好的评价报告。

——及时提供的中期和最终报告将是最有价值的；

——报告的内容、形式和风格裁剪得适合受众；

——受众参与确定报告的形式和风格；

——一份执行概要；

——为一份适当的简介作好了准备；

——提及研究的局限；

——评价规划和步骤的适当的展示（主要在附录中）；

——有效地组织对结论的展示；

——提供所有必要的技术性信息（更适合在附录中）；

——评价判断的标准和规范的详细说明；

——评价判断；

——确认优势和缺陷的列表；

——行动建议；

——客户和利害关系人的兴趣保护；

——对于受到评价调查结论影响的东西保持敏感；

——少数派报告或者反驳的规定；

——精确和公正的展示；

——通过讲故事的形式进行有效的沟通和说服；

——细节的适当程度；

——缺乏技术性术语；

——使用正确的、简单的和有趣的语言；

——使用实例和插图；

——关注视觉形象和视觉吸引力。

## 评价信息如何被使用

任何评价的效用都是判断其价值的主要标准（联合委员会，2010）。使用是帮助区分评价与研究的要素之一。评价旨在有一个直接的或者至少是一个短期的影响；而研究的目的是增长某个领域的知识和理论，它产生的结论在一段时间内可能都不会被使用。如果一项评价研究没有效用，那么无论它有技术的、实践的或道德的价值，它都会被苛刻地判断，然而，研究却并没有把其实用性作为相同的标准来要求。

在评价职业化的早期，评价者就已经对评价的使用进行了研究和文章撰写（萨奇曼，Suchman，1967；韦斯，Weiss，1972）。在20世纪70年代和80年代早期，许多倍受推崇的评价者提出评价结论常常受到忽视（卡曾斯和斯伍德，Cousins& Leithwood，1986；帕顿，Patton，1986；韦斯，Weiss，1977）。然而，最近观察者提出这些早期的评论者低估了评价研究的实际影响。例如，库克（Cook）指出："在过去的10年里，工具的（直接）使用的确发生了，并且之前有关其消亡的描述被夸大了。"（1997，p.41）

从传统上来讲，评价者已经确定了评价使用的三种类型：

★ 工具的使用，调查结果源自直接用于方案中进行的调整（形成性的）或者方案的调查结果或附加部分（终结性的）的评价；

★ 概念的使用，评价的调查结果向用户提供了新的信息（新概念），尽管信息可能改变了某个方案的要素的态度和信念，但是信息没有引起行动或者使用；

★ 象征性的使用，评价结论用于象征性的途径来持续当前的或者预先决定的行动（列维通和休斯，Leviton&Hughes，1981）。

在过去几十年中，评价者已经认识到发生了其他的用途。帕顿（Patton，1997c）首先定义了术语"过程使用（process use）"，卡曾斯（Cousins，2003）将其与之前重点强调评价调查结果的工具使用区分开来。过程使用的出现是由于参与评价而产生的，因为那些行动，这种参与本身能够带来学习。帕顿（Patton）定义"过程使用"作为"个人在思想和行动中的改变和方案或者组织在程序和文化上的改变，它们发生在参与评价的人当中，是在评价过程中不断学习的结果"（1997c，p.90）。这些改变会影响未来方案的完善，或者为组织创建一种新的思想或新的思维方式。

许多评价者推动了"过程使用"这个概念并且把他们的努力聚焦于组织和个人的学习上。正如卡曾斯和苏拉（Cousins&Shula）观察到："源自这种观点的评价较少关注实际问题的解决，而更多关注学习。"（2006，p.271）许多杰出的评价者已经将方案评价概念化了，把它作为组织内部影响组织行为或者政策的一个干预要素（卡曾斯，Cousins，2003；亨利和马克，Henry&Mark，2003）。裴士基和托雷斯（Preskill&Torres，1998，2000）的工作和裴士基（Preskill）于2008年在美国评价协会的主席报告都聚焦于评价的作用，涉及与组织共同提高学习力。【托雷斯，裴士基和皮昂特克（Torres，Preskill&Piontek，2005）早期引用了报告中的章节，目的是将报告聚焦于通过评价提升学习力。】评价能力建构（ECB）也源于这个重点，评价的影响正在改变一个组织将如何运转以及组织中的那些人如何看待方案。

最近，另一个重点在基于背景来理解评价的使用。使用不会在每一种情境中都以同样的方式发生。然而方案和组织的背景都影响着评价被使用的方式。政治压力会提升或阻滞评价的使用。一些方案被发现因为激进的利害关系人或者公众的支持而无效地继续进行着。评价者了解到除了政治影响以外组织也在以非理性的方式运转着。一个组织的文化影响着它对新的或者不同思想的开放性。

最后，个人用户及其特质也影响着评价使用。最早的研究中发现这种影响是韦斯和布库瓦拉斯（Weiss&Bucuvalas，1980a；1983），直至现在仍然是众所周知的。他们针对这个问题首次评估了心理健康专家的态度，然后向他们发送了这个问题的评价报告并要求他们就这个报告给予反馈。他们的分析揭示了那些观点与报告的调查结果相吻合的管理者非常有可能认为报告是有价值的。而那些基于自己的知识和经验得出观点并且其观点与报告的调查结果相冲突的人们就会批评研究的方法论并且拒绝调查结果。这个研究和其他研究推动韦斯和布库瓦拉斯（Weiss&Bucuvalas）创造了术语（和他们的书的标题）"真相测验（truth tests）"和"效用测验（utility tests）"作为判断评价报告的方法。如果一项报告的结论与读者自身的知识和经验一致，那么这项报告就通过了真相测验。如果它被认为是有价值的，那么就通过了效用测验。卡曾斯和苏拉（Cousins&Shula，2006）利用涉及知识运用的研究来帮助考量影响评价使用的其他的个人因素。在评价的相关研究成果之中：当赠予者和接受者分享相似的情境和信仰时，信息最易于被接受（罗杰斯，Rogers，1995）并且如果在"直接贡献一些经济收益、社会声望、工作便利或者满足感"方面符合他们的利益，那么人们就更有可能使用信息（卡曾斯和苏拉，Cousins&Shula，2006，p.274；里奇和欧，Rich&Oh，2000）。

## 模型的使用

柯克哈特（Kirkhart，2000）和亨利与马克（Henry&Mark，2003）共同开发了模型，帮助我们扩展和定义评价在不同的情境中的效果的类型和性质。柯克哈特（Kirkhart）在帕顿（Patton，1986）和其他人（韦斯，Weiss，1980）研究的基础上强调了我们使用的语言是如何影响着我们将评价的使用概念化的。她主张"影响（influence）"这个术语的使用（"某个人或事情拥有的通过无形的或直接的方式对其他人或者事情产生影响的能力或者力量"）传达了许多潜在的影响，而不是更狭隘的术语"使用（use）"（2000，p.7）。她也提议了一个综合理论模型影响了描述评价不同的潜在影响。（参见图17.2）她的模型强调了三个维度：影响源、目的和时间框架。

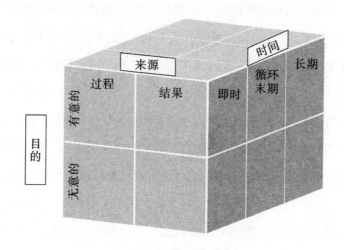

**图 17.2 影响的集成理论**

资料来源：源自《评价使用的概念重构：影响的一项集成理论》（p.8），由 K.E. 柯克哈特于 2000 年撰写。V.J. 卡拉切利和 H. 裴士基 (Eds.) 编辑，《评价使用不断扩大的领域》，《评价新方向》，No.88.San Francisco: Jossey-Bass. 经许可后再版。

影响源维度让我们了解到评价能够通过它的结论或过程产生影响。正如我们之前提及的，由于评价研究的调查结果，所以评价者习惯上聚焦于使用，无论是工具的或是概念的。但柯克哈特（Kirkhart）的模型包括了影响评价过程的维度。

目的维度提醒我们考虑使用评价的非预期的方法。在第 11 章到第 14 章中，我们建议并讨论了方法，通过界定研究的目的、目标受众和他们可能会得到结论的潜在的使用来规划一项评价。所有的评价都以这种方式开始，有目的或有影响的规划。[1] 这些规划有助于通过了解不同利害关系人的需求来提高评价的影响力。但是，柯克哈特（Kirkhart）指出："要关注非预期的影响，涉及评价要承认涟漪效应的力量和我们无法预测我们工作的所有后果。"（2000，p.12）她相信非预期的影响在许多情境下实际上可能超过了预期的影响。

---

[1] 例外情况包括旨在满足委托评价的最低要求的评价。在这种情况下，目的是通过完成所需的表格来实现不确定的责任。当我们从事这类评价时，我们通常能够扩展或者调整评价以实现其他利害关系人一些潜在的使用——通常是方案管理者或者执行者。

最后，她的时间维度提醒我们当结论可能被使用时，即刻或者周期性终结的影响不只是偶然的。而时间在模型中以三种独立的类型呈现，柯克哈特（Kirkhart）观察到这个维度实际上是一个连续体。承认长期影响提醒我们，我们的评价可能产生影响——预期的或者非预期的，因为研究的调查结果或者参与其中的影响——在评价者离开现场很久之后。这些影响的实例比比皆是：校长利用5年前在她之前的学校使用的评价过程要素与父母和教师共同进行了规划；社会工作者仍然记得对儿童早期干预方案的影响，这是她在以前的机构中参与的一项评价并将它运用于新的客户；管理者在之前的评价中采用一个焦点小组的常规使用，并且为了得到基于经验的反馈与客户进行访谈。每一项实例都阐释了评价的长期影响。

　　在影响力综合模型里，前面的概念只建构了1到2个立方形：预期使用即刻发生或者在周期性终结时发生。柯克哈特（Kirkhart）的影响力综合理论拓展了早期的思想，要求评价者考虑评价能够产生的更宽泛的影响。

　　亨利和马克（Henry&Mark，2003）提出了一个不同的模型或框架，旨在引导评价效果的研究和实践。与柯克哈特一样，亨利和马克认为我们应当超越"使用"这个术语检验评价的"效果"。具有讽刺意味的是他们相信强调即刻使用会阻止或者妨碍一些长期使用，并且这样一定会阻碍我们对其他类型的使用的检验。他们的模型假设了影响力的三个层级或者类型，每个部分中他们列出了在那个层级中发生的影响或变化的一些类型（参见图17.3）。这些变化的层级和类型源自研究调查结果，涉及心理学、政治科学、组织行为学和其他领域中的变化。他们的模型提醒我们考虑评价的影响不仅仅在个人和他们的态度与信仰，也在于互动以及最终在群体、组织、公司、政府单位和其他类似团体中的集体行动。

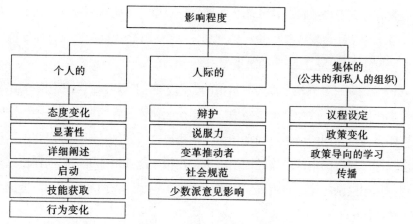

**图 17.3　评价产生影响的机制**

资料来源：源自由 G.T. 亨利和 M.M. 马克撰写的《在使用之外：理解评价对态度和行为的影响》(p.298)，2003，《美国评价期刊》，24(4)，pp. 293–314.

目前为止在讨论的各个方面中，亨利和马克（Henry&Mark）的模型类似于柯克哈特（Kirkhart）的影响综合理论，它简单地确定了其他影响的类型。这个本身是有用的。然而，这些创建者真正的重点是研究促使使用的路径。他们主张评价理论和文献已经明确地指出了使用的不同类型，但他们没有检验使用的不同类型是如何被实现的。为了表达他们的观点，他们提供了两个潜在的路径实例来阐释评价的影响。一条路径开始于评价的结论，另一条路径开始于过程的影响。

**路径之一：** →评价调查结果　→少数群体的影响　→议程设置　→观点阐述　→**政策变化**

用这个假设的路径，评价调查结果促进了与大多数持有不同观点的群体保留那些调查结果，并且让其他人——公众、媒体或组织——了解问题。当公众越来越了解问题时，他们就会进一步考量它，并发展、提炼和阐述他们对这个问题的观点。这些评价调查结果在阐述的过程中起到了一定的作用。最后，结论是公众持有的最新定义的观点促进了政策的改变。

**路径之二：** →评价过程　→态度的变化　→社会规范　→行为的改变

在这条路径中，参与评价过程带来了个人态度的改变。例如，通过参与某项评价，管理领导者——校长或非营利组织管理者——可能会对让其他利害关系人参与决策的需求更加敏感。她可能会在她的组织中与其他管理者讨论这个问题，并逐步带来涉及社会规范参与的一些改变。最后，社会规范的变化可能促使组织层面上行为的改变，包括更多的决策参与。

这些假设路径和其他方面是有价值的，因为它们帮助我们思考调解的步骤，这对带来评价结论的改变是很重要的。怎样才能让评价者练习使用这些想法呢？他们可能会考量预期的最终目标是什么，并且通过头脑风暴使这种潜在的路径达到这个目标。通过确定这条路径的第一步，评价者能够设计更适当的评价并且报告过程，从而鼓励在第一步就确定改变的类型（例如，在两种路径中态度的变化或者少数群体的活动）。

## 影响评价使用的步骤

许多年以来，我们对使用已经有了一些了解。我们扩展并澄清了一些不同的方法使评价能够影响政策、方案、个人或者组织。我们开发了一些模型能够引导我们思考产生特定影响或者使用类型的影响或者路径。知识利用和评价使用研究已经告诉我们。下面是一系列我们基于这些不同的来源提出的建议，建议评价者让使用最大化：

★ 要了解并努力理解的不仅仅是方案和方案所在的组织，还有政策和决策的背景（列维通，Leviton，2003）

★ 要考虑背景是否适合于使用参与式的或者协作式的方法来提升潜在用户对评价的理解，无论是调查的结果还是过程都将对这些用户产生影响（卡曾斯，Cousins，2003；卡曾斯和苏拉，Cousins&Shula，2006）。

★ 要考虑找到一个或者更多掌握权力并且感兴趣的关键用户来运用研究的调查结果，让他们经常参与并且告知他们评价的事宜，让他们成为你的工作伙伴（帕顿，Patton，1997c，2008a）。

★ 了解关键用户与评价主题相关的价值观、信仰、经验和知识，并且当你的结论与他们的真实测验不相吻合时，要考虑怎样才能克服这种障碍。例如，吸收其他利害关系人或者让他们更多地参与到数据收集、分析和结论的解释当中来。确保报告也通过效用测验——它表现为有价值的。

★ 这看起来很普通，提升与关键利害关系人和其他利害关系人接触的频率和意义。正如我们在本章前面有关报告的部分中所强调的，大部分被使用的评价都涉及与人交谈。不要面对什么都是专家，只给出信息就可以了。从他们那里获取信息。通过分享和交换信息，从而获取更多了解并且保持平衡状态（休伯曼，Huberman，1994）。

★ 了解组织内部和外部的网络。目前社会网络是一个主要研究领域。利用人际网络和社会过程（让其他人来处理信息并且解释信息）能够增加研究的知识，包括过程和调查结果的使用。【参见《评价行动（Evaluation in Action）》中与珍·金（Jean King）的访谈，这是一个通过社会处理来解释结论的实例。其他案例包括卡曾斯和斯伍德（Cousins&Leithwood，1993）和麦斯科—默玛斯（Mycio-Mommers，2002）】。

★ 考量柯克哈特（Kirkhart）的影响模型以及亨利和马克（Henry&Mark）描述的路径来确定你的团队希望产生影响力的特定方法。

本章一开始我们就呈现了为报告结论鼓励使用的建议。与库克（Cook，1997）一样，我们相信直接的工具使用确实出现了，并且评价者应当鼓励这种使用。我们也相信扩展评价使用或者影响的定义有助于我们考虑我们的结论能够影响个人和机构的多种方法。对这些影响的主动考量能够帮助我们用一种评价能够实现其目的，即帮助其他人作出功绩和价值判断的方法来实施评价和传播结论，这最终会带来社会的改善。

## 报告和影响

本章聚焦于如何用书面的和口头的形式呈现最终的结论，从而使利害关系人对结论的理解达到最大化。我们鼓励你遵循我们的指导，激励对研究的结论理解并且采取适当的行动没有错。然而，记住这类行动仅仅只是评价影响的一种形式。正如柯克哈特（Kirkhart）主张的，大多数评价的影响是非预期的，并且可能基于过程而不是结论或者调查结果的概念化使用，它可能要在研究完成很久之后才会发生。标准联合委员会（the Joint Committee Standards）提出了有关效用的要求，这就意味着结论必须有被使用的潜质。他们并不要求立即使用，因为他们认识到有许多问题超出了评价者的控制范围。事实上，亨利（Henry，2000）主张聚焦于立即使用可能会阻止长期的、更重要的行动（例如，政策的变化），而这些行动需要花时间来实现。我们支持对评价使用的更宽泛的解释，通过使用许多不同的方法考量它对许多不同的个人和机构的影响。

### 主要的概念和原理

1. 评价报告的结论是一个持续的过程，它通常不应当被拖延到评价结束之时。评价者应当在评价过程中多利用机会向关键的目标用户和其他利害关系人报告和讨论调查结果，来获得他们对调查结果的接受，了解目标用户的反馈并最终实现使用。

2. 评价报告可以具有许多不同的目的。考量每个受众的目标和为了最有效地达成目标进行报告的方法与途径。

3. 报告应当被调整以适应每个受众的特质和预期。通过执行一个受众的分析从而确定他们对方案的信息需求、看法和价值观，以及他们如何接受、回应和使用评价信息。这有助于评价者选择最优的论坛和最适当的风格来传递信息，进行对话。

4. 让受众参与和决策有关的时机选择、模式和呈现的信息类型能够提升他们对结论的接受度。

5. 源自评价的调查结果能够以许多不同的方式被呈现，包括分布在会议；电子邮件、网站或者博客；中期的和最终的报告；手册或者时事通讯；带有视觉效果的口头展示；工作会议以及个人讨论中的简短的、书面的沟通。

6. 考量报告评价结论的其他因素包括精准度和平衡、时机选择、沟通风格和语调以及让受众参与的方法和激励对话。

7. 最终报告包括一个执行概要、一份简介、一个评价目标和对将要回答的问题的描述；一个有关评价规划和方法的简要讨论；一个结论的展示以及一个结论与建议的讨论。详细的技术性信息可以在附录中予以呈现。

8. 评价使用可以被更好地理解为影响。一些评价结论促使了结论的直接的、即时的和按预期的使用，但是其他更广泛地归类为影响力的使用也出现了。它们包括评价过程影响力、非预期影响力和发生在评价完成很久之后的影响力。

## 问题讨论

1. 在什么时候评价者不愿分享中期结论？为什么？

2. 使用电子邮件作为你交流评价结论的媒介，讨论其优势和潜在的缺陷。你会让哪些受众以这种方式参与进来？你如何激励对话和互动？学习什么？你如何鼓励反馈？

3. 对比内部评价者与外部评价者在向不同利害关系人报告结论时的有效性。他们各自有什么优势和劣势？

4. 许多美国评价协会的指导原则（American Evaluation Association's Guiding Principles）涉及报告和使用评价（参见附录 A、A3、C5、D4 和 E3、E4、E5）。（a）讨论报告使用的这些原则的内涵。（b）考量你参与的最后一项评价。报告与这些原则的目的相吻合吗？

5. 你是如何接收信息的？你更偏向于书面报告，还是口头报告？是简短的还是较长的简报或者报告？是定量的，还是定性的数据？是正式的，还是非正式的风格？

6. 评价使用或者影响的什么类型你认为是更加重要的——是过程影响或者是调查结果影响吗？为什么？

## 应用练习

1. 将本章和美国评价协会（AEA）指导原则中一项好的评价报告清单运用于你选择的一项评价研究。除了阅读书面材料之外，考虑与 1 到 2 位关键的目标用户进行访谈，从而了解他们如何接收信息以及信息是如何影响他们的。确定在该评价中报告过程的优势和缺陷。

2. 在课堂上使用视觉教具进行某项评价，例如幻灯片，进行一个 5—10 分钟的口头报告。指定受众加入不同的利害关系人群体的角色扮演组，例如资助者、管理者、方案的传递者、客户或者市民团体。为某位受众设计你的展示。然后，在你的展示后使用 5—10 分钟的时间进行提问和回答。最后，获取该受众的反馈，现在他回到了原来作为学生时的角色。你为该受众的展示让他们看到了哪些优势？他们将会发生哪些变化？

## 相关的评价标准

我们认为以下的评价标准与本章的内容相关，这些评价标准列于包括了所有评价标准的附录 A 中：

U1——评价者的可信度

U2——关注利害关系人

U3——协商的目的

U4——清晰的价值观

U5——相关的信息

U6——有意义的过程和成果

U7——及时地和适当地沟通与报告

U8——关心结果与影响

F3——背景的可行性

P1——回应与包容导向

P4——清晰和公平

P5——透明度和信息披露

A1——经证明的结论和决策

A7——清晰的评价推断

A8——沟通与报告

## 案例研究

本章中我们推荐了三次访谈，阐述了报告的不同方面。《评价行动（Evaluation in Action）》，第 3 章（詹尼弗·格林，Jennifer Greene）、第 9 章（斯图尔特·唐纳森，Stewart Donaldson）和第 12 章（布莱索，Bledsoe）。

在第 3 章中格林（Greene）与她以前合作过的客户共同工作。她讨论了她与客户在实施项目和作出结论过程中进行沟通的不同方面。格林（Greene）和菲茨帕特里克（Fitzpatrick）也评论了她提出的一份声明，涉及最终报告中的环境的价值，这是格林（Greene）的评价方法中一个重要的部分。期刊源于菲茨帕特里克和格林（Fitzpatrick, J.L., & Greene, J.C., 2001），《自然资源领导方案评价（Evaluation of the Natural Resources Leadership Program）：与詹尼弗·格林（Jennifer Greene）的对话》，《美国评价期刊》，22(1)，pp. 81-96。

在第9章中，尽管唐纳森（Donaldson）的主要焦点是讨论某项特定的项目，但他描述了在此次评价中与许多不同的客户的工作。他讨论了与利害关系人和资助者的持续的沟通，包括在项目过程中从形成性到终结性的角色变化以及使用360度反馈——让利害关系人向评价者就他们的绩效提供反馈。期刊源于菲茨帕特里克和唐纳森（Fitzpatrick, J.L., & Donaldson, S.I., 2002），《工作与健康计划评价：与斯图尔特·唐纳森的对话（Evaluation of the Work and Health Initiative: A dialogue with Stewart Donaldson）》，《美国评价期刊》，23，pp. 347-365。

在第12章中布莱索（Bledsoe）带来了重大的工具性和概念的使用。她描述了调查结果的影响和过程——但要考虑她是如何带来用户对改变的开放态度的。期刊源于菲茨帕特里克和布莱索（Fitzpatrick, J.L., & Bledsoe, K.2007），《趣味图书的评价方案：与卡特里娜·布莱索的对话（Evaluation of the Fun with Books Program :A dialogue with Katrina Bledsoe）》，《美国评价期刊》，28，pp. 522-535。

## 推荐阅读书目

Henry，G.T.(Ed.).(1997). *Creating effective graphs: Solutions for a variety of evaluation data*. New Directions for Evaluation，No.73.San Francisco: Jossey-Bass.

Torres，R.T.，Preskill，H.，&Piontek，M.(2005).*Evaluation strategies for communicating and reporting: Enhancing Learning in organizations* (2nd ed.).Newbury Park: Sage.

# 第十八章  评价的未来趋势

**思考问题：**

1. 未来的方案评价与当前的评价在以下几个方面有怎样的不同？

★ 政治考量的处理方式；

★ 使用的方法；

★ 涉及的利害关系人；

★ 由谁来实施。

2. 在组织中，评价怎样和一些其他的活动一样？

3. 在其他国家中，评价会被认为有哪些不同？

我们已经到了本书的最后一章，但是我们只刚刚开始分享我们所了解的方案评价。我们对其他资料进行了参考，仅仅只反映了在这个正在成长的领域中现有文献的一部分。我们选择的焦点在于：（1）方案评价的替代性方法；（2）规划、实施、报告和使用评价研究的实践指南，我们尽力强调我们相信是最重要的东西，任何一本书都渴望在这样一个复杂的和多层面的领域给出一个广泛的概述。我们希望我们有一个正确的选择，但是我们鼓励学生和评价实践者超越这本教材探索其他评价文献的丰富的和有深度的内涵。在最后一章中，就评价的未来我们分享我们的观点和我们一些同事的观点。

# 评价的未来

事后诸葛亮比远见卓识好是不可避免的，对我们也不例外。然而，当前的环境允许我们冒险就接下来的几十年中的方案评价提出一些我们坚信的预测。历史将确定我们的预测是否足够准确来将预言增添到对评价者有价值的技术条款之中。

我们相信评价将持续迅速地扩展到全球，方案评价在很多国家、区域、省份、州和地区经常发生。正如我们所提及的，伴随着全世界评价协会和行动的发展，多年来方案评价不断蔓延的兴趣已经非常明显了。我们也相信评价将在以下几个方面成长为一支不断增长的有价值的力量：

★ 改善方案，改善有意从这些方案中获益的人们；

★ 改善政策，由董事会、立法者以及国会和议会制定的政策；

★ 改善组织的学习力和决策；

★ 改善社会，通过改善社会条件方案解决这个问题；

★ 改善改善本身。

如果这些预测看起来明显是乐观的，那么它可能就会强化我们之前的观点，即评价者不可能总是完全公正的。然而，这些预测不会让我们觉得不切实际或者过于夸张，我们将让它们经历时间的测验。

现在就让我们开始更加具体的预测，它涉及专业评价以及评价实践（沃森，Worthen，2001）

### 涉及专业评价的预测

*1. 评价将成为我们社会中一支不断成长的有价值的力量。*正如我们提及的，评价将不断提升在方案、组织和社会中的影响力。我们在本教材中讨论过的许多进步——绩效监控、组织学习以及其他方面——阐述了在不同的方面不断增长的对评价的兴趣和评价影响力。思考评价的方法将促进方案和政策的规划和传播，从而达成他们预期的效果，并且更广泛地促进社会的进步。

*2. 当需要提供至关重要的服务的政府和非营利组织面对问责制的压力时，评*

*价将会在美国和其他发达国家不断地成长。* 在21世纪的第一个10年间，强调问责制和基于数据的决策显著地增长。同时，事实上每一种趋势说明评价在未来的公共部门、私人部门和非营利部门都更多了，而不是更少了。在一些组织内，把重点放在了记录结果以回应外部的政治压力。在其他组织内，评价被用于促进组织的成长和发展，最终推动这些结果的实现。然而，评价在每一个背景中都是一种需求。

3. *评价将持续并且迅速地在全球传播，直至评价在所有的国家都经常出现。* 此外，大量国家的和跨国的评价职业协会将进入发展的萌芽期。

4. *当评价技能需求增长时，评价事业的发展机会将持续增长。* 正如拉韦尔和唐纳森（LaVelle&Donaldson）在2010年提出的"评价实践在最近几年实现了跨越式发展"（2010，p.9）。评价在美国的发展表现在过去的10年里美国评价协会（American Evaluation Association）会员数量的显著增加（马克，Mark，2007）。

5. *随着需求的不断增长，评价研究生课程也在不断增加。* 拉韦尔和唐纳森（LaVelle&Donaldson，2010）发现，评价研究生训练方案的数量在2008年增加到48项，而2006年仅有27项，在经过多年下滑之后在2006年以后得到了显著增长。这种增长特别显著地出现在学校教育领域，但是方案也出现在公共政策、心理学、刑事审判和社会学领域。然而，在48项方案中大多数方案的规模较小，仅仅提供2到3个评价的具体课程。随着专业化的发展，市场要求更多训练有素的专业人士从事评价工作，我们也希望这种方案的发生率及其深度也都能够不断增长。世界范围内不断增长的评价需求要求评价在评价者可以选择的众多选项中由训练有素的人予以实施。

6. *从事评价的许多人都将需要更多的专项评价训练。* 研究生的方案跟不上需求的节奏。此外，因为评价是一项相对新的专业，许多人并不了解专业评价者使用的专业的和具体的方法与方法论。在组织内部从事评价的许多人与外部顾问一样，不断地接受社会科学方法论或者组织管理学方面的培训，但没有接受深度的评价训练。与教育者一样，公共部门和非营利部门的管理者、公司的管理者和其他从事多种角色的人们被要求与他们的其他职业责任一起，承担一些执行评价研究的责任，评价对在职教育的需求正在不断地增长（达塔，Datta，2006）。

**7. 尽管存在风险，但内部评价因为其收益而变得越来越重要。**内部评价者了解组织的环境。他们能够提供重要的持续的影响来鼓励组织的学习力，并在整个组织内的不同工作中使用评价技巧，从使用新的信息技术到人力管理和传统方案评价。我们预测在许多评价中内部和外部评价者的合作将会不断加强。

**8. 专业协会将持续成长并且将延伸到新的领域，从而在公众面前扩展评价。**在 2010 年，美国评价协会（AEA）成员的数量将达到 6000 个（基斯特勒，Kistler，2010）。美国评价协会和其他社会主体中的实践评价者和 / 或者评价理论家将持续促进评价的成熟。正如其他专业协会一样，美国评价协会（AEA）开始在某些与评价相关的问题上公开立场并且最近开始直接关注评价政策和影响这些政策的工作【参见特罗钦、马克和库赛（Trochim, Mark, & Cooksy, 2009）】。加拿大社会评价（the Canadian Evaluation Society）已经开发了一个方案用来识别专业评价者，他们通过了一项认证过程来认可那些运用并且符合有资格的评价者（Credentialed Evaluators）的标准。正如其他专业一样，这个过程旨在帮助客户和利害关系人将专业的评价者与那些没有接受直接训练或者没有经验的人区分开来。通过这些努力和涉及评价实践和标准的不断教育，协会将致力于在评价提供的潜力和不当使用导致的风险方面教育利害关系人。

**9. 评价文献将在数量和质量方面得到不断增长，但是基于评价过程本身的研究相对较少。**当前的出资机构对资助涉及评价过程的研究并不感兴趣。政府投入了大量的资源，主要面向问责制、绩效监控和通过评价来确定方案是否可行以及他们如何实施。然而，我们对这些主题的方法一直是依靠推理和直觉而不是确凿的证据，涉及评价者如何能够最优化地与利害关系人共事，哪些形式的参与促使哪些类型的影响和使用等等。因此，在评价中基于经验主义的知识的增长将非常缓慢。当评价扩展时，更多的研究都有一个关键的需求，也就是在评价实践、参与和使用过程中发生了什么，什么是有效的并且什么是无效的。

### 涉及评价实践的预测

与专业的成长和扩展一样，实践的变化甚至是更加显著的。

**1. 评价方法将越来越兼收并蓄和适应环境。** 方案评价将持续多元化，但是将更多地面向实用主义，评价者提供有效的和适当的调查结果、结论并推动多种不同情境中的方案、政策和决策的制定。单一方法的评价将被专业评价者认为对复杂方案的评价或者服务于多样化的人群而言是过于简单和不充分的，而这不是公众和一些当选官员的看法。三角测量、交叉验证和重复性的、宽泛的设计将更经常性地被使用，并且允许通过定性和定量的方法的相互补充来丰富评价工作。不同方法的效用在于它们之中没有任何一种方法可以作为一种模型而完全地被遵循，而是如豪斯（House，1994a）提出的整体地形成评价者必须理解并且熟练使用的"评价的语法（grammar of evaluation）"：

> 可能将评价模型看作是一种评价语法的模型句式……作为一个进步，人们不需要有意识地思考这些模型，除非修正特定的错误或者研究语法本身。

> 与此相类似，……有经验的评价者能够建构不显著依赖特定模型的评价设计。现实中的评价设计能够从不同的模型中整合各种要素，……正如一旦发言者了解了语言的基本语法，那么他们就可能产生新的语法句式一样。（pp.241-242）

**2. 评价将成为组织中的主流。** 评价的一些方法，比如逻辑模型和方案理论，已经被方案管理者和员工用于开发方案。随着从评价过程中学习以及组织学习力的增长，组织内的评价的思考方式将不断扩展。评价不会一直被称为评价，但是它的影响力将会通过创建学习力的文化和使用信息与数据作决策来体现（马克，Mark，2007）。

**3. 评价将扩展到评价新领域中的方案。** 在美国和加拿大，评价者主要来自教育学和心理学领域，并且主要评价涉及这些领域中的方案。但是，评价在住房、社会福利、环境方案、城市规划、运输、健康、刑事司法、生物技术、娱乐产业和环境方案等领域中的作用在持续拓展。这些新领域中的工作将推动评价者扩展他们的项目的方法，从而适应这些新的情境、新的政治动态和新的问题，不断地进行探索和调查。在欧洲，评价者通常来自政治科学、经济和公共管理学科领域，因此，他们着重强调不同类型的方案使用略微不同的方法。对这些差异的认识使我们意识到，每个国家的评价者都能够从其他国家的实践中学到更多东西。

**4. 评价者将更多地了解并且参与到规划者、政治分析者和组织开发者的工作之中。** 评价活动与政治分析者、规划者和组织开发者的工作是重叠的。评价者掌握了一些途径和定性的方法可以为政策分析者的工作作出贡献。他们所掌握的经济的和分析的方法能够增加评价者的能力。与此类似，城市的规划者和方案的规划者收集信息与评价者实施一项需求评估的情况相似。评价者在开发逻辑模型和方案理论方面的技能有助于方案的规划。随着方法和手段分享的专业化，我们预测将有更多的交流发生在这些领域。正如之前所提及的，那些工作虽然没有被称为评价，但是评价的专业化将为这些任务赋予评价的技能。

**5. 评价（和评价者）将变得更有政治经验，从而认识到我们的目标是鼓励决策者和方案管理者使用评价信息作决策并且教育选民和公众。** 当我们变得更加的折中化和适应实践并且避免我们自己的内斗时，我们就能在这种冒险的活动中更加成功。格林和亨利（Greene&Henry）建议我们要认识到我们不希望评价的争执"变成一张完全基于意识形态的行动或不受约束的修辞力量的许可证。我们应当依循我们的承诺团结起来……重新讨论社会科学对社会政策和方案的贡献"（2005，p.350）。意识形态与修辞都是政治体系中的一部分，正如公众舆论一样。由评价研究提供的信息、结论和判断成为决策者接收到的投入的一部分。为了让我们的活动提升到前面，评价者必须在他们的角色的客观性与参与政治斗争之间进行权衡，从而唤起人们对能够推动方案和政策的信息予以关注。今天评价研究与由党派及公开的政治智库所提供的信息进行竞争。公民和一些决策者可能并不了解这些差异。评价者必须帮助利害关系人认识到我们工作的优势。

**6. 随着评价者更多地涉及政治问题，因而对伦理问题的关注会有所增加。** 当前评价的标准和指导原则（Standards and Guiding Principles）——以及它们的衍生条款——提供了一种方法保持评价的可信度，并且面对不断增长的政治化的环境教育其他人了解道德准则和规范。专业会计师加强了他们的道德规范并训练实践者学会面对会计师在审查公司的财务工作具有"独立的"角色时公众的不满（菲茨帕特里克，Fitzpatrick，1999）。评价者能够避免安达信会计师事务所（Arthur Andersen Accounting firm）在面对安然（Enron）公司的审计工作时的失败，在2009年的经济危机中标准与普尔公司（Standard and Poors）和其他债券评级公司遭受了高评级债券下跌的情况，因而要加强对当前和未来评价者的道德教育。

**7. 电子和其他技术的发展将改变评价者收集信息、下结论和报告调查结果的方式，从而让更多利害关系人参与进来，并且获取评价报告和他们的调查结果。** 当前，数据收集通常通过互联网的调查和访谈进行。结论能够与评价团队和咨询委员会的成员进行在线的分享和讨论，从而考量对它的解释。数据库能够被分享，因而成员能够基于不同的解释对数据进行探索。中期和最终报告通常发布在组织的网站上，通过视频或音频的链接来解释方案或者阐释结论。阅读者被鼓励发表评论。随着科技能力和文化素养的不断提高，这种使用以及其他人还不曾预料到的情况还将不断地增加。

**8. 在许多国家因为越来越多的公民投人，评价民主化作为运动的一部分，它的成就将不断提升。** 在美国协商民主的方法被运用，当地的市民向民选官员和其他人了解政策问题并提出建议。参与式评价成为运动的一部分。我们将通过让众多利害关系人参与并教育他们了解评价思考的方式与目的来延续评价民主化。

**9. 绩效测量将不断增长，从而回应对问责制的持续需求。** 目前绩效测量由联合之路（The United Way）和世界银行发起，正在以某种形式或者方式在多数地区、州和联邦政府机构以及非营利性组织强制推行。推行绩效测量的公众和决策者的期望很高。然而，大多数管理者都缺乏专业技能来搜集有意义的测量结果。纽科默（Newcomer，2001）指出专业评价者将在这个过程中扮演重要的角色，而不只是提供一个报告。评价者能够帮助建构方案理论来连接结果与方案的活动，从而使结果信息对形成性的目的有价值。此外，涉及评价者方法论的专业技能将对测量结果具有非常重要的影响。

然而，绩效测量在评价领域也呈现出潜在的危害。正如有关教育标准的学生的州试验，它极大地简化了学习目标并且将教育评价活动只集中在这个问题上，这样一来绩效测量简化和缩小了评价活动。许多决策者和管理者低估了测量方案结果面临的挑战，并且因为绩效测量强制性的特征，倾向于将绩效测量视为评价的全部内容。评价者在这个领域需要积极主动地展示他们的专业技能。

## 评价的愿景

除了我们对评价专业和实践的预测，我们对它还有一些愿景或者目标。这与预测不同，因为这些愿景能否实现证据并不清晰。然而，如果我们结束这本教材却没有描述这个愿景，这就是我们的疏忽。它包括以下几个方面：

*1. 评价的全球化价值跨越了专业领域、职业类型、社会部门、地缘政治界线、文化——也就是说，正式严谨的评价具有了普遍的价值。* 我们将如何实现这个价值呢？通过让其他人了解评价及其重要性。通过帮助那些助力实施评价的人们看到它的价值甚至当它没有被推行时也这样做。通过向组织逐渐灌输评价体系、政策和步骤以及评价的思考方式（桑德斯，Sanders，2001）。

*2. 持续地通过对多种方法和折中方法的建设性的使用，从而实现许多不同的评价目标。* 有关定性和定量的方法的争论已经平息，许多人已经转而关注实践性的问题，涉及在多种情境中他们目前增加的方法论的工具的运用。为了避免未来分裂的争论，我们应当认识到评价目的、问题和情境的多样性。一个就绩效监控问题与美国政府共事的评价者所面临的是不同的方法论和政治的挑战，这不同于一个评价者和客户的一个新团队一起为一个非营利机构设计一项特定的、形成性的研究。我们应当研究评价者的选择并更多地了解哪些方法在不同的情境中最为奏效，而不是争论这些评价者作出的不同选择。作为评价者，我们不应该在没有充分信息支持的情况下来判断其他评价作出的决策。我们需要努力工作来推迟对这些选择的判断、探索和信息收集。让我们开发评价的深厚描述吧！

*3. 增加元评价的使用来提升评价实践。* 非常遗憾，在评价期刊中一种类型的出版物非常少，这就是对以前报告的评论，即元评价。不论联合委员会的标准的接收度和有效性，在元评价的标准开发出来以前，几乎没有评价在目前受到了任何较为严苛的审查。从我们自己的工作中就可以了解到，我们必须开放对评价的审查和评价。正如其他人从我们的评价中学习一样，评价者也能够从他们自己的评价工作中进行学习。

## 结论

我们为读者留下了两个最后的思考。

首先，我们多年以来实施和研究评价的经验使我们确信在教育、公共事业和非营利组织中适当地实施评价对完善方案和实践具有巨大的潜力——几乎是在每一个社会领域。管理者、决策者和其他利害关系人越来越了解到一些评价研究被误用或者忽视，其结果是一些人主张减少对评价过程的关注。但是这似乎要比因为科学还没有成功攻克所有的疾病而放弃医疗诊断更加愚蠢。

我们希望留给读者的第二个思考是：尽管迈进了一大步，但是越来越明显的是，比起我们需要了解的，我们对评价的了解实在是太少了。我们真诚地希望这本教材能够增长知识，并且为创建和实施旨在改善人类命运的政策和方案，照亮仍然在黑暗中摸索的当前的过程。

## 推荐阅读书目

Datta，L.(2006).The practice of evaluation: Challenges and new directions. In J.F.Shaw， J.C.Greene， &M.M.Mark(Eds.)， *The Sage handbook of evaluation.* Thousand Oaks， CA: Sage.

Mark，M.M.(2007).AEA and evaluation:2006(and beyond). In S. Mathison(Ed.).*Enduring issues in evaluation: The 20th anniversary of the collaboration between NDE and AEA.* New Directions of Evaluation， No.114. San Francisco: Jossey-Bass.

Smith，M.F.(2001). Evaluation: Preview of the future #2. *American Journal of Evaluation*， 22， 281- 300.

参见《美国评价期刊（American Journal of Evaluation）》(2002)第22期和《评价实践(Evaluation Practice)》(1994)第15期的全部问题。每个问题都聚焦于对评价理论、实践和作为一个职业的状态以及未来预测的反思。

# 附录

# 评价者的方案评价标准和指导原则

## 方案评价标准

### 实用性

U1 评价者的可信度：评价应当由在评价方面能够建立和保持信誉的人来实施。

U2 关注利害关系人：评价应当关注全部的投入方案并且受到方案评价影响的个人和群体。

U3 谈判的目的：评价的目的应当根据利害关系人需求予以确定并不断进行协商。

U4 清晰的价值观：评价应当澄清和阐明个人与文化的价值观，从而支撑目的、过程和判断。

U5 相关的信息：评价信息应当服务于利害关系人确定和紧急的需求。

U6 有意义的过程和成果：评价应当通过鼓励参与者再发现、再解释或者修正他们的理解和行为的方式来建构行动、描述和判断。

U7 及时和适当地沟通和报告：评价应当关注它们的多元化的受众的持续的信息需求。

U8 关注结果和影响：评价应当推动负责任的和适合的使用，同时防范意外的负面的结果和错误使用。

### 可行性

F1 项目管理：评价应当使用有效的项目管理策略。

F2 实践流程：评价流程应当是实用的，并且对方案运行的方式具有回应性。

F3 背景的可行性：评价应当确认、监控和平衡文化的与政治的利益，以及个人与群体的需求。

F4 资源使用：评价应当有效且高效地使用资源。

## 适当性

P1 回应性和包容性导向：评价应当对利害关系人及其社区具有回应性。

P2 正式协议：评价协议应当通过协商来明确义务，并且考量客户和其他利害关系人的需求、期望和文化背景。

P3 人权和尊重：评价应当被设计和实施来保护人类和合法的权利，并且维护参与者和其他利害关系人的尊严。

P4 澄清和公平：评价在解决利害关系人的需求和目标的过程中应当是可以理解的和公平的。

P5 透明的和公开的：评价应当向全体利害关系人提供完整的有关调查结果、局限性和结论的描述，除非这样做会违反法律和适当的义务。

P6 利益冲突：评价应当公开和诚实地确定和解决可能会影响评价的真实的或者能够感知到的利益冲突。

P7 财务责任：评价应当考虑到全部的资源，并且遵循合理的财务流程和步骤。

## 精准性

A1 正当的结论和决策：评价结论和决策在其产生后果的文化和背景中应当被认为是合理的。

A2 有效的信息：评价信息应当服务于预期的目标，并且支持有效的解释。

A3 可靠的信息：评价流程应当为预期使用提供足够可靠的和一致的信息。

A4 明确的方案和背景描述：评价应当通过适当的细节，并且在评价目标的范围内记录方案及其背景。

A5 信息管理：评价应当运用系统的信息收集、审查、核实和存储方法。

A6 合理的设计和分析：评价应当在技术上采用适合于评价目标的充分的设计和分析。

A7 清晰的评价推理：评价推理从信息与分析到调查结果、解释、结论和判断都应当被清晰和完整地记录。

A8 沟通和报告：评价沟通应当涉及足够的范围，并且防止错误的概念、偏见、扭曲和错误。

### 评价问责

E1 评价文件：评价应当完整地记录它们所协商的目的和实施的设计、流程、数据与结果。

E2 内部元评价：评价者应当使用这些和其他合适的标准来检验评价设计、流程运用、信息收集和结果的问责。

E3 外部元评价：方案评价的赞助者、客户、评价者和其他利害关系人应当鼓励使用这些和其他合适的标准实施的外部元评价。

来源：方案评价标准第 3 部分，由 D.B.Yarbrough，L.M.Shulha，R.K.Hopson，&F.A.Caruthers（2011）编辑。[ 由教育评价标准联合委员会（the Joint Committee on Standards for Educational Evaluation）和公认的美国国家标准协会的标准开发（an ANSI-Accredited Standards Developer）批准。]Thousand Oaks，CA:Sage. 允许使用。

# 美国评价协会的评价者指导原则

**A. 系统地调查**：评价者实施系统的、以数据为基础的调查。

1. 为了确保他们产生的评价信息的精准性和可靠性，评价者应当坚持适合他们使用的方法的最高等级的技术标准。

2. 评价者应当与客户共同探讨各种评价问题和各种可能用于回答这些问题的方法的缺陷和优势。

3. 评价者应当准确表达他们的方法和充分的细节，从而使其他人能够理解、阐述和评论他们的工作。他们应当使评价及其结论的局限性清晰化。评价者应当用适当的方法讨论将会显著影响到解释评价调查结果的这些价值、假设、理论、方法、结论和分析。这些表述运用于评价的各个方面，从它的最初的概念到最终使用的结果。

**B. 能力**：评价者向利害关系人提供能力的绩效。

1. 评价者应当掌控（或者确保评价团队掌控）适合于承担评价任务的教育、能力、技能和经验。

2. 为确保识别、准确地解释和尊重分歧，评价者应当确保评价团队的成员共同表现出文化能力。文化能力反映于评价者寻求了解他们自己的以文化为基础的假设，在评价中他们对不同的文化参与者和利害关系人的世界观的理解，并且在与不同的文化群体共事中使用适当的评价策略和技能。分歧可能来源于种族、种族划分、性别、宗教、社会经济或者其他与评价背景相关的要素。

3. 评价者应当了解他们的专业训练和能力的局限性，并且应当拒绝实施在这些局限性之外大幅下降的评价。当佣金或者需求不合理或者不适当时，评价者应当澄清在评价过程中可能产生的任何显著的局限性。评价者应当努力获取直接能力或者通过掌握了所需专业技能的其他人的帮助。

4. 为了在评价中提供最高水准的绩效，评价者应当不断保持并完善他们的能力。这种持续的专业发展包括正式的课程和工作坊、自我学习、自我实践评价以及通过与其他评价者共事从他们那里学习技能和专业知识。

**C. 正直 / 诚实**：评价者在他们自身的行为中表现出的诚实和正直，尽力确保整个评价过程的诚实和正直。

1. 评价者应当与客户和相关利害关系人协商涉及成本、执行的任务、方法论的局限性、可能获取的结论的范围、源于特定评价数据的使用等方面的事宜。启动针对这些方面的讨论和澄清是评价者的主要责任，不是客户的主要责任。

2. 在接受评价任务之前，评价者应当公开他们作为评价者的角色可能引起利益冲突的任何作用或者关系（或者出现冲突）。如果他们继续从事评价，冲突应当在评价结论报告中进行清晰地阐述。

3. 评价者应当记录发生在最初商定的项目规划中的所有变化以及这些变化为什么会出现的原因。如果这些变化将显著地影响到评价的范围和可能的结论，那么评价者应当及时告知客户和其他重要利害关系人（在进行下一步工作之前，除非有充分的理由）有关这些变化的情况以及它们可能产生的影响。

4. 评价者应当厘清他们自身的、客户的和其他利害关系人有关评价的实施和结果的利益和价值观。

5. 评价者不应当歪曲他们的流程、数据或者调查结果。在合理的范围内，他们应当尽力阻止或者修改其他人错误地使用他们的成果。

6. 如果评价者确定某些流程或者活动可能对评价信息或者结论产生误导，那么他们有责任交流他们的关切和产生这些问题的原因。如果与客户的讨论不能解决这些关切，那么评价者应当延缓实施评价。如果延缓任务难以实行或者并不适当，那么评价者应当向同行或者相关的利害关系人就继续实施的其他可行路径进行咨询。（选择可能包括更高水平的讨论、提出异议的说明信或附件，或者拒绝签署最终文件。）

7. 评价者该当公开评价的全部资金来源和所有评价要求的来源。

**D. 尊重人：**评价者应当尊重回应者、方案参与者、客户以及其他评价利害关系人的安全、尊严和自我价值。

1. 评价者应当寻求对重要评价情境因素的全面理解。可能影响研究结论的情境要素包括地理位置、时效性、政治的和社会生态、经济条件和同一时期评价过程中的其他相关活动。

2. 评价者应当遵守当前的职业操守、标准和规则，涉及可能在参与评价过程中出现的风险、危害和负担；涉及评价参与的知情同意；涉及告知参与者和客户有关保密的范围和限制。

3. 因为源自评价的正当的否定性的或者批评性的结论必须被清晰地阐述，评价者有时会得出损害客户或者利害关系人利益的结论。在这种情况下，评价者应当寻求收益的最大化，尽可能减少可能发生的不必要的危害，这样一来就不会影响评价调查结果的真实性。当利益源自实施评价之时，评价者应当谨慎地进行判断，或者因为风险或损害而预先确定评价流程的实施。这些问题应当尽量在评价协商过程中进行预测。

4. 了解到评价可能对一些利害关系人的利益产生负面影响时，评价者应当在充分尊重利害关系人的尊严和自我价值的前提下实施评价并交流评价结论。

5. 可能的话，评价者在评价中应当竭力促进社会的公平，这样一来，那些热衷于评价的人们可能会从回报之中受益。例如，评价者应当寻求确保那些提供数据和承担风险的人心甘情愿地这样做，让他们完全了解获取评价收益的机会。方案参与者应当被告知他们接受服务的资格不会影响他们参与评价。

6. 评价者有责任理解和尊重参与者之间的差异性，例如他们的文化、宗教、残疾、年龄、性取向和种族并且在规划、实施、分析和报告评价之时对这些差异的潜在影响负责。

**E. 对公共福利负有责任：** 评价者清晰地阐述和重视可能与评价相关的公共利益和价值的多样性。

1. 在规划和报告评价之时，评价者应当包括所有利害关系人相关的观点和利益。

2. 评价者不仅仅应当考虑任何正在被评价的方案的直接运行和成果，也要考虑方案的广泛的假设、内涵和潜在的副作用。

3. 在一个民主国家信息自由是非常重要的。评价者应当允许所有相关利害关系人都能够通过尊重人和信守保密承诺的形式来获取评价信息。在资源允许的情况下，评价者应当积极地传播信息。为特定的利害关系人量身定制的沟通应当包括可能对利害关系人的利益产生影响的所有结论，以及向其他利害关系人介绍任何其他的定制的沟通。在所有情况下，评价者都应当竭力清晰地和简要地呈现结论，以便于客户和其他利害关系人理解评价过程和结论。

4. 评价者应当维持客户的需求和其他人的需求之间的平衡。评价者有必要掌控与资助评价或者提请评价的客户之间的特定的关系。由于这种关系，评价者必须竭力满足客户的合法需求，只要这样做是合理的和适当的。然而，当客户的利益与其他人的利益相冲突时，或者当客户的利益与在系统调查、胜任力、正直和尊重人等方面评价者的职责相冲突时，这种关系也会将评价者置于两难的境地。在这种情况下，评价者应当明确地界定和讨论与客户和相关利害关系人的冲突，在可能的情况下解决这些冲突，如果这些冲突无法解决，那么确定评价工作是否继续并且如果冲突不能解决，那么澄清评价中可能产生的显著的局限。

5. 评价者有责任兼顾公共利益。当评价者受到公共资金资助时，这些职责尤其重要；在任何评价中，清除对公共利益的威胁都是永远不能被忽视的。因为公共利益与任何特定群体的利益都是不相同的（包括客户或者资助者的利益），评价者通常必须超越对特定利害关系人的利益分析，并且将社会看作一个整体来考量它的福利。

来源：来源网址为 http://www.eval.org/Publications/GuidingPrinciples.asp，美国评价协会。最初于 1994 年被批准，2004 年由其成员批准修订。经过许可后使用。

# 参考文献

Abma,T.A.,&Stake,R.E.(2001).Stake' responsive evaluation: Core ideas and evolution. In J.C. Greene&T.A.Abma(Eds.), *Responsive evaluation*. New Directions for Program Evaluation, No. 92, 7-22.San Francisco: Jossey-Bass.

Alfholter,D.P.(1994). Outcome monitoring. In J.S.Wholey, H.P.Hatry.&K. E.Newcomer(Eds.) *Handbook of practical program evaluation*. San Francisco: Jossey-Bass.

Agar,M.(2000).Border lessons: Linguistic "rich points" and evaluative understanding. In R.K.Hopson(Ed.), *How and why language matters in evaluation*. New Directions for Evaluation, No.86, 93-109.San Francisco: Jossey-Bass.

Alkin, M.C. (1996). Evaluation theory development. *Evaluation comment*, 2, 2-7.

Alkin, M.C. (1991). Evaluation theory development: Ⅱ.In M.W.Mclaughlin&D. C.Phillips(Eds.) *Evaluation and education: At quarter century. Ninetieth Yearbook of the National Society for the Study of Education, Part Ⅱ*. Chicago: University of Chicago Press.

Alkin, M.C. (Ed.). (2004). *Evaluation roots: Tracing theorists' views and influences*. Thousand Oaks, CA: Sage.

Alkin, M.C. (2005).Utilization of evaluation. In S.Mathison(Ed.), *Encyclopedia of evaluation*. Thousand Oaks, CA: Sage.

Alkin, M.C. ,&Christie,C.A.(2004).An evaluation theory tree. In M.C.Alkin(Eds.), *Evaluation roots*(pp.12-65).Thousand Oaks, CA: Sage.

Alkin, M.C.,&Ellett,F.(1985). Evaluation models and their development. In T.Husèn&T.N. Postlethwaite(Eds.), *International encyclopedia of education: Research and studies*. Oxford: Pergamon.

Alkin, M.C.&House,E.(1992).Evaluation of programs. In M. Alkin(Ed.), *Encyclopedia of educational research.* New York: Macmillan.

Alkin, M.C.,Stecher,B.M.,&Geiger,F.L.(1982). *Title Ⅰ evaluation: Utility and factors influencing use.* Northridge, CA: Educational Evaluation Associates.

Altschuld,J.W.(2009). *The needs assessment kit.* Thousand Oaks, CA: Sage.

American Evaluation Association.(1995). *Guiding principles for evaluation.* In W.R.Shadish, D.L. Newman,M.A.Scheirer,&C.Wye(Eds.), *Guiding principles for evaluators.* New Directions for Program Evaluation,No.34,19-26.San Francisco: Jossey-Bass.

American Evaluation Association.(2002).*Position statement on high stakes testing in Pre K-12 Education.* Retrieved March 1, 2010 from http://www.eval.org/hst3.htm.

American Evaluation Association.(2004).*Guiding principles for evaluators.* Retrieved January 21, 2010 form http://www.eval.org/Publications/GuidingPrinciples.asp.

American Evaluation Association.(2006).*Public statement: Education accountability.* Retrieved May 29, 2009 from http://www.eval.org/edac.statement.asp.

American Evaluation Association.(2008).*AEA 2007/2008 Internal Scan Report to the Membership by Goodman Research Group.* Retrieved January 22, 2010 from http://www.eval.org/Scan /aea08.scan.report.pdf

Amie,M.(1995).The Australasian Evaluation Society. *Evaluation, Ⅰ , 124-125.*

Andersen,L.A.,&Schwandt,T.A.(2001).*Mainstreaming evaluation in society: Understanding the moral/political orientation of evaluation practice.* Paper presented at the annual meeting of the American Evaluation Association, St.Louis, MO.

Arens,S.A.,&Schwandt,T.A.(2000).Review of values in evaluation and social research. *Evaluation and Program Planning,23(3),261-276.*

Argyris,C.,&Schöen,D.A.(1978).*Organizational learning: A theory of action perspective.* Reading, MA: Addison-Wesley.

Babble,E.,Halley,F.S.,Wagner,W.E., Ⅲ , &Zaino,J.(2010). *Adventures in social research: Data analysis using SPSS 17.0 and 18.0 for Windows*(7th ed.).Thousand Oaks, CA: Sage.

Baker,A.,&Bruner,B.(2006).*Evaluation capacity and evaluative thinking in organizations*(Vol.6). Cambridge MA: Bruner Foundation, Inc.

Bandura,A.(1977.) *Social learning theory*. Englewood Cliffs, NJ: Prentice Hall.

Bandura,A.(1986.) *Social foundations of thought and action: A social cognitive theory*. Englewood cliffs, NJ: Prentice Hall.

Barbour,R.(2008.) *Doing focus groups. Qualitative research kit*. Thousand Oaks, CA: Sage.

Barnett,W.S.(1996). *Lives in the balance: Age 27 benefit cost analysis of the High Scope Perry Preschool Program*. Ypsilanti, MI: High/Scope Press.

Barnette,J.J.,&Sanders,J.R.(Eds.).(2003).*The mainstreaming of evaluation*. New Directions for Evaluation, No.99.San Francisco: Jossey-Bass.

Bell,J.B.(2004). Managing evaluation projects. In J.S.Wholey, H.P.Hatry,&K. E.Newcomer(Eds.), *Handbook of practical program evaluation*(2nd ed.) San Francisco: Jossey-Bass.

Bell,W.(1983).*Contemporary social welfare*. New York: Macmillan.

Belmont Report(1979). Department of Health, Education, and Welfare, The National Commission for the Protection of Human Subjects of Biomedical and Behavioral Research. http://ohsr. od.nih.gov/guidelines/Belmont.html.

Benjamin,L.M.,&Greene,J.C.(2009).From program to network:The evaluator's role in today's public problem-solving environment. *American Journal of Evaluation*,30(3),296-309.

Benkofske,M.(1994,November).*When the qualitative findings are negative*. Paper presented at the annual meeting of the American Evaluation Association, Boston.

Bernard,H.R.(2000).*Social research methods: Qualitative and quantitative approaches*. Thousand Oaks, CA: Sage.

Bernard,H.R.,&Ryan,G.W.(2010).*Analyzing qualitative data: Systematic approaches.* Thousand Oaks, CA: Sage.

Bickman,L.(Ed.).(1987). *Using program theory in evaluation.* New Directions for program Evaluation, No.33.San Francisco: Jossey-Bass.

Bickman,L.(Ed.).(1990). *Advances in program theory.* New Directions for Program Evaluation, No.47. San Francisco: Jossey-Bass.

Bickman,L.(2002).The death of treatment as usual: An excellent first step on a long road. *Clinical Psychology.*9(2),195-199.

Bloom,B.S.,Engelhart,M.D.,Furst,E.J.,Hill,W.H.,&Krathwohl,D.R.(1956). *Taxonomy of educational objectives: Handbook* Ⅰ. *Cognitive domain.* New York: David McKay.

Bloom,B.S.,Hastings,J.T.,&Madaus,G.F.(1971). *Handbook of formative and summative evaluation of student learning.* New York: McGraw-Hill.

Boruch,R.(2007). Encouraging the flight of error: Ethical standards, evidence standards, and randomized trials. In G.Julnes&D.J.Rog(Eds.), *Informing federal policies on evaluation methodology: Building the evidence base for method choice in government sponsored evaluation.* New Direction for Evaluation,No.113,55-74. San Francisco: Jossey-Bass.

Botcheva,L.,Shih,J.,&Huffman,L.C.(2009).Emphasizing cultural competence in evaluation: A process-orientated approach. *American Journal of Evaluation*, 30(2),176-188.

Brandon,P.R.(1998).Stakeholder participation for the purpose of helping ensure evaluation validity: Bridging the gap between collaborative and non-collaborative evaluations. *American Journal of Evaluation*, 19, 325-337.

Brandon,P.R.(2005).Using test standard-setting methods in educational program evaluation: Assessing the issue of how good is good enough. *Journal of Multidisciplinary Evaluation*, 3,1-29.

Brandon,P.R.,Taum.A.K.H.,Young,D.B.,Pottenger,F.M., Ⅲ ,&Speitel,T. w.(2008).The complexity of measuring the quality of program implementation with observations: The case of middle school inquiry-based science. *American Journal of Evaluation*, 29(2),235-250.

Braverman,M.T.(1996). Sources of survey error: Implications for evaluation studies. In M.T. Braverman&J.K.Slater(Eds.), *Advances in survey research*. New Directions for Evaluation.No.70, 17-28.San Francisco: Jossey-Bass.

Braverman,M.T.,&Slater,J.K.(1996). *Advances in survey research*. New Directions for Evaluation, No.70.San Francisco: Jossey-Bass.

Brinkerhoff,R.O.(2003).*The success case method: How to quickly find out what's working and what's not*. San Francisco: Berrett Kohler.

Brinkerhoff,R.O.,Brethower,D.M.,Hluchyj,T.,&Nowakowski,J.R.(1983). *Program evaluation: A practitioner s guide for trainers and educators*. Boston: Kluwer-Nijhoff.

Brittingham,B.(2009). Accreditation in the United States: How did we get to where we are? In P.M.O'Brian(Ed.), *Accreditation: Assuring and enhancing quality*. New Directions in Higher Education, No.145,7-27.San Francisco: Jossey-Bass.

Buchanan,G.N.,&Wholey,J.S.(1972). Federal level evaluation. *Evaluation*, 1, 17-22.

Buckley,J.,&Schneider,M.(2006).Are charter school parents more satisfied with schools? Evidence from Washington, DC. *Peabody Journal of Education*, 81(1), 57-78.

Callhoun,E.F.(1994). *How to use action research in the self-renewing school*. American Society for Curriculum Development.

Callhoun,E.F.(2002). Action research for school improvement. *Educational Leadership*,59 (6),18- 25.

Campbell,D.(1969a).Ethnocentrism of disciplines and the fish-scale model of omniscience. In M.Sheriff&C.Sherif(Eds.), *Inter-disciplinary relationships in the social sciences*. Chicago: Aldine.

Campbell,D.T.(1969b). Reforms as experiments. *American Psychologist*, 24,409-429.

Campbell,D.T.(1984). Can we be scientific in applied social science? In

R.F.Conner,D.G.Altman, &C.Jackson(Eds.), *Evaluation studies review annual* (Vol.9). Beverly Hills, CA: Sage.

Campbell,D.T.,&Stanley,J.C.(1996). *Experimental and quasi-experimental designs for research*. Chicago: Rand McNally.

Canaidian Evaluation Society.(1992).Standards for program evaluation in Canada: A discussion paper. *Canadian Journal of Program Evaluation*, 7,157-170.

Caracelli,V.J.,&Greene,J.C.(1997). Crafting mixed-method evaluation designs. In J.C.Greene&V.J. Caracelli(Eds.), *Advances in mixed-method evaluation: The challenges and benefits of integrating diverse paradigms*. New Directions for Program Evaluation, No.74.San Francisco: Jossey-Bass.

Carman,J.G.,Fredericks,K.A.,&Intorcaso,D.(2008). Government and accountability: Paving the way for nonprofits and evaluation. In J.G.Carman&K. A.Fredericks(Eds.), *Nonprofits and evaluation. New Directions for Evaluation*, No. 119, 5-12. San Francisco: Jossey-Bass.

Caro,F.G.(Ed.).(1971). *Readings in evaluation research*. New York: Russell Sage.

Carr,W.,&Kemmis,S.(1992). *Becoming critical: Education, knowledge, and action research*. London: Falmer.

Chelimsky,E.(1994). Evaluation: Where are we? *Evaluation Practice*,15,339-345.

Chelimsky,E.(1997). The coming transformations in evaluation. In E.Chelimsky&W.R.Shadish (Eds), *Evaluation for the 21st Century: A handbook*. Thousand Oaks, CA: Sage.

Chelimsky,E.(1998). The role of experience in formulating theories of evaluation practice. *American Journal of Evaluation*, 20, 35-56.

Chelimsky,E.(2001).What evaluation could do to support foundations: A framework with nine component parts. *American Journal of Evaluation*, 22(1)13-28.

Chelimsky,E.(2006).The purposes of evaluation in a democratic society. In I.F.Shaw.J.C.Greene,& M.M.Mark(Eds.), *The Sage handbook of evaluation*. Thousand Oaks, CA: Sage.

Chelimsky,E.(2007). Factors influencing the choice of methods in federal evaluation practice. In G.Julnes&D.J.Rog(Eds.), *Informing federal policies on evaluation methodology: Building the evidence base for method choice in government sponsored evaluation*. New Directions for Evaluation, No.113,13-34. San Francisco: Jossey-Bass.

Chelimsky,E.(2008). A clash of cultures: Improving the "fit" between evaluative independence and the political requirements of a democratic society. *American Journal of Evaluation*, 29, 400-415.

Chelimsky,E.,&Shadish,W.R.(1997). *Evaluation for the 21st century: A handbook*. Thousand Oaks, CA: Sage.

Chen,H.T.(1990). *Theory-driven evaluation*. Newbury Park, CA: Sage.

Chen,H.T.(1994). Current trends and future directions in program evaluation. *Evaluation Practice*, 15, 229-238.

Chen,H.T.(1996). A comprehensive typology for program evaluation. *Evaluation Practice*, 17,121 -130.

Chen,H.T.&Rossi,P.H.(1980). The multi-goals, theory-driven approach to evaluation: A model linking basic and applied social science. *Social Forces*, 59, 106-122.

Chen,H.T.,&Rossi,P.H.(1983). Evaluation with sense: The theory-driven approach. *Evaluation Review*, 7, 283-302.

Chinman,M.,Hunter,S.B.,Ebener,P.,Paddock,S.,Stillman,L.,Imm,P.,&Wanderman,A.(2008). The Getting To Outcomes demonstration and evaluation: An illustration of the prevention support system. *American Journal of Community Psychology*, 41(3-4),206-224.

Christie,C.A.(2003).What guides evaluation? A study of how evaluation practice maps onto evaluation theory, In C.A.Chritie(Ed.), *The practice-theory relationship in evaluation*. New Directions for Evaluation.No.9, 7-36. San Francisco: Jossey-Bass.

Christie,C.A.,&Barela,E.(2008). Internal evaluation in a large urban school district: A Title Ⅰ best practice study. *American Journal of Evaluation*, 29(4), 531-546.

Christie,C.,&Conner,R.F.(2005). A conversation with Ross Conner: The Colorado Trust Community-Based Collaborative Evaluation. *American Journal of Evaluation*, 26, 369-377.

Christie,C.,&Preskill,H.(2006). Appreciative Inquiry as a method for evaluation: An interview Hallie Preskill. *American Journal of Evaluation*, 27(4), 466-474.

Chubb,J.E.,&Moe,T.M.(1990). *Politics, markets, and America's schools.* Washington, DC: Brookings Institute.

Compton,D.W.,&Baizerman,M.(2007). Defining evaluation capacity building. *American Journal of Evaluation*, 28(2), 118-119.

Compton,D.W.,&Baizerman,M.,&Stockdill,S.H.(Eds.).(2002). *The art, craft, and science of evaluation capacity building.* New Directions for Evaluation. San Francisco: Jossey-Bass.

Compton,D.W.,Glover-Kudon,R.,Smith,I.E.,&Avery,M.E.(2002).Ongoing capacity building in the American Cancer Society(ACS)1995-2001. In D.W. Compton, M. Braizerman,&S.H. Stockdill(Eds.), *The art, craft, and science of evaluation capacity building.* New Directions for Evaluation, No.93, 47-62.San Francisco: Jossey-Bass.

Converse,P.D.,Wolfe,E.W.,Huang,X.,&Oswald,F.L.(2008).Response rates for mixed-mode surveys using mail and e-mail/web. *American Journal of Evaluation*, 29(1), 99-107.

Cook,D.L.(1996). *Program evaluation and review technique: Applications in education* (Monograph no.17). Washington, DC: U.S. Office of Education Cooperative Research.

Cook,T.D.(1997). Lesson learned in evaluation over the past 25 years. In E.Chelimsky&W.R. Shadish(Eds.),Evaluation for the 21st century: A handbook. Thousand Oaks, CA: Sage.

Cook,T.D.,&Campbell,D.T.(1979). *Quasi-experimentation: Design an analysis issue for field settings.* Skokie, IL; Rand McNally.

Cooksy,L.J.(2000).Commentary: Auditing the off-the-record case. *American Journal of Evaluation*, 21, 122-128.

Cousins,J.B.(2003). Utilization effects of participatory evaluation. In T.Kellaghan, D.L. Stufflebeam,&L.A.Wingate(Eds.), *International handbook of educational evaluation*(pp. 245-266). Dordrecht, The Netherlands: Kluwer Academic.

Cousins,J.B.(2005). Will the real empowerment evaluation please stand up? A critical friend perspective. In D.M.Fetterman&A.Wandersman(Eds.), *Empowerment evaluation principles in practice*,pp.183-208.New York: Guilford.

Cousins,J.B.,Donohue,J.J.,&Bloom,G.A.(1996). Collaborative evaluation in North America: Evaluators' self-reported opinions, practices, and consequences. *Evaluation Practice*, 17(3), 207-226.

Cousins,J.B.,&Earl,L.M.(1992).The case for participatory evaluation. *Educational Evaluation and Policy Analysis*, 14(4), 397-418.

Cousins,J.B.,&Earl,L.M.(Eds.).(1995). *Participatory evaluation in education : Studies in evaluation use and organizational learning*. London: Falmer.

Cousins,J.B.,&Leithwood,K.A.(1986).Current empirical research on evaluation utilization. *Review of Education Research*, 56, 331-364.

Cousins,J.B.,&Shula,L.M.(2006). A comparative analysis of evaluation utilization and its cognate fields of inquiry: Current issues and trends. In I.F.Shaw,J.C.Greene,&M. M.Mark(Eds.), *The Sage handbook of evaluation*(pp.266-291).Thousand Oaks, CA: Sage.

Cousins,J.B.,&Shula,L.M.(2008). Complexities in setting program standards in collaborative evaluation. In N.L.Smith&P.R.Brandon(Eds.), *Fundamental issues in evaluation*( pp. 139-158). New York: Guilford.

Cousins,J.B.,&Whitmore,E.(1998). Framing participatory evaluaton. In E. Whitmore (Ed.), *Understanding and practicing participatory evaluation*. New Directions for Evaluation, No.80, 5-23.San Francisco: Jossey-Bass.

Covert,R.W.(1992,November). *Successful competencies in preparing professional evaluators*. Paper presented at the annual meeting of the American Evaluation Association, Seattle, WA.

Cox,J.(2007). *Your opinion please: How to build the best questionnaires in the field of education* (2nd ed.).Thousand Oaks, CA: Sage.

Crary,D.(2010,February 4). Child-abuse crackdown makes huge dent in cases. *Denver Post*, pp.1, 9a.

Creswell,J.W.(2009). *Research design: Qualitative, quantitative, and mixed methods approaches* (3rd ed.).Thousand Oaks, CA: Sage.

Cronbach,L.J.(1963). Course improvement through evaluation. *Teachers College Record*,64,672- 683.

Cronbach,L.J.(1982). *Designing evaluations of educational and social programs*. San Francisco: Jossey-Bass.

Cronbach,L.J.,Ambron,S.R.,Dornbusech,S.M.,Hess,r.d.,Hornik,R.C.,Phillips,D. C.,Walker,D.F.,&Weiner,S.S.(1980). *Toward reform of program evaluation*. San Francisco: Jossey-Bass.

Cullen,A.(2009).*The politics and consequences of stakeholder participation on international development evaluation*. Unpublished doctoral dissertation, Western Michigan University.

Dahler-Larsen,P.(2003).The political in evaluation. *E-journal Studies in Educational Policy and Educational Phiolsophy,1*.http://www.upi.artisan,se.

Dahler-Larsen,P.(2006). Evaluation after disenchantment? Five issues shaping the role of evaluation in society. In I.F.Shaw,J.C.Greene,&M.M.Mark(Eds.), *The Sage handbook of evaluation*. Thousand Oaks, CA: Sage.

Datta,L.(1999).The ethics of evaluation neutrality and advocacy. In J.L.Fitzpatrick&M.Morris (Eds.), *Current and emerging ethical challenges in evaluations*. New Directions for Evaluation, No.82, 77-88.San Francisco: Jossey-Bass.

Datta,L.(2006). *The practice of evaluation*: Challenges and new directions. In I.F.Shaw,J.C.Greene, &M.M.Mark(Eds.),*The Sage handbook of evaluation*. Thousand

Oaks, CA: Sage.

Datta,L.(2007). Looking at the evidence: What variations in practice might indicate.In G.Julnes&D.J.Rog(Eds.), *Informing federal policies on evaluation methodology: Building the evidence base for method choice in government sponsored evaluation*. New Directions for Evaluation, No.113, 35-54. San Francisco: Jossey-Bass.

Datta,L.E.,&Miller,R.(2004).The professional development of Lois-Ellin Datta. *American Journal of Evaluation*, 25, 243-253.

Davidson,J.(2005). Criteria. In S.Mathison(Ed.), *Encyclopedia of evaluation*, p.91. Thousand Oaks, CA: Sage.

Davidson,J.(2010). Posting on evaluation discussion. American Evaluation Association. Thought leaders.1/20/2010.

deLeeuw,E.D.,Hox,J.J.,&Dillman,D.A.(2008). *International handbook of survey methodology*. Psychology Press.

deLeon,I.,&Denhardt,R.(2000). The political theory of reinvention. *Public Administration Review*, 60(1),89-97.

Denzin,N.K.,&Lincoln,Y.S.(Eds.).(2005). *The Sage handbook of qualitative research* (3rd ed.). Thousand Oaks, CA: Sage.

Dewey,J.D.,Montrosse,B.E.,Shroter,D.C.,Sullins,C.D.,&Mattox,J.R.(2008). Evaluator competencies: What's taught versus what's sought. *American Journal of Evaluation*, 29, 268-287.

Dickeson,R.C.(2006).The need for accreditation reform. Retrieved from http://www.ed.gov/ about/ bdscomm/list/hiedfuture/reports/dickeson.pdf.June 1,2010.

Dillman,D.A.,Smyth,J.,&Christian,L.M.(2009). *Internet, mail, and mixed-mode surveys: The tailored design method*(3rd ed.).Hoboken, NJ: John Wiley.

Dillman,D.A.,&Tarnai,J.(1991). Mode effects of cognitively-designed recall questions: A comparison of answers to telephone and mail surveys. In P.P.Biemer,R. M.Brover,L.E. Lyberg,N.A.Mathiowetz,&S.Sudman(Eds.), *Measurement errors in surveys*. New York: Wiley.

Dodson,S.C.(1994). *Interim summative evaluation: Assessing the value of a long term or ongoing program, during its operation.* Unpublished doctoral dissertation, Western Michigan University, Kalamazoo.

Donaldson,S.E.,&Scriven,M.(Eds.).(2003). *Evaluating social programs and problem: Visions for the new millenniums.* Mahwah, NJ: Erlbaum.

Donaldson,S.I. (2007). *Program theory-driven evaluation science: Strategies and applications.* New York: Erlbaum.

Donmoyer,R.(2005).Connoisseurship.In S.Matthison(Ed.), *Encyclopedia of evaluation.* Thousand Oaks, CA: Sage.

Duignan,P.(2003).Mainstreaming evaluation or building evaluation capability? Three key elements. In J.J.Barnette&J.R.Sanders(Eds.), *The mainstreaming of evaluation.* New Directions for Evaluation, No.99, 7-22. San Francisco: Jossey-Bass.

Eden,C.,&Ackermann,F.(1998). *Making strategy: The journey of strategic management.* London: Sage.

Eisner,E.W.(1975,April). *The perceptive eye: Toward the reformation of educational evaluation.* Invited address at the American Educational Research Association, Washington, DC.

Eisner,E.W.(1976). Educational connoisseurship and criticism: Their form and function in educational evaluation. *Journal of Aesthetic Education*, 10, 135-150.

Eisner,E.W.(1979a). *The educational imagination: On the design and evaluation of school program.* New York: Macmillan.

Eisner,E.W.(1979b). The use of qualitative forms of evaluation for improving educational practice. *Educational Evaluation and Policy Analysis*, 1, 11-19.

Eisner,E.W.(1985). *The art of educational evaluation: A personal view.* Philadelphia, PA: The Falmer Press.

Eisner,E.W.(1991a). Taking a second look: Educational connoisseurship revisited. In M.W. McLaughlin&D.C.Phillips(Eds.), *Evaluation and education: At quarter century.* Ninetieth Yearbook of the National Society for the Study of Education, Part Ⅱ.

Chicago: University of Chicago Press.

Eisner,E.W.(1991b).*The enlightened eye: Qualitative inquiry and the enhancement of educational practice*. New York: Macmillan.

Eisner,E.W.(2004). The roots of connoisseurship and criticism: A personal journey. In M.C.Alkin (Ed.), *Evaluation roots*. Thousand Oaks, CA: Sage.

Elliott,J.(2005).Action research. In S.Mathison(Ed.), *Encyclopedia of evaluation*. Thousand Oaks, CA: Sage.

Evaluation Research Society Standards Committee.(1982). Evaluation Research Society standards for program evaluation. In P.H.Rossi(Ed.), *Standards for evaluation practice*. New Directions for Evaluation, No.15, 7-19. San Francisco: Jossey-Bass.

Fals-Borda,O.,&Anisur-Rahman,M.(1991). *Action and knowledge: Breaking the monopoly with participatory action research*. New York: Apex Press.

Fetterman,D.M.(1994). Empowerment evaluation.1993 presidential address. *Evaluation Practice*, 15,1-15.

Fetterman,D.M.(1996). Empowerment evaluation: An introduction to theory and practice. In D.M.Fetterman,S.Kaftarian,&A.Wandersman(Eds.) *Empowerment evaluation: Knowledge and tools for self-assessment and accountability*. Thousand Oaks, CA: Sage.

Fetterman,D.M.(2001a). *Foundation of empowerment evaluation*. Thousand Oaks, CA: Sage.

Fetterman,D.M.(2001b). The transformation of evaluation into a collaboration: A vision of evaluation in the 21st century. *American Journal of Evaluation*, 22(3), 381-385.

Fetterman,D.M.(2005). In response to Drs. Patton and Scriven. *American Journal of Evaluation*, 26(3), 418-420.

Fetterman,D.M.,Kaftarian,S.,and Wandersman,A.(Eds.).(1996). *Empowerment evaluation: Knowledge and tools for self-assessment and accountability*. Thousand Oaks, CA: Sage.

Fetterman,D.M.,&Wandersman,A.(Eds.).(2005). *Empowerment evaluation principles in practice.* New York: Guilford.

Fetterman,D.M.,&Wandersman,A.(2007). Empowerment evaluation: Yesterday, today, and tomorrow. *American Journal of Evaluation*, 28(2), 179-198.

Fink,A.(2008). *How to conduct survey: A step-by-step guide*(4th ed.). Thousand Oaks, CA: Sage.

Fischer,C.T.,&Wertz,F.J.(2002). Empirical phenomenological analyses of being criminally vicimized. In A.M.Huberman&M.B.Miles(Eds.), *The qualitative researcher's companion.* Thousand Oaks, CA: Sage.

Fitzpatrick,J.L.(1988). *Alcohol education programs for drunk drivers.* Colorado Springs: Center for Community Development and Design.

Fitzpatrick,J.L.(1989). The politics of evaluation with privatized programs: Who is the audience? *Evaluation Review*, 13, 563-578.

Fitzpatrick,J.L.(1992). Problem in the evaluation of treatment programs for drunk drivers: Goals and outcomes. *Journal of Drug Issues*, 22, 155-167.

Fitzpatrick,J.L.(1994). Alternative models for the structuring of professional preparation programs. In J.W.Altschuld&M.Engle(Eds.), *The preparation of professional evaluators: Issues, perspectives, and programs.* New Directions for Program Evaluation, No.62, 41-50. San Francisco: Jossey-Bass.

Fitzpatrick,J.L.(1999). Ethics in disciplines and professions related to evaluation. In J.L.Fitzpatrick&M.Morris(Eds.), *Current and emerging ethical challenges in evaluation.* New Directions for Evaluation, No.82. San Francisco: Jossey-Bass.

Fitzpatrick,J.L.(2004). Exemplars as case studies: Reflections on the link between theory, practice, and context. *American Journal of Evaluation*, 25, 541-559.

Fitzpatrick,J.L.(2005). Informed consent. In S.Mathison(Ed.), *Encyclopedia of evaluation.* Thousand Oaks, CA: Sage.

Fitzpatrick,J.L.,&Bickman,L.(2002). Evaluation of the Ft. Bragg and Stark Country system of care for children and adolescents: A dialogue with Len Bickman.

*American Journal of Evaluation*, 23, 67-80.

Fitzpatrick,J.L.,&Bledsoe,K.(2007). Evaluation of the Fun with Books Program: A dialogue with Katrina Bledsoe. *American Journal of Evaluation*, 28, 522-535.

Fitzpatrick,J.L.,&Donaldson,S.I.(2002). Evaluation of the Work and Health Initiative: A dialogue with Stewart Donaldson. *American Journal of Evaluation*, 23, 347-365.

Fitzpatrick,J.L.,&Fetterman,D.(2000). The evaluation of the Stanford Teacher Education Program (STEP): A dialogue with David Fetterman. *American Journal of Evaluation*, 20, 240-259.

Fitzpatrick,J.L.,&Greene,J.(2001). Evaluation of the Natural Resources Leadership Program: A dialogue with Jennifer Greene. *American Journal of Evaluation*, 22, 81-96.

Fitzpatrick,J.L.,&Hanry,G.(2000). The Georgia Council for School Performance and its performance monitoring system: A dialogue with Gary Henry. *American Journal of Evaluation*, 21, 105-117.

Fitzpatrick,J.L.,&King,J.A.(2009). Evaluation of the special education program at the Anoka- Hennepin School District: An interview with Jean A. King. In J. Fitzpatrick, C. Christie,& M. M. Mark(Eds.), *Evaluation in action*(pp.183-210). Thousand Oaks, CA: Sage.

Fitzpatrick,J.L.,&Miller-Stevens,K.(2009). A case study of measuring outcomes in an MPA program. *Journal of Public Affairs Education*, 15(1), 17-31.

Fitzpatrick,J.L.,&Riccio,J.A.(1997). A dialogue about an award-winning evaluation of GAIN: A welfare-to-work program. *Evaluation Practice*, 18, 241-252.

Fitzpatrick,J.L.,&Rog,D.J.(1999). The evaluation of the Homeless Families Program. A dialogue with Debra Rog. *American Journal of Evaluation*, 20, 562-575.

Flexner,A.(1910). *Medical education in the United States and Canada* (Bulletin no.4). New York: Carnegie Foundation for the Advancement of Teaching.

Flexner,A.(1960). *Abraham Flexner: An autobiography*. New York: Simon & Schuster.

Floden, R.E. (1980). Flexner, accreditation, and evaluation. In G.F.Madaus,M. Scriven,&D.L. Stufflebeam(Eds.), *Evaluation models: Viewpoints on educational and human services evaluation*. Boston: Kluwer-Nijhoff.

Fontana,A.,&Frey,J.H.(2000). Interviewing: From structured questions to negotiated text. In N.K. Denzin&Y.S.Lincoln(Eds.), *Handbook of qualitative research*. Thousand Oaks, CA: Sage.

Frankfort-Nachmias,C.,&Nachmias,D.(2008). *Research methods in the social sciences*(7th ed.). New York: Worth Publishers.

Frechtling,J.A.(2002). *The 2002 user-friendly handbook for project evaluation*. Arlington,VA: National Science Foundation.

Freire,P.(1970). *Pedagogy of the oppressed*. New York: Seabury Press.

Freire,P.(1982). Creating alternative research methods: Learning to do it by doing it. In B.Hall,A. Gillettte,&R.Tandon(Eds.), *Creating knowledge: A monopoly. Participatory research in development*. New Delhi: Society for Participatory Research in Asia.

Fricker,R.D.,&Schonlau,M.(2002). Advantages and disadvantages of Internet research surveys: Evidence form the literature. *Field Methods*, 14, 347-367.

Frierson,H.,Hood,S.,&Hughes,S.(2002). Strategies that address culturally responsive evaluation. In J.Frechtling(Ed.), *The 2002 user-friendly handbook of project evaluation*. Arlington, VA: National Science Foundation.

Gephart,W.J.(1978). *The facets of the evaluation process: A starter set. Unpublished manuscript*. Bloomington, IN: Phi Delta Kappan.

Gilmour,J.B.,&Davis,D.E.(2006). Does performance budgeting work? An examination of the Office of Management and Budget's PART scores. *Public Administration Review*,66,742- 752.

Girard,G.,&Impar,J.C.(2005). Making the cut: The cut score setting process in a public school district. *Applied Measurement in Education*, 18(3),289-232.

Gitomar,D.(2007). *Teacher quality in a changing policy landscape: Improvements in the teacher pool*. Princeton, NJ: Educational Testing Service.

Godfrey-Smith,P.(2003). *An introduction to the philosophy of science*. Chicago: University of Chicago Press.

Goldring,E.B.,&Shapira,R.(1993). Choice, empowerment, and involvement: What satisfies parents? *Educational Evaluation and Policy Analysis*, 15, 396-409.

Goodlad,J.(1979). *What schools are for*. Bloomington IN: Phi Delta Kappa Educational Foundation.

Gore,A.(1993). *From red tape to results: Creating a government that works better and costs less: The report of the National Performance Review*. New York: Plume.

Greene,J.C. (1987). Stakeholder participation in evaluation design: Is it worth the effort? *Evaluation and program Planning*, 10, 379-394.

Greene,J.C. (1988). Stakeholder participation and utilization in program evaluation. *Evaluation Review*, 12, 91-116.

Greene,J.C.(1997). Evaluation as advocacy. *Evaluation Practice*, 18, 25-35.

Greene,J.C.(2000). Challenges in practicing deliberative democratic evaluation. In K.E.Ryan and L.DeStefano(Eds.), *Evaluation as a democratic process: Promoting inclusion, dialogue, and deliberation*. New Directions for Evaluation, No.85, pp. 13-26. San Francisco: Jossey- Bass.

Greene,J.C. (2005). Mixed methods. In S.Mathison(Ed.), *Encyclopedia of evaluation*. Thousand Oaks, CA: Sage.

Greene,J.C.(2006). Evaluation, democracy, and social change. In I. F. Shaw, J.C. Greene, &M.M.Mark (Eds.), *The Sage handbook of evaluation*. London: Sage Publications.

Greene,J.C.(2008). Memories of a novice, learning from a master. *American Journal of Evaluation*, 29(3), 322-324.

Greene,J.C.,&Abma,T.(Eds.).(2001). *Responsive evaluation*. New Directions for Evaluation. No. 92.San Francisco: Jossey-Bass.

Greene,J.C.,&Caracelli,V.J.(Eds.).(1997). *Advances in mixed-method evaluation:*

*The challenges and benefits of integrating diverse paradigms.* New Directions for Program Evaluation, No. 74. San Francisco: Jossey-Bass.

Greene,J.C.,&Henry,G.T.(2005). Qualitative-quantitative debate in evaluation. In S. Mathison(Ed.), *Encyclopedia of evaluation.* Thousand Oaks, CA: Sage.

Greene,J.C.,Lipsey,M.W.,Schwandt,T.A.,Smith,N.L.,&Tharp,R.G.(2007). Method choice: Five discussant commentaries. In G.Julnes&D.J.Rog(Eds.), *Informing federal policies on evaluation methodology: Building the evidence based for method choice in government sponsored evaluation.* New Directions for Evaluation, No. 113,111-128.San Francisco: Jossey-Bass.

Greiner,J.M.(2004).Trained observer ratings.In J.S.Wholey,H.P.Hatry,& K.E.Newcomer(Eds.), *Handbook of practical program evaluation*(2nd ed.). San Francisco: Jossey-Bass.

Guba,E.G.(1969). The failure of educational evaluation. *Educational Technology,* 9, 29-38.

Guba,E.G.,&Lincoln,Y.S.(1981). *Effective evaluation.* San Francisco: Jossey-Bass.

Guba,E.G.,&Lincoln,Y.S.(1985). *Naturalistic inquiry.* Beverly Hills, CA: Sage.

Guba,E.G.,&Lincoln,Y.S.(1989). *Fourth generation evaluation.* Thousand Oaks, CA: Sage.

Guba,E.G.,&Lincoln,Y.S.(1994). Competing paradigms in qualitative research. In N.K.Denzin&Y. S.Lincoln(Eds.), *Handbook of qualitative research.* Thousand Oaks, CA: Sage.

Hall,B.L.(1992). From margins to center? The development and purpose of participatory research. *American Sociologist*, 3, 15-28.

Hammond,R.L.(1973).Evaluation at the local level. In B.R.Worthen&J.R.Sanders, *Educational evaluation: Theory and practice.* Belmont, CA: Wadsworth.

Hanssen,C.E.,Lawrenz,F.,&Dunet,D.O.(2008). Concurrent meta-evaluation: A critique. *American Journal of Evaluation,* 29(4), 572-582.

Hebert,Y.M.(1986).Naturalistic evaluation in practice: A case study. In

D.D.Williams(Ed.), *Naturalistic evaluation*. New Directions for Program Evaluation, No. 30, 3-21. San Francisco: Jossey-Bass.

Hendricks,M.,&Conner,R.F.(1995). International perspectives on the Guiding Principles. In W.R. Shadish,D.L.Newman,M.A.Scheirer,&C.Wye(Eds.), *Guiding principles for evaluators*. New Directions for Program Evaluation, No. 66,77-90. San Francisco: Jossey-Bass.

Hendricks,M.,Plantz,M.C.,&Pritchard,K.J.(2008).Measuring outcomes of United Way-funded programs: Expectations and reality. In J.G.Carman&K.A.Fredericks(Eds.), *Nonprofits and evaluation*. New Directions for Evaluation, No. 119, 13-35. San Francisco: Jossey-Bass.

Henry.G.T.(1990).*Practical sampling*. Newbury Park, CA: Sage.

Henry.G.T.(1996). Dose the public have a role in evaluation? Surveys and democratic discourse.In M.T.Braverman&J.K.Slater(Eds.), *Advances in survey research*. New Directions for Program Evaluation, No. 70, 3-16. San Francisco: Jossey-Bass.

Henry,G.T.(Ed.).(1997). *Creating effective graphs: Solutions for a variety of evaluation data*. New Directions for Evaluation, No. 73. San Francisco: Jossey-Bass.

Henry.G.T.(2000). Why not use? In V.J.Caracelli&H.Preskill(Eds.), *The expanding scope of evaluation use*. New Directions for Evaluation, No. 88,85-98. San Francisco: Jossey-Bass.

Henry,G.T.,&Mark,M.M.(2003).Beyoud use: Understanding evaluation's influence on attitudes and actions. *American Journal of Evaluation*, 24(3), 293-314.

Heron,J.(1981).Validity in co-operative inquiry. In P.Reason(Ed.), *Human inquiry in action*. London: Sage.

Hodgkinson,H.,Hurst,J.,&Levine,H.(1975). *Improving and assessing performance: Evaluation in higher education*. Berkeley, CA: University of California Center for Research and Development in Higher Education.

Honea,G.E.(1992). *Ethics and public sector evaluators: Nine case studies*. Unpublished doctoral dissertation. University of Virginia, Department of Education

Studies.

Hood,S.L.(2000). Commentary on deliberative democratic evaluation. In K.E.Ryan&L.Destefano (Eds.), *Evaluation as a democratic process: Promoting inclusion, dialogue, and deliberation*. New Directions for Evaluation, No. 83. San Francisco: Jossey-Bass.

Hood,S.L.(2001). Nobody knows my name: In praise of African American evaluators who were responsive. In J.C.Greene&T.A.Abma(Eds.), *Responsive evaluation*. New Direction for Evaluation, No.92.San Francisco: Jossey-Bass.

Hood,S.L.(2005). Culturally responsive evaluation. In S.Mathison(Ed.), *The encyclopedia of evaluation*. Thousand Oaks, CA: Sage.

Horst,P.,Nay,J.N.,Scanlon,J.W.,&Wholey,J.S.(1974). Program management and the federal evaluator. *Public Administration Review*, 34, 300-308.

House,E.R.(1980). *Evaluating with validity*. Beverly Hills, CA: Sage.

House,E.R.(1990). Methodology and justice. In K.A.Sirotnik(Ed.), *Evaluation and social justice: Issues in public education*. New Directions for Program Evaluation, No. 45, 23-36. San Francisco: Jossey-Bass.

House,E.R.(1993). *Professional evaluation*. Newbury Park, CA: Sage.

House,E.R.(2001a). Responsive evaluation (and its influence on deliberative democratic evaluation). In J.C.Greene&T.A.Abma(Eds.), *Responsive evaluation*. New Directions for Evaluation, No. 92, 23-30. San Francisco: Jossey-Bass.

House,E.R.(2001b). Unfinished business: Causes and values. *American Journal of Evaluation*, 22, 309-316.

House,E.R.,&Howe, K.R. (1999). *Values in evaluation and social research*. Thousand Oaks, CA: Sage.

House,E.R.,&Howe, K.R. (2000). Deliberative democratic evaluation. In K.E.Ryan&L.DeStefano (Eds.), *Evaluation as a democratic process: Promoting inclusion, dialogue, and deliberation*. New Directions for Evaluation, No.85,3-12. San Francisco, CA: Jossey-Bass.

Howe,K.R.(1988). Against the quantitative-qualitative incompatibility thesis（or dogmas die hard）. *Educational Researchers*, 17(8), 10-16.

Hoxby,C.M.(2000). Dose competition among public schools benefit students and taxpayers? *American Economic Review,* 90, 1209-1238.

Huberman,A.M.,&Cox,P.L.(1990). Evaluation utilization: Building links between action and reflections. *Studies in Educational Evaluation*, 16, 157-179.

Huberman,A.M.,&Miles,M.B.(2002). *The qualitative researcher's companion.* Thousand Oaks, CA: Sage.

Humphreys,L.(1975). *Tearoom trade: Impersonal sex in public places.* Chicago: Aldine.

Hurworth,R.(2005). Document analysis. In S.Mathison(Ed.), *Encyclopedia of evaluation.* Thousand Oaks, CA: Sage.

Huxley,E.(1982). *The flame trees of Thika: Memories of an African childhood.* London: Chatto& Windus.

International Organization for Coordination in Evaluation.(2003). *Mission statement.* Downloaded on March 8, 2009 from http://www.internationalevaluation.com/overview/missionvision. shtml.

Jaeger,R.M.(1990). *Statistics: A spectator sport*(2nd ed.). Newbury Park, CA: Sage.

Johnson,E.C.,Kirkhart,K.E.,Madison,A.M.,Noley,G.B.,&Solano-Folres,G.(2008). The impact of narrow views of scientific rigor on evaluation practices for underrepresented groups. In N. L.Smith&P.R.Brandon(Eds.), *Fundamental issue in evaluation.* New York: Guilford Press.

Joint Committee on Standards for Educational Evaluation.(1981). *Standards for evaluation of educational programs, projects, and materials.* New York: McGraw-Hill.

Joint Committee on Standards for Educational Evaluation.(1988). *Personnel evaluation standards.* Newbury Park, CA: Corwin.

Joint Committee on Standards for Educational Evaluation.(1994). *The program *evaluation standards*(2nd ed.). Thousand Oaks, CA: Sage.

Joint Committee on Standards for Educational Evaluation.(2010). *The program evaluation standards*(3rd ed.). Thousand Oaks, CA: Sage.

Jorgensen,D.L.(1989). *Participant observation: A methodology for human studies.* Newbury Park, CA: Sage.

Kahn,J.P.,&Mastroianni,A.P.(2001). Doing research well by doing it right. *Chronicle of Higher Education,*15 February,B24.

Kane,M.(1995).Examinee-centered vs. task-centered standard setting. In *Proceeding of the Joint Conference on Standard Setting in Large-Scale Assessment*(Vol.2,pp.119-139). Washington, DC: National Assessment Governing Boards and National Center for Education Statistics.

Kaplan,A.(1964). *The conduct of inquiry*. San Francisco: Chandler.

Karlsson,O.(1998). Socratic dialogue in the Swedish political context. In T.A.Schwandt(Ed.), *Scandinavian perspectives on the evaluator's role in informing social policy*. New Directions for Evaluation, No. 77. San Francisco: Jossey-Bass.

Kee,J.E.(2004). Cost-effectiveness and cost-benefit analysis. In J.S.Wholey,H. P.Hatry,&K.E. Newcomer(Eds.), *Handbook of practical program evaluation*. San Francisco: Jossey-Bass.

Kellow,J.T.(1998). Beyond statistical significance tests: The importance of using other estimates of treatment effects to interpret evaluation results. *American Journal of Evaluation,* 19, 123-134.

King,J.A.(1998). Making sense of participatory evaluation practice. In E.Whitmore(Ed.), *Understanding and practicing participatory evaluation*. New Directions for Evaluation, No.80, 57-68. San Francisco: Jossey-Bass.

King,J.A.(2002). Building the evaluation capacity of a school district. In D.W.Compton, M. Braizerman,&S.H.Stockdill(Eds.), *The art, craft, and science of evaluation capacity building*. New Directions for Program Evaluation, No. 93,63-80. San Francisco: Jossey-Bass.

King,J.A.(2005). Participatory evaluation. In S.Mathison(Ed.), *Encyclopedia of evaluation*. Thousand Oaks, CA: Sage.

King,J.A.(2007). Developing evaluation capacity through process use. In J.B.Cousins(Ed.), *Process use in theory, research, and practice*. New Directions for Program Evaluation, No. 116,45-59. San Francisco: Jossey-Bass.

King,J.A.,Stevahn,L.,Ghere,G,.&Minnema,J.(2001). Toward a taxonomy of essential evaluator competencies. *American Journal of Evaluation*, 22, 229-247.

Kirkhart,K.E.(1995).Seeking multicultural validity: A postcard from the road. *American Journal of Evaluation*, 16, 1-12.

Kirkhart,K.E.(2000). Reconceptualizing evaluation use: An integrated theory of influence. In V.J. Caracelli&H.Preskill(Eds.), *The expanding scope of evaluation use*. New Directions for Program Evaluation, No. 88. San Francisco: Jossey-Bass.

Kirkpatrick,D.L.(1977). Evaluating training programs: Evidence vs. proof. *Training and Development Journal*, 31, 9-12.

Kirkpatrick,D.L.(1983). Four steps to measuring training effectiveness. *Personnel Administrator*, 28, 19-25.

Kirkpatrick,D.L.,&Kirkpatrick,J.D.(2006). *Evaluating training programs: The four levels*(3rd ed.). San Francisco: Berrett-Koehler Publishers.

Kline,R.B.(2009). *Becoming a behavioral science researcher: A guide to producing research that matters*. New York: Guilford Press.

Knowlton,L.W.,&Phillips,C.C.(2009). *The logic model guidebook*. Thousand Oaks, CA: Sage.

Krathwohl,D.R.,Bloom,B.S.,&Masia,B.B.(1964). *Taxonomy of educational objectives: Handbook II .Affective domain*. New York: David McKay.

Krueger,R.A.(2005). Focus groups. In S.Mathison(Ed.), *Encyclopedia of evaluation*. Thousand Oaks, CA: Sage.

Krueger,R.A.&Casey,M.(2009). *Focus groups: A practical guide for applied research*(4th ed.). Thousand Oaks, CA: Sage.

Kuhn,T.S.(1962).*The structure of scientific revolution*. Chicago: University of Chicago Press.

Kushner,S.(2000). *Personalizing evaluation*. London: Sage.

Kvale,S.(1996). *InterViews: An introduction to qualitative research interviewing*. Thousand Oaks, CA: Sage.

Lambur,M.T.(2008). Organizational structures that support internal program evaluation. In M.T. Braverman,M.Engle,M.E.Arnold,&R.A.Rennekamp(Eds.), *Program evaluation in a complex organizational system: Lessons from Cooperative Extension*. New Directions for Program Evaluation, No. 120, 41-54. San Francisco: Jossey-Bass.

LaVelle,J.M.,&Donaldson,S.I.(2010). University-based evaluation training programs in the United States:1980-2008:An empirical examination. *American Journal of Evaluation*, 31(1), 9-23.

Layard,R.,&Glaister,S.(Eds.).(1994). *Cost-benefit analysis*. New York: Cambridge University Press.

Lee,A.M.,&Holly,F.R.(1978,April). *Communicating evaluation information: Some practical tips that work*. Paper presented at the meeting of the American Educational Research Association, Toronto.

Leeuw,F.L.(2003). Reconstructing program theory: Methods available and program to be solved. *American Journal of Evaluation*, 24(1), 5-20.

Levin,H.M.(1986). A benefit-cost analysis of nutritional programs for anemia reduction. *World Bank Research Observer*, 1(2),219-245.

Levin,H.M.(2005). Cost-benefit analysis. In S.Mathison(Ed.), *Encyclopedia of evaluation*. Thousand Oaks, CA: Sage.

Levin,H.M.,&McEwan,P.J.(2001). *Cost-effectiveness analysis: Methods and applications*. Thousand Oaks, CA: Sage.

Leviton,L.C.(2001). Presidential address: Building evaluation's collective capacity. *American Journal of Evaluation*, 22(1),1-12.

Leviton,L.C.(2003). Evaluation use: Advances, challenges, and applications.

*American Journal of Evaluation*, 24(4), 525-535.

Leviton,L.C.&Hughes,E.F.X.(1981). Research on the utilization of evaluation: A review and synthesis. *Evaluation Review*, 5, 524-548.

Lewin,K.(1946).Action research and minority problem. In K.Lewin(Ed.), *Research social conflicts: Selected papers on group dynamics*. New York: Harper&Row.

Light,R.J.(Ed.).(1983). *Evaluation studies review annual*(Vol.8). Beverly Hills, CA: Sage.

Light,R.J.&Smith,P.V.(1970). Choosing a future: Strategies for designing and evaluating new programs. *Harvard Educational Review*, 40, 1-28.

Lincoln,Y.S.,&Guba,E.G.(1985). *Naturalistic inquiry*. Beverly Hills, CA: Sage.

Lincoln,Y.S.,&Guba,E.G.(2004). The roots of fourth generation evaluation: Theoretical and methodological origins. In M.C.Alkin(Ed.), *Evaluation roots: Tracing theorists' views and influences*. Thousand Oaks, CA: Sage.

Lindblom,C.E.(1977). *Politics and markets: The world's political economic systems*. New York: Basic Books.

Lipsey,M.W.(1990). *Design sensitivity: Statistical power for experimental research*. Newbury Park, CA: Sage.

Lipsey,M.W.(1993). Theory as method: Small theories of treatments. In L.B.Sechrest&A.G.Scott (Eds.), *Understanding causes and generalizing about them*. New Directions for Evaluation, No. 57, 5-38. San Francisco: Jossey-Bass.

Lipsey,M.W.(2000). Method and rationality are not social diseases. *American Journal of Evaluation*, 21, 221-224.

Lipsey,M.W.(2007). Method choice for government evaluation: The beam in our own eye. In G.Julnes&D.J.Rog(Eds.), *Informing federal policies on evaluation methodology: Building the evidence base for method choice in government sponsored evaluation*. New Direction for Evaluation,No.113,113-115. San Francisco: Jossey-Bass.

Love,A.J.(1983). The organizational context and the development of internal evaluation. In A. J. Love(Ed.), *Developing effective internal evaluation*. New Direction for Evaluation, No. 20, 5-22. San Francisco: Jossey-Bass.

Love,A.J.(1991). *Internal evaluation: Building organizations form within.* Newbury Park, CA: Sage.

Lovell,R.G.(1995). Ethics and internal evaluators. In W.R.Shadish,D. L.Newnam,M.A.Scheirer,& C.Wye,C.(Eds.), *Guiding principles for evaluators.* New Direction for Evaluation, No. 66, 61-67. San Francisco: Jossey-Bass.

Lyman,D.R.,Milich,R.Zimmerman,R.,Novak,S.P.,Logna,T.K.,&Martin,C.(1999). Project DARE: No effects at 10-year follow-up. *Journal of Consulting and Clinical Psychology*, 67, 590-593.

Mabry,L.(1999). Circumstantial ethics. *American Journal of Evaluation*, 20, 199-212.

Mabry,L.(2005). Portfolio. In S.Mathison(Ed.), *Encyclopedia of evaluation.* Thousand Oaks, CA: Sage.

MacDonald,B.(1974). Evaluation and the control of educational. In B.MacDonald&Walker(Eds.), *Innovation, evaluation, research, and the problem of control.* (SAFARI ONE). Norwich, UK: Centre for Applied Research in Education, University of East Anglia.

MacDonald,B.(1976). Evaluation and the control of education. In D.Tawney(Ed.), *Curriculum evaluation today: Trends and implications.* Schools Council Research Studies Series. London: Macmillan.

MacNeil,C.(2000). Surfacing the realpolitik: Democratic evaluation in an antidemocratic environment. In K.E.Ryan and L.DeStefano(Eds.), *Evaluation as a democratic process: Promoting inclusion, dialogue, and deliberation.* New Directions for Evaluation, No.85, 51-62. San Francisco: Jossey-Bass.

Madaus,G.F.(2004). Ralph W.Tyler's contribution to program evaluation. In M.C.Alkin(Ed.), *Evaluation roogs: Tracing theorists' views and influences.* Thousand Oaks, CA: Sage.

Madaus,G.F.,&Stufflebeam,D.L.(Eds.).(1989). *Educational evaluation: Classic works of Ralph W.Tyler*. Boston: Kluwer Academic.

Madison,A.(2007). New Directions for Evaluation coverage of cultural issues and issues of significance to underrepresented groups. In S.Mathison(Ed.), *Enduring issues in evaluation: The 20th anniversary of the collaboration between NDE and AEA*. New Directions for Evaluation, No.114, 107-114. San Francisco: Jossey-Bass.

Mark, M. M. (2003). Program evaluation. In S.A.Schinka&W.Velicer(Eds.), *Comprehensive handbook of psychology*(Vol 2, pp.323-347). New York: Wiley.

Mark,M.M.(2007). AEA and evaluation: 2006(and beyond). In S. Mathison(Ed.), *Enduring issues in evaluation: The 20th anniversary of the collaboration between NDE and AEA*. New Directions of Evaluation, No.114,115-119. San Francisco: Jossey-Bass.

Mark, M.M., Henry, G.T.(2006). Methods for policy-making and knowledge development evaluations. In E.F.Shaw,J.C.Greene,&M.M.Mark(Eds.), *The Sage handbook of evaluation* (pp.317-339). Thousand Oaks, CA: Sage.

Mark,M.M.,Henry,G.T.,&Julnes,G.(2000). *Evaluation: An integrated framework for understanding, guiding, and improving policies and programs*. San Francisco: Jossey-Bass.

Mark,M.M.,&Shotland,R.L.(1985). Stakeholderbased evaluation and value judgments: The role of perceived power and legitimacy in the selection of stakeholder groups. *Evaluation Review*, 9, 605-626.

Mathison,S.(1999). Rights,responsibility,and duties :A comparison of ethics for internal and external evaluators. In J.L.Fitzpartrick&M.Morris(Eds.), *Current and emerging ethical challenges in evaluations*. New Directions for Program Evaluation, No. 82, 25-34. San Francisco: Jossey-Bass.

Mathison,S.(2007). What is the difference between evaluation and research-and why do we care? In N.L.Smith&P.R.Brandon(Eds.), *Fundamental issues in evaluation*. New York: Guilford Press.

McCall,R.B.,Ryan,C.S.,&Green,B.L.(1999). Some non-randomized constructed comparison groups for evaluating age-related outcomes of intervention programs.

*American Journal of Evaluation*, 2, 213-226.

McClintock,C.(1987).Conceptual and action heuristics:Tools for the evaluator. In L.Bickman(Ed.), *Using program theory in evaluation*. New Directions for Program Evaluation, No.33, 43-57. San Francisco: Jossey-Bass.

McCracken,G.(1988). *The long interview*. Qualitative Research Methods Series, no.13. Newbury Park, CA: Sage.

McLaughlin,J.A.,&Jordan,G.B.(2004). Using logic models. In J.S.Wholey,H. P.Hatry,&K.E. Newcomer(Eds.), *Handbook of practical program evaluation*(2nd ed.). San Francisco: Jossey-Bass.

McTaggert,R.(1991). Principles for participatory action research. *Adult Education Quarterly*, 41 (3), 168-187.

Merriam-Webster's Dictionary(2009). http://www.merriam-wester.com/dictionary/politics.

Mertens,D.M.(1994).Training evaluators  Unique skills and knowledge. In J.W.Altchuld&M. Engle(Eds.),*The preparation of professional evaluators: Issues, perspectives and programs*. New Directions for Program Evaluation, No.62, 17-27.San Francisco: Jossey-Bass.

Mertens,D.M.(1999). Inclusive evaluation:Implications of transformative theory for evaluation. *American Journal of Evaluation*, 20, 1-14.

Mertens,D.M.(2001). Inclusively and transformation: Evaluation in 2010. *American Journal of Evaluation*, 22, 367-374.

Mertens,D.M.(2008). *Transformative research and evaluation*. New York: Guilford Press.

Milanowski,A.(2008). *How to pay teachers for student performance outcomes*. Consortium for Policy Research in Education(CPRE) Project/Strategic Management of Human Capital. Retrieved March 8, 2010 from http://www.smhc-cpre.org/wp-content/uploads/2008/10/cb- paper-4-paying-for-student-performance.pdf.

Miles,M.B.,&Huberman,A.M.(1994). *Qualitative data analysis*(2nd ed.).

Thousand Oaks, CA: Sage.

Milgram,S.(1974). *Obedience and authority*. New York: Harper&Row.

Miller,R.L.,&Campbell,R.(2006). Taking stock of empowerment evaluation:An empirical review. *American Journal of Evaluation*, 27(3), 296-319.

Mills,A.S.,Massey,J.G.,&Gregersen,H.M.(1980). Benefit-cost analysis of Voyageurs National Park. *Evaluation Review*, 4, 715-738.

Milstein,B.,Chapel,T.J.,Wetterhall,S.F.,&Cotton,D.A.(2002). Building capacity for program evaluation at the Center for Disease Control and Prevention. In D.W.Compton, M. Braizerman,&S.H.Stockdill(Eds.), *The art, craft, and science of evaluation capacity building*. New Directions for Evaluation, No. 93, 27-46. San Francisco: Jossey-Bass.

Morell,J.A.(2005).Product evaluation. In S.Mathison(Ed.), *Encyclopedia of evaluation*. Thousand Oaks, CA: Sage.

Morris, M. (Ed.). (2008). *Evaluation ethics for best practice: Cases and commentary*. New York: Guilford Press.

Morris,M.,Cohn,R.(1993). Program evaluators and ethical challenges: A national survey. *Evaluation Review,* 17, 621-642.

Morris,M.,Coosksy,L.J.,&Knott,T.D.(2000). The off–the-record case. *American Journal of Evaluation*, 21, 121-130.

Mueller,M.R.(1998).The evaluation of Minnesota's Early Childhood Family Education Program: A Dialogue. *American Journal of Evaluation*,19,80-99.

Murray,F.B.(2009).An accreditation dilemma: The tension between program accountability and program improvement in programmatic accreditation. In P.M.O'Brian(Ed.), *Accreditation. Assuring and enhancing quality*. New Directions in Higher Education, No.145, 59-68. San Francisco: Jossey-Bass.

National Commission on Excellence in Education(1983). *A nation at risk*. Washington, DC: U.S. Department of Education.

National Performance Review.(1993). *Reaching public goals: Managing government for results*. Washington, DC: Government Printing Office.

Nay,J.,&Kay,P.(1982). *Government oversight and evaluability assessment.* Lexington,MA:Heath.

Neal,A.D.(October,2008). Seeking higher-ed accountability: Ending federal accreditation. Change. *The Magazine of Higher Learning*, 40(5), 24-29.

Newcomer,K.E.(2001). Tracking and probing program performance: Fruitful path or blind alley for evaluation professionals? *American Journal of Evaluation*, 22, 337-342.

Nowakoski,J.,Bunda,M.A.,Working,R.,Bernacki,G.,&Harrington,P.(1985). *A handbook of educational variables*. Boston: Kluwer-Nijhoff.

Oakes,J.M.(2002). Risks and wrongs in social science research: An evaluator's guide to the IRB. *Evaluation Review*, 26, 443-479.

O'Brien,P.M.(2009). Editor's notes. In P.M. O'Brien(Ed.), *Accreditation. Assuring and enhancing quality*. New Directions in Higher Education, No.145, 1-6. San Francisco: Jossey-Bass.

Office of Management and Budget.(2004). *Program evaluation: What constitutes strong evidence of program effectiveness*? Retrieved March 13, 2009, from http://www. whitehouse.gov/ omb/part/2004-program-eval.pdf.

OMB Watch.(2000). *GPRA: Background information*. Retrieved March 13, 2009, http://www. ombwatch.gov/node/326.

Osborne,D.,&Gaebler,T.(1992). *Reinventing government: How the entrepreneurial spirit is transforming the public sector*. Reading, MA: Addison-Wesley.

O'Sullivan,E.,Rassel,G.R.,&Berner,M.(2003). *Research methods for public administrators*(3rd ed.). White Plains, NY: Longman.

O'Sullivan,E.&D'Agostino,A.(2002). Promoting evaluation through collaboration. Finding from community-based programs for young children and their families. *Evaluation*,8(3),372-387.

Owen,J.M.&Lambert,F.C.(1998). Evaluation and the information needs of organizational leaders. *American Journal of Evaluation*, 19(3), 355-365.

Patton, M.Q.(1975). *Alternative evaluation research paradigm*. Grand Forks: North Dakota Study Group on Evaluation.

Patton, M.Q.(1986). *Utilization-focused evaluation*(2nd ed.). Beverly Hills, CA: Sage.

Patton, M.Q.(1988). Politics and evaluation. *Evaluation Practice*, 9, 89-94.

Patton, M.Q.(1990). The challenge of being a profession. *Evaluation Practice*, 11, 45-51.

Patton, M.Q.(1994). Developmental evaluation. *Evaluation Practice*, 15(3), 311-319.

Patton, M.Q.(1996). A world larger than formative and summative. *Evaluation Practice*, 17(2), 131-144.

Patton, M.Q.(1997a). Of vacuum cleaners and toolboxes: A response to Fetterman's response. *Evaluation Practice*, 18(3), 267-270.

Patton, M.Q.(1997b). Toward distinguishing empowerment evaluation and placing it in a larger context. *Evaluation Practice*, 18(2), 147-163.

Patton, M.Q.(1997c). *Utilization-focused evaluation: The new century text*. Thousand Oaks, CA: Sage.

Patton, M.Q.(2000). Overview: Language matters. In R.K.Hopson(Ed.), *How and why language matters in evaluation*. New Directions for Evaluation, No.86, 5-16. San Francisco: Jossey- Bass.

Patton, M.Q.(2001). *Qualitative evaluation and research methods*(3rd ed.). Thousand Oaks, CA: Sage.

Patton, M.Q.(2005a). Toward distinguish empowerment evaluation and placing it in a large context: Take two. *American Journal of Evaluation*, 26(3), 408-414.

Patton, M.Q.(2005b). Developmental evaluation. In S.Mathison(Ed.), *Encyclopedia of evaluation*. Thousand Oaks, CA: Sage.

Patton, M.Q.(2005c). Book review: Empowerment evaluation principles in practice. *American Journal of Evaluation,* 26(3), 408-414.

Patton, M.Q.(2005d). Patton responds to Fetterman, Wanderman, and Snell-Johns. *American Journal of Evaluation*, 26(3), 429-430.

Patton, M.Q.(2008a). *Utilization-focused evaluation*(4th ed.). Thousand Oaks, CA: Sage.

Patton, M.Q.(2008b). sup wit eval ext? In M.T.Braverman, M.Engle, M.E.Arnold,&R.A.Rennek amp(Eds.), *Program evaluation in a complex organizational system: Lessons from Cooperative Extension*. New Directions for Evaluation, No. 120,101-115. San Francisco: Jossey-Bass.

Patton, M.Q.(2009). Presidential strand session presented at the annual conference of the American Evaluation Association, Orlando, FL.

Patton,M.Q.(2010). *Developmental evaluation: Applying complexity concepts to enhance innovation and use*. New York: Guilford.

Patton, M.Q., King, J.,&Greenseid, L.(2007). The oral history of evaluation Part V: An interview with Michael Quinn. *American Journal of Evaluation*, 28, 102-114.

Pawson,R.(2003). Nothing as practical as a good theory. *Evaluation*, 9(3), 471-490.

Pawson,R.,&Tilley,N.(1997). *Realistic evaluation*. Thousand Oaks, CA: Sage.

Perrin,B.(1998). Effective use and misuse of performance measurement. *American Journal of Evaluation*, 19, 367-379.

Perry,J.,Engbers,T.,&Jun,S.(2009). Back to the future？ Performance - related pay, empirical research, and the perils of persistence. *Public Administration Review*, 69(1), 39-51.

Perry,K.M.(2008). A reaction to and mental metaevaluation of the Experiential Learning Evaluation Project. *American Journal of Evaluation*, 29(3), 352-357.

Peters,G.B.(1999). *American public policy and performance*. Chatham, NJ: Chatham House.

Posavac,E.J.(1994). Misusing program evaluation by asking the wrong question. In C.J.Stevens& M.Dial(Eds.), *Preventing the misuse of evaluation*. New Directions for

Program Evaluation, No. 64,69-78. San Francisco: Jossey-Bass.

Positer,T.H.(2004).Performance monitoring . In J.S.Wholey,H.P.Hatry,&K. E.Newcomer (Eds.). *Handbook of practical program evaluation*(2nd ed.). San Francisco: Jossey-Bass.

Preskill,H.(2008). Evaluation's second act: A spotlight on learning. *American Journal of Evaluation*, 28, 127-138.

Preskill,H.,&Boyle,S.(2008). A multidisciplinary model of evaluation capacity building. *American Journal of Evaluation*, 29(4), 443-459.

Preskill,H.,&Torres,R.T.(1998). *Evaluation inquiry for learning in organizations*. Thousand Oaks, CA: Sage.

Preskill,H.,&Torres,R.T.(2000). The learning dimension of evaluation use. In V.J.Caracelli&H.Preskill(Eds.), *The expanding scope of evaluation use*. New Directions for Evaluation, No. 88. San Francisco: Jossey-Bass.

Provus,M.M.(1971). *Discrepancy evaluation*. Berkeley, CA: McCutchan.

Provus,M.M.(1973). Evaluation of ongoing programs in the public school system .In B.R.Worthen&J.R.Sanders(Eds.), *Educational evaluation: Theory and practice*. Belmont, CA: Wadsworth.

Radin,B.(2006). *Challenging the performance movement: Accountability, complexity, and democratic values*. Washington, DC: Georgetown University Press.

Rallis,S.F.,&Rossman,G.B.(2000). Dialogue for learning: Evaluator as critical friend. In R.K. Hopson(Ed.). *How and why language matters in evaluation*. New Directions for Evaluation, No. 86,81-92. San Francisco: Jossey-Bass.

Reason,P.(1994).Three approaches to participative inquiry. In N.K.Denzin and Y.S.Lincoln(Eds.), *Hand book of qualitative research*. Thousand Oaks, CA: Sage.

Rfeichardt,C.S.(1994). Summative evaluation, formative evaluation, and tactical research. *Evaluation Practice*, 15, 275-281.

Rfeichardt,C.S.,&Rallis,S.F.(1994). Qualitative and quantitative inquiries are not incompatible: A call for a new partnership. In C.S.Reichardt&S.F.Rallis(Eds.),

*The qualitative–quantitative debate*: *New perspectives*. New Directions for Program Evaluation, No. 61, 85-91. San Francisco: Jossey-Bass.

Reichardt,C.S.,Trochim,W.K.,&Cappelleri,J.C.(1995). Report of the death of regression- discontinuity analysis are greatly exaggerated. *Evaluation Review*, 19, 39-63.

Resnick,L.B.(2006). Making accountability really count. *Educational Measurement: Issues and Practice*, 25(1), 33-37.

Rich,R.F.,&Oh,C.H.(2000). Rationality and use of information in policy decisions. *Science Communication*, 22,173-211.

Rist,R.C.(Ed.)(1990). *Program evaluation and the management of government: Patterns and prospects across eight nations*. New Brunswick, NJ: Transaction Publishers.

Rodosky,R.J.,&Muñoz,M.A.(2009). Slaying myths, eliminating excuses: Managing for accountability by putting kids first. In D.W.Compton&M.Braiverman(Eds.), *Managing program evaluation: Towards explicating a professional practice*. New Directions for Evaluation, No. 121,43-54. San Francisco: Jossey-Bass.

Rodriguez-Campos,L.(2005). *Collaborative evaluations: A step-by-step model for the evaluator*. Tarmac, FL: Lumina Press.

Rog,D.J.(1985). *A methodological analysis of evaluability assessment*. Unpublished doctoral dissertation. Vanderbilt University.

Rog,D.J.(1994). *The homeless families program: Interim benchmarks*. Washington, DC: Vanderbilt Institute for Public Policy Studies.

Rog,D.J.,Holupka,C.S.,McCombs-Thornton,K.,Brito,M.C.,&Hambrick,R.(1997). Case management in practice: Lessons from the evaluation of RWJ/HUD Homeless Families Program. *Journal of Prevention and Intervention in the Community*, 15, 67-82.

Rogers,E.M.(1995). *Diffusion of innovations*(4th ed.). New York: Free Press.

Rogers,P.J.(2000). Program theory: Not whether programs work but how they work. In D. Stufflebeam,G.Madaus,&T.kellaghan(Eds.), *Evaluation models*. Boston:

Kluwer Academic.

Rogers,P.J.(2001). The whole world is evaluating half-full glasses. *American Journal of Evaluation*, 22, 431-436.

Rogers,P.J.(2007). Theory-based evaluation: Reflections ten years on. In S. Mathison(Ed.)，*Enduring issues in evaluation: The 20th anniversary of the collaboration between NDE and AEA* .New Directions for Evaluation, No. 114, 63-66. San Francisco: Jossey-Bass.

Rogers,P.J.,&Williams,B.(2006). Evaluation for practice improvement and organizational learning. In I.F.Shaw, J.C.Greene,&M.M.Mark(Eds.), *The Sage handbook of evaluation*. Thousand Oaks,CA:Sage.

Rosenbaum,D.P.,&G.S.(1998). Assessing the effects of school-based drug education: A six-year multi-level analysis of project D.A.R.E. *Journal of Crime and Delinquency*,35,381-412.

Rossi,P.H.(1971). Boobytraps and pitfalls in the evaluation of social action programs. In F.G.Caro (Ed.), *Readings in evaluation research*. New York: Sage.

Rossi,P.H.,&Freeman,H.E.(1985). *Evaluation: A systematic approach* (3rd ed.). Beverly Hills, CA: Sage.

Rossi,P.H.,&Freeman,H.E.,&Lipsey,M.E.(1998). *Evaluation: A systematic approach*(6th ed.). Newbury Park: CA: Sage.

Rossi,P.H.,Lipsey,M.E.,&Freeman,H.E.(2004). *Evaluation: A systematic approach*(7th ed.). Thousand Oaks, CA: Sage.

Rouge,J.C.(2004).The origin and development of the African Evaluation Guidelines. In C.Russon&G.Russon(Eds.), *International perspectives on evaluation standards*. New Directions for Evaluation, No. 104, 55-66. San Francisco: Jossey-Bass.

Rubin,H.J.,&Rubin,I.S.(1995). *Qualitative interviewing*. Thousand Oaks, CA: Sage.

Russ-Eft,D.F.,&Preskill,H.S.(2001). *Evaluation in organizations: A systematic approach to enhancing learning, performance, and change*. Cambridge, MA: Perseus.

Ryan,K.E.,&DeStefano,L.(Eds.).(2000a). *Evaluation as a democratic process: Promoting inclusion, dialogue, and deliberation*. New Directions for Evaluation, No.85. San Francisco: Jossey- Bass.

Ryan,K.E.,& (2000b). Disentangling dialogue. Lessons from practice. In K.E.Ryan&L.DeStefano (Eds.), *Evaluation as a democratic process: Promoting inclusion, dialogue, and deliberation*. New Directions for Evaluation, No.85, 63-76. San Francisco: Jossey- Bass.

Ryan,K.E.,&Johnson,T.D.(2000). Democratizing evaluation: Meaning and methods from practice. In K.E.Ryan&L.DeStefano(Eds.), *Evaluation as a democratic process: Promoting inclusion, dialogue, and deliberation*. New Directions for Evaluation, No.85, 39-50. San Francisco: Jossey-Bass.

Sackett,D.L.,&Wennberg,J.E.(1997).Choosing the best research design for each question(editorial). *British Medical Journal*, 315, 1636.

Salkind,N.J.(2010). *Excel statistics: A quick guide*. Thousand Oaks, CA: Sage.

Sanders,J.(2002). Presidential address: On mainstreaming evaluation. *American Journal of Evaluation*, 23(3), 253-259.

Sanders,J.R.(1995). Standards and principles. In W.R.Shadish, D.L.Newman, M.A.Scheirer,&C. Wye(Eds.), *Guiding Principles for evaluators*. New Directions for Program Evaluation, No. 66,47-52. San Francisco: Jossey-Bass.

Sanders,J.R.(2001).A vision for evaluation. *American Journal of Evaluation*, 22, 363-366.

Sanders,J.,&Sullins,C.(2005). *Evaluation school programs*(3rd ed.). Thousand Oaks, CA: Corwin.

Schnoes,C.J.,Murphy-Berman,V.,&Chambers,J.M.(2000). Empowerment evaluation applied: Experiences, analysis and recommendations from a case study. *American Journal of Evaluation*, 21, 53-64.

Schwandt,T.A.(1997). Reading the "problem of evaluation" in social inquiry. *Qualitative Inquiry*,3(1),4-25.

Schwandt,T.A.(1999). *Dialogue in evaluation: Philosophy, theory, and practice.* Presentation at the annual meeting of the American Evaluation Association, Orlando, FL.

Schwandt,T.A.(2001a). Responsiveness and everyday life. In J.C.Greene&T. A.Abma(Eds.), *Responsive evaluation.* New Directions for Program Evaluation, No.92, 73-88. San Francisco: Jossey-Bass.

Schwandt,T.A.(2001b). *Dictionary of qualitative inquiry* (2nd ed.). Thousand Oaks, CA: Sage.

Schwandt,T.A.(2004). *On methods and judgments in evaluation.* Plenary presentation at the meeting of the American Evaluation Association, Atlanta, Ga.

Schwandt,T.A.(2005). A diagnostic reading of scientifically-based research for education. *Educational Theory,* 55,285-305.

Schwandt,T.A.(2007). Thoughts on using the notion of evidence in the controversy over methods choice. In G.Julnes&D.J.Rog(Eds.), *Informing federal policies on evaluation methodology: Building the evidence base for method choice in government sponsored evaluation.* New Directions for Evaluation, No. 113,115-119. San Francisco: Jossey-Bass.

Schwandt,T.A.(2008). Educating for intelligent belief in evaluation. *American Journal of Evaluation,* 29(2), 139-150.

Schwandt,T.A.,&Halpern ,E.S.(1989). *Linking auditing and metaevaluation.* Newbury Park, CA: Sage.

Schwartz,S.,&Baum,S.(1992). Education. In C.T.Clotfelder(Ed.), *Who benefits from the nonprofit sector?* Chicago: University of Chicago Press.

Scott,A.,&Sechrest,L.(1992). Theory-driven approaches to benefit cost analysis: Implications of program theory. In H.Chen&P.H.Rossi(Eds.), *Using theory to improve program and policy evaluations.* New York: Greenwood.

Scriven, M.(1967). The methodology of evaluation . In R.E.Stake(Ed.), *Curriculum evaluation.* (American Educational Research Association Monograph Series on Evaluation, No.1, pp. 39-83). Chicago: Rand McNally.

Scriven, M.(1972). Pros and cons about goal-free evaluation. *Evaluation Comment*,3, 1-7.

Scriven, M.(1973). The methodology of evaluation. In B.R.Worthen&J. R.Sanders(Eds.), *Educational evaluation: Theory and practice*. Belmont, CA: Wadsworth.

Scriven, M.(1974a). Evaluation perspectives and procedures. In W.J.Popham(Ed.) , *Evaluation in education*. Berkeley, CA: McCutchan.

Scriven, M.(1974b). Standards for the evaluation of educational program and products. In G.D.Borich(Ed.) , *Evaluating educational programs and products*. Englewood Cliffs, NJ: Educational Technology.

Scriven, M.(1975). *Evaluation bias and its control*. Berkeley: University of California. Retrieved February 17, 2009, from http://www.wmich .edu/evalctr/pubs/ops/ops04.html.

Scriven, M.(1980). *The logic of evaluation*. Interness CA: Edgepress.

Scriven, M.(1983). Evaluation ideologies. In G.F.Madaus, M.Scriven, &D.L.Stufflebeam(Eds.), *Evaluation models: Viewpoints on educational and human services evaluation*. Boston: Kluwer-Nijhoff.

Scriven, M.(1991a). *Evaluation thesaurus*(4th ed.). Newbury Park, CA: Sage.

Scriven, M.(1991b). Beyond formative and summative evaluation. In M.W.McLaughlin&D.C. Phillips(Eds.), *Evaluation and education: At quarter century*. Ninetieth Yearbook of the National Society for the Study of Education (pp.19-64). Chicago: University of Chicago Press.

Scriven,M.(1991c). Key evaluation checklist. In M.Scriven(Ed.), *Evaluation thesaurus*. Thousand Oaks, CA: Sage.

Scriven,M.(1993). *Hard-won lessons in program evaluation*. New Directions for Program Evaluation, No.58, 1-107. San Francisco: Jossey-Bass.

Scriven,M.(1996). Types of evaluation and types of evaluator. *Evaluation*

*Practice*,17,151-162.

Scriven,M.(2005a). Book review, Empowerment Evaluation Principles in Practice. *American Journal of Evaluation*, 26(3), 415-417.

Scriven,M.(2005b). A note on David Fetterman's response. *American Journal of Evaluation*, 26(3), 431.

Scriven,M.(2007). *Key evaluation checklist.* http://www.wmich.edu/evalctr/checklists/kec-feb07. pdf

Scriven,M.,Miller,R.,&Davidson,J.(2005). The oral history of evaluation Part Ⅲ : The professional evolution of Michael Scriven. *American Journal of Evaluation*, 26, 378-388.

Sechrest, L.(1997). Review of the book Empowerment Evaluation Knowledge and Tools for self-Assessment and Accountability. *Environment and Behavior*, 29(3),422-426.

Sechrest, L.,&Figueredo,A.J.(1993). Program evaluation, *Annual Review of Psychology*, 44, 645-674.

Sedlak,A.J.,Mettenburg,J.,Basena,M.,Petta,L.,McPherson,K.,Greene,A.,&Li,S. (2010). *Forth national incidence study of child abuse and neglect*(NIS-4):Report to Congress, Executive Summary. Washington, DC: U.S. Department of Health and Human Services, Administration for Children and Families.

Senge,P.M.(1990). *The fifth discipline: The art and practice of organizational learning.* New York: Doubleday.

SenGupta,S.,Hopson,R.,&Thompson-Robinson,M.(2004). Cultural competence in evaluation: An overview. In M.Thompson-Robinson, R.Hopson,&S.SenGupta(Eds.), *In search of cultural competence in evaluation: Toward principles and practices.* New Directions for Evaluation, No. 102,5-20. San Francisco: Jossey-Bass.

Shadish,W.R.(1984). Lesson from the implementation of deinstitutionalization. *American Psychologist*, 39,725-738.

Shadish,W.R.(1984). Need-based evaluation theory: What do you need to know to do good evaluation? *Evaluation Practice*, 15, 347-358.

Shadish,W.R.(1998). Evaluation theory is who we are. *American Journal of Evaluation*, 19(1), 1-19.

Shadish,W.R.,Cook,T.D.,&Campbell,D.T.(2002). *Experimental and quasi-experimental designs for generalized causal inference*. Boston: Houghton Mifflin.

Shadish,W.R.,Cook,T.D.,&Leviton,L.C.(1991). *Foundations of program evaluation*. Newbury Park, CA: Sage.

Shadish,W.R.&Miller,R.(2003). The oral history of evaluation Part I : Reflections on the chance to work with great people: An interview with William Shadish. *American Journal of Evaluation*, 24(2), 261-272.

Shadish,W.R.,Newman,D.L.,Scheirer,M.A.,&Wye,C.(Eds.).(1995). *Guiding principles for evaluators*. New Directions for Program Evaluation, No.66. San Francisco: Jossey-Bass.

Shepard,L.A.,&Peressini,K.K.(2002,January). An analysis of the content and difficulty of the CSAP 10th-grade Mathematics Test: A report to the Denver Area School Superintendents' Council(DASSC). Boulder, CO: School of Education, University of Colorado at Boulder, Available at http://www.colorado.edu/education/faculty/ lorrieshepard /reforms.html

Sieber,J.E.(1980). Being ethical: Professional and personal decisions in program evaluation. In R.E.Perloff&E.Perloff(Eds.), *Values, ethics, and standards in evaluation*. New Directions for Program Evaluation, No. 7, 51-61. San Francisco: Jossey-Bass.

Smith,E.R.,&Tyler,R.W.(1942). *Appraising and recording student progress*. New York: Harper& Row.

Smith, M.F.(1989). *Evaluability assessment: A practical approach*. Boston: Kluwer Academic.

Smith,M.F.(2001). Evaluation: Preview of the future #2. *American Journal of Evaluation*, 22, 281- 300.

Smith, M.F.(2005). Evaluability assessment. In S. Mathison(Ed.), *Encyclopedia of evaluation*. Thousand Oaks, CA: Sage.

Smith, N.L.(1983). *Dimensions of moral and ethical problems in evaluation* (Paper and Report Series No.92). Portland, OR: Northwest Regional Educational Laboratory, Research on Evaluation Program.

Smith, N.L.(1997,November). *An investigative, framework for characterizing evaluation practice*. In N.L.Smith (Chair), Examining evaluation practice. Symposium conducted at the meeting of the American Evaluation Association, San Diego, CA.

Smith, N.L.(1998). Professional reasons for declining an evaluation contract. *American Journal of Evaluation*, 19, 177-190.

Smith, N.L.(2004). Evidence and ideology. Paper presented at the meeting of the Canadian Evaluation Society, Saskatoon, Canada.

Smith, N.L.(2007). Empowerment evaluation as evaluation ideology. *American Journal of Evaluation*, 28(2), 169-178.

Society for Prevention Research.(2004). *Standards of evidence: Criteria for efficacy, effectiveness, and dissemination*. Retrieved January 29, 2010, from http://www. preventionresearch.org/ commlmon.php#SofE.

Sonnichsen,R.C.(1987). An internal evaluator responds to Ernest House's views on internal evaluation. *American Journal of Evaluation*, 8(4), 34-36.

Sonnichsen, R.C. (1999). *High impact internal evaluation*. Thousand Oaks, CA: Sage.

Spiegel.A.N.,Bruning,R.H.,&Giddings,L.(1999). Using responsive evaluation to evaluate a professional conference. *American Journal of Evaluation*, 20, 57-67.

Spinger,M.G.,&Winters,M.A.(2009). *New York City's Bonus Pay Program: Early evidence from a randomized trial*. Vanderbilt: National Center on Performance Incentives.

St.Pierre,T.L.,&Kaltreider,L.(2004). Tales of refusal, adoption, and maintenance: Evidence-based substance abuse prevention via school-extension collaborations. *American Journal of Evaluation*, 25(4), 479-491.

Stake, R.E. (1967). The countenance of educational evaluation. *Teachers College Record*, 68, 523 -540.

Stake, R.E. (1969). Evaluation design, instrumentation, data collection, and analysis of data. In J.L.Davis(Ed.), *Educational evaluation*. Columbus, OH: State Superintendent of Public Instruction.

Stake, R.E. (1970). Objectives, priorities, and other judgment data. *Review of Educational Research*, 40, 181-212.

Stake, R.E. (1973). Program evaluation, particularly responsive evaluation. Keynote address at the conference "New Trends in Evaluation," Institute of Education, University of Goteborg, Sweden, Oct. 1973. In G.F.Madaus,M.S.Scriven,&D. L.Stufflebeam(Eds.), *Evaluation models: Veiwpoints on educational and human services evaluation*. Boston: Kluwer- Nijhoff, 1987.

Stake,R.E. (1975a). *Evaluating the arts in education: A responsive approach.* Columbus, OH: Merrill.

Stake,R.E. (1975b). Program evaluation, particularly responsive evaluation (Occasional Paper No.5). Kalamazoo: Western Michigan University Evaluation Center.

Stake,R.E. (1978). The case study method in social inquiry. *Educational Researcher*, 7, 5-8.

Stake,R.E. (1980). Program evaluation, particularly responsive evaluation. In W.B.Dockrell&D. Hamilton(Eds.), *Rethinking educational research*. London: Hodeder&Stoughton.

Stake,R.E. (1991). Retrospective on "The countenance of educational evaluation." In M.W. McLaughlin&D.C.Phillips (Eds.), *Evaluation and education: At quarter century*. Ninetieth Yearbook of the National Society for the Study of Education, Part II . Chicago: University of Chicago Press.

Stake,R.E. (1994). Case studies. In N.K.Denzin&Y.S.Lincoln(Eds.), *Handbook of qualitative research*. Thousand Oaks, CA: Sage.

Stake,R.E.(1995). *The art of case study research*. Thousand Oaks, CA: Sage.

Stake,R.E.(2000a). Case studies. In N.K.Denzin&Y.S.Lincoln(Eds.), *Handbook of qualitative research*(2nd ed.). Thousand Oaks, CA: Sage.

Stake,R.E.(2000b). A modest commitment to the promotion of democracy. In K.E.Ryan&L. DeStefano(Eds.), *Evaluation as a democratic process: Promoting inclusion, dialogue, and deliberation.* New Directions for Evaluation, No. 85, 97-106. San Francisco: Jossey-Bass.

Stake,R.E.,&Schwandt,T.A.(2006). On discerning quality in evaluation. In I.F.Shaw,J.C.Greene,& M.M.Mark(Eds.), *The Sage Handbook Of Evaluation.* Thousand Oaks, CA: Sage.

Standaert,R.(2000). Inspectorates of education in Europe: A critical analysis. Utrecht: Standing Interim Conference of Central and General Inspectorates of Education. Retrieved March 8, 2009, from http://www.sici-inspectorates.org/shared/ data/pdf/inspectorates-20of-20 education-20in-20-europe-jan00.pd.

Stephan,A.S.(1935). *Prospects and possibilities: The New Deal and the new social research.* Chapel Hill: University of North Carolina Press.

Stevahn,L.,King,J.A.,Ghere,G.,&Minnema,J.(2005). Establishing essential competencies for program evaluators. *American Journal of Evaluation*, 26(1), 43-59.

Stevenson,J.,&Thomas,D.(2006). Intellectual contexts. In I.F.Shaw,J. C.Greene,&M.M.Mark (Eds.), *The Sage handbook of evaluation.* Thousand Oaks, CA: Sage.

Stockdill,S.H.,Braizerman,M.,&Compton,D.W.(2002). Toward a definition of the EVB process: A conversation with the ECB literature. In D.W.Compton, M.Braizerman,&S.H.Stockdill (Eds.), *The art, craft, and science of evaluation capacity building.* New Directions for Evaluation, No.93, 7-26. San Francisco: Jossey-Bass.

Strauss,A.,&Corbin,J.M.(1998). *Basics of qualitative research: Techniques and procedures for developing grounded theory.* Thousand Oaks, CA: Sage.

Stufflebeam,D.L.(1968). *Evaluation as enlightenment for decision making.* Columbus: Ohio State University Evaluation Center.

Stufflebeam,D.L.(1971). The relevance of the CIPP evacuation model for educational accountability. *Journal of Research and Development in Education*, 5, 19-25.

Stufflebeam,D.L.(1973a). Excerpts from "Evaluation as enlightenment for decision making." In B.R.Worthen&J.R.Sanders(Eds.), *Educational evaluation: Theory and practice*. Belmont, CA: Wadsworth.

Stufflebeam,D.L.(1973b). An introduction to the PDK book: Educational evaluation and decision-making. In B.R.Worthen&J.R.Sanders(Eds.), *Educational evaluation: Theory and practice*. Belmont, CA: Wadsworth.

Stufflebeam,D.L.(1974). *Metaevaluation* (Occasional Paper No.3). Kalamazoo: Western Michigan University Evaluation Center.

Stufflebeam,D.L.(1977,April). Working paper on needs assessment in evaluation. Paper presented at the American Educational Research Association Evaluation Conference, San Francisco.

Stufflebeam,D.L.(1994). Empowerment evaluation, objectivist evaluation, and evaluation standards: Where the future of evaluation should not go and where it needs to go. *Evaluation Practice*, 15, 321-338.

Stufflebeam,D.L.(1999). Evaluation contracts checklist. Retrieved February 15, 2010, from http:// www.wmich,edu/evalctr/checklists/contracts.pdf.

Stufflebeam,D.L.(2000). Lessons in contracting for evaluation. *American Journal of Evaluation*, 21, 293-314.

Stufflebeam,D.L.(2001a). Evaluation checklists: Practical tools for guiding and judging evaluations. *American Journal of Evaluation*, 22, 71-79.

Stufflebeam,D.L.(2001). *Evaluation models*. New Directions for Evaluation, No. 89. San Francisco: Jossey-Bass.

Stufflebeam,D.L.(2001c). The metaevaluation imperative. *American Journal of Evaluation*, 22(2), 183-209.

Stufflebeam,D.L.(2002a). *Institutionalizing evaluation checklist*. Retrieved

February 17, 2008, from http://www.wmich.edu/evalctr/checklists/institutionalizingeval. pdf.

Stufflebeam,D.L.(2002b). CIPP evaluation model checklist. Retrieved from http:// www.wmich. edu/evalctr/checklists.

Stufflebeam,D.L.(2004a). A note on the purposes, development and applicability of the Joint Committee Evaluation Standards. *American Journal of Evaluation*, 25, 99-102.

Stufflebeam,D.L.(2004b). The 21st-century CIPP model. In M. Alkin(Ed.), *Evaluation roots: Tracing theorists' views and influences*. Thousand Oaks, CA: Sage.

Stufflebeam,D.L.(2005). CIPP model (context, input, process, product). In S.Mathison(Ed.), *Encyclopedia of evaluation*. Thousand Oaks, CA: Sage.

Stufflebeam,D.L.,Foley,W.J.,Gephart,W.J.,Guba,E.G.,Hammond,R. L.,Merriman,H.O.,&Provus,M. M.(1971). *Educational evaluation and decision making*. Itasca, Ⅱ : Peacock.

Stufflebeam,D.L.,Madaus,G.,&Kellaghan,T.( Eds.).(2000). *Evaluation models*. Boston: Kluwer Academic.

Stufflebeam,D.L.,&Shinkfield,A.J.(2007). *Evaluation theory, models, and applications*. San Francisco: Jossey-Bass.

Stufflebeam,D.L.,&Wingate,L.A.(2005). A self-assessment procedure for use in evaluation training. *American Journal of Evaluation*, 26, 544-561.

Suchman,E.(1967). *Evaluation research*.New York: Sage.

Sylvia,R.D.,Meier,K.J.,&Gunn,E.M.(1985). *Program planning and evaluation for the public manager*. Monterey, CA: Brooks/Cole.

Tabachnick,B.G.,&Fidell,L.S.(2001). *Using multivariate statistics*(4th ed.). Neeedham Heights,      MA: Allyn&Bacon.

Talmage,H.(1982). Evaluation of programs. In H.E.Mitzel(Ed.), *Encyclopedia of educational research*(5th ed.) New York: Free Press.

Tashakkori,A.,&Teddlie,C.(1998). *Mixed methodology: Combining qualitative and quantitative approaches*. Applied Social Research Methods, No. 46. Thousand Oaks, CA: Sage.

Tashakkori,A.,&Teddlie,C.(Eds.).(2003). *Handbook of mixed methods in social and behavioral research*. Thousand Oaks, CA: Sage.

Taylor-Powell,E.&Boyd,H.H.(2008). Evaluation capacity building in complex organizations. In M.T.Braverman, M.Engle, M.E.Arnold,&R.A.Rennekamp(Eds.), *Program evaluation in a complex organizational system: Lessons from cooperative extension*. New Directions for Program Evaluation, No.120, 55-69. San Francisco: Jossey-Bass.

Teske,P.,Fitzpatrick,J.L.,&Kaplan,G.(2006). The information gap? *Review of policy research*, 23, 969-981.

Tharp,R.G.,&Gallimore,R.(1979). The ecology of program research and evaluation: A model of evaluation succession. In L.Sechrest,S.G.West,M.A.Phillips,R. Rechner,&W.Yeaton(Eds.), *Evaluation Studies Review Annual*,4, 39-60.

Thompson-Robinson,M.,Hopson,R.,&SenGupta,S.(Eds.).(2004). *In search of cultural competence in evaluation: Toward principles and practices*. New Directions for Evaluation, No.102. San Francisco, CA: Jossey-Bass.

Torres,R.T.,Padilla Stone,S.,Butkus,D.L.,Hook,B.B.,Casey,J.,&Arens,S.A.(2000). Dialogue and reflection in a collaborative evaluation: Stakeholder and evaluator voices. In K.E.Ryan&L. DeStefano(Eds.), *Evaluation as a democratic process: Promoting inclusion, dialogue, and deliberation*. New Directions for Evaluation, No. 85, 27-38. San Francisco: Jossey-Bass.

Torres,R.T.,Preskill,H.,&Piontek,M.(2005).*Evaluation strategies for communicating and reporting: Enhancing Learning in organizations* (2nd ed.).Newbury Park, CA: Sage.

Toulemond,J.(2009). *Personal Communication*.

Trochim,W.M.K.(1984). *Research design for program evaluation: The regression-discontinuity approach*. Newbury Park, CA: Sage.

Trochim,W.M.K.,&Linton,R.(1986). Conceptualization for planning and evaluation. *Evaluation and Program Planning*, 9, 289-308.

Trochim,W.M.K.,Mark,M.M.,&Cooksy,L.J.(Eds.)(2009). *Evaluation policy and evaluation practice*. New Directions for Evaluation, No. 123. San Francisco: Jossey-Bass.

Tyler,R.W.(1942). General statement on program evaluation. *Journal of Educational Research*, 35, 492-501.

Tyler,R.W.(1950). *Basic principles of curriculum and instruction*. Chicago: University of Chicago Press.

Tyler,R.W.(1991). General statement on program evaluation. In M.W.Mclaughlin&D.C.Phillips (Eds.), *Evaluation and education: At quarter century*. Ninetieth yearbook of the National Society for the Study of Education, Part Ⅱ. Chicago: University of Chicago Press.

United Way of America.(1996). *Measuring program outcomes: A practical approach*. Alexandria, VA: United way of America.

U.S. Department of Education.(2006). *A test of leadership: Charting the future of U.S. higher education*. Washington, DC. Retrieved June 1, 2010, from http://www. ed.gov/about/ bdscomm/list/hiedfuture/reports/final-report.pdf

Van Mondfrans,A.(1985). *Guidelines for reporting evaluation findings*. Unpublished manuscript, Brigham Young University, College of Education, Provo, UT.

Vestman.O.K.,&Conner,R.F.(2006).The relationship between evaluation and politics. In I.F.Shaw, J.C.Greene,&M.M.Mark(Eds.), *The Sage handbook of evaluation*. Thousand Oaks, CA: Sage.

Vroom,P.E.,Colombo,M.,&Nahan,N.(1994). Confronting ideology and self-interest: Avoiding misuse of evaluation. In C.J.Stevens&M.Dial(Eds.), *Preventing the misuse of evaluation*. New Directions for Program Evaluation, No. 64, 49-59. San Francisco: Jossey-Bass.

Wadsworth,Y.(2001). Becoming responsive-and some consequences for evaluation as dialogue across distance. In J.C.Greene&T.A.Abma (Eds.), *Responsive evaluation.* New Directions for Evaluation, No. 92, 45-58. San Francisco: Jossey-Bass.

Wallis,A.,Dukay,V.,&Fitzpatrick,J.(2008). Evaluation of Godfrey's Children Center in Tanzania. In J.Fitzpatrick,C.Christie,&M.Mark(Eds.), *Evaluation in action: Interviews with expert evaluators.* Thousand Oaks, CA: Sage.

Wandersman,A.,Flaspohler,P.,Ace,A.,Ford,L.,Imm,P.S.,Chinman,M. J.,Sheldon,J.,Bowers Andrews, A.,Crusto,C.A.,&Kaufman,J.S.(2003). PIE ã la mode: Mainstreaming evaluation and accountability in each program in every county of a statewide school readiness initiative. In J.J.Barnette,&J.R.Sanders(Eds). *The mainstreaming of evaluation.* New Directions for Evaluation, No. 99, 33-50. San Francisco: Jossey-Bass.

Wandersman,A.,Imm,P.S.,Chinman,M.,&Kafterian,S.(2000). Getting To Outcomes: A results- based approach to accountability. *Evaluation and Program Planning*, 23, 389-395.

Wandersman,A.,&Snell-Johns,J.(2005). Empowerment evaluation: Clarity, dialogue, and growth. *American Journal of Evaluation*, 26(3), 421-428.

Weaver,L.,&Cousins,J.B.(2004). Unpacking the participatory process. *Journal of Multidisciplinary Evaluation*, 1, 19-40.

Weiss,C.H.(1972). *Evaluation research: Methods for assessing program effectiveness.* Englewood Cliffs, NJ: Prentice-Hall.

Weiss,C.H.(1973). Where politics and evaluation research meet. *Evaluation*, 1, 37-45.

Weiss,C.H.(1977). *Using social research in public policy making.* Lexington, MA: Lexington Books.

Weiss,C.H.(1983). Ideology, interests, and information. In D. Callahan&B. Jennings(Eds.), *Ethics, the social sciences, and policy analysis*(pp.231-245). New York: Plenum Press.

Weiss,C.H.(1987). Evaluating social programs: What have we learned? *Society,*

25, 40-45.

Weiss,C.H.(1995). Nothing as practical as good theory: Exploring theory-based evaluation for comprehensive community initiatives for children and families. In J.P.Connell, A.C.Kubisch, L.B.Schorr,&C.H.Weiss(Eds.), *New Approaches To evaluating community initiatives Volume* Ⅰ : *Concepts, methods, and context*(pp.65-92). Washington, DC: Aspen Institute.

Weiss,C.H.(1997). Theory-based evaluation: Past, present, and future. In D.Rog&D.Fournier (Eds.), *Progress and future directions in evaluation: Perspectives on theory, practice, and methods*. New Directions for Evaluation, No.76.San Francisco: Jossey-Bass.

Weiss,C.H.(1998a). *Evaluation: Methods for studying programs and policies*(2nd ed.). Upper Saddle River, NJ: Prentice-Hall.

Weiss,C.H.(1998b). Have we learned anything new about the use of evaluation? *American Journal of Evaluation*, 19, 21-33.

Weiss,C.H.,&Bucuvalas,M.J.(1980a). Truth tests and utility tests: Decision-makers' frames of reference for social science research. *American Sociological Review*, 45, 302-313.

Weiss,C.H.,&Bucuvalas,M.J.(1980b). *Social Science research and decision-making*. New York: Columbia University Press.

Weiss, C.H.,&Mark,M.M.(2006). The oral history of evaluation Part Ⅳ : The professional evolution of Carol Weiss. *American Journal of Evaluation*, 27(4), 475-483.

Wholey,J.S.(1983). *Evaluation and effective public management*. Boston: Little, Brown&Co.

Wholey,J.S.(1986). *Using evaluation to improve government performance*. Evaluation Practice, 7, 5-13.

Wholey,J.S.(1994). Assessing the feasibility and likely usefulness of evaluation. In J.S.Wholey, H.P.Hatry,&K.E.Newcomer(Eds.), *Handbook of practical program evaluation*. San Francisco: Jossey-Bass.

Wholey,J.S.(1996). Formative and summative evaluation: Related issues in performance measurement. *Evaluation Practice*, 17, 145-149.

Wholey,J.S.(1999a). Performance-based management: Responding to the challenges. *Public Productivity and Management Review*, 22(3), 288-307.

Wholey,J.S.(1999b). Quality control: Assessing the accuracy and usefulness of performance measurement systems In H.P.Hatry(Ed.), *Performance measurement: Getting results* (pp. 217- 237). Washington, DC: Urban Institute.

Wholey,J.S.(2001). Managing for results: Roles for evaluators in a new management era. *American Journal of Evaluation*, 22(4), 343-347.

Wholey,J.S.(2003). Improving performance and accountability: Responding to emerging management challenges. In S.J. Donaldson&M. Scriven(Eds.), *Evaluating social programs and problems*(pp.43-61). Mahwah, NJ: Lawrence Erlbaum.

Wholey,J.S.(2004a). Using evaluation to improve performance and support policy decision making. In M.Alkin(Ed.), *Evaluation roots: Tracing theorists' views and influences*. Thousand Oaks, CA: Sage.

Wholey,J.S.(2004b). Evaluability assessment. In J.S.Wholey,H.P.Hatry,&K. E.Newcomer(Eds.), *Handbook of practical program evaluation*(2nd ed.). San Francisco: Jossey-Bass.

Wholey,J.S.,H.P.Hatry,&Newcomer,K.E.(Eds.).(2004). *Handbook of practical program evaluation* (2nd ed.). San Francisco: Jossey-Bass.

Wholey,J.S.,&White,B.F.(1973). Evaluation's impact on Title Ⅰ elementary and secondary education program management. *Evaluation*, 1, 73-76.

Williams,A.,&Giardian,E.(Eds.).(1993). *The Theory and Practice of cost-benefit analysis*. Brookfield, VT: Edward Elgar.

Winston,J.(1999). Understanding performance measurement: A response to Perrin. *American Journal of Evaluation*, 20, 95-100.

Witkin, B.R.,&Altschuld,J.W.(1995). *Planning and conducting needs assessments*. Thousand Oaks, CA: Sage.

Worthen,B.R.(1975). Competencies for educational research and evaluation. *Educational Researcher*, 4, 13-16.

Worthen,B.R.(1977, April). Eclecticism and evaluation models: Snapshots of an elephant's anatomy? Paper presented at the annual meeting of the American Educational Research Association, New York.

Worthen,B.R.(1995). Some observations about the institutionalization of evaluation. *Evaluation Practice*, 16, 29-36.

Worthen,B.R.(1996). A survey of Evaluation Practice readers. *Evaluation Practice*, 17, 85-90.

Worthen,B.R.(2001). Whither evaluation? That all depends. *American Journal of Evaluation*, 23, 409-498.

Worthen,B.R.,Borg,W.R.,&White,K.R.(1993). *Measurement and evaluation in the schools*. White Plains, NY: Longman.

Worthen,B.R.,&Sanders,J.R.(1973). *Educational evaluation: Theory and practice*. Belmont, CA: Wadsworth.

Yates,B.T.(1996). *Analyzing costs, procedures, processes, and outcomes in human services*. Thousand Oaks, CA: Sage.

Yin,R.K.(2009). *Case study research: Design and methods*(4th ed.). Thousand Oaks, CA: Sage.

Yin,R.K.,&Davis,D.(2007). Adding new dimensions to case study evaluations: The case of evaluating comprehensive reforms. In G.Julnes&D.J.Rog(Eds.), *Informing federal policies on evaluation methodology: Building the evidence base for method choice in government sponsored evaluation*. New Directions for Evaluation, No. 113, 75-94. San Francisco: Jossey-Bass.

Yin,R.K.,Davis,D.,&Schmidt,R.J.(2005). The cross-site evaluation of the urban systemic program. Final report, strategies and trends in urban education reform. Bethesda, MD: COSMOS Corporation.

Yin,R.K.,&Kaftarian,S.J.(1997). Introduction: Challenges of community-based program outcome evaluations. *Evaluation and Program Planning*, 20(3), 293-297.

Zvoch,K.(2009). Treatment fidelity in multisite evaluation: A multilevel longitudinal examination of provider adherence status and chance. *American Journal of Evaluation*, 30(1), 44-61.44-61.

# 主题索引

# 作者索引

# 译后记

评价在 21 世纪的发展令人瞩目，必然改变未来方案的规划与实施。学校、组织、决策者和公众对方案的合理规划与高效实施越来越感兴趣，比如为什么这些方案中有的取得了成功而有的导致了失败。越来越多的组织也想知道自己到底做得怎么样，怎样处理那些棘手的问题，怎样提高绩效更好地服务客户和社区。还有越来越多的人热衷于对政府、企业、学校和非营利性组织实施问责。这本著作就是帮助读者了解如何通过科学评价，比如绩效评价、成果评价、影响力评价等来实现这些目标。

二十多年前，乔迪·菲茨帕特里克教授就开始了对科学评价及其运用的研究，比如用于方案优化和数据搜集的混合评价法、提升新的和不同的利害关系人在评价过程中的参与度、增进评价结果潜在的利用率和影响度、利用各种有效途径交流评价结果等。当前，评价的研究与运用还因为评价面向全球化的发展趋势，需要不断适应不同国家迥异的环境与文化，也使其内涵得到充实。本书的再版也进行了全面更新。比如，阐述了先进的评价的混合方法和逻辑模型、对评价中由全球化导致的政治问题进行了深入讨论、探究了 DT 时代的科学评价。

乔迪·菲茨帕特里克女士拥有在学校、公共福利机构、心理健康组织、环境保护组织、非营利组织和企业等不同领域从事科学评价的丰富经验。作为西密歇根大学的教授，她同时拥有多年的教学经验，向学生们讲授如何评价他们自己的组织和社区。她撰写此部著作的目的就是要向读者们表达"学以致用"的评价理念，帮助人们运用评价信息改变他们的工作场景、客户和社区。

我与乔迪·菲茨帕特里克教授相识缘于此部著作。我于 2013 年始在美国亚利桑那州立大学从事博士后工作，并在玛丽·卢·富尔顿教师学院担任教育评价这门博士生课程的助理教授期间使用了这本教材。由于这本书恰与我的研究方向非常吻合，在课程结束之后，我决心翻译此书并将书中先进的评价理念和科学的评价方法推介到国内。2015 年回国之前，带着学习和研究的心态我几乎将全部的业余时间和精力都投入到了本书的翻译工作。翻译期间，对书中评价模型产生的困惑得到了乔迪·菲茨帕特里克教授细心的解答，我一直心存感念。

整个翻译经过了初译、校译和审校的过程。在历时两年多的初译阶段，我的翻译原则是忠实原文风格，提炼专业术语。初译阶段我对新的内容采取了"还原"的做法，努力体验作者的探究过程，在理解著者用意的基础之上尽量做到忠实于原著的意思和表达风格，并尝试确立了一些评价领域新出现的专业术语的译名。对学界已有共识的内容，我在翻译中采取了加工和提炼的方式，使用简明扼要、通俗易懂的语言，将著者的原意呈现在读者面前。校译阶段的工作是由我和武汉工程大学的徐素华副教授共同完成的，我们重点考查了中文表述的统一性、流畅性和清晰度，对一些有理解分歧的词句再次进行了斟酌、推敲和修正，祈望帮助读者更加准确地理解原著。当然，每次复读译文，踌躇之际还是会感觉应当有更加科学的译法，奈何力有所不逮，技术有所不及，无法逐一完善，不妥之处，恳请同仁批评指正。最后的审校工作是由我和武汉工程大学外语学院的陈明芳教授共同完成的，感谢她的参与增加了我对本书翻译质量的自信心。

感谢美国培生教育出版集团的 Anson Li 博士，他的推荐促成了我与华东师范大学出版社的出版合作。感谢华中师范大学教育学院周洪宇教授、华中科技大学公共管理学院徐晓林教授、沈阳师范大学教育学院孙绵涛教授、北京师范大学教育学部褚宏启教授对本译著的大力推荐。更要感谢华东师范大学出版社的曾睿编辑，正是她辛勤的付出使本书得以顺利出版。

黄 艳

2015 年 6 月 6 日于美国亚利桑那州立大学 玛丽·卢·富尔顿教师学院